Winfried Schulz

Politische Kommunikation

D1719286

Winfried Schulz

Politische Kommunikation

Theoretische Ansätze
und Ergebnisse
empirischer Forschung

2., vollständig überarbeitete
und erweiterte Auflage

VS VERLAG FÜR SOZIALWISSENSCHAFTEN

Bibliografische Information Der Deutschen Nationalbibliothek
Die Deutsche Nationalbibliothek verzeichnet diese Publikation in der
Deutschen Nationalbibliografie; detaillierte bibliografische Daten sind im Internet über
<http://dnb.d-nb.de> abrufbar.

1. Auflage 1997
2., vollständig überarbeitete und erweiterte Auflage 2008

Alle Rechte vorbehalten
© VS Verlag für Sozialwissenschaften | GWV Fachverlage GmbH, Wiesbaden 2008

Lektorat: Barbara Emig-Roller

Der VS Verlag für Sozialwissenschaften ist ein Unternehmen von Springer Science+Business Media.
www.vs-verlag.de

Umschlaggestaltung: KünkelLopka Medienentwicklung, Heidelberg
Druck und buchbinderische Verarbeitung: Krips b.v., Meppel
Gedruckt auf säurefreiem und chlorfrei gebleichtem Papier
Printed in the Netherlands

ISBN 978-3-531-32962-8

Inhalt

Verzeichnis der Abbildungen

Verzeichnis der Tabellen

Textbox-Verzeichnis

1 Einführung

Politik ist nicht denkbar ohne Kommunikation. Die Verbindung ist so eng, dass manche wissenschaftlichen Autoren dazu neigen, Politik über Kommunikation zu definieren (Deutsch 1963, Meadow 1980). Jedenfalls sind Politik und Kommunikation aufs engste miteinander verbunden (Jarren und Donges 2006: 21).

Die wissenschaftliche Beschäftigung mit politischer Kommunikation hat eine ähnlich lange Tradition wie die politische Philosophie und die Theorie der Politik (Vowe 2003b). Allerdings gibt es seit wenigen Jahrzehnten eine starke Zunahme wissenschaftlicher Analysen von politischer Kommunikation. Das scheint damit zusammenzuhängen, dass die Beziehungen zwischen Politik und Kommunikation neue Formen und eine neue Qualität angenommen haben. Der Ausgangspunkt vieler Analysen politischer Kommunikation sind Beobachtungen über den Wandel der Massenmedien und ihres Verhältnisses zur Politik. Dieses gilt zwar schon immer als spannungsreich, doch wird es in letzter Zeit immer häufiger problematisiert und als prekär angesehen (Blumler und Gurevitch 1995, Kaase 1998b, Bucy und D'Angelo 1999, Jäckel 1999a).

Auf der einen Seite klagen Diagnostiker des Niedergangs über ungünstige Wirkungen des Fernsehens oder des Internets, über Trends der Amerikanisierung oder Kommerzialisierung; auf der anderen Seite verweisen nüchterne Analytiker darauf, dass Prozesse der Modernisierung und Globalisierung neue Formen der politischen Kommunikation wie auch des politischen und bürgerschaftlichen Engagements hervorbringen (Bennett 2000).

Der Wandel ist vor allem dadurch charakterisiert, dass die Medien rapide expandieren, nahezu alle gesellschaftlichen Bereiche durchdringen und immer mehr Aufmerksamkeit absorbieren. Wir haben es mit einer fortschreitenden Medialisierung der Gesellschaft zu tun. Besonders dramatisch ist davon offenbar die Politik betroffen. Der Wandel hat sich – angetrieben durch die medientechnische Entwicklung, durch die Kommerzialisierung und Globalisierung der Mediensysteme – seit den 1980er Jahren zunehmend beschleunigt.

Schon mit dem Aufkommen der elektronischen Medien in der ersten Hälfte des vorigen Jahrhunderts erhält politische Kommunikation eine neue Qualität. Radio und Fernsehen vermitteln zeitgleich identische Erfahrungen an sehr große Auditorien und schaffen virtuelle Öffentlichkeiten von enormer Reichweite. Das Fernsehen bietet seinen Zuschauern nun Augenzeugenschaft *live* und weltweit. Noch weitreichender sind ganz offensichtlich die Folgen durch die rasante Verbreitung des Internets. Die von Marshall McLuhan (1968) entwickelte Vision vom elektronischen „globalen Dorf" ist inzwischen Wirklichkeit geworden.

Tatsächlich ist politische Information über die Medien heute so allgegenwärtig wie nie zuvor. Eine immense Fülle vielfältiger Angebote an politischen Nachrichten, Hintergrundberichten, Analysen und Kommentaren in Zeitungen und Zeitschriften, Radio und Fernsehen, Videotext, Internet und Online-Diensten ist höchst aktuell zu jeder Tageszeit verfügbar.

Doch zwischen Angebot und Nutzung der Information wird die Kluft immer größer. Von der Fülle des Angebots wird nur ein Bruchteil genutzt und verarbeitet. Es hat auch nicht den Anschein, dass die Bürger durch das breitere Angebot politisch informierter und kompetenter geworden wären. Und die häufigere Medienpräsenz von Politikern, Parteien, Parlament und Regierung scheint eher eine skeptische Einstellung als größere Akzeptanz von Politik herbeizuführen.

Darüber hinaus erschüttert die zunehmende Medialisierung von Politik die herkömmliche Auffassung von der dienenden Rolle der Medien im politischen Prozess. In der einschlägigen Literatur ist die Attitüde des Alarmismus weit verbreitet. Kritisiert wird z.b. die „Kolonisierung" der Politik durch die Medien (Meyer 2001), ihre Macht, ja „Übermacht" (Oberreuter 1982), verbunden mit der Frage nach der Legitimation dieser Macht (Donsbach 1982).

Es ist zu beobachten, dass die politischen Akteure auf diese Entwicklung immer häufiger und immer professioneller mit den Instrumenten von politischem Marketing und Public Relations (PR) reagieren. Was früher einmal als „Kunst" der Propaganda – oder auch kritisch – als „Manipulation" bezeichnet wurde, entwickelte sich zu reputierlicher Wissenschaft und einer etablierten Profession mit harmlos klingenden Bezeichnungen wie Kommunikationsmanagement oder Medienberatung. Die Professionalisierung von politischer Kommunikation ist weit fortgeschritten. Der Einsatz von Wahlkampf- und Public-Relations-Profis, um politische Kampagnen zu planen und dabei möglichst auch die Berichterstattung der Medien in ihren Dienst zu stellen, ist inzwischen weltweit üblich.

Daraus entsteht der Eindruck einer Doppelbödigkeit von Politik mit dem öffentlich kaum sichtbaren Teil des alltäglichen politischen Handelns einerseits und den politischen Inszenierungen für die Bühne der Medien andererseits. Herstellung und Darstellung von Politik klaffen auseinander (Sarcinelli 1987b).

Die politische Kommunikationsforschung verfolgt diese Entwicklungen mit wachsender Aufmerksamkeit, mit immer feineren Analysen und zunehmend schärferer Kritik. Auch dieses Tun ist von Doppelbödigkeit gekennzeichnet. Selbst wenn die Forscher nur das Ziel wissenschaftlicher Erkenntnis oder kritische Absichten verfolgen, bieten sie doch auch – gewollt oder ungewollt – den Kommunikationsmanagern nützliche Hinweise zur Optimierung ihrer Strategien und Techniken.

Die Unterscheidung von kritischer und administrativer Forschung, wie es Lazarsfeld (1941) einmal vorgeschlagen hat, scheint angesichts der fortschreitenden Säkularisierung wissenschaftlicher Forschung und der Verwissenschaftlichung der politischen Kommunikationspraxis kaum mehr möglich. Die unbeabsichtigten politischen Folgen wissenschaftlichen Handelns werden jedoch von der Wissenschaft kaum reflektiert. Auch auf welche Weise die Massenmedien in politische Prozesse eingreifen und politische Strukturen verändern, ist bisher erst in Ansätzen systematisch untersucht worden. Das liegt einerseits daran, dass der Kommunikationswissenschaft die Problemstellungen und Kategorien politikwissenschaftlicher Forschung oft fremd sind; andererseits hat aber auch die Politikwissenschaft das Phänomen Massenkommunikation kaum beachtet. Das Desinteresse der Politikwissenschaft mag, wie Max Kaase mutmaßt, durch die Allgegenwart der Medien erklärbar sein. Massenmedien verbleiben „als soziale Selbstverständlichkeiten offenbar unterhalb der für Forschung notwendigen Aufmerksamkeitsschwelle" (Kaase 1998b: 100).

1.1 Begriffliche Vorklärungen

Das wissenschaftliche Interesse an politischer Kommunikation hat in den letzten drei Jahrzehnten erheblich zugenommen, wie sich an der gesteigerten Forschungs- und Publikationsaktivität ablesen lässt. Auch in der Politikwissenschaft wächst das Interesse an Medien und Kommunikation.

Die Emanzipation und Institutionalisierung eines eigenständigen Wissenschaftsfeldes *politische Kommunikation* zeichnete sich schon in den 1970er Jahren ab. In den USA waren die Publikationen von Chaffee (1975), Kraus (1976) sowie Nimmo und Sanders (1981) prägend, in Deutschland die von Langenbucher (1974, 1979) und Saxer (1983) herausgegebenen Bände. Mit dem Überblicksbeitrag von Schatz (1978) hatte auch ein Politikwissenschaftler stärkeren Einfluss auf die deutsche Forschungsagenda der frühen Jahre. Inzwischen ist die Fülle der Lehrbücher, Sammelbände und Reviews zur politischen Kommunikation kaum noch überschaubar. Auffälliges Zeichen der fortgeschrittenen Institutionalisierung ist auch die Einrichtung von Sektionen in den großen akademischen Fachgesellschaften und die Entstehung eigener Periodika.[1]

Die Institutionalisierung des Wissenschaftsfeldes, aber wohl mehr noch die Grenzsituation zwischen Kommunikations- und Politikwissenschaft brachten ein verstärktes Definitionsbedürfnis mit sich. Die Versuche, politische Kommunikation ab- und einzugrenzen, sind entsprechend zahlreich. In ihrer abstrakten Begrifflich-

---

1   In der *International Communication Association (ICA)* hat sich eine *Political Communication Division* etabliert, in der *American Political Science Association (APSA)* eine *Political Communication Section*. Sie geben gemeinsam die Fachzeitschrift *Political Communication* und den dreimal jährlich im Web erscheinenden Newsletter *Political Communication Report* (www.jour.unr.edu/pcr/) heraus. Die *Deutsche Vereinigung für Politische Wissenschaft (DVPW)* und die *Deutsche Gesellschaft für Publizistik- und Kommunikationswissenschaft (DGPuK)* haben jeweils einen Arbeitskreis bzw. eine Fachgruppe „Politik und Kommunikation" eingerichtet, die regelmäßig gemeinsame Jahrestagungen veranstalten und Tagungsbände herausgeben (vgl. dazu die Bilanzen aus politikwissenschaftlicher Sicht in Schatz, Rössler und Nieland 2002: 315 ff.)

keit sind sie nicht immer hilfreich, wie überhaupt der Erkenntniswert von Nominaldefinitionen begrenzt ist.

Ein Ansatz, auf den diese Kritik weniger zutrifft, gründet darauf, Politik aus der Perspektive *politischer Akteure* und dabei insbesondere aus der des Staatsbürgers zu untersuchen, wie es für die angelsächsische Herangehensweise typisch ist. In diesem Kontext ist die Rolle von Kommunikation in Prozessen der politischen Meinungs- und Willensbildung ein zentrales Thema, speziell der Einfluss der Massenmedien auf die Meinungsbildung der Bürger und auf die öffentliche Meinung im Staat (beispielhaft dafür etwa Glasser und Salmon 1995).

Wenn man politische Akteure zum Bezugspunkt einer Begriffsbestimmung von politischer Kommunikation macht, wie es McNair (2003: 4) vorschlägt, erfordert das einen relativ umfassenden, soziologischen Begriff des Akteurs und eine zusätzliche Klarstellung, was politische von anderen Akteuren unterscheidet. Als Akteure im soziologischen Sinn gelten – neben Individuen – auch *kollektive* Akteure wie Gruppen, Verbände, Organisationen. *Politische* Akteure sind solche, die in einer politischen Rolle handeln, d.h. die daran beteiligt sind, allgemein verbindliche Entscheidungen über die Verteilung von Macht oder Ressourcen herbeizuführen oder durchzusetzen.

Typische politische Akteure sind Parteien, Parlamente, Regierungen, Staaten, supranationale Organisationen und ihre jeweiligen Mitglieder bzw. Repräsentanten. In politischen Rollen handeln aber auch Interessengruppen und soziale Bewegungen sowie selbstverständlich alle Bürger, die sich politisch beteiligen, z.B. indem sie miteinander über politische Themen sprechen, an Wahlen oder Abstimmungen, an Demonstrationen oder anderen Formen des politischen Protests teilnehmen. Das schließt gewaltsame Aktionen bis hin zum politischen Terror ein. Eine nicht unwesentliche Form der politischen Beteiligung der Bürger ist schließlich auch die Nutzung der Massenmedien, um sich zu informieren und eine politische Meinung zu bilden.

Man kann daher sagen, *dass politische Kommunikation die Kommunikation ist, die von politischen Akteuren ausgeübt wird, die an sie gerichtet ist, oder die politische Akteure, ihr Handeln und ihre Kognitionen beinhaltet.* Kognitionen sind die für die Informationsverarbeitung und Handlungssteuerung relevanten Kenntnisse, Einstellungen, Motive, Überzeugungen und Wertorientierungen.

Wählt man eine systemtheoretische Perspektive, wie es Blumler und Gurevitch (1995: 12) vorschlagen, so kann man den Überschneidungsbereich von Medien und Politik als ein *politisches Kommunikationssystem* ansehen, das aus vier Komponenten besteht, nämlich aus 1. politischen Organisationen mit ihren Kommunikationsaktivitäten, 2. Medienorganisationen mit ihren politisch relevanten Aktivitäten, 3. Bürgern bzw. Publika in verschiedenen politischen Rollen und 4. kommunikationsrelevanten Aspekten der politischen Kultur. Die Kennzeichnung als System soll zum Ausdruck bringen, dass die Komponenten durch Interdependenzen und Interaktionen wechselseitig aufeinander bezogen sind.

Politische Kommunikation ist begrifflich zu unterscheiden von *Kommunikationspolitik*. Letztere bezeichnet die Prinzipien, Ziele und Entscheidungen zur Regelung der Kommunikationsverhältnisse in einer Gesellschaft, wie sie u. a. von den politischen Parteien, den Parlamenten, Regierungen und verschiedenen Interessengruppen vertreten bzw. durchgesetzt werden. Kommunikationspolitik ist insbesondere auf die Regulierung *öffentlicher* Kommunikation – insbesondere auf die Massenmedien – gerichtet. Gebräuchlich ist daher auch die Bezeichnung *Medienpolitik* (mitunter synonym, mitunter auch als Teilbereich der Kommunikationspolitik, vgl. im Einzelnen etwa Tonnemacher 2003, Vowe 2003a).

1.2 Inhalt des Buches

Dieses Buch konzentriert sich auf die wichtigsten Ansätze und Ergebnisse der empirischen Kommunikationsforschung, die das Verhältnis von Politik und Massenmedien betreffen. Dabei orientiert sich die Darstellung an den in der empirischen Forschung vorherrschenden Fragestellungen: Welche Rolle spielen die Massenmedien in der Politik? Auf welche Weise ermöglichen, begünstigen, behindern oder modifizieren sie politisches Handeln? Welche Veränderungen lassen sich in dieser Hinsicht erkennen infolge des raschen Wandels der Massenmedien?

Der Begriff der *Medialisierung* bündelt einige der in diesen Fragen anklingenden Vermutungen und Probleme. Er bezieht sich auf Kommunikationsmedien im weitesten Sinn, wird aber hier vorwiegend mit Blick auf politisch relevante Medien verwendet. Als *politisch relevante* Medien werden solche Medien verstanden, die – im Sinne des medienrechtlichen Begriffs – eine *öffentliche Aufgabe* wahrnehmen, also: Information, Kritik und Kontrolle sowie Mitwirkung an der Meinungsbildung.[2] Das trifft nicht nur auf die herkömmlichen *publizistischen Medien* Presse, Film, Radio, Fernsehen zu, sondern im Prinzip auch auf Inhalte und Dienste im Internet, auf Online-Medien, die juristisch als Tele- oder Mediendienste bezeichnet werden, sowie auf Offline-Medien wie Plakate, Bild- und Tonträger. Die Betrachtung ist also nicht grundsätzlich auf Inhalte beschränkt, die nach unserem Alltagsverständnis als politisch angesehen werden, auch nicht auf Mediennutzung mit der Absicht politischer Information und Meinungsbildung. Auch Medieninhalte, die dem Unterhaltungsgenre zugerechnet werden, können politische Reaktionen oder Folgen nach sich ziehen. Ohnehin wird die Genre-Kategorisierung durch neue Medienformate und Kommunikationsformen zunehmend unscharf. Bezeich-

---

2   Der Versuch von Delli Carpini (2004b), genauer zu bestimmen, was unter „politisch relevanten Medien" zu verstehen ist, beschränkt sich demgegenüber sehr abstrakt auf die Unterscheidung verschiedener Formen, Typen, Genres von Kommunikation bzw. Medien und spricht den funktionalen Aspekt nur kurz an, indem er darauf verweist, dass Medien erstens als Kanal für den Informationstransfer, zweitens als Quelle, um sich zu informieren, und drittens als Öffentlichkeit („public space") dienen können.

nungen wie *Infotainment* oder *Politainment* gehen darauf ein. Nicht zuletzt kann politische Abstinenz der Bürger weitreichende politische Konsequenzen haben. So kann z.b. die Wahlenthaltung von Teilen der Bevölkerung das Wahlergebnis und damit die politische Machtverteilung in der Gesellschaft entscheidend beeinflussen.

Der Diskussion des Medialisierungskonzepts sind größere Teile des folgenden Kapitels 2 gewidmet. Es beginnt mit einem ersten Überblick über die Bedeutung, die Massenkommunikation und Mediennutzung in der heutigen Gesellschaft – insbesondere in Deutschland – erreicht haben. Für die weitere Darstellung sind verschiedene kommunikationswissenschaftliche Konzepte und Modelle grundlegend, die sich auf Beziehungen zwischen Medien und Politik, auf politische Medienwirkungen und auf die Medialisierung von Politik beziehen. Diese werden im Kapitel 3 dargestellt.

Kapitel 4 behandelt dann zunächst einige grundlegende Erkenntnisse zur politischen Informationsverarbeitung und zum Medieneinfluss auf die Politik. Es befasst sich vor allem mit der medialen Prägung politischer Mitteilungen und mit der Herstellung von Öffentlichkeit durch Massenkommunikation. Diese Prozesse werden im 5. Kapitel im Hinblick auf verschiedene Aspekte des politischen Engagements ausführlicher betrachtet und konkretisiert, wie u. a.: politische Sozialisation, Wissen, Vorstellungen, Partizipation. Es entspricht in etwa dem Umfang der empirischen Forschungsaktivitäten, dass im Kapitel 6 der politischen Kommunikation im Wahlkampf relativ viel Aufmerksamkeit zukommt. Kapitel 7 betrachtet den „strategischen" Einsatz politischer Kommunikation, insbesondere politische Public Relations, sowie die Möglichkeiten und Grenzen eines aktiven Kommunikationsmanagements der politischen Akteure. Die Beziehung zwischen Medien und Politik wird schließlich im Schlusskapitel vor dem Hintergrund von Untersuchungen zum – faktischen oder vermuteten – politischen Einfluss der Medien und zur Qualität der politischen Berichterstattung diskutiert.

Dem Prinzip kumulativer Forschung entsprechend wird diese Arbeit weitgehend auf den Schultern anderer getragen – will heißen: sie stützt sich auf theoretische Überlegungen und empirische Ergebnisse vieler anderer Wissenschaftler. Wie üblich und notwendig, und zwar allein schon wegen der Fülle vorhandener Untersuchungen, geschieht dies selektiv und mit dem Ziel, Akzente zu setzen und dem vorfindbaren Material eine sinnhafte Struktur zu geben. Einiges ist dabei aus eigenen, schon vereinzelt publizierten Arbeiten entnommen, teilweise restrukturiert und weiterentwickelt. Vom Text der Erstauflage dieses Buches ist allerdings nur noch sehr wenig übrig geblieben.

Die Darstellung will zwar einen Überblick über die wichtigsten Themenbereiche und Forschungsfelder geben, ist aber weder enzyklopädisch angelegt, noch kann sie die ausgewählten Ansätze und Ergebnisse gleichermaßen breit und tief behandeln. Derartige Ansprüche wären auch deshalb kaum einzulösen, weil es sehr unterschiedliche Auffassungen gibt über die relative Bedeutung einzelner

Theoriebereiche, Forschungs- und Problemfelder sowie über die Perspektiven, unter denen sie zu behandeln sind. Die Vielfalt der Sichtweisen verdeutlicht ein Vergleich verschiedener Überblicksbeiträge (etwa Graber 1993, 2005, Donsbach 1993, Kaase 1998b, Schönbach 1998, Schulz 2003, 2008, Vowe 2003b, Vowe und Dohle 2005). Mit Hilfe dieser Überblicke und einiger neuerer Lehrbücher und Sammelbände kann der Leser den im Folgenden vermittelten Eindruck von politischer Kommunikation und ihrer Erforschung ergänzen (Jarren, Sarcinelli und Saxer 1998, Jarren und Donges 2006, Kaid 2004a, Kaid und Holtz-Bacha 2007, Strohmeier 2004).

2 Medienexpansion und Medialisierung der Politik

Der Wandel der Massenmedien ist ein auffälliges Merkmal des allgemeinen sozialen Wandels, weil er besonders rasant verläuft. Die dramatische Entwicklung des Internets ist dafür das jüngste Beispiel. Der Medienwandel ist aber auch deshalb auffällig, weil er Teil unserer Alltagserfahrung ist und weil er alle gesellschaftlichen Bereiche berührt, einige mehr, andere weniger. Die Politik gehört dabei zu den Bereichen, die vom Medienwandel am meisten betroffen sind.

Dieses Kapitel skizziert zunächst die Expansion der Massenmedien in den letzten Jahren und Jahrzehnten. Der Blick richtet sich dabei insbesondere auf politische Medieninhalte und deren Nutzung. Im zweiten Teil des Kapitels wird der Prozess der Medialisierung genauer analysiert, um die Wechselwirkungen zwischen Medien- und Politikwandel zu erklären und zu verstehen.

2.1 Medienexpansion und Nutzung politischer Information

In den letzten Jahrzehnten expandierten die Massenmedien in unterschiedlichem Maße. Vor allem das Angebot an Radio- und Fernsehprogrammen, an Inhalten und Diensten im Internet und für mobile Endgeräte nahm sprunghaft zu. Mit der Expansion einher ging eine erhebliche Diversifizierung des Angebots an Inhalten und Medienformaten.

Der Prozess erhielt einen wesentlichen Teil seiner Dynamik durch Entwicklungsfortschritte der Techniken für Information und Kommunikation (IuK) wie auch durch die Deregulierung des Mediensektors. Die Integration der Computertechnik und einer Reihe von IuK-Techniken – für Rundfunk- und Telekommunikationsdienste, elektronische und optische Speicherung, Kabel- und Satellitenübertragung – führt gegenwärtig zu qualitativen Sprüngen und Synergie-Effekten mit der Folge eines sich selbst verstärkenden Entwicklungsprozesses. Die Digitalisierung der Rundfunktechnik führt zu einer weiteren Expansion der Kanäle, Programme und Dienste.

2.1.1 Expansion des Angebots

Die Zahl der in Deutschland angebotenen analogen Radioprogramme hat sich seit 1990 nahezu verdoppelt; hinzu kommen inzwischen mehrere Dutzend digitale Programme (ALM-Jahrbuch 2003 ff.). Darüber hinaus gibt es ein beträchtliches

deutschsprachiges Angebot aus Österreich und der Schweiz sowie eine unüber-
schaubare Zahl von Programmen, die per Satellit und Live-Streaming im Internet
zugänglich sind.
    Die Zahl der bundesweit empfangbaren deutschsprachigen Fernsehsender hat
sich seit 1990 auf mehr als 30 verdreifacht. Zum Angebot hinzuzurechnen sind sieben Dritte Programme der ARD, von denen die meisten via Kabel und Satellit auch
bundesweit verbreitet sind, ferner eine große Zahl von Sendern, die teils nur regional, teils nur Zuschauern mit speziellen Empfangsmöglichkeiten oder Sprach-
kompetenzen zugänglich sind (z.b. Regional- bzw. Ballungsraumprogramme, aus-
ländische Programme, Programme im Pay-TV bzw. im digitalen Bouquet verschiedener Anbieter).[3]
    Zwar bringen die Fernsehprogramme überwiegend Unterhaltung (und die Ra-
dioprogramme überwiegend Musik). Doch wurde mit der Expansion der audiovisuellen Medien auch das politische Informationsangebot stark erweitert, und zwar
insbesondere durch zahlreiche öffentlich-rechtliche Informations- und Kulturka-
näle im Radio und durch Spartenkanäle im Fernsehen wie *ntv*, *N24* und *Phönix*.
Eine Auswertung, die sich auf das Informationsangebot im weiten Sinn in 20
deutschsprachigen Fernsehkanälen bezieht, errechnete Ende der 1990er Jahre ein
tägliches Angebotsvolumen von rund 204 Sendestunden (Blödorn, Gerhards und
Klingler 1999).[4]
    Die Expansion der audiovisuellen Medien hat die Druckmedien nicht ver-
drängt. Allerdings verlief die Entwicklung unterschiedlich bei den einzelnen
Printgenres. So nahm die Buchtitelproduktion (Erstauflagen) seit 1990 um mehr als
70 Prozent zu, die Zahl der Publikumszeitschriften um fast 80 Prozent.[5] Die Zahl
der regionalen Tageszeitungen wie auch ihre verkaufte Auflage ging zwar zurück.
Dafür erlebten die im Internet verbreiteten Online-Zeitungen einen enormen
Boom. Allein die Zahl der von deutschen Verlagen angebotenen Online-Zeitungen
stieg von fünf im Jahr 1995 auf rund 630.[6] Darüber hinaus sind über das Web auch
Angebote einer Vielzahl von Radio- und Fernsehsendern zu empfangen, und zwar
ergänzend zu herkömmlichen Programmen wie auch als eigenständige Webange-
bote, als Podcasts bzw. Videocasts.

---

3   Aktuelle Angaben zur Zahl der Fernsehprogramme finden sich auf der Website der *KEK - Kommis-
    sion zur Ermittlung der Konzentration im Medienbereich* (www.kek-online.de) wie auch in der jährlich
    von der Zeitschrift *Media Perspektiven* und der SWR-Medienforschung veröffentlichten Daten-
    sammlung „Media Perspektiven Basisdaten", die unter www.ard.de/intern teilweise auch im
    Internet zugänglich ist.
4   Diese Auswertung definiert Information aus der Sicht der Sender und bezieht dabei außer Nach-
    richten, Nachrichtenmagazinen und Magazinen zu Politik, Wirtschaft und Gesellschaft auch Talk-
    Shows, Infotainment, regionale Informationssendungen, Frühmagazine, Schul- und Bildungssen-
    dungen mit ein.
5   Aktuelle Angaben dazu finden sich ebenfalls in „Media Perspektiven Basisdaten".
6   Diese Zahl ist seit Jahren weitgehend stabil; vgl. die Angaben auf der Website des Bundesverbands
    Deutscher Zeitungsverleger (www.bdzv.de).

Kennzeichnend für die Expansion des Internets ist das Auftreten einer Vielzahl von Anbietern, die herkömmlich auf die Vermittlungsleistung der Massenmedien angewiesen waren, nun aber ihre Informationen direkt und für jedermann zugänglich machen. Dazu gehören inzwischen auch die verschiedensten politischen Organisationen auf internationaler, nationaler, regionaler und kommunaler Ebene. So bieten in Deutschland die Bundesregierung, die Bundesländer und viele Gemeinden den Bürgern im Internet eine Fülle an relevanter politischer Information und ermöglichen ihnen den Zugang via Web zu administrativen Einrichtungen. Die Parteien und viele ihrer Kandidaten für politische Ämter stellen sich auf eigenen Webseiten dar und setzen sie als Informations- und Mobilisierungsinstrumente in Wahlkämpfen ein. Darüber hinaus benutzen auch sehr viele Verbände, Interessengruppen, soziale Bewegungen und politische Basisgruppen das Internet als Plattform zur Unterrichtung der Bürger und zur Organisation ihrer Interessen.

Insgesamt gesehen hat sich das Informationsaufkommen durch das *World Wide Web* und zusätzlich durch neue Speichermedien wie CD und DVD innerhalb weniger Jahre in bisher nie gekannter Weise vervielfacht; es ist so groß und unübersichtlich, dass es von keiner Statistik mehr genau erfasst werden kann. Die Entwicklung führte zu einer beträchtlichen Steigerung des Angebots an politischer Information, auch wenn ein großer Teil der Inhalte neuer Medien – ähnlich wie bei den traditionellen Medien – unpolitischer Natur ist.

2.1.2 Expansion der Mediennutzung

Auch die Nutzung der Medien hat kontinuierlich zugenommen, blieb aber doch hinter den Steigerungsraten des Angebots weit zurück, so dass schon seit längerem eine „Informationsüberlastung" der Bevölkerung beklagt wird (Deutsch 1986). Noch vor den letzten großen Schüben der Medienexpansion ermittelte Kroeber-Riel (1987), dass höchstens 1,7 Prozent der täglich von Presse, Radio und Fernsehen angebotenen Informationen genutzt werden. Auch wenn dieser Versuch einer Quantifizierung mehr Genauigkeit suggeriert als er tatsächlich zu leisten vermag, so verdeutlicht er doch in etwa die Situation, die von Informationsüberfluss auf der einen Seite und Aufmerksamkeitsknappheit auf der anderen gekennzeichnet ist. Und man kann davon ausgehen, dass sich das Verhältnis von Angebot und Nutzung in zunehmendem Maße weiter zu Ungunsten der Nutzung verringert.

Ergebnisse der Langzeitstudie „Massenkommunikation", die ARD und ZDF seit Jahrzehnten im Fünf-Jahres-Rhythmus durchführen, machen die Entwicklung der Mediennutzung augenfällig (vgl. Abbildung 2.1). Besonders seit Mitte der 1990er Jahre hat die Bevölkerung ihren täglichen Medienkonsum deutlich ausgeweitet, und zwar um mehr als 50 Prozent seit 1995. Im Jahr 2005 verbrachten die Bundesbürger ab 14 Jahre an einem durchschnittlichen Tag 599 Minuten – also rund zehn Stunden – mit Mediennutzung (Reitze und Ridder 2006). Auf Fernsehen und Radio entfallen dabei die größten Anteile. Die tägliche Zeitungsnutzung ging allerdings zurück, und zwar in den alten Bundesländern von 38 Minuten 1974 auf 28 Minuten im Jahr 2005. Die durchschnittliche Nutzungsdauer des Internets betrug 48 Minuten pro Tag im Jahr 2006 gegenüber zwei Minuten im Jahr 1997, für das die ersten repräsentativen Ergebnisse vorliegen. Allerdings waren damals auch erst 6,5 Prozent der Bevölkerung (ab 14 Jahre) online. Inzwischen ist es deutlich mehr als die Hälfte der Bevölkerung (59,5 Prozent im Jahr 2006, die das Internet wenigstens gelegentlich nutzen, vgl. Eimeren und Frees 2006).

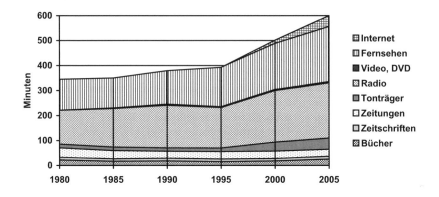

Abbildung 2.1: Entwicklung des täglichen Medienkonsums der Deutschen[7]

Die in Abbildung 2.1 dargestellten kumulierten Umfänge des Medienkonsums sind Brutto-Werte, d.h. sie enthalten keine Korrektur für die Parallelnutzung mehrerer Medien. Allerdings ist der Anteil der zeitgleichen Nutzung verschiedener Medien relativ gering, wie eine Sonderauswertung der letzten Welle der Studie Massenkommunikation ergibt (Best und Engel 2007). Von den 599 Minuten Medienkonsum pro Tag verbringen die Nutzer durchschnittlich 43 Minuten gleichzeitig mit mehreren Medien (das entspricht einem Anteil von sieben Prozent an der gesamten Nutzungsdauer). Relativ häufig wird beim Zeitungs- und Zeitschriftenlesen sowie bei der Internetnutzung gleichzeitig Radio gehört. Korrigiert man die Nutzungswerte entsprechend, so kommt man auf einen Gesamtumfang von 555 Minuten Medienkonsum *netto* pro Tag, also knapp neuneinhalb Stunden.

---

7 Personen ab 14 Jahre, Montag bis Sonntag 5.00 bis 24.00 Uhr, bis einschließlich 1990 nur alte Bundesländer (Quelle: Reitze und Ridder 2006)

Wie aus dieser Studie so geht auch aus anderen Untersuchungen hervor, dass die Ausbreitung und zunehmende Nutzung des Internets kaum zu Lasten der Nutzung der herkömmlichen Medien geht, sondern – vor allem unter den Angehörigen der jüngeren Generation – zu einem „Multitaskingverhalten" führt, d. h. zunehmender Parallelnutzung von Internet und Radio bzw. Fernsehen (Gleich 2006).

Bei den empirischen Nutzungswerten ist ferner zu berücksichtigen, dass Mediennutzung auch mit nicht-medialen Tätigkeiten einhergeht, z.b. Gesprächen, Mahlzeiten, Hausarbeit, Autofahren oder beruflicher Tätigkeit. Am meisten ist die Radionutzung davon betroffen.[8] Schließlich erstreckt sich der Medienkonsum überwiegend auf unpolitische Inhalte wie z.b. Musik im Radio, Unterhaltungsserien oder -shows im Fernsehen, Ratschläge für den Alltag in Publikumszeitschriften, beruflich relevante Information in Fachzeitschriften oder im Internet. Man kann also aus den allgemeinen Daten zum Medienkonsum nicht auf den Umfang der Nutzung politischer Information schließen.

2.1.3 Informationsnutzung der Bevölkerung

Der Umfang des Medienkonsums ist auch deshalb nur begrenzt aussagefähig, weil neben der Vermischung medialer und nicht medialer Aktivitäten eine fortschreitende Vermischung von Unterhaltung und Information sowohl in den Medieninhalten wie dementsprechend in der Mediennutzung stattfindet. Daher wird es immer schwieriger, zwischen Informations- und Unterhaltungsnutzung zu unterscheiden.

Aus Aufschlüsselungen der Spartennutzung im Fernsehen lässt sich schließen, dass die Fernsehzuschauer im Durchschnitt rund eine Stunde täglich Informationssendungen ansehen (Zubayr und Gerhard 2007). Die Kategorie „Information" umfasst hier auch *Infotainment, d.h.* unterhaltende Informationssendungen, unpolitische Dokumentation und Talksendungen. Allerdings können auch Infotainmentsendungen zur politischen Information der Bürger beitragen. Für amerikanische Fernsehzuschauer ist jedenfalls belegt, dass ihnen unterhaltende Talksendungen, in denen gelegentlich Politiker auftreten, ein politisches Verständnis (z.B. über die politischen Positionen der Politiker) vermitteln können (Baum und Jamison 2006). Ähnliches lässt sich für Deutschland vermuten, wo die Amalgamation von Politik und Unterhaltung zu *Politainment* ebenfalls zu beobachten ist (Dörner 2001).[9]

---

8   Vgl. www.ip-deutschland.de/ipdeutschland/download-data/Studie_MiT-Medien_im_Tagesablauf_2003.pdf (3. Juni 2007)

9   Diese Entwicklung wird weiter unten als ein Aspekt der Medialisierung genauer betrachtet ; vgl. Abschnitt 2.2

Fasst man den Informationsbegriff enger und versteht darunter nur Nachrichtensendungen und Sendungen mit Schwerpunkt „Politik/Wirtschaft/Geschichte", so errechnet sich für diese Kategorien eine Sehdauer von 17 Minuten täglich (Gerhards und Klingler 2006).[10] Beim Radio dürfte der Anteil der Informationsnutzung noch geringer sein, bei Pressemedien und Internet allerdings höher. Konservativ geschätzt wird man den Anteil der Information am gesamten täglichen Mediennutzungsbudget im Durchschnitt mit annähernd zehn Prozent ansetzen können, also mit knapp einer Stunde.

Wie alle Durchschnittswerte ist auch dieser nur sehr bedingt aussagefähig. Denn die Informationsnutzung – und insbesondere die Nutzung von *politischer* Information – ist bei einzelnen Bevölkerungsgruppen sehr unterschiedlich. Sie variiert abhängig u. a. von Bildung, Alter, politischem Interesse.[11] Allgemein kann man aber davon ausgehen, dass die meisten Bürger ihr Wissen und ihre Vorstellungen über die aktuellen politischen Themen und Probleme sowie über die Politiker und politische Institutionen aus den Massenmedien beziehen.[12]

Genauere Zahlen liegen vor über die *Reichweite* bestimmter politischer Medien bzw. Medieninhalte. So lesen je zwei von drei Bundesbürgern täglich eine regionale Abonnementzeitung, also die typische deutsche Tageszeitung mit lokaler Berichterstattung und mit einem durchaus ansehnlichen politischen Teil (Pasquay 2003). Politische Meldungen in der Tageszeitung lesen um die 60 Prozent der Bürger „im Allgemeinen immer", und von lokalen Berichten (die oftmals auch Lokalpolitik zum Inhalt haben) sagen das sogar 80 Prozent der Befragten (Schulz 1999).

Die Hauptabendnachrichten im Fernsehen wie die ARD-*Tagesschau* sehen im Durchschnitt mehr als neun Millionen Zuschauer täglich.[13] Die politischen Magazin- und Talksendungen von ARD und ZDF erreichen im Durchschnitt immerhin zwischen drei und vier Millionen Zuschauer (Zubayr und Gerhard 2007). Noch eindrucksvoller sind die Zahlen für so spektakuläre politische Sendungen wie die Fernsehduelle der beiden Kanzlerkandidaten bei den Bundestagswahlen 2002 und 2005. Über 22 Millionen Zuschauer haben 2002 mindestens eines der beiden Duelle im Fernsehen verfolgt. Ähnlich groß war die Aufmerksamkeit 2005, als knapp 21 Millionen Zuschauer das Duell zwischen Merkel und Schröder verfolgten. Es war die Sendung mit der höchsten Einschaltquote des Jahres (Zubayr und Gerhard 2006). Betrachtet man darüber hinaus alle Wahlsondersendungen bei den vier großen öffentlich-rechtlichen und privaten Fernsehsendern im Wahlkampf 2002, so erreichten diese fast 52 Millionen Bundesbürger (Zubayr und Gerhard 2002).

---

10   Wenn man regionale Nachrichten- und Informationssendungen hinzurechnet, kommt man auf 24 Minuten.

11   Das wird in Kapitel 5 weiter ausgeführt.

12   Zu diesem Ergebnis kommt auch Dahlem (2001: 245 ff.) mit seinem Versuch, die Relevanz verschiedener Informationsquellen für einzelne politische Sachfragen und politische Akteure abzuschätzen.

13   Einschließlich der Ausstrahlungen in den Dritten Programmen der ARD, 3sat und Phoenix

Einen genaueren Vergleich der relativen Bedeutung einzelner Medien kann man aus Bevölkerungsumfragen zum konkreten Nutzungsverhalten am Stichtag „gestern" ableiten. Auf die inhaltlich noch relativ unspezifische Frage nach der Information über das „aktuelle Geschehen" sagen 85 Prozent der deutschen Bevölkerung, sie hätten sich gestern „über das aktuelle Geschehen, was es Neues gibt, informiert". Auf Nachfrage („und wo haben Sie sich da informiert") nennen die meisten das Fernsehen (73 Prozent), gefolgt von der Zeitung (55 Prozent), dem Radio (35 Prozent) und dem Internet (7 Prozent).[14] Diese Ermittlung gibt aber nur sehr ungenau Auskunft über das Informationsverhalten; sie schließt z. B. die Information über unpolitische Sensationen oder Boulevardthemen mit ein. Ob und wie politische Inhalte zur Kenntnis genommen wurden und wie sie verarbeitet wurden, das bleibt zunächst offen.

Tabelle 2.1: Quellen der politischen Information

Es erfahren über das politische Geschehen -	aus dem Fernsehen	aus Tageszeitungen	aus dem Radio	aus Zeitschriften	aus Gesprächen
	%	%	%	%	%
sehr viel	27	22	11	5	4
viel	43	38	29	13	15
einiges	23	23	31	25	39
wenig	4	8	19	34	31
nichts	3	7	8	21	10
keine Angabe	0	2	2	2	1
	100	100	100	100	100

Frage: „Es gibt ja eine Reihe von Möglichkeiten, woher man etwas über das politische Geschehen erfahren kann. Wieviel erfahren Sie persönlich über Politik aus Zeitschriften (Fernsehen, Tageszeitungen, Gesprächen mit Freunden, Bekannten, Kollegen)?"
Quelle: Daten der ARD/ZDF-Studie *Massenkommunikation V*, 1995 (Anzahl der Befragen: 6.000)

---

14 Die Ermittlung ist Teil der jährlich vom Institut für Demoskopie durchgeführten Allensbacher Marktanalyse Werbeträgeranalyse (AWA); die hier mitgeteilten Ergebnisse entstammen der AWA 2005.

Etwas genaueren Aufschluss gibt eine Ermittlung in der Studie *Massenkommuni-kation*, bei der die Befragten angeben sollten, wie viel sie aus verschiedenen Quellen über das politische Geschehen erfahren. Tabelle 2.1 zeigt das Ergebnis, wobei neben den Massenmedien auch persönliche Gespräche mit einbezogen sind.[15] Dieses Ergebnis belegt noch einmal, dass dem Fernsehen mit Abstand die größte Bedeutung als politische Informationsquelle zukommt, gefolgt von der Tageszeitung und dem Radio. Interpersonale Kommunikation – d.h. Gespräche mit Freunden, Bekannten, Kollegen – sind nach Einschätzung der Befragten eine weniger ergiebige Quelle für ihre politische Information. Auch andere Studien belegen eine größere Bedeutung der medialen gegenüber der personalen Information (Semetko und Schönbach 1994: 73, 78, Schulz und Blumler 1994: 212, Kepplinger und Maurer 2005: 58 ff.).

Tabelle 2.2: Informationsnutzen der Medien im Direktvergleich

Trifft am meisten zu auf:	Fernsehen	Tages-zeitung	Radio	Internet
	%	%	%	%
weil ich mich informieren möchte	34	36	12	18
weil ich Denkanstöße bekomme	39	28	15	18
damit ich mitreden kann	43	33	13	11
weil es mir hilft, mich im Alltag zurechtzufinden	33	32	19	16

Befragte, die mindestens zwei Medien im Monat nutzen (N=4402);
Frage: „Nun geht es darum, aus welchen Gründen Sie Radio hören/fernsehen/Tageszeitung lesen/das Internet nutzen. Weshalb hören Sie Radio? Ich nenne Ihnen einige mögliche Gründe für das Radiohören (fernsehen, Tageszeitung lesen, das Internet nutzen) und Sie sagen mir bitte jeweils, inwieweit ein Grund auf Sie persönlich zutrifft: voll und ganz, weitgehend, weniger oder gar nicht."
Quelle: Studie *Massenkommunikation VI* (Reitze und Ridder 2006: 71)

Fragt man jedoch etwas differenzierter nach dem Informationsnutzen der einzelnen Medien, so relativiert sich die überragende Bedeutung des Fernsehens. Das verdeutlicht Tabelle 2.2 mit Ergebnissen zu einer Frage, die auf die Zuwendungsmotive der Mediennutzer abstellt. Das Fernsehen ist nur bei zweien der vier abge-

---

15 Die Frage wurde nach 1995 in der Studie Massenkommunikation leider nicht mehr gestellt, so dass die Ergebnisse nicht den letzten Stand wiedergeben und z.B. auch das Internet noch nicht einbeziehen.

fragten Nutzenaspekte überlegen, die Tageszeitung ist ihm bei den beiden anderen – Information und Orientierung im Alltag – in etwa ebenbürtig. Die beiden anderen Medien fallen demgegenüber zwar deutlich ab, haben aber auch einige Spezifika. So ist für das Radio sein Orientierungsnutzen im Alltag kennzeichnend, und das Internet ist eine nützliche Quelle für Informationen und Denkanstöße.[16]

An diesen Ergebnissen wird auch deutlich, dass Massenkommunikation oft Anlässe und Themen für die interpersonale Kommunikation bietet. „Damit ich mitreden kann" ist eines der wichtigsten Motive für das Fernsehen und Zeitungslesen. Durch teilnehmende Beobachtung einer großen Zahl von Gesprächen ermittelten Kepplinger und Martin (1986), dass in mehr als drei Vierteln der Gesprächsgruppen Massenmedien erwähnt wurden. Sie folgern daraus, dass der Nutzen der Massenkommunikation für das persönliche Gespräch möglicherweise eine Ursache für die Mediennutzung ist. In den Gesprächen dient die Erwähnung der Medien vor allem drei Zwecken: Massenmedien sind 1. Anlass des Gesprächs, 2. Quelle weitergegebener Fakten, und sie werden 3. zur Verteidigung der geäußerten Meinungen eingesetzt.

Diese Ergebnisse bestätigen die These vom Zwei-Stufen-Fluss der Kommunikation, allerdings nicht in der ursprünglich in der *Erie-County*-Studie geäußerten Version, wonach die Information aus den Massenmedien zunächst die Meinungsführer erreicht und von diesen über interpersonale Kommunikation an „Gefolgsleute" - die Mehrheit der Bevölkerung - weitergegeben wird (Lazarsfeld, Berelson und Gaudet 1944, Katz und Lazarsfeld 1955). Vielmehr hat die Mehrheit der Bevölkerung sowohl direkt Zugang zur medialen Information wie auch vermittelt über Gespräche.

Neuere Ansätze zum Meinungsführerkonzept haben denn auch die ursprüngliche Vorstellung entsprechend modifiziert und das hierarchische Modell durch ein Netzwerkmodell ersetzt (einen Überblick gibt Schenk 2002: 320 ff.). Dass allerdings die Meinungsführer in überdurchschnittlich starkem Maße politische Medieninhalte nutzen, wie es schon die *Erie-County*-Studie zeigte, wird auch durch die neuere Forschung belegt (vgl. Schenk 1993).

2.1.4 Informationsnutzung der Politiker

Das gilt ebenso für die politische Elite – „Entscheidungsträger", wie sie auch genannt werden. Sie nutzen in weit größerem Umfang politische Medieninhalte als die meisten Bürger. Während der Durchschnittsbürger für das Zeitungslesen

---

16 Tabelle 2.2 zeigt nur die auf den Informationsnutzen abstellenden Ergebnisse. Die Ermittlung umfasst darüber hinaus fünf weitere Aspekte vorwiegend zum Unterhaltungsnutzen, bei denen durchweg Fernsehen und Radio dominieren. Ganz ähnliche Ergebnisse, wie sie Tabelle 2.2 zeigt, erbrachte auch die SWR-Studie *Informationsverhalten der Deutschen 2002* (vgl. Blödorn und Gerhards 2004).

knapp eine halbe Stunde pro Tag verwendet, widmen beispielsweise Parlamentarier der Zeitungslektüre durchschnittlich mehr als zwei- bis dreimal so viel Zeit. Das von Abgeordneten im Deutschen Bundestag und in Länderparlamenten mit Abstand am meisten beachtete Blatt ist die *Frankfurter Allgemeine Zeitung*, gefolgt von der *Süddeutschen Zeitung*, der *Frankfurter Rundschau*, der *Welt* und dem *Handelsblatt*. Die meisten Abgeordneten haben darüber hinaus mindestens eine für sie wichtige Lokalzeitung abonniert, die Direktkandidaten lesen im Durchschnitt sogar an die drei Titel. Radio und Fernsehen werden von den Politikern eher selektiv genutzt (Puhe und Würzberg 1989).

Eine Umfrage unter den Mitgliedern beider Kammern des schweizerischen Parlaments kommt zu ähnlichen Ergebnissen. Die meisten lesen die *Neue Zürcher Zeitung* regelmäßig und zusätzlich mindestens eine Zeitung aus ihrer Herkunftsregion. Fernsehen und Hörfunk schätzen sie als Informationsquellen jedoch höher ein als die deutschen Parlamentarier (Slembeck 1988).

Mitglieder der politischen Parteien in Deutschland - auch die Funktionsträger - informieren sich sogar über das innere Parteigeschehen vorwiegend über die Massenmedien (Wiesendahl 1998, 2002). Untersuchungen über die Beziehungen zwischen Medien und Politik im Lokalen kommen zu dem Ergebnis, dass die Massenmedien den Angehörigen der lokalen Elite nicht nur als wichtige Informationsquelle und Entscheidungsgrundlage dienen. Es gibt darüber hinaus einen ausgeprägten informellen Einfluss von Medienangehörigen auf die Politik, da die Journalisten eng in das lokale Machtgefüge eingebunden sind (vgl. Murck 1983, Kurp 1994: 48 ff.).

Und auch die Angehörigen der bundespolitischen Exekutive können sich oft über eine Vielzahl von Sachverhalten nur mit Hilfe der Massenmedien ein Bild machen. Seit 1962 gehört es zu den Aufgaben des Presse- und Informationsamts der Bundesregierung, den Bundeskanzler tagtäglich über die wichtigsten aktuellen Nachrichten zu unterrichten (Reumann 2006). Inzwischen stellt das Amt den täglichen Medienspiegel mit Nachrichten- und Presseübersichten sowie Fernseh- und Hörfunkauswertungen zum politischen Geschehen im In- und Ausland allen Regierungsstellen im Intranet zur Verfügung (Kordes und Pollmann 1989: 39 ff.). Dass die Informationen aus den Massenmedien oft unmittelbar relevant sind für politische Entscheidungen, belegt eine Reihe empirischer Studien (vgl. Bybee und Comadema 1984, Wittkämper 1986, Kepplinger 1985b: 249).

Eines der Kernergebnisse der Umfragen unter Abgeordneten im Deutschen Bundestag und in Länderparlamenten ist, dass sich die Parlamentarier viel häufiger als Beeinflusste denn als Beeinflussende im politischen Meinungsbildungsprozess sehen (Puhe und Würzberg 1989, vgl. auch Harmgarth 1997: 114 ff.). Als besonders starke Quellen ihrer Beeinflussung nennen sie - nach ihrer Fraktion - überregionale Medien und Lokalzeitungen. Den Einfluss der Medien schätzen sie weit stärker ein als z.B. den von Bürgern oder Verbänden.

Da die Angehörigen von Legislative und Exekutive oft selbst Gegenstand der Berichterstattung in den Medien sind, hat der Einfluss der Medien auf diese Personen den Charakter von „reziproken Effekten", wie Kepplinger das in Anlehnung an die von Lang und Lang (1968) geprägte Begrifflichkeit nennt. Dabei kann schon ein einzelner Beitrag in den Medien – etwa eine Skandalgeschichte - einen großen Einfluss auf davon betroffene Politiker haben, während politische Medieneinflüsse auf die Bevölkerung in der Regel „kumulative und konsonante", d.h. häufige und inhaltlich gleichgerichtete Berichterstattung in vielen Medien voraussetzt (Kepplinger und Noelle-Neumann 2002: 627).

Als Reaktion auf den Bedeutungszuwachs der Massenmedien unternehmen viele Organisationen zunehmend Anstrengungen, um über ihre Pressesprecher und Public-Relations-Abteilungen die politische Kommunikation in ihrem Sinne zu beeinflussen. Das gilt nicht nur für Regierungen und Parteien, sondern mehr noch für die Vertretung politischer Interessen durch Unternehmen, Gewerkschaften, Verbände und so genannte NGO's (Nicht-Regierungs-Organisationen). Sie legen immer mehr Wert auf das strategische Themenmanagement, um proaktiv auf politische Entscheidungen wie auch auf deren Vorbereitung und Vermittlung durch die Massenmedien einzuwirken. Die Folge ist eine zunehmende Instrumentalisierung der öffentlichen Kommunikation, wie sie auch konzeptionell in der neueren Public-Relations-Theorie angelegt ist (Dyllick 1989, Zerfaß 2004).[17] Andererseits kommt es zu einer stärkeren Durchdringung der politischen Öffentlichkeit mit den partikularen Interessen der verschiedensten gesellschaftlichen Gruppen.

Der Anteil der Massenmedien an der politischen Kommunikation lässt sich zwar nicht quantifizieren. Aber auf Grund einer Vielzahl von empirischen Befunden kann man davon ausgehen, dass er in letzter Zeit stark zugenommen hat und in Zukunft weiter zunimmt. Die Rede von der „Mediendemokratie" und von der „Medialisierung der Politik" bezieht sich auf diese Entwicklung.

2.2 Medialisierung der Politik

Medialisierung bezeichnet Veränderungen, die auf eine Wechselwirkung zwischen dem Wandel der Medien und dem gesellschaftlichen Wandel zurückgehen. Man kann das auf einer technischen und auf einer inhaltlichen Ebene betrachten. So können wir eine immer dichtere medientechnische Vernetzung der Gesellschaft beobachten. Dadurch kommt es zu einer permanenten Diffusion medialer Inhalte in alle gesellschaftlichen Bereiche. Bezeichnungen wie *Mediengesellschaft* oder *Mediendemokratie* (auch polemisch: *Mediokratie*) sollen den epochalen Wandel auf den Begriff bringen. Die Mediengesellschaft ist laut Jarren (1998, Jarren 2001) dadurch

---

17 Ausführlicher wird dies unten in Kapitel 7 behandelt.

charakterisiert, dass sich die Medien immer mehr ausbreiten und die publizistische Informationsvermittlung enorm beschleunigen, dass sich neue Medientypen herausbilden und immer tiefer die gesamte Gesellschaft durchdringen, dass Medien auf Grund ihrer Reichweite gesamtgesellschaftliche Aufmerksamkeit und Anerkennung beanspruchen.

Steinmaurer schlägt vor, den *technischen* Aspekt des Wandels als *Mediatisierung* und den *inhaltlichen* als *Medialisierung* zu bezeichnen. Die Mediatisierung treibt die Medialisierung voran mit der Folge einer „Kontaminierung der Gesellschaft mit Medieninhalten" (Steinmaurer 2003: 107). Die Differenzierung ist analytisch nachvollziehbar, wenn auch die Belegung mit zwei so ähnlichen Begriffen nicht besonders hilfreich ist. Und doch sind beide Begriffe – in der Regel allerdings synonym – im Gebrauch (im Englischen meist *mediation*, mitunter auch *mediatization*).

Hier wird die Wortform *Medialisierung* bevorzugt, und zwar abweichend von Steinmaurers Vorschlag unter Einschluss der technischen Aspekte des Wandels. Der Begriff soll auch nicht von vornherein mit einer negativen Konnotation im Sinne von „Kontaminierung" belegt werden.[18]

Die Medialisierung der Gesellschaft steht in Wechselwirkung mit Prozessen des technischen und ökonomischen Wandels sowie des allgemeinen sozialen Wandels und wird durch diese teils verstärkt, teils modifiziert. Verstärkt wird sie u. a. durch die rasch fortschreitende Digitalisierung und Konvergenz der Medientechniken einerseits sowie durch Tendenzen der Individualisierung und der Ökonomisierung der Gesellschaft andererseits. So wächst beispielsweise durch die nachlassende Bindungskraft von Institutionen wie Parteien, Gewerkschaften und Kirchen, die Auflösung traditioneller sozialer Milieus und politischer Konfliktlinien (*cleavages*) die Bedeutung von Massenkommunikation als Quelle der Orientierung und Sinnstiftung (Sarcinelli 1991). Zugleich scheint der Bedeutungszuwachs der Medien wiederum die Prozesse des sozialen Wandels zu begünstigen, die ihrerseits die Medialisierung verstärken.

Bei genauerem Hinsehen kann man in der Beziehung zwischen Medienwandel und sozialem Wandel vier Prozesse unterscheiden, die hier abstrakt als *Extension*, *Substitution*, *Amalgamation* und *Akkomodation* bezeichnet und im Hinblick auf ihre Folgen näher erläutert werden. Man sollte dabei allerdings nicht aus den Augen

---

18 Die Form *Medialisierung* ist auch deshalb als fachspezifischer Terminus technicus besser als die Form *Mediatisierung* geeignet, weil sie exklusiver ist, also nicht in dieser oder ähnlicher Form in anderen fachlichen bzw. wissenschaftlichen Zusammenhängen vorkommt. So ist der Begriff *Mediatisierung* fachsprachlich schon belegt. Er bezeichnet die Herstellung der Reichsunmittelbarkeit zahlreicher Kleinterritorien durch den Reichsdeputationshauptschluss zu Beginn des 19. Jahrhunderts. Zweitens ist er phonetisch sehr nah am Begriff der *Mediation*, dem Verfahren der Konfliktschlichtung durch Einschalten eines neutralen Vermittlers. Drittens ist es dann geneigt, an die in der systemtheoretischer Modellierung demokratischer Prozesse übliche Unterscheidung von Vermittlungssystemen zu denken, zu denen Parteien, Interessengruppen und vielfach auch die Massenmedien gerechnet werden; mitunter ist dies von den Autoren allerdings auch beabsichtigt (und trägt zusätzlich zur Begriffsunschärfe bei).

verlieren, dass es sich um analytische Unterscheidungen handelt, die sich auf einen real ganzheitlichen und höchst komplexen Vorgang des Wandels beziehen.[19] Die medientheoretischen Gesetzmäßigkeiten, denen diese Prozesse unterliegen, werden in Kapitel 4 noch weiter ausgeleuchtet.[20]

2.2.1 Erweiterung der Kommunikationsfähigkeiten

Auffälligstes Merkmal des Medienwandels ist das Streben nach Erweiterung und Steigerung der menschlichen bzw. sozialen Kommunikationsfähigkeiten. Schon die einfachsten Medien – etwa frühe Schrift- und Bildmedien – dienten der *Extension* der natürlichen menschlichen Kommunikationsfähigkeiten. Und jedes neue Medium, ja die gesamte Medienentwicklung lässt sich begreifen als kontinuierliches Bemühen, die Übertragungsreichweite, die Speicherungsmöglichkeiten, die Mitteilungscodierung oder mehrere dieser Medienleistungen zu steigern sowie die Technik und Ökonomie ihrer Herstellung zu verbessern.

Eine Folge für die Politik hat einmal Radunski (1980: 82) – der langjährige Wahlkampfmanager der CDU - an einem praktischen Beispiel vorgerechnet: Heutzutage kann ein Politiker mit einem einzigen Auftritt im Fernsehen mehr Wähler ansprechen, als er in seiner gesamten politischen Laufbahn jemals durch persönliche Kontakte bei Veranstaltungen, Hausbesuchen, Sitzungen usw. erreicht. Diese Funktion moderner Massenmedien wird nochmals gesteigert, wenn der Politikerauftritt zu einem Medienereignis hochgespielt wird, das zu einer Welle von Anschluss- und Folgekommunikation in allen Medien führt, wie das z. B. bei den Fernsehduellen zwischen den Spitzenkandidaten in den Bundestagswahlkämpfen der Fall ist.

Der Medienwandel erweitert den politischen Horizont der Akteure und ihre politischen Handlungsmöglichkeiten. Sie können sich umfassend und vergleichend aus den verschiedensten Quellen informieren. Zu besonderen Anlässen tragen die Medien durch extensive Berichterstattung zur Mobilisierung und zu verstärkter Teilnahme am politischen Geschehen bei. Besonders das Internet eröffnet ganz neue Möglichkeiten der direkten politischen Partizipation, auch einer sehr aktiven Beteiligung durch Weblogs, Bürgerjournalismus und andere Formen von Interaktivität, die unter dem Stichwort *Web 2.0* diskutiert werden.

Mit der Steigerung der Medienfunktionen kommt es zwangsläufig zur Vergrößerung ihrer Folgen, nämlich zu verstärkten strukturellen medialen Prägungen politischer Kommunikation, zur ubiquitären Verfügbarkeit medialer Politik und

---

19 Dieser Abschnitt greift einige teils an anderer Stelle schon veröffentlichte Überlegungen auf (vgl. Schulz 2004).
20 Vgl. Kap. 4.2

damit auch zu steigender Abhängigkeit von den typischen Verzerrungen in der medialen Politikdarstellung.

2.2.2 Mediale Politik-Substitution

Ein weiteres Merkmal des Wandels besteht in der *Substitution* politischen Handelns und politischer Institutionen durch Medien, - mitunter nur teilweise, manchmal auch vollständig. Besonders auffällig ist dies im Kontext von Wahlkämpfen. Im Prozess der Mobilisierung und Meinungsbildung der Wähler sind zunehmend Funktionen der Parteien auf die Medien übergegangen. So ist beispielsweise zu beobachten, dass die Kontakte zwischen Politikern und ihren Wählern nicht nur durch Medieneinsatz gesteigert werden, sondern dass nicht-mediale Kontakte wie Parteiversammlungen, Hausbesuche, Kundgebungen usw. teilweise durch mediale Kommunikation ersetzt werden, z. B. durch Mailings, Plakate, Radio- und Fernsehauftritte, Internet-Chats.

Entsprechend kann man feststellen, dass auch in der politischen Kommunikation der Bürger der Anteil medialer Kommunikation zunimmt. So erfuhr beispielsweise das Fernsehen im Vergleich zu persönlichen Gesprächen und der Teilnahme an Wahlveranstaltungen einen enormen Bedeutungszuwachs als Quelle politischer Information im Wahlkampf (Kepplinger und Maurer 2005: 58 ff.).

Medienereignisse, wie Dayan und Katz (1992) sie definieren, oder Pseudo-Ereignisse, wie Boorstin (1973) es genannt hat, illustrieren den Substitutionsvorgang besonders eindrucksvoll. Beispiele sind für die Medien inszenierte Staatsakte, Gipfeltreffen oder bedeutende internationale Sportveranstaltungen, die oft auch eine politische Dimension haben, da sie z.B. zur Projektion von Nationalstolz dienen. Medienereignisse sind live und richten sich an ein riesiges Publikum; von ihnen geht ein sozialer Zwang zur Beachtung aus. Medienereignisse sind durch ein hohes Maß an medialer *Selbstreferentialität* charakterisiert, d.h. sie sind selbst Gegenstand der Medienberichterstattung (Scherer und Schlütz 2002: 19).

Substitution und *Extension* gehen oft Hand in Hand. So ersetzen Medienereignisse nicht-mediale Ereignisse, wenn auch mitunter nur in Teilaspekten, und steigern zugleich deren Reichweite und oft auch ihre symbolische Bedeutung; Internet- und Mobilfunkdienste ersetzen und beschleunigen die interpersonale Kommunikation; und das Fernsehen ersetzt familiäre Gespräche, regt sie aber auch mitunter an, indem es Themen und Anlässe für die interpersonale Kommunikation liefert.

2.2.3 Verschränkung von Medien und Politik

Der Medienwandel führt nicht nur zur Erweiterung und zum Ersatz nicht-medialer Fähigkeiten und Handlungen. Er bringt auch eine Amalgamation medialer und nicht-medialer Aktivitäten mit sich, die uns oft gar nicht bewusst ist. Krotz (2001) umschreibt diese Vorgänge mit den Ausdrücken „Entgrenzung", „Vermischung" und „Verwobenheit" medialer und nicht-medialer Aktivitäten. Mediennutzung ist Teil unseres Alltagshandelns und ebenso unseres politischen Handelns, Medien durchdringen politische Organisationen und die politische Öffentlichkeit.

Während Medien zum integralen Bestandteil des privaten und öffentlichen Lebens wurden, verschmolzen die Spezifika medialer Kommunikation mit der sozialen Wahrnehmung und dem Handeln im Alltag, in Beruf und Freizeit, in politischen Prozessen. So ist die Wahrnehmung politischer Themen und Ereignisse inzwischen weitgehend abhängig von den medialen Realitätskonstruktionen; medientypische Selektionen und Codierungen schlagen sich in den politischen Vorstellungen der Mediennutzer nieder. Das Medienimage prominenter Politiker (wie auch anderer Zelebritäten) vermischt sich mit ihrer realen Wahrnehmung (sofern Ersteres nicht Letzteres ganz und gar substituiert).

Aber es sind nicht nur die Inhalte, sondern auch die Medienformate, die in das extra-mediale Leben eindringen. So ist es beispielsweise üblich geworden, politische Diskussionsveranstaltungen, auch wenn sie „live" und ohne Fernsehbeteiligung stattfinden, in der Art von Fernsehrunden oder Talkshows zu arrangieren. Große Parteitage werden inzwischen ganz selbstverständlich von Film- oder Fernsehregisseuren inszeniert, mit Showelementen angereichert und dabei für ihre Bildschirmwirkung zugerichtet. Während des Irak-Kriegs 2003 engagierte die US-Heeresleitung einen Hollywood-Regisseur zur Inszenierung ihres Pressezentrums in Katar (vgl. Textbox 2.1). Die „eingebetteten Reporter" im Irak-Krieg sind ein weiteres Beispiel für die Verschränkung von Medien und Politik, in diesem Fall für die Entgrenzung von Kriegshandeln und journalistischer Kriegsbeobachtung. Ein ähnliches Phänomen auf anderer Ebene ist das Engagement von Journalisten als Mediatoren in internationalen Konflikten, in denen sie zugleich als Berichterstatter tätig sind. Gilboa (2008) nennt dies „Medienmakler-Diplomatie" (*media-broker diplomacy*) und führt u. a. als Beispiel an, dass sich John Scali, Korrespondent des amerikanischen Senders *ABC News*, in Geheimgesprächen mit hochrangigen Sowjetvertretern um die Beilegung der Kuba-Krise von 1962 bemühte.

Auf der Systemebene lässt sich der Wandel als eine symbiotische Verschränkung von Politik und Medien beschreiben. Die Leistungen der Politik sind zunehmend abhängig vom Medieneinsatz, etwa bei der Aggregation von Interessen und der Mobilisierung von politischer Unterstützung wie auch bei der Implementierung politischer Entscheidungen. Auf der anderen Seite sind die Informationsleistungen der Medien nicht nur abhängig von der politischen Nachrichtengebung durch Presse- und Öffentlichkeitsarbeit, sondern auch von der Inszenierung politischer Realität durch aktives Ereignis- und Themenmanagement, wie es inzwischen fester Bestandteil der strategischen Kommunikation politischer Interessen ist.[21] Beobachter sehen darin eine „funktionale Verschränkung" von Politik und Medien zu einer „neuartigen Superstruktur" (Plasser 1989, vgl. auch Blumler 1990, Swanson 1992).

Textbox 2.1: Die Bühne des Medienkrieges

„Im *Media Center* wird der Oberkommandierende General Tommy Franks auftreten. Hier werden die Toten erzählt, die Gefallenen geehrt werden, hier werden die Vorstöße und Siege verkündet und die Rückschläge kaschiert. Hier werden Bilder in allen gängigen Video-Formaten gezeigt, Aufmarschpläne und taktische Zeichnungen. Hier wird der Krieg erklärt. Jeden Tag.

Es ist nicht bekannt, wessen Idee es war. Doch sie macht Sinn. Zumindest zur Prime-time muss Krieg gut aussehen. Das Pentagon rekrutierte den Filmdesigner George Allison, um für 200 000 Dollar die Bühne für Tommy Franks' Pressebriefings zu gestalten. In Hollywood hat der 43-Jährige für Disney und MGM gearbeitet. Unter anderem arbeitete er am nächsten Michael-Douglas-Film *It runs the Family* mit.

Keine Flip-Charts mehr, wie zu Zeiten von General Norman Schwartzkopf, keine einsam flackernden Videobildschirme. George Allison hat ein Bühnenbild in die Halle gestellt, das die Macht, die Rationalität des Krieges und die Überlegenheit der Koalition darstellen soll."

Quelle: Alexander Smoltczyk, SPIEGEL ONLINE, 20. März 2003[22]

2.2.4 Anpassung an die Medienlogik

Vom Medienwandel geht notwendigerweise eine Tendenz zur *Akkomodation* an die spezifischen Medienfunktionen wie auch an die im Zuge des Wandels eintretenden Extensions-, Substitutions- und Amalgamationsprozesse aus. Auf der individuellen Ebene ist das beispielsweise erkennbar an Veränderungen des Mediennutzungsverhaltens, besonders dramatisch etwa an der Ausweitung der täglichen Mediennutzungsdauer, mit der die Nutzer auf das erweiterte und zunehmend attraktivere Angebot reagieren (vgl. oben Abbildung 2.1). Freilich bleibt die Nutzungsexpansion weit hinter der Angebotsexpansion zurück.

---

21   Vgl. unten Kapitel 7
22   Zitiert nach http://archive.infopeace.de/msg02302.html (5. Juni 2007)

Bei differenzierter Betrachtung sind einige Unterschiede zwischen den Medien-gattungen sowie innerhalb demographischer Segmente und sozialer Milieus er-kennbar. Der langfristige Trend weist einen Bedeutungsverlust der Tageszeitungen auf, vor allem bei jüngeren Jahrgängen, verbunden mit einer Abwendung von poli-tischen Inhalten und einer Hinwendung zu Unterhaltungsangeboten (vgl. Reitze und Ridder 2006). Daraus scheinen politische Partizipationsdefizite bei bestimmten Bevölkerungsgruppen zu resultieren (Schönbach 1977).

Ebenso gibt es eine Anpassung von Angehörigen des politisch-administrativen Systems an den Medienwandel, die zu teils weitreichenden Veränderungen des politischen Handelns und politischer Prozesse führt. So verweisen verschiedene Autoren darauf, dass Politiker, Parteien, Parlamente und Regierungen ihr Verhal-ten zunehmend an der „Medienlogik" ausrichten, und zwar insbesondere an den Aufmerksamkeitsregeln und Darstellungsformaten des Fernsehens (vgl. etwa Nimmo und Combs 1983, Mazzoleni 1987, Plasser 1989). *Pseudo-Ereignisse*, die im Hinblick auf größtmögliche Publizität inszeniert werden und die inzwischen einen großen Teil der politischen Medienrealität ausmachen, antizipieren die Medienlo-gik, damit sie ihre publizistische Wirkung entfalten können. Mitunter haben es die Akteure nur auf Publizität und Imagegewinn abgesehen; oft geht es aber darum, die Medien für darüber hinaus gehende politische oder andere Ziele zu instru-mentalisieren. Das können auch kriminelle oder terroristische Ziele sein, wie oft am Beispiel von Geiselnahmen auf erschreckend anschauliche Weise vorgeführt wird (vgl. Textbox 2.2).

Infolge der Akkomodation an die Medienlogik verändern sich einerseits die politischen Handlungsmuster und andererseits auch die politischen Medienin-halte. Denn die Orientierung an den Aufmerksamkeitsregeln der Medien - vor al-lem am Nachrichtenwert von Negativismus - steigert den Konfliktgehalt sowohl der politischen Interaktionen wie auch der Medieninhalte, die darauf Bezug neh-men.

Durch diese Rückkopplung beeinflussen die Medien indirekt das politische Ge-schehen, das sie nur scheinbar bloß abbilden (Lang und Lang 1953, Kepplinger 2002a).

2.2.5 Folgen der Medialisierung

Wenn man in der Medialisierung Veränderungen infolge der Interaktion zwischen dem (technisch und ökonomisch induzierten) Medienwandel und dem gesell-schaftlichen Wandel sieht, dann ist Medialisierung per definitionem folgenreich, und zwar nicht zuletzt auch für die Politik. Medialisierung hat Folgen für die ver-schiedenen Dimensionen von Politik, wie sie in der Politikwissenschaft unterschie-den werden (vgl. etwa Kaase 1998b, Jarren und Donges 2002: Bd. 1, 24 f.). Medi-alisierung betrifft beispielsweise die Interaktion zwischen politischen Akteuren (*politics*), die Definition politischer Themen und Probleme (*policy*) wie auch die normative und institutionelle Ordnung von Politik (*polity*).

Textbox 2.2: Die Medienlogik der Geiselnahme

„Als Susanne Osthoff im Dezember in Geiselhaft saß, gab es viele Menschen, die in der Öffentlichkeit für sie kämpften. Frühere Bundespräsidenten setzten sich für ihre Freilassung ein, Mutter und Schwester zeigten sich mehrmals den Tränen nahe und mit Kopftüchern verhüllt im arabischen Fernsehen. Und am Ende ließ sich gar Ex-Bundeskanzler Gerhard Schröder von seinem Englischkurs im britischen Wales nach Deutschland locken und appellierte via TV an die Entführer im Irak, die deutsche Archäologin freizulassen. Osthoff dankte Schröder nach dem Ende der Geiselhaft ausdrücklich für diesen Einsatz.

Ob er ihr allerdings wirklich nützte, ist eher fraglich. Denn der öffentliche Aufruhr hat die Verhandlungen im Entführungsfall Osthoff mehr erschwert als beflügelt, berichten Insider. ‚Die Gesetze des Marktes gelten auch im Irak, und sie gelten unter Geiselnehmern', berichtet ein Sicherheitsexperte. ‚Je höher die Medienpräsenz einer Geisel, desto höher wird der Preis für sie.'"

Quelle: Süddeutsche Zeitung, 2. Februar 2006

Dass in allen diesen Dimensionen Veränderungen eintreten, ist zunächst eine Selbstverständlichkeit und von nur begrenztem wissenschaftlichen Interesse. Das Interesse richtet sich vielmehr darauf, wie diese Folgen zu bewerten sind. Die Kernfrage ist dabei: Verbessert oder verschlechtert Medialisierung die Demokratiequalität? Diese Frage hat in der Kommunikationsforschung durchaus ihre Tradition (wenn sie auch nicht immer genau so formuliert wird). Sie ist impliziert in Konzepten wie beispielsweise politische Beteiligung, Gleichheit des Zugangs zur Information, Systemvertrauen, Kontrolle der Autoritäten. Die Forschung geht dabei von differenzierteren und konkreteren Fragestellungen aus wie z.B.:

- Fördert die Medialisierung den Zugang zu politischen Informationsressourcen und die politische Kompetenz der Bürger? Zu dieser Frage sind die Befunde zur medialen Informationsverarbeitung, zur Mediennutzung und politischen Informiertheit in den Kapiteln 2, 4 und 5 relevant.

- Begünstigt die Medialisierung politisches Engagement und politische Beteiligung der Bürger? Auf diese Frage geben viele der in den Kapiteln 5 und 6 behandelten Untersuchungen über den Zusammenhang zwischen politischer Kommunikation und politischem Engagement – insbesondere im Kontext von Wahlen – eine Antwort.

■ Fördert oder mindert die Medialisierung das Vertrauen der Bürger in die Demokratie und ihre Institutionen? Zu dieser Frage gibt es eine Vielzahl von Untersuchungen, die sich außer auf Vertrauen auf Konzepte wie Videomalaise, Politikverdrossenheit, *political cynicism* u.a. beziehen (vgl. dazu Kapitel 5).

■ Verbessert die Medialisierung die Responsivität des politisch-adminstrativen Systems und die Kontrolle politischer Macht? Diese Frage steht hinter den Untersuchungen zur Vielfalt und Qualität der politischen Berichterstattung sowie zu Agenda-Building und Agenda-Setting, die u.a. in den Kapiteln 4 und 7 dargestellt werden.

■ Hat die Medialisierung einen positiven oder negativen Einfluss auf die Struktur und Funktionsweise von politischer Öffentlichkeit? Dies ist eine der zentralen Fragen, die in den Kapiteln 4 und 8 behandelt werden. Empirische Untersuchungen gehen dieser Frage nach, indem sie u.a. das Framing der öffentlichen Debatte, die Beteiligung verschiedener Akteurstypen am Diskurs, deren Kommunikationsstil und Argumentationsniveau analysieren.

Zu diesen und verwandten Fragen wird in den folgenden Kapiteln eine Vielzahl theoretischer und empirischer Beiträge der politischen Kommunikationsforschung vorgestellt. Im Schlusskapitel wird dann noch einmal die Frage nach den Folgen der Medialisierung für die Demokratiequalität aufgegriffen und in einem größeren Zusammenhang diskutiert.

3 Modelle des politischen Kommunikationsprozesses

In der Grundordnung demokratischer Staaten ist ein Spannungsverhältnis zwischen Medien und Politik angelegt; Konkurrenz und Konflikte sind geradezu gewollt. Es mag daher überraschen, wenn die politische Kommunikationsforschung dies als ein Problem oder gar als Ausdruck einer Krise ansieht. Gleichwohl beschäftigt sie das Thema schon seit Jahrzehnten. Dabei hat sie die Perspektive teils erweitert und grundsätzlicher die Frage nach den politischen Funktionen und Rollen der Medien aufgeworfen, teils aber auch auf einzelne Aspekte in der Beziehung zwischen Medien und Politik verengt, beispielsweise auf politische Public Relations. Überlagert wird dies durch eine Diskussion darüber, welches der geeignete theoretische Ansatz zur Analyse politischer Kommunikation ist.

Dieses Kapitel behandelt die in der wissenschaftlichen Diskussion vorherrschenden Sichtweisen und Erklärungen zum Verhältnis von Medien und Politik. Der Akzent liegt dabei auf solchen Modellvorstellungen, die in der empirisch orientierten Forschung eine Rolle spielen und auch internationale Bedeutung haben.

3.1 Medien und Politik – die Systemperspektive

Mit dem Bedeutungszuwachs der Massenmedien wuchs das Problembewusstsein für das traditionelle Spannungsverhältnis zwischen Medien und Politik, und damit entstand auch das Interesse an der wissenschaftlichen Bearbeitung dieses Verhältnisses. Denn einerseits gehört es zu den Aufgaben der Politik, auch für den Mediensektor verbindliche Entscheidungen herbeizuführen. Dies geschieht in der Form von Mediengesetzen und im Mediensektor wirksamen Entscheidungen in anderen Politikfeldern, z.B. in der Wirtschafts- und Finanzpolitik. Dazu gehört ferner, durch medienpolitische Programme, Konzepte und Debatten die Entscheidungen vorzubereiten und die Einhaltung mediengesetzlicher Vorschriften zu kontrollieren. Dass dabei unter Umständen auch der Freiheit der Medien Schranken gesetzt werden müssen, gebietet der Schutz anderer hoher Rechtsgüter, etwa der Persönlichkeitsrechte der einzelnen Bürger und der Schutz ihrer Privatsphäre.

Auf der anderen Seite wird den Massenmedien in den Verfassungen demokratischer Staaten ein Höchstmaß an Unabhängigkeit zugestanden, denn – so hat es das deutsche Bundesverfassungsgericht einmal formuliert – „eine freie, nicht von der öffentlichen Gewalt gelenkte, keiner Zensur unterworfene Presse ist ein Wesenselement des freiheitlichen Staates; insbesondere ist eine freie, regelmäßig erscheinende politische Presse für die moderne Demokratie unentbehrlich."[23] Die Presse ist hier in der Begründung des *Spiegel*-Urteils vom 5. August 1966 als pars pro toto genannt, d.h. die Aussage gilt ohne Einschränkung auch für andere publizistische Medien.

Dieser Auffassung entsprechend wird den Massenmedien eine *öffentliche Aufgabe* zugewiesen, wozu ausdrücklich auch die Aufgabe der Kritik und Kontrolle politischer Macht gehört. Pointiert wird das, wenn die Medien als „vierte Gewalt" apostrophiert werden, d.h. als eine Komponente im System der Gewaltenteilung – gleichrangig neben Legislative, Exekutive und Judikative. Zwar ist die Zuschreibung einer „vierten Gewalt" umstritten, u. a. weil daraus abgeleitet werden könnte, die Medien für staatliche Aufgaben in Anspruch zu nehmen. Aber unbestritten ist, dass die Freiheit und Unabhängigkeit der Medien – und zwar insbesondere auch Unabhängigkeit von und gegenüber der Politik – eine der Grundbedingungen eines demokratischen Staates ist.

3.1.1 Das Input-Output-Modell

Beziehungen zwischen Medien und Politik werden gern mit Hilfe von Systemmodellen verdeutlicht. Die empirische Politik- und Kommunikationsforschung hat sich vielfach an den von Easton (Easton 1965) und Almond (1966) entwickelten Modellvorstellungen orientiert. Da sie – mitunter auch nur unterschwellig – vielen theoretischen und empirischen Forschungsansätzen zugrunde liegen und insbesondere die wissenschaftliche Begrifflichkeit geprägt haben, sollen sie hier kurz skizziert werden.

Die einfache Grundidee aller Systemmodelle besteht in der Abgrenzung einer Menge von Elementen, zwischen denen Wechselbeziehungen bestehen, von ihrer Umwelt. Easton (1965: 21) bezeichnet die Elemente eines politischen Systems relativ abstrakt als *Interaktionen*. Das politische System konstituiert sich aus solchen Interaktionen. Charakteristisch für das politische System sind Interaktionen, durch die verbindliche Wertentscheidungen getroffen werden. Darin unterscheidet sich das politische von anderen sozialen Systemen, z.B. vom ökonomischen System oder vom Mediensystem. In ähnlichem Sinne spricht Luhmann davon, dass im politischen Funktionssystem durch *Kommunikationen* kollektiv bindende Entscheidungen produziert werden.

In der weniger abstrakten Darstellung von Almond und Powell (1966: 21) sind die Elemente politischer Systeme *Rollen*, in denen politische Akteure handeln. Eine Rolle ist definiert über gesellschaftliche Handlungserwartungen, die mehr oder weniger formell bzw. informell festgelegt sind. Als politisch im engeren Sinn gelten solche Rollen, zu deren Handlungserwartung die Ausübung von Herrschaft

---

23   BVerfGE 20, 174

gehört; als politisch im weiteren Sinn kann man alle Rollen ansehen, die auf Herr-
schaftsausübung bezogen sind. Wenn bestimmte Rollen in einer (gesellschaftlich
definierten) Beziehung zueinander stehen, bilden sie eine *Struktur*. Sofern diese
Struktur auf formalisierten Beziehungen bzw. Interaktionen beruht, wird sie auch
Amt, Institution oder Organisation genannt.

Darüber hinaus nimmt in diesem systemtheoretischen Modell das Konzept der
politischen Kultur eine zentrale Stellung ein. Die Unterscheidung zwischen politischer Struktur und politischer Kultur hat auf die empirische Forschung sehr anregend gewirkt. Konzepte wie Rolle oder Institution beziehen sich auf den beobachtbaren Teil des politischen Handelns. Dies ist die *strukturelle* Dimension von Politik.
Die politische Kultur ist demgegenüber eine nicht direkt beobachtbare, eine „psychologische" Dimension. Die politische Kultur eines Systems ist das spezifische
Muster individueller Einstellungen und Orientierungen der Systemmitglieder gegenüber Politik. Sie besteht aus mehreren Komponenten: (1) aus politischen
Kenntnissen und Überzeugungen, (2) aus der affektiven Beziehung zu politischen
Institutionen oder Akteuren, also z.B. Parteien oder Politikern, und (3) aus Urteilen
und Meinungen.

3.1.2 Prozesse und Funktionen

Easton verdeutlicht seinen systemtheoretischen Ansatz mit einem vielfach aufge-
griffenen und modifizierten Flussmodell, für das es eine einfache und einige komplexere grafische Darstellungen gibt. Abbildung 3.1 orientiert sich an der einfachen
Version, die – so der Autor – die für alle Systeme fundamentalen Prozesse zeigt
(Easton 1965: 32).

Das Flussmodell dient der Analyse von Prozessen und Funktionen. *Funktionen*
kann man umschreiben als Leistungen von Systemstrukturen für das Gesamtsys-
tem. Dahinter steht die bestimmten Systemtheorien eigene Vorstellung, dass Systeme „funktionale Erfordernisse" haben, also auf bestimmte Leistungen ihrer
Strukturen angewiesen sind, um z.B. erfolgreich überdauern zu können und Beziehungen zu ihrer Umwelt aufrechtzuerhalten. Diesen funktionalen Erfordernissen sind unterschiedliche politische Prozesse zugeordnet.

Ein für die Erfordernisse der Systemerhaltung und Systemanpassung besonders
wichtiger Prozess ist die *politische Sozialisation*. Dabei übernehmen die Angehörigen eines politischen Systems – beginnend in der Kindheit und in Jugendjahren –
zentrale Elemente der politischen Kultur wie z.B. Wissen über politische Institutionen, politische Überzeugungen und politische Verhaltensweisen.[24]

Zu den wichtigsten Systemerfordernissen gehört ferner die interne Umsetzung
(„Konversion") von *Input* in *Output*. Dabei kann man zwei Arten von Systeminput

---

24 Vgl. unten Abschnitt 5.1

unterscheiden, nämlich *Ansprüche* („demands") und *Unterstützungen* („supports").
Sie haben ihren Ursprung in den Bedürfnissen der Systemangehörigen. Zu den
Ansprüchen zählt u. a. das Verlangen nach *politischer Beteiligung*, etwa durch Wah-
len und in politischen Vereinigungen, sowie nach politischer Information und
Kommunikation. Damit korrespondieren bestimmte Formen der Unterstützung,
beispielsweise Anerkennung staatlicher Autorität und *Vertrauen* in die politischen
Institutionen sowie partizipatorische Unterstützung durch Beteiligung an Wahlen.

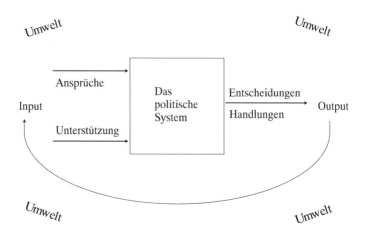

Abbildung 3.1: Systemmodell nach Easton (1965: 32)

Diese Unterstützungen statten das politische System mit Ressourcen aus, die es
ermöglichen, einen *Output* zu leisten, d.h. legislative, exekutive und judikative
Leistungen zu erbringen. Der Konversionsprozess beginnt auf der Input-Seite mit
der Interessenartikulation, d.h. der Formulierung von Ansprüchen, und der Inte-
ressenaggregation, d.h. der Bündelung ähnlicher Ansprüche zu politischen Programmen. An dem Ausmaß, in dem der Output den Ansprüchen auf der Input-
Seite gerecht wird, zeigt sich die *Responsivität* des politischen Systems.

3.1.3 Massenmedien als Vermittlungsinstanzen

Bei der Umsetzung von Ansprüchen in politische Leistungen haben die Massenmedien – neben anderen *intermediären Instanzen* wie Parteien, Verbände, Interessengruppen – eine wichtige Aufgabe. Sie sind entscheidend daran beteiligt, die
Ansprüche der Bürger zu artikulieren und an die politischen Institutionen zu vermitteln. In ähnlicher Weise werden auch einige Formen der politischen Unterstützung vermittelt, z.b. Zustimmungen zu oder Ablehnungen von politischen Institutionen oder Akteuren durch die öffentliche Meinung. Ebenso wichtig sind die Medien für die Vermittlung des Outputs, d.h. für die Bekanntmachung und Durchsetzung politischer Entscheidungen, sowie für Rückmeldungen über die Akzeptanz
und über Folgen politischer Entscheidungen.

Das Flussmodell mit *Feedbacks* (Rückkopplungsschleifen) verdeutlicht die Be-
deutung von politischer Kommunikation graphisch. Bei der Analyse politischer
Systeme ist eine Vielzahl von Feedbacks zu berücksichtigen: zwischen einzelnen
Akteuren und Institutionen, zwischen Subsystemen im Innern und mit anderen
sozialen Systemen nach außen. Kommunikation ist allgegenwärtig im politischen
System („... communication per vades the entire political process...“, Almond und
Powell 1966: 80, 165 f., 169 f.).

Ein Charakteristikum des systemtheoretischen Ansatzes liegt in der Modellierung politischer Prozesse. Es lenkt die Aufmerksamkeit darauf, dass Politik dyna-
misch ist, d.h. ständigen Veränderungen unterliegt. Das Modell erlaubt darüber
hinaus eine Verbindung von Mikro- und Makro-Ebene, d.h. zwischen den einzelnen Bürgern und dem politischen System als Gesamtheit. Es ist damit anschlussfähig für empirische Untersuchungen, die üblicherweise auf der Mikro-Ebene – also
bei Individuen – ansetzen und durch Aggregation zu Aussagen auf der Makro-
Ebene kommen. Ein Beispiel ist die vergleichende Analyse politischer Kulturen
anhand der in Bevölkerungsumfragen ermittelten Einstellungen (vgl. die Pionierstudie von Almond und Verba 1963). In analoger Weise lassen sich politische Kom-
munikationskulturen vergleichend untersuchen (vgl. etwa Blumler 1983, Pfetsch
2003).

Dies sind Vorzüge, die den großen Einfluss des Modells und seiner Begrifflich-
keit auf die politische Kommunikationsforschung begründen (vgl. etwa Rühl 1969,
Chaffee, S. H. 1975, Kraus und Davis 1976: 191 ff., Meadow 1980: 39 ff., Saxer 1998,
Maurer 2003: 17 ff., Esser 2003a).[25]

---

25 Wie Easton so haben auch viele nach ihm, die den systemtheoretischen Ansatz übernommen bzw.
    modifiziert haben, versucht, die vielfältigen Fluss- und Feedback-Beziehungen im politischen Sys-
    tem und in dessen Beziehungen zu anderen Systemen – insbesondere zum Mediensystem – gra-
    phisch zu veranschaulichen. Ihr Beitrag zum Verständnis des Ansatzes ist jedoch begrenzt.

3.2 Beziehungen im politischen Kommunikationssystem

Systemtheoretische Ansätze wie der im vorherigen Abschnitt skizzierte gehen implizit davon aus, dass zwischen Politik und Medien ein Zweck-Mittel-Verhältnis und damit auch ein Verhältnis der Über- und Unterordnung besteht. Aus dieser Sichtweise leiten sich zwei Diagnosen ab, die von unterschiedlichen Voraussetzungen und Beobachtungen ausgehen und daher auch zu unterschiedlichen Ergebnissen kommen.

3.2.1 Mediendependenz der Politik

Die These von der Mediendependenz der Politik behauptet, durch die Medialisierung sei die Politik in die Abhängigkeit der Massenmedien geraten. Diese Auffassung geht ganz selbstverständlich vom Primat der Politik aus, und daher finden sich ihre Anhänger vor allem unter Politikern und Politikwissenschaftlern (vgl. beispielsweise Oberreuter 1997, Müller, A. 1999, Meyer 2001). Sie weisen der Autonomie und Funktionssicherung politischer Institutionen einen hohen Rang zu und erwarten dementsprechend von den Massenmedien eine dienende Rolle gegenüber Parlament, Regierung und staatlicher Verwaltung.

Politische Kommunikation dient in dieser Auffassung vorrangig der Konversion von Ansprüchen und Unterstützung einerseits sowie der Politikdarstellung und politischen Steuerung andererseits. In diesem Sinne und mit Blick auf politische Institutionen und Akteure werden die Massenmedien vor allem als Institutionen der *Politikvermittlung* gesehen (beispielhaft Sarcinelli 1987a: 21, 2005).[26] Auch in den gebräuchlichen metaphorischen Charakterisierungen der Medien als „Informationskanäle", „Forum" für den politischen Diskurs, „Spiegel" der öffentlichen Meinung schwingt diese Auffassung mit.

Folgt man Kepplinger (1985b), so hat sich das Verhältnis der Politik zu den Medien inzwischen aber umgekehrt. Die politischen Institutionen sind von den Massenmedien abhängig geworden. Dieser Wandel wird in historischer Perspektive verdeutlicht. Während im Absolutismus das auf Geheimhaltung aufgebaute politische System gegenüber der Presse weitgehend autark war, gewann das Prinzip Öffentlichkeit zwar im Laufe des 19. Jahrhunderts an Bedeutung; aber Regierung, Parlament und auch die Parteien hatten ihren eigenen Zugang zum Volk und behandelten die Presse nur als reines Übermittlungsorgan. In den parlamentarischen Demokratien des 20. Jahrhunderts dagegen sind die politischen Institutionen nicht nur abhängig geworden von den Vermittlungsleistungen der Massenmedien. Es haben darüber hinaus auch – vor allem in jüngster Zeit – zunehmend Grenzverschiebungen und Machtverlagerungen zugunsten der Massenmedien und zuun-

---

26   Vgl. auch unten Kapitel 7

gunsten des Systems politischer Herrschaft stattgefunden. Der Wandel hat Folgen für das Selbstverständnis der Journalisten (vgl. Textbox 3.1).

Textbox 3.1: Ein *Spiegel*-Journalist über die Macht der Journalisten

„Nicht nur die Schröders, Fischer und Stoibers betrachten die Art ihrer Medienpräsenz als eine schiere Machtfrage. Auch Journalisten in verantwortlicher Position bekennen sich heute ungenierter denn je zu ihrem Anspruch, im politischen Geschäft als gleichberechtigter Macht-Mitstreiter agieren zu wollen, obwohl sie von niemandem gewählt und legitimiert sind. Sie fühlen sich ‚im Zentrum der Macht', wie der Leiter eines Berliner Zeitungsbüros einen Kollegen wissen ließ, der sich dessen Meinungsschelte verbat. Und sie leiten daraus Jagdrechte ab. Ein erfahrener Auslandskorrespondent, der seinen Bürochef um Genehmigung für ein Politikerporträt bat, erfuhr von dem herablassend, dass die Zeiten, in denen Reporter Politiker begleiten, um sie beobachten, verstehen und beschreiben zu können, wirklich vorbei seien. Ach, sagte da der Berlin-Neuling, und was machen wir jetzt? Antwort: ‚Wir jagen sie'."

Quelle: Jürgen Leinemann auf der Jahrestagung der Journalistenvereinigung Netzwerk Recherche 2005[27]

3.2.2 Determination der Medien

Vertreter der Gegenthese behaupten demgegenüber eine Abhängigkeit der Medien von der Politik. Sie weisen der Autonomie der Massenmedien einen besonders hohen Rang zu. Sie erwarten von den Medien, dass sie aktiv die Interessen der Bevölkerung artikulieren, dass sie Machtpositionen kritisieren und kontrollieren, dass sie die Bürger umfassend informieren und damit die Voraussetzungen für eine rationale politische Meinungs- und Willensbildung schaffen.

Folgt man Schatz (1978, Schatz 1982), so haben wir es mit einem zunehmenden Autonomieverlust der Massenmedien als Resultat von Instrumentalisierungsstrategien des politisch-administrativen Systems zu tun, d. h. von Regierung und Verwaltung, Parlament und Parteien. Diese versuchen, Leistungsdefizite staatlicher Politik durch eine bessere Kontrolle der Massenmedien zu kompensieren. Das geschieht oft indirekt und unauffällig durch Kommunikationsmanagement und politische Public Relations, in die inzwischen ein ganzes Berufsfeld professioneller Politikberater und Öffentlichkeitsarbeiter eingespannt ist (Langenbucher 1983).[28]

---

27 Zitiert in der Süddeutschen Zeitung vom 11. Juni 2005, S. 22
28 Vgl. dazu auch unten Kapitel 7

Wasser auf die Mühlen dieser Argumentation brachte eine stark beachtete empirische Untersuchung von Baerns (1985), in der die Autorin zu dem Ergebnis kommt, dass politische Öffentlichkeitsarbeit die Themen und das Timing der Medienberichterstattung kontrollieren könne. Die Auffassung wird oft als *Determinationsthese* bezeichnet. Die These stützt sich vor allem auf Beobachtungen, die noch zu Zeiten des öffentlich-rechtlichen Rundfunkmonopols gemacht wurden. Auf Grund der Präsenz von Parteien und Regierungen in den Aufsichtsgremien der Sender war der Medieneinfluss der Politik unter den Bedingungen des öffentlich-rechtlichen Monopols teils noch größer als heute.

Diese Situation scheint sich aber auch nach der Einführung des privaten Rundfunks – d.h. nach 1984 – nicht grundlegend geändert zu haben.[29] Ein mehr oder weniger ausgeprägter *politischer Parallelismus* – wie es Hallin und Mancini (2004) nennen – ist allgemein typisch für das deutsche Mediensystem (vgl. Abbildung 3.2 sowie auch Donsbach, Wolling und Blomberg 1996: 348, Berens 2001: 101). Das gilt ähnlich auch für andere „korporatistische" Demokratien in Mittel- und Nordeuropa. In diesen Ländern gibt es traditionell eine Ausrichtung vieler Medien an den parteipolitischen Koordinaten des politischen Systems und entsprechende formelle oder informelle Einflussmöglichkeiten der Politik – insbesondere der politischen Exekutive – auf das Mediensystem.

3.2.3 Interdependenz von Politik und Medien

Die hier kontrastierten Auffassungen „starker Medien" und „schwacher Medien" (Sarcinelli 1991) sind idealtypisch vereinfacht. Für beide Sichtweisen lassen sich Argumente und empirische Belege beibringen. Das deutet aber auch darauf hin, dass die Situationsanalysen jeweils einseitig sind, weil sie von zugespitzten Prämissen ausgehen. Um ein vollständigeres Bild bemühen sich demgegenüber Ansätze, die von einer wechselseitigen Abhängigkeit von Politik und Medien ausgehen, die sie mit Bezeichnungen wie Interdependenz, Interpenetration oder Intereffikation belegen.

Für diese Sichtweise gibt es verschiedene Versuche theoretischer Modellierung. So entwirft beispielsweise Saxer (1981, Saxer 1998) ein Schema „interdependenter Systeme" von Politik und Medien, die wechselseitig aufeinander angewiesen sind. Die Politik liefert den Medien „Rohmaterial" für die Berichterstattung in Form von

---

29 Zum einen sind die öffentlich-rechtlichen Sender noch immer mehr oder weniger starker politischer Kontrolle unterworfen. Zum anderen gibt es auch einen Einfluss der Politik auf den Privatrundfunk über dessen Aufsichtsinstanzen, die Landesmedienanstalten. Dadurch – und auf indirektem Wege wie z.B. über die Besitzverhältnisse und die Personalpolitik – kommt es zu spezifischen Affinitäten der privaten Sender zu den politischen Parteien bzw. zur Positionierung in politisch kontroversen Fragen. Belegt wird dies u. a. durch Expertenurteile und durch Inhaltsanalysen der Nachrichtenberichterstattung.

Ereignissen und Entscheidungen, das teils auch schon für die Medien durch Presse- und Öffentlichkeitsarbeit aufbereitet ist. Auf der anderen Seite verhelfen die Medien den Politikern zu Publizität und tragen dazu bei, dass politische Entscheidungen den Bürgern bekannt gemacht und von ihnen akzeptiert werden. Die Tauschbeziehung sei eine „happy symbiosis", schrieb schon Boorstin (1973: 41). In ähnlicher Weise, wenn auch mit anderer Begrifflichkeit, kennzeichnen andere Autoren das Verhältnis zwischen Medien und Politik. So betont Sarcinelli (1987b: 220), indem er den Koorientierungsaspekt besonders hervorhebt, „die Antizipation der Perzeptionen und Erwartungen der jeweiligen Gegenseite". Bentele verweist in seinem handlungstheoretischen „Intereffikationsmodell" auf wechselseitige *Induktionen* und *Adaptionen* von PR und Journalismus (Bentele, Liebert und Seeling 1997, Bentele 2005).[30] Unter Verwendung des systemtheoretischen Terminus „Interpenetration" charakterisiert Löffelholz (2004) die Beziehung als wechselseitige Durchdringung. Öffentlichkeitsarbeit und Journalismus lassen sich so aufeinander ein, dass das eine ohne das andere nicht existieren kann.

Dass Autonomie und Abhängigkeit durchaus vereinbar seien, betont auch Marcinkowski (2004) unter Bezug auf die soziologische Systemtheorie Luhmanns und dessen Unterscheidung von Autopoiesis und struktureller Kopplung. *Autopoiesis* als Systemcharakteristik – auch als Eigenschaft der sozialen „Funktionssysteme" Politik und Massenmedien – umschreibt Luhmann (Luhmann 1984) u. a. mit „Selbstorganisation", „Selbstreferenz" und „operative Geschlossenheit". Gemeint ist damit, anders gesagt, dass Systembildung dadurch zustande kommt, dass sich die Elemente, die das System bilden, nicht nur aufeinander beziehen, sondern als Systemelemente auch selbst konstituieren und reproduzieren.

Strukturelle Kopplung bezieht sich auf die System-Umwelt-Beziehungen von Systemen. Trotz ihrer operativen Geschlossenheit sind Systeme umweltoffen und anschlussfähig. So können beispielsweise bestimmte Medienberichte die Politik „irritieren" und in der Politik Resonanz auslösen wie auch – umgekehrt – politische Entscheidungen Medienresonanz auslösen können. Die Art und Weise, in der Politik und Medien auf ihre Umwelt reagieren, geschieht nach jeweils systemeigenen Regeln. Insofern sind sie auch bei Kopplung an spezifische Umweltbereiche gleichwohl autonom. Politik und Medien sind allenfalls wechselseitig resonanzfähig, nicht aber wechselseitig beherrschbar (Marcinkowski 1993: 229).

3.2.4 Interaktionen im politischen Kommunikationssystem

Demgegenüber schlagen Gurevitch und Blumler (1977, Blumler und Gurevitch 1995: Chapter 2) eine Sichtweise vor, die an politikwissenschaftliche Systemtheorien wie das oben beschriebene Input-Output-Modell anknüpft. Ihnen geht es

---

30   Vgl. dazu unten Abschnitt 7.3.1

darum, über die bloße Feststellung einer Interdepedenz oder Symbiose hinaus genauer zu untersuchen, wie die Akteure der Medien und der Politik im „politischen Kommunikationssystem" – wie sie es nennen – interagieren. Einen Zugang dazu findet man, so Gurevitch und Blumler, indem man untersucht,

■ wie die Rollendefinitionen der Politiker und Medienakteure den Rollen der Bürger bzw. des Publikums entsprechen,

■ welche Normen und strukturellen Merkmale der politischen Organisationen und der Medienorganisationen die Austauschbeziehungen zwischen ihren Mitgliedern regeln,

■ und auf welche Weise die Spezifika der politischen Kultur eines Landes, der die Politiker und die Medien verpflichtet sind, ihr Verhalten bestimmen.

Pfetsch (2003) greift diese Überlegungen für eine vergleichende empirische Studie auf und verwirklicht damit ein von Blumler und Gurevitch vorgeschlagenes, aber von diesen nicht selbst verwirklichtes Vorhaben. In der Definition von Pfetsch regelt das politische Kommunikationssystem die grenzüberschreitende Kommunikation zwischen Politik und Medien. Dabei durchdringen sich die Teilsysteme wechselseitig, und das wird besonders deutlich in der Herausbildung von „Grenzrollen". Auf der einen Seite sind das „politische Sprecher", insbesondere die Spezialisten für politische Öffentlichkeitsarbeit, und auf der anderen Seite die politischen Journalisten. Dies ist – in Analogie zu den von Almond und Verba (1963) entwickelten Konzepten für die politische Kulturforschung – der Blick auf die *Outputseite* des politischen Kommunikationssystems.

Auf der *Inputseite* richtet sich der Blick auf die öffentliche Meinung, ablesbar an Meinungsumfragen. Darin artikulieren sich die Informationsbedürfnisse der Mediennutzer und die politischen Interessen der Bürger bzw. Wähler, auf die Handeln und Einflussbemühungen von Politikern wie Journalisten gerichtet sind. Schließlich haben in diesem Ansatz die subjektiven Orientierungen der Akteure, die Rollenzuweisungen und Normen eine zentrale Bedeutung, nach denen sich politische Sprecher und Journalisten bei ihrer Interaktion richten.

In ähnlicher Weise betonen Jarren und Donges (Jarren und Donges 2006: Kap. 13) den Handlungszusammenhang zwischen politischen Akteuren und Medienakteuren, die sie in einer „Produktionsgemeinschaft" sehen mit dem Ziel, politische Themen und Deutungen zu politischen Vorgängen zu erzeugen. Politiker und Journalisten handeln strategisch so, dass sich Vorteilsgewinne für beide Seiten ergeben.

Medienpolitische Regulierungen tragen zur Stabilisierung der Beziehungen zwischen Medien und Politik bei. Auf der einen Seite sichert Medienpolitik den Einfluss der Politik auf die Medien, um die Medien als Forum der Politikvermittlung zu erhalten. Auf der anderen Seite dienen medienpolitische Regulierungen auch dazu, den Einfluss der Politik zu begrenzen (Vowe 2003a).

3.2.5 Konkurrenz und strategische Allianz

Das Modell des „politischen Kommunikationssystems" geht, anders als die Dependenz- bzw. Determinationsthese, nicht von einer strikten Trennung und Gegenüberstellung von (Teil–)Systemen der Massenkommunikation auf der einen Seite und der Politik auf der anderen Seite aus. Massenmedien und Politik werden zwar als Konkurrenten in zentralen politischen Prozessen gesehen. Doch dabei kommt es auch zu wechselnden strategischen Allianzen und kooperativen Arrangements, zumal es genauso wie unter den politischen Akteuren auch unter den Medienakteuren unterschiedliche Interessen und Zielsetzungen gibt (die zum Teil durchaus mit denen bestimmter politischer Akteure – im Sinne eines *politischen Parallelismus* – übereinstimmen können).

Daher agieren die Massenmedien keineswegs einheitlich oder gleichgerichtet. Je nach ihrem redaktionellen Konzept sehen sie ihre Rolle unterschiedlich. Einige vertreten im Prozess der Willensbildung eher die Position einer bestimmten Partei, andere verstehen sich eher als Vertreter der Bürger, wieder andere sind apolitisch.

So gehen einzelne Medien beispielsweise bei der Kontrolle der Exekutive entsprechend ihrer politisch-ideologischen Grundhaltung unterschiedliche Koalitionen ein mit den politischen Parteien oder mit Interessengruppen. Sie stehen mitunter auch im Wettbewerb mit der Legislative; und bei der Vermittlung politischer Entscheidungen sind sie teils Sprachrohr, teils Widerpart der Exekutive. In Wahlkampfzeiten konkurrieren die Medien bei der politischen Willensbildung durchaus mit den politischen Parteien. Ferner koalieren einzelne Medien oder Mediengruppen mit anderen nicht-medialen Akteuren, beispielsweise mit Arbeitgebern, Gewerkschaften oder Religionsgemeinschaften, und zwar in durchaus unterschiedlichen Konstellationen.

Diese Rollen können einzelne Organe – etwa die *Frankfurter Allgemeine Zeitung*, das Magazin *Der Spiegel*, die *Bild-Zeitung*, oder das Fernsehmagazin *Monitor* – als „parteiliche Akteure" und „Sprecher" im politischen Diskurs einnehmen (vgl. Patterson und Donsbach 1996, Eilders 2004).[31] Es werden aber auch *innerhalb* einzelner Zeitungen, Zeitschriften, Radio- und Fernsehprogramme mitunter sehr unterschiedliche Positionen vertreten. Es ist also keineswegs gerechtfertigt, den Medien pauschal eine bestimmte Rolle zuzuschreiben und einen prinzipiellen Antagonismus zwischen Politik und Medien anzunehmen.

Pauschal eine Dependenz oder Determination in der einen oder anderen Richtung anzunehmen, ist eine viel zu undifferenzierte Betrachtungsweise. Die Rolle

---

31 Vgl. dazu auch unten Abschnitt 4.3.2

der Medien in den Beziehungen zu einzelnen Bestandteilen des politischen Systems ist unterschiedlich, wie auch einzelne Medien bzw. Organe innerhalb des Systems der Massenkommunikation unterschiedliche Rollen wahrnehmen.

3.3 Funktionale und kausale Erklärungen

In der Forschung konkurrieren zwei unterschiedliche Erklärungslogiken für die Beziehungen zwischen Massenkommunikation und Politik, die man kurz als funktionalen Ansatz und als kausalen Ansatz bezeichnen kann. Sie unterscheiden sich im Hinblick auf ihren theoretischen Kontext und die verwendete Begrifflichkeit.

3.3.1 Funktionale Erklärungen

Der Begriff *Funktion* hat eine äußerst schillernde Bedeutung. Es gibt eine naive Verwendung im Sinne von Aufgabe oder Leistung, etwa in einer Aussage wie: Die Massenmedien erfüllen eine politische Funktion. Ein Beispiel ist die verbreitete Unterscheidung von drei „politischen Funktionen der Massenmedien in der Demokratie", nämlich Information, Mitwirkung an der Meinungsbildung sowie Kontrolle und Kritik (Meyn 2004: 23 ff.). Der juristische Terminus der *öffentlichen Aufgabe* gilt als Oberbegriff für diese drei Funktionen. Manche Autoren schreiben den Medien darüber hinaus noch weitere Funktionen zu wie etwa die der politischen (und sozialen) Integration und Sozialisation (vgl. etwa Ronneberger 1964). Zudem wird darauf verwiesen, dass die Massenmedien Öffentlichkeit herstellen (Publizitätsfunktion) und so ein Forum für den politischen Diskurs bereitstellen, ferner dass sie als Anwalt der Bürger fungieren, dass sie die Meinungen, Interessen und Ansprüche der Bevölkerung artikulieren (Artikulationsfunktion, vgl. auch Bergsdorf 1992 sowie unten Abschnitt 4.4).

Sofern der Funktionsbegriff nicht nur naiv verwendet wird, sondern theoretisch unterfüttert ist, dienen als Bezugsrahmen unterschiedliche Systemtheorien, in der frühen Literatur biologische (Lasswell 1948) und kybernetische (Deutsch 1963, Reimann 1968), später vor allem soziologische Varianten der von Talcott Parsons und Robert K. Merton entwickelten struktur-funktionalistischen Systemtheorie (z.B. Wright 1960, Saxer 1998) und der funktional-strukturellen Systemtheorie Niklas Luhmanns (z. B. Rühl 1980, Marcinkowski 1993).

Funktionale Erklärungen folgen – explizit oder implizit – einer finalen Logik. „Funktionale Analyse ist eine Technik der Entdeckung schon gelöster Probleme" (Luhmann 1975). Die Frage lautet daher: Wie sind in einem sozialen System grundlegende Probleme gelöst und welchen Lösungsbeitrag leisten bestimmte soziale Strukturen und Teilsysteme? Der Blick richtet sich zum Beispiel auf Probleme wie:

Erhaltung der inneren Stabilität, Anpassung an die Umwelt, Selbststeuerung, Reduktion von Komplexität. Angewandt auf die Beziehung zwischen Medien und Politik sind theoretische Erklärungen daran interessiert zu zeigen, welchen Beitrag Medien bzw. Kommunikation zur Lösung dieser Probleme leisten.

Systemtheorien betrachten Politik und Massenmedien auf einer Makro-Ebene mit sehr hohem Abstraktionsgrad und sind daher gegen empirische Überprüfungen weitgehend immun. Erst durch Verbindung z.b. mit handlungstheoretischen oder kognitionspsychologischen Elementen lässt sich dieser Mangel ausgleichen (Jarren und Donges 2006). Durch seine vielfältige theoretische Inanspruchnahme und trotz zahlreicher Versuche der Begriffsexegese ist der Funktionsbegriff im Laufe seiner wissenschaftlichen Karriere eher unschärfer als präziser geworden. Obendrein werden Funktionen mitunter auch als normative Vorgabe verstanden, so dass der Begriff neben der deskriptiven auch eine präskriptive Bedeutung annehmen kann (vgl. etwa Wildenmann und Kaltefleiter 1965).

Gleichwohl haben systemtheoretische Ansätze viele Anhänger gefunden, gingen funktionale Denkweise und Kategorien mitunter auch Eingang in Arbeiten ein, die sich nicht explizit zu einer der funktions- bzw. systemtheoretischen Varianten bekennen. Das gilt besonders für die politische Kommunikationsforschung in Deutschland.

3.3.2 Kausale Erklärungen

In der empirisch ausgerichteten Forschung, die stark von der Entwicklung in den USA geprägt ist, dominiert demgegenüber ein kausaler Erklärungsansatz. Deren Ziel ist, Ursache-Wirkungs-Beziehungen zu erkennen und Hypothesen zu formulieren bzw. zu testen, die Wenn-Dann-Aussagen machen. Angewandt auf die Beziehung zwischen Medien und Politik sind meist die Massenmedien Ausgangspunkt der Betrachtung. Sie unterliegen prinzipiell einer Erzeugungs- bzw. Ursachenvermutung, formuliert in Annahmen von der Art: Massenkommunikation verändert die Politik (oder erzeugt bestimmte Erscheinungsformen von Politik). Die kausale Logik unterliegt meist implizit auch solchen Untersuchungen, die auf den ersten Blick nur beschreibend vorgehen, z.B. das Rollenverständnis von Kommunikatoren oder das Politikbild der Medienberichterstattung analysieren. Ihre Relevanz beziehen solche Studien aus der Unterstellung, dass bestimmte Ausprägungen des Rollenverständnisses oder der Medienberichterstattung politische Folgen haben.

Im Prinzip kann eine Bewirkungsannahme auf verschiedene Ebenen gerichtet sein, also z. B. auf politische Akteure und deren Kognitionen – z.B. Wissen, Meinen, Motive – oder Handeln (Mikro-Ebene), auf einzelne politische Organisationen wie z.b. Parlamente, Parteien, Interessengruppen (Meso-Ebene) oder auf das politische System insgesamt (Makro-Ebene). In der Forschung überwiegt jedoch bei weitem die Ausrichtung auf die Mikro-Ebene, und untersucht werden dabei meist Beziehungen zwischen einzelnen Merkmalen (Variablen) von Individuen, beispielsweise zwischen Mediennutzung und politischer Beteiligung der Bürger. Wenn – wie es im Allgemeinen geschieht – solche Individualmerkmale in Bevölkerungsumfragen ermittelt werden, lassen sich Merkmalsbeziehungen statistisch z.B. als Korrelationen errechnen und auf Signifikanz prüfen. Streng genommen, sind aber Korrelationen – auch wenn mögliche Störvariablen durch multivariate Kontrollen ausgeschlossen sind – kein *Beweis* für eine kausale Beziehung zwischen den korrelierten Merkmalen, also beispielsweise zwischen Mediennutzung und politischer Partizipation. Eine Korrelation lässt sich allenfalls unter Rückgriff auf zusätzliche Plausibilitätsannahmen als kausal *interpretieren*. Günstiger ist dagegen die Beweislage, wenn durch Langzeitstudien Rückschlüsse auf das Vorher und Nachher von Variablenbeziehungen ermöglicht werden. Am besten geeignet ist dafür das Panel-Design.[32]

In ihren Anfängen orientierte sich die empirische Forschung an einem einfachen Stimulus-Response-Modell (*S-R-Modell*), d.h. sie untersuchte Kommunikation als unabhängige Variable und z.B. politisches Wissen, Einstellungen, Verhalten als abhängige Variable.[33] Die neuere Forschung hat die Perspektive mehr und mehr zu einem *O-S-O-R-Modell* erweitert (McLeod, Kosicky und Pan 1991, McLeod, Kosicky und McLeod 1994). Die beiden Buchstaben „O" stehen für intervenierende und bedingende Variablen. *Intervenierende* Variablen modifizieren die Reaktion auf mediale Reize während oder nach deren Einwirkung. So können beispielsweise Meinungsbildungsprozesse bei Zuschauern einer Fernsehdebatte durch Gespräche während oder nach dem Zuschauen oder durch Folgeberichte in den Medien verstärkt oder abgeschwächt werden. *Bedingende* Variablen schaffen unterschiedliche Voraussetzungen für Medieneffekte bereits vor der Einwirkung medialer

---

32 Als Panel bezeichnet man die wiederholte Befragung derselben Personenstichprobe mit einem - wenigstens teilweise - identischen Fragebogen. Dieses Untersuchungsdesign wird seit der Pionierstudie von Lazarsfeld, Berelson und Gaudet (1944) u. a. zur Wirkung von Medien im Wahlkampf eingesetzt, weil es die Möglichkeit bietet, Veränderungen von Wissen, Einstellungen und Verhalten genau nachzuvollziehen und deren Ursachen zu analysieren, und zwar im Zeitverlauf und auf der Individualebene, d.h. für jede einzelne Person. Im Unterschied dazu erlauben Trendstudien, die zwar wiederholte Messungen bieten, aber mit jeweils neuen Stichproben arbeiten, nur Aussagen auf der Aggregatebene, d.h. für statistisch zusammengefasste Befragtengruppen. Ausmaß und Charakteristik von Veränderungen und deren Ursachen lassen sich auf der Aggregatebene nur interpretativ erschließen, nicht jedoch statistisch nachweisen. – Das spezifische Erklärungspotential von Panelstudien wird in Abschnitt 5.5.2 weiter diskutiert und an Beispielen verdeutlicht.

33 In ihren Anfängen in den dreißiger und vierziger Jahren wurde ein Teil der Forschung beeinflusst von der behavioristischen Psychologie und ihrem am naturwissenschaftlichen Experiment orientierten Forschungsdesign. Aus wissenschaftssoziologisch noch nicht aufgeklärten Gründen ist dies bis heute Anlass, den kausalen Ansatz als „behavioristisch" zu etikettieren, obwohl sich die Forschung nach wie vor nur zum geringeren Teil des experimentellen Designs bedient und den Behaviorismus fast gar nicht mehr kennt.

Kommunikation, z.B. bedingt durch unterschiedliche Vorkenntnisse oder Betroffenheit des Publikums.

Wegen der schon erwähnten Konzentration auf die Mikro-Ebene und der – forschungsökonomisch begründbaren – Beschränkung der Designs auf einzelne Variablenbeziehungen und oft auch auf kurzfristige Effekte, werden Untersuchungen zur politischen Wirkung der Massenmedien gelegentlich als atomistisch, fragmentiert und irrelevant kritisiert. Der Vorwurf ist nicht unberechtigt, betrifft aber eher einzelne (schwache) Studien als die Forschung in toto.

Wie die funktionale hat auch die kausale Denkweise starke Verbreitung gefunden, nicht zuletzt in der politischen Praxis. Das professionelle Kommunikationsmanagement z. B. in Wahlkampagnen und bei der politischen Öffentlichkeitsarbeit beruht zunehmend auf Ergebnissen der kausal-empirischen Forschung. Es gibt dazu sehr aufschlussreiche Beispiele aus der praktischen Politik, etwa die Dokumentation zur Entstehung des legendären CDU-Wahlslogans „Freiheit statt Sozialismus" (Noelle-Neumann 1980b: 116 ff.) und Erfahrungsberichte von Wahlkampfmanagern der politischen Parteien (Radunski 1980, 1996, Ristau 2000, Radunski 2003).

3.4 Faktoren im Kommunikationsprozess

Die große theoretische und methodische Vielfalt der politischen Kommunikationsforschung wird an Forschungsüberblicken deutlich. Allein für die Jahre 1982 bis 1988 weist z. B. Johnston (1990) in einer „Auswahlbibliographie" bereits über 600 englischsprachige Publikationen zur politischen Kommunikation nach, von denen die meisten direkt oder indirekt die Frage der Medienwirkung und praktisch alle die Beziehung zwischen Medien und Politik behandeln.

3.4.1 Die Lasswell-Formel

Versuche, die Vielfalt der Befunde zu ordnen, orientieren sich oft an der so genannten *Lasswell-Formel*, einer schlichten Aufzählung der am Kommunikationsprozess beteiligten „Faktoren". Harold D. Lasswell, der von Haus aus Politikwissenschaftler war, befasste sich vor allem mit politischer Kommunikation.[34] Er veröffentlichte 1948 einen Aufsatz über die Struktur und Funktion von Kommunika-

---

34 Nicht nur Lasswell beschäftigte sich vorrangig mit Fragen der politischen Kommunikation, sondern auch die anderen „Gründungsväter" der empirischen Kommunikationswissenschaft Paul F. Lazarsfeld, Carl I. Hovland und Wilbur Schramm. Das ist zu einem erheblichen Teil aus dem zeitgeschichtlichen Zusammenhang zu erklären, in dem die empirische Kommunikationswissenschaft entstand, nämlich den epochalen politischen Umbrüchen vor, während und nach dem zweiten Weltkrieg.

tion in der Gesellschaft, beginnend mit dem Satz: „A convenient way to describe an act of communication is to answer the following questions: Who – Says What – In Which Channel – To Whom – With What Effect?" (Lasswell 1948)

Die schlichte Formel hat viele Systematisierungen der Kommunikationsforschung angeregt, wie beispielhaft an einem Überblicksaufsatz von Graber (1993) zu erkennen ist, den die Autorin mit der Definition beginnt: „What is 'political' communication? It is the construction, sending, receiving, and processing of messages that are likely to have a significant impact on politics."

Lasswell selbst hat seine Formel als eine Art Systematik der Forschung verstanden. Er ordnete den einzelnen Fragen jeweils bestimmte Forschungsfelder zu. Nach seinem Schema kann man auch gut die in der politischen Kommunikationsforschung vorherrschenden Fragestellungen und Befunde sortieren.[35]

- Die Kommunikatorforschung (*control analysis*) betrachtet die in der politischen Kommunikation als „Sprecher" – im weitesten Sinn – auftretenden Akteure;

- die Inhaltsanalyse (*content analysis*) dient dazu, den Gehalt und die Form ihrer Aussagen zu untersuchen;

- die Medienforschung (*media analysis*) betrachtet die „Kanäle", über die politische Mitteilungen ausgesendet, verbreitet und empfangen werden;

- die Publikumsforschung (*audience analysis*) befasst sich mit den Rezipienten, ihrer Nutzung und Wahrnehmung politischer Mitteilungen;

- und die Wirkungsforschung (*effect analysis*) schließlich untersucht Veränderungen, die durch politische Kommunikation hervorgerufen werden.

An der Lasswell-Formel wird gelegentlich kritisiert, dass sie den Kommunikationsprozess in seine Teile zerlegt und das Ganze aus dem Blick verliert. Doch spricht zunächst einmal für die von Lasswell vorgeschlagene Aufgliederung ihr forschungsökonomischer Vorteil: Durch Segmentierung und Ausschnittvergrößerung lassen sich bestimmte Teilphänomene genauer untersuchen, und der Forschungsaufwand hält sich in Grenzen. Daher bewegen sich die meisten Untersuchungen besonders der frühen politischen Kommunikationsforschung innerhalb eines der durch die Lasswell-Formel benannten Felder.

3.4.2 Kommunikator- und Rezipienten-Perspektive

Die Lasswell-Formel betont den Wirkungsaspekt von Kommunikation, und zwar aus der Perspektive des Kommunikators. Kommunikationsprozesse werden als *Transfer* begriffen, d.h. als Übertragung der vom Kommunikator ausgehenden

---

35   Ähnlich verfahren z.B. Nimmo (1977), Mansfield und Weaver (1982), Graber (1993) und Donsbach (1993).

Mitteilungen und ihrer Wirkung auf den Rezipienten. Das entspricht vertrauten Denkweisen im Umgang mit Materie und Energie. Und es entspricht der auf Medienwirkung fixierten Orientierung der politischen Praxis. So sind vor allem Politiker und politische Kommunikationsmanager an Fragen interessiert wie: Kommt das, was ich sagen will, auch so, wie gemeint, an? Bringe ich meine „Message" rüber? Wie kann ich mein Publikum überzeugen und beeinflussen? Vor allem die Persuasionsforschung, die Kampagnenforschung, die empirische Evaluation von politischen Public Relations sind diesem Ansatz verpflichtet.

Die Perspektive des Kommunikators richtet die Aufmerksamkeit auch auf Vorgänge der Filterung, der Selektion. Das Modell zwingt gleichsam bestimmte Fragestellungen auf: Welche Faktoren hindern den freien Informationsfluss? Wer hat Zugang zu den Kommunikationskanälen? Welche Informationen und Meinungen werden in den Medien-Kanälen herausgefiltert? Wie verändern sich die Mitteilungen bei der Übertragung? An diesen Fragestellungen wurden einflussreiche Konzepte und Theorien der politischen Kommunikationsforschung entwickelt, beispielsweise das Gatekeeper-Modell, Diffusionsmodelle oder die Hypothese vom Zwei-Stufen-Fluss der Kommunikation.

Daneben hat die politische Kommunikationsforschung, besonders seit den 1970er Jahren, eine Perspektive entwickelt, die vom Rezipienten ausgeht. Ihre zentralen Fragen lauten: Welchen Medien wenden sich die Rezipienten zu, was wählen sie aus dem Informationsangebot aus und wie verarbeiten sie die Mitteilungen? Denn ob und wie viel Informationstransfer stattfindet, das entscheidet der Rezipient oft stärker als der Kommunikator; und auch eine politische Beeinflussung hängt davon ab, dass sich der Rezipient den Mitteilungen zuwendet, dass er sie für glaubwürdig hält, dass er sie akzeptiert und seine Meinung danach ausrichtet.

Das Prinzip der selektiven Zuwendung des Publikums (*selective exposure*) und der selektiven Verarbeitung von Information sind die zentralen Konzepte in diesem Zusammenhang. Die ankommende Mitteilung wie auch Medienwirkungen werden nicht (nur) als Resultat des Informationstransfers begriffen, sondern (auch) als Ergebnis von Interpretations- und Konstruktionsprozessen, an denen Rezipienten entsprechend ihrer jeweiligen Disposition aktiv beteiligt sind. Schulz von Thun (1986: 61) drückt das in der prägnanten Formel aus: Die ankommende Nachricht ist ein „Machwerk" des Empfängers.

Theoretische Weiterentwicklungen dieser Auffassung, die von der so genannten kognitiven Wende in der Psychologie beeinflusst sind, weisen dem Informationsverarbeitungssystem des Rezipienten eine Schlüsselrolle im Kommunikationsprozess zu. Am deutlichsten wird das am *Schema-Konzept*. Schemata sind Bestandteile der kognitiven Ausstattung des Menschen, sind – einfach ausgedrückt – organisierte Wissensbestände. Sie steuern die Selektion und Verarbeitung von neuer Information; sie bieten Organisationsmuster an zur Integration von neuem Wissen in die vorhandenen Wissensbestände; sie ermöglichen auch Schlussfolgerungen zur

Rekonstruktion unvollständiger oder nicht eindeutiger Mitteilungen; und sie stellen Szenarien bereit für das Handeln in bestimmten Situationen (Schenk 2002: 269 ff.).

Das Schema-Konzept wurde u. a. an der Rezeption von politischer Kommunikation entwickelt (vgl. McGraw und Lodge 1996). Sie hat sich als ein fruchtbares Modell vor allem bei Untersuchungen zur Wahrnehmung und Verarbeitung von Nachrichten bewährt.[36]

3.4.3 Die Medium-Perspektive

Ein anderer Strang der Forschung hat die Vorstellungen vom Medium verändert. In der herkömmlichen Sicht des Kommunikationsprozesses hat das Medium nur eine *Relay-Funktion*, es ist das technische Transportmittel für den Transfer der Botschaften. Das Medium macht die Mitteilung über weite räumliche und zeitliche Distanzen verfügbar und erweitert damit den Wirkungsgrad von Kommunikation ganz erheblich. Für die politische Kommunikationsforschung war das Medium jahrzehntelang ein Neutrum im übertragenen und umfassenden Sinn, der „Kanal", über den politische Botschaften übertragen und den Bürgern dargeboten werden. Das Medium interessierte daher vor allem unter Aspekten der Reichweite und der Zielgruppensegmentierung.

Die provokanten Thesen Marshall McLuhans (1967) erschütterten diese Sicht in den 1960er Jahren. McLuhan schärfte den Blick dafür, dass Medien nicht nur technische Transportmittel sind, sondern jeweils auch spezifische Formen der Codierung, der Darstellung und Formatierung. Sie prägen die übertragene Botschaft in charakteristischer Weise und legen damit dem Rezipienten zugleich auch ganz bestimmte Wahrnehmungs- und Interpretationsweisen nahe – mit zum Teil weitreichenden kognitiven und sozialen Folgen.

McLuhan verdeutlichte das mit folgendem einfachen Gedankenexperiment: Angenommen, wir würden, anstatt das Sternenbanner selbst zu zeigen, ein Stück Tuch wehen lassen mit der Aufschrift „amerikanische Flagge"; die Symbole würden zwar die gleiche Bedeutung ausdrücken, aber völlig unterschiedliche Decodierungsleistungen verlangen und daher auch unterschiedliche Eindrücke beim Rezipienten hervorrufen (McLuhan 1968).

Die politische Kommunikationsforschung hat in einer Vielzahl von Untersuchungen den Einfluss der medialen Darstellung auf die Wahrnehmung und Wirkung der Mitteilungen belegt. Die Pionierstudie dieser Forschungsrichtung ist eine Untersuchung von Kurt und Gladys Lang (Lang und Lang 1953) anlässlich einer vom Fernsehen übertragenen Parade in Chicago zu Ehren des Korea-Kriegs-Gene-

---

36 Vgl. dazu unten Abschnitt 5.2

rals MacArthur. Die Autoren zeigten, dass die Fernsehzuschauer zu Hause ein ganz anderes Bild von dem Ereignis gewannen als die Beobachter vor Ort.[37] McLuhans These „Das Medium ist die Botschaft" und die empirischen Untersuchungen aus der Medienperspektive betonen die Bedeutung des Mediums für das Ergebnis von Kommunikationsprozessen. Das Medium ist keineswegs neutraler Vermittler der Botschaft; es prägt vielmehr die Bedeutung der Mitteilung nach Maßgabe medienspezifischer Codes und Darstellungsmittel, zwingt die Botschaft jeweils in ein besonderes Medienformat und prägt ihr eine spezifische „Medienlogik" auf.[38]

3.5 Koorientierung und Transaktion

Über die schon beschriebenen Perspektivenwechsel hinaus brachte die neuere Forschung weiterreichende Umorientierungen in Bezug auf die Struktur und Dynamik des Kommunikationsprozesses. Die Lasswell-Formel beschreibt Kommunikation als Mitteilungstransfer, ausgehend vom Kommunikator, der Wirkungen beim Rezipienten erzielen will. Im Unterschied zu dieser linear-eindimensionalen Sichtweise begreifen komplexere Modelle den Kommunikationsprozess als eine dynamische Interaktions- und Transaktionsbeziehung zwischen Kommunikator und Rezipient. Dabei sind mehrere Ebenen, Phasen und Feedbacks im Blick.

3.5.1 Das Koorientierungsmodell

Diese Vorstellung wurde ursprünglich für die Analyse interpersonaler Beziehungen in einer Situation der Koorientierung entwickelt (Newcomb 1953, McLeod und Chaffee 1972, Früh 1991: 180 ff.). In einer Situation der Koorientierung stehen die Personen miteinander in unmittelbarem Kontakt, nehmen einander wahr und haben Erwartungen, die sich auf das Verhalten und die Erwartungen des jeweils anderen beziehen. Diese Konstellation wird schon im symbolischen Interaktionismus herausgearbeitet und dort (Mead 1934) – wie auch bei Luhmann (1984) – *Reflexivität* genannt. Reflexivität, so das Ergebnis einer umfassenden Begriffsexplikation durch Merten (1977), ist charakteristisches Merkmal jeder Form von Kommunikation.

Typisch für eine solche Situation ist, dass man sie auf mindestens zwei Ebenen betrachten kann. Auf der einen Ebene finden die beobachtbaren Handlungen statt, beispielsweise Sprechen. Auf einer zweiten Ebene entstehen virtuelle Beziehungen, nämlich Vorstellungen vom anderen, Annahmen über dessen Wissen und Meinen,

---

37 Vgl. dazu auch unten Abschnitt 4.3.3
38 Vgl. dazu unten Abschnitt 4.2

die gedankliche Übernahme der Rolle des Gegenübers (*role-taking*), Erwartungen über dessen Absichten und Handeln, Erwartungen über dessen Erwartungen.

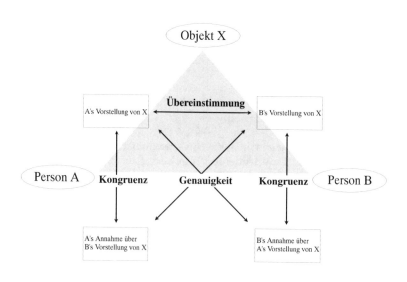

Abbildung 3.2: Das Koorientierungsmodell (nach McLeod und Chaffee 1972)

Abbildung 3.2 verdeutlicht die Möglichkeiten der Analyse von Koorientierungsbeziehungen. Die Personen A und B sind auf ein Objekt X bezogen, sprechen zum Beispiel über eine Person, ein Thema oder einen Sachverhalt, nehmen wir an: über die Wahlchancen einer politischen Partei. Beide Personen haben eine bestimmte Vorstellung von den Wahlchancen. Der Grad der *Übereinstimmung* zwischen diesen Vorstellungen wirkt sich auf ihr Verhalten aus, bestimmt z.B. auch den Verlauf und das Ergebnis ihres Gesprächs.

Neben den Vorstellungen vom Sachverhalt X haben beide Personen in einer solchen Situation üblicherweise auch Annahmen darüber, welche Vorstellungen von X das jeweilige Gegenüber besitzt. Die Vorstellung der einen Person und ihre Annahme über die Vorstellung der jeweils anderen können mehr oder weniger *kongruent* sein. Hat beispielsweise A die Vorstellung, die Wahlchancen einer bestimmten Partei seien gut, und nimmt A zugleich an, B habe die gleiche Vorstellung, so sind A's Vorstellung und A's Annahme über B's Vorstellung kongruent.

Darüber hinaus kann A's Annahme mit B's (tatsächlicher) Vorstellung von X verglichen werden; in unserem Beispiel würde man A's Annahme über B's Vorstellung von den Wahlchancen der Partei mit B's tatsächlicher Vorstellung vergleichen. Das Ergebnis dieses Vergleichs sagt aus, wie *genau* die Annahmen der Personen über die Vorstellungen des jeweiligen Gegenübers sind. Es ist unmittelbar einleuchtend, dass die Genauigkeit dieser Annahmen – wie auch die Kongruenz der Vorstellungen mit den Annahmen – den Kommunikationsverlauf und allgemein das Verhalten der beiden koorientierten Personen bestimmt.

3.5.2 Varianten und Anwendungen des Modells

Zwar wurde dieses Modell für Interaktionsbeziehungen zwischen Individuen entwickelt. Aber auch Gruppen bzw. Kollektive können koorientiert sein. Dann tritt an die Stelle eines konkreten Individuums als Gegenüber ein abstrakter „generalisierter" Anderer (*generalized other*), also etwa „andere Leute" oder „die meisten". Diese Sicht spielte schon in den Überlegungen des symbolischen Interaktionismus eine zentrale Rolle (Mead 1934). Das Modell, wie es Abbildung 3.2 zeigt, ist dann allerdings nur unter zusätzlichen Bedingungen anwendbar. So müssen die in dem Kollektiv vorherrschenden Annahmen und Vorstellungen, wie sie beispielsweise aus Befragungen hervorgehen, als Kollektivmerkmal unterstellt werden.

Derartige Unterstellungen sind in der Soziologie nicht ungewöhnlich. Sie sind beispielsweise Bestandteil von Konzepten wie kollektive Ignoranz und die sich selbst erfüllende Prophezeiung. Als kollektive Ignoranz (*collective ignorance*) wird eine Situation bezeichnet, in der sich die Mehrheit der Bevölkerung über die Mehrheitsmeinung der Bevölkerung täuscht (Scheff 1967, O'Gorman 1975, Scherer 1990). Eine sich selbst erfüllende Prophezeiung (*self-fulfilling prophecy*) ist dadurch gekennzeichnet, dass eine zunächst falsch eingeschätzte Situation ein Verhalten hervorruft, dessen Konsequenzen schließlich die falschen Annahmen bewahrheiten (Merton 1957). Merton gibt dafür u. a. das Beispiel, dass sich die Angehörigen zweier Nationen wechselseitig für Feinde halten und annehmen, dass Krieg unvermeidbar sei, so dass die Antizipation des Krieges den Krieg schließlich herbeiführt.

Charakteristisch für beide Phänomene sind erstens fehlerhafte Situationsdefinitionen, die auf ungenauen oder inkongruenten (in ihrer Fehlerhaftigkeit aber unter Umständen durchaus übereinstimmenden) Annahmen beruhen, z.B. über die Meinung der Mehrheit oder über die Absichten von anderen. Zweitens haben diese Annahmen, auch wenn sie mit der Realität wenig zu tun haben, sehr reale Rückwirkungen auf das Verhalten der Kollektive und der ihnen zugehörenden Individuen. Das *Thomas-Theorem* – wie es Merton (1957) genannt hat – bringt das auf den Punkt: „If men define situations as real, they are real in their consequences" (Thomas und Thomas 1928: 572).

In die Analysen politischer Kommunikation sind diese Gedanken auf vielfältige Weise eingegangen. Das Koorientierungsmodell wurde dabei um eine wichtige Komponente erweitert, nämlich um die Massenmedien mit ihren spezifischen Funktionen: Annahmen zu prägen, Meinungen zu beeinflussen, Vorstellungen über die Vorstellungen anderer zu vermitteln, etwa über die Meinung der Mehrheit, – also allgemein: Situationen zu definieren. Bekannte Beispiele dafür sind die *Theorie der Schweigespirale* und der *Third-Person-Effekt*.

Die von Noelle-Neumann (Noelle-Neumann 1980a) entwickelte Schweigespiralentheorie betrachtet den Fall, dass die Massenmedien ein unzutreffendes Bild von dem in der Bevölkerung vorherrschenden Meinungsklima vermitteln. Die fehlerhafte (mitunter aus politischen Gründen gezielt falsche) Situationsdefinition kann in einem (der sich selbst erfüllenden Prophezeiung ähnlichen) Prozess zum Meinungsumschwung in der Bevölkerung führen – mit unter Umständen weitreichenden Folgen für politische Wahlen und Machtverteilungen.

Dem erstmals von Davison (1983) analysierten *Third-Person-Effekt* zufolge neigen Menschen gewöhnlich zu der Annahme, dass andere Personen durch die Massenmedien stärker beeinflusst werden als sie selbst. Diese Annahme kann sich beispielsweise auf den Einfluss durch die politische Berichterstattung oder durch Wahlpropaganda beziehen (Perloff 1993). Allein die Annahme einer Person, dass es stärkere Medienwirkungen auf andere Leute gibt, führt zu einer Rückwirkung auf das Verhalten dieser Person, unabhängig davon, ob die Annahme zutreffend ist oder nicht.

Koorientierungen spielen auch in Kepplingers (1994) Analyse unterschiedlicher Konfliktsituationen eine Rolle. Der Autor zeigt auf, wie sich die Qualität eines Konflikts entscheidend dadurch verändert, dass die Massenmedien darüber berichten. Bei einem nicht öffentlich und nicht medial ausgetragenen Konflikt konzentrieren sich die Kontrahenten darauf, ihre Position zu vertreten und die des Gegenübers zu entkräften. Bei einem medialisierten („publizistischen") Konflikt müssen sie zusätzlich die Wirkung ihrer Argumente auf die Medien und deren Publikum ins Kalkül ziehen. Eine Konfliktpartei ist dabei umso erfolgreicher, je umfangreicher und zutreffender ihre Argumente von den Massenmedien berichtet werden. Bei einem publizistischen Konflikt wird ihr Verhalten daher eher mediengerecht als sachgerecht sein. Kepplinger und Co-Autoren (1989a) demonstrieren die empirische Fruchtbarkeit des Analysemodells am Beispiel des Nicaragua-Konflikts in den 1980er Jahren.[39]

Dass Kommunikationsprozesse nicht nur durch Informationstransfers, sondern auch durch Feedback, nicht nur durch Wirkungen, sondern auch durch Rückwirkungen, nicht nur durch Erwartungen, sondern auch durch Erwartungs-Erwartungen gekennzeichnet sind, haben einige Autoren in ihren Alternativentwürfen zur

---

39 Vgl. auch die Anwendung der Analysestrategie auf den Castor- und Brent-Spar-Konflikt durch Berens (2001)

Lasswell-Formel darzustellen versucht, die meist – wie Früh (1991: 173 ff.) erläutert – vom symbolischen Interaktionismus inspiriert sind. Das dynamisch-transaktionale Modell der Medienwirkung von Früh und Schönbach ist eine gelungene Synthese und Fortführung dieser Ansätze (Früh und Schönbach 1982, 2005, Schönbach und Früh 1984).

Im Transfermodell sind Wirkungen das Ziel und Ergebnis in dem vom Kommunikator ausgehenden Kommunikationsprozess. Sie resultieren aus der Durchsetzung der Kommunikatorabsichten beim Rezipienten mit Hilfe von Mitteilungsinhalten – so die in der Lasswell-Formel ausgedrückte Auffassung der frühen Kommunikationsforschung.

Das transaktionale Modell versteht demgegenüber Medienwirkungen als Ergebnis des Zusammenwirkens von Kommunikator- und Rezipientenabsichten, und zwar auf der beobachtbaren wie auf der virtuellen Ebene. Dabei spielen auch der situative und soziale Kontext eine Rolle, etwa das soziale Umfeld, Bezugsgruppen, Öffentlichkeit und öffentliche Meinung. Das alles wird in einer dynamischen Perspektive gesehen mit zeitverzögerten Beziehungen, Kumulationen und Rückkopplungsschleifen.[40]

Dynamische Erklärungen, die nicht nur Veränderungen über die Zeit, sondern auch komplexe mehrphasige Entwicklungen mit Rückkopplungen, Reflexivbeziehungen, Selbstverstärkungen berücksichtigen, haben inzwischen in der Theorie und Empirie der politischen Kommunikation einen festen Platz. Sie dienen nicht nur als Denkmuster, sondern haben auch operationale Konsequenzen, wie beispielsweise die Untersuchungen zur wachsenden Wissenskluft, des Tugendkreises (*virtuous circle*), zur Schweigespirale, zum Agenda-Building und Agenda-Setting erkennen lassen. Nicht zuletzt stehen auch statistische Instrumente – wie beispielsweise LISREL oder AMOS – zur Analyse komplexer Strukturgleichungsmodelle bereit, etwa Modelle zur Kausalanalyse von Paneldaten.[41]

Die Darstellung in den folgenden Kapiteln wird darauf an verschiedenen Stellen mit Beschreibungen der einschlägigen Studien und Ergebnisse eingehen.

3.5.3 Wirkung und Macht der Medien neu besehen

Mit dem transaktionalen Modell ist die Vorstellung von Wirkung als einer am Rezipienten festzumachenden Veränderung wie auch eines *einzelnen* Faktors im Kommunikationsprozess aufgegeben. Wirkung tritt an allen Stellen des Prozesses auf. Mit dem Kommunikationsakt verändern sich gleichzeitig Rezipient und Kom-

---

40   Solche komplexen Vorstellungen lassen sich nur noch schwer veranschaulichen. Früh und Schönbach (1982) haben gleichwohl versucht, sie auch graphisch darzustellen.

41   Two Stage Least Squares-Verfahren, wie sie mit Hilfe von wie LISREL oder AMOS eingesetzt werden können, ermöglichen – anders als einfache Regressionsverfahren (Ordinary Least Squares) – u. a. auch die Analyse von Beziehungen in reziproken (nicht-rekursiven) bzw. Feedbackmodellen.

munikator, Mitteilung und Medium (zumindest virtuell, aus der Sicht des Publikums), es verändert sich mitunter – durch Rückwirkungen oder durch die Antizipation von Wirkungen – auch die Realität, die Gegenstand der Mitteilung ist. Der Wirkungsbegriff hat damit seine ursprüngliche Bedeutung verloren und ist teils durch spezifischere Termini ersetzt worden; man könnte ihn aufgeben ohne nennenswerten wissenschaftlichen Verlust. Allenfalls als heuristische Kategorie scheint er noch nutzbringend zu sein.

Entsprechendes trifft auf die Wirkungsforschung insgesamt zu. Im Laufe ihrer Entwicklung kam es zu einer fortschreitenden Entgrenzung der Wirkungsforschung.[42] Als eigenes Feld, wie es noch Lasswell und nach ihm Generationen von Kommunikationsforschern definiert haben, hat die Wirkungsforschung ihre Konturen verloren. Es ist inzwischen durchaus nicht selten, dass typische Fragen der herkömmlichen Wirkungsforschung mit Ansätzen der herkömmlichen Kommunikatorforschung, der Mitteilungs- bzw. Medienanalyse bearbeitet werden; andere Untersuchungen setzen bei mehreren Faktoren des Kommunikationsprozesses gleichzeitig an, betrachten Kommunikation ganzheitlich als Prozess. Diese Entwicklung hat eine kritische Diskussion des Wirkungsbegriffs und neue Sichtweisen in der Wirkungsforschung angeregt (vgl. Schulz 1990, Früh 1991, McLeod, Kosicky und Pan 1991, McLeod, Kosicky und McLeod 1994, Kepplinger und Noelle-Neumann 2002, Schenk 2002).

Es sind oft gar nicht die von den Medien tatsächlich hervorgerufenen politischen Wirkungen, wie bedeutsam oder unbedeutend sie auch immer sein mögen, von denen der Einzelne in seinem Verhalten – etwa als Journalist oder Mediennutzer, als Politiker oder Wähler – beeinflusst wird. Wirksam ist vielmehr die Annahme, dass es solche Medienwirkungen (auf Dritte) gibt, ganz gleich, ob sie nun tatsächlich eintreten oder nicht.

Betrachtet man unter diesem Aspekt die besonders von Politikern geäußerte Klage über die politische Macht der Massenmedien, so könnte man dem entgegenhalten: Wenn die Macht der Massenmedien allgemein angenommen wird, verhalten sich alle so, als hätten die Medien tatsächlich politische Macht – ganz gleich, ob die Annahme zutreffend ist oder nicht. Jedenfalls sind die Folgen gleichbedeutend mit tatsächlicher Macht der Massenmedien.

---

42   Vgl. dazu unten Abschnitt 8.1

4 Die Medienrealität der Politik

Mit der Vorstellung, die Massenmedien seien ein Spiegel der Wirklichkeit, hat die Kommunikationsforschung inzwischen gründlich aufgeräumt. Ausgewählte Befunde aus empirischen Untersuchungen illustrieren im ersten Teil dieses Kapitels typische Muster der politischen Medienrealität, die allgemein als Defizite und Verzerrungen bewertet werden. Die Gesetzmäßigkeiten der medialen Informationsverarbeitung, die im zweiten Teil dieses Kapitels beschrieben werden, geben dafür zunächst eine allgemeine theoretische Erklärung. Der dritte Teil des Kapitels behandelt speziell die Einflüsse auf die Medienrealität der Politik, die aus professionellen Konventionen des Journalismus und den Produktionsbedingungen der Medienorganisationen resultieren. Im vierten Teil wird die Perspektive erweitert auf das politische Kommunikationssystem insgesamt. Dabei geht es insbesondere um die Konsequenzen der medialen Informationsverarbeitung für die politische Öffentlichkeit.

4.1 Massenmedien und Realität

Das Ergebnis einer eindrucksvollen Zahl von Studien über die Beziehung zwischen Medien und Realität lautet, kurz zusammengefasst, dass die Massenmedien die Wirklichkeit nicht repräsentieren und schon gar nicht widerspiegeln. Die Berichte der Medien sind oft einseitig, ungenau und verzerrt, sie bieten manchmal eine ausgesprochen tendenziöse Weltsicht. Politische Nachrichten präsentieren eine Politik-Illusion. Sie konzentrieren sich auf prominente Personen der politischen Exekutive, auf Negativismus und auf Dramatik, auf fragmentiertes Geschehen und auf die Sichtweise der westlich-atlantischen Welt (vgl. etwa Hackett 1984, Bennett, W. L. 1988, Schulz 1989, Jansen und Ruberto 1997). Es scheint, als sei es müßig, die Berichterstattung an Prinzipien wie Objektivität und Wahrheit zu messen.

Für Abweichungen der politischen Medienberichterstattung von Prinzipien wie Objektivität und Wahrheit gibt es zwei verschiedene Erklärungen. Es kann sich zum einen um politisch-ideologisch motivierte Einseitigkeit handeln. Dies wird oft, anknüpfend an die Tradition der US-amerikanischen Journalismusforschung, als *Bias* bezeichnet (vgl. etwa Staab 1990: 27 ff.). *Bias* gilt als Fehlverhalten, das politischen Vorurteilen oder Absichten der Journalisten (auch der Verleger bzw. Programmverantwortlichen) zuzuschreiben ist, deren (Partei-)politische Einstellungen unwillkürlich oder absichtsvoll die Medieninhalte einfärben. Man würde im Deutschen eine solche Berichterstattung als *tendenziös* oder *parteilich* bezeichnen.

Zum anderen können Abweichungen vom Objektivitäts- und Wahrheitsgebot auf das *strukturelle* Unvermögen der Medien zurückzuführen sein, die Wirklichkeit in allen ihren Facetten angemessen abzubilden. Die Berichterstattung muss bei der medialen Codierung und Formatierung der politischen Realität diese notwendigerweise verkürzen, akzentuieren und interpretieren. Das ist ein wesentlicher Aspekt dessen, was als *Medialisierung* bezeichnet wird. Die Realität wird durch die mediale Informationsverarbeitung in eine Medienrealität transformiert.

Beide Erklärungen werden in diesem Kapitel ausgeführt und differenziert. Es sei jedoch an dieser Stelle schon angemerkt, dass mit der Beschreibung und Erklärung der Abweichungen vom Objektivitätsgebot dessen Berechtigung nicht etwa in Frage gestellt werden soll. Die Forderung nach objektiver und wahrheitsgetreuer Berichterstattung ist eine *Zielvorgabe*, die journalistisches Handeln steuern soll; es ist keine Aussage über empirische Eigenschaften der Berichterstattung. Diese Unterscheidung wird weiter unten noch einmal aufgegriffen.[43]

4.1.1 Das Medienbild politischer Akteure

Die Medien beachten vor allem die Protagonisten auf der politischen Bühne. Hoher Status, Macht und Prominenz sind die Merkmale, an denen sich die Medienaufmerksamkeit orientiert. Aber auch von den Politikern, die an den Schalthebeln der Macht sitzen – in Regierungen, in den Parlamenten, in Spitzenämtern von Parteien und Verbänden – , schaffen es nur sehr wenige in die Zeitungen, in die politischen Magazine oder in die Nachrichtensendungen von Radio und Fernsehen. Beispielhaft zeigt das eine Analyse der „Fernsehpräsentationen" von Politikern im Jahr 2006. Unter den „Top 20-Politikern" hatte die Bundeskanzlerin die mit Abstand größte Fernsehpräsenz (vgl. Abbildung 4.1).

Zwar ist der Tunnelblick des Fernsehens besonders eng. Aber auch in der Presse kommen die Politiker der zweiten Reihe und so genannte Hinterbänkler kaum vor.[44] Am ehesten haben sie noch eine Chance, beachtet zu werden, wenn sie in Skandale und Affären verwickelt sind. Der Negativismus-Bias der Medien verhilft

---

43   Vgl. dazu Kapitel 8
44   Die Rangfolge der Akteursbeachtung durch die Medien ist naturgemäß stark abhängig von der aktuellen Ereignislage. Die Top-20-Liste, die Abbildung 4.1 zeigt, schließt den Zeitraum der Bundestagswahl 2005 ein. In den Monaten September und Oktober 2006, in die ein Pabst-Besuch in Deutschland fiel, rangierte beispielsweise Benedikt XVI. an zweiter Stelle einer Hitliste des Dienstes „Media Tenor", der 32 Print- und TV-Medien auswertete. Auch daran wird die enorme Aufmerksamkeitskonzentration der Medien auf politische Protagonisten deutlich. So hatte die Bundeskanzlerin Angela Merkel im Untersuchungszeitraum fast viermal so viel Medienaufmerksamkeit wie die nächstplatzierten Akteure auf der Liste – nach dem Pabst der SPD-Vorsitzende Kurt Beck und der Bayerische Ministerpräsident Edmund Stoiber (vgl. Media Tenor 13. Jg., Nr. 156, S. 8).

ihnen zu zweifelhafter Publizität und trägt zum allgemeinen Negativ-Image der Politiker und zur Politikverdrossenheit der Bürger bei.[45]

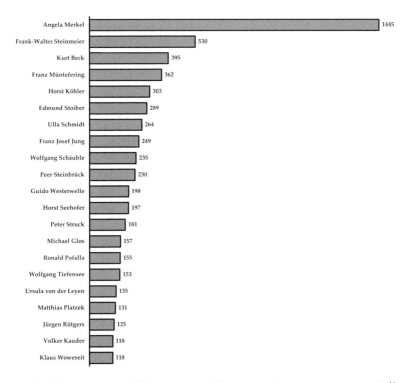

Abbildung 4.1: „Top 20" deutscher Politiker in den Fernsehnachrichten 2006[46]

Wie Medien das Image von Politikern und anderen Prominenten kreieren oder auch demontieren, ist vielfach empirisch untersucht worden (vgl. etwa Kepplinger 2001b). Die Methoden, mit denen sich Politiker-Images speziell durch das Fernsehen formen lassen, haben bereits Lang und Lang (1968) in ihrer wegweisenden Stu-

---

45 Publizität können Politiker allerdings auch erlangen, wenn sie entscheidend an der Aufklärung von Skandalen beteiligt sind. Das hat u. U. positive Folgen für ihr persönliches Image, aber doch auch negative Folgen für das Image der Politik.

46 Ermittelt wurden beitragsbezogen die Auftritte oder Nennungen der Politiker im Zeitraum 1. 1. bis 31. 12. 2006; Quelle: Krüger (2007).

die zur *television personality* beschrieben. Über den Einfluss von Elementen visueller und audiovisueller Darstellung auf die Personenwahrnehmung gibt es inzwischen eine Reihe von experimentellen Untersuchungen (Baggaley, Ferguson und Brooks 1980, Frey 1999, Kepplinger 2002b). Medien verleihen Status und Prominenz, und Prominenz korreliert mit Prestige (Lazarsfeld und Merton 1948, Neidhardt 1995). Dabei stehen Medienimages und das angestrebte Selbst-Image von Prominenten nicht selten in einem symbiotischen Wechselverhältnis (Nimmo und Combs 1983: 94). An den Kandidatenimages in Wahlkämpfen lässt sich das besonders gut beobachten.[47] Während die Medien entscheidend zur Berühmtheit politischer und anderer Zelebritäten beitragen, sorgen die Prominenten mit ihrem hohen Nachrichtenwert für Publikumsaufmerksamkeit und kommerziellen Erfolg der Medien.

Während die politischen Protagonisten in den Medien als Individuen und als handelnde Subjekte auftreten, kommen Bürger in der Regel nur als soziale Kategorien vor, und zwar meist als Betroffene oder Opfer politischen Handelns, z.b. als Wähler, Steuerzahler, Rentenempfänger, Migranten, Kriegsopfer. Individualisierte Publizität erlangen Bürger allenfalls unter besonders spektakulären Umständen, etwa als politisch motivierte Straftäter oder bei politischen Geiselnahmen. Eine gewisse Präsenz vor allem im Fernsehen hat auch noch die Kunstfigur „Mann auf der Straße", die dazu dient, von den Journalisten als „repräsentativ" eingeschätzte Meinungen zu personalisieren.

Die Publizitätschancen verschiedener sozialer Kategorien und Gruppen der Gesellschaft sind sehr unterschiedlich. Eine Vielzahl von Belegen gibt es dafür, dass Bevölkerungsminoritäten üblicherweise in den Medien kaum repräsentiert, aber stark stereotypisiert sind. Die Nachweise dafür stützen sich im allgemeinen auf Häufigkeits- und Eigenschaftsvergleiche der Medienpopulation mit der Bevölkerungsstatistik sowie auf Analysen der Ähnlichkeit und der Interaktion von Minderheiten und Mehrheiten in den Medien (vgl. etwa Poindexter und Stroman 1981, Greenberg und Brand 1994). Auch die Verteilungen von Männern und Frauen, von Altersgruppen, von Angehörigen verschiedener sozialer Schichten oder Berufsgruppen weichen deutlich von den tatsächlichen Verteilungen in der Bevölkerung ab, wie zahlreiche Medienanalysen belegen (vgl. etwa Signorielli 1984, Shanahan und Morgan 1999: 57). Die Medienrealität ist von der demographischen Realität weit entfernt. Zudem wird das von den Medien konstruierte Bild einzelner Bevölkerungsgruppen häufig als schief und diskriminierend eingeschätzt. Das gilt zum Beispiel für das Frauenbild der Medien (Neverla 1994, Prenner 1995, Weimann 2000: chapter 6).

Im Hinblick auf die gesellschaftliche Akzeptanz von Ausländern und Migranten ist deren Mediendarstellung ein integrationspolitisch bedeutendes Forschungsthema, nicht nur in Deutschland. Die einschlägigen Untersuchungen, die Ruhr-

---

47   Vgl. dazu unten Abschnitt 6.2.2

mann und Demren (2000) zusammenfassen, zeigen, dass „unerwünschte" Ausländergruppen in den Medien deutlich mehr Aufmerksamkeit bekommen als es ihrem Bevölkerungsanteil entsprechen würde. Zu den unerwünschten Ausländern gehören Türken sowie Personen aus asiatischen und afrikanischen Ländern. Ausländer und Migranten werden häufig im Zusammenhang mit Normverstößen, kriminellen, konflikthaltigen und allgemein negativen Ereignissen dargestellt. Vor allem Araber und Muslime porträtieren die Medien der westlichen Welt als besonders unsympathisch und bedrohlich (Weimann 2000: 222 ff.).

4.1.2 Der Negativismus-Bias

Zu den besonders oft beklagten Realitätsverzerrungen gehört die Fixierung der Medien auf negative Ereignisse, d.h. auf Gewalt, Kriminalität, Terrorismus, Krisen und Kriege. Kriegsberichterstattung ist in besonderem Maße und seit jeher verdächtig, verzerrt und bewusst unwahr zu sein, insbesondere wenn die berichtenden Medien einer der kriegführenden Seiten zuzurechnen sind (vgl. etwa Kunczik 1995). Das gilt nicht nur für autoritäre Systeme mit strikter Medienkontrolle und Zensur, sondern auch für freie Medien demokratischer Gesellschaften. Auch demokratische Regierungen finden speziell in Krisen- und Kriegszeiten Mittel und Wege, Einfluss auf die Kriegsberichterstattung zu nehmen, wie die Irakkriege 1990/91 und 2003 beispielhaft gezeigt haben.[48]

Der offenkundige Negativismus-Bias der Medien beschäftigt die Forschung seit dem Beginn empirischer Inhaltsanalysen Ende des 19. Jahrhunderts. So registrierte schon der Autor einer Untersuchung New Yorker Zeitungen der Jahre 1881 und 1893 einen markanten Anstieg der Nachrichten über *crimes and criminals* (Speed 1893). Er kritisierte dies als Verzerrung der Wirklichkeit um des Sensationseffekts willen und zugunsten des geschäftlichen Erfolgs der *Penny Press*.

Empirisch ist inzwischen vielfach belegt, dass die Medien negative Aspekte der Wirklichkeit weit überproportional beachten (vgl. etwa Westerstähl und Johansson 1986, Gerbner 1988, Kepplinger und Weissbecker 1991, Graber 2002: 108). Vor allem die Berichterstattung der Boulevardpresse und des Fernsehens weist einen ausgeprägten Negativismus-Bias auf. Besonders hoch ist – auch in Deutschland – der Anteil von Nachrichten mit Bezug zu Konflikten und Normverstößen im kommerziellen Fernsehen, wie verschiedene Medienanalysen zeigen (Marcinkowski, Greger und Hüning 2001, Winterhoff-Spurk, Unz und Schwab 2005, Windzio und Kleimann 2006).

Als verzerrt gelten vor allem die Proportionen der Berichterstattung über Kriminalität, da sie von entsprechenden Realitätsindikatoren – Häufigkeiten der Kriminalstatistik – stark abweichen (Schneider 1980, Weimann 2000: 84 ff., Pfeiffer

---

48 Vgl. dazu auch unten Abschnitt 4.3.3

2004). Während die meisten Verbrechen zwischen einander bekannten Personen, ohne Anwendung von Waffen und eher im privaten Bereich stattfinden, werden kriminelle Akte in den Medien meist unter Fremden, in der Öffentlichkeit und mit Waffen ausgeübt . Die verzerrte Darstellung von Gewalt und Kriminalität in den Medien bewirkt offenbar bei der Bevölkerung falsche Vorstellungen von der Verbreitung verschiedener Formen der Kriminalität und vom Risiko, selbst Opfer eines Verbrechens zu werden.[49] Dass dies kriminalpolitische Folgen hat, ist eine naheliegende Annahme.

Ähnliche Folgen werden dem Unterhaltungsfernsehen mit seinem hohen Anteil an Gewalt und Kriminalität zugeschrieben. Die *Kultivierungsthese*, die von der Forschungsgruppe um George Gerbner vertreten wird, behauptet eine Prägung der Weltsicht der Fernsehzuschauer (Gerbner und Gross 1976, Gerbner et al. 1984). Je mehr sie fernsehen, desto bedrohlicher erscheint ihnen die Welt und desto ausgeprägter ist ihr Bedürfnis nach *law and order*. In der Interpretation Gerbners gilt daher das (US-amerikanische) Fernsehen als Agent des Status quo und der politischen Repression. Ähnliches könnte man für Länder außerhalb der USA – so auch für Deutschland – vermuten, da dort mit der Einführung des privat-kommerziellen Fernsehens der Anteil an Gewalt und Kriminalität in den Unterhaltungsprogrammen stark anstieg.[50]

Der sozialkritischen Sichtweise Gerbners und anderer Autoren (wie z.B. Altheide 2002) stehen systemtheoretische Erklärungen gegenüber, die den Negativismus der Medien als ein Regulativ verstehen, das der Integration, Adaption und Erhaltung der Gesellschaft dient. In dieser Weise interpretiert beispielsweise Luhmann (1970) die „Alarmierung von Aufmerksamkeit" bei Krisen, Skandalen und der Bedrohung fundamentaler Werte. Ähnlich gelagert ist die evolutionsbiologische Erklärung von Shoemaker (1996), die in der Fixierung der Medien auf die negativen Aspekte der Wirklichkeit einen Mechanismus der sozialen und kulturellen Selbsterhaltung sieht. Normabweichungen, Konflikte, Krisen sind Bedrohungen, die möglichst früh erkannt werden müssen, um Schaden von der Gesellschaft abzuwenden.

---

49 Vergleiche mit Meinungsumfragen zeigen eine stärkere Übereinstimmung der Vorstellungen der Bevölkerung mit dem in den Medien vermittelten Bild von Kriminalität als mit den statistisch feststellbaren Verbrechensraten (Gerbner et al. 1986, Guo, Zhu und Chen 2001, McCombs 2004: 25 ff., Pfeiffer 2004, Windzio und Kleimann 2006).

50 In der Hinsicht sind die Ergebnisse der Kultivierungsforschung für andere Länder als die USA jedoch nicht eindeutig (vgl. Gunter 1987b, Gerbner 2000, McQuail 2005:498 f., Rossmann und Brosius 2006).

4.1.3 Das Bild des Auslands

Viel Aufmerksamkeit richtet die Forschung auf das Bild des Auslands in den Medien. Die Auslandsberichterstattung hat einen Einfluss auf internationale Beziehungen, auf die internationale Öffentlichkeit wie auch auf Stereotypen und
Fremdbilder anderer Nationen in nationalen Öffentlichkeiten (Wilke 1993, Wanta,
Golan und Lee 2004). Es ist daher bedeutsam zu untersuchen, welche Länder die
Medien beachten, welches Bild des Auslands sie zeichnen und welches Deutschlandbild in ausländischen Medien gezeichnet wird (vgl. etwa Bassewitz 1990, Pütz
1993, Böhme-Dürr 1998).

Auch Studien zum internationalen Nachrichtenfluss und zur wechselseitigen
Medienbeachtung weltweit sind in der Hinsicht relevant. Eine Untersuchung von
Gerbner und Marvanyi (1977) illustriert das typische Ergebnis der Forschung in
diesem Bereich: Die Massenmedien, auch die Nachrichtenagenturen, präsentieren
ein Weltbild, das sehr stark von den geographischen Proportionen der Welt abweicht. Vergleichende Untersuchungen der Berichterstattung bestätigen diesen Befund für die verschiedensten Mediensysteme weltweit und belegen zugleich, dass
auch die Medien außerhalb der atlantisch-europäischen Region ihre spezifischen
ethnozentrischen Verzerrungen aufweisen (Schulz 1983, Sreberny-Mohammadi et
al. 1985, Stevenson und Shaw 1984, Mowlana 1995). Die Verhältnisse haben sich
durch die großen politischen Umwälzungen gegen Ende des 20. Jahrhunderts nur
unwesentlich verändert (Stevenson 2003).

Für die meisten Medien mit internationaler Berichterstattung weltweit gilt,
dass sie den USA und Westeuropa die meiste Aufmerksamkeit zuwenden. Die
Länder Afrikas, Asiens, Lateinamerikas und Osteuropas werden dagegen nur
wenig beachtet oder sind nahezu unsichtbar – es sei denn, sie sind Schauplatz von
Krisen, Kriegen, Katastrophen. Aus diesem Grund konzentriert sich schon seit vielen Jahren ein großer Teil der Medienbeachtung auf den Nahen Osten. Diskonti-
nuität, Regionalismus, Exotismus und Negativismus bestimmen allgemein die
internationalen Nachrichten.

Die Medienaufmerksamkeit gegenüber Ereignissen im Ausland wird zum einen
durch so genannte Gatekeeper-Faktoren bestimmt, zum anderen durch logistische
Faktoren (Ahern 1984, Wu 1998). Die wichtigsten Gatekeeper im internationalen
Nachrichtenfluss sind die Weltagenturen *Associated Press*, *Reuters* und *Agence
France-Presse*. Länder und Orte, in denen sie mit Büros und Korrespondenten gut
vertreten sind, haben auch die besten Chancen, im internationalen Nachrichtenfluss präsent zu sein. Für die Nachrichtenlogistik bedeutsam ist der Faktor Distanz
bzw. Nähe. Über nahe gelegene Länder berichten die Medien mehr als über ferne
Länder. Auch Nähe in politischer und kultureller Hinsicht hat einen ähnlichen Effekt.

Man kann jedoch vermuten, dass sowohl das Verhalten der Agenturen wie
auch die Nachrichtenlogistik von allgemeineren Faktoren gesteuert werden, so

etwa von (politischen, ökonomischen) Systemmerkmalen der Länder, von aktuellen Ereignissen und von Merkmalen der berichtenden Medien (vgl. Wilke 1998). Empirische Untersuchungen mit dem Ziel, den Einfluss von Ländermerkmalen auf die Beachtung der Länder in der internationalen Berichterstattung zu bestimmen, weisen ökonomische Merkmale wie Wirtschaftsleistung und Handelsvolumen als besonders starke Prädiktoren aus (Rosengren 1977, Hagen 1998, Hagen et al. 1998, Wu 2003, Scherer et al. 2006). Das hat zur Folge, dass im Medienbild des Auslands die Länder dominieren, die für das berichtende Land die größte wirtschaftliche Bedeutung haben.

Der Einfluss von Merkmalen der berichtenden Medien wird besonders beim Blick auf den begrenzten Horizont der Fernsehberichterstattung augenscheinlich. Kamps (1998: 293) vergleicht das Auslandsbild der Fernsehnachrichten polemisch mit „einem umgekehrt proportionalen Schweizer Käse: nicht die Substanz, sondern das Fehlende dominiert."

4.1.4 Ereignis und Nachricht

Eine Reihe von Untersuchungen zur Realitätstreue der Berichterstattung konzentriert sich auf einzelne Ereignisse und untersucht deren Nachrichtenbild detailliert in Fallstudien. Die Pionierstudie dieser Forschungsrichtung von Lang und Lang (1953) verglich eine Live-Reportage des Fernsehens über eine Parade zu Ehren des Generals MacArthur in Chicago am 26. April 1951 mit den unmittelbaren Eindrücken von Beobachtern am Straßenrand. Die Fernsehperspektive unterschied sich erheblich von dem, was die teilnehmenden Beobachter sahen, so dass die Fernsehzuschauer und die Zuschauer vor Ort jeweils unterschiedliche Realitäten wahrnahmen.[51]

Die Autoren argumentieren anhand einer Reihe weiterer Beispiele, dass die Medienwirklichkeit immer eine spezifische Brechung der Wirklichkeit sei (Lang und Lang 1968). Vor allem durch das Fernsehen werden Ereignisse zu einer Realität *sui generis* transformiert. Nimmo und Combs (1983) demonstrieren das anhand weiterer Beispiele wie der Geiselnahme im Iran 1979/80, des Kernkraftwerk-Unfalls von Three Mile Island (Harrisburg) am 28. März 1979 und des DC-10-Absturzes in Chicago am 25. Mai 1979.

Den Untersuchungsansatz von Lang und Lang wendeten Kaid, Corgan und Clampitt (1976) auf ein Wahlkampfereignis in Oklahoma City an. Sie verglichen die Eindrücke, die Beobachter vor Ort und Fernsehzuschauer von einer Rede des damaligen Präsidenten Ford bekamen. Donsbach, Brosius und Mattenklott (1993) replizierten und variierten den Ansatz, um die Spezifika der Fernsehperspektive genauer zu untersuchen. Eine Teilgruppe von Versuchsteilnehmern beobachtete

---

51 Vgl. auch unten Abschnitt 4.3.3

am 17. November 1990 eine 40-minütige Wahlkampfrede des damaligen Bundeskanzlers Helmut Kohl in Mainz. Eine andere Teilgruppe bekam das Ereignis als
eine ungeschnittene TV-Aufzeichnung präsentiert, drei weitere Teilgruppen sahen
unterschiedlich montierte Kurzfassungen, wie sie in der Fernsehberichterstattung
üblich sind. Die Fassungen waren so geschnitten, dass sie eine für Kohl positive,
negative oder neutrale Tendenz enthielten. Im Ergebnis zeigte sich u. a., dass die
Fernsehaufzeichnung deutlich mehr affektive (negative) Reaktionen der Zuschauer
hervorrief als das Live-Event. Diese Reaktionen waren noch ausgeprägter bei der
neutral geschnittenen Kurzversion. Sie konnten darüber hinaus durch eine tendenziöse Montage weiter verstärkt oder abgeschwächt werden (vgl. auch
Mattenklott, Donsbach und Brosius 1995).

Die Fallstudie zu einer Vietnam-Demonstration in London am 27. Oktober 1968
durch Halloran, Elliott und Murdock (1970) zeigt darüber hinaus, dass die Medien
mitunter schon im Voraus einen Erwartungsrahmen aufbauen, der eine adäquate
Wahrnehmung des Ereignisses verhindert und die Berichterstattung präformiert
(vgl. auch Noelle-Neumann und Mathes 1987). Zwischen Realität und Medienrealität entstehen nicht selten dynamische Wechselwirkungen, die das Geschehen
in eine medial bestimmte Richtung lenken.

Exemplarisch hat das Kepplinger anhand der Ölkrise nach dem Jom-Kippur-
Krieg 1973 aufgezeigt (Kepplinger und Roth 1978, Kepplinger 1992: 53). Die Medien stellten die Lage so dramatisch dar, dass die Nachfrage nach Benzin und
Heizöl sprunghaft anstieg und wegen der begrenzten Raffinerie-Kapazitäten kurzfristig nicht befriedigt werden konnte. Obwohl die Ölversorgung tatsächlich nicht
beeinträchtigt war, wie Importstatistiken belegen, kam es zu Versorgungslücken
an den Tankstellen und zu Sonntagsfahrverboten. Die von den Medien gegebene
Interpretation der Wirklichkeit, die nicht mit den Daten und Fakten überein-
stimmte, hatte Rückwirkungen auf die Wirklichkeit nach dem Muster der *self
fulfilling prophecy*.

Vergleiche der Berichterstattung mit medienexternen Realitätsindikatoren können sich außer auf Ereignisbeobachtungen auch auf statistische Daten – zu politischen, sozialen oder ökonomischen Indikatoren – stützen. Wie Rosengren (1970)
darlegt, ist dies ein besonders beweiskräftiger Ansatz, um Nachrichtenbias aufzu-
zeigen. Der Autor illustriert das Vorgehen u.a. an Vergleichen der Berichterstattung mit „Extra-Media-Daten" wie Parlamentswahlen in verschiedenen Ländern
sowie mit Daten der Bevölkerungs- und Wirtschaftsstatistik (Rosengren 1974, 1977,
1979). Inzwischen gibt es eine Anzahl von Studien, die medienexterne Realitätsindikatoren als Prüfkriterien der Berichterstattung heranziehen, z. B. Daten über
Unfälle und Katastrophen, Technik- und Umweltentwicklung, Konjunktur und
Arbeitsmarkt, Straftaten und andere polizeilich ermittelte Vorfälle (vgl. etwa
Funkhouser 1973, Gaddy und Tanjong 1986, Kepplinger 1989a, Best 2000, Hocke
2002, Hagen 2005).

Zwar sind Extra-Media-Daten, streng genommen, keine objektiven Realitätsindikatoren, weil ihre Registrierung notwendigerweise eine Informationsverarbeitung – und damit Prozesse der Selektion, Interpretation und Bewertung – voraussetzt. Das gilt auch für „amtliche" Definitionen und Zählweisen von Ereignissen (Früh 1994: 28). Sie eignen sich aber als Prüfkriterium, wenn sie medienunabhängig registriert wurden, wie das z. B. bei Daten der statistischen Ämter größtenteils der Fall ist.

4.2 Mediale Informationsverarbeitung

Massenmedien als Spiegel der Wirklichkeit zu nehmen, ist eine naive, wenn auch alltagspraktisch notwendige Sichtweise. In vielen Bereichen haben wir keinen anderen Zugang zur Wirklichkeit als über die Massenmedien, und daher müssen wir uns darauf verlassen, dass sie uns objektiv und wahrheitsgetreu informieren. Bei genauer Prüfung, wie es mit wissenschaftlichen Methoden möglich ist, erweist sich jedoch die Spiegel-Metapher als unzutreffend. Es lässt sich stattdessen mit den Ergebnissen der Forschung besser vereinbaren, die Medien als informationsverarbeitende Systeme zu begreifen. Sie sammeln und sichten Informationen, interpretieren und bewerten diese, und entwerfen ein Weltbild, das den sozialen und politischen Bedürfnissen der Mediennutzer entgegenkommt. Diese alternative Auffassung kann man durchaus als „kopernikanische Wende" der Kommunikationsforschung ansehen (Schulz 1989).

Massenkommunikation als einen Prozess der Informationsverarbeitung zu sehen, vergleichbar der menschlichen Wahrnehmung und Vorstellungsbildung, – diese Sichtweise geht zurück auf Walter Lippmann (1922). In seinem Buch über die öffentliche Meinung erklärt Lippmann die Besonderheiten der medialen Nachrichtenauswahl unter Bezug auf psychologische Erkenntnisse über die individuelle Umweltwahrnehmung.[52] Dem liegt die Annahme zugrunde, dass sich Organisationen bei der Verarbeitung von Information ähnlich verhalten wie Individuen, so dass die Gesetzmäßigkeiten der menschlichen Informationsverarbeitung analog sowohl für einzelne Massenmedien gelten wie auch für das gesellschaftliche System der Massenkommunikation insgesamt.[53]

Informationsverarbeitung ist, wie die Kognitionspsychologie inzwischen vielfach belegt hat, ein höchst aktiver, schöpferischer Prozess. Entgegen unserer Alltagsauffassung von Wahrnehmung bildet das menschliche Informationsverarbeitungssystem nicht Umwelt ab, sondern konstruiert aus einer Auswahl sinnlicher Reize mit Hilfe der im Gedächtnis gespeicherten Erfahrung eine subjektive Vor-

---

52   Vgl. dazu auch unten Abschnitt 4.3.1
53   Zwar befasst sich Lippmann primär mit Nachrichten, d.h. mit aktueller Information insbesondere über politisches Geschehen. Doch kann der Ansatz im Prinzip von einer Nachrichtentheorie zu einer Medientheorie verallgemeinert werden.

stellung von Wirklichkeit. Die in stark vereinfachten Strukturen gespeicherte Erfahrung nannte Lippmann *Stereotype*. Heute wird in Psychologie, Politik- und Kommunikationswissenschaft dafür oft der Begriff *Schema* verwendet. Das verarbeitende Subjekt bringt in den Wahrnehmungsprozess oft mehr Information aus vorhandenen Schemata ein, als es aus den verarbeiteten Umweltreizen extrahiert. Neisser (1974: 124) vergleicht die Situation mit der des Paläontologen, der aus einigen wenigen Knochenfragmenten, die er in Unmengen von bedeutungslosem Schutt findet, einen Dinosaurier rekonstruiert. Auf ähnliche Weise baut sich der Mensch ein Weltbild auf, indem er aus der unendlichen Reizinformation in seiner Umgebung einen kleinen Betrag auswählt, einen großen Betrag aus seinem Gedächtnis hinzufügt und aus dem ganzen eine sinnvolle Vorstellung bildet. Um die aktive Rolle des wahrnehmenden Subjekts hervorzuheben, bezeichnet Konrad Lorenz (1973) das menschliche Informationsverarbeitungssystem als „Weltbildapparat".

4.2.1 Medien – die Weltbildapparate der Gesellschaft

Wie Lippmann stellt auch Lorenz Analogien her zwischen der Mikroebene der Individuen und der Makroebene sozialer Systeme. Besonders plausibel ist die Übertragung kognitionspsychologischer Erkenntnisse auf die Massenmedien, wenn man deren Funktion der Realitätsvermittlung betrachtet. Die Medien mit dem Ausdruck von Konrad Lorenz als „Weltbildapparate" der Gesellschaft zu bezeichnen, scheint durchaus passend zu sein. Sie wählen aus der unendlichen Fülle von Ereignissen, Themen und Problemen in der Welt einige wenige aus, unterziehen sie einem Verarbeitungsprozess und entwerfen daraus ein politisches Weltbild. In Textbox 4.1 sind die wichtigsten Prozesse der medialen Politikvermittlung aufgezählt.

Übereinstimmungen zwischen individueller und medialer Informationsverarbeitung sind auch daraus zu erklären, dass wesentliche Verarbeitungsprozesse in den Medien von Personen – von Reportern, Korrespondenten, Redakteuren – vorgenommen werden. Die medialen Weltbildapparate folgen der Funktionsweise individueller Weltbildapparate der Journalisten. Und die Situation der Journalisten und Medienmacher ist der von Neisser beschriebenen Situation des Paläontologen vergleichbar.

Auch die von den Medien berichteten Ereignisse und Probleme sind nur in Ausschnitten und nur aus einer stark eingeschränkten Perspektive zugänglich. Die daraus in Form von Nachrichten rekonstruierte Realität hat aber dennoch eine geschlossene, sinnvolle Gestalt. Und sie erscheint den Rezipienten der Nachrichten oft viel eindeutiger und bedeutsamer – mitunter auch interessanter oder beunruhigender – als einem unmittelbaren Betrachter des Geschehens vor Ort.

Die Medienrealität hat für die Gesellschaft einen ähnlich verbindlichen – also „objektiven" und „realen" – Charakter wie es die individuelle Weltwahrnehmung hat (Früh 1994: 56). So wie wir unseren Augen trauen, verlassen wir uns auch auf die Berichterstattung der Medien, und das um so mehr, wenn wir das mediale Weltbild in so lebendiger und scheinbar authentischer Weise präsentiert bekommen, wie das bei audiovisuellen Medien der Fall ist. Bei der Einschätzung von Objektivität und Glaubwürdigkeit der Massenmedien durch die Bevölkerung schneidet daher das Fernsehen am besten ab.

Der Einfluss der Medien auf unsere Vorstellungen von Welt ist darüber hinaus dann besonders groß, wenn wir vom berichteten Geschehen keine unmittelbare Anschauung haben. Das ist bei den meisten politischen Ereignissen und Problemen der Fall. Hier sind wir abhängig vom Politikbild, das uns die Medien vermitteln. Dies ist das zentrale Argument in verschiedenen dependenztheoretischen Konzepten der Kommunikationsforschung.[54]

Textbox 4.1: Prozesse medialer Politikvermittlung

- Medien sammeln und selektieren nach medienspezifischen Aufmerksamkeitsregeln politische Informationen und verbreiten diese an ein großes, prinzipiell unbegrenztes Publikum;

- Medien interpretieren und bewerten in einer medienspezifischen Weise das politische Geschehen – und zwar neben den Ereignissen, Problemen und Akteuren z. B. auch die Ansprüche der Bürger und die Entscheidungen der Politiker – und strukturieren damit den Input und den Output des politischen Systems;

- Medien interagieren bei der Berichterstattung mit dem berichteten Geschehen, u. a. indem sie Folgeereignisse hervorrufen und „Pseudo-Ereignisse" stimulieren, die die Berichterstattung antizipieren, so dass es zu einer Rückkopplung von Medien und Politik kommt;

- Medien entscheiden nach medienspezifischen Relevanzgesichtspunkten über den Zugang politischer Akteure zur Öffentlichkeit und bestimmen auf diese Weise deren Handlungs- und Einflussmöglichkeiten;

- Medien bieten oft die ausschließliche Handlungsbasis für Bürger und die politische Elite und zugleich die Voraussetzung für das Entstehen einer politischen Öffentlichkeit.

---

54 Vgl. unten Abschnitt 4.2.5

4.2.2 Emanzipatorische Leistungen der Medien

Allerdings kommen bei der medialen Informationsverarbeitung noch weitere Konstruktionsprinzipien ins Spiel. Sie resultieren aus der Vervielfältigungs- und Verbreitungstechnik, aus den Gestaltungsanforderungen bestimmter Medienformate sowie aus ökonomischen Zielen und Zwängen der Medienorganisation. Inhalte und Strukturen medialer Weltbilder entstehen also teilweise aus Operationen, wie sie für die individuelle Umweltwahrnehmung gelten, teilweise aus medienspezifischen Gesetzmäßigkeiten, die ihnen eine eigene Charakteristik geben.

Die Charakteristik medialer Informationsverarbeitung ist das Ergebnis einer spezifischen Leistung von Kommunikationsmedien, nämlich ihrer Fähigkeit, die natürlichen Grenzen menschlicher Kommunikation zu überwinden. Die menschlichen Fähigkeiten zur Kommunikation sind mehrfach begrenzt: räumlich, zeitlich, in ihren Ausdrucksmöglichkeiten und in Bezug auf die Effizienz der Mitteilungsproduktion.

Auf Grund ihrer Eigenschaft, die natürlichen Kommunikationsfähigkeiten des Menschen zu erweitern, sind Medien als *Techniken in einem anthropologischen Sinn* zu definieren. Sie dienen – wie alle Techniken – der „Emanzipation von den Schranken des organischen Lebens", wie es Sombart (1927: 116) umschreibt, oder wie es McLuhan in seiner plakativen Art formuliert: Medien sind eine Erweiterung des Menschen (McLuhan 1967).

In dieser Funktion tragen Kommunikationsmedien dazu bei, menschliche „Organmängel" – insbesondere Mängel des individuellen Weltbildapparates – auszugleichen. Sie dienen dazu, räumliche und zeitliche Distanzen zu überwinden, die Mitteilungen in einer für bestimmte Kommunikationsziele besonders geeigneten Weise zu codieren und die Kommunikationseffizienz zu steigern.

Abstrakt soll dies als *Relay-Funktion, semiotische Funktion* und *ökonomische Funktion* der Medien bezeichnet werden. Diese drei Funktionen werden im Folgenden vor allem mit Blick auf Medien der Massenkommunikation näher erläutert.

Mediale Kommunikation gelingt in dem Maße, in dem sie diese drei Funktionen erfüllt. Sie gelingt dann, wenn sie eine Gemeinsamkeit zwischen Kommunikator und Rezipient herbeiführt (darauf verweist auch der etymologische Begriffskern von Kommunikation: Lat. *communis*). Gemeinsamkeit oder Verständigung resultiert aus der Übertragung von Bedeutung mittels Zeichen, und zwar im Falle von Massenkommunikation mit Hilfe von oft arbeitsteilig organisierter „massenhafter" Produktion von Mitteilungen. Das ist auch Voraussetzung dafür, die für die Politik wichtigsten Vermittlungsleistungen zu erbringen, nämlich die Verarbeitung von Information und die Herstellung von Öffentlichkeit durch Medien.

4.2.3 Überwindung von Distanzen: Die Relay-Funktion

Die Relay-Funktion ist die auffälligste Leistung der Kommunikationsmedien. Medien verbinden räumlich und/oder zeitlich getrennte Kommunikationspartner. Medien wie z.b. das Telefon oder das Radio überbrücken große Distanzen mit Hilfe elektrischer, elektromagnetischer, elektronischer oder opto-elektronischer Techniken und ermöglichen die Übertragung von Bedeutung von einem Sender zu räumlich weit entfernten Empfängern. Medien wie Buch oder Zeitung, CD oder DVD speichern Mitteilungen und überwinden auf diese Weise die Grenzen von Raum und Zeit. Sie ermöglichen die Bewahrung von Kommunikation, die Akkumulation von Wissen und dessen Tradierung an nachfolgende Generationen.

Ein wesentlicher Nutzen, der aus der Relay-Funktion resultiert, ist die Steigerung der Reichweite von Kommunikation und die Erweiterung des Erfahrungshorizontes – z.b. geographisch, gesellschaftlich, historisch. Verschiedene Medialisierungsmetaphern nehmen darauf Bezug (McQuail 2005: 83). Wenn Medien zum Beispiel als „Fenster zur Welt" oder als „Spiegel der Wirklichkeit" apostrophiert werden, soll das ausdrücken, dass sie den Kontakt zur sozialen Realität herstellen und den Mediennutzern speziell solche Ereignisse zugänglich machen, die sie nicht mit eigenen Augen wahrnehmen können.

Filterung und Verzerrung

Diese Leistung ist jedoch notwendigerweise mit Selektionen verbunden, da die Übertragungs- und Speicherfähigkeit von Medien der Komplexität der Wirklichkeit nicht im Entferntesten gerecht werden kann. Für die medial gefilterte Wirklichkeit hat sich daher auch der Ausdruck *Medienwirklichkeit* eingebürgert, in dem die kritische Unterstellung mitschwingt, dass Medien eine Wirklichkeit „zweiter Hand" vermitteln, die in spezifisch medialer Weise gebrochen und mitunter stark verzerrt ist (prägend war hier Lippmann 1922).

Die ebenfalls recht gebräuchliche Metapher des *Forums* verweist auf einen anderen Aspekt der Relay-Funktion. Indem Medien die übertragenen oder gespeicherten Mitteilungen öffentlich – das heißt für jedermann zugänglich – machen, stellen sie ein Forum für den gesellschaftlichen Diskurs bereit. Sie tragen auf diese Weise zur Überwindung nicht nur räumlicher, sondern auch sozialer und kultureller Distanzen bei und ermöglichen im Prinzip allen Bevölkerungsgruppen die Beteiligung an einer politischen Öffentlichkeit. Diese Leistung medialer Kommunikation spielt in der Theorie der Demokratie eine zentrale Rolle. Öffentlichkeit ist wesentliche Voraussetzung demokratischer Meinungs- und Willensbildungsprozesse, die der Legitimation politischer Herrschaft durch Wahlen und Abstimmung vorausgehen. Öffentlichkeit dient darüber hinaus der Kontrolle der Macht von politischen Organisationen und Amtsträgern.[55]

Wie die medialisierte Wirklichkeit allgemein weist auch die Medienöffentlichkeit bestimmte Charakteristika auf, die oft als verzerrt qualifiziert werden. Dafür bietet eine Vielzahl von Inhaltsanalysen empirische Evidenz. Als verzerrt gelten in diesem Zusammenhang z.b. systematische Abweichungen von medienunabhängigen Ereignis- bzw. Problemwahrnehmungen, mitunter auch Abweichungen von der „normalen" oder erwünschten Präsenz in der Medienöffentlichkeit, z. B. von Ländern, Institutionen, Gruppen, Personen.[56]

Selektionen sind notwendig wegen des immensen Missverhältnisses zwischen der Komplexität der Wirklichkeit einerseits und den medialen Übertragungs- und Speicherungskapazitäten andererseits. Das daraus resultierende Knappheitsproblem führt dazu, dass mediale Kommunikation immer zugleich eine Filterung von Mitteilungen bedeutet. Problematisch ist dies vor allem deshalb, weil die Medien Selektionsregeln anwenden, die allenfalls partiell von Gesichtspunkten sozialer oder politischer Relevanz geleitet sind. Eine große Rolle spielen medienimmanente Relevanzkriterien, die aus Zwängen der Medienproduktion, aus Normen und Traditionen der journalistischen Profession, aus subjektiven Vorlieben und Abneigungen der *Gatekeeper* resultieren.

Die Relay-Funktion der Medien, die eine ihrer wesentlichen Leistungen ausmacht, ist also notwendigerweise damit verbunden, dass die Mitteilungen medienspezifischen Selektionsregeln unterliegen und inhaltlich in einer bestimmten Weise geprägt werden. Den medialen Selektionen und Prägungen entsprechend ist auch die medial hergestellte Öffentlichkeit strukturiert.

Beschränkungen medialer Öffentlichkeit

Die Struktur der Medienöffentlichkeit ist vor allem relevant im Hinblick auf zwei politische Vermittlungsleistungen, die von den Medien auf Grund ihrer Relay-Funktion in modernen Demokratien erwartet werden.

Dazu gehört zum einen der Ausgleich verschiedener, teils konträrer sozialer bzw. politischer Interessen. Diese sollen sich in der Öffentlichkeit artikulieren können, damit sie – so ist jedenfalls die Erwartung – schließlich in einer für das Gemeinwohl verträglichen Kompromisslösung in politischen Entscheidungen der Legislative und der Exekutive berücksichtigt werden. Das ist allerdings davon abhängig, dass die verschiedenen Interessen gleiche Zugangschancen zur Medienöffentlichkeit haben. Diese Voraussetzung ist jedoch wegen der medienspezifischen Selektionen und Prägungen der Medienöffentlichkeit nicht erfüllt. Infolgedessen führt die Medialisierung zu einer strukturellen Verzerrung der politischen Interessenvermittlung.

---

55 Vgl. dazu unten Abschnitt 4.4
56 Vgl. dazu oben Abschnitt 4.1

Zum anderen wird von der Medienöffentlichkeit erwartet, dass sie den einzelnen Bürgern wie auch den verschiedensten Organisationen die Beobachtung des sozialen Geschehens und auch die Teilhabe an politischen Prozessen ermöglicht, indem sie Informationen zu politischen Ereignissen und Themen, zu Meinungen und Entscheidungen bereitstellt. Es handelt sich bei dieser Leistungsanforderung um eine andere Seite der Politikvermittlung, die vor allem der politischen Beteiligung zugutekommen soll. Insofern als diese Form der Politikvermittlung ebenfalls von medienspezifischen Selektionen und Prägungen abhängig ist, kann man von einer *Medialisierung der politischen Partizipation* sprechen.

Der Zugang zu den Angeboten der Medienöffentlichkeit ist aber nicht nur auf Grund medienspezifischer Selektionen ungleich verteilt. Da die Relay-Funktion dank medialer Techniken erfüllt und ständig gesteigert wird, ist mediale Kommunikation meist verbunden mit materiellen Aufwendungen wie auch mit „Opportunitätskosten", z.B. dem Verzicht auf alternative Zeitverwendungen. Aber nicht jeder verfügt über die gleichen Voraussetzungen, um mit den Techniken umzugehen und die medialen Angebote zu nutzen, also z.B. Zeitungen zu kaufen, einen Internetanschluss zu bezahlen, den Zeitaufwand für das Anschauen einer Bundestagsdebatte im Fernsehen aufzubringen. Ein Aspekt dieses Problems wird unter dem Stichwort *digitale Spaltung (digital divide)* diskutiert. Es verweist darauf, dass auch die mit der medialen Relay-Funktion verbundenen Kosten zur Ungleichverteilung politischer Partizipationschancen beitragen können. Ähnliches spricht die *These der wachsenden Wissenskluft* an. Sie bezieht sich auf die allgemeinen kognitiven Fähigkeiten und auf spezielle Medienkompetenzen *(media literacy)*, die zur Auswertung medialer Mitteilungen erforderlich sind.[57]

Die spezifischen Selektionen und Prägungen, die notwendigerweise aus der Relay-Funktion der Kommunikationsmedien resultieren, führen also zu strukturellen Verzerrungen der Medienwirklichkeit und der Medienöffentlichkeit, die wiederum Einschränkungen der politischen Interessenvermittlung und Partizipation zur Folge haben.

4.2.4 Codierung und Formatierung: Die semiotische Funktion

Eine zweite Leistung von Medien besteht darin, die Mitteilungen so zu codieren, dass sie übertragen und wahrgenommen werden können. Dies soll hier als die *semiotische Funktion* der Medien bezeichnet und unter Bezug auf verschiedene Dimensionen von Mitteilungen erläutert werden.

Zum einen müssen Mitteilungen in eine *Modalität* überführt werden, die den sinnlichen Wahrnehmungsmöglichkeiten der Kommunikationspartner entspricht. Schlicht gesagt: Mitteilungen müssen visuell oder auditiv wahrnehmbar sein. Die

---

Codierung der Mitteilungen wird damit von den Wahrnehmungsmöglichkeiten der Rezipienten bestimmt, aber auch von den Ausdrucksmöglichkeiten des Kommunikators bzw. Senders, d.h. von dessen Möglichkeiten, hörbare und sichtbare Zeichen bzw. Mitteilungen zu erzeugen.

Durch Codierung erzeugte Medienformate

Zum anderen erhalten Mitteilungen mit der medialen Codierung ein bestimmtes *Medienformat*. Dabei kann man analytisch verschiedene Schichten bzw. Quellen der Formatierung unterscheiden. Sie resultieren einmal aus den Regeln, die den Gebrauch bestimmter Zeichensysteme bestimmen, z.B. Regeln für die Auswahl und Verknüpfung der Buchstaben und Wörter, die im Wesentlichen vom Sprachsystem bestimmt werden, zum Teil auch von spezifischen Kompetenzen und Vorlieben des Kommunikators. Entsprechendes gilt für andere Zeichensysteme. Die durch Formatierung erzeugten Mitteilungsstrukturen lassen sich informationstheoretisch genau beschreiben und quantifizieren, etwa mit Kennwerten wie *Entropie* und *Redundanz*. Nur strukturierte Mitteilungen tragen Information und Bedeutung (vgl. etwa Garner 1962).

Darüber hinaus gibt es weitere Regelsysteme, die sich auf die Strukturierung bzw. Formatierung von Mitteilungen auswirken, etwa Regeln der Stilform, des Genres, der Gattung, journalistische oder ästhetische Gestaltungsregeln, ferner Regeln, die aus den zum Teil technisch determinierten Gestaltungsanforderungen der Medien resultieren. Wie es Formatunterschiede zwischen (frei) gesprochenen und geschriebenen Texten, zwischen einem Drama und einem Roman gibt, gibt es auch deutliche Unterschiede zwischen einer Radioreportage und einer Fernsehdebatte, einer Nachricht und einem Kommentar. So hat die „objektive" Darstellung des politischen Geschehens in Form einer Nachricht bestimmten Regeln, normativen Standards, Konventionen und „strategischen Ritualen" des Journalismus zu folgen (Tuchman 1972, Weischenberg 1995: 165 ff.). Dazu gehört beispielsweise die Berücksichtigung von (mindestens) vier W's: Was, Wer, Wann, Wo (Reumann 2002).

Das Regelwerk ist besonders vielschichtig bei Codierungen, die verschiedene Modalitäten, Zeichensysteme und Darstellungsformen kombinieren, wie das typisch ist für moderne audiovisuelle Medien. Fortschritte der Codierung verbesserten z. B. die Wirklichkeitstreue, die Lebendigkeit, die sensorische Komplexität oder die ästhetische Anmutung von Mitteilungen.

Anforderungen der Medienlogik

Die Medien erfüllen also mit der semiotischen Funktion eine mehrdimensionale Codierungsleistung, deren Bestandteile nur analytisch zu trennen sind. Das Ergebnis der Codierung lässt sich aber auf einen gemeinsamen Nenner bringen. Indem sie Mitteilungen wahrnehmbar machen und formatieren, prägen sie ihnen medienspezifische Regeln auf. Dies ist ein wichtiger Aspekt der Medialisierung. Die Regeln machen nicht nur weitgehend verbindliche Vorgaben für den Kommunikator; sie prägen auch die Inhalte und die Interpretation der Mitteilung und bestimmen deren Rezeption. Das gilt für fiktionale und non-fiktionale Inhalte gleichermaßen, also auch für die mediale Darstellung von politischer Realität.

Textbox 4.2: McLuhan über die Erfindung des Buchdrucks

„Psychisch gesehen verstärkte der Buchdruck als Ausweitung des Sehvermögens die Perspektive und den fixen Standpunkt. In Verbindung mit der visuellen Betonung des Standpunktes und des Fluchtpunktes, der uns die Illusion der Perspektive verschafft, ergibt sich eine weitere Illusion, nämlich die, dass der Raum visuell, gleichförmig und stetig sei. Die lineare, exakte und einheitliche Anordnung der beweglichen Typen ist untrennbar mit den großen Kulturformen und Errungenschaften des Erlebnisses der Renaissance verbunden. Die damals neue Intensität, mit der das Visuelle und der persönliche Standpunkt im ersten Jahrhundert des Buchdrucks hervorgehoben wurden, gaben dem Menschen Möglichkeiten, sich selber auszudrücken, welche erst die Ausweitung des Menschen im Buchdruck möglich machte.

Soziologisch gesehen brachte uns die typographische Ausweitung des Menschen den Nationalismus, die Industrialisierung, Massenmärkte und das Alphabetentum als Allgemeingut."

Quelle: McLuhan (1968: 188)

Dass mediale Codierung nicht inhaltsneutral ist, sondern gleichsam eingebaute Interpretationsregeln transportiert, ist eine Kernthese von Medientheorien, die mit Namen wie Innis (1951), McLuhan (1967) oder Meyrowitz (1985) verbunden sind (vgl. auch McQuail 1999). Ihnen ist die Annahme gemeinsam, dass jedes Medium durch einen spezifischen *Bias* charakterisiert ist, der nicht nur die Wahrnehmung der Mitteilungen bestimmt, sondern auch Auswirkungen auf die Vorstellungen der Rezipienten wie auch auf die Entwicklung von Gesellschaften und Kulturen hat. Am bekanntesten sind McLuhans Thesen zu den weitreichenden Folgen der Erfindung Gutenbergs (vgl. Textbox 4.2).

Andere Autoren haben diese Ideen zu einer – wie sie es nennen – *mediation theory* weiterentwickelt, in deren Zentrum die Kategorie des Formats steht (Altheide und Snow 1988, Gumpert und Cathcart 1990, Meyer 1988). Sie betonen, dass es ein Kennzeichen aller Medien ist, ihre Mitteilungen nach einer spezifischen Medienlogik zu formatieren. Dementsprechend prägen die Produktionsroutinen und Präsentationsgenres auch die politischen Inhalte der modernen Nachrichtenmedien.

Das geschieht auf zweierlei Weise. Zum einen wird die dargestellte Realität im medialen Produktionsprozess für die spezifischen Medienformate passfähig gemacht. Zum anderen richten die politischen Akteure ihr Handeln an den Anforderungen der Medienlogik aus, medialisieren zum Beispiel Ereignisse oder kreieren medienwirksame *Pseudo-Ereignisse* (Mazzoleni 1987, Kepplinger 1989b).

Daher ist das, was als politische Realität erscheint, oftmals das Ergebnis der Medialisierung politischer Inhalte entsprechend den Anforderungen der Medienlogik.

4.2.5 Steigerung der Kommunikationseffizienz: Die ökonomische Funktion

Massenmedien erbringen ihre Übertragungs-, Speicher- und Codierungsleistungen unter Anwendung ökonomischer Prinzipien. Das geschieht vordergründig durch den Einsatz von Apparaten der Mitteilungsproduktion, von der handwerklichen Drucktechnik Gutenbergs bis zu den modernen Techniken, die für die Herstellung, Verbreitung und Nutzung von Print- und audiovisuellen Medien verwendet werden. Ein Merkmal moderner Medientechniken ist, dass sie die ökonomischen Vorteile industrieller Massenproduktion in Großorganisationen nutzen können (Turow 1992).

Bei genauerem Hinsehen wird deutlich, dass es um die Steigerung der *produktiven Effizienz* geht, d.h. um ein möglichst günstiges Kosten-Nutzen-Verhältnis durch Prozessinnovationen und ständige betriebliche Reorganisationen. Dies ist der Kern der *Ökonomisierung* der Mitteilungsproduktion. Damit einher geht in der Regel eine Verbesserung der Produktqualität, also auch der *allokativen Effizienz* (Heinrich 2001). Die Medienentwicklung führt folglich dazu, dass die Mediennutzer Angebote mit zunehmend verbesserten Übertragungs-, Speicher- und Codierungsleistungen erhalten, und das in der Regel bei sinkenden Preisen. Dies trägt entscheidend zur Expansion der Medien bei und den damit einhergehenden Substitutions-, Amalgamations- und Akkomodationseffekten, die in Kapitel 2 als Aspekte der Medialisierung beschrieben wurden.

Skaleneffekte als Antrieb der Entwicklung

Um die Effizienz der erstrebten Übertragungs-, Speicher- und Codierungsleistungen zu steigern, bieten sich seit der frühesten Medienentwicklung vor allem drei Prinzipien an, nämlich erstens *Standardisierung* der Produkte, zweitens *Arbeitsteilung* bei deren Herstellung und drittens *Professionalisierung* der am Herstellungsprozess beteiligten Tätigkeiten. Das betrifft nicht nur die Inhalte der Medien, sondern auch die zur Übertragung und zum Empfang notwendige Hard- und Software, beispielsweise Radio-, Fernseh- und Mobilfunkgeräte, CD- und DVD-Player, sowie Computer und nicht zuletzt die für den Betrieb und die Nutzung des Internets nötige Software.

Schon die handwerkliche Drucktechnik illustriert das in schlichter und exemplarischer Weise, zum einen an der Herstellung einer relativ hohen Auflage identischer Exemplare von einem Druckstock, zum anderen an der Ausdifferenzierung verschiedener Tätigkeiten (so des Formenschneiders, Setzers, Korrektors, Druckers), für deren Ausübung es schon zu Zeiten Gutenbergs in den Zunft- und Standesordnungen Regelungen gab, die man als Vorformen der Professionalisierung deuten kann.[58]

Standardisierung, Arbeitsteilung und Professionalisierung führen zu *Skaleneffekten*, d.h. zu sinkenden Stückkosten bei steigendem Produktions-Output. Damit werden mediale Mitteilungen massenhaft verfügbar und für die breite Masse der Bevölkerung erschwinglich, werden zu Massenmedien in einem doppelten Sinn.

Es waren vor allem die ökonomischen Skaleneffekte, die den Erfolg der Erfindungen Gutenbergs und aller Medienerfindungen nach Gutenberg erklären und die zum Antrieb für die Medienentwicklung wurden. Bemerkenswert ist, dass die Skaleneffekte der Medienproduktion üblicherweise die der Produktion anderer Wirtschaftsgüter übersteigen. Grund dafür sind die relativ niedrigen Grenzkosten für die Vervielfältigung und Verbreitung medialer Mitteilungen. Bei den modernen Medien gehen sie inzwischen dank Digitalisierung und Distribution via Internet gegen null. Ein weiterer ökonomischer Vorteil entsteht durch den Aufbau von Verwertungsketten, wenn die einmal kreierten medialen Inhalte über unterschiedliche Plattformen und Kanäle und teils auch in unterschiedlichen Formaten mehrfach verbreitet werden, und das womöglich zu sehr geringen Distributionskosten.

Dass mediale Mitteilungen ubiquitär und zu relativ geringen Kosten verfügbar sind, dazu trägt seit der Mitte des 19. Jahrhunderts auch ein cleveres Finanzierungsmodell bei, das Kleinsteuber (1997) etwas provokant als „Werbesteuer" bezeichnet: Die Kosten der Medienproduktion sind in den Preisen der Güter und Dienstleistungen verborgen, für die in den Massenmedien geworben wird.

Selbstverstärkte Proliferation von Information

Schließlich ist auf eine weitere Besonderheit der medialen Produktion hinzuweisen. Die wichtigste Ressource der Medien, nämlich Information in einem weiten Sinn, wird im Zuge der Produktion und Konsumtion von Mitteilungen nicht verbraucht („Nichttrivialität im Konsum", vgl. Heinrich 1999: 26). Es tritt sogar der scheinbar paradoxe Effekt einer Proliferation von Information im Zuge ihrer Konsumtion auf. Denn mediale Mitteilungen stimulieren oft Anschlusskommunikation – einerseits in Form von Reaktionen, Kommentaren, Dementis betroffener Akteure, andererseits durch *mediale Selbstreferentialität*, d.h. durch Weiterverbreitung im

---

58   Gutenberg ist auch ein frühes Beispiel für erfolgreiches Medienunternehmertum. Die Mitteilungsproduktion brachte ihm hohe Gewinne ein (vgl. dazu die Berechnungen bei Stöber 2000: 19 ff.). Ökonomisierung hat auch die Gewinnmaximierung zum Ziel – ein Aspekt, der bei Begriffsbestimmungen der Ökonomisierung heute oft im Vordergrund steht.

Mediensystem, die sich nur auf Medienquellen stützt.[59] So kommt es nicht selten im Wechselspiel mit interessierten Akteuren zu einer über Tages oder gar Wochen andauernden „Endlosschleife" der politischen Kommunikation (vgl. Textbox 4.3).

Textbox 4.3: Endlosschleife in den Medien

„Um die Zeitung von morgen voll zu bekommen, wird da manchmal über Dinge berichtet, die so gar nicht statt gefunden hätten – oder die nie passiert wären, wenn nicht ein Journalist nachgefragt hätte, die Nachricht überhaupt erst gemacht hätte.

Es geschieht, dass nach einer Aussage eines provozierenden Politikers alle abtelefoniert werden, von denen man weiß, dass sie widersprechen könnten. Manche fallen darauf rein.

So kann man die Geschichte eine Runde ‚weiterdrehen', wie es im Fachjargon heißt. Der Wahrheitsfindung ist damit natürlich wenig gedient. Neue Erkenntnisse gibt es meistens auch nicht.

Man kennt die Argumente und oft werden sie durch hektische Wiederholung nicht besser. Eine Diskussion zu einem Punkt erscheint dann manchmal wie eine Endlosschleife in den Medien und bekommt ein Gewicht in der Berichterstattung, das sie im Leben gar nicht hat."

Quelle: Franz Müntefering im Vortrag an der Fachhochschule Gelsenkirchen am 14. Juni 2006[60]

Es sind oft die Medien selbst, die das Informationsangebot generieren und damit zugleich die Nachfrage weiter steigern. Dazu tragen auch die verschiedensten Marketingaktivitäten bei wie PR-Events, Merchandising, Werbung bzw. Eigenwerbung. Von allen Branchen investieren die Massenmedien am meisten in Werbung.[61] Sie sorgen selbst dafür, dass der Kreislauf der medialen Produktion, Anschlusskommunikation und Konsumption in Gang bleibt.

---

59 Vor allem crossmediale Selbstreferentialität scheint durch Konzentrationsprozesse und Konzernbildungen zugenommen zu haben, d.h. dass unternehmerisch verbundene Medien besonders gern auf Medieninhalte bzw. -produkte der Verbundmedien zurückgreifen oder hinweisen.
60 Vgl. www.bmas.bund.de/BMAS/Navigation/Presse/reden-und-statements,did=142096.html (9. 2. 2007)
61 Vgl. dazu die Branchenstatistik im Jahrbuch „Werbung in Deutschland" des Zentralausschusses der deutschen Werbewirtschaft (ZAW), Bonn. In der Rangfolge der Brutto-Medien-Investitionen stehen seit Jahren die Massenmedien an der Spitze (Tabelle „Die werbestärksten Branchen in Deutschland"). Die Massenmedien sind also nicht nur Werbeträger und beziehen aus der Veröffentlichung von Werbung einen erheblichen Teil ihrer Einnahmen, sie geben auch selbst enorm viel Geld für Werbung aus.

Die selbstverstärkte Proliferation medialer Information beschleunigt die politische Kommunikation und erweitert ständig die Informationsressourcen, aus denen die Medien wieder schöpfen können. Sie steigert darüber hinaus, besonders wenn sich die Aufmerksamkeit auf politische Krisen, Skandale und Großereignisse richtet, das politische Interesse der Rezipienten und deren Nachfrage nach weiteren Mitteilungen.

Argumente der Ökonomisierungskritik

Ökonomisierung als Kennzeichen der jüngsten Medienentwicklung wird oft unter Hinweis auf Risiken für die Qualität der Medienprodukte und insbesondere für die politische Kommunikation diskutiert. Die Ökonomisierungskritik erinnert an die um 1980 entbrannte Diskussion über den Autonomieverlust der Medien als Folge einer Instrumentalisierung durch die Politik, wobei nun eine Fremdsteuerung durch Ökonomisierung befürchtet wird. Die kritische Attitüde bringt stärker noch der Vorwurf der *Kommerzialisierung* zum Ausdruck, verstanden als „zunehmende Subordination publizistischer Zielsetzungen unter ökonomische Kriterien" (vgl. etwa Meier und Jarren 2001).[62]

Die Ökonomisierung der Mitteilungsproduktion war aber schon immer wesentliche Voraussetzung für die Weiterentwicklung der Massenmedien. Durch Ökonomisierung kommt es zur massenhaften Produktion und ubiquitären Verfügbarkeit medialer Mitteilungen. Allerdings hat sich dieser Prozess in jüngster Zeit zunehmend beschleunigt – mit immer weiter reichenden Folgen. Mediale Mitteilungen durchdringen inzwischen alle gesellschaftlichen Bereiche und bilden eine allgegenwärtige symbolische Umwelt. Damit einher geht eine zunehmende Medienabhängigkeit der Bürger, der verschiedenen wirtschaftlichen, kulturellen und nicht zuletzt politischen Organisationen sowie politischer und sozialer Systeme insgesamt.

Die Kommunikationswissenschaft nimmt darauf mit Konzepten Bezug, wie sie das allgemeine Dependenzmodell von Ball-Rokeach (1976) zusammenfasst. Die Mediendependenz-These bildet auch den Kern von Konzepten wie z.B. *Agenda-Setting, Kultivierung* oder *Schweigespirale,* die in der politischen Kommunikationsforschung der letzten Jahrzehnte eine wichtige Rolle spielten. Ihnen ist die Annahme gemeinsam, dass die Mediendependenz der Gesellschaft problematische politische Folgen hat, die aus Wahrnehmungsverzerrungen und Wirklichkeitsverlusten resultieren.

---

62   Die Entwicklung ist im Kontext sozialer Trends zu sehen, auf die sich Schlagwörter wie Deregulierung und Privatisierung, Internationalisierung und Globalisierung beziehen. Die neuere Medienentwicklung mit ihrer rasant gesteigerten Ökonomisierung der Mitteilungsproduktion hat offenbar vor allem deren problematische Folgen in das Blickfeld gerückt (vgl. etwa auch Hallin und Mancini 2003).

4.3 Einflüsse auf die Medienrealität der Politik

Die Medienrealität der Politik wird uns hauptsächlich in Form von Nachrichten vermittelt. Der Begriff *Nachricht* bezeichnet in einem umfassenden Sinn verschiedene *referierende* Formen des Journalismus (wie Meldungen, Berichte, Reportagen), die auf das aktuelle Geschehen Bezug nehmen und dabei professionellen Normen wie Objektivität, Relevanz und Wahrheit verpflichtet sind.[63] In einem engeren Sinn ist eine in den Massenmedien veröffentlichte Nachricht „die nach bestimmten Regeln gestaltete aktuelle Information über Ereignisse, Sachverhalte und Argumente" (Reumann 2002: 129). Die folgenden Ausführungen beziehen sich in erster Linie auf Nachrichten über *politische* Ereignisse, Themen und Argumente.

Über die Bedingungen der Nachrichtenproduktion gibt es eine umfangreiche Forschung (vgl. etwa Shoemaker und Reese 1996, Weischenberg 1995, Reinemann 2003). Hier interessieren vor allem die Einflüsse auf die Nachrichtenproduktion vor dem Hintergrund der Frage nach der Beziehung zwischen politischer Realität und dem Politikbild der Medien, zwischen dem tatsächlichen Geschehen und der Berichterstattung darüber oder – einfach gesagt – zwischen Ereignis und Nachricht.

Häufig wird diese Frage als ein Problem von *Bias*, d.h. der Verzerrung, der Behinderung objektiver Berichterstattung gesehen und wissenschaftlich entsprechend bearbeitet.[64] Typisches Beispiel dafür ist ein einflussreicher Artikel von Östgaard, der die Faktoren zu identifizieren sucht, die – wie er es ausdrückt – den freien Nachrichtenfluss behindern, „namely, those which cause *the picture of the world* as it is is presented through the news media to differ from *what really happened*" (Östgaard 1965: 39).

Eine Ursache für Verzerrungen sieht Östgaard in dem Bestreben der Journalisten, den Ereignissen *Nachrichtenwert* zu verleihen und sie für das Publikum interessant zu machen. Er unterscheidet dabei *endogene* Faktoren („factors inherent in the news process") von *exogenen* Faktoren, nämlich politische und ökonomische Einflüsse, die u. a. unmittelbar von den Informationsquellen, von politischen Institutionen oder z.b. vom Zeitungsverleger ausgehen.

Eine ähnliche Differenzierung in zwei Einflussgruppen schlägt Kepplinger (1989b) vor, die er in Anlehnung an Flegel und Chaffee (1971) intrinsische und extrinsische Faktoren nennt:

■ *Intrinsisch* sind Faktoren, die im Prozess der Nachrichtenproduktion selbst angelegt und für diesen wesentlich sind. Dazu gehören vor allem Einflüsse auf die Auswahl und Verarbeitung von Ereignissen zu Nachrichten. Darauf be-

---

63 Die Trennlinie zwischen referierenden, urteilenden und fiktionalen Medienformaten ist freilich nicht immer ganz eindeutig zu ziehen. Sie wird von einigen Medien auch – und zwar in jüngster Zeit zunehmend – bewusst verwischt. Es handelt sich hier um eine idealtypische Unterscheidung.

64 Vgl. dazu auch oben Abschnitt 4.1

zieht sich die kommunikationswissenschaftliche *Gatekeeper-* und *Nachrichten-wertforschung*.

■ *Extrinsisch* sind demgegenüber Faktoren, die für die Nachrichtenproduktion nicht wesentlich sind. Sie lassen die Nachrichtenauswahl als Willkürakt erscheinen. Dazu gehören u.a. subjektive Überzeugungen und Absichten der Journalisten sowie Einflüsse aus deren sozialem Umfeld. Darauf bezieht sich die *News-Bias-Forschung*.

Im Folgenden richtet sich der Blick zunächst auf intrinsische Faktoren, und zwar auf die Nachrichtenauswahl und -verarbeitung und deren Bedeutung für das Bild der Politik in den Medien. Anschließend daran werden wichtige extrinsische Einflüsse näher betrachtet, zum einen politische und professionelle Orientierungen der Journalisten, zum anderen die organisatorischen Bedingungen der Nachrichtenproduktion.

4.3.1 Nachrichtenauswahl und -verarbeitung

Das Bild der Welt, das die Medien präsentieren, ist *notwendigerweise* anders als die „wahre Welt". Diese damals radikale These formulierte Lippmann (1922: 358) ganz apodiktisch: „*News and truth are not the same thing, and must be clearly distinguished.* Lippmann erklärte das kognitionspsychologisch mit den Kapazitätsgrenzen der menschlichen Wahrnehmung und dem Streben nach Wahrnehmungsökonomie.[65] Um die übergroße Fülle von Eindrücken aus unserer Umwelt überhaupt verarbeiten zu können, „schauen wir nicht zuerst und definieren dann, wir definieren erst und schauen dann". Er stellte eine Beziehung her zwischen der individuellen Wahrnehmung von Welt und kulturell vorgegebenen Mustern der Weltinterpretation. Für die wahrnehmungsprägenden kulturellen Muster adaptierte er den aus der Zeitungstechnik stammenden Begriff *Stereotyp*.[66] „In dem großen blühenden, summenden Durcheinander der äußeren Welt wählen wir aus, was unsere Kultur bereits für uns definiert hat, und wir neigen dazu, nur das wahrzunehmen, was wir in der Gestalt ausgewählt haben, die unsere Kultur für uns stereotypisiert hat." (zitiert nach der deutschen Übersetzung, Lippmann 1964: 63)

Die für die individuelle Wahrnehmung geltenden Gesetze, so Lippmann, gelten auch für die Auswahl von Nachrichten. Sie ist durch kognitiv und kulturell präformierte Definitionen von Wirklichkeit geprägt, also durch Stereotype oder, wie man auch sagen kann, durch Vor-Urteile. Lippmann führte eine Reihe von Stereotypen auf, die den Nachrichtenwert (*news value*) von Ereignissen bestimmen, d.h. die darüber entscheiden, welche Ereignisse zu Nachrichten werden, so z.B. deren

---

65 Lippmann bezog sich dabei auf die Arbeiten der Psychologen William James und John Dewey.
66 Stereotypie ist ein Verfahren zur mechanischen Abformung eines aus Lettern oder Zeilen zusammengesetzten Schriftsatzes in eine Matrize und deren Metall-Abguss.

Überraschungswert, Konflikthaltigkeit, Bezug zu Elite-Personen und Betroffenheit des Publikums.

Nachrichtenfaktoren und Nachrichtenwert

Für die amerikanische Nachrichtenforschung blieben die Überlegungen Lippmanns zunächst folgenlos. Allerdings finden sich in Lehrbüchern mit Titeln wie *„How to report and write the news"* Auflistungen von Nachrichtenwert-Kriterien, die offensichtlich der im amerikanischen Journalismus verbreiteten Praxis der Nachrichtenauswahl entsprechen (vgl. dazu den Überblick bei Staab 1990: 42 ff.). Besonders anschaulich ist ein von Warren (1934:39) entworfenes, alchimistisch anmutendes Modell der Nachrichtenkonstruktion.[67] Es führt zehn Ingredienzien einer Nachricht auf (*„The stuff that makes news")*, darunter Aktualität, Nähe, Prominenz, Dramatik, Konflikt.

Eine ähnliche Erklärung der Nachrichtenauswahl erarbeiteten Mitte der 1960er Jahre Mitarbeiter des Norwegischen Institut für Friedensforschung, ohne allerdings explizit Bezug auf Lippmann oder andere amerikanische Autoren zu nehmen. Die Norweger Östgaard (1965) sowie Galtung und Ruge (1965) nannten die Nachrichteningredienzien nun *news factors* – Nachrichtenfaktoren – und fassten sie als Merkmale von Ereignissen auf, die deren Nachrichtenwert determinieren. Sie formulierten Hypothesen über den Zusammenhang zwischen Nachrichtenfaktoren und Nachrichtenwert in Form von Wenn-Dann-Aussagen und machten sie so für die empirische Überprüfung zugänglich.

Von da war es dann nur noch ein kleiner Schritt, für Nachrichtenfaktoren und Nachrichtenwert operationale Definitionen zu formulieren, d.h. Beobachtungs- bzw. Messvorschriften. Diesen Weg haben die norwegischen Forscher vorgezeichnet, allerdings – was den empirischen Test betrifft – zunächst nur unzureichend, dann jedoch in einer Folgestudie durch Sande (1971) schon akzeptabel umgesetzt.

Zentrales Element des theoretischen Ansatzes von Galtung und Ruge ist die analytische Unterscheidung von Nachrichtenfaktoren und Nachrichtenwert, der die begriffliche Unterscheidung von Ereignis und Nachricht zugrunde liegt. *Nachrichtenfaktoren* sind Merkmale von Ereignissen, die deren *Nachrichtenwert* bestimmen. In Tabelle 4.1 ist beispielhaft eine Reihe von Nachrichtenfaktoren und ihr vermuteter Einfluss auf den Nachrichtenwert aufgeführt (einen Überblick über die in verschiedenen Studien eingesetzten Faktorenkataloge geben Eilders 1997: 28 ff., und Maier 2003).

---

67 Das Werner Friedmann-Institut (Vorläufer der Deutschen Journalistenschule München) brachte 1959 Warrens Lehrbuch in einer gekürzten deutschen Fassung („ABC des Reporters") heraus.

Tabelle 4.1: Nachrichtenfaktoren[68]

Der Nachrichtenwert eines Ereignisses ist umso größer,	Faktoren
	Status
je mächtiger die beteiligte(n) Nation(en);	Elite-Nation
je mächtiger die beteiligte(n) Institution(en) oder Organisation(en);	Elite-Institution
je mächtiger, einflussreicher, prominenter die beteiligten Akteure;	Elite-Person
	Valenz
je mehr offene Konflikte oder Gewalt vorkommen,	Aggression
je kontroverser das Ereignis oder Thema;	Kontroverse
je stärker allgemein akzeptierte Werte oder Rechte bedroht sind;	Werte
je ausgeprägter der Erfolg oder Fortschritt;	Erfolg
	Relevanz
je größer die Tragweite des Ereignisses;	Tragweite
je mehr das Ereignis persönliche Lebensumstände oder Bedürfnisse Einzelner berührt;	Betroffenheit
	Identifikation
je näher das Geschehen in geographischer, politischer, kultureller Hinsicht;	Nähe
je stärker die Beteiligung oder Betroffenheit von Angehörigen der eigenen Nation;	Ethnozentrismus
je mehr emotionale, gefühlsbetonte Aspekte das Geschehen hat;	Emotionalisierung
	Konsonanz
je stärker die Affinität des Ereignisses zu den wichtigsten Themen der Zeit;	Thematisierung
je eindeutiger und überschaubarer der Ereignisablauf;	Stereotypie
je mehr das Ereignis vorherigen Erwartungen entspricht;	Vorhersehbarkeit
	Dynamik
je mehr der Ereignisablauf der Erscheinungsperiodik der Medien entspricht;	Frequenz
je ungewisser, offener der Ereignisablauf;	Ungewissheit
je überraschender das Ereignis eintritt oder verläuft.	Überraschung

---

[68] Für die empirische Untersuchung der Faktoren ist es üblich, sie zu skalieren, d.h. ihre Ausprägung in z.B. vier Abstufungen zu messen (vgl. etwa Schulz 1976: 130 ff.).

Je ausgeprägter ein Nachrichtenfaktor ist und je mehr der Faktoren auf ein Ereignis zutreffen, desto größer ist dessen Chance, als Nachricht beachtet zu werden. Die Berichterstattung der Medien spiegelt daher die Nachrichtenfaktoren wider, und zwar in zweifacher Weise. Zum einen dominieren Ereignisse mit hohem Nachrichtenwert. Zum anderen – so Galtung und Ruge – sind die berichteten Ereignisse verzerrt: die Merkmale, die ihren Nachrichtenwert bestimmen, werden von den Medien akzentuiert, überbetont. Deshalb ist die Medienrealität kein getreues Abbild der „wahren Welt".

In empirischen Untersuchungen werden diese Annahmen oft nur näherungsweise geprüft, weil sie – genau genommen – einen Vergleich der Berichterstattung mit den Ereignissen, auf die sie sich bezieht, erfordern würden. Dies ist jedoch aus theoretischen wie praktischen Gründen nur bedingt möglich, wie weiter unten noch diskutiert wird. Die Empirie verlässt sich daher oft auf eine Hilfskonstruktion, die schon Sande (1971) vorschlug und umsetzte, nämlich auf den Vergleich von „*small news*" und „*big news*", d.h. auf den Vergleich von Nachrichten mit unterschiedlichem Beachtungsgrad in der Berichterstattung.

Dabei wird unterstellt, dass Nachrichtenfaktoren nicht nur darüber entscheiden, ob Ereignisse die Aufmerksamkeitsschwelle zwischen Nicht-Nachricht und Nachricht überwinden, sondern ob sich die Wirkung der Nachrichtenfaktoren darüber hinaus in etwa „linear" auch auf den Beachtungsgrad der Ereignisse innerhalb der Berichterstattung erstreckt. Der Beachtungsgrad wird dabei an Nachrichtenmerkmalen wie Umfang und Aufmachung (z.B. Überschriftengröße), Platzierung und auch Visualisierung (grafische oder bildliche Hervorhebung) gemessen. Diese Beachtungsmerkmale gelten als Indikatoren des Nachrichtenwerts. Wie alle Indikatoren in der empirischen Forschung handelt es sich dabei um Hilfskonstruktionen, in diesem Fall für eine nicht direkt beobachtbare Eigenschaft von Ereignissen.

Es gibt inzwischen eine Vielzahl von empirischen Untersuchungen, die den Zusammenhang zwischen Nachrichtenfaktoren und Nachrichtenwert bestätigen (Forschungsüberblicke geben u.a. Wilke 1984: 13 ff., Staab 1990: 55 ff., Eilders 1997: 28 ff., 2006, Maier 2003). Sie zeigen, dass die Nachrichtenfaktoren einen maßgeblichen Einfluss auf die Nachrichtenproduktion ausüben und dass sie die inhaltlichen Strukturen der Berichterstattung prägen. Insbesondere die Nachrichtenfaktoren Nähe und Negativismus, Elite-Person und Kontinuität, Überraschung und Tragweite erwiesen sich als einflussreich (Eilders 1997: 48).

Die Orientierung der Journalisten an Nachrichtenfaktoren ist auch eine Erklärung dafür, dass Konflikte und Kontroversen in der Medienberichterstattung eine große Rolle spielen, dass über Ereignisse nur die Kulminationspunkte und die Oberfläche des Geschehens berichtet werden, dargestellt am Handeln von mächtigen Akteuren, und dass insgesamt die Medien ein episodisches, sehr fraktioniertes Bild der Wirklichkeit vermitteln.

Kommunikatorstudien gehen darüber hinaus der Frage nach, welche Rolle Nachrichtenfaktoren im Bewusstsein und Handeln von Journalisten spielen. In seinem Überblick über die amerikanische Nachrichtenforschung fasst Staab (1990: 49 ff.) eine Reihe meist quasi-experimenteller Untersuchungen zusammen, mit denen die Bedeutung von Nachrichtenfaktoren für die Selektionsentscheidung von Journalisten überprüft und meist bestätigt wird. Emmerich (1984) belegt anhand einer Befragung von Zeitungs- und Rundfunkjournalisten im Saarland die kognitive Geltung der Nachrichtenfaktoren. Mit seiner Studie hat der Autor auch versucht, Nachrichtenauswahlprozesse zu simulieren und dabei die relative Bedeutung der Faktoren abzuschätzen. Aus Interviews mit Fernsehredakteuren extrahiert Diehlmann (2003) Kriterien für die Nachrichtenauswahl, die sich teilweise mit den in den üblichen Katalogen aufgeführten Nachrichtenfaktoren decken. Als besonders wirksames fernsehspezifisches Auswahlkriterium stellt sich in den Interviews die Visualisierbarkeit eines Ereignisses bzw. die Verfügbarkeit von Bildmaterial aus vorgelagerten Stufen der Nachrichtenproduktion heraus. Für die inhaltsanalytischen Untersuchungen in dem Projekt dient ein entsprechender Faktor „Visualität", der sich auf den Grad der Bebilderung eines Nachrichtenthemas bezieht (Ruhrmann et al. 2003: 139 f., 265 f.).

Nachrichtenfaktor-Theorien

Wie am Beispiel des Faktors Visualität besonders offensichtlich, werden in empirischen Untersuchungen Nachrichtenfaktoren meist an den bereits veröffentlichten Nachrichten ermittelt. Außer dem forschungspraktischen Grund, dass die Nachrichten weit besser als die Ereignisse selbst der Beobachtung zugänglich sind, lassen sich dafür auch theoretische Gründe ins Feld führen, wie sie im folgenden Abschnitt für die Identifizierung von Ereignissen noch ausführlicher diskutiert werden.

In der frühen Nachrichtenforschung wie auch in der journalistischen Alltagspraxis gelten die Nachrichtenfaktoren als *Ereignismerkmale*. Ein anschauliches Beispiel dafür sind die zehn Ingredienzien der Nachricht, die Warren (1934) in seinem Lehrbuch unter der Kapitelüberschrift „The stuff that makes news" aufführt. Wenn die Nachrichtenfaktoren – im Kausalmodell der Ereignis-Nachricht-Beziehung – als Determinanten der Nachrichtenselektion verstanden werden, liegt dem ebenfalls die Annahme zugrunde, dass sie Elemente von Ereignissen sind. So sehen Galtung und Ruge (1965) in den Nachrichtenfaktoren die *Stimuli*, die die Aufmerksamkeitszuwendung der Medien zu den Ereignissen steuern. Sie geben also eine psychologische Erklärung ausgehend von der Annahme, dass die Nachrichtenproduktion analog der individuellen Wahrnehmung ist und dass für beide ähnliche Gesetzmäßigkeiten gelten.

Dieser Erklärung der Nachrichtenfaktoren setzte Rosengren die Auffassung entgegen, dass hinter den „psychologischen" Nachrichtenfaktoren letztlich „objektive" – insbesondere ökonomische – Faktoren wirksam sind (Rosengren 1970, 1974, 1977). Aus diesem Grund schlug er vor, medienexterne Realitätsindikatoren heranzuziehen und mit der Berichterstattung zu vergleichen. Verschiedene Untersuchungen stützen diese Auffassung. Sie zeigen, dass ökonomische Indikatoren gute Prädiktoren der Beachtung von Ländern in der internationalen Berichterstattung sind.[69]

Wie Galtung und Ruge ging auch Rosengren von einem relativ einfachen Stimulus-Response-Modell aus. In neueren Untersuchungen wird stattdessen eine konstruktivistische Sicht der Beziehung zwischen Nachricht und Ereignis vertreten, die sich an der kognitionspsychologischen Erklärung Lippmanns (1922) orientiert. Danach sind Nachrichtenfaktoren Interpretationen der Wirklichkeit, Projektionen der Weltsicht von Journalisten und Ausdruck journalistischer Annahmen über die Beschaffenheit „realer" Ereignisse (Schulz 1976, ähnlich auch Gans 1979: 39, „reality judgements", sowie Kleinnijenhuis 1989).[70] Die Formel *„News is what newspapermen make it"*, die Walter Gieber (1964) prägte, bringt griffig die Sichtweise auf den Punkt.

Eine solche Betrachtung legt es nahe, die Nachrichtenfaktoren – in Analogie zu den Schemata in der kognitionspsychologischen Theorie der Informationsverarbeitung – als Interaktionselemente zwischen Nachricht und Ereignis, zwischen den wahrnehmenden Weltbildapparaten (bzw. darin tätigen Journalisten) und dem von ihnen wahrgenommenen Geschehen zu begreifen. Sie dienen dazu, aus der überaus komplexen Ereignisumwelt ein sinnhaftes Nachrichtenbild zu extrahieren. Sie sind Zwischenglieder in einem Prozess, der zugleich *bottom up* und *top down* gesteuert ist, d.h. sowohl durch die Ereignisse und ihre Merkmale wie auch durch Vorstellungen und Motive der Journalisten, deren Vorurteile, Stereotype. Letztere sind nur teilweise den Journalisten individuell zuzurechnen; sie haben ihre Wurzeln auch in professionellen Normen und soziokulturellen Konventionen. Sie dienen dazu, die Komplexität des politischen Geschehens zu reduzieren und Verhaltenssicherheit zu geben. Ohne derartige Konventionen, Routineurteile und Stereotype „stürbe der Redakteur bald an Aufregungen" (Lippmann, 1922: 352).

Eilders (1997) führt diese Erklärung fort unter Berücksichtigung neuerer kognitionspsychologischer Theorien und Erkenntnisse. Danach kann man Nachrichtenfaktoren als kollektive *Relevanzindikatoren* verstehen. Sie haben ihren Ursprung in der evolutionären Entwicklung, in allgemein-menschlichen psychologischen Gesetzmäßigkeiten sowie in gesellschaftlichen Werten und Normen. Sie steuern durch Zuschreibung von Relevanz die Selektion von Ereignissen bzw. Ereignisbestandteilen. Darüber hinaus leiten sie als *Relevanzschema* für „wichtige" Ereignisse bzw. Nachrichten die Verarbeitung von Information und deren Integration in bestehendes Wissen.

---

69 Vgl. dazu oben Abschnitt 4.1.3
70 Kepplinger (1992: 57) bezeichnet diese Auffassung als „Expressismus".

Abbildung 4.2: Prozess der Nachrichtenkommunikation

Eilders erweitert die Perspektive um die Nachrichtenrezeption durch das Publikum und verfolgt damit einen Ansatz, der in der Nachrichtenfaktor-Theorie von Galtung und Ruge (1965) angelegt ist und erstmals von Sande (1971) empirisch umgesetzt wurde (vgl. Abbildung 4.2).[71] Da sie auf kognitiven Gesetzmäßigkeiten beruhen, bestimmen Nachrichtenfaktoren in ähnlicher Weise sowohl die *kollektive* Informationsverarbeitung durch Massenmedien wie auch die *individuelle* Rezeption von Ereignissen bzw. Nachrichten. Eilders liefert dafür empirisch überzeugende Belege (vgl. Schulz 1982, Merten 1985, Ruhrmann 1989). Eine neuere Untersuchung von Ruhrmann und Mitarbeitern führt den Ansatz fort und zeigt, dass soziodemographische und lebensweltliche Merkmale der Rezipienten die Übernahme von Relevanzstrukturen der Nachrichten modifizieren (Ruhrmann et al. 2003).[72]

Ein von den bisher beschriebenen Auffassungen abweichendes Modell der Beziehung zwischen Ereignis und Nachricht schlagen Kepplinger (1989b) und Staab (1990) vor. Sie geben eine *finale* Erklärung für die Rolle der Nachrichtenfaktoren bei der Auswahl und Verarbeitung von Nachrichten: Die Auswahlentscheidung – zumal bei politischen Ereignissen – wird primär durch politische Zielsetzungen der Journalisten bestimmt; die Nachrichtenfaktoren dienen dann nur noch der Legitimation einer politisch motivierten Entscheidung.

---

71   Ausführlicher dazu unten Abschnitt 5.4.1

72   Im Unterschied zum vorwiegend europäisch geprägten Mainstream der Forschung (und offensichtlich ohne Kenntnis dieser Forschung) bestimmen Shoemaker und Reese Nachrichtenfaktoren in einer Art Marketingperspektive ausschließlich im Blick auf das Publikum: „In one way or another, the following news values distill what people find interesting and important to know about. They include importance, interest, controversy, the unusual, timeliness, and proximity" (Shoemaker und Reese 1996: 111).

Ähnlich wie bei der konstruktivistischen Erklärung sind in dieser Betrachtung die meisten Nachrichtenfaktoren *Zuschreibungen* zu Ereignissen und Interpretationen des beobachtbaren Geschehens. Staab hält sogar nur einen einzigen Nachrichtenfaktor, nämlich die räumliche Nähe (des Ereignisses) für „objektiv" feststellbar und sogar messbar. Die übrigen Faktoren sind entweder „quasi-objektiv", d.h. sie können hinreichend verlässlich – d.h. intersubjektiv übereinstimmend – erkannt werden, oder sie beruhen auf Konventionen, die innerhalb der Gesellschaft bzw. innerhalb der journalistischen Profession weitgehend anerkannt sind.

Gleichwohl setzt die finale Erklärung die Gültigkeit des Kausalmodells voraus. Nur wenn die Nachrichtenfaktoren tatsächlich die Nachrichtenauswahl bestimmen und entsprechende journalistische Konventionen begründen, können sie auch zur Legitimation von politisch motivierten Auswahlentscheidungen dienen. Demnach treffen sowohl die kausale als auch die finale Erklärung auf den Prozess der Nachrichtenentstehung zu. Die Nachrichtenfaktoren sind einerseits Ursachen (oder Stimuli) der Nachrichtenauswahl, andererseits aber auch Zuschreibungen auf Grund von (politischen) Motiven oder Zielsetzungen.

Wie die Vielzahl der inzwischen vorliegenden empirischen Untersuchungen zeigt, variiert die Erklärungskraft der einzelnen Nachrichtenfaktoren zum Teil erheblich, abhängig u.a. vom Ereignistyp, vom thematischen und zeitlichen Kontext. Um dem Rechnung zu tragen, schlägt Kepplinger ein Zwei-Komponenten-Modell der Nachrichtenauswahl vor (Kepplinger 1998a, Kepplinger und Bastian 2000). Die eine Komponente in dem Modell sind die Nachrichtenfaktoren, verstanden als Merkmale von Ereignissen (bzw. Meldungen). Die zweite Komponente sind variierende Selektionskriterien der Journalisten, die Kepplinger – abweichend von der üblichen Begrifflichkeit – als die „Nachrichtenwerte der Nachrichtenfaktoren" bezeichnet. Sie bestimmen neben den Nachrichtenfaktoren die Auswahl, Platzierung und den Umfang der Berichterstattung.

Veränderungen der Selektionskriterien erklären, dass sich trotz unveränderter Ereignislage die Berichterstattung im Laufe der Zeit ändern kann, z.B. nach „Schlüsselereignissen" wie dem Reaktorunfall in Tschernobyl oder infolge des Wandels politischer Sichtweisen in den Redaktionen. Kepplingers Vorschlag zielt zugleich darauf ab, in einem Auswahlmodell sowohl intrinsische wie auch extrinsische Selektionskriterien zu integrieren, d.h. einerseits Nachrichtenfaktoren und andererseits „nicht-professionelle, nicht sachbezogne und folglich individuelle Gründe" (Kepplinger 1998b: 107).

Diese Modellvariante soll es ermöglichen, die Nachrichtenfaktoren als medienunabhängige Ereignismerkmale und als Ursachen in einem Kausalmodell zu konzipieren. Sie erübrigt sich jedoch, wenn man das Kausalmodell aufgibt und die Nachrichtenfaktoren als Zuschreibungen der Journalisten versteht, als deren Ereignisinterpretation im Prozess der Konstruktion von Realität.

Ereignis und Nachricht

Wenn die Nachrichten-Faktortheorie erklären soll, dass bzw. warum die Medien eine systematisch verzerrte Auswahl und Darstellung von Ereignissen präsentieren, kann man sie, genau genommen, empirisch nur überprüfen, indem man das Nachrichtenbild mit den Ereignissen vergleicht, auf die es sich bezieht. Das bereitet jedoch konzeptionell wie forschungspraktisch einige Probleme, die sich an der Beziehung zwischen Ereignis und Nachricht verdeutlichen lassen.[73]

Unsere Alltagsvorstellung ist von einem schlichten Dualismus geprägt: Hier die „objektive Realität", da die Nachricht als dessen journalistisch verarbeitetes Pendant; aus dem Ereignis in der Wirklichkeit wird durch den journalistischen Verarbeitungsprozess eine – mehr oder weniger wirklichkeitstreue – Nachricht in den Medien.

Es lässt sich aber durchaus anzweifeln, dass es so etwas gibt wie das „Ereignis an sich", ob nicht vielmehr Ereignisse erst durch den journalistischen Beobachter (oder andere Beobachter) als Ereignisse definiert werden. Dementsprechend haben wissenschaftliche Ansätze, die Ereignisse gleichsam im Rohzustand untersuchen und diese mit der Berichterstattung in den Medien vergleichen wollen, ein zusätzliches Gültigkeitsproblem zu lösen: Sie müssen begründen, dass die medienunabhängigen Ereignisdaten als gültige Realitätsindikatoren gelten können.

Analytisch – und in Grenzen auch operational – lässt sich zwischen Ereignis und Nachricht durchaus unterscheiden. Einen Vorschlag dazu unterbreitete schon in der Frühzeit der europäischen Nachrichtenforschung Rosengren (1970, Rosengren 1974), der zum Vergleich „Extra-Media-Daten" über Parlamentswahlen aus „Keesings Archiv der Gegenwart" heranzog. Eine Anzahl ähnlicher Studien misst die Medienberichterstattung an medienunabhängigen Daten, zumeist Sozial- und Wirtschaftsstatistiken (vgl. etwa Funkhouser 1973, Kepplinger 1989a, Best 2000, Hagen 2005). Mitunter dient auch der Eindruck, den Augenzeugen (entweder Forschungshelfer oder vom Forscher ausgewählte Versuchspersonen) von einem bestimmten Ereignis gewinnen, als Vergleichskriterium für die Medienberichterstattung (Lang und Lang 1953, Halloran, Elliott und Murdock 1970, Kaid, Corgan und Clampitt 1976, Donsbach, Brosius und Mattenklott 1993).

In allen diesen Fällen lässt sich die Frage nach der Beziehung zwischen Ereignis und Nachricht als ein methodisches Problem definieren, nämlich als Problem der Gültigkeit der gewählten Indikatoren. Für das Gültigkeitsproblem kann es keine generelle Lösung geben, sondern nur eine Lösung im Hinblick auf das jeweilige Untersuchungsziel. Dabei ist im Einzelnen zu prüfen, inwieweit die medienexternen Daten die Realität repräsentieren, ob sie für die zu untersuchenden theoretischen Konzepte relevant und mit den analysierten Nachrichtenaspekten vergleichbar sind. In der Forschungsliteratur sind solche Validitätsüberlegungen gelegent-

---

73 Vgl. dazu auch oben Abschnitt 4.1.4

lich anzutreffen (so bei Donsbach, Brosius und Mattenklott 1993, Best 2000, Hocke 2002).

Die Definition von Ereignissen beruht letztlich auf den Erkenntnismöglichkeiten und Wahrnehmungsheuristiken von menschlichen Beobachtern, auch wenn medienexterne Quellen herangezogen werden. Das gilt erst recht für die Ereignisdefinition durch Augenzeugen oder anhand von Nachrichtenbeiträgen. Staab (1990: 190 ff.) diskutiert die Problematik des Ereignisbegriffs ausführlich im Kontext verschiedener Erkenntnistheorien und kommt zu dem Ergebnis, „dass ein Ereignis nicht an sich besteht, sondern nur in Hinsicht auf ein dieses Ereignis erkennendes Subjekt, das damit das Ereignis als solches erst definiert" (Staab 1990: 102, vgl. auch Sande 1971). Diese Schlussfolgerung zieht ebenfalls Eilders (1997: 133) als Ergebnis ihrer Auseinandersetzung mit philosophischen und soziologischen Überlegungen zum Ereignisbegriff: Je nach Erkenntnisinteresse bzw. Forschungsziel lässt sich ein Geschehensablauf in mehr oder weniger kleine oder große Einheiten gliedern.

Eine im Nachrichtenjournalismus übliche Heuristik zur Definition von Ereignissen orientiert sich an „W-Fragen": *Was, Wer, Wann, Wo?* (vgl. etwa Reumann 2002: 129 ff.) Das zu berichtende Ereignis wird dabei anhand der beteiligten Akteure, ihrer Handlungen, des Schauplatzes und der Zeitkoordinaten der Handlung identifiziert und von anderen Ereignissen bzw. dem Geschehenshintergrund abgegrenzt. Die W-Fragen dienen dem Journalisten als Faustregel, über welche Aspekte des Geschehens er etwas aussagen muss, um seinem Publikum eine Vorstellung von einem Ereignis zu vermitteln.

Damit verwandt ist ein Ansatz, der Ereignisse diskursanalytisch bestimmt, ausgehend von den Nachrichten als einem Erzähltyp. In dieser Sichtweise gelten die W-Fragen als Elemente des für Nachrichten typischen Erzählschemas. Sie finden sich als Komponenten in den einzelnen Propositionen wieder, aus denen Nachrichten aufgebaut sind. *Propositionen* sind kleinste gedankliche bzw. sprachliche Einheiten, die etwas über die Realität aussagen (vgl. etwa Hagen 1995, insbes. 60 ff. und 79 ff.). In diskursanalytischer Terminologie kann man das Ereignis als Makroproposition einer Nachricht ansehen, die einzelne Propositionen zu einer Superstruktur integriert (vgl. auch van Dijk 1988: 13 ff.). Anders herum betrachtet kann man dann Propositionen auch als „Kleinstereignisse" ansehen, in die sich mehr oder weniger komplexe Geschehenszusammenhänge dekomponieren lassen (Eilders 1997: 19 ff.).

Ereignistypen

Die Schemata, die unser Weltwissen bzw. die darauf bezogenen Sprachstrukturen organisieren, lassen sich u.a. mit hierarchischen, netzartigen, sequentiellen und anderen „Logiken" beschreiben. Es handelt sich dabei jeweils um Hypothesen über die Struktur der Realität. Eine zentrale Rolle nimmt in unserem Denken die Kausallogik ein, die den Zusammenhang zwischen zwei Elementen dann als ursächlich beschreibt, wenn angenommen wird, dass eines das andere erzeugt. Nach unserem Alltagsverständnis gibt es eine solche Kausalbeziehung zwischen Ereignis und Nachricht. Diesem Verständnis entsprechend neigen wir alltagspraktisch zu der Annahme, dass Nachrichten aus „realen" Ereignissen hervorgehen bzw. dass den Nachrichten eine Ereignisrealität als Ursache entspricht (vgl. dazu auch die Überlegungen bei Früh 1994: 58 ff.).

Der von Boorstin (1973) eingeführte Begriff des *Pseudo-Ereignisses*, lässt anklingen, dass die Beziehungen zwischen Ereignis und Nachricht – also zwischen der Realität und ihrer Beschreibung in den Medien – komplexer sind als gemeinhin angenommen.[74] Eine Weiterführung der Überlegungen von Boorstin macht das deutlich. So unterscheidet Kepplinger drei Ereignistypen, nämlich erstens *genuine Ereignisse*, die unabhängig von der Berichterstattung der Massenmedien geschehen, zweitens *inszenierte Ereignisse*, die eigens zum Zweck der Berichterstattung herbeigeführt werden; und drittens *medialisierte Ereignisse*, die zwar medienunabhängig eintreten, dann aber so zugerichtet werden, dass sie den Selektions- und Darstellungserfordernissen der Medien entgegenkommen (Kepplinger 1989b, 2001a: 126).[75]

Als *Medienereignisse* (*media events*) bezeichnen Dayan und Katz (1992) einen speziellen Typ von inszenierten Ereignissen. Diese haben einen zeremoniellen Charakter und ermöglichen durch Live-Übertragung die Teilnahme der gesamten Bevölkerung oder sogar eines globalen Publikums am „festlichen Fernsehen". Beispiele für Medienereignisse sind politische Gipfeltreffen, Staatsbesuche, Staatsbegräbnisse, Kundgebungen und Militärparaden an Gedenktagen, auch Eröffnungsfeierlichkeiten (z.B. bei der Olympiade). Medienereignisse wie Gipfeltreffen können eine politisch wichtige Funktion erfüllen, indem sie diplomatische Blockaden lösen helfen und öffentliche Unterstützung für internationale Abkommen mobilisieren (Gilboa 2008).

An das Konzept der Medienereignisse und an die Differenzierungen von Kepplinger anknüpfend schlagen Scherer und Schlütz (2002: 19) eine Erweiterung der Ereignistypologie vor, indem sie neben der Inszenierung und Medialisierung von Ereignissen zusätzlich berücksichtigen, ob die *Berichterstattung* über das Ereignis zum Gegenstand der Berichterstattung wird. Eine solche mediale *Selbstreferentialität* kann man beispielsweise bei spektakulären Terroraktionen beobachten. Da Terroraktionen ihre volle politische Wirkung erst durch die Medienbeachtung erzielen, wird ihre mediale Darstellung oft in den Medien erörtert.

Ein weiteres Beispiel ist die mediale Thematisierung der Berichterstattung über die Irak-Kriege 1991 und 2003 – der *Metaberichterstattung*, wie Esser (2005) es nennt. Auch die Berichterstattung über medialisierte oder inszenierte Wahl-

---

74 Vgl. auch unten Abschnitt 4.3.3
75 Kepplinger bevorzugt die Wortform „mediatisierte" Ereignisse.

kampfereignisse – etwa über Wahlparteitage oder Fernsehdebatten der Kandidaten – wird häufig zum Medienthema (Esser, Reinemann und Fan 2000, Esser und D'Angelo 2003). Da die Thematisierung in den Medien oft schon vorher einsetzt, beginnt das Medienereignis bereits vor dem eigentlichen Geschehen (und meist überdauert es dieses auch).

Die Medialisierung und Inszenierung von politischen Ereignissen ist eine zunehmend häufiger angewandte Strategie, um Medienbeachtung zu erzielen. Sie ist um so erfolgreicher, je geschickter sie sich an der *Medienlogik* ausrichtet, d.h. an den Selektionsregeln und Darstellungserfordernissen der Medien.[76] Daraus entsteht eine Rückkopplung zwischen Berichterstattung und politischer Realität, so dass scheinbar reale Ereignisse tatsächlich ihre mediale Darstellung antizipieren oder auch aus der vorangegangenen Berichterstattung resultieren. Durch mediale Selbstreferentialität wird der Rückkopplungseffekt zum Teil erheblich gesteigert, so dass die politische Kommunikation ein „dynamisches Eigenleben" entfaltet (Kepplinger 1998b: 222).

Prozesse der Rückkopplung erschweren nicht nur die konzeptionelle Unterscheidung zwischen Ereignis und Nachricht. Sie belasten auch die operationale Definition von Ereignisindikatoren durch medienexterne Daten, wenn es darum geht, Realität und Medienrealität empirisch zu vergleichen. Wenn Ereignisse und Nachrichten rückgekoppelt sind, macht es allerdings theoretisch kaum einen Unterschied, ob Nachrichtenfaktoren als Ereignis- oder Nachrichtenmerkmale begriffen werden.

Textbox 4.4: „Mr. Gates" und seine Vorurteile

„Question: *Do you feel that you have any prejudices which may affect your choice of news stories?*

I have few prejudices, built-in and otherwise, and there is little I can do about them. I dislike Truman's economics, daylight saving time and warm beer, but I go ahead using stories on them and other matters if I feel there is nothing more important to give space to. I am also prejudiced against a publicity seeking minority with headquarters in Rome, and I don't help them a lot. As far as preferences are concerned, I go for human interest stories in a big way. My other preferences are for stories well-wrapped up and tailored to suit our needs (or ones slanted to conform to our editorial policies)."

(Ausschnitt aus dem Interview, vgl. White 1950)

---

76 Vgl. dazu auch oben Abschnitt 2.2.4

4.3.2 Politische Überzeugungen der Journalisten

Ein starker Einfluss auf die Nachrichtenproduktion wird oft *extrinsischen* Faktoren wie den politischen Vorlieben und Abneigungen der Journalisten zugeschrieben. In der Perspektive der *News-Bias*-Forschung sind es in erster Linie politisch-ideologische Vorurteile oder Absichten der Journalisten (auch der Verleger bzw. Programmverantwortlichen), die eine tendenziöse oder parteiliche Berichterstattung zur Folge haben.

Die Annahme, dass subjektive Einstellungen und Vorurteile die Nachrichtenauswahl in der Redaktion bestimmen, ist die Grundthese der sogenannten *Gatekeeper*-Forschung. In der Untersuchung von David Manning White (1950), die diesen Forschungsstrang begründete, berichtet der Autor über die Befragung eines Nachrichtenredakteurs mit dem Pseudonym „Mr. Gates", der bei einer kleinen Zeitung im Mittleren Westen der USA die Nachrichtenauswahl besorgte. Im Interview gab Mr. Gates auf eine entsprechende Frage freimütig zu, dass persönliche Vorurteile Einfluss auf seine Nachrichtenauswahl haben – ganz so, wie es White erwartet hatte (vgl. Textbox 4.4).

Neuere Umfragen zeigen, dass sich die Einstellung von Journalisten zu verschiedenen politischen Problemen zum Teil deutlich von der Bevölkerungsmehrheit unterscheidet. Es gibt auch deutliche Unterschiede, vergleicht man die Problemsicht von Journalisten mit der von Experten, von denen man annehmen kann, dass sie einen relativ hohen Grad an Sachkenntnis in politisch kontroversen Fragen wie beispielsweise Kernenergie, Gentechnik, Krebsforschung oder Umweltschutz haben (Piel 1992, Rothman 1992).

Parteipolitische Orientierung der Journalisten

Verschiedene Untersuchungen über die politische Einstellung von Journalisten zeigen ferner, dass diese ihren parteipolitischen Standpunkt häufiger links von der Mitte einordnen als es bei der Bevölkerung der Fall ist. So geht aus repräsentativen Umfragen unter deutschen Journalisten hervor, dass die Befragten den Parteien links von der Mitte – SPD und Bündnis 90/Die Grünen – die meisten Sympathien entgegenbringen (Schneider, Schönbach und Stürzebecher 1993, Weischenberg, Löffelholz und Scholl 1994, Weischenberg, Malik und Scholl 2006a: 70 f.).[77] Die Ergebnisse einer Umfrage unter *politischen* Journalisten verschiedener Medien stimmen damit weitgehend überein. Danach ordnet gut die Hälfte der Befragten (53 Prozent) ihren politischen Standpunkt links von der Mitte ein, 28 Prozent sehen sich in der Mitte, aber nur 14 Prozent rechts von der Mitte (fünf Prozent der Befragten machten keine Angaben, vgl.Reinemann 2003: 136).

---

77 Ähnlich waren schon die Befunde in den späten 1960er und frühen 1970er Jahren (vglNoelle-Neumann 1980b: 69).

Diese „Schiefe" wird mitunter – besonders von Politikern – als eine Eigenart des journalistischen Berufsstandes in Deutschland angesehen. Tatsächlich finden sich aber ähnliche Unterschiede zwischen Journalisten und Bevölkerung auch in anderen Ländern. Eine international vergleichende Untersuchung dokumentiert, dass Journalisten – außer in Deutschland – in den USA, Großbritannien, Italien und Schweden ihren politischen Standort überwiegend links von der Mitte einordnen (vgl. Abbildung 4.3). In allen diesen Ländern ist die Position der Journalisten auch links von der des Mediums angesiedelt, für das sie arbeiten, und ebenfalls links der politischen Position ihrer Leser, Hörer, Zuschauer – so wie die Journalisten sie einschätzen (vgl. auch Shoemaker und Reese 1996: 83 ff.). Ähnliche Ergebnisse berichtet Saxer (1992: 93 f.) für Schweizer Hauptstadtkorrespondenten. Eine mehr oder weniger ausgeprägte Präferenz für politische Positionen links von der Mitte belegen schließlich Umfragen unter Journalisten in Ländern, die in die international vergleichende Studie „The Global Journalist" einbezogen waren, so in Australien, Ungarn, Großbritannien, Frankreich, Spanien und den USA (Weaver 1998: 96, 151, 196, 266, 302, 401).

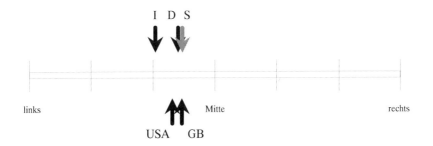

Abbildung 4.3: Selbsteinschätzung der politischen Position von Journalisten in verschiedenen Ländern (Patterson und Donsbach 1996)

Eine mögliche Erklärung für derartige Befunde könnte darin liegen, dass Journalisten im Vergleich zur Bevölkerungsmehrheit ein höheres Ausbildungsniveau haben und sich an den Werten der intellektuellen Elite orientieren. Die politische Orientierung der Journalisten hängt aber auch mit der Definition ihrer Berufsrolle zusammen. Eine Mehrheit der Journalisten in Deutschland und vielen anderen Ländern bekennt sich zu Rollenbeschreibungen wie „Kritiker an Missständen", „die Bereiche Politik, Wirtschaft und Gesellschaft kontrollieren" und „be a watchdog on government" (vgl. Donsbach 1982: 180, Weaver 1998: 466 f., Weischenberg, Malik und Scholl 2006a: 106).[78]

Mit dem Bekenntnis zur Wächter-Funktion – der *watchdog role*, wie es im Angelsächsischen heißt – haben die Journalisten eine öffentliche Aufgabe der Massenmedien internalisiert, die als Kritik- und Kontrollfunktion umschrieben wird. Und diese Verpflichtung zur Kritik und Kontrolle von politischer Macht sowie das Bemühen um einen investigativen Journalismus, der Machtmissbrauch, Korruption und soziale Ungerechtigkeiten aufdeckt, hat naturgemäß eine größere Nähe zu ideologisch links-liberalen als zu konservativen Positionen. Dies mag eine zusätzliche Erklärung dafür sein, dass sich viele Journalisten im ideologischen Spektrum eher links von der Bevölkerungsmehrheit positionieren.

Der Eindruck, den Abbildung 4.3 vermittelt, relativiert sich allerdings etwas, wenn man zum Vergleich die Selbsteinschätzungen der Bevölkerung in den jeweiligen Ländern heranzieht, wie sie aus den Ergebnissen des World Values Survey hervorgehen (vgl. Dalton 1996: 137). Ähnlich wie die italienischen Journalisten ordnet sich auch die italienische Bevölkerung auf der ideologischen Skala relativ weit links ein, während sich Schweden und Briten – wie die Journalisten in diesen Ländern – weiter rechts positionieren (gleichwohl noch links von der Mitte). Die deutsche Bevölkerung ordnet sich, wie die deutschen Journalisten, weiter links ein als Schweden und Briten, aber weiter rechts als die Italiener. Eine auffällige Diskrepanz lässt sich nur für die USA feststellen. Die amerikanische Bevölkerung schätzt ihren politischen Standort am weitesten rechts von den hier verglichenen Ländern ein, während sich die amerikanischen Journalisten links von der Mitte positionieren – wie es offenbar der *watchdog role* entspricht.[79]

Einflüsse auf die Berichterstattung

Aus den Befunden zur politischen Orientierung der Journalisten wird oft – in der Tradition der Gatekeeper-Forschung – gefolgert, dass die persönlichen Überzeugungen die Nachrichtenproduktion beeinflussen und zu Verzerrungen der dargestellten politischen Wirklichkeit führen (Shoemaker und Reese 1996: 87 ff.). Die empirische Forschung bietet dafür eine Reihe von Belegen.

So demonstrieren Donsbach und Patterson mit simulierten Selektionsentscheidungen in ihrer international vergleichend angelegten Umfrage, dass sich politische Überzeugungen tatsächlich auf die Nachrichtenproduktion auswirken können (Patterson und Donsbach 1996, Donsbach und Patterson 2003). Auch Analysen

---

78 Vgl. dazu auch Schönbach, Stürzebecher und Schneider (1994), die kritisch unterschiedliche Interpretationen der Umfrageergebnisse aufarbeiten.

79 Die ideologischen Positionierungen sind natürlich nur unter Vorbehalt zu interpretieren. So sind Selbsteinschätzungen nicht unbedingt mit den tatsächlichen Einstellungen gleichzusetzen. Darüber hinaus kann sich das Verständnis von „links" und „rechts" von Land zu Land und zwischen Bevölkerung und Journalisten unterscheiden.

von Medieninhalten liefern Indizien für politischen Medien-Bias (zusammen-fassend dazu Hackett 1984, Kepplinger et al. 1989a, Staab 1990: 27. ff., D'Alessio und Allen 2000).[80]

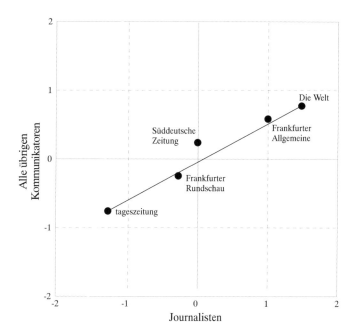

Abbildung 4.4: Synchronisation der Argumentation von Journalisten und allen übrigen Kommunikatoren am Beispiel der Volkszählung 1987 (Hagen 1992)

Besonders beeindruckende Zeugnisse für die Verzerrung der Berichterstattung entsprechend der redaktionellen Grundlinie liefern Untersuchungen zur „Synchronisation" von Kommentaren und Nachrichten in Zeitungen. Das Modell für diese Art von Analyse entwickelte Schönbach (1977). An diesem Beispiel orientier-te sich eine Analyse der Berichterstattung über das kontroverse Thema Volkszäh-

---

80 Die Meta-Analyse von D'Alessio und Allen (2000) kann allerdings in der Zusammenschau von 59 Untersuchungen zu US-amerikanischen Wahlen keinen signifikanten Bias der Berichterstattung ausmachen.

lung zu Beginn des Jahres 1987 von Hagen (1992, vgl. Abbildung 4.4). Der Autor verglich die Argumentationsrichtung, die sich die Journalisten explizit zu eigen machten, mit der Argumentation anderer Akteure, die in den Nachrichten referiert bzw. zitiert wurden (Hagen 1992). Wie Abbildung 4.4 verdeutlicht, korrelieren beide sehr deutlich. Positioniert man dann die in diesem Fall untersuchten meinungsbildenden Zeitungen im Spektrum der Pro-Kontra-Argumentation, sortieren sie sich entsprechend ihrer politischen Grundlinie auf einer Links-Rechts-Dimension (vgl. auch Kepplinger 1985a: 28, Eilders 2004: 145). Ein ähnliches Bild unter Einschluss der Nachrichtensendungen verschiedener Fernsehprogramme erbrachten Analysen zum Konflikt um die Castor-Transporte nach Gorleben 1997 (vgl. oben Abbildung 3.2 sowie Berens 2001: 101).

Allerdings sind die Einstellungen der Journalisten und die politische Linie des Mediums, für das sie arbeiten, nicht immer kongruent, wie die Umfrage von Reinemann (2003: 136 f.) unter politischen Journalisten in allen deutschen Medien zeigt. Von denen, die sich politisch „rechts" von der Mitte einordnen, stimmen nur 53 Prozent mit der politischen Grundlinie ihres Mediums überein, von denen, die sich als „links" einstufen, sind es sogar nur 42 Prozent. Ähnliche Differenzen zeigen sich auch in der Umfrage von Weischenberg, Malik und Scholl (2006b). Man muss daraus schließen, dass nicht wenige Journalisten in einer Art ideologischer Diaspora arbeiten oder sogar gegen ihre eigenen Überzeugungen schreiben bzw. reden.

Das Phänomen der politisch intendierten Verzerrung der Berichterstattung hat Kepplinger zur Theorie der „instrumentellen Aktualisierung" verallgemeinert (Kepplinger 1989b, Kepplinger et al. 1989a). Das lässt sich am besten an publizistischen Konflikten verdeutlichen, in denen sich einige Medien wie auch Teile der Öffentlichkeit als Kontrahenten in einer umstrittenen Frage gegenüberstehen. Instrumentelle Aktualisierung ist in dieser Situation ein Mittel der Auseinandersetzung, von der sich die Kontrahenten Vorteile im Meinungskampf versprechen. Sie rücken Tatsachen, Themen oder Argumente, die im Zusammenhang mit dem zentralen Konfliktgegenstand stehen, einseitig in den Vordergrund. Das gezielte Hoch- oder Herunterspielen von instrumentellen Gegebenheiten in der Berichterstattung setzen die Kontrahenten ein, um Vorteile für die eigene Position zu erzielen und die des jeweiligen Gegners zu schwächen.

In publizistischen Konflikten sind oft auch die Journalisten bzw. die verschiedenen Medien Partei, insbesondere wenn sie sich als meinungsbildende Organe verstehen. Ihre politischen Überzeugungen wirken sich dann – teils bewusst, teils unbewusst – auf ihr Verhalten bei der Recherche, bei der Wahrnehmung des politischen Geschehens sowie bei der Auswahl und Präsentation der Nachrichten aus.

Dies lässt sich nicht nur anhand von Fakten und Argumenten nachweisen, sondern z.B. auch an der instrumentellen Beachtung von „opportunen Zeugen", deren Aussage die persönliche Überzeugung der Journalisten unterstützt (Hagen 1992). Ähnliches kann man beobachten an der Medienresonanz von Themen und Ereignissen, die in bestimmten kontroversen Situationen – so etwa im Wahlkampf – je nach der politischen Präferenz der Medien variiert.

Den vergleichenden Untersuchungen von Hallin und Mancini (2004) zufolge gibt es jedoch deutliche Unterschiede in Art und Ausmaß des Einflusses politischer Überzeugungen auf die Berichterstattung, wenn man es in internationaler und historischer Perspektive betrachtet. Eine Affinität einzelner Medien zu bestimmten politischen Parteien – „politischer Parallelismus", wie sie es nennen – ist typisch für die demokratisch-korporatistischen Staaten im (westlichen) Mitteleuropa und in Skandinavien. Hier weist das Mediensystem nicht zuletzt deshalb ein hohes Maß an politischem Parallelismus auf, weil einzelne Organe eine dezidierte Grundrichtung vertreten. Diese äußert sich in Kommentaren, während die Berichterstattung scheinbar neutral ist. Tatsächlich drücken sich aber doch in der Auswahl und Präsentation der Nachrichten politische Positionen aus – so wie es das Konzept der *instrumentellen Aktualisierung* beschreibt.

In historischer Perspektive wird allerdings ein Rückgang des parteipolitischen Parallelismus diagnostiziert. So sind nicht nur reine Parteizeitungen, die noch zu Beginn des 20. Jahrhunderts ein verbreiteter Typus waren, in den meisten Ländern verschwunden. Auch die politisch-ideologische Positionierung der Medien weicht infolge zunehmender Kommerzialisierung der Mediensysteme einer vorrangigen Orientierung an Publikumsbedürfnissen und Marktbedingungen (Hallin und Mancini 2004: 178 ff.).

4.3.3 Bedingungen der Nachrichtenproduktion

Nachrichten werden heute in der Regel in einem komplexen, arbeitsteiligen Prozess und oft in Großorganisationen – Agenturen, Zeitungen, Rundfunkanstalten bzw. Radio- oder Fernsehunternehmen – hergestellt. Die ökonomisierte Nachrichtenproduktion prägt die Inhalte der Berichterstattung entsprechend der jeweiligen Medienlogik. So hängen z.B. Entscheidungen über die Nachrichtenauswahl in einer Zeitungsredaktion zu einem erheblichen Teil von formalen, prozeduralen und ökonomischen Voraussetzungen ab wie dem Anzeigenaufkommen, dem verfügbaren Platz, dem Redaktionsschluss, dem Angebot an Agenturmeldungen, dem Zeitpunkt ihrer Übermittlung und dem Verhältnis zu anderen Meldungen. Entsprechendes gilt für Radio und Fernsehen wie auch für Online-Zeitungen und Nachrichtenportale im Internet.

Besonders stark ist der Einfluss derartiger Faktoren auf die Fernsehberichterstattung. Die Nachrichtenlogistik und die spezifischen Darstellungserfordernisse eines audiovisuellen Mediums – der Visualisierungszwang, die Konzentration auf die Ereignisoberfläche und auf „sprechende Köpfe" – bestimmen das Bild der politischen Realität im Fernsehen (vgl. etwa Lange 1981, Nimmo und Combs 1983, Tenscher 1998).

Reziprozitätseffekte

Das Medium interagiert mit dem beobachteten Geschehen bereits an der Schnitt-
stelle zur Realität. Ereignisse, Akteure und Situationen verändern ihren Charakter
in einem *Reziprozitätseffekt* durch die bloße Gegenwart von Journalisten, Mikrophonen, Kameras. Zum ersten Mal beschrieben haben diesen Effekt Kurt und Gladys
Lang (1953) in ihrer berühmten Studie anlässlich der Parade zu Ehren des Generals
MacArthur 1951 in Chicago, nachdem dieser wegen politischer Äußerungen vom
damaligen amerikanischen Präsidenten Truman von seinem Einsatz im Koreakrieg
abberufen worden war. Beim Vergleich des Ereignisses mit seiner Darstellung im
Fernsehen stellten sie fest, dass einige Vorgänge am Ort des Geschehens nur
deshalb stattfanden, weil das Geschehen vom Fernsehen übertragen wurde. So
zeigte das Fernsehbild z.b. laut jubelnde und winkende Menschenmassen, die dem
Fernsehzuschauer als begeisterte Anhänger MacArthurs erschienen. Tatsächlich
nahmen die Menschen am Straßenrand nur die Gelegenheit wahr, sich durch
Winken auf dem Bildschirm bemerkbar zu machen.

Oft auch werden Ereignisse von vornherein mediengerecht inszeniert oder me-
dialisiert, d.h. im Hinblick auf die Berichterstattung zugerichtet. Bei politischen
Großveranstaltungen – etwa Parteitagen – ist es inzwischen üblich, den Ablauf des
Geschehens fernsehgerecht zu gestalten und für eine effektvolle Dramaturgie den
Rat von Film- und Fernsehregisseuren einzuholen. Ein typisches Beispiel war der
SPD-Parteitag in Leipzig im April 1998, auf dem die Partei ihren Kanzlerkandida-
ten Gerhard Schröder für die damals anstehende Bundestagswahl kürte (vgl.
Textbox 4.4 sowie Kepplinger und Maurer 1999).[81]

Das Fernsehen kann Elemente aus verschiedenen, räumlich und zeitlich ge-
trennten Ereignissen kombinieren, kann Ereignisse ganz oder teilweise nachstellen,
in das zu berichtende Ereignis eingreifen, aktuelle Berichte mit Archivmaterial
verschneiden oder tatsächliches und fiktives, inszeniertes Geschehen vermischen,
ohne dass es dem Zuschauer auffällt (vgl. auch Neuberger 1993). Die Digitalisierung und die modernen Techniken der elektronischen Bildbearbeitung begünstigen die Verfremdung von Nachrichten, ermöglichen eine synthetische Berichterstattung und deren Fälschung. Immer öfter kommt es vor, dass in der Presse
oder im Fernsehen Bildmaterial von zweifelhafter Realitätstreue auftaucht oder
aber auch dass Bilder als Täuschung verdächtigt werden, die tatsächlich echt sind.

Von den Möglichkeiten, eine virtuelle Welt zu gestalten und als „Realität" aus-
zugeben, leben vor allem die Boulevardpresse und Reality TV-Sendungen. Aber
auch in seriösen Nachrichtensendungen finden sich dafür viele Beispiele. Meist
handelt es sich um altes oder aus fremdem Kontext in aktuelle Berichte hineinge-
schnittenes Bildmaterial. Das zeigen Berens und Hagen (1997) am Beispiel der

---

81   Ein anderes Beispiel ist das Engagement des Filmdesigners George Allison, der im Irak-Krieg 2003
     das US-Pressezentrum in Katar fernsehgerecht gestaltete (Vgl. Alexander Smoltczyk, Medien-Of-
     fensive: Das Theater des Krieges. SPIEGEL ONLINE-Archiv, 20.03.2003)

Fernsehnachrichten über die Besetzung der Bohrinsel *Brent Spar* durch Greenpeace-Aktivisten im Frühjahr 1995. Die als „aktuell" gesendeten Filmszenen waren zum Teil veraltet oder unrichtig, d.h. Bild und Text stellten verschiedene Ereignisse dar, ohne dass dies den Zuschauern kenntlich gemacht wurde. In den Hauptabendnachrichten der Privatsender RTL, SAT.1 und PRO7 wurden Bilder gesendet, die im Durchschnitt zwischen zwei und elf Tagen alt waren.

Textbox 4.5: Hollywood an der Pleiße

„Am Eingang des Saales verharren die künftigen Sieger. Langsam wechselt die Beleuchtung von Lichtstimmung IIa zu Lichtstimmung IV, es wird überwältigend fernsehfeierlich in der Messehalle 2 in Leipzig, wie Weihnachten. Weit reißt Gerhard Schröder einen Augenblick die Augen auf, Oskar Lafontaine winkt fast hilfesuchend zu den eingedunkelten Rängen empor. Ist da nicht einer, den er kennt?

Beide Männer wirken ein bißchen erschrocken. Wohinein sind sie da geraten? Parteitag in Leipzig? Hollywood an der Pleiße. Oder kommt Henry Maske?

Dröhnend setzt die Musik ein, aus Lautsprecher-Batterien schmettert ein Triumphmarsch los, ‚Ready to go', was ‚Ich bin bereit' heißt und den Siegeswillen des Kanzlerkandidaten der SPD untermalen soll. Die Genossen haben sich von den Sitzen erhoben, ungläubig, belustigt, stolz.

Langsam beginnen die Stars der Sozialdemokratischen Partei Deutschlands am vergangenen Freitag ihren Einzug in den Sonderparteitag von Leipzig. Den beiden Spitzen-Leuten folgen drei Vorkämpfer – Reinhard Höppner aus Sachsen-Anhalt, Harald Ringstorff aus Mecklenburg-Vorpommern und die Bayerin Renate Schmidt. Alle wirken zugleich befangen und vergnügt.

Schröder gewinnt der Situation den meisten Spaß ab.

Je näher die kleine Prozession der Bühne kommt, desto sicherer wird der Niedersachse, den seine Genossen hier zum Kanzlerkandidaten wählen wollen. Er umarmt Parteifreunde, greift nach Händen, zieht Menschen an sich und ins Bild, das live in die Haushalte flimmert. Die Sender Phoenix und n-tv übertragen die politische Inszenierung, die ausdrücklich als Medienspektakel geplant ist – wenn schon, denn schon.

Nicht auf die Reaktion der Vorständler Johannes Rau und Rudolf Scharping kommt es an, die ein wenig fassungslos den Händeschüttlern entgegenblicken; nicht die 480 Delegierten der SPD, die vielen hundert Journalisten im Saal, nicht die Diplomaten und Ehrengäste auf den Tribünen sind entscheidend. ‚Wir sind alle nur stolze Statisten', spottet der SPD-Vize Wolfgang Thierse. Nein, es geht vor allem um die ‚15 Millionen Fernseher', wie Parteisprecher Michael Donnermeyer bekundet – Wähler, Wähler, Wähler. Schröder nennt sie ‚die neue Mitte'."

Jürgen Leinemann, in: Der Spiegel Nr. 17 vom 20. April 1998

Ereignismanagement

Ein Großteil politischer Ereignisse wird allein zum Zweck der Berichterstattung inszeniert. Solche *Pseudo-Ereignisse* sind für viele politische Organisationen und Akteure die übliche und mitunter auch einzige Möglichkeit, von den Medien beachtet zu werden und Zugang zur Öffentlichkeit zu erhalten. Pressekonferenzen, PR-Events, Interviews und Statements sind speziell für die Medienbeachtung geschaffene Ereignisse. Aber auch viele politische Veranstaltungen und Staatsakte – wie z.B. Gipfeltreffen, Tagungen und Konferenzen, Einweihungen, Feiern, Ehrungen oder Auslandsreisen – dienen primär dazu, den Initiatoren Publizität zu verschaffen. Ganz und gar offensichtlich ist der inszenierte Charakter von Ereignissen bei Demonstrationen und den spektakulären Formen unkonventionellen Protests wie Besetzungen, Blockaden, Geiselnahmen, Terrorakten. Der Inszenierungszweck besteht darin, Medienaufmerksamkeit zu erlangen und über die publizistische Wirkung politische Ziele zu erreichen.

Den Ausdruck „Pseudo-Ereignisse" (*pseudo-events*) prägte Daniel Boorstin (1973), der sie „spontanen" Ereignissen gegenüberstellte, die geschehen, ohne dass sie von interessierter Seite initiiert und inszeniert werden. Da Pseudo-Ereignisse von vornherein mediengerecht sind und üblicherweise andere aufmerksamkeitswirksame Eigenschaften besitzen, dominieren sie in der Medienrealität und „überschatten" diese – wie Boorstin es ausdrückt (S. 39).

Auf der einen Seite sorgen inszenierte Ereignisse für Nachrichtenstoff, der den Produktionsbedingungen der Massenmedien weitestgehend entgegenkommt. Auf der anderen Seite dienen sie den Akteuren dazu, die Medien für ihre politischen Zwecke zu instrumentalisieren. Das Ergebnis ist einerseits ein medialisiertes und oft verfremdetes Politikbild, andererseits ein Eingriff in die Autonomie der Medien. Das oben diskutierte Problem der Instrumentalisierung der Medien durch die Politik bekommt so einen anderen Akzent.[82] Es ist nicht nur die offensichtliche Kontrolle, der auf Macht beruhende Druck oder Einfluss, der Medien in Abhängigkeit von politischen (oder z.B. auch ökonomischen) Interessen bringen kann. Häufiger und – aus der Sicht der Initiatoren – erfolgreicher ist die subtile Instrumentalisierung durch Ereignismanagement und inszenierte Realität.

Es gibt verschiedene Versuche, das Ausmaß des Ereignismanagements zu quantifizieren. So kommen Schmitt-Beck und Pfetsch (1994b) anhand einer Inhaltsanalyse tagesaktueller Medien im Bundestagswahlkampf 1990 zu dem Ergebnis, dass nahezu die Hälfte der Berichterstattung auf Pseudo-Ereignisse zurückgeht wie Pressekonferenzen, Politiker-Statements oder „versammlungsöffentliche Inszenierungen" (wie Wahlveranstaltungen). Im Bundestagswahlkampf 1994 war mindestens ein Fünftel der Fernsehpräsenz des damaligen Bundeskanzlers Kohl von seinem Kampagnenmanagement initiiert; der entsprechende Wert für seinen

---

82   Vgl. Abschnitt 3.2.2

Herausforderer Scharping lag sogar bei rund 50 Prozent (Schulz, Berens und Zeh 1998a). Kepplinger ermittelt mit einer Langzeitanalyse von drei Qualitätszeitungen eine erhebliche Zunahme der Berichte über medialisierte Ereignisse seit Mitte der 1960er Jahre – allerdings auch wieder einen partiellen Rückgang seit den 1980er Jahren, vermutlich infolge einer Gegenreaktion der Journalisten (Kepplinger 2001a: 136 f.).

Konsonanz und Packjournalismus

Einflussmöglichkeiten der Politik auf die Medien sind offenbar besonders ausgeprägt im lokalen Bereich. In Städten und Gemeinden gibt es oft eine intensive Interaktion zwischen Journalisten und Politikern, die von der Forschung meist unter dem Aspekt der politischen Abhängigkeit der Medien gesehen wird. So geht aus Studien zur lokalen Kommunikation in den USA und Europa hervor, „dass in Bezug auf politische Fragen das Agenda-Setting weitgehend den lokalen politischen Eliten überlassen" wird (Lang 2003: 184). Die Lokalmedien sind so eng in das soziale Umfeld eingebunden, die Journalisten so stark in das Beziehungssystem der lokalen Elite integriert, dass deren Interessen oft weitgehend ungefiltert in der Berichterstattung zur Geltung kommen (vgl. dazu auch Wilking 1990: 135 f., Kurp 1994: 218 ff.).

Eine Untersuchung von Herrmann (1993) zeigt am Beispiel von Lokalzeitungen im Nordfränkischen, wie einerseits die lokalen Organisationen über die Delegation von freien Mitarbeitern den Inhalt der Berichterstattung selbst bestimmen, andererseits aber auch die Veröffentlichungs- und Bearbeitungskriterien der Zeitungen antizipieren. Darüber hinaus orientieren sich Medien und Politik gleichermaßen am lokalen Werte- und Normgefüge, so dass es auf informellem Wege zu einer Verschränkung der Sphären kommt.

Eine Orientierung an anerkannten sozialen Werten und Normen – und bis zu einem gewissen Grad an ähnlichen politischen Grundüberzeugungen – gilt für das Mediensystem insgesamt. Gemeinsame Überzeugungen und Wertorientierungen wie auch übereinstimmende professionelle Orientierungen der Journalisten führen zu einer relativ homogenen Berichterstattung im gesamten Mediensystem. Zumindest zeitweise kann es zu einer stark übereinstimmenden Behandlung eines Themas oder einer Person auch durch Medien mit unterschiedlicher politischer Grundrichtung kommen. Elisabeth Noelle-Neumann (1973a) belegte dieses Phänomen in einer einflussreichen Veröffentlichung mit dem Ausdruck *Konsonanz*. Konsonanz ist eine Bedingung für starke Medienwirkungen – mit der Folge, dass eine Wechselwirkungsdynamik, wie sie das Modell der *Schweigespirale* beschreibt, zu einem grundlegenden Meinungswandel der Bevölkerung führt.[83]

Erklärbar ist Konsonanz unter anderem durch die gemeinsame Orientierung der Medien an denselben *Nachrichtenfaktoren*, die vordergründig professionelle

---

83　Vgl. dazu unten Abschnitt 4.4.1

Kriterien für Nachrichtenwert sind, dabei jedoch auch allgemein-menschlichen Wahrnehmungsbedingungen oder soziokulturell übereinstimmenden Orientierungen zugeschrieben werden.[84] Homogenisierend wirken ebenfalls einheitliche *Nachrichtenideologien* der Journalisten. Eine auffällige Zunahme des Negativismus in der Berichterstattung, wie etwa in Schweden und in Deutschland zu beobachten, wird auf solche Nachrichtenideologien und einen Wandel des Berufsverständnisses der Journalisten zurückgeführt (Westerståhl und Johansson 1986, 1994, Kepplinger und Weissbecker 1991).

Das Ideologie-Konzept und seine Bedeutung für den Journalismus wird aus Sicht verschiedener wissenschaftstheoretischer Positionen sehr unterschiedlich definiert (vgl. Shoemaker und Reese 1996: 221 ff.). Eine der politischen Ökonomie verpflichtete Position betont die Abhängigkeit der Massenmedien von den Interessen des Kapitals und insbesondere von den Profitinteressen der Eigner bzw. Anteilseigner der Medien. Da sich die Medien an der Absatz- oder Einschaltquotenmaximierung und folglich am Geschmack der Publikumsmehrheit ausrichten, unterliegen sie Marktgesetzlichkeiten, von denen eine Tendenz zum *mainstreaming* der Medieninhalte ausgeht (Gerbner et al. 1982). Dieser Effekt variiert mit dem Grad der *Kommerzialisierung* des Mediensystems.

Nicht zuletzt führen Koorientierungen innerhalb des Mediensystems und eine wechselseitige *Kollegenorientierung* wie auch die Orientierung an Leitmedien zu einheitlichen Nachrichtenperspektiven und zu einer gewissen „Standardisierung" der Berichterstattung, wie es Warren Breed (1955) in seiner Pionierstudie zu *Meinungsführermedien* nannte. In der US-amerikanischen Forschung wird das Phänomen als *intermedia agenda-setting* bezeichnet und damit theoretisch als Sonderfall von Agenda-Setting eingeordnet (Shoemaker 1989: Kap. 5 und 6); in systemtheoretischer Perspektive – anschließend an Luhmann – kann man es auch als Beispiel für *Rekursivität* und *Selbstreferenz* ansehen (vgl. etwa Weber 2000).

Als Leitmedien gelten in erster Linie die überregionalen Qualitätszeitungen und Nachrichtenmagazine (Noelle-Neumann und Mathes 1987). Die bei uns wichtigsten Medien, die von der Mehrzahl der Journalisten regelmäßig genutzt werden, sind, wie Tabelle 4.2 zeigt, vor allem *Der Spiegel*, die *Süddeutsche Zeitung* und die Nachrichtensendungen des ARD-Fernsehens.[85] In den USA gelten die *New York Times* und die *Washington Post* als wichtige Leitmedien.

Eine spezifische Variante einheitlicher Orientierung wird in der amerikanischen Forschung polemisch als *pack journalism* bezeichnet (Nimmo und Combs 1983: 162 ff., Shoemaker und Reese 1996: 122 ff.).[86] Packjournalismus sieht der Fernsehzu-

---

84   Vgl. dazu oben Abschnitt 4.3.1
85   Eine ähnliche Reihenfolge erbrachte eine repräsentative Umfrage unter Journalisten aller deutschen Medien, bei der die Angaben mit einer offenen Frage ermittelt wurden (vgl. Weischenberg, Malik und Scholl 2006b: 359).
86   Zum semantischen Feld von pack gehören die Bedeutungen: Menge, Meute, Rudel, aber auch Pack im Doppelsinn von Bündel und Bande.

schauer tagtäglich, wenn auf einen prominenten Politiker Dutzende von Mikrophonen und Kameraobjektiven gerichtet sind.

Tabelle 4.2: Von politischen Journalisten am häufigsten genutzte Medien[87]

	%
Der Spiegel	82
Süddeutsche Zeitung	73
ARD Tagesschau	66
Bild-Zeitung	59
Frankfurter Allgemeine Zeitung	59
ARD Tagesthemen	59
Sabine Christiansen (ARD Talkshow)	52
ZDF heute journal	43
n-tv Nachrichten	42
ZDF heute	40
Die Welt	41
Die Zeit	37
ARD Monitor	37
Berliner Zeitung	33

Weniger sichtbar ist die verbreitete (und von den politischen Akteuren gezielt geförderte) Praxis, ganze Reporter- und Korrespondentenrudel im Bus oder Zug mit auf die Wahlkampagne oder im Flugzeug mit zum Staatsbesuch zu nehmen, wie es in den USA seit Jahrzehnten üblich ist (vgl. Crouse 1972). Wie *Der Spiegel* einmal nachrechnete, gewährte beispielsweise die Regierung Kohl im Zeitraum von etwa zwei Jahren 921 Journalisten Freiflüge zur Begleitung von Auslandsreisen von Politikern.[88] Die Berichte in den verschiedensten Medien haben dann praktisch nur

---

87 Ausschnitt aus der bei Reinemann (2003: 186) veröffentlichten Tabelle. Die Prozentwerte beziehen sich auf den Anteil der Befragten, die bei Tageszeitungen und Fernsehnachrichten tägliche Nutzung angaben, sonst wöchentliche Nutzung bzw. bei Fernsehtalkshows und -magazinen regelmäßige Nutzung.
88 Der Spiegel Nr. 13, 1993: 17

noch eine einzige Quelle, zumindest begünstigt der ständige Kontakt der Journalisten untereinander eine ausgeprägte Kollegenorientierung; das Ergebnis sind Berichte über eine *Camino-Realität*. Dieser Begriff wurde für die Berichterstattung über den Bürgerkrieg in San Salvador geprägt, deren einzige Quelle zeitweise das Quartier der ausländischen Korrespondenten im Hotel *Camino Real* in El Salvador war (Kepplinger 1983: 61).

Derartige Bedingungen sind typisch für Berichte über Krisen und kriegerische Konflikte, wenn der Aktionsradius der Journalisten durch Kriegseinwirkungen oder (Zensur-)Vorschriften der Militärs stark eingeschränkt ist. Anschauliche Beispiele dafür boten die Irak-Kriege 1990/91 und 2003. So kontrollierte die US-Regierung die Kriegsberichterstattung über den Irakkrieg 1991 mit Hilfe militärisch eskortierter „Pools" und versuchte, das Medienbild des Irakkriegs 2003 durch die Strategie des *embedding* sowie durch eine zentralisierte Nachrichtengebung über das US-Pressezentrum in Katar zu steuern (MacArthur 1993). Nach der Besetzung Bagdads durch die Koalitionstruppen hatten über 100 Journalisten ihren Standort im *Palestine Hotel*.

Auch wenn sich die Medien den professionellen Regeln entsprechend um eine objektive Berichterstattung bemühen, päjudizieren die eingeschränkten Arbeitsbedingungen den Blick auf das Geschehen und das *Framing* der Ereignisse. Es macht für das Bild der Krieges einen großen Unterschied, ob das Kriegsgeschehen aus der Sicht der einen oder der anderen Kriegspartei berichtet wird, wessen militärische Erfolge dargestellt, ob Opfer der Zivilbevölkerung gezeigt, wem Schuld und Verantwortung zugewiesen werden (vgl. etwa Weischenberg 1993, Ohde 1994, Aday, Livingston und Hebert 2005, Ravi 2005).

4.4 Herstellung von Öffentlichkeit

Die Medienrealität der Politik in ihrer Beziehung zum berichteten politischen Geschehen zu betrachten, wie bisher in diesem Kapitel, rückt die Informationsverarbeitungsfunktion der Medien in den Vordergrund. Eine andere Betrachtungsweise richtet demgegenüber den Blick auf das Ergebnis medialer Informationsverarbeitung und dessen Bedeutung für die politische Öffentlichkeit.

Die folgenden Abschnitte wechseln also die Perspektive und behandeln die Publizitätsfunktion der Massenmedien. Die Herstellung einer politischen Öffentlichkeit ist neben der Informationsverarbeitung die zweite Primärfunktion der Massenmedien. Genau besehen handelt es sich um zwei unterschiedliche Aspekte desselben Phänomens. Mediale Informationsverarbeitung impliziert bereits Publizität; sie ist immer auf Veröffentlichung angelegt. Darauf wurde schon hingewiesen, z.B. im Zusammenhang mit der Relay-Funktion der Medien.[89]

---

89   Vgl. oben Abschnitt 4.2.3

Der Begriff der Öffentlichkeit führt durch seine starke wissenschaftliche Inanspruchnahme viel semantischen Ballast mit sich. Es ist daher notwendig, einige begriffliche Klärungen vorzunehmen, um die hier interessierenden Aspekte des Themas freizulegen: die Herstellung von Öffentlichkeit durch die Massenmedien und die Charakteristika der Medienöffentlichkeit.

4.4.1 Öffentliche Kommunikation

Öffentlichkeit bezeichnet ein spezifisches Merkmal von Kommunikation, und zwar sowohl einer Kommunikationssituation wie auch eines Kommunikationsprozesses und der in ihnen ausgetauschten Mitteilungen. Öffentliche Kommunikation ist prinzipiell für jedermann zugänglich, sie bezieht oft ein sehr großes und anonymes Publikum ein. Der Prototyp von öffentlicher Kommunikation ist Massenkommunikation: Öffentlichkeit ist eines der Definitionsmerkmale von Massenkommunikation (Burkart 2001: 167 ff., zur Begrifflichkeit vgl. auch Westerbarkey 1991, Peters 1994, Depenheuer 2001).

Öffentliche Kommunikation unterscheidet sich einerseits von privater, andererseits von vertraulicher oder geheimer Kommunikation. Ein offener, unkontrollierter Zugang zu Mitteilungen bzw. zu einer Kommunikationssituation – beispielsweise einer Wahlkundgebung – impliziert, dass die Mitteilungen in ihrer Reichweite unkontrollierbar sind. Durch Öffentlichkeit entsteht ein „offener", freier Informationsfluss. Entscheidend ist dafür nicht die Quantität der Teilnehmer bzw. Adressaten, sondern der Umstand, dass deren Teilnahme an der öffentlichen Kommunikation und ihre Verwendung der aufgenommenen Informationen von ihnen selbst bestimmt ist und vom Kommunikator nicht kontrolliert werden kann.

Dies hat Folgen für das Verhalten aller Beteiligten und deren Umgang mit öffentlicher Kommunikation. Da sie die Reichweite öffentlicher Mitteilungen nicht genau einschätzen können, müssen sie davon ausgehen, dass die Mitteilungen unter allen potentiell Erreichten bekannt sind. Bei massenmedialer Verbreitung wird üblicherweise unterstellt, dass die Themen und Meinungen innerhalb der Medienreichweite „allgemein" bekannt sind. Als wesentliches Ergebnis öffentlicher Kommunikation hebt Luhmann (1970) die *Thematisierung* hervor, d.h. die „Institutionalisierung" von Themen, so dass die Bereitschaft, sich in Kommunikationsprozessen mit ihnen zu befassen, allgemein unterstellt werden kann. Es entsteht eine *Reflexivität des Wissens*, denn ein an öffentlicher Kommunikation (und sei es nur als Rezipient) Beteiligter weiß, was andere wissen können und zugleich auch, dass andere wissen können, dass er weiß, was sie wissen (Merten 1977: 147). Öffentliche Kommunikation erhält allein durch die Tatsache der Publizität einen hohen Grad an Verbindlichkeit, der man sich nicht ohne weiteres entziehen kann (Marcinkowski 1993: 58 f.).

Öffentliche Kommunikation verhindert nicht nur eine Kontrolle über die Reichweite der Mitteilungen. Ein Kommunikator kann auch nicht absehen, wie seine Mitteilungen von den Rezipienten verarbeitet werden und wie sie darauf reagieren. In genau dieser Unkalkulierbarkeit der Reichweite, Rezeption und Wirkung liegt das demokratische Potential von öffentlicher Kommunikation und auch das politische Risiko für Herrschaftspositionen. Daraus erklärt sich, dass totalitäre Regimes auf Zensurmaßnahmen – d.h. auf Einschränkung und Kontrolle von öffentlicher Kommunikation – angewiesen sind und dass andererseits größtmögliche Öffentlichkeit der Meinungs- und Willensbildung den demokratischen Charakter von politischer Herrschaft absichert und legitimiert. Die positiven Wirkungen öffentlicher Kommunikation sind Kernbestandteil der Theorie der Demokratie und Erfolgsbedingung demokratischer Systeme.

Öffentlichkeit als politische Forderung

Die Erkenntnis der positiven Wirkungen öffentlicher Kommunikation ist eine Errungenschaft der europäischen Aufklärung. Öffentlichkeit wurde im 18. Jahrhundert zur *politischen Forderung* zur Durchsetzung von Bürgerfreiheiten, und dadurch erhielt der Begriff einen „emphatischen" Charakter (Luhmann 1996: 186). Öffentlichkeit ist also nicht nur ein empirisches Phänomen, sondern auch eine Zielvorstellung, ein Idealtyp politischer Kommunikation.

Idealtypen, normative Modelle und Utopien zu entwerfen, um daran reale Verhältnisse zu messen, ist eine gebräuchliche Strategie in der Wissenschaft und in der politischen Praxis. Sie wird in unterschiedlicher Absicht eingesetzt, etwa als heuristisches – d.h. die wissenschaftliche Erkenntnis leitendes – Verfahren, als rhetorische Figur bei der Kritik sozialer bzw. politischer Verhältnisse oder als handlungsleitende Norm, um eine graduelle Annäherung der Realität an einen erwünschten Zustand zu erreichen (oder zumindest eine weitere Entfernung von diesem Ziel zu verhindern).

Die normative Ladung des Öffentlichkeitsbegriffs resultiert aus seiner zentralen Stellung in der Theorie der Demokratie und in politischen Systemmodellen.[90] Danach soll Öffentlichkeit das *intermediäre System* konstituieren, das die Bedürfnisse und Forderungen der Bürger an die politischen Institutionen heranträgt und deren politische Entscheidungen wiederum den Bürgern vermittelt. Öffentlichkeit soll als ein Interaktionsfeld fungieren, in dem die unterschiedlichen gesellschaftlichen Interessen artikuliert, wechselseitig beobachtet und in politische Entscheidungen transformiert werden. In der Idealvorstellung vom Prozess demokratischer Meinungs- und Willensbildung verleiht Öffentlichkeit den politischen Entscheidungen demokratische Legitimation. Der Prozess soll möglichst alle Bürger eines Gemein-

---

90   Vgl. dazu auch oben Abschnitt 3.2

wesens einbeziehen oder doch wenigstens die Interessen aller angemessen zur Geltung bringen.

Diese Ansprüche an Öffentlichkeit wurden vor allem von Habermas (1962) und seinen Exegeten herausgearbeitet (vgl. etwa Calhoun 1992). In einer Rekonstruktion des normativen Modells umschreibt Peters (1994: 45 ff.) zunächst den *Gegenstand* von Öffentlichkeit: Es geht „um Angelegenheiten von kollektivem Interesse, um Probleme, die alle angehen oder interessieren sollten". *Alle* – das sind zunächst die Staatsbürger. In der gegenwärtigen Diskussion erweitert sich die Perspektive zunehmend auf transnationale – europäische oder gar globale – Öffentlichkeiten.

Weitere Bestandteile der normativen Kategorie sind zum einen *Gleichheit* und *Reziprozität* der Beteiligung, d.h. dass jedermann die gleiche Chance hat, sich zu äußern, zuzuhören und Gehör zu finden. Dies impliziert, dass die Teilnehmer an der Öffentlichkeit sowohl Publikums- als auch Sprecherrollen einnehmen. Zweitens soll die Öffentlichkeit nicht nur für alle Themen und Beiträge offen sein, sondern diese auch kompetent und sachlich angemessen behandeln. Dies fasst Peters in der Forderung nach *Offenheit* und *adäquater Kapazität* zusammen.

Drittens soll öffentliche Kommunikation idealiter eine *diskursive Struktur* haben. Damit wird gefordert, politische Auseinandersetzungen mit *Argumenten* zu führen, die auf kollektive Akzeptanz durch zwangfreie Überzeugung abzielen. Für Behauptungen sollen rational nachvollziehbare Gründe angegeben, Bezüge zu den Argumenten anderer hergestellt und deren Argumente in der eigenen Argumentation berücksichtigt werden. Daran ist die Erwartung geknüpft, dass sich die besseren Argumente durchsetzen und einen Konsens oder zumindest eine diskursiv abgeklärte Mehrheitsmeinung herbeiführen.

Diese Idealvorstellung einer *basisdemokratischen* oder – wie Habermas es nennt – „autochthonen" Öffentlichkeit kontrastiert Gerhards (1997a, Gerhards 1997b) mit dem *liberalen* Öffentlichkeitsmodell, wie es der Vorstellung vom Funktionieren einer *repräsentativen* Demokratie zugrunde liegt. Man könnte Letzteres auch als *Repräsentationsmodell* bezeichnen, während die Habermassche Konzeption oft auch *Diskursmodell* genannt wird, weil es besonderen Wert auf den Kommunikationsstil in der Öffentlichkeit legt.[91] Außer in Bezug auf den Kommunikationsstil unterscheiden sich die Modelle vor allem hinsichtlich der Rolle der Akteure in der Öffentlichkeit und der Effekte ihrer Kommunikation.

Gemeinsam ist beiden Modellen die Gegenüberstellung von Akteuren, die einerseits dem *Zentrum* des politischen Systems und andererseits dessen *Peripherie* zuzurechnen sind. Erstere sind die Herrschaftsträger der politischen Gewalten und Parteien. Bei den Akteuren der Peripherie differenziert Habermas zwischen drei

---

[91] Gerhards verwendet das Etikett „republikanisch-diskursiv" für das Habermassche Konzept; an anderer Stelle findet sich die Bezeichnung „Partizipationsmodell" sowie „deliberative Öffentlichkeit", womit ein im Englischen gebräuchliches Attribut aufgegriffen wird (vgl. Gerhards, Neidhardt und Rucht 1998: 31 ff.). Jarren und Donges (2006: 102) nennen in ihrer Darstellung das Gerhardtsche Konzept ein „systemtheoretisches Modell".

Kategorien, nämlich a) den Bürgern, b) den Akteuren der Zivilgesellschaft (das sind spontan entstandene bürgernahe Vereinigungen und soziale Bewegungen mit offener und egalitärer Organisationsform) und c) „vermachteten" Akteuren (Interessengruppen und Verbände mit professioneller Organisationsform, die partielle Interessen vertreten). Nach der Vorstellung einer „autochthonen" Öffentlichkeit sollen die Willensbildungsprozesse von der Peripherie ausgehen, vom Zentrum aufgegriffen und in Entscheidungen umgesetzt werden. Dabei sollen die *nicht* vermachteten Akteure der Peripherie die Öffentlichkeit dominieren.

Das Repräsentationsmodell betont demgegenüber, dass die Akteure des Zentrums die Interessenlagen der Bürger *repräsentieren*, wenn sie durch freie und gleiche Wahlen demokratisch legitimiert sind. In der öffentlichen Arena sollen die verschiedenen Positionen eine Artikulationschance haben. Ausgangspunkt sind auch in diesem Modell die Interessen der Bürger; aber auch die Interessengruppen und Parteien spielen im Prozess der Willensbildung eine wichtige Rolle: Durch sie finden die Interessen der Bürger Zugang zum politischen Zentrum. Die Stärke der kollektiven Akteure in der öffentlichen Arena soll die Verteilung der Interessenlagen der Bürger spiegeln. Öffentlichkeit ist in dieser Vorstellung „der Spiegel der kommunizierten Beiträge einer pluralistischen Gesellschaft, in der die unterschiedlichen Interessen zum Ausdruck kommen sollen" (Gerhards 1997b: 32). Die Umschreibung der Öffentlichkeit als *Spiegel*, in dem sich die Gesellschaft selbst beobachten kann, ist eine in der Systemtheorie Luhmannscher Prägung bevorzugte Metapher (vgl. Marcinkowski 1993: 121).

Während im Diskursmodell der Kommunikationsstil in der Öffentlichkeit eine zentrale Rolle spielt, sind die Erwartungen des Repräsentationsmodells in dieser Hinsicht eher bescheiden. Es unterstellt, dass die Erzielung von Konsens bei der Interessenpluralität in modernen Gesellschaften eher unwahrscheinlich ist, und erkennt daher einer Mehrheitsmeinung, die ohne anspruchsvollen Diskurs zustande gekommen ist, die gleiche Legitimität zu wie einem diskursiv begründeten Konsens. Die Mehrheitsmeinung ergibt sich aus der Aggregation der Individualmeinungen. Dabei wird allerdings eine „kommunikative Selbstbeschränkung" insofern erwartet, als Grundsatzfragen, die sich als nicht konsensfähig erweisen, aus der öffentlichen Kommunikation ausgeklammert werden.

Öffentlichkeit als Kommunikationssystem

Beiden Modellen ist gemeinsam, dass sie Öffentlichkeit als *intermediäres System* begreifen, d.h. als ein Interaktionsfeld, das zwischen Peripherie und Zentrum vermittelt, in dem die unterschiedlichen gesellschaftlichen Interessen artikuliert, wechselseitig beobachtet, Probleme gelöst und in politische Entscheidungen transformiert werden. Diese Sichtweise knüpft an das Input-Output-Modell des politischen Prozesses an.[92] Dementsprechend unterscheiden Gerhards und Neidhardt (1991: 50) drei Öffentlichkeitsprozesse „zur Definition von Themen und Meinungen für das politische System": Informationssammlung (Input), Informationsverarbeitung (Throughput) und Informationsanwendung (Output).[93]

Die Funktion von Öffentlichkeit als intermediäres System dient in erster Linie dazu, *Transparenz* zu erzeugen (Neidhardt 1994b). Transparenz der Interessen verlangt im Idealfall die Interaktion aller Betroffenen, am besten an einem Ort, der für jedermann zugänglich ist. Dieser Ort hieß in den demokratischen Stadtstaaten des Altertums, die für Öffentlichkeitsmodelle als historisches Vorbild gelten, *Agora* (griechisch) oder *Forum* (römisch). Diese Ausdrücke wie auch die Bezeichnungen *Arena* oder *Markt* werden auch heute noch gern metaphorisch für Öffentlichkeit verwendet: „Öffentlichkeit bildet den Marktplatz, der gleichsam das Rathaus als politisches Entscheidungszentrum umgibt." (Gerhards 1993: 29)[94]

Die metaphorische Bestimmung von Öffentlichkeit als Raum, Sphäre, Arena usw. steckt lediglich abstrakt einen Rahmen ab und bringt zunächst wenig Erkenntnisgewinn. Sie ist Ausgangspunkt für genauere Analysen der *Binnenstruktur* von Öffentlichkeit, die u.a. die Akteursrollen der an öffentlicher Kommunikation Beteiligten sowie verschiedene Ebenen, Teilsysteme und Foren herausarbeiten.

Neidhardt schlägt eine Rollendifferenzierung vor, die sich am Kommunikationsprozess orientiert. Die elementaren *Akteursrollen* in der Öffentlichkeit sind 1. die *Sprecher*, die sich in politischen Angelegenheiten öffentlich zu Wort melden wie z.B. Politiker, Repräsentanten von Interessengruppen, Experten, Intellektuelle oder Public-Relations-Spezialisten, 2. das *Publikum*, das Adressat und „die öffentlichkeitskonstituierende Bezugsgruppe" der Äußerungen ist, und 3. die *Massenmedien* bzw. die in ihnen tätigen Journalisten, die als Vermittler zwischen den Sprechern und dem Publikum fungieren, die sich nicht in unmittelbarem Kontakt befinden (Neidhardt 1993, 1994c, 1995: 238).

Unmittelbare Kontakte und Interaktionen sind das Kennzeichen der *Encounter-Öffentlichkeit*, „wenn Menschen von heterogener Herkunft mehr oder weniger zufällig aufeinander treffen und miteinander kommunizieren" – z.B. in der Eisenbahn, am Arbeitsplatz oder in der Kneipe (Gerhards und Neidhardt 1991: 50). Sie ist in der hierarchischen Betrachtung die unterste Ebene von Öffentlichkeit. Die nächsthöhere Ebene ist die *Versammlungsöffentlichkeit*. Öffentliche Veranstaltungen

---

92 Vgl. oben Abschnitt 3.1

93 Die Metapher vom Raum oder einer Sphäre der Öffentlichkeit kommt am deutlichsten im englischen Terminus *public sphere* zum Ausdruck, dem im Angelsächsischen gebräuchlichen Pendant zum deutschen Begriff der Öffentlichkeit (vgl. etwa Calhoun 1992, Dahlgren 1995). Eine 1989 erschienene Übersetzung ins Englische von Habermas' 1962 veröffentlichter Habilitationsschrift „Strukturwandel der Öffentlichkeit" hat, wie etwa der von Calhoun herausgegebene Band dokumentiert, erst im 1990er Jahren das internationale wissenschaftliche Interesse am Konzept der Öffentlichkeit belebt.

94 In der juristischen Literatur ist beispielsweise die Metapher vom „Meinungsmarkt" gebräuchlich (vgl. etwa Schneider 1968: 94 f.).

oder Versammlungen wie z.b. Wahlkundgebungen, Konzerte oder Gottesdienste sind meist um eine Darbietung oder einen thematischen Anlass organisiert, oft mit einer Differenzierung von Leitungs- und Publikumsrollen und einem selbst selektierten Publikum. *Protestaktionen* sind eine Sonderform öffentlicher Veranstaltung mit Interaktionen, die in die kollektive Aktion münden.

Präsenzöffentlichkeiten wie die Encounter- und Versammlungsöffentlichkeit sind insofern nur *Teilöffentlichkeiten*, da ihre Reichweite begrenzt ist, und zwar mehr noch bei Encounter- als bei Versammlungsöffentlichkeiten.[95] Die Teilnahme an Präsenzöffentlichkeiten ist in der politischen Realität moderner Flächenstaaten vergleichsweise selten. Aus einer Repräsentativbefragung von wahlberechtigten Bürgern der „alten" Bundesrepublik lässt sich abschätzen, dass etwa ein Sechstel der Bevölkerung im Verlaufe von zwei Jahren mindestens einmal irgendeine öffentliche politische Veranstaltung besucht (Gerhards 1992). In einer Umfrage nach der Bundestagswahl 2002 gaben acht Prozent der Wähler an, sie hätten „Wahlkampfveranstaltungen" besucht („sehr oft" oder „oft" sagten 2 Prozent, „manchmal" sagten 6 Prozent).[96]

Die für moderne Gesellschaften charakteristische Form ist die *Medienöffentlichkeit*. Sie unterscheidet sich von früheren Formen bzw. anderen Ebenen der Öffentlichkeit unter anderem dadurch, dass sie eine entwickelte technische und organisatorische Infrastruktur voraussetzt. Ihr Kennzeichen ist eine in der Regel größere Teilnehmerzahl und Reichweite; das Publikum in der Medienöffentlichkeit ist abstrakter und in seinen Handlungsmöglichkeiten reduzierter als in Encounter- oder Versammlungsöffentlichkeiten.

Eine andere Perspektive liegt der Gliederung in *funktionale Teilöffentlichkeiten* zugrunde. Denn Öffentlichkeit vermittelt in den modernen komplexen Gesellschaften nicht nur zwischen dem politischen Zentrum und der Peripherie, sondern auch zwischen den verschiedenen gesellschaftlichen Bereichen und funktionalen Teilsystemen wie z.b. Wirtschaft, Recht, Wissenschaft, Kunst oder Religion. Für diese existieren vielfach eigene Teilöffentlichkeiten, die jedoch, wie Habermas (1992: 452) betont, „porös füreinander" seien.

Gerhards und Neidhardt heben die Sonderstellung der *politischen* Öffentlichkeit gegenüber den funktionalen Teilöffentlichkeiten hervor (Gerhards und Neidhardt 1991). Diese ergibt sich daraus, dass Politik als zentraler Problemadressat eine Sonderstellung in der Gesellschaft hat und mit besonderen Kompetenzen und Ressourcen ausgestattet ist, um kollektiv verbindliche Entscheidungen herbeizuführen und durchzusetzen. Das Kommunikationssystem der politischen Öffentlichkeit vermittelt die Themen und Probleme der Gesamtgesellschaft – und damit auch al-

---

95   Bei *Organisationsöffentlichkeiten* (wie z.b. bei Vereins-, Partei-, Betriebsversammlungen) ist der Öffentlichkeitscharakter nicht nur raum-zeitlich, sondern auch durch den Mitgliederstatus eng begrenzt. Gerhards (1993) und – im Anschluss daran – etliche andere Autoren führen „Proteste" als einen weiteren Typ von Teilöffentlichkeit auf.

96   Vgl. dazu unten Abschnitt 6.3.3

ler Teilsysteme – an das politische Zentrum. „Politische Öffentlichkeit steht gleichsam an der Inputseite des politischen Entscheidungssystems. Ihre Funktion besteht in der Herstellung öffentlicher Meinung." (Gerhards 1993: 28)

Man kann dies mit einem Foren-Modell veranschaulichen, das neben der zentralen Arena einen flankierenden Kranz von institutionellen Arenen zeigt (vgl. Ferree et al. 2002: 11). Allerdings vereinfacht ein solches Modell die Binnenstruktur der Öffentlichkeit nicht nur sehr stark, es berücksichtigt in einer systemtheoretischen Sicht auch nur Teilöffentlichkeiten, die abstrakten institutionellen Bereichen zuzuordnen sind, und vernachlässigt die Vielzahl von Teilöffentlichkeiten, die darüber hinaus heute – als Folge der Medialisierung – das Kommunikationssystem Öffentlichkeit kennzeichnen.

Öffentliche Meinung

Man kann zunächst, wie es oft geschieht, in der Öffentlichkeit geäußerte Meinungen insofern als „öffentliche Meinungen" bezeichnen, als sie von jedermann zur Kenntnis genommen werden können, insbesondere dann, wenn ihnen durch die Massenmedien große Publizität verliehen wird. Von dieser Möglichkeit der öffentlichen Meinungsäußerung machen in der Regel nur Angehörige der Elite und professionelle Sprecher Gebrauch wie z.B. Politiker, Funktionäre, Experten, Journalisten. Die von ihnen geäußerte bzw. in den Medien veröffentlichte Meinung wird daher oft als *die* öffentliche Meinung verallgemeinert.

Eine ebenfalls häufig vertretene Auffassung von öffentlicher Meinung bezieht sich auf das statistische Aggregat der Bevölkerungsmeinungen, wie durch Umfragen auf Basis repräsentativer Stichproben ermittelt werden kann. Meinungsforschung gilt als das allgemein akzeptierte Instrument zur Messung der öffentlichen Meinung.

Die Öffentlichkeitssoziologie, für die das Konzept traditionell ein Gegenstand der Beschäftigung ist, lehnt diese Auffassungen mehr oder weniger entschieden ab. Sie bietet stattdessen relativ abstrakte Definitionen an und bezeichnet öffentliche Meinung beispielsweise als „Output politischer Öffentlichkeit" (Gerhards 1993: 24) und formuliert Bedingungen ihres Zustandekommens und des diskursiven Niveaus der Meinungsbildung (Habermas 1992: 438). Diese Sichtweise hat ihren Niederschlag auch schon in der Rechtsprechung des Bundesverfassungsgerichts gefunden, wie die Begründung zum *Spiegel*-Urteil verdeutlicht (vgl. Textbox 4.6).

Das Zitat bringt eine Auffassung von der öffentlichen Meinung zum Ausdruck, die mit dem Konzept von Öffentlichkeit als Kommunikationssystem vergleichbar ist, nämlich zugleich Prozessor und Spiegel der Argumente in „Rede und Gegenrede" zu sein, die sich im öffentlichen Diskurs „klären". Öffentliche Meinung ist die Meinung, die sich in öffentlicher Kommunikation als „herrschende" Meinung durchsetzt, so dass davon abweichende Meinungen mit Widerständen rechnen müssen (Gerhards und Neidhardt 1991: 42).

Textbox 4.6:
Das Bundesverfassungsgericht über die öffentliche Meinung

„Soll der Bürger politische Entscheidungen treffen, muss er umfassend informiert sein, aber auch die Meinungen kennen und gegeneinander abwägen können, die andere sich gebildet haben. Die Presse hält diese ständige Diskussion in Gang; sie beschafft die Information, nimmt selbst dazu Stellung und wirkt damit als orientierende Kraft in der öffentlichen Auseinandersetzung. In ihr artikuliert sich die öffentliche Meinung; die Argumente klären sich in Rede und Gegenrede, gewinnen deutliche Konturen und erleichtern so dem Bürger Urteil und Entscheidung."

(BVerfGE 20, 174 f.)

Erkennbar wird an der Urteilsbegründung des Bundesverfassungsgerichts darüber hinaus der Bezug auf ein normatives Modell von Öffentlichkeit, und dadurch erhält auch der Begriff der öffentlichen Meinung wie der Öffentlichkeitsbegriff einen „emphatischen" Charakter. Öffentliche Meinung ist – anspruchsvoll formuliert – das Resultat von offener und diskursiver Kommunikation unter gleichberechtigten Bürgern. Nicht selten werden Öffentlichkeit und öffentliche Meinung synonym verwendet, und ihnen werden ähnliche politische Funktionen zugeschrieben, z.B. die Kontrolle von politischer Herrschaft.

Die Singularform bringt zum Ausdruck, dass öffentliche Meinung ein *kollektives* Phänomen ist, dessen Charakteristik über die Summe der Merkmale einzelner Meinungen hinausgeht. Noelle-Neumann (1966) verweist auf die „Kraft" von öffentlicher Meinung, nicht nur das Handeln der Regierung, sondern auch das Verhalten jedes einzelnen Bürgers zu kontrollieren. Sie unterscheidet zwischen der manifesten und der latenten Funktion von öffentlicher Meinung. Die *manifeste* – d. h. beabsichtigte und bewusst wahrgenommene – Funktion besteht darin, die Bürger an der politischen Willensbildung zu beteiligen, um so ein „Korrelat" zur Herrschaft zu schaffen (vgl. auch Schmidtchen 1959: 323). Die *latente* Funktion der öffentlichen Meinung – genauer: des wahrgenommenen Meinungsklimas – besteht in der sozialen Kontrolle des Einzelnen mit dem Ergebnis von Konformität, Konsens und gesellschaftlicher Integration (Noelle-Neumann 1992c, 1998).

Die ihr zugeschriebenen gesellschaftlichen und politischen Wirkungen kann öffentliche Meinung dadurch entfalten, dass sie als *soziale Realität* wahrgenommen und zur Grundlage individuellen Handelns wird. Die öffentliche Meinung geht dann in Form von Annahmen über die Meinung der anderen bzw. über die Meinung der Mehrheit in die Definition der Situation der Individuen ein – auch in die Situationsdefinition politischer Akteure. Je mehr die Annahmen über die Meinung der Mehrheit übereinstimmen und je mehr Gewissheit die Akteure dabei haben, desto größer ist die soziale Kraft und die politische Wirkung dieser Annahmen.

Annahmen über die Meinung der Mehrheit resultieren im Alltagsleben aus sozialen Interaktionen mit Hilfe eines „quasi-statistischen Organs", wie es Noelle-Neumann (1980a: 165) nennt, das als Bindeglied die individuelle und die kollektive Sphäre verknüpft. Auf diese Weise bilden auch Politiker ihr Urteil anhand von Erfahrungen aus Diskussionen an der Parteibasis, Gesprächen mit Wählern im Wahlkreis, mit persönlichen Bekannten, mit professionellen Ratgebern, mit Journalisten (beispielsweise in Hintergrundgesprächen). Eine andere wichtige Quelle sind Umfrageergebnisse über Meinungsverteilungen in der Bevölkerung. Insofern hat auch das statistische Aggregat einzelner Meinungen eine Bedeutung für Annahmen über die öffentliche Meinung.

Nicht zuletzt gehen die von den Massenmedien vermittelten Meinungsverteilungen in die Situationsdefinitionen des Publikums wie auch der Politiker und anderer Medienbeobachter ein. Die „veröffentlichte Meinung" politischer Akteure wie auch die von den Medien selbst – u.a. in Kommentaren – geäußerten Meinungen sind eine wichtige Quelle zur Einschätzung der jeweils herrschenden Meinung. Je mehr das Meinungsbild in den verschiedenen Medienquellen übereinstimmt, also *Konsonanz* aufweist, desto stärker ist die prägende Kraft der Medien.

Diese Überlegungen sind der Kern des von Noelle-Neumann (1980a) entwickelten Modells der *Schweigespirale*, das einen Zusammenhang zwischen Medienberichterstattung und öffentlicher Meinung herstellt. In empirischen Überprüfungen dieses Modells wird die Wahrnehmung des Meinungsklimas durch eine Frage nach der vorherrschenden Meinung anderer Personen im sozialen Umfeld oder in der (anonymen) Mehrheit operationalisiert. Wenn in derselben Umfrage zugleich die eigene Meinung der Befragten ermittelt wird, lassen sich aufschlussreiche Vergleiche anstellen zwischen den Annahmen über die Meinung der Mehrheit und der tatsächlichen Mehrheitsmeinung – entsprechend dem oben vorgestellten Koorientierungsmodell.[97]

Abbildung 4.5 illustriert dieses am Beispiel von repräsentativen Trendbefragungen im Vorfeld der seinerzeit heftig umstrittenen Volkszählung 1987. Sie zeigt, wie sich die Anteile der positiven und negativen Meinungen in der Bevölkerung und die entsprechenden Annahmen über die Meinung der „meisten anderen Leute" entwickelten. Anfänglich lagen die Schätzungen und die tatsächlichen Meinungsanteile relativ weit auseinander, gegen Ende des Beobachtungszeitraums – mit Herannahen des Volkszählungstermins – stimmten sie aber weitgehend überein.

---

97 Vgl. oben Abschnitt 3.5.1

Zugleich vollzog sich ein Meinungsumschwung in Richtung auf mehr Zustimmung zur Volkszählung.

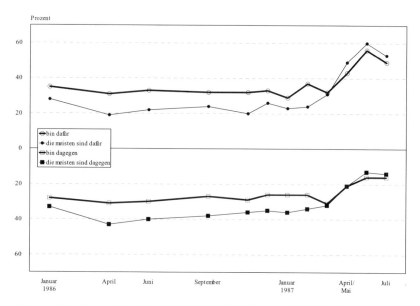

Fragen: „Einmal ganz allgemein gefragt: Sind Sie für oder gegen die Volkszählung?" „Und was glauben Sie, wie die meisten anderen Leute denken: Sind die meisten für oder gegen die Volkszählung?"[98]

Abbildung 4.5: Die Meinung zur Volkszählung 1987 und Annahmen über die Mehrheitsmeinung

Für derartige Meinungsumschwünge gibt es zwei konkurrierende Erklärungsmodelle. Die Theorie der Schweigespirale geht davon aus, dass sich die Meinung der Bevölkerung an die Wahrnehmung des Meinungsklimas angleicht und dass diese Wahrnehmung – zumindest teilweise – durch die Massenmedien geprägt ist.

---

98   Quelle: EMNID/eigene Untersuchungen; repräsentative Umfragen unter der westdeutschen Bevölkerung, durchgeführt im Auftrag der Statistischen Ämter und der Bundesregierung (vgl. Scherer 1990: 68).

Im Gegensatz dazu steht eine Erklärung, die Annahmen über die Meinung der Mehrheit als eine Projektion der eigenen Meinung ansieht, als eine *looking-glass-perception*. Die Individuen haben ein Bedürfnis, sich in Übereinstimmung mit der in ihrer Umwelt vorherrschenden Meinung zu sehen oder ihre eigene Meinung an dieser zu validieren. Meinungsumschwünge spielen in dieser Sicht keine Rolle, dafür aber z.b. *pluralistic ignorance*, d.h. die kollektive Fehleinschätzung der vorherrschenden Meinung (vgl. dazu Eckhardt und Hendershot 1967-68, O'Gorman 1975, Fields und Schuman 1976, Scherer 1990).

In der politischen Kommunikationsforschung ist öffentliche Meinung vielfach die abhängige Variable, von der angenommen wird, dass sie sich unter dem Einfluss der Massenmedien bildet und verändert. Das Konzept spielt – zumal in der älteren Forschung – eine zentrale Rolle in theoretischen Annahmen und empirischen Untersuchungen zu *politischen Medienwirkungen* (vgl. etwa Lang und Lang 1981, Zukin 1981). Das hat seinen Ursprung in der sozialpsychologisch geprägten individualistischen Auffassung von öffentlicher Meinung im Sinne von Bevölkerungsmeinung und entsprechenden Ermittlungen dieser Meinung mit Umfragemethoden (vgl. etwa Lane und Sears 1964, Zukin 1981: 368).

Das Modell der Schweigespirale von Noelle-Neumann hat nicht zuletzt deshalb so viel Aufmerksamkeit gefunden, weil es einen methodischen Weg aufzeigt, das kollektive Phänomen öffentliche Meinung im Rahmen der individualistischen Umfrageforschung zu operationalisieren, und weil es theoretisch in einem *dynamischen* Ansatz (mögliche) Veränderungen der öffentlichen Meinung im Zeitverlauf erklärt.

4.4.2 Medienöffentlichkeit

Ähnlich wie für Präsenzöffentlichkeiten werden für die Medienöffentlichkeit gern Metaphern wie *Forum* oder *Arena* verwendet. Die Medien stellen Öffentlichkeit im Sinne von Allgemeinzugänglichkeit her und konstituieren damit ein politisches Forum, auf dem die politische Meinungs- und Willensbildung aller Bürger ermöglicht wird. In der Medienöffentlichkeit sieht Ronneberger (1978: 119 ff.) eine typische Erscheinung der Moderne „im Dienste der Idee einer direkten Demokratie". Was in den modernen Massengesellschaften durch eine Versammlung der Bürger nicht mehr bewerkstelligt werden kann, solle durch deren Teilnahme an der Medienöffentlichkeit wettgemacht werden.

Öffentlichkeit als emphatischer Begriff und als politische Forderung sind zwar eng mit den Ideen der Aufklärung und der Theorie der Demokratie verbunden, die im 18. Jahrhundert zu Grundlagen des modernen Staatsverständnisses wurden. Medienöffentlichkeit als empirische Erscheinung gab es jedoch schon früher. Unzweifelhaftes Indiz für die Existenz und Funktion von Medienöffentlichkeit ist die Institutionalisierung der Zensur schon kurze Zeit nach der Erfindung des Buchdrucks im 15. Jahrhundert. Anlässlich der Frankfurter Buchmesse setzte der Fürstbischof von Mainz 1486 auf Dauer eine Zensurkommission ein (Koszyk 1972: 20, Wilke 2000: 35).

Das Wesen der Zensur besteht darin, Öffentlichkeit durch obrigkeitlichen Eingriff zu verhindern, zumindest das Risiko medialer Publizität zu kontrollieren und zu begrenzen. Ein Risiko für Herrschaftspositionen bedeuteten vor allem die frühen Flugschriften mit ihren zunächst religiösen, dann zunehmend auch weltlichen Inhalten. Die Zensurmaßnahmen, deren ersten Höhepunkt die Einführung des kirchlichen *Index librorum prohibitorum* 1564 durch das Konzil von Trient markiert, dienten zunächst dem Schutz der katholischen Lehre, „doch traten moralisch-erzieherische Gesichtspunkte bald hinzu" (Wilke 2000: 36). Es waren vor allem die Lehren Luthers und in deren Gefolge dann auch die Ideen des Humanismus, die durch das neue Medium weite Verbreitung fanden. Koszyk (1972: 21) zitiert die Äußerung eines Konstanzer Generalvikars aus dem Jahr 1521: „Schon weiß durch die Schuld der Buchdrucker jeder Ungelehrte von dem lutherischen Handel, und alle alten Weiber reden auf offener Straße davon." Die Medienöffentlichkeit speiste den thematischen Gehalt von persönlichen Gesprächen und Encounter-Öffentlichkeiten.

Dank der Verbreitung von Druckschriften konnte Öffentlichkeit schon im ausgehenden 15. und im beginnenden 16. Jahrhundert medial hergestellt werden. Die politische Wirkung der frühen Medienöffentlichkeit ist nach der Einschätzung Stöbers (2000: 286) darin zu sehen, dass sie die politisch-religiösen Auseinandersetzungen des 16. und 17. Jahrhunderts unterstützte und ihnen damit einen anderen Verlauf gab. Zugleich diente sie als „Laboratorium des freien Diskurses" und bereitete so die Entstehung des spezifischen Typus bürgerlicher Öffentlichkeit des 18. Jahrhunderts vor, den Habermas (1962: 42) „als die Sphäre der zum Publikum versammelten Privatleute" beschreibt.

Im Laufe der Jahrhunderte hat sich die Medienöffentlichkeit mit dem allgemeinen sozialen Wandel und infolge der Medienentwicklung fortwährend verändert. Die auffälligsten Merkmale der Veränderung stimmen naturgemäß mit den Tendenzen des Wandels überein, die allgemein die Medienentwicklung charakterisieren.[99] So vergrößerte die ständige Steigerung medialer *Relay-Funktionen* einerseits die Reichweite der Medienöffentlichkeit und andererseits die Durchdringung gesellschaftlicher Teilbereiche und deren Inklusion in die Öffentlichkeit. Die Erweiterung medialer bzw. multimedialer *Codierungen* und *Formatierungen* ist Voraussetzung für eine fortschreitende Segmentierung und Differenzierung der Medienöffentlichkeit. Die *Ökonomisierung* der Mitteilungsproduktion trug das ihre bei zur Expansion und Differenzierung der Medienöffentlichkeit im Laufe der Jahrhunderte ihrer Entwicklung.

---

99 Vgl. oben Abschnitt 4.2

Die folgenden Überlegungen beziehen sich auf die heute beobachtbare Ausformung medialer Öffentlichkeit. Deren Charakteristika lassen sich anhand von vier Merkmalsdimensionen bestimmen, nämlich

- der Interaktionsstruktur der Öffentlichkeit,

- ihrer Reichweite,

- ihrer Binnenstruktur,

- der Positionen und Rollen der Öffentlichkeitsakteure und

- des Zugangs zur Öffentlichkeit.

Tabelle 4.3: Öffentlichkeitstypologie

	Präsenzöffentlichkeit	Medienöffentlichkeit
Interaktionsstruktur	einschichtig	mehrschichtig
Reichweite	gering, räumlich präsent, episodisch	groß, raum-zeitlich dispers
Binnendifferenzierung	gering	komplexes Netzwerk
Positionen und Rollen der Teilnehmer	wenig differenziert	stark differenziert
Zugang	unmittelbar, personal	technisch vermittelt

Anhand dieser Merkmalsdimensionen kann man – genauer als oben schon dargestellt – verschiedene Ebenen und Formen von Öffentlichkeit unterscheiden. Da es hier in erster Linie darauf ankommt, die Medienöffentlichkeit zu charakterisieren, sollen deren Spezifika in der Gegenüberstellung mit Präsenzöffentlichkeiten herausgearbeitet werden. Tabelle 4.3 gibt eine Übersicht über wichtige Unterscheidungsmerkmale. Im Folgenden werden sie erläutert und ausgeführt.

Interaktionsstruktur der Medienöffentlichkeit

Die Interaktionsstruktur der Medienöffentlichkeit erhält ihren spezifischen Charakter durch die Beteiligung der Massenmedien und ihrem Publikum an der Interaktion zwischen politischen Akteuren. Die Beziehungen zwischen den Akteuren werden dadurch wesentlich komplexer und vielschichtiger als in einer Präsenzöffentlichkeit.

In einer Situation der Präsenzöffentlichkeit interagieren die Teilnehmer an einem Ort, mit zeitlicher Kontinuität und in direktem Kontakt unter Teilnehmern, die sich wechselseitig als reale Personen wahrnehmen können. Zusammengefasst kann man diese Konstellation als *einschichtig* bezeichnen. Auf die Medienöffentlichkeit treffen diese Merkmale nicht oder nur eingeschränkt zu, und insofern ist sie durch eine *mehrschichtige* Interaktionsstruktur gekennzeichnet. Interaktion in der Medienöffentlichkeit ist weder auf räumliche Präsenz noch auf zeitliche Kontinuität angewiesen, und zwischen den Teilnehmern muss es weder einen direkten Kontakt geben, noch müssen sie sich wechselseitig als reale Personen wahrnehmen.

In der Medienöffentlichkeit gibt es zwei verschiedene Schichten der Interaktion, nämlich *dargestellte* Interaktion und Interaktion *mittels Darstellung*. Dargestellt wird die Interaktion zwischen politischen Akteuren; sie agieren teils als Figuren im politischen Geschehen, als politisch Handelnde oder Betroffene, teils als politische Sprecher, die das Geschehen berichten, interpretieren, kritisieren usw. Die politischen Akteure können zwar, sofern sie räumlich und zeitlich präsent sind (z.B. im Parlamentsplenum, bei einer Pressekonferenz, in einer Fernseh-Talkshow), in direktem Kontakt interagieren; aber sie interagieren oft auch indirekt über die Medien, z.B. mit Statements oder Interviews, in denen sie auf einander Bezug nehmen, Zustimmung oder Kritik äußern. Sie nehmen sich wechselseitig wahr, allerdings als dargestellte Akteure (die kognitiv zu realen Personen in Beziehung gesetzt werden können).

Durch die mediale Darstellung werden diese Interaktionen auch für Dritte sichtbar und zu einer „sozialen Tatsache" (Rucht 1994: 346), also z.B. für andere politische Akteure, die an der Interaktion nicht direkt beteiligt, aber unter Umständen davon betroffen sind, und vor allem auch für ein beobachtendes Publikum. Interaktion vor einem Publikum ist ein wesentliches Merkmal der Medienöffentlichkeit (Neidhardt 1994a).

Die (dargestellten) Akteure in der Medienarena interagieren in dem Bewusstsein, dass sie vom Publikum beobachtet werden. Es findet daher oft auch eine *parasoziale* Interaktion mit dem Publikum statt, z.B. wenn dieses von Politikern oder Journalisten über die Medien direkt oder indirekt angesprochen wird. Komplementär dazu bauen die Rezipienten zu den Medienakteuren parasoziale Beziehungen auf (Gleich 1999, Maier 2005). Reaktionen des Publikums werden dann wieder über die Medien – in ihrer Rolle als „poll-taker" – an die politischen Akteure herangetragen. Die Akteure können dabei nicht nur Reaktionen des Publikums beobachten, sondern auch die mediale Beobachtung ihrer eigenen Interaktion; Entspre-

chendes gilt für das Publikum (vgl. Marcinkowski 1993: 118 ff.). Die Situation lässt
sich durch ein mehrfach geschichtetes Koorientierungsmodell beschreiben.[100]
    Das Publikum der Medienöffentlichkeit ist nur scheinbar passiver Beobachter.
Es beeinflusst die Interaktionsstruktur indirekt durch Sanktionsmöglichkeiten gegenüber den Medien und gegenüber den politischen Akteuren, denen es um Medienaufmerksamkeit geht (Gerhards, Neidhardt und Rucht 1998: 44). Das Publikum bestimmt mit seiner Zuwendung zu den Medien deren publizistischen und
oft auch wirtschaftlichen Erfolg. Infolgedessen sind die Medien bemüht, mit ihrer
Darstellung politischer Themen und Akteure den Präferenzen des Publikums entgegen zu kommen. Dies manifestiert sich u.a. in der Orientierung der Medien an
Nachrichtenfaktoren als Selektionskriterien.
    In politischen Auseinandersetzungen diskutieren die Akteure, um der Mehr-
schichtigkeit der medialen Interaktionsstruktur gerecht zu werden, nicht nur mit
ihren jeweiligen Kontrahenten; ihr Adressat ist auch das beobachtende Publikum.
Ihr Erfolg bemisst sich an der Zustimmung durch das Publikum und in bestimmten Situationen – z.B. bei Wahlen – auch an der Mobilisierung von Anhänger-
schaften. Daher neigen die politischen Sprecher eher dazu, anstatt sich mit den
Argumenten des Gegners auseinander zu setzten, „zum Fenster hinaus zu reden",
also Zustimmung beim Publikum zu erreichen. Dies hat Folgen für die Struktur
des politischen Diskurses. Die Kontrahenten werden eher Verlautbarungs- und
Agitationsstile bevorzugen als eine zwangfreie Überzeugung mit rational nach-
vollziehbaren Argumenten, wie es das Diskursmodell der Öffentlichkeit postuliert
(Gerhards, Neidhardt und Rucht 1998: 45).
    Darüber hinaus prägen die Gesetze medialer Informationsverarbeitung den po-
litischen Diskurs in der Medienöffentlichkeit. Denn um das Publikum zu erreichen,
müssen die Kontrahenten in einer politischen Auseinandersetzung zunächst Medienaufmerksamkeit erzielen. Ihr Verhalten ist deshalb oft eher mediengerecht als
sachgerecht (Kepplinger et al. 1989a). Die politischen Akteure müssen ihr Verhalten und ihre Argumente an der Medienlogik ausrichten, d.h. den Selektions- und
Darstellungserfordernissen der Massenmedien anpassen oder auch die Selektionskriterien strategisch instrumentalisieren, z.B. durch Ereignis- und Themenmanagement, durch politische Public Relations.

Reichweite

Die Reichweite der Öffentlichkeit variiert sehr stark, abhängig zunächst davon, ob
die Teilnehmer raum-zeitlich *präsent* oder *dispers* sind. Die Präsenz an einem Ort ist
typisch sowohl für Encounter- wie für Versammlungsöffentlichkeiten. Die Teilnehmer an der Medienöffentlichkeit aber sind üblicherweise raumzeitlich *dispers*,
d.h. sie können sich an unterschiedlichen und weit voneinander entfernten Orten
befinden und ungleichzeitig an der Interaktion beteiligt sein. In der Kommunika-

---

100 Vgl. dazu oben Abschnitt 3.5.1

tionswissenschaft ist das Attribut dispers gebräuchlich, um Massenkommunikation von personaler Kommunikation zu unterscheiden (Maletzke 1963: 28 ff.). Da Massenkommunikation die Konstitutionsbedingung der Medienöffentlichkeit ist, liegt es nahe, das Unterscheidungsmerkmal zu übertragen.

Die Gegenüberstellung von präsent und dispers impliziert einen weiteren Unterschied. Während es in Präsenzöffentlichkeiten unmittelbare soziale Interaktionen und zeitnahe Bezugnahmen, Reaktionen und kommunikative Feedbacks gibt, lässt die Medienöffentlichkeit nur mittelbare para-soziale bzw. virtuelle Interaktionen zu, meist auch nur mit zeitlicher Verzögerung. *Virtuelle Interaktivität* ist vor allem ein Spezifikum des Internets, das damit Situationen schaffen kann, die einer Präsenzöffentlichkeit nahe kommen.

Eine unmittelbare soziale Interaktion gibt es allerdings in lokalen Präsenzöffentlichkeiten *innerhalb* der dispersen Medienöffentlichkeit, z.B. unter Parlamentariern bei der Fernsehübertragung ihrer Debatte, unter den Besuchern einer Kinovorführung oder beim *Public Viewing*, z. B. beim gemeinsamen Fernsehempfang auf öffentlichen Plätzen oder in der Kneipe. Die Medienöffentlichkeit hat ja die Präsenzöffentlichkeiten nicht ersetzt, sondern erweitert, so dass durch Vernetzung der Öffentlichkeitsebenen nicht nur die Öffentlichkeitsleistungen gesteigert werden (vgl. Gerhards und Neidhardt 1991: 55); durch die Expansion kommt es auch zu einer Vernetzung von sozialen und para-sozialen, realen und virtuellen Interaktionen und damit zu einer erheblichen Komplexitätssteigerung der Interaktionsstruktur.

Präsenzöffentlichkeiten haben einen *episodischen* Charakter, d.h. sie bestehen in der Regel nur für eine relativ kurze, jedenfalls begrenzte Zeit. Die zeitlichen Grenzen der medial hergestellten Öffentlichkeit sind demgegenüber sehr offen und meist ganz unbestimmt. Politische Diskurse zu einem Thema ziehen sich oft über Tage, Wochen und Monate hin. In den verschiedenen Phasen des Lebenszyklus eines kontroversen Themas ändert sich vielfach die Argumentationslage wie auch die Zusammensetzung der beteiligten Akteure (empirische Belege dazu u. a. bei Dyllick 1989, Hagen 1992, Gerhards 1997a). Als Folge davon fallen die Informationsniveaus der Teilnehmer auseinander und Argumente sind dann nicht mehr passfähig. Es entstehen Nebenkriegsschauplätze; mitunter werden auch bewusst Themen verschoben oder falsche Fährten gelegt.

Die *zeitliche* Reichweite der Medienöffentlichkeit ist annähernd nur bei einer Live-Übertragung per Radio oder Fernsehen sowie bei interaktiver Internet-Kommunikation überschaubar. Das gilt dann allerdings schon nicht mehr, wenn die Mitteilungen aufgezeichnet und gespeichert werden, wie das bei der Kommunikation mit Printmedien seit langem und bei elektronischen Medien inzwischen ebenfalls oft der Fall ist. Die immer perfekteren medialen Speichertechniken erweitern fortwährend die zeitliche Reichweite von Öffentlichkeit, machen sie unkalkulierbar und damit offener. Vor allem die inzwischen weitgehend digitalisierten Nachrichten-, Bild- und Video-Archive, die von Medien und Agenturen aufgebaut wurden, tragen dazu bei (vgl. Kepplinger 1985b: 255); dieser Effekt wird noch einmal verstärkt durch die Recherchemöglichkeiten mit Hilfe von Internet-Suchmaschinen. Wer in der Medienöffentlichkeit eine politische Meinung äußert und bestimmte Argumente vorträgt, kann ihre Reichweite und damit auch ihre Konsequenzen kaum absehen. Einmal publizierte Äußerungen entziehen sich weitgehend der Kontrolle durch ihren Urheber. Es ist möglich und üblich, Politiker mit eigenen Äußerungen zu konfrontieren, die in ihrem ursprünglichen zeitlichen Kontext durchaus angemessen waren, die in der Rückschau aber als deplaciert oder unwahr erscheinen. Wenn sie in einem anderen zeitlichen Kontext erneut veröffentlicht werden, können sie zu Konsequenzen führen, die zum Zeitpunkt der Äußerung überhaupt nicht absehbar waren.

Der medial hergestellte kommunikative Raum ist nicht nur in zeitlicher, sondern auch in *räumlicher* Hinsicht – und zwar geographisch und demographisch – weit größer und offener als bei einer Präsenzöffentlichkeit. Dank kontinuierlich erweiterter medialer Codierungs-, Übertragungs- und Distributionsmöglichkeiten ist Medienöffentlichkeit auch längst nicht mehr an nationalstaatliche und sprachliche Grenzen gebunden. *Weltöffentlichkeit* ist medial dank entwickelter Kabel- und Satellitentechnik und dank der Globalität des Internets ohne weiteres herstellbar. Eine weltweite Beteiligung an öffentlicher Kommunikation findet zumindest zeitweise und bei besonderen Anlässen – etwa spektakulären politischen Ereignissen, Katastrophen, Sportveranstaltungen – tatsächlich statt. *Europäische Öffentlichkeit* lässt sich auch über längere Phasen beobachten, z. B. wenn politische Konflikte unter den Ländern Europas ausgetragen werden (Berkel 2006).

Binnendifferenzierung

Eine allgemeine politische Öffentlichkeit auf nationalstaatlicher Ebene, wie sie normativen Öffentlichkeitsmodellen und der Theorie der Demokratie entspricht, ist in den Gegenwartsgesellschaften nur durch Medien herstellbar. Das gilt genauso für politische Öffentlichkeiten auf kommunaler, regionaler, transnationaler oder gar globaler Ebene. Diese Aufzählung von Ebenen impliziert bereits eine Möglichkeit der analytischen Binnendifferenzierung der Medienöffentlichkeit. Eine weitere Gliederungssystematik lässt sich aus der funktionalen Differenzierung moderner Gesellschaften ableiten, wie es z. B. das Foren-Modell der Öffentlichkeit veranschaulicht (vgl. Ferree 2002). Schließlich kann man sich bei der Differenzierung in Teilöffentlichkeiten an den Publika der Massenmedien orientieren.

Medienpublika konstituieren sich durch Selbstselektion der Teilnehmer auf Grund von ähnlichen Themen- und Kommunikationspräferenzen. Diese sind in unterschiedlichem Maße habitualisiert, so dass sich mediale Teilöffentlichkeiten mehr oder weniger dauerhaft bzw. mehr oder weniger regelmäßig konstituieren. Das manifestiert sich z.B. in Zeitungs- bzw. Zeitschriftenabonnements, in regelmäßiger Mediennutzung, im Kollektiv der so genannten Kernnutzer.[101] Da die Präferenzen mit bestimmten Personenmerkmalen wie z.b. Alter, Geschlecht, Bildung, Familienstand, Milieu, Lebensstil korrelieren bzw. aus diesen resultieren, lassen sich Medienpublika – wie in der empirischen Forschung auch üblich – anhand solcher Merkmale definieren und charakterisieren.

Durch die Expansion und Ausdifferenzierung des Mediensystems entstehen nicht nur immer mehr und immer vielfältigere Medien, über die jeweils unterschiedliche mediale Teilöffentlichkeiten hergestellt werden (können), wie: lokale und sublokale Medien, Special-Interest-Zeitschriften, Formatradios, Spartenkanäle im Fernsehen oder spezialisierte Angebote in Internet und Online-Diensten. Im Zuge fortschreitender Ökonomisierung wird deren Reichweite auch immer genauer auf spezifische Distributionsgebiete und Zielgruppen eingestellt, um die Kommunikationseffizienz zu steigern – d.h. konkret: möglichst Streuverluste der Werbung zu vermeiden, die sich an eng definierte Zielgruppen richtet. Infolgedessen werden mediale Teilöffentlichkeiten einerseits immer homogener hinsichtlich ihrer Interessen, Demographie, sozialen Lage usw. Andererseits differenzieren diese Merkmale immer schärfer zwischen den Teilöffentlichkeiten.

Dadurch kommt es zu fortschreitender Diversifizierung des Medanangebots und zunehmender Segmentierung des Publikumsmarktes. Diese Prozesse stehen in Wechselwirkung mit der sozialen und institutionellen Differenzierung moderner Gesellschaften und der Pluralisierung der Lebensstile. Der sozialen und medialen Ausdifferenzierung entsprechend konstituieren sich viele Teilöffentlichkeiten, die durch unterschiedliche Merkmale der sozialen Schichtung und Segmentierung, der Lebensstile und Milieus, der politischen Interessen und Orientierungen und natürlich auch der Mediennutzung gekennzeichnet sind. Habermas spricht in neueren Beschreibungen des Strukturwandels der Öffentlichkeit davon, dass sich eine „intermediäre Struktur" konstituiert habe, die zwischen der Gesellschaft und dem politischen System vermittelt (Habermas 1992, 2006). Diese Vorstellung, die erkennbar die öffentlichkeitssoziologischen Analysen von Gerhards und Neidhardt (1991) aufnimmt, wird der Komplexität der Medienöffentlichkeit eher gerecht als etwa das Foren-Modell in der Darstellung von Ferree et al. (2002: 9 ff.), das neben der zentralen Arena nur einen flankierenden Kranz von institutionellen Arenen zeigt.

Aus der fortschreitenden Diversifizierung und Segmentierung des Medienmarktes wurde gefolgert, dass es zu einer *Fragmentierung* und einem Zerfall der allgemeinen Öffentlichkeit kommt (vgl. etwa Jarren 1996, Swanson und Mancini 1996a: 8 f.).[102] In den divergenten Teilöffentlichkeiten würden unterschiedliche Er-

---

101 Kernnutzer sind nach den Konventionen der Arbeitsgemeinschaft Media-Analyse (AG.MA) definiert als Mediennutzer, deren Nutzungswahrscheinlichkeit im weitesten Nutzerkreis zwischen 0.83 und 1.00 liegt (Löffler 1999: 329).

102 Vgl. dazu auch die Verbindung der Fragmentierungs- mit der Dealignment-These in der Diskussion von Veränderungen der Wahlkommunikation (Abschnitt 6.2)

fahrungen und Themenagenden vermittelt, so dass der Gesellschaft die gemeinsame Basis für den politischen Diskurs abhanden kommt, eine kollektive Meinungs- und Willensbildung erschwert wird. Ein Ausgangspunkt der Fragmentierungsthese waren Beobachtungen der empirischen Publikumsforschung, die seit Anfang der 1980er Jahre einen Zerfall des Massenpublikums in Zielgruppensegmente diagnostiziert (vgl. Kiefer 1982: 131 f.). Im Englischen kann man die Entwicklung mit einem Sprachspiel auf den Punkt bringen: vom *broadcasting* zum *narrowcasting*. Das Problem erhält zusätzliche politische Brisanz dadurch, dass von den Massenmedien – insbesondere in Deutschland und speziell vom Rundfunk – eine gesellschaftliche Integrationsleistung erwartet wird (Holtz-Bacha 1998).

Textbox 4.7: Öffentlichkeit als intermediäre Struktur

„In komplexen Gesellschaften bildet die Öffentlichkeit eine intermediäre Struktur, die zwischen dem politischen System einerseits, den privaten Sektoren der Lebenswelt und funktional spezifizierten Handlungssystemen andererseits vermittelt. Sie stellt ein hochkomplexes Netzwerk dar, das sich räumlich in eine Vielzahl von überlappenden internationalen, nationalen, regionalen, kommunalen, subkulturellen Arenen verzweigt; das sich sachlich nach funktionalen Gesichtspunkten, Themenschwerpunkten, Politikbereichen usw. in mehr oder weniger spezialisierte, aber für ein Laienpublikum noch zugängliche Öffentlichkeiten (z.B. in populärwissenschaftliche und literarische, kirchliche und künstlerische, feministische und 'alternative', gesundheits-, sozial- oder wissenschaftspolitische Öffentlichkeiten) gliedert; und das sich nach Kommunikationsdichte, Organisationskomplexität und Reichweite nach Ebenen differenziert – von der *episodischen* Kneipen-, Kaffeehaus- oder Straßenöffentlichkeit über die *veranstaltete* Präsenzöffentlichkeit von Theateraufführungen, Elternabenden, Rockkonzerten, Parteiversammlungen oder Kirchentagen bis zu der *abstrakten*, über Massenmedien hergestellten Öffentlichkeit von vereinzelten und global verstreuten Lesern, Zuhörern und Zuschauern. Trotz dieser vielfältigen Differenzierungen bleiben aber alle umgangssprachlich konstituierten Teilöffentlichkeiten porös füreinander".

Quelle: Habermas (1992: 451 f.)

Allerdings führt die Übertragung des Marktmodells der Publikumsforschung auf das Öffentlichkeitskonzept leicht zu Fehlschlüssen. Die Segmentierung des Publikumsmarktes ist eine Feststellung auf der Aggregatsebene. Aus ihr lässt sich nur dann auf eine Isolierung und Abschottung von Teilöffentlichkeiten schließen, wenn man Zusatzannahmen in Bezug auf die Individualebene macht. So wäre eine Fragmentierung allenfalls dann zu erwarten, wenn es keine Überschneidung der

Medienpublika gäbe. Dann würden die Bürger jeweils *exklusiv* an einzelnen medialen Teilöffentlichkeiten teilnehmen (Schulz, W. 2001a). Für diese Annahme und insbesondere für die politischen Implikationen der Fragmentierungsthese gibt es jedoch bisher keine empirischen Anhaltspunkte (vgl. Hasebrink 1997, Holtz-Bacha und Peiser 1999, Rössler 2000, Bimber und Davis 2003).

Außer der Beobachtung, dass es tatsächlich vielfältige Überschneidungen zwischen den medialen Teilöffentlichkeiten gibt, lassen sich zwei weitere Argumente gegen die Fragmentierungsthese ins Feld führen (und auch dafür, dass die Teilöffentlichkeiten „porös füreinander" sind, wie es Habermas ausdrückt). Zum einen diffundieren Themen und Meinungen aus den Medien in die personale Kommunikation – und umgekehrt – und können auf diesem Wege etwaige Barrieren zwischen Teilöffentlichkeiten überwinden. Zum anderen sorgen die Kollegenorientierung der Journalisten und andere wechselseitige Einflüsse im Mediensystem – insbesondere ausgehend von Meinungsführermedien – für einen Themen- und Meinungsaustausch zwischen medialen Teilöffentlichkeiten.

Internetöffentlichkeit

Inzwischen konzentrieren sich die Diskussionen über die Struktur der Öffentlichkeit zunehmend auf neue Medien und insbesondere auf das Internet, von dem eine fortschreitende „Demassifizierung" der Massenkommunikation erwartet wird (vgl. etwa Bimber 2000, Kamps 2000a, Chaffee und Metzger 2001, Papacharissi 2002, Sparks 2004, Dahlgren 2005).

Zwar trägt das Internet mehr als andere Medien dazu bei, die zuvor meist national, regional oder lokal begrenzten Öffentlichkeiten um die globale Dimension zu erweitern. Damit eröffnen sich neue und effektive Möglichkeiten weltweiter politischer Kommunikation. Aber dass damit eine globale Öffentlichkeit – im anspruchsvollen Sinn des normativen Modells – entsteht, wird vielfach angezweifelt. Denn zum einen gibt es in sehr vielen Ländern noch erhebliche Barrieren für den Internetzugang, so dass ein Großteil der Menschheit von der Internetkommunikation ausgeschlossen ist. Zum anderen sind auch die Teilnehmer an der Internetkommunikation – ähnlich wie die Nutzer der herkömmlichen Medien – ganz überwiegend nach sprachlichen, nationalen, politischen und sozialen Kriterien segmentiert. Darüber hinaus differenziert sich die Vielfalt an Webseiten, Newsgruppen, Chatforen, Bloggs usw. in eine Vielzahl meist eng begrenzter Interessen und Themen. Die vielfältigen Angebote im Internet ermöglichen eine noch weit stärkere Spezialisierung und Individualisierung der Informationsnutzung als herkömmliche Medien. Entsprechend dispers sind die erreichten bzw. beteiligten Personen und Gruppen. Das Internet steigert die Pluralität unterschiedlichster Kommunikationssegmente und schafft daher in der Regel segmentierte Basen für den politischen Diskurs.

Auch wenn sich inzwischen vielfach eine nüchterne Betrachtung des Internets durchgesetzt hat, werden doch die Aspekte der Medienentwicklung nicht übersehen, die sich günstig auf die politische Öffentlichkeit auswirken:

■ Neue Medien mit ihrem enormen Potential der Speicherung und Recherche von Information steigern die Verfügbarkeit von politischer Information. Zusammen mit den relativ geringen Zugangskosten kommt dies der Kommunikationskompetenz der Bürger zugute und infolgedessen den Chancen und der Qualität ihrer Teilnahme an politischer Öffentlichkeit;

■ Öffentlichkeitsakteure können über das Internet direkt miteinander kommunizieren und so die professionellen medialen *Gatekeeper* umgehen und entmachten;

■ das Internet ist mit seinem freien Zugang und den Möglichkeiten globaler Vernetzung besonders gut geeignet, Initiativen der politischen Basis zu organisieren und zu begleiten; es bietet insbesondere neuen sozialen Bewegungen und Protestgruppen die Möglichkeit, ihre Anliegen zu artikulieren und eine „Gegenöffentlichkeit" aufzubauen (vgl. als Beispiel das /CL-Netz, Textbox 4.8);

■ auch wenn das Internet kaum in der Lage ist, eine globale Öffentlichkeit im anspruchsvollen Sinn zu konstituieren, so begünstigt es doch die transnationale Kommunikation und Vernetzung geographisch verstreuter Gruppen und Organisationen. Darüber hinaus können von Online-Netzwerken und Internetforen – teils vermittelt durch herkömmliche Medien – Themen und Meinungen auch in die etablierte politische Öffentlichkeit diffundieren.

Textbox 4.8: Das /CL-Netz

„Das Computernetzwerk Linksysteme (/CL-Netz) ist ein Zusammenschluss von Menschen, die in der täglichen politischen Arbeit für Menschenrechte, soziale Sicherheit, Selbstbestimmung, Emanzipation und ihre Umwelt kämpfen und dafür Öffentlichkeit schaffen. MultiplikatorInnen aus Verbänden, Vereinen, Initiativen und Einrichtungen können per E-Mail oder öffentlich Nachrichten in Informations- und Diskussionsforen verbreiten. Das /CL-Netz dient den Aktiven aus diesen Bereichen als Medium und Archiv.

Dieser Zusammenschluss tritt ein für Presse- und Informationsfreiheit, das Recht auf freie Meinungsäußerung, das Recht auf freie unbeobachtete Kommunikation und das Grundrecht auf freie Information. Er will, dass das Grundrecht auf freie Information um ein Recht auf Zugänglichkeit und Erläuterung der Information erweitert und nur durch das Recht auf informationelle Selbstbestimmung begrenzt wird.

Die BetreiberInnen der /CL-Systeme stellen Infrastruktur und Dienstleistung für politische Aktivitäten zur Verfügung und nehmen aktiv daran teil."

Quelle: www.kommunikationssystem.de/network.php (8. Juli 2007)

Empirische Befunde belegen teils die skeptischen, teils die optimistischen Annahmen. So stützt die umfangreiche Forschung zur „digitalen Spaltung" die skeptische Beurteilung des Zugangs zu einer (potentiellen) Internetöffentlichkeit, ob-
gleich inzwischen eine fortschreitende Verbesserung der Situation gegenüber der
Einführungsphase in den 1990er Jahren zu beobachten ist.[103] Auf der anderen Seite
scheint das Internet auch solchen Personen eine Plattform für politische Diskussionen zu bieten, die sich in der interpersonalen Kommunikation politisch nicht
artikulieren (Stromer-Galley 2002).

Im Allgemeinen jedoch beteiligen sich Onliner an allen Formen politischer
Kommunikation und nutzen überproportional politische Inhalte auch in den herkömmlichen Medien (Wagner 2004, Emmer 2005: 123 ff., Marr 2005: 182 ff.). Meist
handelt es sich dabei jedoch nur um eine passive Beteiligung an der Medienöffentlichkeit. So zeigt beispielsweise eine genauere Analyse des Umgangs von Schweizer Bürgern mit dem Internet, dass eine zielgerichtete Suche politischer Information oder die Nutzung von Web-spezifischen Beteiligungsmöglichkeiten nur eine
untergeordnete Rolle spielen (Marr 2005: 194 f.). Auch andere Untersuchungser-
gebnisse zur interaktiven Beteiligung und zur Qualität des politischen Diskurses,
z.B. in Diskussionsforen im Web, sind eher enttäuschend (vgl. etwa Jankowski und
van Selm 2000, Hagemann 2002). Diese Einschätzung ist allerdings auch geprägt
durch die teils überzogen hohen Erwartungen an die Internetöffentlichkeit (Tsaliki
2002).

Dass aber zumindest für bestimmte Gruppen das Internet als Öffentlichkeit im
Sinne eines globalen Kommunikationssystems dienen kann, zeigt beispielhaft eine
Studie von Yang (2003): Indem das Internet Bürger auf dem chinesischen Festland,
in Taiwan, Hongkong, Singapur und ethnische chinesische Gemeinschaften weltweit vernetzt, stellt es eine transnationale Öffentlichkeit des „kulturellen Chinas"
her. Ähnlich betont eine Untersuchung von Scherer und Behmer (2000) die wichtige Rolle des Internets als Medium der *Exilkommunikation*. Es ermöglicht die Bin-
nenkommunikation des Exils, die Kommunikation mit der Heimat und dem Gast-
land wie auch die Beeinflussung der Weltöffentlichkeit, um z.B. politischen Druck
auf Machthaber im Heimatland auszuüben.

Die Autoren erklären im Übrigen die teils widersprüchlichen Befunde der Forschung zur Internetöffentlichkeit damit, dass oft relevante Rahmenbedingungen
nicht berücksichtigt werden. Abhängig von den kulturellen, ökonomischen und
politischen Rahmenbedingungen kann das Internet sowohl positive wie auch negative Wirkungen entfalten.

Die Forschungslage zu den neuen Medien wird an späterer Stelle noch in anderen Zusammenhängen weiter verfolgt.[104]

---

103 Vgl. dazu unten Abschnitt 5.3.4
104 Vgl. unten Abschnitte 5.3-5.6.

Positionen und Rollen der Teilnehmer

Ein wesentliches Unterscheidungsmerkmal zwischen Medienöffentlichkeit und Präsenzöffentlichkeit besteht in der Rollendifferenzierung der Teilnehmer. Präsenzöffentlichkeiten – mehr noch Encounter- als Versammlungsöffentlichkeiten – sind durch relativ undifferenzierte Interaktionsrollen, im Idealfall durch die Reziprozität von Hörer- und Sprecherrollen charakterisiert (Peters 1994: 46). Jeder Teilnehmer ist zugleich Rezipient und (potentieller) Kommunikator und mitunter auch politisch Handelnder. Jeder kann sich an der Meinungs- und Willensbildung beteiligen und gegebenenfalls auch seinen politischen Willen in entsprechende Beteiligungsformen umsetzen – in konventionelle, z. B. durch Abstimmung, oder in unkonventionelle, z.B. durch Protestaktionen.[105] In der abstrakten Medienöffentlichkeit dagegen fallen diese Rollen meist auseinander und werden von unterschiedlichen Akteuren wahrgenommen (Gerhards und Neidhardt 1991).

Es ist in der Öffentlichkeitssoziologie üblich, die Öffentlichkeitsteilnehmer als *Sprecher* zu bezeichnen. Die Terminologie ist von dem auf sprachliche Aktivitäten konzentrierten Diskursmodell von Habermas beeinflusst.[106] Den Bedingungen in der Medienöffentlichkeit wird dies aber nur unvollkommen gerecht. So erscheinen politische Akteure in der Medienöffentlichkeit meist gar nicht *sprechend* mit eigenen verbalen Äußerungen, d.h. mit indirekten oder direkten Zitaten oder mit so genannten O-Tönen. Häufiger werden die Inhalte ihrer Äußerungen berichtet, interpretiert oder kommentiert und ihr *nicht-verbales* Handeln gezeigt oder beschrieben. In diesen Fällen sind dann die Journalisten (Berichterstatter, Moderatoren, Kommentatoren usw.) bzw. die Medienorganisationen „stellvertretende" Sprecher (mitunter dabei auch politische Akteure in eigener Sache, wenn sie Berichte oder Zitate „instrumentell aktualisieren").

Um einen etwas schärferen Blick auf das Akteursensemble zu entwickeln, ist im Anschluss an Dahrendorf (1958) eine Unterscheidung zwischen Position und Rolle hilfreich: erstere benennt den Ort in einem Beziehungsfeld, letztere die Verhaltenserwartungen an Positionsinhaber. Im Beziehungsfeld der politischen Medienöffentlichkeit lassen sich drei *Positionstypen* unterscheiden, nämlich 1. Medienakteure, 2. deren Publikum und 3. politische Akteure, die von den Medien präsentiert und vom Publikum wahrgenommen werden. Die Verhaltenserwartungen an die Inhaber eines Positionstyps gehen zum einen von den Angehörigen der jeweils anderen Positionstypen aus, zum anderen von ihren eigenen Gruppen- und Organisationskontexten. Medienakteure beispielsweise orientieren sich zum einen an den Erwartungen ihres Publikums wie auch der politischen Akteure, über die sie be-

---

105 Vgl. zu den Formen der Partizipation unten Abschnitt 5.6
106 Auch Gerhards und Neidhardt (1991: 45) übernehmen diese Sicht, wenn sie feststellen: „Öffentlichkeit fußt vor allem auf sprachlicher Kommunikation." Sie schränken dies allerdings in einer Fußnote wieder ein („Dies aber nicht unbedingt und in jedem Fall") und verweisen auf verschiedene nonverbale Interaktionsformen in der Öffentlichkeit.

richten; zum anderen gehen Verhaltenserwartungen von ihrer Medienorganisation aus wie auch von ihren Kollegen (in der Redaktion und in der Profession). Medienangehörige treten in unterschiedlichen *Kommunikatorrollen* auf. Ihre Rollenbezeichnung – z.b. Reporter, Redakteur, Korrespondent, Kommentator, Moderator – leitet sich teils aus ihrer spezifischen Tätigkeit im Produktionsprozess der Medienorganisation her; teils wird mit Bezeichnungen wie etwa Chronist, Gatekeeper, Kritiker, Wächter (*watchdog*), Advokat auf politische Leistungserwartungen bzw. auf das professionelle Selbstverständnis von Journalisten Bezug genommen (vgl. etwa Donsbach 1982: 163 ff.).

Für die politische Kommunikation bedeutsam ist vor allem die Unterscheidung der Rollen des Berichterstatters und des Kommentators, die mit der medienpolitischen Norm der Trennung von Nachricht und Meinung korrespondiert. In ihrer Rolle als *Berichterstatter* sollen die Medien bzw. Journalisten unter Beachtung von Geboten wie Objektivität, Neutralität, Sachgerechtigkeit und Fairness ein möglichst getreues Bild der politischen Wirklichkeit vermitteln. In dieser Rolle werden sie u.a. auch als *Chronisten* oder *Vermittler* bezeichnet.

In der Rolle des *Kommentators* ist es ihnen nicht nur erlaubt, sondern sogar aufgetragen, dezidierte Meinungspositionen zu beziehen und das aktuelle Geschehen wie auch politische Akteure zu bewerten (vgl. Eilders, Neidhardt und Pfetsch 2004). In dieser Rolle mischen sie sich mit eigenen Stellungnahmen in den politischen Diskurs ein und werden dabei nicht selten von anderen Medien wiederum als *politische Sprecher* präsentiert oder zitiert, z.B. als Teilnehmer an einer Fernsehtalkshow oder als „Pressestimme" in der Zeitung. Kritisch wird gelegentlich darauf hingewiesen, dass Medienakteure nicht nur in der Kommentator-Rolle, sondern auch als Berichterstatter (u.a. durch *instrumentelle Aktualisierung*) partikulare Interessen verfolgen und gelegentlich in eigener Sache agieren (Patterson und Donsbach 1996).[107]

Für den Prozess der öffentlichen Meinungsbildung ist der Hinweis von Price und Roberts aufschlussreich, dass Medien auch als *Poll-taker* fungieren, d.h. dass sie Aufschluss geben über die politische Stimmung der Bevölkerung (Price und Roberts 1987). Dies geschieht durch Berichte über Meinungsumfragen (die oft von den Medien selbst in Auftrag gegeben werden), häufiger aber in Form von journalistischen Interpretationen der Bevölkerungsmeinung in Berichten oder Kommentaren, illustriert durch Statements einzelner Bürger in so genannten Straßeninterviews.

Das Publikum in der Medienöffentlichkeit ist weitgehend auf die Rolle des Zuschauers „auf der Galerie" beschränkt. Gelegentlich jedoch werden Publikumskollektive auch einmal als aktive politische Teilnehmer in den Medien präsentiert, z.B. als Demonstranten. Im Allgemeinen erscheint das Publikum in den Inhalten der Medien jedoch als abstrakte soziale Kategorie (z.B. als Wähler, Demonstranten, Ar-

---

107 Dabei meint „in eigener Sache" oft die tatsächliche oder vorgebliche Position ihres Mediums.

beitslose, Migranten). Nur gelegentlich richtet sich das Spotlight auf individuelle Angehörige des Publikums, wenn sie etwa als anonyme Zeugen – als der sprichwörtliche *Mann von der Straße* – so in Straßeninterviews mit O-Ton vorgeführt werden.

Das Publikum der Massenmedien ist aber nicht ohne Einfluss, wie oben schon erläutert, und auch keineswegs so amorph, wie es naiven Betrachtern erscheinen mag und wie es noch von der frühen massenpsychologisch beeinflussten Kommunikationsforschung angenommen wurde. Wenn man beispielsweise die sozio- und psychodemographischen Kategorien heranzieht, die der empirischen Publikumsforschung zur Marktsegmentierung dienen, erkennt man sehr unterschiedliche Publikumsprofile einzelner Teilöffentlichkeiten, die vor allem mit dem Themen- und Meinungsprofil der Medieninhalte korrelieren. Abbildung 4.6 illustriert das am Beispiel der Parteisympathie von Nutzern überregionaler Tageszeitungen; die Präferenzen der Nutzer reflektieren jeweils die politische Grundlinie der Zeitungen.

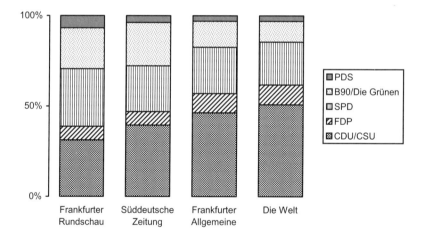

Frage: „Welche von den politischen Parteien in Deutschland ist Ihnen zur Zeit am sympathischsten?" (Nur eine Angabe möglich)
Quelle: Allensbacher Marktanalyse/Werbeträgeranalyse 2006

Abbildung 4.6: Parteisympathie der Nutzer überregionaler Zeitungen

Daneben gibt es andere vielfältige Profilierungen, die z.b. mit sozialen Milieus und Lebensstilen oder – insbesondere bei den elektronischen Medien – auch mit Tages-, Wochen- und Saisonzeiten zusammenhängen. Wie im vorhergehenden Abschnitt bereits angedeutet, ist die Erkenntnis solcher Zusammenhänge eine Grundlage für Medien-Marktstrategien, die beabsichtigen, den Werbungtreibenden scharf profilierte Zielgruppen anzubieten.

Ein anderer Ansatz zur Charakterisierung des Publikums nimmt Bezug auf dessen Problem-Orientierung und Aktivierungsniveau. Der Ansatz hat eine längere Tradition in der amerikanischen Soziologie (vgl. insbes. Dewey 1927) und wurde u.a. in der Public-Relationsforschung von Grunig aufgegriffen. Dieser unterscheidet inaktive, latente, bewusste und aktive Teilöffentlichkeiten (*publics*) in Abhängigkeit davon, wie stark ihre Betroffenheit von einem Problem bzw. ihr Problembewusstsein ist (*problem recognition*), wie stark sie sich in dem Problemzusammenhang engagieren (*level of involvement*) und welchen Handlungsspielraum sie erkennen (constraint recognition, vgl. Grunig und Hunt 1984: 143 ff., van Leuwen und Slater 1991). Ähnliche Unterscheidungen, die sich in erster Linie auf das Interesse an Politik beziehen, schlagen Nimmo (1978) und Zukin vor (*apathetic, inadvertent, latent, attentive publics,* vgl. Zukin 1981: 377 f.).

Vor dem Publikum treten in der Medienarena vorwiegend *kollektive Akteure* und ihre Repräsentanten auf. Hierbei handelt es sich um mehr oder weniger organisierte Gruppen mit jeweils spezifischen Zielen und Interessen. Gruppen mit einem hohen formalen Organisationsgrad werden auch *korporative Akteure* genannt. Ihre Organisation und Ziele sind oft *institutionell* geregelt, wie z.B. bei Regierungsorganisationen, Parteien, Unternehmen. Beispiele für kollektive Akteure mit geringem formalem Organisationsgrad und ohne institutionell geregelte Organisation sind Bürgerinitiativen und Protestbewegungen (vgl. Jarren und Donges 2006: 53 ff.).

Unter den politischen Akteuren unterscheidet Habermas die Positionen des Zentrums und der Peripherie.[108] Diese Unterscheidung übernehmen auch andere Autoren, so beispielsweise Weßler (1999: 72) für seine „Typologie der Öffentlichkeitssprecher". Zu den Akteuren des politischen Zentrums gehören Regierungen, Parlamente, Parteien, Justiz, Verwaltung und deren jeweilige Repräsentanten. Zu den Akteuren der Peripherie werden u.a. Interessengruppen gerechnet (Unternehmen, Wirtschaftsverbände, Gewerkschaften, Kirchen usw.) wie auch soziale Bewegungen. Allgemein ist für politische Akteure typisch, dass sie außer als Sprecher auch als *Macher* auftreten, d.h. als politisch Handelnde, die Entscheidungen vorbereiten, fällen und implementieren.

Die Protagonisten im Rampenlicht können sich in der Regel auf mehr oder weniger umfangreiche Ressourcen hinter den Kulissen (*backstage)* stützen, auf eine Infrastruktur und professionelles Know-how (Gerhards und Neidhardt 1991: 58 f.).

---

108 Vgl. oben Abschnitt 4.4.1

Zu den Ressourcen gehören auch auf die Sprecherrolle spezialisierte Akteure wie Regierungs- und Parteisprecher, Pressesprecher der verschiedenen Organisationen und Angehörige einer zunehmend differenzierten Berufsgruppe von Public-Relations-Agenten, Medienberatern, *Spin Doctors*, Meinungsforschern und anderen Experten. Die *Spin*-Maschinerie des ehemaligen amerikanischen Präsidenten Clinton ist ein inzwischen legendäres Beispiel für die geschickte Nutzung von Ressourcen hinter den Kulissen, wie Insider-Berichte von Beteiligten und Beobachtern anschaulich schildern (vgl. Kurtz 1998, Morris 1999).

Textbox 4.9: Hinter den Kulissen des Weißen Hauses

„The mundane reality of White House life was that the top players spent perhaps half their time either talking to the press, plotting press strategy, or reviewing how their latest efforts had played in the press. They did not let Clinton have the briefest exposure to journalists without rehearsing what he would say to this or that question, lest he serve up an unscripted sound bite that would mar the day's story line. The modern presidency was, above all, a media presidency."

Quelle: Kurtz (Kurtz 1998: xxiv)

Zugang zur Medienöffentlichkeit

Offenheit als eine zentrale Forderung an Öffentlichkeit meint operational: gleiche Chancen des Zugangs für alle Bürger, Gruppen und Organisationen, für alle Themen und Meinungen. Als politische Norm umfasst Offenheit die zwei grundlegenden Kommunikationsfreiheiten, die als Individualrechte im Artikel 5 des Grundgesetzes der Bundesrepublik Deutschland verbrieft sind: sich zum einen mit seinen Anliegen in der Öffentlichkeit artikulieren zu können („seine Meinung in Wort, Schrift und Bild frei zu äußern und zu verbreiten"), zum anderen Zugang zu allen öffentlich verfügbaren Informationen zu haben („sich aus allgemein zugänglichen Quellen ungehindert zu unterrichten").

Wenn man von Zugangsfreiheit spricht, muss man also zum einen unterscheiden zwischen dem *aktiven* und dem *passiven* Zugang, zwischen – wie es auch verkürzt genannt wird – *Meinungsfreiheit* und *Informationsfreiheit*. Gemeint ist damit zum anderen nicht nur die Offenheit für *Akteure*, sondern auch für die von diesen artikulierten *Themen* und *Meinungen*.

Das Prinzip der Offenheit ist jedoch nicht ohne weiteres mit den Grundbedingungen öffentlicher Kommunikation vereinbar. Das Kommunikationssystem der Öffentlichkeit ist auf *Selektivität* angewiesen. Zum einen ist die Verarbeitungskapazität der Medienöffentlichkeit für Themen und Meinungen wie auch die Aufmerksamkeit gegenüber potentiellen Sprechern begrenzt (Gleiches gilt übrigens auch für Präsenzöffentlichkeiten). Zum anderen ist Selektivität und die daraus resultierende Strukturierung von Kommunikation notwendige Voraussetzung für die Konstruktion von Bedeutung und für einen Informationstransfer (also Verständigung) zwischen Kommunikatoren und Rezipienten.[109]

Zudem führt die spezifische Positions- und Rollendifferenzierung in der Medienöffentlichkeit zu Beschränkungen des Prinzips der Offenheit. Die Akteure in der Medienöffentlichkeit haben ungleiche Chancen der Meinungs- und Informationsfreiheit wie auch der öffentlichen Artikulation von Themen und Meinungen. Vor allem korporative Akteure und ihre Sprecher haben einen umfassenden Zugang zur Öffentlichkeit; sie haben auch die Ressourcen, in der Medienöffentlichkeit Themen zu setzen und Meinungen zu äußern, während sich das Publikum im Allgemeinen darauf beschränkt, bloß rezeptiv von der Informationsfreiheit Gebrauch zu machen.

Beider Zugang zur Öffentlichkeit wird von den Medien kontrolliert, und daher sind im deutschen Grundgesetz die individuellen Kommunikationsfreiheiten flankiert durch die Medienfreiheiten (wie Pressefreiheit, Rundfunkfreiheit, Zensurverbot). In dem Maße, in dem der Zugang zu den Medien offen ist, gibt es einen offenen Zugang zur Öffentlichkeit. Daraus ergibt sich die für die politische Kommunikationsforschung zentrale Frage, inwieweit die normativen Vorgaben des Grundgesetzes, die dem Prinzip der Offenheit in der Theorie der Öffentlichkeit entsprechen, empirisch mit der Selektivität der Medienöffentlichkeit vereinbar sind.

Die Forschung bearbeitet diese Frage, indem sie die Gesetze medialer Informationsverarbeitung u. a. anhand medienspezifischer Kriterien der Auswahl von Ereignissen, Themen, Meinungen und Akteuren untersucht (wie in vorhergehenden Abschnitten dargestellt). Diese bestimmen das Bild der Politik in den Medien und geben zugleich Aufschluss darüber, inwieweit sich Chancen des Zugangs zur Medienöffentlichkeit verwirklichen lassen. Da die Medienrealität der Politik nur unvollkommen das repräsentiert, „was wirklich geschah", kann man vermuten, dass die Chancen des Zugangs zur Öffentlichkeit in der Gesellschaft ungleich verteilt sind.

Empirisch lässt sich feststellen, dass der *aktive* Zugang zur Medienöffentlichkeit – also die Chance, sich in den Medien zu artikulieren – vor allem vom sozialen *Status* der Akteure abhängt. Der Status leitet sich vorwiegend aus der Macht oder Prominenz der Akteure her. Status ist ein sehr wirkungsvoller Nachrichtenfaktor.

---

109 Vgl. oben Abschnitt 4.2.4

Infolgedessen gilt: Je höher der Status, je mehr Macht, desto besser sind die Zugangschancen zur Medienöffentlichkeit.[110] Angehörige der politischen Machtzentren haben die besten Zugangschancen. Das liegt auch daran, dass sie die Gesetze des politischen Handelns bestimmen, dass insbesondere die politische Exekutive öffentlicher Aufmerksamkeit sicher sein kann.[111] Die Massenmedien müssen dem Regierungshandeln zu Öffentlichkeit verhelfen, um ihrer Chronistenpflicht gerecht zu werden, auch wenn es sich um inszeniertes Handeln, um strategisches Ereignismanagement handelt. Das gilt ebenso für die Protagonisten der Parlamente und der politischen Parteien und mit Abstrichen auch für Prominente anderer institutioneller Bereiche, etwa der Wirtschaft, Wissenschaft, Kunst, Medien und Populärkultur.[112]

Angehörige der Peripherie des politischen Systems haben allerdings dann gute Zugangschancen, wenn sie zentral an politischen Konflikten beteiligt sind. Am meisten beachtet werden sie von den auf Boulevard- und Konfliktthemen spezialisierten Medien wie der Bild-Zeitung und den kommerziellen Fernsehsendern (wie z.B. RTL). Tabelle 4.4 verdeutlicht die unterschiedlichen Ensembles in ausgewählten Medien am Beispiel des Konflikts um einen Atommülltransport nach Gorleben.

Einfache Bürger werden am ehesten im Zusammenhang mit negativen Ereignissen sichtbar, als Täter oder Opfer von Verbrechen, als Geschädigte bei Unfällen und Katastrophen. Der Faktor Negativismus kann die Defizite beim Faktor Status kompensieren, wie es die *Komplementaritätshypothese* in der Nachrichtenfaktor-Theorie von Galtung und Ruge (1965) besagt. Gruppen, die auf Grund ihres geringen Status keine Medienaufmerksamkeit finden – wie z. B. Minderheiten und neue soziale Bewegungen, illegale oder unterdrückte politische Vereinigungen – setzen den Faktor Negativismus strategisch als Mittel des Zugangs zur Öffentlichkeit ein, indem sie konflikthaltige, Normen verletzende Aktionen, gewaltreiche Pseudo-Ereignisse – im Extremfall Terrorakte – inszenieren.

Zur Flankierung wie auch als alleinige Strategie dienen legale und sozial akzeptierte Mittel der Steuerung medialer Aufmerksamkeit durch *Public Relations* (PR).[113] Da Einsatz und Wirkung von PR finanziellen und personellen Aufwand verlangen, können sich vor allem ressourcenstarke korporative Akteure wie Regierungen, Parteien, Unternehmen und Verbände professionelle Public Relations leisten. Auch aus diesem Grund korreliert der Zugang zur Medienöffentlichkeit mit dem Faktor Status. Und entsprechend sind vor allem diese Akteure im Zusammen-

---

110 Vgl. oben Abschnitt 4.3.1
111 Vgl. oben Abbildung 4.1 in Abschnitt 4.1.1
112 Gerhards und Neidhardt definieren Prominenz als eine Eigenschaft politischer wie nicht-politischer Akteure, nämlich als „generalisierte Fähigkeit eines Akteurs, öffentliche Aufmerksamkeit zu finden" (Gerhards und Neidhardt 1991: 67, vgl. auch Neidhardt 1995).
113 Vgl. dazu unten Kapitel 7

spiel mit den Massenmedien am *Agenda-Building* – d.h. an der Definition politischer Themen und Probleme – beteiligt.[114]

Tabelle 4.4: Akteure in der Medienöffentlichkeit

(Berichte über Kernenergie und Castor-Transport 1997)

	dpa	FAZ	taz	Bild	ARD	RTL
	%	%	%	%	%	%
Akteure des Zentrums des politischen Systems	**59**	**57**	**49**	**33**	**50**	**44**
Politische Exekutive auf Bundes-, Landes-, Kommmunalebene	*21*	*25*	*16*	*7*	*20*	*15*
Sicherheitskräfte (Polizei, Bundesgrenzschutz)	*25*	*18*	*22*	*24*	*24*	*25*
Legislative (Parlamente, Parlamentarier auf allen Ebenen)	*2*	*5*	*3*	*0*	*3*	*1*
Judikative (Gerichte auf allen Ebenen)	*1*	*1*	*1*	*0*	*0*	*0*
Parteien, Parteienvertreter	*10*	*8*	*7*	*2*	*3*	*3*
Akteure der Peripherie des politischen Systems	**41**	**43**	**51**	**67**	**50**	**56**
Gewerkschaften	*1*	*0*	*1*	*0*	*1*	*0*
Unternehmen	*5*	*6*	*6*	*4*	*8*	*1*
NGOs, Bürgerinitiativen, Protestgruppen	*6*	*6*	*12*	*2*	*5*	*5*
Demonstranten	*24*	*24*	*22*	*46*	*28*	*42*
Bevölkerung, Bevölkerungsgruppen	*5*	*7*	*10*	*15*	*8*	*8*
	100	100	100	100	100	100
Anzahl	(804)	(117)	(174)	(54)	(90)	(65)

Quelle: Eigene Untersuchungen[115]

---

114 Vgl. dazu unten auch Abschnitt 4.4.3
115 Zur Methode vgl. Schulz, Berens und Zeh (1998b)

Nachrichtenfaktoren regeln den Zugang in erster Linie zur politischen Medienöffentlichkeit, die von den inhaltlich universellen Tages- und Wochenzeitungen,
politischen Magazinen, Radio- und Fernseh-Vollprogrammen hergestellt wird. In
den Teilöffentlichkeiten lokaler und sublokaler Zeitungen, Special-Interest-Zeitschriften, Fach- und Mitgliederzeitschriften wie auch in Teilen des Internets haben
die Nachrichtenfaktoren teils nur eine begrenzte Selektionswirkung, teils gelten
hier eigene Zugangsregeln. Diese erhöhen die Vielfalt der Akteure und Themen in
der Öffentlichkeit, und zwar besonders dann, wenn sie die Karriere neuer Themen
begründen und deren Diffusion in die Mainstream-Medien begünstigen (Mathes
und Pfetsch 1991).

Bedeutend ist die Rolle medialer Teilöffentlichkeiten vor allem für die Kontrolle
politischer Macht, speziell auch für die Aufdeckung politischer Skandale. Sie bieten darüber hinaus einen Öffentlichkeitszugang für die Anliegen politischer Gruppen, die im Parteiensystem und speziell im Zentrum des politischen Systems nur
schwach oder gar nicht repräsentiert sind. Am Beispiel der Umwelt- und Anti-
Atomkraft-Bewegungen lässt sich das gut beobachten (vgl. etwa Berens 2001).
Über die Teilöffentlichkeiten sozialer Bewegungen und politischer Randgruppen
können sich neue Themen und Gruppierungen im politischen System etablieren,
wie beispielsweise die Parteiengeschichte der *Grünen* zeigt.

Eine zunehmend differenzierte Medienöffentlichkeit mit unterschiedlichen Selektionsregeln für die divergenten Teilöffentlichkeiten erhöht außer der Chance
des aktiven Zugangs zur Öffentlichkeit auch die Möglichkeiten passiv-rezeptiver
Teilnahme am politischen Diskurs. Mit dem expandierenden und sich ständig
differenzierenden Medienangebot, wie das in den letzten Jahrzehnten zu beobachten ist, finden zunehmend auch sehr spezielle Interessen, esoterische Vorlieben
und extreme Positionen Zugang zu Medien, von denen sie sich vertreten und bestätigt fühlen. In medienrechtlicher Terminologie heißt das: die Vielfalt der öffentlich verfügbaren Themen und Meinungen nimmt zu und damit auch die Informationsfreiheit der Bürger.

Man könnte allerdings einwenden, dass Vielfalt der Medien und der Inhalte an
sich noch kein Garant für erweiterte Chancen rezeptiver Teilnahme oder gar aktiver Beteiligung an der Öffentlichkeit ist. Wenn die Vielfalt im Wesentlichen durch
Vervielfältigung von Unterhaltungsangeboten und trivialem Infotainment zustande kommt, ist dem politischen Diskurs kaum gedient. Dieser Aspekt, der auf
die Frage nach der *Qualität* der Information und der Öffentlichkeit hinausläuft,
wird weiter unten noch einmal aufgegriffen und diskutiert.[116] Eine relevante Frage
ist darüber hinaus, inwieweit Chancen rezeptiver oder aktiver politischer Beteiligung tatsächlich genutzt werden bzw. genutzt werden können und welchen Bei-

---

116 Vgl. dazu Kapitel 8

trag die Massenmedien dazu leisten. Diese Fragen werden im folgenden Kapitel
ausführlich behandelt.[117]

4.4.3 Thematisierungsprozesse

Das Abstraktum Öffentlichkeit als ein „Forum" oder eine „Arena" zu konzipieren
mit scheinbar physikalischen Eigenschaften wie Reichweite und Struktur und mit
Akteuren, die in der Arena interagieren, hat den Vorzug großer Anschaulichkeit.
Wie bei jedem Modell ist die so vermittelte Vorstellung höchst unvollständig, und
sie ist das insbesondere im Hinblick auf die Publizitätsfunktion der Massenmedien. Denn die Medien stellen nicht nur das Forum bereit, *auf* dem die politischen
Akteure kommunizieren können. Sie nehmen auch Einfluss auf die Definition und
die Wahrnehmung der Themen und Probleme, *über* die in der Öffentlichkeit kommuniziert wird.

Themen und Probleme sind – in systemtheoretischer Perspektive – die für den
politischen Entscheidungsprozess umformulierten *demands*, d.h. Ansprüche, Bedürfnisse, Forderungen der Bürger. Themen reduzieren die Unbestimmtheit des
politisch Möglichen und strukturieren den Prozess der Meinungs- und Willensbildung (Luhmann 1970). Insofern werden über die Thematisierung – d.h. über die
Selektion und Institutionalisierung von Themen – politische Entscheidungen präjudiziert und Macht verteilt (Easton 1965: 140 ff.).

Nur in seltenen Fällen verbinden sich mit einem Thema die Ansprüche aller
Bürger oder auch nur übereinstimmende Prioritätensetzungen für die Themenbe-
arbeitung. Der Regelfall ist, dass die politischen Themen jeweils eine Affinität zu
bestimmten partikularen Interessen haben. Daraus resultiert, dass Themen in der
Öffentlichkeit meist kontrovers diskutiert werden, dass es unterschiedliche Sichtweisen und Problemlösungsansätze gibt. Der englische Terminus *issue* bringt genau dies zum Ausdruck.[118]

Welche Ansprüche zu Themen werden, als problematisch eingestuft und für
die politische Bearbeitung ausgewählt werden, ist nicht „naturgegeben". Themen
sind soziale Konstrukte, sind das Ergebnis einer kollektiven Themen- und Problemdefinition. Das gilt nicht nur für die Etablierung von Themen auf der politischen Agenda, sondern auch für die Sichtweise, in der Themen wahrgenommen
werden. Vergleichbare Themen können in verschiedenen politischen oder historischen Kontexten sehr unterschiedlich definiert, als mehr oder weniger relevant
oder dringlich interpretiert, herauf- oder heruntergespielt, relativiert oder gänzlich
missachtet werden. Der sehr unterschiedliche Umgang mit Bedrohungen durch

---

117 Vgl. dazu Kapitel 5
118 Der deutsche Begriff „Thema" ist dagegen viel unspezifischer, inzwischen aber als Terminus tech-
    nicus üblich. Treffender sind schon die Übersetzungen mit „Problem", „strittige Frage" bzw.
    „Streitfrage".

den Terrorismus und den Klimawandel in den USA und in Europa illustriert das. Ein anschauliches Beispiel ist auch die Karriere des Themas Arbeitslosigkeit. Es hatte trotz einer relativ hohen Arbeitslosenquote bis Anfang der 1990er Jahre im Bewusstsein der deutschen Bevölkerung nur eine geringe Bedeutung. Erst als die Arbeitslosenquote im Laufe des Jahres 1993 die magische Zahl von 10 Prozent erreichte, wurde das Thema in der Öffentlichkeit und in den Medien breiter beachtet. Parallel dazu nahmen in Bevölkerungsumfragen die Nennungen unter den zur Zeit wichtigsten Problemen sprunghaft zu, während die Furcht um den eigenen Arbeitsplatz nur moderat anstieg (vgl. Abbildung 4.7).

*) Frage: „Was ist Ihrer Meinung nach gegenwärtig das wichtigste Problem in Deutschland? Und was ist ein weiteres wichtiges Problem?", Anteil Nennungen „Arbeitslosigkeit" von Wahlbe¬rechtigten aus den alten Bundesländern.
**) Anteil Arbeitslose an allen zivilen Erwerbspersonen in den alten Bundesländern (BfA).
***) Frage: „Halten Sie Ihren Arbeitsplatz für sicher oder für gefährdet?", Anteil Nennungen „gefährdet" durch wahlberechtigte Berufstätige aus den alten Bundesländern.
Quelle der Umfragedaten: Politbarometer

Abbildung 4.7: Arbeitslosenquote und Arbeitslosigkeit als Problem (Hagen 2005: 366)

Nur ein naiver Betrachter könnte auf die Idee kommen, dass sich die Relevanz oder Dringlichkeit politischer Themen allein aus sachlichen Gegebenheiten, objektiven Zuständen oder Entwicklungen herleitet. Das trifft nicht einmal auf Themen zu, die aus existenziellen Bedrohungen resultieren wie Naturkatastrophen, Terrorismus, Krieg, oder aus politischen Missständen und Skandalen (z.B. verfehlte Wirtschaftspolitik, Versorgungsmängel, Korruption). Selbst in diesen Fällen ist die Thematisierung abhängig davon, dass und wie die Medien über den Umfang des Schadens und das Ausmaß der Bedrohung berichten, und oft werden Missstände und Skandale überhaupt erst durch investigative Medienberichte bekannt.

Agenda-Setting

Die Rolle der Massenmedien in Prozessen der Thematisierung wird seit Anfang der 1970er Jahre von der Forschung sehr intensiv bearbeitet. Entscheidende Anstöße gingen von einer eher kleinen Studie von McCombs und Shaw (1972) zu den US-amerikanischen Präsidentschaftswahlen 1968 aus. Die Autoren belegen darin empirisch einen Zusammenhang zwischen der Themenbeachtung in den Medien einerseits und der Themenrelevanz in der Wahrnehmung der Wähler andererseits. Sie interpretieren dies als Medieneinfluss und etikettieren den Einflussprozess als *Agenda-Setting*. Das Konzept wurde zwar inhaltlich schon früher von anderen Autoren – wie Lazarsfeld und Merton (1948), Trenaman und McQuail (1961) sowie Cohen (1963) – verwendet, erlangte allerdings erst mit der Etikettierung und Operationalisierung durch McCombs und Shaw größte Aufmerksamkeit in der Kommunikationsforschung.

Zentrale Annahme des Agenda-Setting-Konzepts ist, dass die Massenmedien bestimmen, 1. welche Themen öffentliche Aufmerksamkeit erlangen (*awareness model*) und 2. welche politische Priorität ihnen jeweils zugeschrieben wird (*priorities model*). Es wird also die Beziehung zwischen Medienagenda und Publikumsagenda untersucht, und zwar in der Regel mit einem kausalen Ansatz auf der Mikro-Ebene.

Der Einfluss der Massenmedien wird damit erklärt, dass sie für die Bürger oft die einzige Quelle für die Wahrnehmung des (politischen) Geschehens sind, da dieses im Allgemeinen nicht der direkten Erfahrung zugänglich ist. Der Einfluss auf die Prioritätensetzung ist Folge der medienspezifischen Darbietung des Geschehens. Durch unterschiedliche Beachtungshäufigkeit einzelner Ereignisse und durch deren unterschiedliche redaktionelle Aufmachung erhalten die Themen, denen die Ereignisse zuzuordnen sind, ein unterschiedliches Gewicht. In diesen Darbietungsmerkmalen drückt sich der Nachrichtenwert aus, den die Medien den Ereignissen jeweils zumessen.[119] Es entsteht eine „Agenda", d.h. eine Themenrangordnung, von der die Mediennutzer annehmen, dass es die nach Relevanzgesichtspunkten geordnete Rangordnung des politischen Systems ist (vgl. Abbildung 4.8).

Seit der Etablierung des Agenda-Setting-Konzepts durch McCombs und Shaw ist in einer Vielzahl empirischer Studien überprüft worden, ob und in welcher Wei-

---

119 Vgl. oben Abschnitt 4.3.1

se sich die medialen Selektions- und Gewichtungsmuster für Themen im Bewusstsein der Bevölkerung niederschlagen.[120] Die Agenda-Setting-Forschung betrachtet einen anderen Aspekt der Beziehung zwischen Medien und Realität. Durch den Vergleich der Themenbeachtung in den Medien mit dem Themenbewusstsein der Bevölkerung hat sie viele Male gezeigt, dass die Massenmedien die öffentliche Meinung nicht widerspiegeln, sondern eher prägen.[121] Bei einer Überprüfung beider Relationen – nämlich der Beziehung zwischen Berichterstattung und öffentlicher Meinung einerseits und zwischen Berichterstattung und Realität andererseits – konnte Funkhouser (1973) an einer Reihe von Themen nachweisen, dass sich die Entwicklung der öffentlichen Meinung nach den Medien richtet, dass aber die Berichterstattung der Medien so gut wie keinen Bezug zur tatsächlichen Aktualität der ihr zugrunde liegenden Themen und Probleme aufweist.

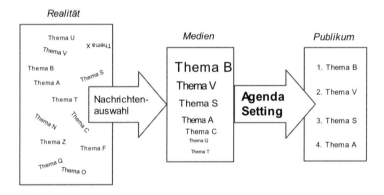

Abbildung 4.8: Agenda-Setting

Zur Konjunktur des Agenda-Setting-Konzepts hat entscheidend beigetragen, dass es relativ einfach zu operationalisieren ist. Der übliche Forschungsansatz, wie ihn McCombs und Shaw (1972) begründeten, sieht einen Vergleich der Themenbeachtung durch die Massenmedien und durch die Bevölkerung vor. Erstere wird inhaltsanalytisch, letztere durch Bevölkerungsumfragen ermittelt. Geeignete Umfragedaten fallen bei den routinemäßigen Umfragen kontinuierlich an. Die dazu

---

120 Vgl. die Übersichten etwa bei Rogers (1988), McCombs, Shaw und Weaver (1997), Brosius (1994), Eichhorn (1996), Rössler (1997), McCombs (2004), Weaver, McCombs und Shaw (2004).
121 Vgl. dazu auch unten Abschnitt 5.5

passenden inhaltsanalytischen Erhebungen sind methodisch wenig anspruchs-voll.[122]

Zum Agenda-Setting-Konzept gehören zwei Annahmen, zum einen, dass die von der Bevölkerung wahrgenommenen (und im Interview spontan genannten Themen) weitgehend den Themen entsprechen, über die von den Massenmedien berichtet wird (*awareness model*); zum anderen, dass die Relevanz, die den einzelnen Themen von der Bevölkerung zugemessen wird, der Themenrelevanz in den Massenmedien entspricht (*priorities model*). Als Anzeichen für die Themenrelevanz gelten dabei meist die Häufigkeit der Themennennung im Interview, ermittelt über die Aggregation der Antworten aller Befragten, und die Auffälligkeit (*salience*) der Themenbeachtung in den Medien, gemessen an Merkmalen wie Häufigkeit, Umfang und Aufmachung der Berichte mit dem jeweiligen thematischen Schwerpunkt.

In vielen frühen Agenda-Setting-Studien wurden Beziehungen zwischen Medien- und Publikumsagenda oft mit einfachen Rangkorrelationen überprüft. Diese liefern jedoch keinen schlüssigen Beweis für Medieneinflüsse. Selbst hoch signifikante Korrelationen schließen die Alternativhypothese nicht aus, dass nämlich die Medien die Bevölkerungsagenda aufgegriffen – und nicht hervorgerufen – haben. Einen höheren Grad an Evidenz über die Kausalrichtung liefern zeitbezogene Analysen, wie sie Panel- und Zeitreihendesigns ermöglichen. Dafür gibt es inzwischen eine Anzahl überzeugender Beispiele (etwa Fan 1988, Kepplinger et al. 1989b, Hagen 2005, vgl. dazu auch die Hinweise bei Eichhorn 1996: 27 f. und 43 ff.).

Themen-Framing

Öffentliche Diskussionen und Medienberichte über politische Themen sind in der Regel semantisch äußerst komplex und vielschichtig. Verschiedene Diskussionsteilnehmer nehmen unterschiedliche Perspektiven ein, greifen unterschiedliche Aspekte auf, betonen unterschiedliche Argumente. Bei Themen, die über längere Zeit in der öffentlichen Diskussion sind, wechseln zudem die vorherrschenden Perspektiven und die vorgebrachten Argumente im Laufe der Zeit. Ein Beispiel dafür ist die Transformation des Themas Steuern im Bundestagswahlkampf 2005, das zuerst unter wirtschaftspolitischen Aspekten und später zunehmend unter Aspekten der sozialen Gerechtigkeit diskutiert wurde.[123]

Für die Selektion und Akzentuierung bestimmter Themenaspekte ist in der wissenschaftlichen Literatur inzwischen der Begriff *Framing* etabliert. Er bezieht sich auf die Themenstrukturierung dadurch, dass bestimmte Themenaspekte und Deutungsmuster ausgewählt oder hervorgehoben werden, etwa um eine bestimmte

---

122 Dennoch stecken in der inhaltsanalytischen Operationalisierung wie auch in der Wahl des demoskopischen Erhebungsmodells viele methodische Detailprobleme, die in der einschlägigen Literatur ausgiebig diskutiert werden (vgl. etwa Protess und McCombs 1991).

123 Vgl. dazu unten Textbox 6.4 im Abschnitt 6.3.2

Problemdefinition, eine Ursachenzuschreibung, eine moralische Bewertung oder einen Problemlösungsweg zu betonen (Entman 1993). Framing zeigt sich beispielsweise auch an der Wahl der Begrifflichkeit im politischen Diskurs (Simon und Jerit 2007). Themen-Framing findet im gesamten politischen Kommunikationsprozess statt, so dass man Framing bei den politischen Akteuren beobachten kann, die Gegenstand der Berichterstattung sind, wie auch bei den Journalisten und den Medien sowie schließlich bei den Rezipienten. Zu unterscheiden ist ferner das *kognitive* Framing vom Framing der *Mitteilungen*. Ersteres ist die gedankliche Vorstellung von einem Thema, die sich nur indirekt mit Hilfe wissenschaftlicher Testmethoden beobachten lässt, etwa indem Probanden gebeten werden, ihre Vorstellung von einem Thema zu verbalisieren oder einen Medienbericht nachzuerzählen (vgl. etwa Früh 1994: 95 ff.). Die solchermaßen generierten Texte können auf Indikatoren des kognitiven Framings untersucht werden. Dazu lässt sich das gleiche inhaltsanalytische Instrumentarium einsetzen, wie es auch für die Analyse von Mitteilungen verwendet wird, z.B. von Politikerreden oder Medienberichten.

Medienberichte dienen zum einen in diagnostischer Absicht der Framing-Analyse, und zwar entweder um aus diesen das kognitive Framing ihrer Autoren zu erschließen (Beispiel: Analyse von Zeitungskommentaren), oder um aus diesen auf die Inhalte und Struktur politischer Diskurse in der Öffentlichkeit rückzuschließen.[124] Zum anderen werden Medienberichte mit einem Agenda-Setting-Ansatz analysiert, also im Hinblick auf Einflussprozesse vom Medien-Framing auf das Publikums-Framing. Dieser Ansatz wird auch als „Second Level Agenda-Setting" bezeichnet (McCombs, Shaw und Weaver 1997, Weaver, McCombs und Shaw 1998). Es wird dabei vermutet, dass die mediale Selektion und Akzentuierung einzelner Aspekte und Attribute politischer Themen das kognitive Themen-Framing des Publikums und schließlich auch die Themenwahrnehmung und –verarbeitung in der politischen Öffentlichkeit präjudiziert.

Empirische Untersuchungen bestätigen, dass diese Annahme zumindest unter bestimmten Bedingungen gerechtfertigt ist. Es gibt aber auch Studien zu Einflussprozessen in die Gegenrichtung, in denen die Frames die abhängige Variable sind, wenn beispielsweise untersucht wird, auf welche Einflüsse die kognitiven Frames von Journalisten und die inhaltlichen Frames ihrer Medienprodukte zurückgehen. Wegen seiner vielfältigen Anwendbarkeit eignet sich das Konzept nach Auf-

---

124 Im letzteren Fall machen die Forscher die Unterstellung, dass die politische Berichterstattung ein adäquates Abbild der politischen Diskurse in der Öffentlichkeit vermittelt. Diese Unterstellung ist allerdings problematisch, insofern die Massenmedien als Spiegel der Wirklichkeit genommen werden – ohne zu berücksichtigen, dass die analysierten Berichte mediale Selektionen und Konstruktionen sind. Die Problematik der Unterstellung wird zusätzlich dadurch verschärft, dass im Allgemeinen nur wenige Organe eines bestimmten Medientyps als „Spiegel" der politischen Öffentlichkeit untersucht werden, nämlich Qualitätszeitungen wie die Frankfurter Allgemeine und die Süddeutsche Zeitung.

fassung einiger Autoren als Angelpunkt einer integrativen Theorie der Medienwirkung bzw. der Massenkommunikation (Scheufele 1999, Dahinden 2006).

Agenda-Building

Am Framing-Konzept ist bereits deutlich die Tendenz der Forschung zu erkennen,
Thematisierungsprozesse umfassender zu betrachten. Dabei werden Einflüsse der
Medienagenda nicht mehr nur im Hinblick auf die Publikumsagenda – d.h. auf die
Themenvorstellungen des Medienpublikums – untersucht, wie das der ursprüngliche Agenda-Setting-Ansatz vorsah. Die Perspektive wird zum einen auf die Entstehung der Medienagenda erweitert, zum anderen auf die Folgen der Publikumsagenda für die institutionelle Agenda des politischen Systems.

Der erste Aspekt betrifft die Beziehung zwischen Medienberichterstattung und
der Realität, auf die sie sich bezieht – kurz: die Beziehung zwischen Nachricht und
Ereignis. Diesem Aspekt widmet sich die Forschung meist mit Analysen der Nachrichtenauswahl (linker Teil in Abbildung 4.8; vgl. auch oben Abschnitt 4.3). Manche Autoren bezeichnen die Genese der Medienagenda auch als *Agenda-Building*.
Shaefer und Weimann (2005) etwa verstehen unter Agenda-Building die Beziehung zwischen der Medienagenda einerseits sowie den realen Sachverhalten, Ereignissen und Handlungen politischer Akteure andererseits. Die Forschungsfrage
lautet dann: Warum richtet sich die Aufmerksamkeit der Medien gerade auf eine
ganz bestimmte Themenagenda und vernachlässigt zugleich andere Themen?

In ähnlicher Weise betrachtet auch Luhmann (1970) politische Thematisierungsprozesse. Er nennt eine Reihe von Gründen für die Themenwahrnehmung der
Gesellschaft, die den Nachrichtenfaktoren ähneln (ohne dabei allerdings Lippmann oder andere Quellen der Nachrichtenforschung zu erwähnen). Luhmann
entwirft ein Modell für „Themenkarrieren" mit vier Phasen: 1. Latenz, 2. Durch-
bruch, 3. Popularität und 4. Ermüdung. Dieser scheinbar naturgesetzliche Ablauf
hat viele nachfolgende Autoren fasziniert, obwohl er weder theoretisch noch empirisch begründet ist.[125]

Demgegenüber verstehen politikwissenschaftlich beeinflusste Analysen unter
Agenda-Building die Genese der institutionellen Agenda (Cobb und Elder 1972). Die
institutionelle Agenda *(policy agenda)* ist ablesbar am „Entscheidungshaushalt der
Entscheidungsinstanzen des politischen Systems" (Sondergeld 1983), konkret z. B.
an den Tagesordnungen von Parlaments- und Kabinettssitzungen wie auch an den
Entscheidungsgegenständen höchster Gerichte.

Die Analyse von Agenda-Building-Prozessen vor einem systemtheoretischen
Hintergrund hat – seit einer Pionierstudie von Miller und Stokes (1963) – in der
Politikwissenschaft ihre Tradition. Die Betrachtung richtet sich dabei meist auf die
Responsivität von Parlament und Regierung, d.h. auf die Frage, inwieweit die Ent-

---

125 Diese und andere Aspekte der Luhmannschen Auffassung werden ausführlicher kritisch diskutiert
   von Sondergeld (1983); vgl. auch (Rössler 2005).

scheidungen von Parlament und Regierung dem Wählerwillen bzw. der Bevölkerungsmeinung entsprechen (vgl. den Forschungsüberblick bei Brettschneider 1995). Der Einfluss der Massenmedien auf die Entstehung und Änderung der Bevölkerungsmeinung, nicht zuletzt auch die Interpretation der Bevölkerungsmeinung durch die Medien und deren Vermittlungsleistung im politischen System, wird dabei gelegentlich diskutiert, allerdings nur selten operationalisiert. Damit wird zumindest theoretisch eine Kausalkette konstruiert von den Medien über das Publikum zur Themenrelevanz in politischen Entscheidungsprozessen. Im Übrigen sind auch politische Akteure Mediennutzer und den gleichen Medieneinflüssen ausgesetzt wie die Bürger. Daher liegt es nahe, den Blick auf Thematisierungsprozesse im politischen System zu richten und den Einfluss der Medien in einer Makro-Perspektive zu untersuchen.

Empirische Untersuchungen zur Responsivität politischer Entscheidungen in den USA, die Jahrzehnte übergreifen und mehrere hundert Themen bzw. politische Entscheidungen einbeziehen, belegen ein hohes Maß an Kongruenz zwischen Bevölkerungsagenda und Policy-Agenda (Page und Shapiro 1994). Entscheidungen des politisch-administrativen Systems folgen häufiger dem Wandel der öffentlichen Meinung als umgekehrt. Dieser Befund wird durch eine Reihe weiterer Untersuchungen auch in anderen westlichen Demokratien bestätigt (Brettschneider 1995: 96). Eine sorgfältige Studie Brettschneiders weist anhand der Beziehung der Bevölkerungsagenda zur Agenda des Deutschen Bundestags in der Bonner Republik von 1949 bis 1990 ebenfalls ein hohes Maß an Responsivität nach.

Auf ein einzelnes Problem bezogen und in ihrer Perspektive besonders breit angelegt ist die Fallanalyse der US-amerikanischen Watergate-Affäre von Lang und Lang (1983). Die Autoren beschreiben die höchst komplexen Interaktions- und Rückkopplungsbeziehungen zwischen Medien, Bevölkerung und politischer Elite, die infolge eines Einbruchs in das Hauptquartier der Demokratischen Partei im Juni 1972 zum Amtsenthebungsverfahren und schließlich 1974 zum Rücktritt des damaligen republikanischen Präsidenten Richard Nixon führten. Die Medien spielten dabei eine zentrale Rolle, allerdings im Zusammenwirken mit anderen politischen Akteuren.

Die in der Watergate-Analyse von Lang und Lang vorgezeichnete Zusammenführung der Agenda-Building- mit der Agenda-Setting-Perspektive hat Manheim (1986) konzeptionell weitergeführt und formalisiert. Der Autor entwirft ein Modell der Beziehungen zwischen Medienagenda, Bevölkerungsagenda und institutioneller Agenda und identifiziert für die einzelnen Agenden jeweils drei Merkmalsdimensionen, die sich entscheidend auf die interne Agenda-Dynamik wie auch auf den Agenda-Transfer auswirken.

Für diese Prozesse sind drei Faktorenkomplexe ausschlaggebend, nämlich

- erstens die Auffälligkeit, Publikumsrelevanz und Bewertung der einzelnen Themen in der Medienberichterstattung;
- zweitens die Vertrautheit, persönliche Betroffenheit und Beurteilung einzelner Themen in der Bevölkerungsmeinung;
- sowie drittens Unterstützung, Entscheidungswahrscheinlichkeit und Entscheidungsspielraum der politischen Instanzen in Bezug auf einzelne Themen der Agenda.

Dass Thematisierungsprozesse von bestimmten Randbedingungen abhängig sind und in Art und Ausmaß von diesen moderiert werden, haben auch andere Autoren betont (Hügel, Degenhardt und Weiß 1992, Walgrave und Van Aelste 2006). Systematische Untersuchungen dazu, unter welchen Bedingungen und in welchem Umfang die Entscheidungen politischer Instanzen von der Medienagenda beeinflusst werden, sind noch selten. Die Rolle der Medien in der Policy-Dimension ist bisher wenig aufgeklärt (vgl. dazu den Literaturüberblick von Jarren, Grothe und Rybarczyk 1993).

Ein Beispiel dafür, wie man sich der Fragestellung nähern kann, ist die empirische Analyse des Presseeinflusses auf die deutsch-polnischen Verhandlungen im Jahr 1970 (Bellers und Wehmeier 1980, Wittkämper et al. 1992). Die Autoren beobachteten eine enge Interaktion zwischen Politikern und Journalisten. Die politischen Akteure nutzten die Presse „operativ" für ihre Absichten, berücksichtigten aber auch die Presseberichterstattung bei der Formulierung ihrer Ziele. Teilweise schufen die Politiker selbst die Voraussetzung für eine Rückwirkung der Berichterstattung auf ihr Handeln, indem sie den Journalisten die für den Fortgang der Verhandlungen günstigen Themen zuspielten.

Diese Beobachtungen stützen die Annahme von Cobb und Elder (1981), wonach Massenkommunikation und politische Entscheidungsprozesse nicht – im Sinne einer Ursache-Wirkungs-Analyse – zu kontrastieren, sondern als *interdependent* zu sehen sind. Diese Schlussfolgerung leitet auch Brettschneider (1995: 226) aus seiner Untersuchung ab.

In ähnlicher Weise konzipieren andere Autoren Agenda-Building als einen Transaktionsprozess (Molotch, Protess und Gordon 1987, Graber 2002: 175 ff.). Neben den Massenmedien und den politischen Entscheidungsinstanzen sind daran in der Regel weitere Akteure beteiligt, so vor allem organisierte Interessen und Experten verschiedenster Provenienz. Auch die politische Ereignislage, soziale und ökonomische Trends sowie deren Vermittlung in der öffentlichen Kommunikation spielen eine Rolle (Page und Shapiro 1994: 353 f.).

Ob die Interessen der Bürger dabei zur Geltung kommen, ist vor allem abhängig davon, ob sich Akteure wie Parteien, Gewerkschaften, Verbände, Bürgerinitiativen oder soziale Bewegungen die Ansprüche der Bürger zu eigen machen. Deren Erfolg ist wiederum abhängig von mehreren Faktoren. Dazu gehören zum einen ihre Ressourcen, die sie speziell für ein professionelles Themenmanagement mobilisieren können.[126] Eine Rolle spielt zum anderen, ob das Anliegen als gesellschaftlich und politisch legitim eingeschätzt wird und ob es kompatibel zu den Überzeugungen und Werthaltungen der Journalisten ist. Dies sind günstige Bedingungen für den Transaktionsprozess, bei dem die Medien Publizität gegen die nachrichtenwürdigen Stories der Interessenvertreter tauschen (Graber 2002: 183).

Die Medien sind also nicht bloß Plattform und Resonanzboden für die politischen Akteure. Sie sind auch Gatekeeper und beteiligte Akteure mit eigenen Interessen, d.h. sie entscheiden über den Zugang zur Öffentlichkeit und sie artikulieren und definieren oft Themen in eigener Initiative. Am deutlichsten wird das beim investigativen Journalismus, vor allem beim Aufdecken von sozialen Missständen und Skandalen (Kepplinger 2001b). Da Missstände und Skandale meist bestimmten Interessen schaden bzw. nützen, wenn sie zum Gegenstand öffentlicher Beachtung und Ächtung werden, bringt das Nachteile für die einen und zugleich Vorteile für andere. Die Aufdeckung des Watergate-Skandals (1972), der Barschel-Affäre (1987) oder der Spenden-Affäre der CDU (1999) sind spektakuläre Beispiele für medien-induziertes Agenda-Building mit weitreichenden politischen Folgen.

---

126 Vgl. dazu unten Kapitel 7

5 Massenmedien und politisches Engagement

Demokratische Gesellschaften sind auf das politische Engagement der Bürger angewiesen. Dabei wird im Allgemeinen erwartet, dass die Massenmedien das politische Engagement fördern und dazu beitragen, dass die Bürger über die nötigen Voraussetzungen verfügen. Die medienrechtliche Formel von der öffentlichen Aufgabe der Massenmedien und die politische Funktionstrias – Information, Kritik und Kontrolle sowie Mitwirkung an der Meinungsbildung – drücken das aus. Indem sie politisches Wissen, Verhaltensmodelle und soziale Werte vermitteln, werden die Massenmedien zu einer zentralen Instanz der politischen Sozialisation und treten damit in Konkurrenz zu herkömmlichen Sozialisationsinstanzen wie Eltern und Schule. Über die Auswahl und Verarbeitung von Ereignissen und Problemen prägen sie nicht nur die politischen Vorstellungen der Bürger von der politischen Realität. Sie können auch politisches Vertrauen und Politikverdrossenheit, können die Form und Intensität der Unterstützung politischer Institutionen beeinflussen. Inwieweit solche Annahmen empirisch haltbar sind, wird in diesem Kapitel untersucht. Die Darstellung geschieht vorwiegend in einer Mikroperspektive, d.h. mit Blick auf Individuen und ihre politischen Kognitionen.

5.1 Politische Sozialisation durch Massenmedien

Für die politische Kommunikationsforschung sind das zunächst nur hypothetische Zuschreibungen, die Anlass zur empirischen Überprüfung geben. Ein großer Teil der Kommunikationsforschung untersucht in der Tat die empirische Gültigkeit der Annahmen zur politischen Sozialisationsfunktion der Medien. Die Untersuchungen konzentrieren sich – in systemtheoretischer Perspektive – auf Prozesse der Verarbeitung von System-Input. Die Massenmedien prägen diese Prozesse durch Extension und Substitution von Leistungen, die herkömmlich durch soziale Institutionen wie z.B. Familie, Bildungssystem, Parteien und Interessengruppen erbracht werden. Zugleich kommt es im Zuge der Medialisierung dazu, dass sich die Leistungen nicht-medialer Institutionen mit medialen Leistungen vermischen und der *Medienlogik* anpassen, d.h. den Gesetzen der Informationsverarbeitung und der Herstellung von Öffentlichkeit, die im vorhergehenden Kapitel beschrieben wurden.

Naturgemäß bestätigen die Ergebnisse des Vergleichs von Norm und Wirklichkeit nur teilweise die Erwartung; zum Teil differenzieren oder falsifizieren sie die Hypothesen. Vielen Untersuchungen liegt mehr oder weniger explizit die Annahme zugrunde, dass die Medien die unabhängige Variable oder Determinante sind, von der z.B. bestimmte Formen oder Intensitäten des politischen Engagements abhängen bzw. beeinflusst werden. Medienvariablen werden im Allgemeinen recht pragmatisch – d.h. ohne theoretische Fundierung oder Reflexion – operationalisiert. So wird in Bevölkerungsinterviews die Nutzung von Zeitung, Radio, Fernsehen, Internet abgefragt, wobei die Befragten meist selbst definieren, was sie unter dem betreffenden Medium verstehen. Manche Studien benennen etwas genauer die gemeinten Medientypen, Genres, Formate oder Inhalte, nach deren Nutzung gefragt wird; und in seltenen Fällen sind Inhaltsanalysen der genutzten Medien ein Bestandteil des Designs, um genauer die genutzten und möglicherweise einflussreichen Medieninhalte zu spezifizieren. Oft haben die Untersuchungen als theoretischen Hintergrund die sozialpsychologische und pädagogische Sozialisationsforschung, die Kognitionspsychologie oder die politikwissenschaftliche Partizipationsforschung. Die theoretischen Bezüge sind also recht unterschiedlich, so dass wir es mit einer Vielfalt an Konzepten zu tun haben.

Der Begriff *Engagement* wird in der internationalen Literatur zunehmend als integrierendes Konzept verwendet, oft auch in Zusammensetzungen wie: politisches, demokratisches, bürgerschaftliches Engagement (vgl. etwa Bennett 2000, Delli Carpini 2004). Das Engagement des Bürgers drückt sich in unterschiedlichen Formen der politischen Beteiligung aus, z.B. bei Demonstrationen oder Wahlen; es ist von bestimmten motivationalen und kognitiven Voraussetzungen abhängig wie z.B. Interessen, Wissen, Einstellungen, Überzeugungen; deren Ausprägung wird einerseits von individuellen Fähigkeiten und Ressourcen bestimmt, andererseits auch von gesellschaftlichen Normen und Werten sowie von den institutionellen politischen Rahmenbedingungen. Und auch die Massenmedien spielen in diesem Beziehungsgefüge eine wichtige Rolle (Neller 2002).

5.1.1 Die Sozialisationsperspektive der Forschung

Die Normen und Verhaltenserwartungen, die sich an die Rolle des politischen Bürgers richten, müssen erlernt werden. Die entsprechenden Lernprozesse werden als *politische Sozialisation* bezeichnet. Es geht um politisches Lernen im weitesten Sinn (im deutschen Sprachraum auch als *politische Bildung* bezeichnet), um die Aneignung politischer Kenntnisse, Fähigkeiten und Überzeugungen (Kinder und Sears 1985, Bonfadelli 1998, van Deth 2005).[127] Darüber hinaus wird von den Massenmedien auch die „Politisierung" der Bürger verlangt, d.h. die Förderung der Partizipationsbereitschaft sowie die Entwicklung von Urteils- und Kritikfähigkeit auf der Basis von Loyalität und Akzeptanz der politischen Ordnung (Pöttker 1996,

---

127 Einige Autoren rechnen auch nicht-politisches Lernen dazu, wenn dieses Folgen für das politische Verhalten hat (vgl. etwa Greenstein 1968).

Watermann 2005). Diese Leistungen der Medien sind Voraussetzung dafür, dass die Bürger ihre grundlegenden Rechte der Informations- und Meinungsfreiheit wahrnehmen können. Sie finden dementsprechend eine starke Unterstützung in der Rechtsordnung der meisten demokratischen Staaten, in Deutschland vor allem in Artikel 5 des Grundgesetzes und der daraus abgeleiteten öffentlichen Aufgabe der Massenmedien.

Politische Sozialisation ist ein zentraler Aspekt im systemtheoretischen Input-Output-Modell (Easton und Dennis 1969).[128] In systemtheoretischer Perspektive ist politische Sozialisation ein Erfordernis für die Erhaltung, den Wandel und die Umweltanpassung des politischen Systems. Im Prozess der politischen Sozialisation übernehmen die Bürger – beginnend im Kindes- und Jugendalter – zentrale Elemente der politischen Kultur wie z.b. Wissen über politische Institutionen, politische Überzeugungen und politische Handlungsmodelle, und sie entwickeln Vertrauen in die politische Ordnung und ihre Institutionen. Dieses Vertrauen ist Grundlage der Systemunterstützung, einem notwendigen Input des politischen Systems.

In der Praxis der Pädagogik – insbesondere in der politischen Bildung – wird im Allgemeinen erwartet, dass die Massenmedien beim Erlernen der Staatsbürgerrolle mitwirken, indem sie politisches Wissen, Motive, Einstellungen, Handlungsmodelle, Normen und Wertorientierungen vermitteln. In welchem Umfang und mit welchem Ergebnis dies tatsächlich geschieht, versucht die Forschung empirisch zu beantworten.

Dass die Massenmedien in das Blickfeld der Sozialisationsforschung kamen, ist auch darauf zurückzuführen, dass sich Massenkommunikation organisch in das Konzept der so genannten Sozialisationsinstanzen fügt (engl.: *agents* oder *agencies of socialization*). Seit der einflussreichen Studie von Hyman (1959) richtet sich die Aufmerksamkeit der Forschung in erster Linie auf die Rolle von Instanzen wie Familie (Eltern) und Schule. Während in der Sicht der frühen Forschung – so auch bei Hyman – Mediennutzung eher als ein untergeordneter Aspekt des politischen Handelns galt, werden die Massenmedien inzwischen neben Familie, Schule, Gleichaltrigen im Jugendalter (*peers*) sowie Ausbildung und Beruf zu den „zentralen Instanzen" der politischen Sozialisation gerechnet (Claußen 1996, Schorb 2003).[129]

Das Interesse der Kommunikationsforschung am Konzept der Sozialisation wurde durch dessen Affinität zum kausalen Erklärungsansatz gefördert.[130] Viele

---

128 Vgl. oben Abschnitt 3.1
129 Schrittmacher dieser Umorientierung waren in den USA Untersuchungen unter der Leitung von Steven Chaffee und Jack McLeod an der University of Wisconsin (Chaffee, Ward und Tipton 1970, Chaffee, McLeod und Atkin 1971) und in Deutschland die Arbeit des Fachausschusses für Familien- und Jugendsoziologie der Deutschen Gesellschaft für Soziologie unter der maßgeblichen Einfluss von Franz Ronneberger (1971).
130 Vgl. oben Abschnitt 3.3.2

Studien mit dem Titel „Sozialisation durch Massenkommunikation" (oder Varianten davon) sind schlicht nichts anderes als Untersuchungen über die Wirkung der Massenmedien auf Kinder und Jugendliche, also Paraphrasierungen eines seit den frühen *Payne Fund Studies* gleichsam archetypischen Themas der Kommunikationsforschung.[131] Medien sind in dieser Sichtweise die unabhängige Variable, Aspekte des politischen Engagements – oft Prozesse des politischen Lernens – die abhängigen Variablen. Die Fragestellung lautet dann z.b.: Welchen Einfluss hat die Mediennutzung auf politisches Lernen?

Aber auch eine andere Fragestellung, wie sie die frühe Sozialisationsforschung bewegte, ist nach wie vor relevant: Welchen Einfluss haben verschiedene Sozialisationsinstanzen – Familie, Schule, Gleichaltrige – auf die Entwicklung der Mediennutzung? Mediennutzung ist in dieser Perspektive die abhängige Variable. Damit verbindet sich die Vorstellung, dass die Entwicklung des Mediennutzungsverhaltens ein integraler Bestandteil des Sozialisationsprozesses, also selbst Teil des (politischen) Lernens ist.

Wenn bei dieser Sichtweise die Betonung weniger auf der Verhaltensbeeinflussung und Erziehungsabsicht liegt, sondern eher auf der Persönlichkeitsentwicklung und selbstbestimmten Orientierung, kann man auch eine Affinität zum Gratifikationsansatz (*uses and gratifications approach*) erkennen, einem anderen bedeutenden Paradigma der Kommunikationsforschung (Rosengren und Windahl 1989: 169). Im Unterschied zur Wirkungsperspektive, in der Rezipienten als Objekte der Beeinflussung durch Medien gesehen werden, gelten die Mediennutzer in der Sichtweise des Gratifikationsansatzes als aktiv handelnde Subjekte, die sich den Medien selektiv zuwenden, um bestimmte Gratifikationen zu erlangen; d. h. Mediennutzung ist bei dieser Betrachtung Mittel zur Befriedigung von Bedürfnissen, speziell von Bedürfnissen nach sozialer Orientierung, Interaktion und Integration. Da man davon ausgehen kann, dass die Befriedigung dieser Bedürfnisse auch der politischen Sozialisation dient, ist ein direkter oder indirekter Zusammenhang zwischen Mediennutzung und politischer Sozialisation anzunehmen.

Der heute vorherrschenden Auffassung zufolge kann politische Sozialisation „prinzipiell nicht auf bestimmte Lebensphasen oder -abschnitte eingegrenzt werden, sondern sie ist ein lebenslanger Lern- und individueller Aneignungsprozess von der Kindheit über die Jugend und das Erwachsenenalter bis zum Alter" (Bock und Reinhardt 2002: 721). Da sich die Rolle des politischen Bürgers im Kindes- und Jugendalter wie auch in späteren Lebensphasen entwickelt und verändert, ist das Alter eine wichtige erklärende Variable in der Sozialisationsforschung. Es werden einerseits verschiedene Altersstufen in Kindheit und Jugend – in der *primären* Sozialisation – verglichen. Andererseits richtet sich die Betrachtung auch auf die *sekun-*

---

131 Einen Überblick über Ablauf und Ergebnisse der *Payne Fund Studies* 1929-32 geben Lowery und DeFleur (1983: 31 ff.).

däre Sozialisation, d.h. auf das politische Lernen im Erwachsenenalter (vgl. Berger und Luckmann 1970: 139 ff., Kepplinger und Mathes 1987). Die Darstellung in den folgenden Abschnitten ist daher nicht auf Kinder und Jugendliche beschränkt, sondern bezieht die sekundäre Sozialisation mit ein. Lernprozesse im weitesten Sinn, wie sie die Sozialisationsperspektive bestimmen, stehen dabei – je nach Forschungsansatz und seiner zentralen Konzepte – mehr oder weniger im Vordergrund.

5.1.2 Nutzung politischer Medieninhalte

Die Expansion des Fernsehens trug entscheidend dazu bei, dass die Massenmedien als eine Sozialisationsinstanz – und zwar in Konkurrenz zu Familie und Schule – angesehen werden. Schon Ende der 1950er Jahre stand in fast allen US-amerikanischen Haushalten ein Fernsehempfänger (Lowery und De Fleur 1983: 268). Zu diesem Zeitpunkt – zwischen 1958 und 1960 – fand die erste große amerikanische Untersuchung über die Fernsehnutzung im Kindes- und Jugendalter unter der Leitung von Wilbur Schramm statt. Die Erhebungen für die insgesamt elf Einzelstudien in zehn amerikanischen Städten und Gemeinden offenbarten unter anderem, dass den TV-Protagonisten von amerikanischen Heranwachsenden mindestens so viel Aufmerksamkeit gewidmet wird wie ihren Lehrern in der Schule (Schramm, Lyle und Parker 1961). Rund fünfzehn Jahre später, als das Fernsehen im amerikanischen Alltag längst zur Selbstverständlichkeit geworden war, schätzten Gerbner und Gross (1976), dass ein Kind bis zur Einschulung bereits mehr Zeit dem Fernsehen gewidmet hat als es jemals in einem Klassenraum zubringen wird. Meadow (1980: 114) errechnete eine Summe von 18.000 Fernsehstunden bis zum Alter von 18 Jahren.[132] Für deutsche Kinder und Jugendliche ist der entsprechende Wert allerdings deutlich niedriger.[133]

Neueren Untersuchungen zufolge verbringen amerikanische Kinder im Alter zwischen zwei und sieben Jahren im Durchschnitt dreieinhalb Stunden pro Tag mit den Massenmedien, und zwar hauptsächlich mit audiovisuellen Medien.[134] In der Altersgruppe der Acht- bis Achtzehnjährigen wächst dieser Zeitumfang auf nahezu das Doppelte (Delli Carpini 2004). Den Umfang der Mediennutzung von Kindern in Deutschland verdeutlicht Tabelle 5.1. Er liegt noch unter drei Stunden

---

132 Andere Berechnungen kommen auf 15.000 Fernsehstunden während der Schulzeit (und 350.000 Werbespots) im Vergleich zu 11.000 Schulstunden (Graber 2002: 227).

133 Versucht man eine Schätzung auf der Basis der hierzulande ermittelten Nutzungsdaten, erhält man einen Durchschnittswert, der zwischen 8.000 und 10.000 Fernsehstunden liegt (bis zum Alter von 18 Jahren).

134 Da die amerikanischen Messungen der Mediennutzung nicht so genau sind wie bei uns und da in den USA Fernsehen mehr Nebenbeschäftigung ist als in Europa, lassen diese Zahlen die Situation möglicherweise etwas dramatischer erscheinen als sie tatsächlich ist.

täglich (und bei der Altersgruppe 6 bis 13 Jahre deutlich unter den fast sieben Stunden, die für die Schule einschließlich Hausaufgaben aufgewendet werden). Wie in den USA spielen auch bei den deutschen Kindern die Printmedien zeitlich nur eine untergeordnete Rolle im täglichen Medienbudget. Dass sie ein- oder mehrmals pro Woche Zeitung lesen, sagt nur ein Fünftel der Sechs- bis 13-Jährigen (Kuchenbuch und Simon 2004: 443). Mediennutzung dient dementsprechend auch ganz überwiegend der Unterhaltung.

Tabelle 5.1: Mediennutzung von Kindern und Jugendlichen

	Altersgruppe		
	2-3 Jahre	4-5 Jahre	6-13 Jahre
Bücher, Heftchen, Presse	13	6	9
Fernsehen	77	98	102
Video, DVD	6	4	3
Radio	33	28	20
Tonträger (CD, Kassette)	29	20	11
Computer	-	-	14
Internet	-	-	3
sonstige Medien	1	6	-
Medien insgesamt	159	162	162

Nutzungsdauer an einem durchschnittlichen Wochentag, in Minuten;
(Kuchenbuch und Simon 2004, Feierabend und Mohr 2004)

Gleichwohl sind die Medien – und zwar vor allem das Fernsehen – auch für Kinder und Jugendliche wie für Erwachsene die wichtigste Quelle der politischen Information. Das dokumentiert die JIM-Studie 2005 mit einer repräsentativen Umfrage zum Medienalltag 12- bis 19-Jähriger in Deutschland. Die Befragten nannten am häufigsten das Fernsehen als wichtigstes Informationsmedium über das aktuelle Weltgeschehen; an zweiter Stelle folgten Zeitungen und an dritter Stelle das Internet.[135] Die JIM-Studie ordnet dabei auch das Interesse am aktuellen Weltgeschehen in den Interessenshorizont Jugendlicher ein. Es rangiert immerhin an fünfter Stelle unter insgesamt 20 Themenfeldern. Auffällig ist dabei, dass die Jugendlichen bei den meisten ihrer *nicht-politischen* Interessen inzwischen dem Internet die höchste Themenkompetenz zuweisen (JIM 2005).

5.1.3 Massenmedien als Instanzen der politischen Sozialisation

In verschiedenen Untersuchungen, die einen Vergleich medialer und nicht-medialer Sozialisationsinstanzen vornehmen, rangieren die Massenmedien vor Eltern, Schule und Gleichaltrigen als wichtigere Quelle der politischen Information (Chaffee, Ward und Tipton 1970, Patzelt 1988, Graber 2002: 199, Schorb 2003). Allerdings kann je nach Fragestellung bei den Ermittlungen die Rangfolge der verschiedenen Medien variieren und die personale Kommunikation auch mal vor den Medien der Massenkommunikation rangieren (vgl. Berg und Ridder 2002: 111, Feierabend und Rathgeb 2005: 324, Tab. 5).[136]

Die Bedeutung der Medien ist nicht unabhängig von Einflüssen durch Elternhaus und Schule; es gibt Wechselwirkungen zwischen den Instanzen (Jennings und Niemi 1974, Kuo 1986). Bei der politischen Mediennutzung, der Aneignung politischen Wissens und der Formation politischer Einstellungen befinden sich die traditionellen Sozialisationsinstanzen teils in Konkurrenz, teils in einer Vermittlerrolle gegenüber den Massenmedien. Empirisch belegt ist z.B., dass Art und Umfang der Nutzung von Massenmedien als Quelle politischer Information im Kindes- und Jugendalter durch das Mediennutzungsverhalten der Eltern geprägt werden (Chaffee, McLeod und Atkin 1971, Rosengren und Windahl 1989: 191 ff., Theunert und Schorb 1995: 212 ff.). Vor allem politische Diskussionen im Familien- und Freundeskreis stimulieren die Informationssuche in den Massenmedien, und die Mediennutzung regt wiederum familiäre Diskussionen an. Die Nutzung und Verarbeitung von politischer Information in den Medien ist stark geprägt vom familiären „Anregungsmilieu" (Schorb 2003).

Eine Art von *Reziprozitätseffekt* kann eintreten, wenn Kinder – angeregt durch den Schulunterricht – Politik im Familienkreis thematisieren. Dies ließ sich als überraschende Nebenwirkung des amerikanischen Projekts „Kids Voting" beobachten, das Defizite der politischen Sozialisation von Kindern durch ein schulisches Interventionsprogramm ausgleichen sollte und dabei auch etwas zur sekun-

---

135 Auch in den Ermittlungen der Folgestudie 2006, sowie in denen der so genannten KIM-Studie, die sich an Kinder im Alter von 6 bis 13 Jahren richtete, steht das Fernsehen an der Spitze der regelmäßigen Freizeitbeschäftigungen. Dabei wurde allerdings nicht nach den genutzten Inhalten gefragt (vgl. www.mpfs.de/).

136 Vgl. auch oben Abschnitt 2.1.3, Tabelle 2.1

dären Sozialisation der Eltern beitrug. Politische Sozialisation ist ein Prozess der wechselseitigen Beeinflussung innerhalb der Familie, der nicht nur bei Kindern und Jugendlichen, sondern auch bei den Eltern zu Entwicklungsfortschritten füh-ren und das System Familie insgesamt verändern kann (McDevitt und Chaffee 2002, Kiousis, McDevitt und Wu 2005).

Untersuchungen zur politischen Sozialisation gehen meist implizit von der An-nahme fortschreitender staatsbürgerlicher Reife mit zunehmendem Alter aus. Diese Annahme ist geprägt von Piagets Stufenmodell der Entwicklung des Den-kens. Aus dem Modell lässt sich eine Interaktion zwischen Alter und Mediennut-zung ableiten, d.h. dass sich mit zunehmendem Alter der Sozialisationseffekt der Mediennutzung vergrößert (Eveland, McLeod und Horovitz 1998). Piaget postu-lierte eine fortschreitende kognitive Expansion über das anschauliche und kon-krete Denken bis zur Fähigkeit des formal-abstrakten Denkens (ab dem Alter von etwa 11 Jahren). Dabei baut jede Entwicklungsstufe auf der jeweils vorherge-henden auf, frühere Fähigkeiten bleiben erhalten und werden durch neue ergänzt (vgl. Sturm 1991). Zwar bezieht sich Piagets Modell nur auf die kindliche Ent-wicklung, aber eine Generalisierung auch für spätere Lebensalter erscheint durchaus plausibel.

Dass die Nutzung aktueller Information stark altersbedingt ist, verdeutlicht Abbildung 5.1. Die Bedeutung von Fernsehen und Tagespresse nimmt mit steigen-dem Lebensalter stetig zu, während die Radio- und Internet-Nutzung im höheren bzw. schon im mittleren Alter zurückgeht. Allerdings haben sich inzwischen nach und nach auch Frauen, ältere Menschen und Personen mit geringer formaler Bildung dem Internet zugewandt (vgl. Eimeren und Frees 2006).

Mit der Expansion des Internets nahm auch dessen Nutzung als Quelle politi-scher Information zu. Dies trifft vor allem auf jüngere Altersgruppen zu, wenn-gleich – wie erwähnt – das Internet in diesen Gruppen vorwiegend zur Befriedi-gung nicht-politischer Informationsbedürfnisse dient. Zwar geben die User – Ju-gendliche wie Erwachsene – in Umfragen relativ häufig auch politische Informa-tion unter den genutzten Internet-Inhalten an. Wenn das tatsächliche Nutzungs-verhalten jedoch anhand der *Logfiles* analysiert wird, reduziert sich der Nutzungs-anteil der „harten" politischen Nachrichten deutlich, wie eine amerikanische Studie auf breiter und weitgehend repräsentativer Basis ermittelte (Tewksbury 2003).

Abbildung 5.1 demonstriert einmal mehr die Dominanz des Fernsehens als In-formationsmedium, und zwar auch in der wichtigen Phase der politischen Soziali-sation, in der die Staatsbürgerrolle allmählich übernommen und aktives politisches Handeln gefordert wird. Wie für Erwachsene ist auch für Kinder und Jugendliche die *Tagesschau* der ARD das am meisten genutzte Informationsangebot im Fernse-hen. Allgemein gleichen die Programmpräferenzen der Kinder und Jugendlichen denen ihrer Eltern. So werden denn auch im einfachen familiären „Anregungsmilieu" eher die Informations- und Infotainmentsendungen des privat-kommerziellen Fernsehens geschätzt (Schorb 2003).

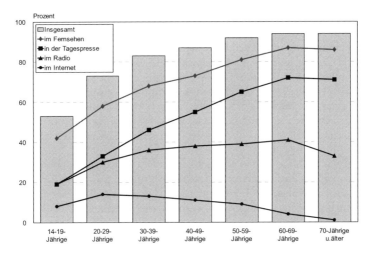

Fragen: „Wenn Sie einmal an den gestrigen Tag denken: Haben Sie sich gestern über das aktuelle Geschehen, was es Neues gibt, informiert, haben Sie Nachrichten gesehen, gehört oder gelesen?" (Wenn ja:) „Und wo haben Sie sich da informiert? War das in der Zeitung, im Fernsehen, im Radio, im Internet"?
Quelle: Allensbacher Markt- und Werbeträger-Analyse 2006

Abbildung 5.1: Nachrichtennutzung verschiedener Medien in Abhängigkeit vom Alter

5.1.4 Trends der Mediennutzung und die Folgen

Während das Fernsehen nach wie vor die wichtigste Quelle politischer Information für Kinder und Jugendliche ist und das Internet an Bedeutung gewinnt, spielt die Zeitung besonders bei Jugendlichen eine immer geringere Rolle. Aus Langzeitvergleichen, die durch so genannte Kohortenanalysen den Einfluss von Alterung und Generationszugehörigkeit voneinander trennen, lässt sich ablesen, dass die jüngeren Generationen die Tageszeitung nicht nur in deutlich geringerem und in stetig abnehmendem Umfang nutzen als die mittleren und älteren Generationen, sondern dass diese Distanz zur gedruckten Information auch mit dem Älterwerden bestehen bleibt (Kiefer 1996: 158 ff., Peiser 1996: 169 ff., Schulz, R. 2001). Daher ist zu befürchten, dass die Bedeutung der Zeitung als Informationsquelle weiter schwindet.

Eine solche Entwicklung wird deshalb mit Sorge betrachtet, weil die Tageszeitung die wichtigste Quelle ist, um sich über das politische Geschehen im Nahbereich – insbesondere im Lokalen – zu informieren (Kiefer 1996: 243). Zeitungslesen begünstigt die soziale Interaktion und Integration. Zudem gibt es Hinweise darauf, dass die Zeitungsnutzung einen besonders positiven Einfluss auf politische Kompetenz und Beteiligung hat.[137] Unter diesen Aspekten sind die Ergebnisse der Langzeitstudie Massenkommunikation beunruhigend. Sie zeigen nicht nur einen kontinuierlichen Rückgang der Zeitungsnutzung seit zwei Jahrzehnten.[138] Auch die Motivation zur Nutzung wird schwächer, besonders unter Jugendlichen und jungen Erwachsenen. So ist in dieser Gruppe die Zuschreibung informationsorientierter Nutzungsmotive zum Zeitungslesen überdurchschnittlich zurückgegangen (vgl. dazu Ridder und Engel 2005).

Um der wachsenden Distanz Jugendlicher zur Zeitung entgegenwirken zu können, muss man die Einflussfaktoren auf die Printnutzung kennen. Eine Rolle spielt offenbar das ambivalente Verhältnis Jugendlicher zur Politik. Zwar ist die Bereitschaft zum politischen Engagement grundsätzlich vorhanden, doch wächst zugleich die Skepsis gegenüber der „traditionellen parlamentarischen Politik" (Burdewick 2003: 19 ff.). Daher geht auch der Anteil Jugendlicher, die sich als politisch interessiert bezeichnen, seit 1991 kontinuierlich zurück (Shell 2002: 92). Die Ausbreitung des Internets scheint keinen Einfluss auf die Nutzung der Zeitung und anderer Printmedien zu haben. Auch formale Bildung und die kognitive Leistungsfähigkeit im verbalen Bereich spielen wider Erwarten keine Rolle, wie eine Untersuchung von Rager und Co-Autoren zeigt (Rager 2003, Rager et al. 2004, vgl. auch Raeymaeckers 2002). Ein direkter Einfluss auf die Zeitungsnutzung geht jedoch von den Sozialisationsbedingungen der Jugendlichen aus wie der Verfügbarkeit einer Zeitung im Elternhaus und der Vorbildfunktion der Eltern für das Zeitungslesen. Vor diesem Hintergrund ist die wachsende Distanz Jugendlicher zur Zeitung nur Teilaspekt einer in der Bevölkerung allgemein rückläufigen Zeitungsnutzung. Seit 1980 ist die tägliche Reichweite der Tageszeitung in der Bevölkerung kontinuierlich gesunken (Eimeren und Ridder 2005).

Diese Entwicklung läuft dem Nutzungstrend anderer Medien entgegen, der auch durch zunehmende Beachtung und Nutzung politischer Inhalte – vor allem in Radio und Fernsehen – gekennzeichnet ist (vgl. Gerhards und Klingler 2005). Zum Teil wird das durch die Medienexpansion begünstigt, wenn nicht sogar verursacht. Mit der allgemeinen Vermehrung der Radio- und Fernsehprogramme sowie der Websites wächst auch die Verfügbarkeit politischer Medieninhalte. Obwohl unterhaltende Inhalte in den Massenmedien überwiegen, sind doch

---

137 Vgl. dazu auch die folgenden Abschnitte
138 Vgl. auch oben Abschnitt 2.1.2

politische Themen und Informationen in den Medien allgegenwärtig. Sie sind seit jeher fester Bestandteil der Tageszeitungen, auch der viel gelesenen *Bild-Zeitung*, sie sind meist stündlich in viele Radioprogramme eingestreut, sie sind wichtiger Teil der Fernsehprogramme und inzwischen in großem Überfluss im *World Wide Web* verfügbar. Vielfach sind die Kontakte mit politischen Medieninhalten unvermeidliche und unbeabsichtigte Folge der Angebotssteigerung.

5.2 Mediennutzung und politische Informiertheit

Als zentrale Leistung der Medien im Prozess der politischen Sozialisation gilt die Vermittlung von Information, z.B. über aktuelle Ereignisse und wichtige Probleme, über den politischen Diskurs in der Öffentlichkeit und über das Handeln der politischen Akteure. Dies entspricht den demokratietheoretisch und normativ begründeten politischen Funktionen der Massenmedien, insbesondere ihrer Informationsfunktion, die Voraussetzung für die Informationsfreiheit der Bürger ist. Von den Massenmedien wird ein Beitrag zur Vermittlung politischen Wissens und politischer Bildung erwartet. Ein Gutteil der Kommunikationsforschung konzentriert sich darauf zu überprüfen, ob und inwieweit die Medien diese Erwartung erfüllen. Es ist eine zentrale Frage insbesondere in der politischen Sozialisationsforschung.

5.2.1 Politisches Wissen der Deutschen

Das Nachrichtenmagazin *Der Spiegel* ließ 1994 die Kenntnisse der Bevölkerung auf verschiedenen Gebieten durch das Umfrage-Institut *Emnid* ermitteln, darunter auch das politische Wissen. Die Ergebnisse kommentierte das Magazin in seiner Titelgeschichte zum Thema „Wie schlau sind die Deutschen?" wie folgt: "Auch auf die Frage, ob Fernsehen dumm macht, liefert die *Spiegel*-Untersuchung eine Antwort. Allerdings musste sich *Emnid* auf die Selbstauskünfte der befragten Männer und Frauen verlassen, wie lange sie täglich vor dem Bildschirm sitzen. Das Ergebnis: Je länger jemand fernsieht, desto geringer sein Wissen. Das gilt durchgängig für alle Wissensgebiete, außer für Sport."[139]

---

139 *Der Spiegel* Nr. 51, 1994, S. 97. Die vom Magazin in Auftrag gegebenen Wissensfragen wurden vom *Emnid*-Institut einem repräsentativen Bevölkerungsquerschnitt ab 14 Jahren gestellt. Wegen der Vielzahl der Fragen wurden diese auf zwei Umfragen mit separaten Stichproben von jeweils rund 1.000 Befragten aufgeteilt. Die Fragen zu politischen Themen waren in der ersten der beiden Umfragen enthalten (Feldzeit Oktober/November 1994).

Tabelle 5.2: Politisches Wissen der deutschen Bevölkerung

	Wenigseher %	Vielseher %
Partei des Ministerpräsidenten von Schleswig-Holstein (G)*	67	59
Partei des Regierenden Bürgermeisters von Berlin (G)	65	58
Partei des Ministerpräsidenten von Baden-Württemberg (G)	64	54
Wer ist Klaus Kinkel (O)	55	51
Wer ist Manfred Kanther (O)	46	34
Sitz des Europäischen Parlaments (L)	33	27
Was geschieht, wenn ein Asylsuchender aus einem sicheren Drittland einreist (L)	27	23
Was war am 20. Juli 1944 (O)	61	56
Was bedeutet „Reichskristallnacht" (O)	60	58
Was bedeutet „Potsdamer Abkommen" (O)	27	21
Was bedeutet „Aussperrung" (O)	53	45
Was bedeutet „Hammelsprung" (O)	23	21
N (Anzahl Befragte)	*346*	*315*

*) Frageform: L=Listenvorlage, G=geschlossene Frage mit Antwortalternativen, O=offene Frage;

Personen mit unterschiedlicher Fernsehnutzung im Vergleich, jeweils Prozentwert der richtigen Antworten als Wenigseher wurden Personen eingestuft, die im Durchschnitt bis zu eineinhalb Stunden pro Tag fernsehen, als Vielseher Personen mit einer Fernsehnutzung von drei Stunden und mehr. Die Gruppe mit mittlerer Fernsehnutzung ist hier nicht berücksichtigt.

(Eigene Auswertung der *Spiegel*-Umfrage „Was wissen die Deutschen?", 1994)

Tabelle 5.2 zeigt einen Ausschnitt aus den Ergebnissen, und zwar 12 Fragen zu politischen Amtsträgern, zu politischen Begriffen, Institutionen und Regelungen sowie zu Ereignissen der jüngeren politischen Geschichte.[140] Die meisten dieser

---

140 Diese wurden für die Darstellung in der Tabelle aus ursprünglich 24 Fragen ausgewählt, die auf Grund einer intuitiven Zuordnung als Indikatoren für politisches Wissen gelten können. Faktoren-

Fragen wurden im Feldinterview offen gestellt und vom Interviewer vorgelesen, in einigen Fällen waren Antwortalternativen im Fragetext enthalten oder auf einer Liste vorgegeben.[141]

Fernsehnutzung und politisches Wissen

Einen „repräsentativen" Eindruck vom politischen Wissen der Deutschen vermitteln diese Ergebnisse nicht, denn sie hängen von der Auswahl der Fragen und von der Ermittlungsform ab. Gleichwohl können sie als Indikatoren dienen, um zu untersuchen, von welchen Bedingungen die Verbreitung politischen Wissens abhängt. So lässt sich beispielsweise die Frage prüfen, die der *Spiegel*-Kommentar aufwirft, ob Fernsehen politisches Lernen begünstigt oder behindert. Tabelle 5.2 zeigt daher die politischen Kenntnisse von Personen mit geringer und hoher Fernsehnutzung im Vergleich.[142]

Die Unterschiede zwischen den Gruppen scheinen die Deutung des *Spiegels* zu bestätigen. Tatsächlich schneiden die Vielseher bei allen politischen Wissensfragen schlechter ab als die Wenigseher. Doch dieses Ergebnis kann auch durch andere Faktoren bedingt sein. Denn die verglichenen Wenig- und Vielseher unterscheiden sich nicht nur im Hinblick auf ihren Fernsehkonsum, sondern auch z.B. im Alter und in der formalen Bildung. Die Bedeutung dieser Merkmale und die der Fernsehnutzung lassen sich allerdings separieren, wenn man sie simultan in eine multivariate Analyse einbezieht. Das Ergebnis dieser Operation zeigt Tabelle 5.3. Um es einigermaßen überschaubar zu halten, wurden die Wissensfragen nun zu einer Skala zusammengefasst, indem pro Person die Zahl der richtigen Antworten auf die 12 Fragen addiert wurde.[143]

---

und Reliabilitätsanalysen, mit denen die Dimensionalität dieser Ausgangsmenge geklärt werden sollte, legten eine Reduzierung auf 12 Fragen nahe. Die ausgeschlossenen Fragen beziehen sich weniger auf politisches Wissen als auf Rechts- und Geschichtskenntnisse. Darüber hinaus wurden drei Fragen hier nicht weiter berücksichtigt, die sich auf ehemalige Ministerpräsidenten von Bundesländern bezogen; die Ergebnisse dazu sind mit den aufgenommenen Fragen zu Ministerpräsidenten nahezu identisch.

141 Die Interviewer waren angewiesen, die Antworten auf offene Fragen möglichst wortgetreu im Fragebogen einzutragen. Nach Abschluss der Befragung wurde dann im Umfrageinstitut entschieden, welche Antworten richtig sind. Dabei wurde zum Teil nach Graden der Genauigkeit bei der Beantwortung abgestuft. Die Ergebnisse hier berücksichtigen neben den jeweils präzisesten auch vage Antworten als „richtig".

142 Die Fernsehnutzung wurde durch Selbsteinstufungen der Befragten mit der Frage ermittelt: „Und nun möchten wir gern wissen, wie lange Sie fernsehen, und zwar an einem normalen Wochentag, montags bis freitags. Was schätzen Sie? Sagen Sie es mir bitte anhand der Liste." (Listenvorlage mit 13 Kategorien von „gar nicht", „weniger als 1/2 Stunde", „1/2 Stunde" usw. bis „5 Stunden", „länger")

143 Die dichotom codierten 12 Fragen lassen sich zu einer eindimensionalen Skala zusammenfassen. Die Reliabilitätsanalyse ergibt ein Cronbach's Alpha von 0,77 und damit eine sehr gute Konsistenz der Skala.

Tabelle 5.3: Determinanten politischen Wissens

		N	Mittelwert: 5,63 davon Abweichungen	Beta
Geschlecht	Männer	471	0,41	.13*
	Frauen	530	-0,36	
Alter	14-29	246	-0,82	.20*
	30-44	246	-0,32	
	45-59	249	0,59	
	60 und älter	259	0,51	
Schulbildung	Volksschule ohne Lehre	155	-0,74	.14*
	Volksschule mit Lehre	389	-0,15	
	weiterführende Schule ohne Abitur	294	0,24	
	Abitur	162	0,62	
Politisches Interesse	schwach	201	-1,82	.36*
	mittel	424	-0,08	
	stark	261	0,84	
	sehr stark	114	1,59	
Fernsehnutzung pro Tag	bis zu ½ Stunde	115	-0,08	.09
	eine Stunde	123	0,04	
	1 ½ Stunden	107	0,33	
	2 Stunden	199	0,34	
	2 ½ Stunden	143	0,05	
	3 Stunden	153	-0,32	
	3 ½ Stunden und mehr	161	-0,56	

*) Signifikanz: $p < .001$

Der spezifische Einfluss demographischer Merkmale, des politischen Interesses und der Fernsehnutzung auf politisches Wissen (Varianzanalyse und multiple Klassifikation). Ausgewiesen sind jeweils multivariat justierte Abweichungen vom Mittelwert für die Gesamtbevölkerung (Eigene Auswertung der *Spiegel*-Umfrage „Was wissen die Deutschen?", 1994).

Wie die Analyse zeigt, verliert die Fernsehnutzung weitestgehend ihren Einfluss auf die politischen Kenntnisse der Bevölkerung, wenn man zugleich das politische Interesse und relevante demographische Merkmale kontrolliert (der Beta-Wert von .09 ist gering und statistisch nicht signifikant). Dass die Dauer der täglichen Fernsehnutzung, wenn man sie multivariat kontrolliert, für das politische Wissen bedeutungslos ist, wurde auch für die USA häufig belegt (Robinson und Davis 1990, Robinson und Levy 1996, Bennett et al. 1996). Jedenfalls ist der Zusammenhang nicht linear, wie es die üblichen regressionsstatistischen Analysemodelle voraussetzen. Das hier verwendete Verfahren deckt eine schwache *kurvilineare* Beziehung auf: Bei geringer TV-Dosierung bis zu einer täglichen Dauer von etwa zwei Stunden wirkt sich Fernsehnutzung anscheinend günstig auf das politische Wissen aus, bei höherer Dosierung zunehmend ungünstig. Diese Unterschiede sind möglicherweise durch unterschiedliche Fernsehnutzungsstile der Wenig- und Vielseher bedingt.

Tabelle 5.3 belegt ferner, wie zu erwarten, positive Zusammenhänge des Wissens mit Alter und Schulbildung, auch gibt es nach wie vor einen Unterschied zwischen Männern und Frauen. Was das quantitativ bedeutet, macht ein Vergleich zwischen den „wissensprivilegierten" und den „wissensärmsten" Personen in der *Spiegel*-Umfrage deutlich. Männer im Alter von über 60 mit Abitur erreichen auf der Skala politischen Wissens einen Wert von über acht Punkten (d.h. sie können von 12 Wissensfragen im Durchschnitt mindestens acht richtig beantworten), junge Frauen im Alter unter 30 mit Volksschulbildung ohne Lehre erreichen dagegen nur einen Punktwert von weniger als zwei. Ein Anteil von 0,8 Prozent der Bevölkerung hat alle 12 Fragen richtig beantwortet. Auf der anderen Seite können 4 Prozent der Befragten nicht eine einzige der Fragen richtig beantworten.

Motivation und Wissenserwerb

Die mit Abstand größte Bedeutung für das politische Wissen hat das Interesse an Politik.[144] Politisches Wissen und politisches Interesse hängen eng miteinander zusammen. Eine Vielzahl von Untersuchungen über die Determinanten des politischen Wissens belegt übereinstimmend die große Bedeutung des Interesses an Politik (Ettema und Kline 1977, Garramone 1985, Schönbach und Eichhorn 1992, Sotirovic und McLeod 2004). Demographische Variablen, wie es die Wissenskluft-Hypothese postuliert, sind demgegenüber zweitrangig.[145]

Der Umgang mit den Massenmedien wird, wie das politische Lernen insgesamt, motivational gesteuert. Daher tragen in entsprechenden Analysen eher solche Indikatoren der Mediennutzung zur Erklärung des politischen Wissens bei,

---

144 Es wurde mit der Frage ermittelt: „Wie stark interessieren Sie sich persönlich für die aktuellen Ereignisse aus der Politik und dem öffentlichen Leben? Würden Sie sagen, sie interessieren sich sehr stark, stark, mittel, schwach oder überhaupt nicht?"
145 Vgl. dazu Abschnitt 5.3.1

die motivationale Komponenten enthalten, wie z.B. Ermittlungen zum Grad der Aufmerksamkeit (Chaffee und Schleuder 1986). Die Bedeutung von Motivation und Interesse für den Wissenserwerb erklärt letztlich auch die differentiellen Effekte in US-amerikanischen Untersuchungen, die neben der medialen auch die *interpersonale Kommunikation* einbeziehen (Scheufele 2002, Eveland und Thomson 2006). Politische Gespräche und Diskussionen verstärken den Beitrag der Mediennutzung zum Wissenserwerb, allerdings nur bei der Nutzung von politischen Nachrichten in der Zeitung, nicht im Fernsehen. Es ist plausibel anzunehmen, dass politisches Interesse, politisches Wissen und die Bereitschaft zur politischen Diskussion nur unterschiedliche, aber eng miteinander verbundene Ausdrucksformen einer gemeinsamen Grundorientierung sind (Wirth 1997, vgl. auch Gabriel 1999).

Auf der anderen Seite lassen sich ausbleibende Lerneffekte beim Fernsehen in ähnlicher Weise motivational erklären. Fernsehnutzung – insbesondere Vielfernsehen – ist meist gleichbedeutend mit einer Unterhaltungsorientierung und mit geringem Interesse an Politik. Das schließt allerdings zufälliges oder „passives" Lernen durch den bloßen Medienkontakt nicht grundsätzlich aus, so dass unter bestimmten Bedingungen auch die reine Quantität der Mediennutzung zu politischer Informiertheit führt, beispielsweise in Wahlkämpfen mit sehr hohem Kampagnendruck (vgl. etwa Blumler und McQuail 1968: 161 ff., Chaffee und Kanihan 1997, Schoenbach und Lauf 2004). Und insbesondere dann, wenn Unterhaltungssendungen auch politische Inhalte transportieren, etwa beim Auftritt politischer Prominenz in populären Shows, kann das bei politisch wenig interessierten Personen zu einem besseren Verständnis politischer Zusammenhänge führen. Dies zeigt eine Studie am Beispiel US-amerikanischer „daytime talk shows" wie *Oprah Winfrey*, *Rosie O'Donnell* oder *Jerry Springer* (Baum und Jamison 2006).

Schließlich kann Mediennutzung auch eine „Wissensillusion" erzeugen, kann das Gefühl hervorrufen, informiert zu sein, auch wenn man tatsächlich über das aktuelle Geschehen gar nicht genau Bescheid weiß (Winterhoff-Spurk 2001: 163). Das lässt sich an den Daten einer Umfrage zeigen, die neben der Mediennutzung der Befragten auch deren subjektive und objektive Informiertheit ermittelte. Tabelle 5.4 zeigt den Zusammenhang zwischen verschiedenen Indikatoren der Mediennutzung und der Informiertheit. Dazu wurden Partialkorrelationen höherer Ordnung berechnet, die den Zusammenhang jeweils um etwaige störende Einflüsse demographischer Merkmale, politischer Einstellung und Motivation bereinigen. Auch Einflüsse der verschiedenen Arten der Mediennutzung untereinander sind herausgerechnet, so dass die Koeffizienten nur noch die jeweils spezifische Bedeutung der einzelnen Mediennutzungsindikatoren ausweisen.[146]

---

146 Zu weiteren methodischen Details vgl. die Anmerkungen in Tabelle 5.4 sowie unten Abschnitt 5.4.1

Tabelle 5.4: Objektive und subjektive Informiertheit über aktuelle Ereignisse

	Ereignisse wiedererkannt (gestützte Ermittlung)	Ereignisse genannt (ungestützte Ermittlung)	subjektive Informiertheit
TV-Sehdauer über dem Durchschnitt	.05	-.02	.08
Sehe regelmäßig Fernsehnachrichten	.17*	.09	.13*
Habe kürzlich bestimmte politische Sendungen gesehen	.13*	.13*	-.01
Höre regelmäßig Radio-Nachrichten	.16*	.16*	.08
Lese regelmäßig die Bild-Zeitung	.04	-.05	.13*
Lese regelmäßig lokale Abo-Zeitung	-.03	-.12	-.11
Mindestens zwei lokale oder überregionale Zeitungen als regelmäßige Informationsquelle genannt	.14*	.03	.07

Die Werte in der Tabelle sind Partialkorrelationen: Simultan kontrolliert wurden Geschlecht, Alter, Bildung, politisches Vorwissen, politisches Interesse, politische Beteiligungsbereitschaft, parteipolitische Orientierung sowie jeweils alle übrigen der in der Tabelle aufgeführten Mediennutzungsindikatoren.
Ereignisse wiedererkannt: Den Befragten wurden Schlagzeilen von rund 40 Ereignissen aus der Zeit vor dem Interview vorgelegt, von denen sie alle benennen sollten, von denen sie einmal „etwas im Fernsehen gesehen, im Radio gehört oder in der Zeitung gelesen" hatten. In die Berechnung ging die Anzahl der Nennungen ein.
Ereignisse genannt: Anzahl der Nennungen auf die offene Frage: „Können Sie sich noch an bestimmte Ereignisse der letzten drei bis vier Wochen erinnern? Bitte nennen Sie mir alles, was Ihnen gerade einfällt, ganz gleich, ob Ereignisse aus Deutschland oder aus dem Ausland."
Subjektive Informiertheit: Frage: „Haben Sie das Gefühl, dass Sie im Allgemeinen ausreichend darüber Bescheid wissen, was in der Politik vor sich geht?"
*) Signifikanz p<.05

Das Ergebnis zeigt einmal mehr, dass der zeitliche Umfang der Fernsehnutzung weder objektiv noch subjektiv die Kenntnis aktueller Ereignisse fördert. Nur die gezielte Nutzung von Nachrichten und politischen Sendungen verbessert die Kenntnisse. Das trifft entsprechend auch auf das Hören von Radio-Nachrichten zu. Zeitungslesen führt nach diesen Ergebnissen nur teilweise zur Verbesserung der Kenntnisse, und zwar dann, wenn mindestens zwei seriöse Blätter regelmäßig genutzt werden.[147] Der Effekt der Mediennutzung ist, wie nicht anders zu erwarten, am deutlichsten mit der gestützten Ermittlung nachweisbar, d.h. beim Wiedererkennen von Nachrichtenschlagzeilen. Das Lesen der *Bild-Zeitung* hat objektiv keinen Informationsgewinn zur Folge, ruft aber das subjektive Gefühl hervor, informiert zu sein. Dieses Gefühl ist auch bei regelmäßiger Nutzung der Fernsehnachrichten ausgeprägt, stimmt hier allerdings mit der objektiven Feststellung von Kenntnissen überein. Anders ist das beim Lesen der Bild-Zeitung; sie erzeugt nur eine Wissensillusion (vgl. auch Park 2001).

5.2.2 Lerneffekte politischer Mediennutzung

Untersuchungen über das Ausmaß des Lerneffekts politischer Mediennutzung sind auf den ersten Blick teils widersprüchlich, teils enttäuschend. So kommen verschiedene empirische Untersuchungen zu dem Ergebnis, dass die aktuelle politische Berichterstattung allenfalls geringe Wissenszuwächse erzielt. Mediennutzer können in entsprechenden Tests nur einen geringen Anteil der in den Nachrichten präsentierten Ereignisse bzw. Einzelinformationen rekapitulieren. Am besten erinnert werden Topmeldungen und Meldungen mit einem negativen Inhalt. Gestaltungsmerkmale wie eine adäquate Bebilderung können den Wissenserwerb ebenfalls – wenn auch nur geringfügig – verbessern. Zeitungslesen scheint positive Effekte nur bei politisch Interessierten und bereits gut Informierten zu haben. Die Fernsehnutzung führt, wenn überhaupt, eher bei politisch schwach motivierten Zuschauern und bei Kindern zu Informationsgewinnen.[148]

Der Informationstransfer von den Medien zu den Rezipienten durchläuft mehrere Selektionsphasen (vgl. Donsbach 1991). Am Beispiel von Fernsehnachrichten zeigt Ruhrmann (1989: 92) modellhaft, wie gering der Informationstransfer ist, wenn man objektive Kriterien an die Richtigkeit und das Verständnis der Nachrichteninhalte anlegt. Er errechnet einen „effektiven Wirkungsgrad" von gerade einmal drei Prozent, d.h. von den Zuschauern korrekt wiedergegebene und verstandene Nachrichteninhalte, bezogen auf das Nachrichtenangebot der Fernseh-

---

147 Dass sich die Nutzung der lokalen Abonnementzeitung, wenn man sie von der übrigen Mediennutzung isoliert, nicht günstig – sondern tendenziell sogar ungünstig – auf die Informiertheit auswirkt, ist zum einen dadurch erklärbar, dass die Ermittlung und Auswertung vor allem auf politische und überregionale bzw. internationale Ereignisse abstellte. Zum anderen könnte das Ergebnis auch durch die rigorose Kontrolle motivationaler Variablen bedingt sein. Mit anderen Worten: Wenn man das Zeitungslesen von seiner motivationalen Komponente isoliert, also von der aktiven Zuwendung zu politischen Inhalten, scheint es nicht mehr mit der Informiertheit zu korrelieren. Beim Fernsehen und Radiohören treten dagegen auch ohne die motivationale Komponente Effekte durch beiläufiges („passives") Lernen auf.

148 Vgl. Robinson und Levy (1986), Gunter (1987a), Davis und Robinson (1989), Weaver (1996), Chaffee und Frank (1996), Chaffee und Kanihan (1997), Wirth (1997), Gleich (1998), Walma van der Molen (2001), Kepplinger (2002)

sender. Die Parameter, die in diese Rechnung eingehen, sind zwar wenig gesichert und zudem variabel (z.b. abhängig vom Vorwissen und Interesse der Zuschauer). Gleichwohl ist die Größenordnung der Transferrate unter den Annahmen des Modells nicht ganz unrealistisch.

Informiertheit im Langzeitvergleich

Enttäuschend sind auch die Erkenntnisse zur längerfristigen Entwicklung der politischen Informiertheit der Bevölkerung. Für Westdeutschland zeigt ein Vergleich der Antworten auf politische Wissensfragen, die in repräsentativen Bevölkerungsumfragen gestellt wurden, keine nennenswerte Zunahme der politischen Informiertheit im Zeitraum von 1953 bis 1979, obwohl im gleichen Zeitraum das Interesse der Bevölkerung an Politik erheblich zunahm (Noelle-Neumann 1992b: 230). Ähnliche Null-Ergebnisse belegen US-amerikanische Untersuchungen, die Zeitvergleiche über mehr als vier Jahrzehnte ermöglichen. In den USA ging dies zudem einher mit einem Schwund des politischen Interesses der Bevölkerung (Bennett, S. E. 1988, Bennett 1989, Delli Carpini und Keeter 1996).

An diesen Ergebnissen ist vor allem irritierend, dass ein Zuwachs an politischem Wissen der Bevölkerung ausblieb, obwohl in den Vergleichszeiträumen die Massenmedien enorm expandierten und auch das Medienangebot an politischer Information um ein Vielfaches zunahm. Irritierend ist zudem, dass sich der Zusammenhang zwischen politischem Wissen und Mediennutzung abschwächte, wie Analysen für die USA belegen (Sotirovic und McLeod 2004: 370).

Zur Erklärung der auf den ersten Blick enttäuschenden Befunde kann die Forschung inzwischen einiges beitragen. Dabei änderte sich die Perspektive der Forschung im Laufe der Zeit. Als in den 1940er Jahren empirische Studien einen ersten Überblick darüber vermittelten, wie wenig die Bürger aus den Massenmedien lernen, war die Enttäuschung groß, wie man an einem viel zitierten Aufsatz von Hyman und Sheatsley (1947) erkennen kann. Die Autoren erklärten die Befunde in erster Linie mit dem Phänomen der *Selektivität*: Die Mediennutzer entnehmen den Medien, was ihren schon vorhandenen Kenntnissen und Einstellungen entspricht; infolgedessen profitieren am ehesten die Personen vom Informationsangebot der Medien, die schon am besten informiert sind, während die „chronisch Unwissenden" – wie Hyman und Sheatsley sie nannten – nichts dazulernen, weil ihnen die nötigen Voraussetzungen fehlen.

Die Perspektive änderte sich nach dem Aufkommen des Fernsehens. Eine Vielzahl von Studien – vor allem in den 1970er Jahren – konzentrierte sich auf Fragen der politischen Sozialisation und konnte nun Informationsgewinne durch Mediennutzung nachweisen, und zwar bei Kindern und Jugendlichen wie auch bei Erwachsenen mit wenig kognitiver Kompetenz und geringem Vorwissen.[149] Eine Er-

---

149 Vgl. Kraus und Davis (1976), Atkin (1981), Bonfadelli (1981: 336 ff.), Garramone und Atkin (1986), Kepplinger und Mathes (1987), Eveland McLeod und Horowitz (1998); ein paar verstreute Hin-

klärung für den Lernerfolg lautet, dass infolge der Medienexpansion eine Informationssättigung der „elektronischen Umwelt" eintritt, so dass sich die Bürger den politischen Mitteilungen gar nicht mehr entziehen können (Noelle-Neumann 1970, Gerbner et al. 1982). Es kommt zu Überrumpellungseffekten (*trap effects*) und zu „passivem Lernen" (Zukin 1981: 375, Zukin und Snyder 1984, Delli Carpini, Keeter und Kennamer 1994, Schoenbach und Lauf 2004).

Der Wandel des Forschungsparadigmas

Die weitere Entwicklung der Forschung ist dadurch gekennzeichnet, dass erstens die Determinanten und Bedingungen systematisch spezifiziert wurden, von denen das Ergebnis der Mediennutzung abhängt. Zweitens änderten sich die Anforderungen an das Ergebnis, d.h. an die politische Informationsvermittlung durch Massenmedien. Und drittens wurde das bis dahin vorherrschende Medienwirkungsparadigma abgelöst; es definierte politische Informationsvermittlung als einen Prozess des sozialen Lernens, ausgehend von den Mitteilungen bzw. von den Vermittlungsabsichten des Kommunikators. Nun rückte der Rezipient in den Mittelpunkt und dessen aktive Informationsverarbeitung. Zugleich änderten sich die Erfolgskriterien der Informationsvermittlung.

Eine Vielzahl von Untersuchungen zu den Determinanten und Bedingungen der medialen Informationsvermittlung hat inzwischen vor allem eines klar gemacht, nämlich dass Mediennutzung mit dem politischen Lernen im Schulunterricht wenig gemein hat. Das Ergebnis der Mediennutzung variiert nicht nur abhängig von den Inhalten der politischen Kommunikation, von deren Komplexität, Aufmachung und Gestaltung (z.B. Visualisierung, Text-Bild-Beziehung, Schnittgeschwindigkeit bei Film- bzw. Fernsehdarbietungen) oder von der Verwendung konkreter Beispiele (zur Verdeutlichung abstrakter Sachverhalte); ausschlaggebend sind auch die spezifischen Vermittlungs- und Nutzungsbedingungen der verschiedenen Medien (Presse, Radio, Fernsehen, Internet usw.), das Medienimage, das Umfeld, in dem die Inhalte platziert sind, sowie die allgemeine Nachrichtenlage. Eine große Rolle spielen vor allem individuelle Merkmale der Rezipienten wie Geschlecht, Alter, formale Bildung, Medienkompetenz (*media literacy*) und Medienbindung, politisches Vorwissen, allgemeines Interesse an Politik und spezifisches Themeninteresse, persönliche Betroffenheit, situationsabhängige Nutzungs- bzw. Lernmotivation, Aufmerksamkeit und Beeinflussbarkeit.[150]

Nicht zuletzt variieren die Ergebnisse in Abhängigkeit vom Untersuchungsdesign und von den Anforderungen an die Informationsvermittlung. Es macht zum Beispiel einen Unterschied, ob experimentell unter Laborbedingungen oder mit

---

weise finden sich auch im umfangreichen Themenheft „Sozialisation durch Massenmedien" der Zeitschrift Publizistik, Jg. 33, 1988, H. 2-3.

150　Vgl. u.a. Robinson (1986, 1996), Gunter (1987a, 2001), Brosius (1995), Price (1996), Wirth (1997), Gleich (1998, 2000), Goertz (1998), Kuhn (2000), Graber (2001), Sotirovic (2004), Shah (2008)

Umfragen im „Feld" gemessen wird, ob man den Lernerfolg bzw. die mediale Informationsvermittlung aus Sicht des Kommunikators oder des Rezipienten definiert.

Die politischen Anforderungen an die Informationsvermittlung durch Massenmedien, wie sie in der frühen Forschung vorherrschten und z.b. auch in der oben referierten *Spiegel*-Studie zum Ausdruck kommen, bezeichnet Norris (2000: 209 ff.) als „staatsbürgerkundlichen Irrtum" (*civics fallacy*). Die enge Definition von politischer Informiertheit als *Faktenwissen*, z.b. über politische Institutionen, Parteien, Programme und Politiker, hält sie für nicht angemessen (vgl. auch Graber 1994). Unter dieser Voraussetzung die Informationsvermittlung durch Mediennutzung zu überprüfen, heißt, sie als staatsbürgerkundlichen Unterricht missverstehen.

Inzwischen legt die empirische Forschung häufiger Erfolgskriterien an, die auf die Verarbeitung politischer Medieninhalte abzielen, wie z.b. die Formation und Veränderung von „Kognitionen", Vorstellungen, „Strukturwissen" oder Hintergrundwissen (vgl. etwa Schönbach 1983: 26 ff., Früh 1994, Scherer 1997, Wirth 1997, Eveland, Marton und Seo 2004). Im Kontext von Wahlkampagnen wird Informationsvermittlung z.b. an der Themenwahrnehmung durch die Wähler ermittelt, ebenso an der Zuordnung der Themen bzw. der Problemlösungskompetenz zu den Parteien oder an der Zuschreibung von Personenmerkmalen (*images*) zu den Kandidaten (vgl. etwa Weaver 1996, Holbrook 2002).[151] Noch einen Schritt weiter in Richtung auf handlungsorientiertes Verständnis gehen Baum und Jamison (Baum und Jamison 2006), die – im Anschluss an Lau und Redlawsk (1997) – eine „richtige" – d.h. konsistente – Wahlentscheidung zum Erfolgskriterium der Mediennutzung machen. Sie prüfen, inwieweit die Wahlentscheidung der Wähler tatsächlich ihren politischen Präferenzen entspricht.

Diese Forschungspraxis wie auch die Kritik am „staatsbürgerlichen Irrtum" der Forschung ist Teil einer grundlegenden Umorientierung, der Hinwendung zum Informationsverarbeitungsansatz (*information processing approach*) oder – wie es in Deutschland meist heißt – zur *Rezeptionsforschung*. Teil der Umorientierung ist die Annahme eines *aktiven* Publikums, das über die Rezeption und Verarbeitung politischer Mitteilungen nach eigenem Ermessen entscheidet. Die Entwicklung wurde wesentlich durch Erkenntnisse der kognitiven Psychologie über die Gesetzmäßigkeiten der menschlichen Informationsverarbeitung befördert.

5.2.3 Verarbeitung politischer Medieninhalte

Der Mensch ist ein Informationsverarbeitungssystem mit sehr begrenzter Kapazität, er ist ein „kognitiver Geizhals" (*cognitive miser*). Er entspricht so gar nicht dem Bild des *Homo politicus*, von dem die Theorie der Demokratie annimmt, dass er eine

---

151 Vgl. dazu auch unten die Abschnitte 6.3 und 6.4

breite Informationsfülle quasi wissenschaftlich-rational zu einem wohl abgewoge-
nen Urteil verarbeit. Im Regelfall nimmt er von der verfügbaren Information nur
das Notwendigste auf, verarbeitet dieses nach einer „Alltagsrationalität", d.h. mit
möglichst geringem Aufwand und keineswegs systematisch, sondern unter Anwendung schlichter *Heuristiken*. „Heuristiken kann man als kondensierte Alltagserfahrung auffassen, mit der die Bildung von Urteilen und das Treffen von Entscheidungen routinehaft verkürzt werden" (Brosius 1995: 131, vgl. Textbox 5.1).

Textbox 5.1: Wie Menschen mediale Information verarbeiten

■ Information wird selektiv verarbeitet. Die Selektivität ist sowohl mitteilungsgesteuert wie auch rezipientengesteuert.

■ Mediale Mitteilungen werden meist beiläufig und ohne besonderes
  Engagement wahrgenommen; dabei lassen sich die Rezipienten von
  peripheren Reizen ablenken.

■ Einzelheiten der Mitteilungen werden schon während der Informationsauf-
  nahme in allgemeine semantische Kategorien überführt.

■ Die Rezipienten verkürzen und vereinfachen die Mitteilungsinhalte nach
  Maßgabe bewährter Faustregeln und Vorurteile (Stereotypen).

■ Sie bilden ihre Urteile schon während der Rezeption und nicht erst im Anschluss daran.

■ Bei der Urteilsbildung orientieren sie sich an Informationen, die ihnen aus
  dem Alltag vertraut sind und die ihnen zum Zeitpunkt des Urteils leicht in
  den Sinn kommen.

(nach Brosius 1995: 99 ff.)

Die politischen Lernprozesse, die von den Massenmedien ausgehen, sind meist
oberflächlich, so dass sie sich zwar noch kurzfristig nachweisen lassen, aber keine
dauerhaften Gedächtnisspuren ausbilden. Die Aufmerksamkeit der Mediennutzer
ist selektiv und oft auf episodische und nebensächliche Aspekte der Mitteilung gerichtet; d. h. sie folgt eher der „peripheren" als der „zentralen" Route (Petty und
Cacioppo 1984, Schenk 2002: 254 ff.). Vor allem besonders auffällige und lebhafte
Mitteilungen, drastische Sprache, emotionale Bilder, dramatische Szenen und illu-
strierende Fallbeispiele hinterlassen den nachhaltigsten Eindruck auf das Urteil der
Leser, Hörer und Zuschauer. Das gilt mehr noch für Radio und Fernsehen als für
Zeitungen (vgl. Berry 1983, Gunter 1987a, Horstmann 1991, Brosius 1995, Graber
2001, Winterhoff-Spurk 2004).

Medieninhalte – auch politische Nachrichten – werden nicht „rational" verarbeitet, um zu einem wohlbegründeten Urteil zu kommen. Vielmehr wenden die Rezipienten auf die mediale Information die gleichen Heuristiken an, wie sie auch für die Informationsverarbeitung in der alltäglichen sozialen Kommunikation gebräuchlich sind. Heuristische Verarbeitung dient in erster Linie nicht der Erweiterung des politischen Wissens, sondern der Urteilsbildung über die relative Bedeutung politischer Ereignisse oder Probleme. Vom politischen Informationsangebot der Medien wird am ehesten das wahrgenommen und behalten, was für die Rezipienten erkennbaren Nutzen und persönliche Handlungsrelevanz hat (Scherer 1997: 294 ff., Norris 2000: 213).

Neue Information lässt sich nur aufnehmen, wenn sie mit vorhandener, im kognitiven System abgespeicherter Information abgeglichen und zu dieser in Beziehung gesetzt wird. Insofern ist Informationsverarbeitung immer *selektiv*, d.h. dass am ehesten solche Fakten und Meinungen aufgenommen werden, die mit den bereits gespeicherten vereinbar sind. Vorwissen und Vorurteile bestimmen ganz wesentlich, ob und wie die neue Information verarbeitet wird. Vorwissen erweist sich in empirischen Studien gemeinhin als der beste Prädiktor für den Erwerb neuen Wissens, besser als andere Persönlichkeitsmerkmale und besser auch als Mediennutzung (Price und Zaller 1993, Moy und Pfau 2000: 44).

Das in der Rezeptionsforschung zentrale *Schema*-Konzept nimmt darauf Bezug. Als Schemata werden die vorhandenen kognitiven Muster bezeichnet, die das Weltwissen eines Individuums organisieren und sein (politisches) Handeln anleiten. Schemata steuern die Wahrnehmung und Interpretation neuer Information wie auch den Zugriff auf kognitiv gespeichertes Weltwissen (vgl. Graber 1984: 22 ff., Wicks 1992, Vowe 1994, Schenk 2002: 269 ff.). Informationsverarbeitung und Urteils- bzw. Meinungsbildung verlaufen dabei zeitlich parallel und in wechselseitiger Abhängigkeit.

Realitätsvermittlung durch Massenmedien

Dementsprechend interessiert sich die neuere Forschung auch weniger für die Menge des akquirierten Faktenwissens als vielmehr für die Frage, welches Politikbild die Bürger mit Hilfe medialer Information konstruieren. Welchen subjektiven Sinn entnehmen sie den Nachrichten? Welche Schemata bringen sie dabei in Ansatz? Die auf politische Medieninhalte bezogene Rezeptionsforschung hat dies inzwischen in eine Vielzahl empirischer Studien umgesetzt.

Ein Beispiel dafür ist die aufwendige Panelstudie von Früh (1994), die unter kontrollierten, aber doch natürlichen Bedingungen der Frage nachging, welche Vorstellungen bei den Rezipienten aus Medienberichten resultieren. Es handelte sich um insgesamt 57 verschiedene Fernseh-, Radio- und Presseberichte zu drei politischen Themen (Sterbehilfe, Streik in der Metallindustrie und Parteispendenaffäre), deren Inhalte minutiös mit den von den Mediennutzern reproduzierten

Themenvorstellungen verglichen wurden.[152] Einen Tag nach der Rezeption der Medienbeiträge erinnerten die getesteten Personen im Durchschnitt nur noch gut 15 Prozent der in den Beiträgen erwähnten Sachverhalte, Handlungen, Personen und Attribute, eine Woche später nur noch gut 12 Prozent.

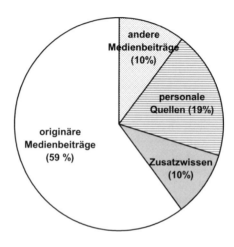

Abbildung 5.2: Quellen rekapitulierter Medienbeiträge (Früh 1992: 78)

Betrachtet man allerdings die reproduzierten Themenvorstellungen der Testpersonen, so lässt sich davon gut die Hälfte auf die originären Medienbeiträge zurückführen (Abbildung 5.2). Der große Rest stammt teils aus anderen Quellen, teils aus dem Vorwissen der Rezipienten bzw. aus eigenen Schlussfolgerungen (Zusatzwissen).

Aufschlussreich ist vor allem, wie sich die rekapitulierten Vorstellungen zu den Medienbeiträgen verhalten. So werden die begrifflich fassbaren Elemente wie Personen, Handlungen, Orte, Sachen und Eigenschaften in etwa als proportional verkleinertes Abbild der Berichterstattung erinnert. Semantische Strukturen – z.B. additive, kausale, finale Verknüpfungen – werden jedoch modifiziert. Die Rezipien-

---

152 Die Reproduktionen wurden in Feldinterviews abgefragt, gestützt durch themenunspezifische Erinnerungshilfen, und zwar in einer Kombination von offenen Fragen und Kärtchen mit Stichworten, die sich u.a. auf Personen, Orte, Ursachen und Konsequenzen von Handlungen oder Sachverhalten bezogen (vgl. Früh 1994: 98).

ten konstruieren eine eigene Themenvorstellung, indem sie die aus den Medien (und aus anderen Quellen) selektierten Informationselemente rekombinieren und mit ihrem Vorwissen anreichern. Allerdings stammt auch ein Teil des Vorwissens wiederum aus den Medien (Früh 1994: 400).

Fragt man in empirischen Untersuchungen nur vordefinierte Fakten ab, so kann man allenfalls einen Teilaspekt der Wissensaneignung messen. Die bedeutsameren Aspekte der kognitiven Konstruktion politischer Vorstellungen werden so nicht erfasst. Die Abfrage vordefinierter Fakten geht überdies implizit von der Annahme aus, dass politische Medieninhalte mit einer Lernmotivation genutzt werden. Tatsächlich wenden sich viele Mediennutzer der Berichterstattung aber gar nicht in der Absicht zu, Fakten zu lernen. Es kommt ihnen vielmehr darauf an herauszufinden, welches die zur Zeit wichtigen politischen Probleme sind und welche öffentliche Meinung dazu vorherrscht; oder sie wollen sich ganz einfach versichern, „dass die Welt noch steht", d.h. dass nichts Dramatisches passiert ist, was sie persönlich betreffen könnte. Und schließlich kann die Nutzung politischer Information in den Medien auch der Unterhaltung und Zerstreuung dienen oder einfach dazu, den Tagesablauf zu strukturieren (Winterhoff-Spurk 1983, 2004).

Die Bedeutung des Bildungssyndroms

Wie die oben präsentierten Ergebnisse aus der *Spiegel*-Studie zeigen, hat die Motivation einen entscheidenden Einfluss auf die Aneignung politischen Wissens. Personen mit einem starken Interesse an Politik profitieren weit mehr von der Mediennutzung als wenig oder überhaupt nicht an Politik Interessierte. Politisch Interessierte haben zudem schon ein breiteres politisches Vorwissen als Uninteressierte, und empirisch lässt sich feststellen: Wer schon viel über Politik weiß, der lernt auch mehr hinzu (Price und Zaller 1993, Price und Czilli 1996). Interesse und Wissenserwerb bedingen sich wechselseitig; zwischen Motivation und politischer Informiertheit besteht eine reziproke Kausalbeziehung (Eveland, Shah und Kwak 2003).

Diese Merkmalsbeziehung wird durch einen weiteren Faktor nachhaltig geprägt, nämlich durch hohe Schulbildung. Wirth fasst daher die Personenmerkmale, die sich am stärksten auf das politische Wissen auswirken, mit dem Begriff *Bildungssyndrom* zusammen (Wirth 1997: 216-229). Das Bildungssyndrom ist gekennzeichnet durch eine hohe Schulbildung, ausgeprägtes politisches Interesse und Vorwissen sowie durch eine Vorliebe für Printmedien und durch aufmerksame und konzentrierte Mediennutzung.

Die Bezeichnung Bildungssyndrom bringt zum Ausdruck, dass in der Schule die Voraussetzungen für die politische Informiertheit geschaffen werden. Auch die Erfahrungen in der Familie spielen eine Rolle, so dass man allgemein und in wissenschaftlicher Terminologie sagen kann: Entscheidend für die Entwicklung von politischer Kompetenz ist die politische Sozialisation. Wer längere Zeit im Bildungssystem verbringt, entwickelt einen breiteren Interessenhorizont und auch ein Interesse für Politik. Zugleich werden Grundlagen des politischen Wissens geschaffen, die wichtige Voraussetzungen für den Erwerb weiteren Wissens sind. Und nicht zuletzt fördert die Schulbildung die Medienkompetenz, und zwar insbesondere den Umgang mit gedruckter Information.

Diese Zusammenhänge machen deutlich, wie wichtig einerseits die Sozialisation für die politische Informiertheit und die Meinungsbildung der Bürger ist, wie wichtig es z.b. auch ist, in der Schule Grundlagen des politischen Wissens zu vermitteln und Medienkompetenz – vor allem auch Lesekompetenz – zu fördern. Andererseits wird verständlich, warum die Massenmedien allenfalls kurzfristige Lernerfolge erzielen können, aber kaum in der Lage sind, dauerhaft Defizite der politischen Bildung auszugleichen. Wer nur geringes politisches Vorwissen, kein Interesse an Politik und eine schwache Medienkompetenz besitzt, dem nützen die politischen Informationen in den Massenmedien wenig. Wer allerdings schon gut vorinformiert ist, sich für Politik interessiert und mit Printmedien umgehen kann, der profitiert auch vom politischen Informationsangebot der Massenmedien.

5.3 Medienexpansion und Wissenskluft

Dass Ungleichheiten die politische Mediennutzung und die Verteilung des politischen Wissens kennzeichnen und dass dafür Merkmale wie Bildung und Interesse verantwortlich sind, zeigen auch die Ergebnisse aus der *Spiegel*-Studie zum politischen Wissen der Deutschen.[153] Der Befund ist seit den Anfängen der empirischen politischen Kommunikationsforschung bekannt. Vor allem die Schwierigkeit, Wissensunterschiede durch Massenkommunikation abzubauen, war immer wieder Anlass zu besorgten Reaktionen. Hyman und Sheatsley (1947: 413) bemerkten resigniert: „There exists a hard core of chronic *know-nothing's.*"

Eine besondere Bedeutung erhält dieser Befund vor dem Hintergrund der Forderung nach Chancengleichheit politischer Beteiligung. Informiertheit gilt als eine wichtige Voraussetzung der Beteiligung an Politik. Nur wenn die Bürger über das aktuelle Geschehen informiert sind, wenn sie über politische Institutionen, Themen, Ereignisse und Akteure Bescheid wissen, können sie ihre Rolle als Staatsbürger kompetent wahrnehmen. Angesichts der informationellen Ungleichverteilungen in der Gesellschaft fällt es schwer, an eine Chancengleichheit der politischen Beteiligung zu glauben.

Der hier angesprochene Problemzusammenhang spielt in der Diskussion über die Chancen und Risiken der Medienentwicklung eine wichtige Rolle, die immer dann die Öffentlichkeit beschäftigt, wenn das Mediensystem expandiert. Optimisten erwarten von neuen Medien und der Ausweitung des Medienangebots, dass

---

153 Vgl. Tabelle 5.3

damit einerseits die Menge und Vielfalt der verfügbaren Information zunimmt, andererseits auch die Informiertheit und die politische Kompetenz der Bürger. Diese Erwartungen knüpften sich bisher an jeden größeren Entwicklungsschub der Medien, zuletzt an die Entwicklung des Internets. Skeptiker halten dem entgegen, dass jedes neue Medium – auch das Internet – in erster Linie von den bereits gut Informierten, den Gebildeten und politisch Interessierten als Quelle politischer Information genutzt wird und daher vor allem deren Informiertheit weiter steigert.

5.3.1 Die Hypothese der wachsenden Wissenskluft

Die *Hypothese der wachsenden Wissenskluft* pointiert die skeptische Position, indem sie bezweifelt, dass die Massenmedien den in der Informationsfunktion impliziten normativen Anforderungen gerecht werden können (Bonfadelli 2005). Die von Soziologen der Universität von Minnesota um 1970 formulierte These lautet sinngemäß, dass die Ungleichverteilung des Wissens eher größer wird, da von einem wachsenden medialen Informationsangebot eher die schon Wissensprivilegierten als die Unterprivilegierten profitieren (vgl. Textbox 5.2).

Textbox 5.2: Die Hypothese der wachsenden Wissenskluft

„As the infusion of mass media information into a social system increases, segments of the population with higher socioeconomic status tend to acquire this information at a faster rate than the lower status segments, so that the gap in knowledge between these segments tends to increase rather than decrease."

Quelle: Tichenor, Donohue und Olien (1970: 159 f.)

Die Wissenskluft-Hypothese erreichte, wohl weil sie ein geläufiges Denkmodell, nämlich das der marxistischen Verelendungstheorie aufgreift und auf die Verfügung über Wissen anwendet, eine starke Beachtung. So prägnant die These auf den ersten Blick ist, so unscharf erwies sie sich bei genauerem Hinsehen. Sie präzisiert u.a. nicht hinreichend, ob eine Aussage über sozialstrukturelle (Makro-) oder kognitive (Mikro-)Tatsachen gemeint ist, ob sich die Kluft nur zeitweise oder permanent vergrößert und auf welche Art von Information bzw. Wissen sie sich bezieht. Die Minnesota-Gruppe wie auch andere Autoren haben versucht, einige dieser Defizite in späteren Veröffentlichungen zu beseitigen. Inzwischen liegen dazu weit mehr als 100 empirische Studien vor.

Zu den operationalen Präzisierungen der These gehört, dass meist die Wissenskluft zwischen Personen mit geringer und hoher Schulbildung betrachtet wird. Daneben wurde theoretisch (und teils auch empirisch) eine Reihe von Randbedingungen und intervenierenden Variablen identifiziert, die den Zusammenhang zwischen medialem Informationsangebot und Wissensverteilung spezifizieren, wie u.a. Themenbereich und Komplexität des Wissens, Intensität der Behandlung eines Themas in den Medien, Zeithorizont der Betrachtung, Struktur des sozialen Kontextes und andere Makrovariablen; ferner Interesse, Vorwissen, personale Kommunikation und andere Individualmerkmale (vgl. Gaziano 1983, Saxer 1985, Horstmann 1991, Viswanath und Finnegan 1996, Bonfadelli 1994, 2005).

Unterschiedliche Erklärungen wurden und werden vor allem hinsichtlich der entscheidenden Determinante von Ungleichverteilungen des Wissens und Veränderungen von Wissensklüften angeboten. In der ursprünglichen Formulierung der These wird der „sozioökonomische Status" als Ursache von Wissensklüften angenommen (vgl. Textbox 5.2). In empirischen Studien wird das Statuskonzept meist als Schulbildung operationalisiert. Andere Autoren nehmen an, dass motivationale Faktoren – wie das politische Interesse – entscheidende Determinanten sind. Bonfadelli bezeichnet die erstere Erklärung als *Defizit-Modell* und die letztere als *Differenz-Modell*; erstere erklärt Wissensklüfte aus kognitiven Defiziten bestimmter Bevölkerungssegmente, letztere aus unterschiedlich ausgeprägter Motivation der Bevölkerungssegmente. Im Anschluss an Ettema und Kline (1977) nimmt Kwak (1999) eine Wechselwirkung dieser Faktoren untereinander und mit der Nutzung verschiedener Massenmedien an. Er nimmt zudem an, dass Printnutzung eher zur Öffnung, Fernsehnutzung dagegen zur Schließung von Wissensklüften beiträgt.[154]

Wie viele Studien untersucht auch diese lediglich Ungleichheiten der Wissensverteilung zu einem Messzeitpunkt, aber keine *Veränderungen* des Wissens im Zeitverlauf, wie es eine Prüfung der Hypothese der *wachsenden* Wissenskluft eigentlich erforderte. In einer Meta-Analyse kommt Bonfadelli (1994:222 ff.) zu dem Ergebnis, dass die überwiegende Mehrzahl der relevanten empirischen Studien eine gesellschaftliche Ungleichverteilung des (meist politischen) Wissens belegt. Die Auswertung bezieht sich auf meist US-amerikanische Studien aus den 1970er und 1980er Jahren (und einige „Vorläufer"), überwiegend Querschnittstudien mit nur einem Messzeitpunkt. Immerhin gibt es auch einige Langzeitstudien, und von diesen weist gut die Hälfte ein Anwachsen von Wissensklüften nach. Soweit der Einfluss der Mediennutzung dabei überprüft wurde, sind die Befunde, wie es

---

154 Kwak kann dies auch in einer Untersuchung von Wissensunterschieden im amerikanischen Präsidentschaftswahlkampf empirisch belegen. Andere Untersuchungen finden dagegen keinen derartigen Medieneinfluss (vgl. etwa Horstmann 1991).

Bonfadelli ausdrückt, „gemischt" (S. 224 f.). Das liegt zum Teil an konzeptionellen Unschärfen und methodischen Unzulänglichkeiten der Studien.

Darüber hinaus sind Wissensverteilungen und Veränderungen von Wissensklüften auch abhängig vom sozialen, medialen und politischen Kontext, u.a. vom Bildungs- und Wissensniveau der Bevölkerung, vom Informationsangebot der Medien, von Konflikten oder Kontroversen auf wissensrelevanten Themenfeldern (Viswanath und Finnegan 1996). Daher ist es notwendig, die für den nationalen Kontext charakteristischen Faktoren – am besten international vergleichend – zu spezifizieren bzw. zu variieren.

5.3.2 Medienwandel und Wissensentwicklung der Deutschen

Wenn man die Hypothese der wachsenden Wissenskluft beim Wort nimmt, braucht man zu ihrer Überprüfung Langzeitstudien, die Zeiträume übergreifen, in denen durch Wandel des Mediensystems eine deutliche Zunahme des verfügbaren Informationsangebots eintritt. Solche Situationen gab es seit der Mitte des letzten Jahrhunderts in Deutschland viermal: In den 1950er Jahren, als nach Ende der Hitler-Diktatur und nach Aufhebung der alliierten Kontrollen das Mediensystem stark expandierte; in den 1960er Jahren mit der Ausbreitung des Fernsehens; ab Mitte der 1980er Jahre, als sich mit der Zulassung und technischen Verbreitung von privaten Radio- und Fernsehanbietern das Programmangebot vervielfachte;[155] und zuletzt schließlich mit der Ausbreitung des Internets seit Mitte der 1990er Jahre.

Für die deutsche Bevölkerung liegen über diese Zeiträume nur spärliche Erkenntnisse zur Wissensentwicklung vor. So zeigt Noelle-Neumann (1992b: 230) anhand weniger politischer Faktfragen, die in repräsentativen Bevölkerungsumfragen gestellt wurden, dass von 1953 bis 1979 keine nennenswerte Zunahme der politischen Informiertheit eintrat. Über die Öffnung oder Schließung von Wissensklüften sagen diese Daten allerdings nichts aus.

Eine der wenigen Untersuchungen, die direkt auf die Prüfung der Wissenskluft-Hypothese abstellen, wurde aus Anlass der Erweiterung des Medienangebots durch das Kabelpilotprojekt Ludwigshafen durchgeführt (Bollinger und Brämer 1987). Es war eine quasi-experimentelle Panelstudie mit drei Befragungswellen zwischen Februar und Mai 1985. Dabei wurde eine Testgruppe von Personen im Kabelgebiet, die ein erheblich erweitertes Fernsehangebot hatten, mit merkmalsgleichen Kontrollgruppen ohne Kabelanschluss verglichen. Wissensveränderungen

---

155 Zu Beginn der Deregulierung, die 1984 mit den Kabelpilotprojekten begann, brachte dies für die Mehrheit der Bevölkerung noch keine nennenswerte Erweiterung des Informationsangebots. Erst Anfang der 1990er Jahre mit der fortgeschrittenen Verkabelung, der Empfangbarkeit über direkt strahlende Satelliten und vor allem mit der terrestrischen Verbreitung des privaten Fernsehens änderte sich das.

wurden an Kenntnissen zu Abrüstungsverhandlungen zwischen den damaligen Großmächten und zum 40. Jahrestag der deutschen Kapitulation nach dem Zweiten Weltkrieg geprüft. Für diese Themen war im Untersuchungszeitraum eine Intensivierung der Medienberichterstattung zu erwarten.

Die Ergebnisse zeigen tatsächlich einen deutlichen Wissenszuwachs nach dem Muster, das die Hypothese der wachsenden Wissenskluft vorhersagt, d.h. eine Vergrößerung des Wissensunterschieds zwischen Personen mit hoher und niedriger Bildung. Diese Veränderungen lassen sich jedoch nicht durch das unterschiedliche mediale Informationsangebot und dessen Nutzung statistisch erklären. Weder hatten Personen in Kabelgebieten einen signifikant größeren Wissenszuwachs, noch wirkte sich der Nutzungsumfang des Fernsehens oder anderer Medien nennenswert auf den Erwerb politischen Wissens aus. Statistisch absichern lässt sich jedoch ein direkter Einfluss der Faktoren Bildung und politisches Interesse auf Wissensveränderungen. Dass sie keinen Einfluss der Mediennutzung auf die Veränderung des politischen Wissens nachweisen können, erklären die Autoren der Studie u.a. damit, dass sie Mediennutzung zu undifferenziert untersuchten, nämlich beschränkt auf die rein quantitativen Aspekte.

Diese Deutung wird durch eine aufwendige Sekundäranalyse von Horstmann (1991) zum Medieneinfluss auf die Veränderung von politischem Wissen in Wahlkämpfen gestützt. Sie bezieht sich auf Panelstudien zu den Europawahlen 1979 und 1984 sowie zur Kommunalwahl in Dortmund 1984, die Zeiträume zwischen etwa zwei und vier Monaten übergreifen. Wesentliches Ergebnis der Analyse ist, dass die Wissensunterschiede zwischen den Bildungsschichten, die der Autor zu verschiedenen Messzeitpunkten feststellt, in allen drei Wahlkämpfen nur wenig ausgeprägt sind. Und sie bleiben bei einzelnen Indikatoren siebenmal im Zeitverlauf unverändert, zweimal verringern sie sich, und nur in einem Fall nehmen sie zu.

Als wichtiger Faktor für die Erklärung des Wissenserwerbs erweist sich auch in dieser Analyse das politische Interesse. Die Mediennutzung trägt darüber hinaus ebenfalls zur Erklärung von Wissensveränderungen bei. Dabei lässt sich der Einfluss klarer nachweisen bei differenzierter Messung der Mediennutzung, d.h. wenn die Nutzung bestimmter Inhalte wie z.B. Nachrichten, Sondersendungen oder Wahlwerbung genau ermittelt wird, anstatt nur allgemein nach der gewohnheitsmäßigen Mediennutzung und ihrem Umfang zu fragen.

5.3.3 Wissensklüfte in internationaler Perspektive

Die Entwicklung des politischen Wissens kann für die USA – anders als für Deutschland – über sehr lange Zeiträume beobachtet werden. Einem repräsentativen Querschnitt der US-Bevölkerung wurden 1989 dieselben 14 Indikatorfragen zum politischen Wissen gestellt, die schon in den vierziger und fünfziger Jahren in allgemeinen Bevölkerungsumfragen enthalten waren (Delli Carpini und Keeter 1996: 105 ff.). Der Trendvergleich über mehr als 40 Jahre lässt keinen nennenswerten Wissenszuwachs erkennen, obwohl infolge der Medienexpansion auch in den USA das Angebot an politischer Information in diesem Zeitraum erheblich zunahm. Dieses Ergebnis deckt sich mit den Befunden von zwei weiteren, nicht ganz so lange Zeiträume übergreifenden Analysen (Bennett, S. E. 1988, Bennett 1989). Für die USA ist zudem belegt, dass der Zusammenhang zwischen Mediennutzung und politischem Wissen über die Jahrzehnte eher schwächer als stärker geworden ist (Sotirovic und McLeod 2004: 370).

Die Untersuchungen sind nicht dezidiert als Test der Hypothese der wachsenden Wissenskluft angelegt, lassen aber diesbezüglich indirekte Schlussfolgerungen zu. Da im Vergleichszeitraum in den USA – wie in allen Industriestaaten – nicht nur das mediale Informationsangebot, sondern auch das Bildungsniveau stark angestiegen ist, wäre ein deutlicher Anstieg des Wissensniveaus zu erwarten.[156] Denn die privilegierten Bevölkerungsschichten, nämlich Personen mit besserer Schulbildung, die von dem gestiegenen Angebot an Medieninformation am meisten profitieren, haben inzwischen einen viel größeren Bevölkerungsanteil, so dass sie mit weit größerem Gewicht in die Berechnung des Wissensniveaus für die Gesamtbevölkerung eingehen.[157] Da der Anstieg jedoch ausblieb, wird zwar die skeptische Annahme einer wachsenden Wissenskluft nicht bestätigt, allerdings auch nicht die optimistische Erwartung einer Verminderung von Ungleichheiten.

Andere Aspekte des Zeitvergleichs sprechen eher für die pessimistische als für die optimistische Annahme. Die Autoren präsentieren eine Segmentierung ihrer Ergebnisse nach Schulbildung. Daraus geht zwar hervor, dass der Wissensunterschied zwischen den Gruppen mit hoher und niedriger Bildung über den Vergleichszeitraum praktisch gleich geblieben ist.[158] Jedoch lässt sich – bei separater Betrachtung der einzelnen Bildungssegmente – ein mehr oder weniger großer Rückgang des politischen Wissens in allen Segmenten feststellen. Relativ stabil

---

156 1940 hatte ein Viertel der US-amerikanischen Bevölkerung einen High-School-Abschluss, bis 1986 war dieser Anteil auf drei Viertel gestiegen (Delli Carpini und Keeter 1991: 594).

157 Diese Schlussfolgerung wäre nur unter der wenig wahrscheinlichen Annahme nicht zutreffend, dass der Wissensverlust in den unterprivilegierten Schichten weit größer war als der Wissenszuwachs in den privilegierten Schichten.

158 Dies ist allerdings nicht strikt als unveränderte Wissenskluft zu interpretieren, da sich sowohl die Zusammensetzung der Gruppen mit unterschiedlicher Bildung als auch die Bedeutung des Faktors Schulbildung im Vergleichszeitraum geändert haben.

blieb das Faktenwissen, das üblicherweise in der Schule gelehrt wird. Deutlicher zurückgegangen ist dagegen das Wissen, das man sich durch Beobachtung des aktuellen Geschehens in den Massenmedien aneignet (*surveillance facts*). Mit anderen Worten: In den USA ist im Verlaufe der letzten Dekaden zwar die Wissenskluft nicht angewachsen, aber das Wissensniveau ist insgesamt gesunken, und zwar sowohl bei den Wissensprivilegierten wie bei den Unterprivilegierten.

Die Autoren erklären diesen Befund mit dem Hinweis auf das in der US-amerikanischen Bevölkerung geschwundene Interesse an Politik. Wegen des geringeren politischen Interesses ist auch die Motivation zurückgegangen, sich über das aktuelle Geschehen zu informieren. In der Studie von Bennett (1989) gibt es dafür empirische Anzeichen. Nach seiner Interpretation spielt der dramatische Rückgang der Zeitungsnutzung in den USA eine Rolle, aber auch die Nutzung der Fernsehnachrichten ist zurückgegangen. Beides kann jedoch ebenso als Folge des geschwundenen Interesses an Politik verstanden werden.

Es ist fraglich, ob diese Befunde aus den USA auf andere Länder, z. B. auf Deutschland, übertragbar sind. Das zeigt ein internationaler Vergleich des Wissens über internationale Politik in einer *Times-Mirror*-Studie des Jahres 1994. Eine Sekundäranalyse der Daten dokumentiert erhebliche Länderunterschiede im Wissensniveau (Bennett et al. 1996, Dimock und Popkin 1997). Mit Abstand am besten ist das Wissen der deutschen Bevölkerung, am schlechtesten das der US-Bürger; das Wissen der Bevölkerung in Großbritannien, Kanada und Frankreich liegt – in dieser Rangfolge – dazwischen.[159] Eine ähnliche „transatlantische Wissenskluft" zeigt auch ein Vergleich der Kenntnisse zur internationalen Politik (neben einigen Fragen zum Sport und Show-Business) von Bürgern in der Schweiz und in Kalifornien (Marr et al. 2006). Die Unterschiede lassen sich durch die unterschiedliche Mediennutzung und das unterschiedliche Angebot an Information zur internationalen Politik in der Schweiz und den USA erklären.

Die „transatlantische Wissenskluft" scheint jedoch in erster Linie für das Wissen über internationale Politik zu gelten und kann nicht auf andere Wissensgebiete verallgemeinert werden, wie Ergebnisse zum Wissen über Biotechnologie zeigen. Sie entstammen international vergleichenden Umfragen, durchgeführt in der zweiten Hälfte der 1990er Jahre und in einer Sekundäranalyse ausgewertet von Bonfadelli (2005). Die Testfragen zur Biotechnologie beantworteten Bürger der USA und Kanadas signifikant besser als Befragte in Europa.

Wissensunterschiede im internationalen Vergleich sind offenbar themenspezifisch. Man könnte vermuten, dass sie auf Unterschiede der medialen Thematisierung – in diesem Fall von Problemen der Biotechnologie – in verschiedenen Ländern zurückzuführen sind. Diese Vermutung lässt sich jedoch bei einem Vergleich der Wissensentwicklung innerhalb der Länder der Europäischen Union nicht be-

---

159 Wissensindikatoren waren fünf einfache Faktfragen zu den Ämtern von Boris Jelzin und Butros Gali, zu politischen Entscheidungen Nord-Koreas und Israels sowie zur Situation in Sarajewo.

stätigen. Während die mediale Berichterstattung – ermittelt mit Inhaltsanalysen – in allen Ländern der EU deutlich zunahm, blieb das Wissensniveau bei fast allen Testfragen nahezu unverändert. Lediglich bei einer Frage zum Klonen nahm die Zahl richtiger Antworten zwischen den zwei Messzeitpunkten (1996 und 1999) zu. Eine mögliche Erklärung für die geringe Wissensveränderung könnte nach Bonfadellis Meinung darin liegen, dass nur reines Faktenwissen getestet wurde.

Das gesteigerte mediale Informationsangebot verbesserte zwar nicht das Wissensniveau, verringerte aber (in elf von 12 europäischen Ländern) die Wissensunterschiede zwischen den Bevölkerungssegmenten mit geringer und hoher Schulbildung. Dies widerspricht der Annahme der Wissensklufthypothese, ist aber auf der anderen Seite auch kein eindeutiger Beleg für positive Medienwirkungen. Denn die Verringerung der Wissensklüfte war in etlichen Ländern umgekehrt proportional zur Vergrößerung des medialen Informationsangebots. Wissensklüfte verringerten sich relativ stark in Ländern mit geringem Anstieg des Informationsangebots (wie Portugal) und nur gering in Ländern mit großem Angebotszuwachs (wie Italien). In Deutschland vergrößerte sich die Wissenskluft sogar bei relativ großem Angebotszuwachs.

Das Thema Biotechnologie ist nicht, wie es vielleicht scheinen mag, ein untypisches Beispiel, um Wissensklüfte zu analysieren. Wie dieses Thema werden auch andere Themen von den Medien in verschiedenen Ländern unterschiedlich stark beachtet und unterschiedlich kontrovers behandelt. Darüber hinaus sind Wissensniveau und Wissensveränderungen zu diesem Thema von speziellen Interessen und vor allem von der kognitiven Kompetenz abhängig. Die Analyse Bonfadellis weist dementsprechend relativ starke Korrelationen des Wissens mit Interessensindikatoren und besonders mit der Schulbildung auf. Auch diese Merkmale variieren sehr stark zwischen den verglichenen Ländern Europas.

Diese Zusammenhänge machen noch einmal deutlich, wie wichtig es ist, bei Untersuchungen zur wachsenden Wissenskluft den sozialen, medialen und politischen Kontext zu berücksichtigen.

5.3.4 Digitale Spaltung und das Internet

Die vorstehend referierten Befunde zu Wissensklüften zwischen verschiedenen Ländern verweisen zudem auf einen anderen Aspekt von „digitaler Spaltung" (*digital divide*). Dieser wird wie die Wissensklüfte innerhalb einzelner Länder mit der Medienausstattung und der Verfügbarkeit neuer Informationstechnologien in Zusammenhang gebracht, speziell mit dem Zugang zum Internet (vgl. etwa Norris 2001a, Bonfadelli 2002, Saleh 2005: 91 ff., van Dijk 2005).

Wie allgemein in der Diskussion von sozialen Folgen der Medienentwicklung gibt es auch in diesem Zusammenhang eine optimistische und eine pessimistische Sicht. In pessimistischer Sicht werden Ungleichheiten der Internetverfügbarkeit hervorgehoben und Befürchtungen geäußert, dass diese die bestehenden globalen und innergesellschaftlichen Klüfte vertiefen. Das pessimistische Szenario erwartet von der Verbreitung des Internets eine weiter fortschreitende Privilegierung der sozioökonomisch und politisch Privilegierten.

Das optimistische Szenario verbindet dagegen mit der Verbreitung und Nutzung des Internets die Hoffnung, dass die bestehenden Unterschiede in der politischen Kompetenz der Bevölkerung – auch in der Verbreitung politischen Wissens – vermindert werden können. Der Blick richtet sich dabei in erster Linie auf sozioökonomische Ungleichheiten, aber z.b. auch auf Unterschiede zwischen Altersgruppen und zwischen Männern und Frauen sowie – in globaler Perspektive – auf die Kluft zwischen Nord und Süd, zwischen Industrienationen und Entwicklungsländern.

Soweit aussagefähige Befunde vorliegen, lassen diese nur indirekt Rückschlüsse auf Veränderungen des *Wissens* zu, da sie sich im Allgemeinen auf Fragen des *Zugangs* zum Internet und der *Nutzung* von Internetangeboten beschränken. Dabei wurden in der Frühphase der Internetverbreitung erhebliche und wachsende Zugangsklüfte zwischen verschiedenen Bevölkerungssegmenten offenbar, vor allem zwischen Männern und Frauen sowie Angehörigen verschiedener Bildungs- und Altersgruppen. Die typischen Internet-Pioniere waren junge, relativ gut ausgebildete Männer.

Teilweise schließen sich diese Klüfte mit der zunehmenden Internet-Verbreitung, weil inzwischen auch die vormals internetfernen Bevölkerungsgruppen – also Frauen, Ältere und Personen mit einfacher Bildung – das neue Medium nutzen (Eimeren und Frees 2005). Zugleich aber scheinen sich auch bestehende Klüfte zu vertiefen, die auf Ungleichheiten u. a. der Motivation, der Medienkompetenz und der Lebensumstände zurückgehen, so dass sich eine dreischichtige Informationsgesellschaft abzeichnet mit einer Informationselite an der Spitze, den „digitalen Analphabeten" am unteren Ende und der Mehrheit von Normal- und Gelegenheitsnutzern des Internets dazwischen (vgl. van Dijk 1999, 2005).

Untersuchungen des Mediennutzungsverhaltens lassen bisher keine bedeutenden Auswirkungen des Internetzugangs auf das politische Informationsverhalten der deutschen Bevölkerung erkennen. In der Regel ergänzen die Internetangebote die übrigen medialen Quellen. Substitutionen in nennenswertem Umfang finden nicht statt. Zwar dient das Internet inzwischen auch als eine Quelle aktueller und politischer Information, aber andere Angebote und Themen im Web spielen bei der Nutzung eine weit größere Rolle (Eimeren und Ridder 2005, Emmer 2005).[160] Es gibt aus den USA allerdings Hinweise darauf, dass durch das Internet unter Ju-

---

160 So zeigt die JIM-Studie (2005), dass Jugendliche, die dem neuen Medium gegenüber am meisten aufgeschlossen sind, dem Internet als Quelle der aktuellen und politischen Information im Vergleich zu Fernsehen und Zeitung eine *geringere* Kompetenz zuweisen; vgl. dazu auch oben Abschnitt 4.4.2 zur Internetöffentlichkeit.

gendlichen und jungen Erwachsenen neue Nutzer für politische Inhalte erschlossen und neue politische Kommunikationsformen befördert werden können (Shah 2008). Eine Studie von Marr (2005) differenziert diese Befunde durch aufwendige Analysen. Sie stützen sich auf eine Befragung von Internetnutzern in der Schweiz, die in einem quasi-experimentelle Design mit merkmalsähnlichen Nicht-Nutzern verglichen wurden.[161] Wie in vielen anderen Studien auch, zeigen die Internetnutzer selbst bei Kontrolle demographischer Variablen einen deutlichen Wissensvorsprung gegenüber den Offlinern, und zwar in allen fünf Dimensionen der politischen Informiertheit, die in der Studie gestestet wurden. Der Vorsprung löst sich jedoch nach Kontrolle zusätzlicher intervenierender Variablen fast vollständig auf. Mit anderen Worten: Die Wissenskluft zwischen Onlinern und Offlinern ist *nicht* auf den Internetzugang zurückzuführen, sondern vielmehr darauf, dass die Onliner ein Personentyp sind, der politisch interessierter und aktiver ist und neben dem Internet auch andere Medien effektiver nutzt.

Dies galt jedenfalls für den Zeitpunkt der Untersuchung (2001), als in der Schweiz noch weniger als die Hälfte der Bevölkerung privat das Internet nutzte. Es ist zu erwarten, dass mit der weiteren Verbreitung des neuen Mediums die Internetnutzer ihr spezifisches Personenprofil verlieren, d.h. dem Bevölkerungsdurchschnitt immer ähnlicher werden. Und damit dürfte auch der Wissensvorsprung der Onliner schwinden.

Im Blick auf die *globale* digitale Spaltung scheint ebenfalls eine nüchterne Betrachtung angebracht zu sein. Die umfangreichen international vergleichenden Analysen von Norris (2001a) kommen zu dem Schluss, dass die Unterschiede in der Verfügbarkeit neuer Informationstechnologien nicht die Ursache, sondern eher die *Folge* sozioökonomischer Unterschiede sind. Die ungleiche Verteilung des Zugangs zum Internet spiegelt die globalen Ungleichheiten wider, die es hinsichtlich der Verteilung von Reichtum, Bildung und wissenschaftlicher Innovationskraft gibt. Es ist kaum zu erwarten, dass die neuen Informationstechnologien die fundamentale Ungleichverteilung dieser Ressourcen vermindern können; und das gilt auch für die Unterschiede in der politischen Kompetenz. Zumindest kurz- und mittelfristig könnten sie aber wachsen.

Für eine Verringerung der digitalen Spaltung ist der Internetzugang nur von sekundärer Bedeutung, ausschlaggebend ist die Entwicklung von Wirtschaft, Wissenschaft, Bildung und allgemeiner Medienkompetenz.

---

161 Befragt wurden zu Beginn des Jahres 2001 Personen im Alter zwischen 20 und 60 Jahren in den Regionen (Stadt und Agglomeration) Basel und Zürich. Die Parallelisierung der Vergleichsgruppen geschah anhand der Merkmale Geschlecht, Alter und Bildung. Wissensunterschiede wurden im Hinblick auf fünf Dimensionen der politischen Informiertheit abgetestet: Themenwahrnehmung, Personenwahrnehmung, Personenerklärung, Faktenwahrnehmung und Faktenerklärung.

5.4 Medialisierung politischer Vorstellungen

Nimmt man das politische Weltwissen der Bürger zum Ausgangspunkt, so lässt es sich zum großen Teil auf die mediale Politikvermittlung zurückführen. Politische Vorstellungen „aus erster Hand" – also aus unmittelbarer Anschauung – beschränken sich auf seltene Gelegenheiten im sozialen Umfeld, wie etwa die Augenzeugenschaft einer politischen Demonstration, die Beobachtung einer Politikerrede im Wahlkampf, das Gespräch mit dem Wahlkreiskandidaten in der Fußgängerzone. Über das, was in der Landeshauptstadt und in der Bundeshauptstadt Berlin, was in Brüssel oder Washington, in Bagdad oder Islamabad an Politik stattfindet, erhalten wir tagtäglich Berichte aus den Medien, also Anschauung „aus zweiter Hand", und darüber hinaus noch einiges „aus dritter Hand", nämlich über persönliche Gespräche vermittelte Medieninformation (Kepplinger und Daschmann 1997).

Die empirischen Erkenntnisse über die begrenzte mediale Informations- und Wissensvermittlung stehen dazu nicht im Widerspruch. Auch wenn die Medien nicht die Lerneffekte erzielen, die von ihnen als Instanzen der politischen Sozialisation erwartet werden, ist die Mediennutzung doch folgenreich. So sind die Massenmedien die wichtigste Quelle der Bürger, um sich ein Bild von den jeweils aktuellen Ereignissen und drängenden Problemen, den Programmen politischer Parteien und den Eigenschaften politischer Akteure zu machen. Die Bürger entwickeln selbst dann noch wenigstens diffuse Vorstellungen von der gegenwärtige politische Lage, dem vorherrschenden Meinungsklima oder dem Image von Politikern, wenn sie kein spezielles Wissen aufgenommen haben bzw. solches nicht in Testsituationen reproduzieren können (vgl. Schenk 2002: 291 ff.).

Einige Belege dafür wurden schon mit Untersuchungen erwähnt, die dem Informationsverarbeitungsansatz verpflichtet sind.[162] Das soll hier durch weitere Befunde untermauert werden. Dabei geht es nun weniger um die Quantität politischen Lernens, um Ausmaß und Umfang der Wissensvermittlung. Die Darstellung konzentriert sich vielmehr auf das medial vermittelte Bild der Politik, genauer: auf politische Vorstellungen (*cognitions*), die aus der Rezeption von Medieninhalten resultieren.

5.4.1 Nachrichtenselektion und Ereigniswahrnehmung

Politische Kognitionen bilden und verändern sich – wie im vorstehenden Abschnitt dargestellt – sowohl mitteilungsgesteuert wie auch rezipientengesteuert. Sie sind einerseits abhängig von den politisch relevanten Mitteilungen, die Rezipienten in ihrer Medienumwelt verfügbar haben, sowie andererseits von der schemageleite-

---

162 Vgl. oben Abschnitt 5.2

ten Informationsverarbeitung, insbesondere vom Vorwissen, politischen Interesse und der situationsspezifischen Rezeptionsmotivation. Diesen Bedingungen entsprechend bilden sich politische Vorstellungen in einem mehrstufigen Selektions- und Verarbeitungsprozess. Die wesentlichen Selektionsstufen verdeutlicht Abbildung 5.3. Zur Auswahl bzw. Nutzung auf den ersten Stufen – Medienumwelt und politische Medieninhalte – wurde bereits oben einiges mitgeteilt.[163] Hier geht es um die Folgen der Mediennutzung für die letzte Stufe, für die Formation und Veränderung politischer Kognitionen.

Abbildung 5.3: Nachrichtenfaktoren und die Wahrnehmung von Politik

In einer empirischen Studie, die an die Nachrichtenfaktor-Theorie von Galtung und Ruge (1965) anschließt, erweiterte Sande (1971) die Perspektive über die Nachrichtenselektion der Medien hinaus auf die Nachrichtenselektion der Rezipienten. Der Autor untersuchte während einer 15-Tage-Periode im Herbst 1964 zunächst die Beachtung von internationalen Ereignissen in der norwegischen Radio- und Presseberichterstattung sowie Beziehungen zwischen der Medienbeachtung der Ereignisse und ihren Nachrichtenfaktoren. Zeitlich parallel zur Berichterstattung fanden Interviews mit einem repräsentativen Sample der norwegischen Bevölkerung statt, um deren Nachrichtenwahrnehmung zu ermitteln.[164]

Die Auswertung zeigt für ausgewählte Ereigniskategorien, dass die Nachrichtenwahrnehmung der Bevölkerung zeitlich parallel zur Berichterstattungsintensität der Medien variiert. Deutlicher noch ist der Zusammenhang, wenn der Vergleich auch die Nachrichtenfaktoren der Ereignisse berücksichtigt, die ihren Nachrichtenwert bestimmen: Je stärker die Ausprägung der Nachrichtenfaktoren, desto intensiver die Beachtung in den Medien und desto häufiger die Nennung in den Interviews.[165] Die Nachrichtenfaktoren bestimmen demnach über die Selektionsmechanismen der Medien auch die Nachrichtenselektion der Mediennutzer.

---

163 Vgl. Abschnitte 4.3 und 5.2
164 Es wurden die – nach Einschätzung der Befragten – jeweils wichtigsten Auslandsnachrichten des Vortags offen abgefragt.
165 Dies zeigt sich sowohl in der summarischen Betrachtung über alle einbezogenen Faktoren wie auch für einzelne ausgewählte Faktoren. Neben diesen Belegen für die Additivitätshypothese (nach Galtung und Ruge, 1965) bietet die Analyse auch Bestätigungen für die Komplementaritäts-

Nachrichtenfaktoren bestimmen die Ereigniswahrnehmung

Eine Folgestudie, die den Ansatz von Sande aufgreift und fortführt, kombiniert eine Nachrichtenanalyse über einen Zeitraum von drei Monaten von Mitte April bis Mitte Juli 1977 mit einer zeitlich parallelen dreiwelligen Panel-Umfrage unter Bürgern der Stadt Mainz im Alter unter 30 Jahren (Schulz 1982).[166] In den Bevölkerungsinterviews wurde mit einer offenen Frage ermittelt, an welche Ereignisse der letzten drei bis vier Wochen sich die Befragten noch erinnerten.[167] Die Nachrichtenanalyse identifizierte in den Hauptabendnachrichten des Fernsehens von ARD und ZDF insgesamt 521 politische Ereignisse, auf die sich die Auswertung der Ergebnisse bezieht.[168]

Wenn man für jedes der 521 identifizierten Ereignisse die Häufigkeit seiner Nennung in den Interviews mit der Häufigkeit vergleicht, mit der darüber in den Fernsehnachrichten berichtet wurde, ergibt sich eine sehr hohe Übereinstimmung, nämlich eine Korrelation von r=.78.[169] Mit anderen Worten: Die Befragten nannten ein Ereignis umso häufiger, je öfter darüber im Fernsehen berichtet wurde. Der Nachrichtenwert der politischen Ereignisse, wie ihn das Fernsehen definierte und wie er sich in der Berichterstattungshäufigkeit ausdrückte, gibt demnach zuverlässig darüber Aufschluss, welche politischen Ereignisse die Bevölkerung wahrnimmt (und auf Nachfragen im Interview erinnern kann).

Wenn der Nachrichtenwert politischer Ereignisse deren Wahrnehmung durch die Bevölkerung bestimmt, dann ist anzunehmen, dass auch die Nachrichtenfaktoren, von denen der Nachrichtenwert der Ereignisse abhängt, einen Einfluss auf die Vorstellungen der Bevölkerung von Politik haben, denn die Nachrichtenfaktoren sind besonders deutliche Charakteristika der Ereignisse mit hohem Nachrichtenwert. Abbildung 5.3 verdeutlicht die Logik dieser Argumentation, die der Nachrichtenfaktor-Theorie folgt und die schon der Studie von Sande zugrunde lag (vgl. auch Eilders 1997: 23).

---

hypothese, die besagt, dass sich die Faktoren in ihrem Einfluss auf die Nachrichtenselektion wechselseitig kompensieren können.

166 Es handelt sich um das Projekt „Nachrichtenstruktur und politische Informiertheit" (NAPOLI), dessen Ergebnisse in der ersten Auflage dieses Bandes etwas ausführlicher als hier und mit mehr methodischen Details dargestellt wurden (Schulz 1997: 138 ff.). Die Ergebnisse beziehen sich auf die 260 Panelmitglieder, die an allen drei Befragungswellen teilnahmen.

167 „Können Sie sich noch an bestimmte Ereignisse der letzten drei bis vier Wochen erinnern? Bitte nennen Sie mir alles, was Ihnen gerade einfällt, ganz gleich, ob Ereignisse aus Deutschland oder aus dem Ausland."

168 Einbezogen waren ferner die örtliche Tageszeitung *(Mainzer Allgemeine Zeitung)* und die *Bild-Zeitung.* Die Betrachtung ist hier aus Gründen, die weiter unten noch deutlich werden, auf das Fernsehen beschränkt.

169 Neben der Berichterstattungshäufigkeit im Fernsehen wurde noch eine Reihe weiterer Merkmale der Medienbeachtung bzw. des Nachrichtenwerts überprüft, die aber keinen zusätzlichen Beitrag zur Erklärung der Ereigniswahrnehmung liefern.

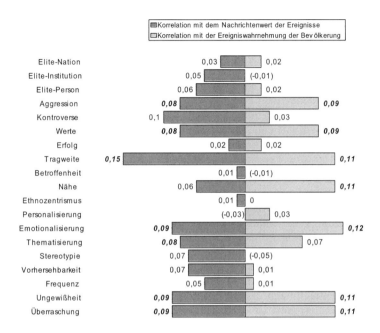

Abbildung 5.4: Nachrichtenfaktoren, Nachrichtenwert und Ereigniswahrnehmung

Die vermuteten Beziehungen lassen sich indirekt am Vergleich zweier Kennzahlen (Korrelationskoeffizienten) überprüfen, die in Abbildung 5.4 dargestellt sind. Die Korrelationskoeffizienten messen zum einen den Zusammenhang zwischen den Nachrichtenfaktoren der Ereignisse und ihrem Nachrichtenwert (dunkelgraue Balken links), zum anderen den Zusammenhang zwischen der Ereigniswahrnehmung durch die Rezipienten und den Nachrichtenfaktoren der wahrgenommenen Ereignisse (hellgraue Balken rechts).[170]

Die Symmetrie der Abbildung veranschaulicht, dass die Koeffizientenreihen vielfach miteinander korrespondieren. Signifikant und vergleichbar stark ausge-

---

170 Zur Definition der Nachrichtenfaktoren in der Abbildung vgl. oben Tabelle 4.1 in Abschnitt 4.3.1. Basis der Korrelationsberechnungen: Häufigkeit der Berichterstattung in den Hauptabendnachrichten von ARD und ZDF im Zeitraum Mai bis Juli 1977 und Häufigkeit der Nennung im Interview auf eine offene Frage; signifikante Koeffizienten sind fett gedruckt (p<.05); Quelle: eigene Untersuchungen (vgl. Schulz 1982).

prägt sind die Faktoren Aggression, Werte, Tragweite, Emotionalisierung, Unge-
wissheit und Überraschung; für einige weitere sind die Koeffizienten vergleichbar
gering ausgeprägt (Elite-Nation, Erfolg, Betroffenheit, Ethnozentrismus, Personalisierung). Dies deutet darauf hin, dass die Wahrnehmung der Ereignisse ähnlichen
Kriterien folgt wie die Nachrichtenselektion durch das Fernsehen.[171] Dass die
Koeffizienten durchweg relativ niedrig sind, die Nachrichtenfaktoren also nur
einen geringen Varianzanteil der Ereigniswahrnehmung erklären, liegt daran, dass
die Informationsvermittlung nicht nur mediengesteuert, sondern auch rezipientengesteuert ist.[172]

Nachrichtenfaktoren prägen politische Vorstellungen

Der gleichen Logik wie die beiden beschriebenen Studien folgen mehrere neuere
Untersuchungen zur Rezeption von Fernsehnachrichten. Im Rahmen eines von
Ruhrmann geleiteten Projekts wurden die von acht Fernsehsendern während einer
Kalenderwoche 2001 ausgestrahlten Hauptabendnachrichten analysiert und mit
der in Feldinterviews im Anschluss an die Ausstrahlung ermittelten Nachrichtenrezeption verglichen.[173] Die Ergebnisse differenzieren und bestätigen im Wesentlichen die Bedeutung von Nachrichtenfaktoren als Determinanten der selektiven
Zuwendung zu Fernsehnachrichten (Woelke 2003b). In den Interviews wurde auch
das Verstehen der Meldungen überprüft, indem die Zuschauer selbst begründen
sollten, warum sie die erinnerten Nachrichten als bemerkenswert empfanden (S.
183 ff.). Es zeigte sich, dass die Zuschauer vielfach die Relevanzstruktur der Top-
Meldungen des Fernsehens übernehmen. Ihr Nachrichtenverständnis ist im Übrigen von Vereinfachung, Identifikation und Sensationalismus geprägt.

Merten (1985) und Ruhrmann (1989) analysierten die an sieben Stichtagen 1983
und 1984 ausgestrahlten TV-Nachrichtensendungen *Tagesschau* (ARD) und *heute*
(ZDF) u.a. im Hinblick auf Nachrichtenfaktoren und Aufmachungsmerkmale und
verglichen diese mit der Nachrichtenverarbeitung durch die Fernsehzuschauer.
Die Zuschauer wurden im Feldinterview unmittelbar im Anschluss an die Sendungen gebeten, die gesehenen Nachrichten wiederzuerzählen und dann mit Hilfe
weiterer Nachfragen ausführlich zu rekonstruieren (Ruhrmann 1989: 78 f.).[174] We-

---

171 Es fallen allerdings auch zwei Unterschiede auf. Ereignisse, die durch Kontroversen geprägt sind,
werden von der Bevölkerung weniger beachtet als vom Fernsehen; das Fernsehen orientiert sich
also stärker an politischen Auseinandersetzungen in der Politik als die Bevölkerung. Auf der anderen Seite spielt der Faktor Nähe für die Ereigniswahrnehmung der Bevölkerung eine größere
Rolle als für das Fernsehen; d.h. die Zuschauer beachten solche Ereignisse stärker als das Fernsehen, die geographisch bzw. kulturell näher liegen.
172 Die im Analysemodell nicht erklärte Varianz geht allerdings auch auf methodische Schwächen
zurück, wie sie bei derartigen empirischen Untersuchungen nicht vermeidbar sind.
173 Dabei wurde ein bundesweit nach dem Quotenverfahren gebildetes Sample von 315 Zuschauern
befragt.
174 Die Probanden waren 221 Einwohner der Städte Bielefeld und Gießen im Alter ab 18 Jahren.

sentliches Ergebnis der Studie ist, dass die Nachrichtenrezeption der Fernsehzuschauer vor allem durch Relevanzmerkmale der Ereignisse bestimmt wird (vergleichbar den Faktoren Tragweite, Thematisierung und Nähe), und dies sind auch die Faktoren mit dem größten Einfluss auf die Beachtung (Länge und Platzierung) der Ereignisse in den Sendungen. Die Studie belegt außerdem den Einfluss von Rezipientenmerkmalen wie Alter, Schichtzugehörigkeit, Hintergrundwissen und Interesse auf die Verarbeitung der Nachrichten (Ruhrmann 1989: 97 ff.)

Mit einem anderen Ansatz untersuchte Donsbach (1991) die Beziehung zwischen inhaltlichen und formalen Merkmalen von Zeitungsartikeln und der Intensität ihrer Nutzung durch die Leser von zwei regionalen und zwei überregionalen Blättern. Er ermittelte mit so genannten *Copy-Tests* anhand der Originalausgaben der Zeitungen für jeden Artikel, ob und wie weit er gelesen wurde. Die Analyse belegt, dass Zeitungsartikel umso eher beachtet und umso intensiver gelesen werden, je auffälliger sie in der Zeitungsausgabe platziert und hervorgehoben sind (z.B. durch große Schlagzeilen). Nachrichtenfaktoren wie Überraschung, Faktizität (d.h. Anteil harter Fakten statt Verbalisierungen), Thematisierung und Negativismus beeinflussen das Lesen der Artikel sowohl unmittelbar wie auch mittelbar über die Auffälligkeit (den „Betonungsgrad") der Artikel (S. 138 ff.).

In ihrer Untersuchung weist auch Eilders (1997) nach, dass die Nachrichtenrezeption mittelbar durch Nachrichtenfaktoren beeinflusst wird, da diese die Auffälligkeit von Artikeln in Printmedien – deren Umfang, Platzierung und Überschriftengröße – bestimmen, von der wiederum die Nachrichtennutzung abhängt (S. 181 ff.).[175] Sie analysierte auf einer ersten Stufe die Nachrichtenselektion der Rezipienten und auf einer zweiten Stufe deren Nachrichtenerinnerung und überprüfte auf beiden Stufen den Einfluss der Nachrichtenfaktoren.[176] Wie die „Feinanalyse" auf der zweiten Stufe zeigt, bestimmen die Nachrichtenfaktoren nicht nur die Nachrichtenselektion durch die Rezipienten, sondern sie dienen darüber hinaus auch als Konstruktionsprinzipien bei der Nachrichtenverarbeitung. Rezipienten orientieren sich vor allem an stark ausgeprägten Nachrichtenfaktoren, und das gilt besonders für Personen mit geringem politischem Vorwissen (S. 214 ff.). Eine experimentelle Studie belegt noch einmal unter kontrollierten Bedingungen, dass die Nachrichtenfaktoren ihre Wirkung auch unabhängig von der Auffälligkeit der Nachrichten entfalten (Eilders und Wirth 1999). Wirkungskriterium war in dieser Untersuchung

---

175 Die Untersuchung wurde oben schon im Zusammenhang mit der Beziehung zwischen Ereignis und Nachricht behandelt; vgl. Abschnitt 4.3.1

176 Die erste Stufe bezieht sich auf die Nutzung von Tages- und Wochenzeitungen sowie Publikumszeitschriften, die die Probanden während einer Woche im Mai 1984 per Tagebuchaufzeichnung registrierten. Die zweite Stufe bezieht sich auf die Rezeption bzw. Erinnerung von Berichten über drei ausgewählte Themen in allen Medien, ermittelt anhand freier und gestützter Nacherzählungen (S. 148 ff.). Die Untersuchung von Eilders schließt an ein schon erwähntes Projekt von Früh (1994) an (vgl. oben Abschnitt 5.2.3). Probanden waren zwischen 187 und 219 Personen in drei ländlichen und drei städtischen Gebieten, ausgewählt nach einem Quotenplan (vgl. Eilders 1997: 148 ff.).

die Erinnerungsleistung der Rezipienten. Die Ergebnisse bestätigen insbesondere die Additivitätshypothese. In diesem Sinne wirksam sind vor allem die Nachrichtenfaktoren Überraschung, Personalisierung und Status der beteiligten Personen.

In der Zusammenschau belegen die Befunde recht eindeutig, dass die Nachrichtenselektion und -präsentation der Medien die Rezeption politischer Ereignisse durch die Bevölkerung bestimmt. In den politischen Vorstellungen der Mediennutzer sind vor allem solche Ereignisse präsent, die von den Medien stark beachtet und auffällig präsentiert werden, also die Top-Meldungen des Fernsehens und die Aufmacher der Zeitungen. Es sind Ereignisse mit einem stark ausgeprägten Nachrichtenfaktorprofil. Daher finden sich in den politischen Vorstellungen der Mediennutzer auch deutliche Spuren solcher Ereignis- bzw. Nachrichtenmerkmale, die von der Forschung als Nachrichtenfaktoren bezeichnet werden. Die Rezipienten beachten, vereinfachen, interpretieren und konstruieren politische Vorstellungen entlang von Nachrichtenfaktoren (vgl. auch Woelke 2003a).

Allerdings bildet sich das Nachrichtenfaktorprofil politischer Ereignisse nicht etwa eins zu eins in den Vorstellungen der Bevölkerung ab. Es wird vielmehr modifiziert durch Rezipientenmerkmale wie politische Kompetenz, themenspezifisches Vorwissen und Interesse wie auch durch situative Bedingungen der Nachrichtenrezeption. Die Befunde bestätigen noch einmal vor einem anderen theoretischen Hintergrund die Erkenntnisse zur schematischen Verarbeitung politischer Medieninhalte durch die Mediennutzer.[177] Sie belegen, dass Nachrichtenfaktoren als Schemata und Heuristiken zur Nachrichtenverarbeitung dienen.

5.4.2 Kultivierung politischer Malaise

Der Einfluss der Mediennutzung auf politische Vorstellungen ist ein zentraler Aspekt der von George Gerbner begründeten *Cultivation Analysis*, die zu den am stärksten beachteten und beforschten Ansätzen der Kommunikationswissenschaft gehört. Ausgangspunkt der Forschungsrichtung waren Analysen des (hohen) Anteils von Gewaltdarstellungen im US-amerikanischen Unterhaltungsfernsehen (Gerbner 1970). Gerbner und viele derer, die den Ansatz aufgriffen, schreiben diesen (wie inzwischen auch anderen Medieninhalten) einen bedenklichen politischen Einfluss zu.

Das zentrale Konzept der Forschungsrichtung, der Begriff der *Kultivierung*, ist mit dem Sozialisationsbegriff eng verwandt. Die Kultivierungsforschung sieht den politischen Einfluss der Massenmedien ähnlich umfassend wie die Sozialisationsforschung. Er betrifft Kinder und Jugendliche wie auch Erwachsene, und er betrifft die Aneignung von Wissen und Verhaltensmustern wie auch die Formation politischer Weltbilder und Wertorientierungen. Beide Forschungsansätze vermuten im

---

177 Vgl. auch oben Textbox 5.1 (Abschnitt 5.2.3)

Hinblick auf die Erhaltung und den Wandel des politischen Systems langfristige Folgen der Mediennutzung.

Im Mittelpunkt von Kultivierungsanalysen steht der Einfluss des Fernsehens. Die Allgegenwart und intensive Nutzung des Fernsehens macht es zu einer „elektronischen Umwelt", nach der die Fernsehnutzer ihre Vorstellung von der sozialen Realität, den *facts of life* bilden. Entsprechend den statistischen Verteilungen in der „Fernsehwirklichkeit" entwickeln die Fernsehnutzer beispielsweise Vorstellungen von der – vermeintlich – realen Bedeutung einzelner sozialer Gruppen oder von sozialen Risiken (Gerbner und Gross 1976).

Über die Medialisierung des Weltbildes hinaus hat Vielfernsehen auch einen Einfluss auf politische – oder politisch relevante – Überzeugungen und Wertorientierungen. Da im amerikanischen Fernsehen Gewalt und Kriminalität stark verbreitet sind, „kultiviert" das Fernsehen Angst und Misstrauen und infolgedessen das Bedürfnis nach *law and order*; es begünstigt so die etablierte politische Ordnung, ist der Garant des Status quo. Die politische Kultivierung durch das Fernsehen führt darüber hinaus zum so genannten *mainstreaming*, d.h. zur Bevorzugung der Mittelposition und Mehrheitsmeinung in politisch kontroversen Fragen. Diese und andere Kultivierungseffekte korrelieren, wie die vorliegenden Studien mehr oder weniger überzeugend belegen, mit dem Umfang der Fernsehnutzung, sie betreffen vor allem die Vielseher.[178] Die zunächst anhand der Verhältnisse in den USA entwickelte Kultivierungsthese wurde inzwischen auch auf andere Länder – so auch auf Deutschland – übertragen.[179]

Während Gerbner die spezifischen Kultivierungseffekte zunächst und in erster Linie den unterhaltenden Inhalten des Fernsehens zuschrieb, vermuten andere Forscher zum Teil ähnliche Wirkungen für die politische Berichterstattung. Die Vermutungen zum politischen Medieneinfluss werden genährt durch die Beobachtung, dass in den USA seit Mitte der sechziger Jahre das Vertrauen der Bevölkerung in die politischen Institutionen zurückgeht; zugleich sinken das politische Interesse und die Wahlbeteiligung, während Gefühle politischer Machtlosigkeit und Entfremdung zunehmen (vgl. Miller 1974, Nye 1997, Moy und Pfau 2000, Patterson 2002). Michael J. Robinson etikettierte dieses Phänomen als *politische Malaise* und machte dafür die Abhängigkeit der amerikanischen Bevölkerung vom Fernsehen als ausschließlicher oder überwiegender Quelle politischer Information verantwortlich (Robinson 1975, 1976). Er sprach daher auch von *Videomalaise*. Andere Autoren diagnostizieren eine Zunahme an „politischem Zynismus" (*political cynicism*) in der amerikanischen Gesellschaft als Folge der Medienentwicklung (Cappella und Jamieson 1996, Cappella 2002).

---

178 Vgl. Gerbner, Gross, Morgan und Signorielli (1982, 1984), Shanahan und Morgan (1999), Gerbner (2000)

179 Zusammenfassend dazu Jäckel (1999b: 196 ff.), Schenk (2002: 537 ff.), Winterhoff-Spurk (2005)

Wie zu erwarten, wurden die Annahmen über den Zusammenhang zwischen Mediennutzung und politischer Malaise im Laufe der Forschungsentwicklung zunehmend differenziert und präzisiert. Einen wesentlichen Beitrag dazu leistete schon Ende der 1970er Jahre ein Aufsatz von Miller, Goldenberg und Erbring (1979). Die Autoren wiesen darauf hin, dass der Medieneinfluss unzulänglich operationalisiert ist, wenn er sich nur auf die Nutzung von Mediengattungen stützt (*media exposure*) oder sogar nur darauf, welches Medium die Befragten in Bevölkerungsumfragen als ihre wichtigste Informationsquelle angeben (*media reliance*). Als Verfeinerung schlugen sie vor, jeweils die von den Befragten genutzten Medienorgane (z.b. Zeitungstitel) zu identifizieren und deren politische Tendenz durch Inhaltsanalyse zu ermitteln. Sie setzten das in eine aufwendige Studie um, indem sie eine repräsentative Umfrage US-amerikanischer Wähler durch eine Inhaltsanalyse von 89 Lokalzeitungen ergänzten und bei der Ergebnisfeststellung den Befragten jeweils die von ihnen gelesene Zeitung und deren politische Inhalte zuordneten. Sie mussten sich daher nicht auf subjektive Wahrnehmungen oder Einschätzungen der genutzten Medieninhalte verlassen, sondern konnten diese anhand objektiver Kriterien genau feststellen.

Eine weitere Verfeinerung betrifft die abhängige Variable in den Untersuchungen zum Medieneinfluss. Ansätze dazu finden sich schon bei McLeod et al. (1977) sowie auch bei Miller et al. (1979), die politische Malaise anhand zweier Indikatoren untersuchten, einerseits am Regierungsvertrauen (*trust in government*) und andererseits an einer Einschätzung der Responsivität politischer Institutionen.[180] Im Verlauf der Forschung wurden die abhängigen Variablen immer weiter aufgefächert und parallel dazu auch neue plakative Bezeichnungen für vermutete Medieneffekte ins Spiel gebracht, in den USA *political cynicism*, in Deutschland *Politikverdrossenheit* und *politische Entfremdung*.

Dimensionen der Politikverdrossenheit

Politikverdrossenheit ist, wie es Fuchs (2002) ausdrückt, ein „journalistisches Wort", das erst in wissenschaftliche Terminologie übersetzt werden müsse. Ausgangspunkt für eine wissenschaftlich differenzierte Betrachtungsweise ist die Systemtheorie Eastons (1965), derzufolge politisches Vertrauen Bestandteil der notwendigen *Unterstützung* des politischen Systems ist.[181] In einer späteren Veröffentlichung führte Easton (1975) zudem die Unterscheidung in *spezifische* und *diffuse* Unterstützung ein, die danach vielfach aufgegriffen und weiterentwickelt wurde (vgl. Pickel und Walz 1997, Maier 2000). Erstere richtet sich – in einer eher kurzfristigen Perspektive – auf konkrete Leistungen der politischen Herrschaftsträger; letztere ist als grundlegende, relativ stabile Einstellung zur politischen Gemein-

---

180 McLeod et al. (1977) überprüften außerdem noch Indikatoren allgemeiner politischer Orientierung, Fragen zur politischen Beteiligung und zur Watergate-Affäre.
181 Vgl. oben Abschnitt 3.1

schaft und politischen Ordnung zu verstehen (Westle 1999: 91 ff.). In empirischen Analysen – wie etwa den *Allbus*-Umfragen – wird nach dem politischen Vertrauen in die politische Ordnung und in politische Institutionen gefragt (Schmitt-Beck und Rohrschneider 2004).

Tabelle 5.5: Politisches Vertrauen und Politikverdrossenheit

Dimensionen	Konzepte	Operationalisierungsbeispiele
politische Unterstützung	Zufriedenheit mit den Leistungen von Regierung und Opposition	„Sind Sie mit den Leistungen der CDU/SPD – Regierung in Berlin eher zufrieden oder eher unzufrieden…"*
	Demokratiezufriedenheit, Zufriedenheit mit dem politischen System	„Was würden Sie allgemein zur Demokratie in Deutschland sagen? Sind Sie damit eher zufrieden oder eher unzufrieden?"*
	Vertrauen in die Regierung und Institutionen wie Parlamente, Justiz, Polizei, Militär	„Ich nenne Ihnen jetzt eine Reihe von öffentlichen Einrichtungen oder Organisationen. Sagen Sie mir bitte bei jeder Einrichtung oder Organisation, wie groß das Vertrauen ist, das Sie ihr entgegenbringen…"**
Einflussüberzeugung	Kompetenzüberzeugung (*internal efficacy*)	„Wichtige politische Fragen kann ich gut verstehen und einschätzen" „Ich traue mir zu, in einer Gruppe, die sich mit politischen Fragen befasst, eine aktive Rolle zu übernehmen" „Die ganze Politik ist so kompliziert, dass jemand wie ich nicht versteht, was vorgeht"***
	Responsivitätseinschätzung (*external efficacy*)	„Politiker kümmern sich darum, was einfache Leute denken" „Die Bundestagsabgeordneten bemühen sich um einen engen Kontakt zur Bevölkerung" „Die Parteien wollen nur die Stimmen der Wähler, ihre Ansichten interessieren sie nicht"***
soziales Kapital	soziales Vertrauen	„Manche Leute sagen, dass man den meisten Menschen trauen kann. Andere meinen, dass man nicht vorsichtig genug sein kann im Umgang mit anderen Menschen. Was ist Ihre Meinung dazu?"**
	Einbindung in soziale Netzwerke	Mitgliedschaft und Aktivität in Freiwilligenorganisationen, Freundschaftsbeziehungen, Kontakte am Arbeitsplatz u.a.

*)   Politbarometer
**)   Allbus
***) nach Vetter (1997)

Ein zweiter Ausgangspunkt ist die empirische Partizipationsforschung, die schon in den 1950er Jahren das Konzept der *political efficacy* entwickelte. Gemeint ist damit die subjektive Überzeugung der Bürger, politischen Einfluss ausüben zu können. Die Vermutung, die sich auch empirisch belegen ließ, lautete, dass Einflussüberzeugung eine wichtige Voraussetzung des politischen Engagements ist. Weitere Untersuchungen legten eine Untergliederung des Konzepts in die zwei Komponenten *Kompetenzüberzeugung* („internal efficacy") und *Responsivitätseinschätzung* („external efficacy") nahe. Erstere meint die Zuschreibung eigener Fähigkeiten der politischen Einflussnahme, letztere die Einschätzung, dass die Politik auf die Ansprüche der Bürger reagiert. Inzwischen ist es üblich, die beiden Aspekte der Einflussüberzeugung in Umfragen mit standardisierten Skalen zu messen (Vetter 1997). Einen Überblick über gebräuchliche Operationalisierungen der erwähnten Konzepte gibt Tabelle 5.5.

Medieneinflüsse auf den Verlust an Vertrauen der US-amerikanischen Bürger in ihre Regierung und deren Responsivität wurden in den 1970er Jahren vor dem Hintergrund der Erfahrungen mit dem Vietnam-Debakel und der Watergate-Affäre der Nixon-Regierung interpretiert (Robinson 1974, 1977, McLeod et al. 1977). Es schien zumindest plausibel anzunehmen, dass die politischen Ereignisse und ihre Mediendarstellung eine temporäre politische Malaise auslösten. Inzwischen belegen aber auch neuere Analysen einen hohen Grad an Negativismus in den amerikanischen Medien, und zwar selbst in Unterhaltungsprogrammen, so dass Beobachter von einem Trend sprechen, der sich zunehmend zu verfestigen scheint (Nye 1997, Lichter, Lichter und Amundson 2000).

Patterson (1993) hält einen durchgreifenden und anhaltenden Stilwandel des US-amerikanischen Journalismus für eine Ursache der Entwicklung. Er belegt mit empirischen Daten, dass in der Berichterstattung amerikanischer Medien interpretierende Beiträge zunehmend die neutrale Faktenvermittlung ablösten; dass die Fernsehnachrichten sukzessive die O-Ton-Statements („sound bites") der Politiker verkürzten und ihre Aufmerksamkeit auf den Wettstreit der Kandidaten anstatt auf Themen und Programme richteten (vgl. auch Hallin 1992). Wie Moy und Pfau (2000) darlegen, schließt die Annahme eines „critical media bias" als wesentliche Ursache nicht aus, dass auch Veränderungen in der politischen Realität eine Rolle spielen. Sie vermuten ein Zusammenspiel zwischen negativen Ereignissen einerseits (wie Skandalen, Affären und Fehlleistungen der Politik) und einem Journalismus, der auf Negativismus und „Antipolitik" fixiert ist.

Andere Studien nähren jedoch Zweifel an solchen Ursachenzuschreibungen. So verweisen Bennett et al. (1999) auf Basis einer Analyse von Umfragedaten darauf, dass Regierungsvertrauen und Medienvertrauen – d.h. Vertrauen in die Medien als Institution – korreliert sind. Sie vermuten, dass dies auf eine wechselseitige Destruktion des Ansehens beider Institutionen zurückgehen könnte. Zu einem ähnlichen Ergebnis kommen Langzeitanalysen, die mit komplexen zeitreihenstatistischen Methoden nicht nur den Zusammenhang zwischen Medienberichterstattung und Institutionenvertrauen bestätigen (Fan, Wyatt und Keltner 2001); sie zeigen darüber hinaus, dass die Medien selbst das größte Opfer des Trends wurden. Wachsende Kritik in den amerikanischen Medien an den amerikanischen Medien hat deren Ansehen massiv beschädigt.

Fernsehen und Sozialkapital

Eine weitere Komponente wurde der Diskussion in den USA durch die stark beachteten Veröffentlichungen von Robert Putnam hinzugefügt, in denen er einen dramatischen Verlust an Sozialkapital in den USA diagnostizierte (Putnam 1995, 2000, insbes. Kap. 13-15). Das Konzept des sozialen Kapitals bezeichnet Gemeinschaftswerte und Überzeugungen, die das Zusammenleben erleichtern. Dazu gehören die Akzeptanz sozialer Werte und Normen, bürgerschaftliches Engagement, das sich u.a. in der Mitgliedschaft in Vereinen und politischen Organisationen ausdrückt, Vertrauen in die Mitmenschen (*social trust*) wie auch politisches Vertrauen. Die generelle Prämisse ist, dass Personen, die über die Ressource Sozialkapital verfügen, es leichter haben, ihre Ziele zu verwirklichen (Westle, Roßteutscher und Kunz 2006). Zwar führt Putnam den datenreich belegten Schwund an Sozialkapital in den USA in erster Linie auf verschiedene Prozesse des sozialen Wandels zurück. Darüber hinaus aber sieht er im Fernsehen – vor allem im Unterhaltungsfernsehen – eine wesentliche Ursache, u.a. weil das Fernsehen das Freizeitverhalten auf die Privatsphäre reduziert und die Zeit absorbiert, die dem sozialen Engagement zugutekommen könnte. Eine besonders bedenkliche Folge sind Putnam zufolge so genannte Kohorteneffekte. Er diagnostiziert auffällige Verluste an Sozialkapital unter den Angehörigen der „Fernsehgenerationen"; das sind die Generationen (Kohorten), die seit den 1960er Jahren geboren wurden und mit dem Fernsehen aufwuchsen.

Putnams Interpretation der Befunde und die präsentierten Daten riefen nicht nur vehementen Widerspruch hervor, sondern erfreulicherweise auch eine Reihe von Versuchen der empirischen Falsifikation und Spezifikation. Diese rechtfertigen Zweifel zumindest an der pauschalen Schuldzuweisung an das Fernsehen. Auch die behaupteten Kohortenunterschiede scheinen nicht generell gesichert zu sein. Verschiedene Analysen legen vielmehr differenzierte Erklärungen nahe. So lassen sich negative Zusammenhänge am ehesten bei exzessiver Nutzung *unterhaltender* Inhalte im Fernsehen wie auch im Internet beobachten, während die Nutzung politischer Inhalte –in der Zeitung wie auch im Fernsehen, im Radio und im Internet – durchweg *positive* Zusammenhänge mit Indikatoren des Vertrauens und Engagements ausweist (Norris 1996, Bennett 1998, Uslaner 1998, Shah, Kwak und Holbert 2001, Lee, Capella und Southwell 2003).

5.4.3 Politische Folgen des Medienwandels in Deutschland

Das Fernsehen zum politischen Sündenbock zu machen, ist eine Argumentationsfigur, die auch in Deutschland ihre Tradition hat. Starke Beachtung fand Elisabeth Noelle-Neumanns Vergleich des Fernsehens mit einem „getarnten Elefanten", dem sie in einem Vortrag bei den Mainzer Tagen der Fernsehkritik 1969 einen erheblichen, allgemein unterschätzten Einfluss auf die Politik zuschrieb. Sie argumentierte vor allem gegen die damals vorherrschende Doktrin „minimaler Medieneffekte", die mit dem selektiven Verhalten des Publikums begründet wurde.

Auf das Fernsehen trifft dies nicht zu, lautet ihr zentrales Argument, das in eine Reihe weiterer Beiträge einging, mit denen sie eine Rückkehr zur Annahme starker Medienwirkungen begründete (Noelle-Neumann 1971, 1973b, a). Gegenüber anderen Medien hat das Fernsehen weit größere Einflusschancen: Es hat eine sehr hohe Reichweite, wird besonders extensiv genutzt und ist für die meisten Menschen die wichtigste Informationsquelle; es überwindet leichter die Selektionsbarrieren des Publikums, weil es unterhaltsam ist, auch weil es die Zuschauer beim Zusehen gleichsam überrumpelt; zudem lässt die Anschaulichkeit der Bilder das Fernsehen besonders authentisch erscheinen, verleiht ihm eine hohe Glaubwürdigkeit.

In der Folge konzentrierte sich die Diskussion und Forschung zunächst auf vermutete Fernseheinflüsse auf parteipolitische Einstellungen und auf das Wahlverhalten der Bevölkerung (Noelle-Neumann 1980b, Buß und Ehlers 1982, Darkow und Zimmer 1982, Schönbach 1983). Die Perspektive änderte sich unter dem Einfluss der Agenda-Setting- und Kultivierungs-Forschung sowie der Theorie der Schweigespirale. Den drei Ansätzen ist gemeinsam, dass sie – anders als die frühere Forschung – Medieneinflüsse in erster Linie auf *Realitätsvorstellungen* annehmen, die sich dann allerdings in zweiter Linie auch auf politische Meinungen und Einstellungen erstrecken (vgl. Weaver 1984).

Eine solche Verknüpfung von Realitätsvorstellungen, Meinungen und Einstellungen ist Kernbestandteil der Theorie der Schweigespirale (Noelle-Neumann 1980a). Wenn die Massenmedien ein Bild der politischen Realität vorspiegeln, das von den tatsächlichen Verhältnissen abweicht, kann das zu einem Meinungsumschwung in der Gesellschaft führen.[182] Das von den Medien vermittelte verzerrte Bild der Wirklichkeit erzeugt einen Meinungsklimadruck, dem mit der Zeit mehr und mehr Bürger nachgeben. Noelle-Neumann erklärt mit diesem Modell nicht nur den Medieneinfluss auf das Meinungsklima (und mittelbar auf Wahlentscheidungen), sondern u. a. auch auf das kollektive Selbstvertrauen und auf die Mentalität der Bevölkerung (Noelle-Neumann 1978).

---

182 Vgl. dazu auch unten Abschnitt 6.1.2

Wandel der Medieninhalte

Problematische Folgen des Medienwandels wurden in Deutschland mit der weiteren Expansion des Fernsehens seit der Deregulierung des Rundfunkmarktes Mitte der achtziger Jahre zunehmend häufiger vermutet.[183] Eine „Amerikanisierung" des Rundfunks, so wurde befürchtet, könnte Verhältnisse herbeiführen, wie sie für die USA seit langem kennzeichnend sind. So wurden insbesondere Zusammenhänge zwischen Fernsehnutzung und politischen Vorstellungen erwartet, wie sie aus der amerikanischen Forschung bekannt sind (vgl. u.a. Kaase 1989, Schulz 1994, 1998a, Holtz-Bacha und Norris 2001). Eine Vielzahl von Inhaltsanalysen belegt inzwischen in der Tat einen Wandel der Medieninhalte und vor allem der Fernsehprogramme, der zumindest teilweise auf die Einführung privaten Rundfunks und des erheblich gesteigerten Medienwettbewerbs zurückzuführen ist (Donsbach und Dupré 1994, Pfetsch 1996, Krüger 2001, Marcinkowski, Greger und Hüning 2001).

Ob dies politische Folgen hatte, lässt sich nach den vorliegenden Befunden nicht mit Sicherheit sagen. Zwar zeigt eine Reihe von Studien Korrelationen zwischen der Art und Intensität der Mediennutzung auf der einen Seite und Indikatoren der politischen Malaise auf der anderen Seite. Auch negative Zusammenhänge zwischen Fernsehnutzung und Sozialkapital bzw. bürgerschaftlichem Engagement – entsprechend der Putnam-Hypothese – lassen sich in deutschen Umfragedaten finden (Lüdemann 2001, Arnold und Schneider 2004). Sie scheinen sich aber bei multivariater Kontrolle weitgehend aufzulösen (vgl. Kunz 2004: 221).[184]

Grundsätzlich ist die Beweiskraft solcher Befunde aus stationären Erhebungen begrenzt, da sich aus ihnen nicht genau ablesen lässt, was Ursache und was Wirkung ist. In einer kritischen Sichtung der Forschung kommt denn auch Wolling (1999: 63-89) zu dem Ergebnis, dass – ähnlich wie für die USA so auch für Deutschland – ein negativer Effekt der Fernsehnutzung, wie von der Videomalaise-Hypothese vorhergesagt, so gut wie nie stringent nachgewiesen werden konnte.

Besser gesichert als ein negativer Effekt des Fernsehens ist ein positiver Effekt der Informationsnutzung in der Zeitung. Allenfalls scheint sich eine Fixierung auf Fernsehunterhaltung wie auch auf unterhaltende Zeitungsinhalte ungünstig auf politische Vorstellungen auszuwirken (vgl. insbes. Holtz-Bacha 1990, Brettschnei-

---

183 Durch die Deregulierung des Rundfunks und die Verbreitung der Kabel- und Satellitenempfangsmöglichkeiten vervielfachte sich innerhalb kurzer Zeit die Zahl der verfügbaren Radio- und Fernsehkanäle. So konnten die meisten Fernsehzuschauer in der Bundesrepublik bis Mitte der achtziger Jahre nur zwischen drei oder vier (terrestrisch verfügbaren) Fernsehprogrammen wählen. Innerhalb weniger Jahre wuchs dieses Angebot in den Kabelsystemen auf über 30 und durch Satellitenempfang auf über 50 Programme. Die Erweiterung des Programmangebots brachte vor allem mehr Unterhaltung im Fernsehen. Zugleich nahm der zeitliche Umfang der Fernsehnutzung nach Jahren der Stagnation wieder zu.

184 Auf der Basis des World Value Survey 1995/97, der in 35 Ländern durchgeführt wurde, weisen allerdings Freitag und Bühlmann (2005) auch nach multivariater Kontrolle in einer Mehrebenenanalyse signifikante Zusammenhänge zwischen Vielfernsehen und sozialem Vertrauen aus (gemessen mit dem in Tabelle 5.5 aufgeführten Indikator).

der und Vetter 1998). Eine differenzierte Sichtung der Forschungslage durch Maurer (2003) kommt zu einem ähnlichen Ergebnis, erkennt darüber hinaus aber auch Anhaltspunkte dafür, dass eine zunehmend negative Politikdarstellung der Medien die Rezipientenurteile über Politik beeinflusst hat.

Trends der Einstellung zur Politik

Die Annahmen über den Zusammenhang zwischen Medienwandel einerseits und politischen Vorstellungen und Einstellungen andererseits gehen von langfristigen Effekten aus, die sich adäquat nur mit Langzeitstudien – am besten mit Zeitreihen- oder Panel-Analysen, die mit Inhaltsanalysen verknüpft werden – untersuchen lassen.[185] Zeitreihenbetrachtungen sind in letzter Zeit etwas häufiger vorgenommen worden, wenn auch die Datenlage dafür in Deutschland – im Vergleich zu den USA – sehr schlecht ist. So zeigen Sekundäranalysen der regelmäßigen *Allbus*- und *Eurobarometer*-Umfragen einen auffälligen Rückgang des Institutionenvertrauens und der Demokratiezufriedenheit in Westdeutschland (Schmitt-Beck und Rohrschneider 2004, Scheuer 2005).[186] Die Analysen weisen u. a. Zusammenhänge mit der Einschätzung der wirtschaftlichen Lage nach. Zusammenhänge mit Mediennutzungsindikatoren wurden dabei nicht geprüft.

Andere langfristige und relativ dichte Zeitreihen, die den regelmäßigen Politbarometer-Umfragen entstammen, weisen ähnliche Trends auf (vgl. Abbildung 5.5). Bis 1980 äußerten sich um oder über 80 Prozent der Bevölkerung zufrieden mit der Demokratie in Deutschland und meist über 60 Prozent zufrieden mit der Regierung. In der Endzeit der sozialliberalen Koalition brachen diese Werte drastisch ein. Sie erholten sich nach dem Regierungswechsel 1982 wieder, erreichten aber seitdem kaum noch das Prozentniveau der siebziger Jahre. Ein Stimmungshoch gab es noch einmal im Zuge der Wiedervereinigung um 1990. Danach sanken die Werte zunächst dramatisch, um sich im Wahlkampf 1994 wieder zu erholen. Seitdem liegen die Prozentwerte jedoch auf einem niedrigeren Niveau als in den achtziger Jahren. Auffällig ist an den Zeitreihen, dass die Stimmungstiefs vor allem bei der Beurteilung der Regierungsleistungen zunehmend niedrigere Werte erreichen.

---

185 Vgl. auch oben die Bemerkungen zum Kausalnachweis und zur Methode des Panel-Designs in Abschnitt 3.3.2 sowie unten in Abschnitt 5.5.2

186 Der Negativtrend ist in Westdeutschland deutlich ausgeprägter als in vielen anderen europäischen Ländern. Allerdings muss man dazu sagen, dass die Demokratiezufriedenheit in Deutschland bis 1990 weit über dem europäischen Durchschnitt lag und sich danach dem Durchschnitt angenähert hat. Man könnte die Entwicklung daher auch als Normalisierung interpretieren. In Ostdeutschland liegt das Niveau der Demokratiezufriedenheit weit unter dem in Westdeutschland. Es ist in den Jahren seit der Vereinigung – mit Schwankungen – nur noch geringfügig gesunken.

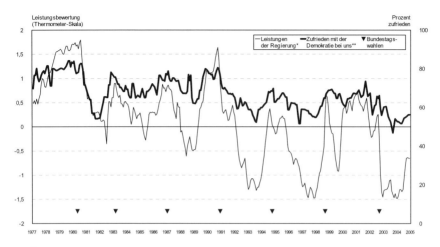

Fragen:
*) „Sind Sie mit den Leistungen der CDU/CSU/FDP-Regie¬rung (bis 1982: SPD/FDP-Regierung) in
    Bonn (bzw. Berlin) eher zufrieden oder eher unzufrieden. Bitte beschreiben Sie es wie¬der mit dem
    Thermome¬ter von plus 5 bis minus 5." Die Trendlinie zeigt den Druchschnitt der Bewertungen; bis
    1988 wurde die Frage in geringfügig anderer Formulierung   gestellt.-
**) „Was würden Sie allgemein zur Demokratie in der Bundesrepublik (ab 1993: in Deutschland)
    sa¬gen? Sind Sie damit eher zufrieden oder eher unzufrieden?" Die Trend¬linie zeigt den Anteil
    der Befragten, die „eher zu¬frieden" antworteten; bis 1988 lauteten die Vorgaben „sehr zu¬frieden"
    und „eher zufrieden", die für diese Aus¬wertung zusammengefasst wurden.
(Daten des Politbarometer West)

Abbildung 5.5: Trendindikatoren der Einstellung zur Politik

Die Ausschläge in den Kurvenverläufen deuten darauf hin, dass die Einstellungen
der Bevölkerung stark abhängig sind von politischen Ereignissen und aktuellen
Problemen. Allerdings ist die Wahrnehmung von Ereignissen und sozialen Problemen weitgehend medienvermittelt, und noch mehr ist es deren Interpretation.
Daher spricht einiges dafür anzunehmen, dass die Einstellungen der Bürger zur
Politik von der Mediendarstellung politischer Ereignisse und Probleme beeinflusst
werden. Das ist vor allem dann der Fall, wenn soziale Probleme wie z.B. Arbeitslosigkeit und wirtschaftliche Rezession von den Medien als Folgen politischen Handelns interpretiert und die Leistungen der politisch Verantwortlichen kritisiert
werden.

(Selbst-)Demontage der Politik

An anderen Datenreihen, die ebenfalls Jahrzehnte überspannen, konstatieren auch Kepplinger (1996) und Maurer (2003: 29 ff.) eine wachsende Politikverdrossenheit in Deutschland. So urteilen die Bürger in Bevölkerungsumfragen zunehmend kritischer über Politiker und politische Institutionen; sie äußern sich immer unzufriedener über die Leistungen der Regierung und über das Funktionieren der Demokratie. Gestützt auf Langzeitanalysen von drei meinungsbildenden Tageszeitungen (von 1951 bis 1995) sieht Kepplinger (1998b) einen Zusammenhang mit der „Demontage der Politik" in der Presseberichterstattung. Im Lauf der Jahrzehnte stieg die Zahl von negativen Aussagen über Politiker in der Berichterstattung erheblich an, während die Zahl von positiven Aussagen nahezu unverändert blieb, so dass sich der Saldo aus positiven und negativen Aussagen zunehmend verschlechterte.

Urheber der Kritik in der Presse sind allerdings – häufiger als die Journalisten – die Politiker selbst. Darin spiegelt sich offenbar eine allgemeine Verschärfung des politischen Diskurses wider. Dieser hat, so die Interpretation des Autors, seine Ursache auch in einem strategischen Kalkül der Politiker. Sie erwarten für kritische Äußerungen eine größere Medienresonanz, weil diese das Interesse der Medien am Negativismus bedienen. Darüber hinaus hat sich das Selektionsverhalten der Medien verändert. Sie wenden politischen Konflikten und Kontroversen gesteigerte Aufmerksamkeit zu. Die wechselseitigen Orientierungen von Politikern und Medien führen offenbar zu einer Selbstverstärkung, die als eine Form der Medialisierung von Politik anzusehen ist (Kepplinger 1999).

Mit Panel-Umfragen über den Zeitraum von 1998 bis 2001 geht Maurer (2003) dem Medieneinfluss auf verschiedene Dimensionen der Politikverdrossenheit genauer nach. Er kommt zu dem Ergebnis, dass durch die im Untersuchungszeitraum vorwiegend negative Politikberichterstattung bei Personen, die viel Kontakt mit diesen Berichten hatten und sie als negativ wahrnahmen, die Unzufriedenheit mit den Leistungen der Politik zunahm. Zwar wirkten sich die Berichterstattung wie im Übrigen auch die politische Ereignislage auf die *spezifische* Systemunterstützung aus; Effekte auf die *allgemeine* Systemunterstützung – also die grundsätzliche Haltung der Bevölkerung zur Demokratie – ließen sich jedoch nicht nachweisen. Sie blieb trotz krisenhaft schlechter Wirtschaftsindikatoren im Untersuchungszeitraum auf relativ hohem Niveau stabil.

5.5 Malaise oder Mobilisierung?

Zwar lassen sich Trendindikatoren für Deutschland, die USA und viele andere Länder als Rückgang des politischen Vertrauens und Zunahme der Politikverdrossenheit deuten. Aber auch wenn sich dabei Parallelen zur Medienentwicklung und zur Politikberichterstattung ziehen lassen, lässt das noch nicht auf ein Ursache-

Wirkungs-Verhältnis schließen. Die Versuche, Medieneinflüsse auf die politische Malaise nachzuweisen, sind für Deutschland meist ergebnislos und auch für die USA nur teilweise überzeugend. Empirisch lässt sich die Malaise-Hypothese allenfalls partiell und nur unter zusätzlichen Bedingungen bzw. Differenzierungen belegen, mit unterschiedlichen Ergebnissen je nach *Mediengattung, Inhaltsgenre* und Art der *Politikdarstellung* (vgl. die Forschungsüberblicke bei Wolling 1999, Maurer 2003, Schmitt-Beck und Voltmer 2007). Einige Befunde sprechen z.b. dafür, dass (bevorzugte oder extensive) Nutzung des Fernsehens politische Malaise begünstigt, während die entsprechende Printmediennutzung für das politische Engagement eher vorteilhaft ist. Soweit unterschiedliche Medieninhalte verglichen werden, zeigt die Unterhaltungsnutzung eher ungünstige Folgen, die Nutzung politischer Information dagegen eher günstige.

Als zusätzliche, moderierende Bedingungen spielen offenbar die *Prädispositionen* der Nutzer eine Rolle (wie man seit den Anfängen der empirischen Kommunikationsforschung weiß); dazu gehören Personenmerkmale wie Alter, Bildung, Interesse, politische Kompetenz und politische Wertorientierung der Bürger. Nicht zuletzt sind politische *Kontextfaktoren* von Bedeutung, etwa der Typ der demokratischen Ordnung (majoritäres vs. konsensuelles politisches System, vgl. dazu etwa Anderson und Guillory 1997) und verschiedene *situative Bedingungen* wie die Wirtschaftslage, die Leistungen der Regierung (bzw. deren Einschätzung durch die Bürger), das herrschende Meinungsklima, aktuelle Ereignisse und Probleme.

Mit Konzepten wie Politikverdrossenheit und Malaise ist ein erheblicher Teil der Forschung auf mögliche *negative* Folgen der Mediennutzung und des Medienwandels fixiert. Dafür gibt es gute Gründe, denn eine solche Entwicklung, sollte sie denn tatsächlich eintreten (oder eingetreten sein), würde bedeuten, dass die Massenmedien ihrer öffentlichen Aufgabe nicht gerecht würden, nämlich einen *positiven* Beitrag zum politischen Engagement der Bürger zu leisten. Es würde letztlich bedeuten, dass die politische Berichterstattung und die Medienentwicklung für die Demokratie dysfunktionale Folgen hätten, und darin läge eine ernste politische Bedrohung, die es abzuwenden gälte.

Eine Reihe von Autoren hält jedoch derartige Befürchtungen für grundlos und äußert empirisch begründete Zweifel an der Gültigkeit der Media-Malaise-Hypothese (u. a. Holtz-Bacha 1990, Uslaner 1998, Newton 1999, Schmitt-Beck und Voltmer 2007). Sie vertreten die Gegenhypothese zur Verdrossenheitsannahme, nämlich dass die Massenmedien einen Beitrag zur politischen *Mobilisierung* leisten, oder – wie Gabriel (1999) es vorsichtig formuliert – als „Katalysatoren" des Interesses und der Beteiligung an Politik wirken. Norris (2000) setzt der Annahme einer *spiral of cynicism* die mit sprachlichem Hintersinn formulierte Methapher eines *virtuous circle* entgegen.[187] Es gibt in der Tat – wie im vorhergehenden Abschnitt

---

187 Der Ausdruck *virtuous circle* – in lexikalischer Übersetzung „Tugendkreis" – soll als Sprachspiel an *vicious circle* – den englischen Ausdruck für „Teufelskreis" – erinnern.

schon angedeutet – empirische Untersuchungen mit dem erfreulichen Befund, dass die politische Mediennutzung durchaus *positive* Folgen für das politische Engagement der Bürger haben kann.

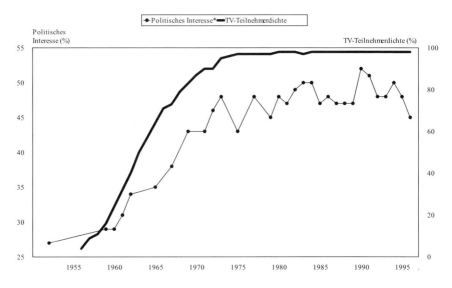

Abbildung 5.6: Ausbreitung des Fernsehens und politisches Interesse[188]

5.5.1 Fernsehen und politisches Interesse

Eine Beobachtung aus der Zeit, als das Fernsehen in Deutschland Einzug in die Wohnzimmer hielt, machte zunächst große Hoffnungen auf günstige Folgen der TV-Nutzung. Das Interesse an Politik ist in den 1960er Jahren in Westdeutschland stark angestiegen (vgl. Abbildung 5.6). Da diese Entwicklung parallel zur Einführung des (öffentlich-rechtlichen) Fernsehens verlief, lag die Annahme nahe, dass es dem Fernsehen gelang, das politische Interesse der Bevölkerung zu stimulieren

---

188 Frage: „Einmal ganz allgemein gesprochen: Interessieren Sie sich für Politik?" Die entsprechende Trendlinie zeigt den Anteil der Ja-Antworten (Quelle: Allensbacher Archiv, jeweils Jahresdurchschnittswerte aus einer großen Zahl von Mehrthemenumfragen, nur alte Bundesländer). TV-Teilnehmerdichte ist der Anteil von Personen an der Gesamtbevölkerung, die zu Hause am eigenen Gerät das Fernsehprogramm verfolgen können.

(Noelle-Neumann 1977b, 1979, Schulz 1995). Inzwischen bestätigte Peiser diesen Zusammenhang mit kohortenanalytischen Methoden. Die Anschaffung eines Fernsehgeräts in den 1960er Jahren führte tatsächlich dazu, dass das Interesse der Bevölkerung an Politik und die Häufigkeit politischer Diskussion „deutlich, dauerhaft und statistisch signifikant" zunahmen (Peiser 1999).

Es ist allerdings fraglich, ob sich der Befund über die historische Situation hinaus dahingehend verallgemeinern lässt, dass Fernsehen generell ein Stimulans des politischen Interesses ist. Dagegen spricht die weitere Entwicklung der Medien und des politischen Interesses der westdeutschen Bevölkerung (vgl. Gabriel 1999, Hoffmann-Lange 2000, van Deth 2000, 2004). Während Angebot und Nutzung politischer Information im Fernsehen – und ebenso auch in anderen Medien – weiter zunahmen, zeigt das Interesse seit den 1980er Jahren keine nennenswerte Niveauverschiebung mehr, allenfalls noch vorübergehende Erhöhungen, z.B. anlässlich der politischen Umbrüche um 1990.[189] Die Entwicklung in den 1960er Jahren scheint eine historisch einmalige Situation gewesen zu sein, begünstigt teils durch die Neuigkeit des Mediums Fernsehen, teils durch einen allgemeinen Wandel der politischen Kultur.

Das Fernsehen wurde zu einer Zeit eingeführt, als sich eine Reihe von sozialen und politischen Bedingungen veränderte, die für das Interesse an Politik bedeutsam sind. So fand in den ersten Nachkriegsjahrzehnten eine allgemeine Demokratisierung der westdeutschen Bevölkerung statt, unterstützt durch ein *Re-education-*Programm der westlichen Alliierten. Dies beförderte die *Normalisierung* der politischen Verhältnisse nach den traumatischen Erfahrungen der Zeit der nationalsozialistischen Herrschaft und dem politischen Zusammenbruch 1945. Wahrscheinlich spielte auch – zumindest indirekt – der soziökonomische Wandel eine Rolle, insbesondere die Zunahme des Wohlstands und die Verbesserung der formalen Bildung (Conradt 1980, Baker, Russel und Hildebrandt 1981, Klages 1988). Und schließlich könnte das gesteigerte Interesse an Politik auch als Komponente eines allgemeinen Wertewandels interpretiert werden (Inglehart 1977, Noelle-Neumann 1978, Meulemann 1985). Die Fernsehexpansion fand vor dem Hintergrund fortschreitender *Säkularisierung* und *Individualisierung* der Gesellschaft statt. Wertorientierungen wie Selbstbestimmung, Gleichberechtigung und Partizipation – postmaterielle Werte – gewannen an Bedeutung; Erziehungsziele wie Selbständigkeit und freier Wille wurden wichtiger als traditionelle Tugenden wie Gehorsam, Ordnungsliebe und Fleiß.

Um das Interesse der Bevölkerung an Politik und seine Entwicklung zu erklären, sind sowohl Individualmerkmale und deren Veränderung wie auch Merkmale des sozialen Kontextes und deren Veränderung heranzuziehen. Das unterstreichen auch neuere international vergleichende Erhebungen (vgl. etwa Schmitt-

---

189 Ähnlich ist die Entwicklung in den USA, wo die Trendindikatoren des politischen Interesses seit Ende der 1970er Jahre in etwa auf dem gleichen Niveau liegen (Norris 2002).

Beck und Voltmer 2007). Aus ihnen lässt sich zum einen ablesen, dass politisches Interesse wie auch andere Aspekte der politischen Mobilisierung von Individualmerkmalen wie Geschlecht, Alter und Bildung bestimmt werden. Zum anderen sind die sozioökonomische Entwicklung und demokratische Reife des jeweiligen Landes als Kontextmerkmale wichtige Determinanten. Sie erklären u. a. die erheblichen Unterschiede zwischen verschiedenen Ländern, z.b. das relativ hohe Interessensniveau in der Schweiz, Dänemark, den Niederlanden und Schweden und das niedrige Niveau in den Ländern Ost- und Südeuropas (vgl. Abbildung 5.7).

Dies ist auch ein Grund dafür, dass in Deutschland das Niveau des politischen Interesses so hoch ist wie in kaum einem anderen europäischen Land. Ein weiterer Grund ist, so vermutet van Deth (2004), die kollektive historische Erfahrung mit undemokratischen Regimes zwischen 1933 und 1945 sowie danach in der damaligen DDR.

Ob die deutsche Medienentwicklung und die Struktur des Mediensystems, die verfügbaren politischen Angebote und deren Nutzung zusätzlich eine Rolle spielen, ist eine noch nicht abschließend geklärte Frage.

5.5.2 Zur Methode der Klärung von Ursache und Wirkung

Diese Beobachtungen und Überlegungen lassen schon die methodischen Probleme erkennen, vor denen die Forschung steht, wenn sie die Beziehungen zwischen Mediennutzung und politischem Engagement aufklären will. Erstens gibt es offenbar keine *monokausale* Erklärung für die Folgen der Mediennutzung und des Medienwandels, – weder für negative Folgen wie Malaise oder Politikverdrossenheit, noch für positive wie politisches Interesse, Mobilisierung oder Partizipation. Zur Erklärung ist eine Reihe von Faktoren heranzuziehen, u. a. Individualmerkmale, soziale Kontextbedingungen, Medienvariablen, Genre- und Inhaltsfaktoren. Zweitens lassen sich Einflüsse von Medien-, Genre- und Inhaltsfaktoren nur dann zuverlässig bestimmen, wenn sowohl diese Dimensionen der Mediennutzung differenziert gemessen werden und wenn auch die Merkmale des Medienfaktors – z.B. Inhalte und Tenor der Politikdarstellung – *inhaltsanalytisch* spezifiziert werden (Schulz 2007). Drittens scheint der Einfluss der Medienvariablen durch historische und situative *Kontextfaktoren* bedingt zu sein und deren Wandel. Viertens ist anzunehmen, dass die verschiedenen Einfluss- und Bedingungsvariablen nicht einfach additiv zur Erklärung der Beziehungen zwischen Medien und politischem Engagement dienen, sondern dass auch Wechselwirkungen – d.h. statistisch: Faktor-*Interaktionen* – in Betracht zu ziehen sind. Fünftens – und nicht zuletzt – kann die Frage von Ursache und Wirkung nur durch Langzeitstudien, und zwar am besten durch Panelstudien geklärt werden. Als *Panelstudie* bezeichnet man die wiederholte Befragung derselben Personenstichprobe mit einem - wenigstens teilweise – identischen Fragebogen.

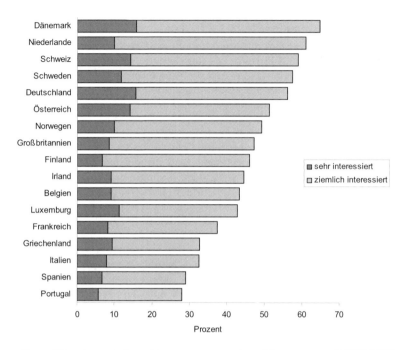

Frage: "How interested would you say you are in politics - are you...(READ OUT) very interested, quite interested, hardly interested, or not at all interested?"

Abbildung 5.7: Politisches Interesse in Ländern Europas[190]

Eine Panelstudie von Semetko und Valkenburg (1998) ist ein gutes Beispiel, um das Potential dieses Designs zu illustrieren. Die Autorinnen zeigen auf Basis einer dreiwelligen Repräsentativbefragung von Bürgern in Ost- und Westdeutschland, dass die Politiknutzung in Presse und Fernsehen einen signifikanten Einfluss hat auf die Einstellung zur Politik, gemessen mit zwei Standard-Items zur Kompetenz-überzeugung („*internal efficacy*", vgl. oben der Tabelle 5.5). Mit multivariaten Pfad-analysen können sie die Kausalrichtung der Beziehung sehr gut absichern. Die

---

190 Die Daten entstammen dem European Social Survey, Round 1 (Vgl. R. Jowell and the Central Co-ordinating Team, European Social Survey 2002/2003: Technical Report, London: Centre for Comparative Social Surveys, City University, 2003).

Umfragen fanden im Frühjahr 1992, im Herbst 1993 und im Frühjahr 1994 statt und damit zu einer Zeit, als sich die Stimmung der Bevölkerung dramatisch verschlechterte (vgl. Abbildung 5.5). Dies war auf die schlechte konjunkturelle Lage und die hohe Arbeitslosigkeit zurückzuführen. Im Januar 1994 schnellte die Arbeitslosenquote erstmals über zehn Prozent. Die ungünstigen Entwicklungen wurden von den Medien sehr intensiv behandelt und problematisiert (vgl. Hagen 2005).

Semetko und Valkenburg gehen auf diese Kontextbedingungen nicht ein und analysieren auch nicht die Medieninhalte, die von ihren Befragten genutzt wurden. Ihre Untersuchung lässt jedoch indirekt die Schlussfolgerung zu, dass die Verbesserung der politischen Einflussüberzeugung eine positive Folge der Mediennutzung ist und nicht ein Reflex auf ökonomische und politische Bedingungen bzw. die darauf bezogene Mediendarstellung. Denn der positive Medieneinfluss lässt sich für einen Zeitraum nachweisen, da diese Bedingungen und ihre mediale Vermittlung ausgesprochen negativ waren. Mit anderen Worten: Der Medieneinfluss kann nicht nur als gut gesichert gelten, er hatte auch trotz ungünstiger Kontextbedingungen positive Folgen für die Einstellung der Bürger zur Politik.

Weniger eindeutig sind die Ergebnisse einer Panelstudie von Maurer (2003), die methodisch sehr aufwendig den Ursachen der Veränderung von Politikverdrossenheit in Deutschland nachgeht. Sie stützt sich auf Befragungen von Mainzer Bürgern zwischen März 1998 und Mai 2001 im Hinblick auf eine Reihe verschiedener Indikatoren der Politikverdrossenheit. Parallel dazu wurden die Inhalte der von den Befragten genutzten Medien analysiert. Im Ergebnis zeigen sich nur geringe Einflüsse der medialen Politikdarstellung, und das auch nur bei einem Indikator (Leistungsbeurteilung der Politik). Häufiger erweisen sich Personenmerkmale wie Alter, Interesse und Parteiidentifikation als Determinanten von negativen wie auch von positiven Veränderungen. Der Autor interpretiert den Einfluss der Personenmerkmale als indirekten Hinweis auf den Einfluss politischer Ereignisse („weil man annehmen kann, dass unterschiedliche Rezipienten unterschiedlich auf politische Ereignisse reagieren…", S. 233).

Maurer weist auf ein grundsätzliches Dilemma hin, das den Ertrag selbst langfristig angelegter Medienwirkungsstudien begrenzt. Denn sie treffen bei ihrem Beginn in der Regel auf schon kognitiv vorgeprägte Probanden. Wenn die vermuteten Medienwirkungen bereits vor Beginn der Untersuchung eingetreten sind und wenn sie sich während des Beobachtungszeitraums nicht nennenswert verstärken oder abschwächen, dann können sie empirisch auch nicht nachgewiesen werden (Maurer 2003: 235).

Eine Panelstudie von de Vreese (2005) lässt ebenfalls erkennen, wie stark Medieneffekte von intervenierenden Variablen und Kontextbedingungen abhängen. Die Untersuchung zu Europa-Politikverdrossenheit fand vor dem Hintergrund eines Treffens des Europäischen Rates in Kopenhagen im Dezember 2002 statt. Das Design sah zwar nur zwei Panelwellen im Abstand von wenigen Wochen vor, ermöglichte aber gleichwohl eine gesicherte Abschätzung von Veränderungen der

Verdrossenheit und deren Ursachen. Da die Untersuchung parallel in den Niederlanden und in Dänemark stattfand, war es möglich, auch Bedingungen von unterschiedlichen politischen Kontexten zu berücksichtigen. Inhaltsanalysen der in beiden Ländern am meisten verbreiteten Medien spezifizieren die als wirksam ange-
nommenen Medieninhalte. So ist es möglich zu zeigen, dass infolge einer im Tenor
unterschiedlichen Berichterstattung die Mediennutzung in den Niederlanden
negative Effekte hatte, in Dänemark jedoch positive Effekte. Darüber hinaus ist an
der Analyse statistischer Interaktionen zu erkennen, dass in Dänemark die günstigen Folgen der Mediennutzung nicht bei allen Personengruppen eintraten; bei Personen mit geringer politischer Kompetenz nahm – abweichend vom Haupteffekt –
die Verdrossenheit nicht ab, sondern zu.

In anderer Hinsicht aufschlussreich ist eine amerikanische Panelstudie von
Gross, Aday und Brewer (2004), die im Spätherbst 2001 nach dem Terroranschlag
auf das World-Trade-Center in New York einsetzte und drei Befragungswellen bis
zum Spätsommer 2002 umfasste. Befragt wurde ein repräsentatives Sample von
US-Amerikanern im Alter ab 18 Jahren u.a. zu verschiedenen Indikatoren des politischen und sozialen Vertrauens. Eine Besonderheit des Untersuchungszeitraums
war, dass kurz nach den Terroranschlägen alle Indikatoren des Vertrauens ein hohes Niveau aufwiesen, das im Zeitraum von knapp einem Jahr dann (wieder) zu-
rückging. Diese Veränderungen im Aggregat lassen sich durch Panelanalyse auf
Individualebene unterschiedlich für politisches und für soziales Vertrauen erklären. Während die Veränderungen des *politischen* Vertrauens – d.h. Vertrauen in die
Regierung und in verschiedene politische Institutionen – nicht auf Medieneinflüsse
zurückzuführen sind, gibt es einen statistisch gesicherten Medieneffekt auf die
Veränderung des *sozialen* Vertrauens, d.h. in die Vertrauenswürdigkeit und Hilfs-
bereitschaft der Mitbürger. Dieser Effekt ist gegenläufig für Fernseh- und Zeitungsnutzung: Die (intensivere) Nutzung der Fernsehnachrichten verminderte das
Vertrauen in die Mitbürger, das Zeitungslesen dagegen stärkte das soziale Vertrauen.

Besonders bemerkenswert sind an der Untersuchung die Vergleiche zwischen
stationären und *dynamischen* Messungen, wie sie das Paneldesign ermöglicht. So ist
bei stationärer Betrachtung – d.h. bei Analyse nur einer Befragungswelle im Spätherbst 2001 – Fernsehnutzung zum Teil deutlich positiv mit Indikatoren des politischen Vertrauens verknüpft (mit sozialem Vertrauen allerdings nicht). Ein anderes
Bild ergibt die dynamische Betrachtung: Fernsehnutzung weist keinen Zusammenhang mit Veränderungen des *politischen* Vertrauens auf (allerdings mit Veränderungen des *sozialen* Vertrauens).

Der Vergleich macht zweierlei deutlich. Erstens kann man aus signifikanten
stationären Korrelationen keinesfalls auf dynamische Effekte schließen, auch wenn
dabei eine Vielzahl möglicher Störvariablen multivariat kontrolliert wird. Zweitens
kann es Medieneinflüsse über die Zeit auch dann geben, wenn die Mediennutzung
bei stationärer Betrachtung mit den abhängigen Variablen nicht korreliert ist. Mit

anderen Worten: Stationäre Korrelationen sind keine *notwendige* (und erst recht keine hinreichende) Voraussetzung für Veränderungen über die Zeit (wie oft und fälschlicherweise angenommen wird).

Die Ergebnisse einer Vielzahl von Analysen, die sich auf nur einen Messzeitpunkt beziehen, erscheinen damit in einem zweifelhaften Licht.

5.5.3 Mobilisierung durch das Internet?

Anders als das beim Fernsehen der Fall war verbanden sich mit der Einführung und Expansion des Internets zunächst häufiger Hoffnungen als Befürchtungen. Sie stützten sich vor allem auf die Erwartung, dass durch das Internet für jedermann mit geringem Aufwand von Zeit und Kosten eine enorme Fülle an politischer Information zugänglich werde, und zwar hochaktuell, interaktiv und den individuellen thematischen und zeitlichen Nutzungsinteressen entsprechend. Dies sollte eine Verbesserung der Informiertheit der Bürger wie auch Mobilisierungseffekte mit sich bringen.

Kennzeichnend für die optimistische Sicht war eine viel beachtete Rede des damaligen US-Vizepräsidenten Al Gore auf einer Konferenz der Internationalen Telekommunikations-Union 1994, in der er die Vision einer „Globalen Informationsinfrastruktur" entwickelte. Als wesentliche Folge der Entwicklung prognostizierte er eine Verbesserung der politischen Beteiligungsmöglichkeiten und einen weltweiten Demokratisierungsschub (vgl. Textbox 5.3). In einer Vielzahl von wissenschaftlichen Publikationen wurde eine ähnlich erwartungsfrohe Haltung verbreitet (vgl. etwa Rheingold 1993, Negroponte 1995, Castells 1996). Inzwischen dominieren in der wissenschaftlichen Diskussion allerdings die nüchternen und teils skeptischen Urteile zur Mobilisierungswirkung des Internets (vgl. etwa Küchler 2000, Hoecker 2002, Papacharissi 2002, van Dijk 2005: 163 ff.).

Was die Angebote an politischer Information im Internet betrifft, so hat die Entwicklung die Erwartungen teils übertroffen, und auch die Nutzung dieser Angebote entwickelte sich inzwischen sehr positiv.[191] Selbst im privaten Bereich wird das Internet in erster Linie als Informationsmedium genutzt – zwar häufig zur Orientierung in praktischen Dingen, aber vielfach auch zur politischen Unterrichtung und Meinungsbildung (Eimeren und Frees 2005, Ridder und Engel 2005). Es ist daher eine nahe liegende Vermutung, dass die Verbreitung und Nutzung des Internets der politischen Beteiligung zugutekommt und einen Beitrag zur politischen Mobilisierung der Bürger leistet. Ergebnisse wie weiter unten in Tabelle 5.7 scheinen das empirisch zu belegen. Ähnliche Zusammenhänge auf Basis von Umfragen mit stationärem Design finden sich in einer Anzahl von Studien (z.B. beiWagner 2004, Dutta-Bergman 2005, Emmer 2005: 129, Marr 2005: 166 ff., Moy et al. 2005).

---

191 Vgl. dazu oben Abschnitt 2.1

Langzeitstudien, die geeignet wären, etwaige Einflüsse der Internetnutzung auf die politische Beteiligung mit mehr Evidenz zu untersuchen, gibt es bisher kaum. Eines der seltenen Beispiele ist ein Projekt von Emmer und Vowe, das möglichen Mobilisierungseffekten des Internets mit einer Panelstudie nachgeht, die sich über mehrere Jahre erstreckt (Emmer und Vowe 2004, Emmer 2005, Emmer, Seifert und Vowe 2006). Untersucht wird dabei, ob die Möglichkeiten der Internetnutzung bei Personen, die einen Internetzugang erhalten bzw. erwerben, das politische Kommunikationsverhalten dieser „Einsteiger" verändern. Tatsächlich zeigen sich im Zeitverlauf einige – wenn auch relativ geringe – Mobilisierungseffekte. So stimuliert die Internetnutzung allgemein die rezeptive Nutzung politischer Information. Auf partizipative Kommunikationsformen im engeren Sinne wirkt sich der Internetzugang jedoch kaum messbar aus. Die Autoren interpretieren ihre Befunde unter Bezug auf das Bild vom „instrumentell-rationalen" Bürger. Durch die Erweiterung des Medienzugangs verschieben sich in erster Linie die Kosten-Nutzen-Relationen für politische Kommunikation zugunsten des Internets. Mit anderen Worten: Das Internet verändert eher das Repertoire politischer Kommunikation als deren Inhalte oder Ziele.[192]

Textbox 5.3:
Al Gores Vision einer Globalen Informationsinfrastruktur (GII)

„In a sense, the GII will be a metaphor for democracy itself. Representative democracy does not work with an all-powerful central government, arrogating all decisions to itself. That is why communism collapsed.

Instead, representative democracy relies on the assumption that the best way for a nation to make its political decisions is for each citizen--the human equivalent of the self-contained processor--to have the power to control his or her own life.

To do that, people must have available the information they need. And be allowed to express their conclusions in free speech and in votes that are combined with those of millions of others. That's what guides the system as a whole.

The GII will not only be a metaphor for a functioning democracy, it will in fact promote the functioning of democracy by greatly enhancing the participation of citizens in decision-making.And it will greatly promote the ability of nations to cooperate with each other. I see a new Athenian Age of democracy forged in the fora the GII will create."

Ausschnitt aus der Rede des damaligen US-Vizepräsidenten Al Gore vor der World Telecommunication Development Conference, Buenos Aires, 1994

---

192 Vgl. dazu auch unten Abschnitt 6.1.3

5.6 Kommunikation und politische Beteiligung

Zwar beziehen sich die voranstehenden Abschnitte vorwiegend auf politische Kognitionen, d.h. Vorstellungen und Einstellungen der Bürger. Doch es ist offensichtlich, dass es einen engen Zusammenhang gibt zwischen politischen Vorstellungen und politischem Handeln. Kognitionen sind handlungsrelevant. Das gilt gleichermaßen für Konzepte wie politische Unterstützung und politisches Interesse, Malaise und Mobilisierung, Vertrauen und Verdrossenheit, Einflussüberzeugung und soziales Kapital.

In der politischen Theorie und empirischen Forschung betont besonders das Konzept der *politischen Partizipation* den Handlungsaspekt. Politische Partizipation – bzw. *politische Beteiligung*, wie es im Deutschen auch heißt, – bezeichnet eine Form zielgerichteten Handelns einzelner Bürger, das sich – direkt oder indirekt – auf die Beeinflussung von Entscheidungen auf verschiedenen Ebenen des politischen Systems richtet. Dies ist, laut Kaase und Marsh (1979: 42), die „Standard-Definition". Sie berufen sich dabei auf Verba und Nie (Verba und Nie 1972), deren Studie „Participation in America" für die empirische Analyse des Konzepts wegweisend war.

5.6.1 Formen politischer Beteiligung

Im Zentrum der Partizipationsforschung steht der Einfluss der Bürger auf politische Entscheidungen, und zwar im doppelten Sinn: auf Entscheidungen der politischen Führung und auf die Auswahl der politischen Führung. Aus diesem Grund sprechen Verba und Nie (1972: 3) auch von *demokratischer* Partizipation. Die Autoren haben mit ihrer einflussreichen Studie einen entscheidenden Beitrag zur Differenzierung des Partizipationskonzepts geleistet. Gestützt auf Umfragedaten zeigen sie, dass es sinnvoll ist, von verschiedenen Dimensionen bzw. Formen der Beteiligung auszugehen. Sie unterscheiden zum einen die Beteiligung im Kontext von Wahlen und zum anderen außerhalb des Wahlkontextes und identifizieren schließlich vier Beteiligungsformen:

- Wählen,
- Kampagnenaktivitäten (wie z.B. Teilnahme an einer Wahlkundgebung),
- politische Aktivitäten in der Gemeinde und
- Kontaktaufnahme mit politisch Verantwortlichen.

Empirisch lassen sich verschiedene Verhaltensmuster der Partizipation („systems of participation") feststellen sowie eine gewisse Spezialisierung der Bürger auf eines oder mehrere Verhaltensmuster, so dass man auch unterschiedliche Beteiligungstypen unterscheiden kann (Verba und Nie 1972: 116 ff.). Diese an der US-amerikanischen Population entwickelten Modellvorstellungen sind, so schlussfolgert Gabriel (2004) auf Basis einer Analyse des *European Social Survey*, im Wesentlichen auch auf die Bürger Europas übertragbar.

Partizipation wird mit einiger Berechtigung als Ausdruck der Systemunterstützung interpretiert. Daher gilt z.B. die Höhe der Wahlbeteiligung auch als Gradmesser für die Akzeptanz des politischen Systems und für die Zufriedenheit mit den Entscheidungen der Regierung. Dieser Aspekt wird auch als *expressive* Partizipation bezeichnet, im Unterschied zur *instrumentellen* Partizipation, die direkt auf die Beeinflussung politischer Entscheidungen abzielt. Eine andere Unterscheidung ist die zwischen institutionalisierten oder *konventionellen* und nicht institutionalisierten oder *unkonventionellen* Partizipationsformen (Kaase 2000). Zu ersteren gehören die von Verba und Nie betrachteten und differenzierten Beteiligungsformen, also alle direkt oder indirekt wahlbezogenen Aktivitäten wie die Stimmabgabe bei Wahlen und Abstimmungen, das aktive Engagement in Parteien oder im Wahlkampf, die politische Gemeindearbeit und direkte Kontakte zu politischen Akteuren.

Bei den unkonventionellen Formen gibt es legale wie die Beteiligung an genehmigten Demonstrationen und an Bürgerinitiativen wie auch solche, die am Rande oder außerhalb der Legalität liegen, wie Boykotts, Besetzungen, Sachbeschädigungen. Eine noch feinere Differenzierung entwirft Fuchs (1995). Neben Kriterien der Regelkonformität (legal – illegal, gewaltlos – gewaltsam) verwendet er die Zielrichtung des Handelns (privat – öffentlich, spezifisch – generalisiert) und den Zeitaufwand (kurzfristig – dauerhaft) als Unterscheidungsmerkmale. Anhand dieser Kriterien entwirft er eine Handlungstypologie, bestehend aus fünf Formen der politischen Beteiligung, die er konventionelles, parteibezogenes, demonstratives, konfrontatives und gewaltsames Handeln nennt. Er verfeinert damit eine ähnliche, empirisch fundierte Typologie von Uehlinger (1988), die ebenfalls fünf Beteiligungsformen herausarbeitet.[193] Diese Formen sind nicht nur jeweils als kategoriale Unterscheidungen zu verstehen. Sie implizieren zugleich eine ordinale Skalierung, d.h. eine Abstufung nach dem Grad des persönlichen Engagements der Bürger sowie nach der Intensität und Aggressivität der aus dem Engagement resultierenden politischen Handlungen.

Wie diese Beispiele zeigen, spielen in der politikwissenschaftlichen Partizipationsforschung Fragen der Unterscheidung und Typisierung des Bürgerhandelns eine wichtige Rolle. Die Unterscheidungen sind Ausgangspunkt von Analysen, die entweder politische Beteiligung als abhängige Variable betrachten und nach ihren Bedingungen und Determinanten fragen (vgl. etwa Gabriel 2004), oder die an den Folgen der Beteiligung für politische Entscheidungen interessiert sind und dabei das Bürgerhandeln als unabhängige Variable betrachten (Fuchs 1995).

---

193 Und zwar: Ausübung der Staatsbürgerrolle, problemspezifische Partizipation, parteiorientierte Partizipation, ziviler Ungehorsam und politische Gewalt

In älteren politikwissenschaftlichen Arbeiten spielt Kommunikation – wenn überhaupt – nur eine marginale Rolle und wird dann als eine relativ „schwache" Form der Beteiligung behandelt. So steht beispielsweise bei Milbrath (1965) politische Kommunikation in der von ihm eingeführten ordinalen Betrachtung und Operationalisierung am unteren Ende der Skala des aktiven politischen Engagements oder, wie es auch genannt wird, des politischen *Involvements* (vgl. etwa auch die Übersicht bei Uehlinger 1988: 7 ff.).

In der Kommunikationswissenschaft sind demgegenüber die *Beziehungen* zwischen politischer Kommunikation und politischer Beteiligung ein zentraler Forschungsgegenstand. Je nach Perspektive werden unterschiedliche Erklärungen angeboten und politische Kommunikation – insbesondere Massenkommunikation – z.B. als Vermittler, Bedingung oder Determinante des politischen Bürgerhandelns betrachtet:

■ Die Massenmedien gelten – neben Parteien und Interessengruppen – als ein *intermediäres System*, das die Bedürfnisse und Forderungen aufgreift und aggregiert und sie für den Input in politische Entscheidungsprozesse umwandelt. In dieser Funktion – als *Spiegel* der öffentlichen Meinung, *Anwalt* der Bürgerinteressen, als *Informationsressource* der Bürger, als *Mittler* im politischen Willensbildungsprozess – sind die Massenmedien direkt oder indirekt an der Beeinflussung von Entscheidungen auf verschiedenen Ebenen des politischen Systems beteiligt. Manche Autoren betonen besonders, dass die Bürger ihre Partizipationsmöglichkeiten nur mit Unterstützung der Massenmedien wirkungsvoll wahrnehmen können (etwa Fuchs 1995: 141). Diese Auffassung liegt auch dem Demokratiemodell des deutschen Grundgesetzes und dem Konzept der *öffentlichen Aufgabe* der Medien zugrunde.

■ Massenmedien gelten als *politische Akteure* mit eigenen Interessen und Ansprüchen, auch mit einer (medien-)spezifischen Systemunterstützung oder mit dem Entzug von Unterstützung. Dies äußert sich z.B. in der expliziten oder impliziten Bewertung (u. a. durch Kommentierung oder Nachrichtenselektion) von politischen Ereignissen, Themen, Akteuren, Entscheidungen und Handlungen. Dabei können die Absichten der Medien den Partizipationsansprüchen der Bürger entgegenkommen oder zuwiderlaufen. Im günstigen Fall greifen die Medien die Ansprüche und Probleme der Bevölkerung auf, bieten einen Resonanzboden für die Bürgerinteressen und sorgen dafür, dass sie politisch bearbeitet werden. Im ungünstigen Fall missachten oder konterkarieren sie die Bürgerinteressen.

■ Die Massenmedien gelten als ein *Instrument zur Mobilisierung* der Bürger, das die Unterstützung des politischen Systems, der Regierung, einzelner Parteien, Verbände und Interessengruppen fördern kann. Mobilisierung umfasst – ähnlich den Stufen der politikwissenschaftlichen Partizipationsskalen – verschiedene Abstufungen von der bloß kognitiven Mobilisierung, z.B. Steigerung der

Aufmerksamkeit und des Interesses, bis hin zur politischen Aktion in konventioneller oder unkonventioneller, legaler oder illegaler Form.[194]

Einige Aspekte der Beziehung zwischen Massenkommunikation und Mobilisierung wurden schon in den voranstehenden Abschnitten behandelt. Den Befunden zur kognitiven Mobilisierung (bzw. Demobilisierung wie im Falle der Forschung zur politischen Malaise) sollen nun noch einige empirische Daten hinzugefügt werden, die den Zusammenhang zwischen Mediennutzung und politischen Aktivitäten illustrieren.

5.6.2 Medien, interpersonale Kommunikation und politische Beteiligung

Aus demokratietheoretischer Sicht kommt der Beteiligung der Bürger an Wahlen und Abstimmungen zentrale Bedeutung zu. Empirische Studien gehen daher oft der Frage nach, ob Mediennutzung einen positiven Einfluss auf die Wahlbeteiligung hat. Inzwischen gibt es eine Reihe von Beispielen, die einen Zusammenhang zwischen Massenkommunikation und politischer Beteiligung insbesondere im Kontext von Wahlen aufzeigen (vgl. etwa Oehmichen und Simon 1996, Schmitt-Beck 2000, Schmitt-Beck und Voltmer 2007, Norris 2001b).[195]

Zur Illustration ist hier ein Ergebnis aus einer international vergleichenden Analyse zur Europawahl 1989 angeführt (vgl. Schulz und Blumler 1994). Es belegt den Zusammenhang zwischen Wahlbeteiligung und der Intensität der Kampagnen-Kommunikation in sieben Ländern der Europäischen Union sowohl auf der Systemebene als auch auf der Individualebene (Tabelle 5.6).[196]

Auf der Systemebene, also im Vergleich der Länder, zeigt sich, dass in Ländern mit intensiver Kampagnenkommunikation – wie Griechenland und Deutschland – auch die Beteiligung bei der Europawahl vergleichsweise hoch war. In Ländern mit geringen Kommunikationsaktivitäten wie in den Niederlanden und in Großbritannien war auch die Wahlbeteiligung sehr niedrig. Nur Dänemark weicht von diesem Muster deutlich ab. Statistisch drückt sich der Zusammenhang auf der Systemebene in einer Rangkorrelation von $r_s = .57$ aus.

---

194 Dabei ist zu unterscheiden zwischen einer auf bestimmte Ereignisse oder Themen bezogenen Mobilisierung und einer generellen Mobilisierung. Letztere betrifft den Einsatz für die allgemeinen Ziele des politischen Systems bzw. einzelner politischer Gruppen; erstere betrifft entweder bestimmte Aktionen wie z.B. die Teilnahme an einer Wahl oder Abstimmung, einer Kundgebung, einem Streik, oder bestimmte Themen wie z.B. Umweltschutz, Lohnerhöhung, Katastrophenhilfe.

195 Vgl. dazu auch unten Abschnitt 6.4

196 Zum Zeitpunkt der Untersuchung gehörten der EU zehn Länder an. Die drei Mitgliedsländer mit Wahlpflicht – Belgien, Luxemburg und Italien – wurden in diese Darstellung nicht mit aufgenommen.

Tabelle 5.6: Wahlkommunikation und Wahlbeteiligung bei der Europawahl 1989

	Systemebene		*Individualebene*	
	Rangkorrelation: .57 (Spearman)		Pearson-Korrelation zwischen Wahlbeteiligung und Wahlkommunikation	
	Amtliche Wahlbetei- ligung	Intensität der Wahlkom- munikation*	einfach**	partial***
Griechenland	79,9	2,28	.15	.05
Irland	68,3	2,12	.21	.07#
Deutschland	62,3	2,45	.22	.05
Frankreich	48,7	2,07	.19	.07#
Niederlande	47,2	1,82	.25	.09#
Dänemark	46,2	2,20	.27	.10#
Großbritannien	36,2	1,98	.26	.10#

*) Durchschnittliche Anzahl der Nennungen von zehn Listenvorgaben mit verschiedenen medialen und personalen Kommunikationsaktivitäten. Die Ermittlungen wurden in Eurobarometer-Umfragen unmittelbar nach der Europawahl 1989 durchgeführt.

**) Korrelation nullter Ordnung, Wahlbeteiligung laut Angabe der Befragten; alle Koeffizienten sind statistisch signifikant.

***) Die Koeffizienten entstammen multiplen Regressionsrechnungen, mit denen jeweils pro Land der Einfluß von demographischen Variablen, Indikatoren des politischen Engagements und des Kampagnen-Involvements herauspartialisiert wurde (statistisch signifikante Koeffizienten sind mit # markiert; t-Test, p<.05) .

Auf der Individualebene ist der Zusammenhang in signifikanten bivariaten Korrelationen bei den Befragten in allen Ländern sichtbar. Darüber hinaus zeigt sich auch nach simultaner statistischer Kontrolle einer großen Zahl von Drittvariablen, dass die Wahlbeteiligung der Bürger umso höher war, je mehr sie in die Kampagnenkommunikation einbezogen waren.[197] Dieser Zusammenhang ist in fünf der sieben Länder signifikant.

197 Lesebeispiel für Deutschland: Die amtliche Wahlbeteiligung lag bei 62,3 Prozent. Bei einer Nachwahlbefragung nannten die Wähler im Durchschnitt 2,45 von einer Liste mit folgenden Kommunikationsaktivitäten: Mit Familienmitgliedern, mit Freunden oder Kollegen über die Europawahl gesprochen; mit Wahlhelfern einer politischen Partei gesprochen; Wahlversammlung besucht;

Empirisch lassen sich nicht nur Zusammenhänge der Mediennutzung mit der Wahlbeteiligung, sondern auch mit anderen Formen der politischen Beteiligung feststellen. Dies illustriert Tabelle 5.7 an Daten einer repräsentativen Umfrage unter der deutschen Bevölkerung. Wie es sonst selten vorkommt, enthält diese Umfrage sowohl Indikatoren der Mediennutzung wie auch der politischen Partizipation in relativ großer Zahl (vgl. auch Schulz, W. 2001b, van Deth 2001).[198]

Die Tabelle zeigt zunächst, dass neben der Wahlbeteiligung, die in Deutschland allgemein als Bürgerpflicht verstanden wird, eine Reihe von konventionellen Formen der Beteiligung in nennenswertem Umfang ausgeübt wird. An unkonventionellen oder gar rechtswidrigen Formen beteiligt sich nur eine kleine Minderheit der Bürger. Gleichwohl erreichen solche Aktionen auf Grund ihres Konfliktgehalts und ihrer starken Medienresonanz viel öffentliche Aufmerksamkeit und oft auch politische Durchschlagskraft.

Die Tabelle offenbart darüber hinaus Zusammenhänge, wie sie auch für andere Indikatoren des politischen Engagements bekannt sind: Regelmäßige Zeitungsleser charakterisiert nicht nur ein höheres Maß an kognitiver politischer Mobilisierung; sie beteiligen sich auch stärker aktiv an der Politik als der Durchschnitt der Bevölkerung. Das gilt jedoch nur für konventionelle, legale Formen der Beteiligung. Allenfalls zu Aktivitäten, die in milder Form auch politischen Unmut ausdrücken können, wie Protestwahl oder die Beteiligung an einer Unterschriftensammlung, sind regelmäßige Zeitungsleser in überdurchschnittlichem Maße bereit.

Wahlkampfmaterial gelesen, das mir nach Hause geschickt wurde; Wahlkampfplakate für die Europawahl betrachtet; Wahlanzeigen in Zeitungen oder Zeitschriften gelesen; Zeitungsartikel über die Europawahl gelesen; Fernsehsendungen über die Europawahl gesehen; Radiosendungen über die Europawahl gehört; versucht, jemanden davon zu überzeugen, bei der Europawahl eine bestimmte Partei zu wählen). Die Pearson-Korrelation zwischen der Anzahl der Aktivitäten von dieser Liste, die jeder einzelne Befragte nannte, und seiner (dichtotom codierten) Angabe über die Beteiligung an der Wahl beträgt r=.22 (die Frage lautete: „Welche Partei haben Sie bei der Europawahl am 18. Juni 1989 gewählt - oder haben Sie nicht an der Wahl teilgenommen?". Bei einer Regressionsrechnung mit der Wahlbeteiligung als abhängiger Variable und insgesamt 13 unabhängigen Variablen ergab sich als Partialkorrelation höherer Ordnung ein (in diesem Fall nicht signifikanter) Koeffizient von .05. Die in die Rechnung einbezogenen Kontrollvariablen waren: Geschlecht, Alter, Schulbildung, Interesse an Politik, Systemzufriedenheit, Parteiidentifikation, Gewohnheitswähler, Europa-Engagement, Interesse an der Wahlkampagne, positive Beurteilung der Fernsehkampagne, Wahrnehmung der Wahl im Fernsehen, Wahrnehmung des Parlaments in den Medien.

198 Zum Zeitpunkt der Manuskripterstellung waren keine aktuelleren Erhebungen mit vergleichbarem Informationsgehalt verfügbar. An der relativen Bedeutung der Beteiligungsformen und an deren Zusammenhang mit Indikatoren der Mediennutzung dürfte sich aber seitdem nichts Wesentliches geändert haben.

Tabelle 5.7: Mediennutzung und politische Beteiligung

Schon einmal ausgeübte politische Aktivität:*	Befragte insgesamt	regelmäßige/intensive Nutzer**		
		Zeitung	Fernsehen	Internet
Sich an Wahlen beteiligen	77,2	_81,2_	_74,1_	_82,1_
Seine Meinung sagen, im Bekanntenkreis und am Arbeitsplatz	67,8	_69,5_	_62,2_	_79,5_
Beteiligung an einer Unterschriftensammlung	35,8	_37,5_	_28,0_	_53,2_
Sich in Versammlungen an öffentlichen Diskussionen beteiligen	21,8	_24,4_	_16,9_	_34,4_
Teilnahme an einer genehmigten Demonstration	15,2	15,4	_10,3_	_28,2_
Aus Protest einmal eine andere Partei wählen als die, der man nahesteht	8,5	_9,5_	7,5	8,8
Mitarbeit in einer Bürgerinitiative	8,2	_9,7_	_5,4_	_12,7_
Sich aus Protest nicht an Wahlen beteiligen	6,7	6,5	6,8	8,8
In einer Partei aktiv mitarbeiten	3,9	_4,7_	_3,2_	_8,8_
Teilnahme an einer nicht genehmigten Demonstration	3,4	3,1	_2,3_	_7,8_
Als Wahlhelfer einen Kandidaten unterstützen	3,1	_3,7_	_2,3_	_6,2_
Teilnahme an einer Verkehrsblockade	1,7	1,4	_1,1_	_3,6_
Politische Gegner einschüchtern	0,7	0,7	0,7	0,6
Hausbesetzung, Besetzung von Fabriken, Ämtern	0,6	_0,3_	0,5	1,0
Bei einer Demonstration mal richtig Krach schlagen, auch wenn dabei einiges zu Bruch geht	0,5	0,4	0,6	1,3
Für eine Sache kämpfen, auch wenn dazu Gewalt gegen Personen notwendig ist	0,4	0,4	0,3	0,3
N (Anzahl Befragte)	3234	2278	1419	308

*) Frage: „Wenn Sie politisch in einer Sache, die Ihnen wichtig ist, Einfluss nehmen, Ihren Standpunkt zur Geltung bringen wollten: Welche der Möglichkeiten auf diesen Karten würden Sie dann nutzen, was davon käme für Sie in Frage? Bitte nennen Sie mir die entsprechenden Kennbuchstaben." „Was davon haben Sie selbst einmal gemacht, woran waren Sie schon einmal beteiligt? Geben Sie mir bitte die entsprechenden Kärtchen."

**) Zeitung: 6-7mal pro Woche; Radio, Fernsehen: 3 Stunden und mehr pro Tag; signifikante Unterschiede zwischen regelmäßigen bzw. intensiven Mediennutzern und der jeweiligen Gegengruppe – bei dichotomer Codierung und Chi-Quadrat-Test (p< .05) – sind _kursiv_ und _unterstrichen_ hervorgehoben.

Quelle: Eigene Auswertung der Allbus-Daten 1998

Intensive Fernsehnutzer haben im Gegensatz dazu eine deutlich geringere Bereitschaft zur Beteiligung an Politik als der Bevölkerungsdurchschnitt. Das gilt für alle Formen der konventionellen Beteiligung wie auch für einige der unkonventionellen bzw. nicht legalen Formen (Verkehrsblockade, ungenehmigte Demonstration).[199]

Internetnutzer scheinen nicht nur allgemein eine höhere Partizipationsbereitschaft zu haben, sondern auch eine etwas stärker ausgeprägte Neigung zu unkonventionellen Formen der Beteiligung, insbesondere zum politischen Protest. Das erklärt sich überwiegend aus der demografischen Struktur dieser Nutzergruppe, zu der – jedenfalls zum Erhebungszeitpunkt – ein hoher Anteil gebildeter junger Männer gehörte.

Das Internet hat das Repertoire der politischen Beteiligungsformen erweitert. Das wird zum Beispiel sichtbar an den Formen der Internetkommunikation im Wahlkampf.[200] Das Internet dient interessierten Bürgern als nützliche Informationsressource und Mittel der politischen Interaktion. Und es ist für die Parteien und Kandidaten ein zusätzlicher Kommunikationskanal, um die Wähler zu mobilisieren sowie die Aktivitäten engagierter Anhänger und Mitglieder zu unterstützen und zu organisieren.

Auch außerhalb von Wahlkämpfen hat sich das Internet als ein nützliches Mittel der politischen Beteiligung entwickelt, und zwar vor allem seit es so genannte *social software* jedermann ermöglicht, sich im Web als Kommunikator zu betätigen. Die Entwicklung, die auch unter dem Stichwort „Web 2.0" diskutiert wird, brachte innerhalb kürzester Zeit eine Vielfalt von neuen, nutzergenerierten Formen der Internet-Kommunikation hervor, von denen vor allem die *Weblogs* und *Potcasts* sowie Plattformen wie *Youtube, Flickr* oder *MySpace* größte Popularität erreichten. Wenngleich der größte Teil der auf diese Weise kommunizierten Inhalte nichtpolitischer Natur ist oder von professionellen Journalisten bzw. etablierten Medien stammt, nutzen doch in zunehmendem Maße auch einfache Bürger das Internet als Plattform zur Beteiligung am politischen Diskurs, zur Kritik am etablierten politischen Journalismus, zur Artikulation von Meinung und Protest.

Vor allem für den organisierten Protest sozialer Bewegungen und politischer Aktivisten – z.B. der Umwelt-, Anti-Atomkraft-, Anti-Globalisierungsbewegungen – erweist sich das Internet als eine äußerst nützliche Erweiterung der Formen politischer Beteiligung und Einflussnahme (van de Donk et al. 2004). Ähnlich wie die „etablierten" politischen Parteien setzen Protestgruppen und soziale Bewegungen das Internet für die interne Organisation und Vernetzung wie auch für die Information und Beeinflussung nach außen ein.[201] Bei der Einflussnahme auf Sympathi-

---

199 Die politischen Aktivitäten von intensiven Radionutzern, die in gleicher Weise analysiert wurden, unterscheiden sich so gut wie gar nicht vom Durchschnitt der Bevölkerung; lediglich ihre Wahlbeteiligung ist signifikant höher als der Durchschnitt.

200 Vgl. unten Abschnitt 6.1.3, insbes. Textbox 6.2

201 Vgl. unten Abschnitt 6.1.3

santen und allgemeine Öffentlichkeit kann der *Cyberprotest* die traditionellen Medien und deren Gatekeeping umgehen. Über das Internet können unkonventionelle Frames und Problemperspektiven verbreitet werden, Anhänger motiviert und mit Argumenten ausgestattet und die politische Agenda beeinflusst werden. Nicht zuletzt ist das Web bestens geeignet, um politische Aktionen zu herausragenden Anlässen weltweit zu organisieren, beispielsweise bei WTO-, Weltbank- und G-8-Treffen.

In ähnlicher Weise dient das Internet auch politisch oder religiös motivierten Gruppen, die ihre Anliegen gewaltsam durchzusetzen versuchen. Medialisierter Terrorismus ist das weniger erfreuliche Ergebnis der Erweiterung politischer Einflussmöglichkeiten durch das Internet (Nacos 2002, Mazzoleni 2008).

Tabelle 5.8: Beteiligung an interpersonaler politischer Kommunikation

	diskutiere oft oder manchmal	diskutiere selten oder nie	insgesamt
überzeuge oft oder manchmal	34	3	37
überzeuge selten oder nie	31	32	63
insgesamt	65	35	100

Fragen: „Wenn Sie mit Freunden, Verwandten oder Arbeitskollegen zusammen sind, wie oft diskutieren Sie über Politik?" „Wenn Sie feste politische Ansichten haben, wie oft versuchen Sie Freunde, Verwandte oder Arbeitskollegen davon zu überzeugen?" Angaben in Prozent, Basis: 1276 Befragte
Quelle: Eigene Auswertung der Allbus-Daten 2004

Interpersonale Kommunikation, Deliberation und Partizipation

Zu den häufigsten politischen Aktivitäten der Bürger gehören politische Gespräche und Diskussionen. So ist zum Beispiel an Tabelle 5.7 erkennbar, dass Aktivitäten wie „im Bekanntenkreis und am Arbeitsplatz seine Meinung sagen" und „sich in Versammlungen an öffentlichen Diskussionen beteiligen" im oberen Bereich der nach der Häufigkeit geordneten Beteiligungsformen stehen.

Andere Daten geben weiteren Aufschluss über die Beteiligung an interpersonaler politischer Kommunikation. Tabelle 5.8 zeigt, dass sich rund zwei Drittel der

Deutschen (im Alter ab 18 Jahren) oft oder manchmal an politischen Diskussionen beteiligen. Dies ist vielfach mit der Absicht verbunden, andere politisch zu überzeugen. Rechnet man jeweils die Angaben häufigen und gelegentlichen Diskutierens und Überzeugens zusammen, so zählt rund ein Drittel der Bevölkerung zu den politisch Engagierten, die auch mal andere überzeugen wollen. Viele davon dürften in ihrem jeweiligen Umfeld als politische *Meinungsführer* gelten.[202] Ein weiteres knappes Drittel eher rezeptiver Teilnehmer diskutiert oft oder manchmal, überzeugt andere aber selten oder nie. Ein restliches Drittel gehört zu den weitgehend Stummen und politisch Desinteressierten (vgl. auch Brettschneider 1997, 2002a).[203]

Nach der „Standard-Definition", die sich am Kriterium zielgerichteter Einflussnahme auf Entscheidungen im politischen System orientiert, wird interpersonale Kommunikation nicht zum Repertoire politischer Partizipation gerechnet. Gleichwohl sind politische Gespräche und Diskussionen für ein demokratisches Gemeinwesen von großer Bedeutung. Es ist daher nur folgerichtig, politische Diskussion und „Deliberation" als eine Form der Partizipation aufzufassen (Delli Carpini, Cook und Jacobs 2004). Insbesondere Vertreter eines prozeduralistischen Demokratieverständnisses wie Jürgen Habermas weisen der interpersonalen Kommunikation die zentrale Rolle im Prozess der politischen Beteiligung zu. Habermas charakterisiert seine Sichtweise auch als „deliberative Politik", andere Autoren sprechen von „deliberativer Demokratie" (Ryfe 2005). Das englische Verb *to deliberate*, das in Abwandlungen inzwischen unübersetzt in die deutsche Literatur eingegangen ist, bedeutet lexikalisch so viel wie: reiflich überlegen und beraten. Es bezeichnet einen anspruchsvollen politischen Diskurs in den „peripheren Netzwerken" der politischen Öffentlichkeit, in denen die politische Meinungs- und Willensbildung der Bürger stattfindet. Deren Ergebnis führt – abhängig vom „diskursiven Niveau" der Debatte – zu politischen Entscheidungen von höherer Rationalität (Habermas 1992). Das Diskursniveau ist abhängig von Verfahrensregeln, die u. a. über Zugangschancen und Kriterien der Beschlussfassung (wie Mehrheitsregel und Minderheitenschutz) entscheiden, sowie vor allem von der dialogischen Struktur und argumentativen Form der Kommunikation.

Ausgehend von diesem Verständnis einer „deliberativen Demokratie" gibt es inzwischen verschiedene Ansätze, die Qualität der interpersonalen und auch der

---

202 Tatsächlich lauten die Indikatorfragen, die in Bevölkerungsumfragen zur Identifikation von Meinungsführern üblicherweise eingesetzt werden, etwas anders als die in Tabelle 5.8 verwendeten; vgl. unten Abschnitt 6.4.1.

203 Die Typenbildung, die diesen Prozentangaben zugrunde liegt, ist allerdings bis zu einem gewissen Grad willkürlich. So kommt denn auch Brettschneider durch eine andere Art der Typenbildung und anhand von etwas anderen Indikatorfragen zu anderen Gruppengrößen. Darüber hinaus gibt es eine zeitabhängige Variation der Prozentwerte. Im Umfeld von Ereignissen, an denen große Teile der Bevölkerung Anteil nehmen (z.B. um einen Wahltermin), sind sie höher als in politisch ruhigen Zeiten.

medialen Kommunikation empirisch zu bestimmen.[204] Eine Untersuchung von
Kim, Wyatt und Katz (1999) geht speziell den Beziehungen zwischen Mediennutzung, interpersonaler Kommunikation und politischer Partizipation nach. Die
Autoren bestätigen zunächst die enge habituelle Verbindung zwischen Mediennutzung und interpersonaler Kommunikation (wie auch aus Tabelle 5.7 erkennbar). Ferner zeigen sie, dass es einen engen Zusammenhang zwischen Mediennutzung und interpersonaler Kommunikation einerseits und politischer Partizipation andererseits gibt. Schließlich ermitteln sie mit Hilfe verschiedener Testfragen im Interview, dass Personen mit hoher Beteiligung an interpersonale und
medialer Kommunikation eine höhere Qualität der Argumentation und Meinungsäußerung in einer kontroversen politischen Frage erkennen lassen.

Die politische Kommunikationsforschung widmet neuerdings den Zusammenhängen zwischen interpersonaler Kommunikation und politischer Beteiligung
erhöhte Aufmerksamkeit (Delli Carpini, Cook und Jacobs 2004). Dafür gibt es empirische und theoretische Gründe. Sie werden unten im Zusammenhang mit der
Kommunikation in Wahlkampagnen noch weiter diskutiert.[205]

Mediennutzung und Beteiligung: Drei Erklärungen

Zwar sind die Zusammenhänge zwischen Kommunikation und politischer Beteiligung empirisch gut gesichert. Aber die Befunde sind, wenn sie sich auf stationäre
Erhebungen wie z.B. in Tabelle 5.7 stützen, mehrdeutig. Man kann aus den Daten
herauslesen, dass regelmäßiges Zeitunglesen zur politischen Mobilisierung beiträgt; mehr noch könnte das auf intensive Internetnutzung zutreffen. Demgegenüber scheint intensive Fernsehnutzung das Gegenteil zu bewirken. Bei dieser
Deutung wäre Mediennutzung eine Ursache der größeren bzw. geringeren politischen Aktivität. Die Ergebnisse lassen, zweitens, aber genauso auch die Deutung
zu, dass Personen, die regelmäßig Zeitung lesen bzw. das Internet nutzen, von
Haus aus ein stärker ausgeprägtes Interesse an Politik und eine größere Bereitschaft zum politischen Engagement haben, während TV-Vielseher ein Personentyp
mit eher apolitischer Disposition sind. Bei dieser Interpretation wäre die – stärker
oder schwächer ausgeprägte – Disposition zum politischen Engagement sowohl
Ursache der Beteiligung wie auch der Mediennutzung.[206]

---

204 Vgl. oben Abschnitt 4.4.2 sowie unten Kapitel 8
205 Vgl. unten Abschnitt 6.4.1
206 Für diese Interpretation sprechen auch die Befunde der Mediennutzungsforschung zur Interessen-
     lage und kognitiven Kompetenz der Nutzergruppen. Intensive Zeitungsleser besitzen eine höhere
     formale Bildung und stärkeres Interesse an Politik als der Bevölkerungsdurchschnitt. Das gilt mehr
     noch für intensive Internetnutzer, zumal zum Zeitpunkt der Erhebung (1998), als das Internet erst
     von „Pionieren" mit hoher kognitiver Kompetenz erschlossen war. Auf der anderen Seite sind
     intensive Fernsehnutzer durch ein geringeres Bildungsniveau charakterisiert, und sie interessieren
     sich eher für Unterhaltung als für Politik im Fernsehen.

Und drittens lassen die Befunde die Interpretation zu, dass es eine Wechselwirkung – und möglicherweise auch eine wechselseitige Verstärkung bzw. Abschwächung – von Mediennutzung und politischer Beteiligung gibt. Das hieße, falls diese Deutung zuträfe, dass Zeitungsleser und Internetnutzer in ihrer Bereitschaft zur politischen Beteiligung durch die Mediennutzung unterstützt und bestärkt würden, z.B. weil die Mediennutzung eine nützliche Informationsressource und einen Anreiz für die Meinungs- und Willensbildung bietet. Die intensive Fernsehnutzung würde dagegen die geringe Beteiligungsbereitschaft der Vielseher noch weiter abschwächen; zumindest erhielten sie keine Impulse für ein politisches Engagement.

Alle drei Erklärungsmodelle sind plausibel, wie oben schon mehrfach in verschiedenen Zusammenhängen diskutiert.[207] Am meisten spricht für die dritte Erklärung, also für eine dynamische Wechselwirkung zwischen Kommunikation und politischer Beteiligung (vgl. auch Schmitt-Beck und Voltmer 2007). Eine solche Deutung entsprechend dem Modell des „Tugendkreises" (*virtuous circle*), wie es Norris (2000) genannt hat, gaben schon die Autoren der *Erie-County*-Studie mit ihren „Four Steps of Activation" im amerikanischen Präsidentschaftswahlkampf 1940 (Lazarsfeld, Berelson und Gaudet 1944: Chapter VIII); und sie ist auch der Kerngedanke des dynamisch-transaktionalen Modells der Medienwirkung, das Früh und Schönbach entwickelten (Früh und Schönbach 1982, Schönbach und Früh 1984).

Danach sorgt Kommunikation zuerst dafür, dass politische Ereignisse in den Blick geraten, und dies steigert das Interesse an Politik. Das erhöhte Interesse führt zu weiteren Kommunikationsaktivitäten. Die Bürger suchen durch Kommunikation eine selektive Unterstützung ihrer politischen Überzeugungen oder nutzen Kommunikationsangebote als Ressource für eine situationsspezifische Meinungs- und Willensbildung. Deren Ergebnis ist schließlich eine Verstärkung bestehender Überzeugungen und – in der Situation des Wahlkampfes – die „Auskristallisation" der Wahlentscheidung. Diese Dynamik kann sowohl durch Mediennutzung wie auch durch interpersonale Kommunikation in Gang gesetzt und vorangetrieben werden. [208]

Im folgenden Kapitel werden die Zusammenhänge zwischen Kommunikation und Partizipation mit Blick auf die Wahlbeteiligung und Wahlentscheidung weiter untersucht.

---

207 Vgl. insbesondere Abschnitt 5.5
208 In der Erie-County-Studie schien die interpersonale Kommunikation eine größere Bedeutung zu haben als die Mediennutzung. Der Befund war teils zeitbedingt, teils auch dem ländlichen Milieu, in dem die Erie-County-Studie stattfand, zuzuschreiben (Dahlem 2001: 375 ff.).

6 Medien im Wahlkampf

In den meisten Verfassungen demokratischer Staaten steht eine ähnliche Formulierung wie in Artikel 20 Abs. 2 des deutschen Grundgesetzes: „Alle Staatsgewalt geht vom Volke aus." Die Staatsgewalt übt das Volk in Wahlen und Abstimmungen aus und durch die Organe der Legislative, Exekutive und der Judikative - so steht es ebenfalls im Grundgesetz. Wahlen und Abstimmungen sind die unmittelbaren Formen der politischen Beteiligung der Bürger, aus denen Parlament, Regierung und Rechtsprechung ihre Legitimation als Staatsgewalten ableiten. Durch diese und andere Formen der politischen Partizipation artikulieren die Bürger ihre Bedürfnisse und ihre Ansprüche an die politischen Institutionen und Akteure.

Die kommunikationswissenschaftliche Forschung interessiert sich weniger für den Wahlakt selbst als vielmehr für dessen Voraussetzungen. Dazu gehören vor allem der Ablauf des Wahlkampfes, die Dynamik der Meinungsbildung, die zur Wahlentscheidung führt, und die Rolle der Massenmedien in diesen Prozessen. Wichtige Forschungsthemen sind u. a. die Darstellung des Wahlkampfes in den Medien, die Formation und Beeinflussung der Kandidatenimages durch die Medien, der Medieneinfluss auf die Wahl sowie die Kommunikationsstrategien der Parteien und Kandidaten.

6.1 Medienwandel und die Folgen für den Wahlkampf

Die Rolle der Medien im Wahlkampf ist wie kein anderes Thema mit der Entwicklung der politischen Kommunikationsforschung, mit ihren theoretischen und methodischen Innovationen verbunden. Das hat mehrere Gründe. Zum einen haben Wahlen und Wahlkämpfe in einer Demokratie eine herausragende Bedeutung und entsprechend hohe öffentliche Aufmerksamkeit, weil aus ihnen in der Regel folgenreiche Weichenstellungen für das politische System resultieren. Zum anderen werden in Wahlkämpfen Probleme der Medialisierung – der Wechselwirkung zwischen Medienwandel und Politikwandel – besonders deutlich sichtbar. Aus beiden Gründen werden sie von der Wissenschaft besonders aufmerksam beobachtet.

Überdies sind Wahlkämpfe eine Art Forschungslabor, das sich auch für die Grundlagenforschung eignet, insbesondere für die Erforschung von Medienwirkungen auf politische Einstellungen und Entscheidungen. Das betonten schon die Autoren in der Einleitung zur berühmten *Erie-County*-Studie: „*Every four years, the country stages a large-scale experiment in political propaganda and public opinion.*"

(Lazarsfeld, Berelson und Gaudet 1944: 1). Neben Präsidentschaftswahlen bieten auch alle anderen Wahlen und Abstimmungen einen geeigneten Anlass für eine natürliche experimentelle Situation. In Deutschland befindet sich die Forschung in der glücklichen Lage, derartige Anlässe oft mehrfach im Jahr vorzufinden, bei Wahlen auf Europa-, Bundes-, Landes- und Kommunalebene.

6.1.1 Die Erie-County-Studie und ihre Legende

Wesentlicher Anstoß für die erste große und äußerst ertragreiche Wahlstudie, die *Erie-County*-Studie von Lazarsfeld, Berelson und Gaudet (1944), war die Frage nach dem Medieneinfluss auf die Meinungsbildung der Wähler. Die Untersuchung im amerikanischen Präsidentschaftswahlkampf 1940 zwischen den Kandidaten Wendell L. Willkie und Franklin D. Roosevelt wurde von dem aus Wien in die USA emigrierten Psychologen Paul Felix Lazarsfeld geleitet. Das gewählte Forschungsdesign – ein Panel mit sieben Erhebungswellen zwischen Mai und November sowie drei die Paneleffekte überprüfenden Kontrollerhebungen – kann auch noch heute als beispielhaft angesehen werden.[209]

Einige Ergebnisse der Studie galten mindestens zwei Jahrzehnte lang als gesicherte Erkenntnisse über die Wirkung der Massenmedien. Dazu gehören:

- die *Verstärkerthese* oder These *minimaler Medieneffekte*, die besagt, dass politische Einstellungen durch die Massenmedien in der Regel nicht verändert, sondern nur verstärkt werden;

- die These vom *Zwei-Stufen-Fluss* der Kommunikation, die besagt, dass politische Einflussnahme häufiger über *interpersonale Kommunikation* als über die Medien stattfindet, und zwar über so genannte *Meinungsführer*, die allerdings ihrerseits überdurchschnittlich viele Medienkontakte haben, so dass es einen zweistufigen Kommunikationsfluss im Wahlkampf gibt.

Beide Thesen sind durch die Befunde der *Erie-County*-Studie keineswegs gedeckt, wie Chaffee und Hochheimer (1983) in ihrer kritischen Nachanalyse begründen, und sie sind auch von Lazarsfeld und seinen Mitautoren nicht so stark in den Vordergrund gerückt worden, wie es die meisten Exegeten – bis auf den heutigen Tag – glauben machen wollen.

Die Legendenbildung durch eine selektive Rezeption der *Erie-County*-Studie wurde entscheidend durch die Sekundärliteratur bestimmt, vor allem durch die

---

209 Zur Methode des Panel-Designs vgl. oben Abschnitt 3.3.2. Die Untersuchung von Lazarsfeld und Mitarbeitern beschränkte sich geographisch auf Erie County, Ohio, ein Gebiet mit seinerzeit 43000 Einwohnern am Erie-See im Nordosten der USA. Sie war daher nicht für die gesamte amerikanische Wahlbevölkerung repräsentativ. Diese Beschränkung mindert jedoch nicht die interne Validität der Ergebnisse, auf die die Analyse der Meinungsbildung vor allem abstellt.

viel beachteten Veröffentlichungen von Klapper (1960) sowie Berelson und Steiner (1964). Immerhin waren Lazarsfeld und seine Co-Autoren aber auch selbst von ihren – selektiv interpretierten – Ergebnissen so beeindruckt, dass sie im Nachhinein die Fragestellung ihrer Untersuchung erweiterten. Zunächst wollten sie Medieneinflüsse untersuchen und schließlich legten sie eine umfassende Analyse der Meinungsbildung im Wahlkampf vor.

Dabei verschoben sie die Akzente vom Medieneinfluss auf die Determination des Wahlverhaltens durch Dispositionen der Wähler (*predispositions*). Bei ihrer Untersuchung waren sie nämlich auf den damals völlig überraschenden Befund gestoßen, dass sich die Wahlentscheidung aus einigen wenigen Personenmerkmalen der Wähler ziemlich sicher vorhersagen lässt. In den USA wählten damals – und in der Tendenz auch noch heute – Katholiken, Stadtbewohner und Angehörige der sozialen Unterschicht überwiegend die Demokratische Partei, während Protestanten, Landbewohner und Personen mit höherem sozio-ökonomischem Status eher für die Republikaner votierten.

Der Zusammenhang zwischen sozialen Merkmalen der Wähler und ihrem Wahlverhalten findet sich in entsprechender Weise in allen westlichen Demokratien. Er geht darauf zurück, dass die politischen Parteien mit ihrem ideologischen bzw. programmatischen Profil die gesellschaftlichen Konfliktlinien (*cleavages*) und die unterschiedlichen politischen Ansprüche der Wähler berücksichtigen, die aus deren sozialer Situation und Interessenlage resultieren. Den Wählern wird wiederum die Affinität zwischen ihren Ansprüchen und den politischen Parteien über politische Kommunikation – speziell durch Kommunikation im Wahlkampf – vermittelt, was weder von Lazarsfeld und seinen Exegeten, noch von der politikwissenschaftlichen Wahlforschung hinreichend beachtet wurde (Chaffee und Hochheimer 1983: 67, 71).

Minimale Medienwirkungen

Die *Erie-County*-Studie und ihre Rezeption dämpften das in den dreißiger und vierziger Jahren des letzten Jahrhunderts ausgeprägte Forschungsinteresse an Medienwirkungen, wie es sich beispielsweise in den breit angelegten und methodisch fortschrittlichen *Payne-Fund*-Studien und den *Yale*-Studien der Gruppe um Carl I. Hovland manifestierte (vgl. Lowery und De Fleur 1983). Die Behauptung jedoch, die in der Literatur immer wieder kolportiert wird, dass die Forschung vor der *Erie-County*-Studie von einem überwältigenden Einfluss der Massenmedien ausgegangen sei, lässt sich bei tatsächlicher Betrachtung der relevanten Studien nicht erkennen; es handelt sich eher um einen Popanz, der aufgebaut wurde, um die These minimaler Medienwirkungen möglichst eindrucksvoll als Paradigmenwech-

sel erscheinen zu lassen (Chaffee und Hochheimer 1983, vgl. auch Brosius und
Esser 1998).[210]

Bereits in der *Elmira*-Studie, einer Folgeuntersuchung der Lazarsfeld-Gruppe
bei der Präsidentschaftswahl 1948 mit den Kandidaten Truman und Dewey, spielen die Massenmedien nur noch eine untergeordnete Rolle (vgl. Berelson,
Lazarsfeld und McPhee 1954). Obwohl die Autoren über eine sehr intensive
Nutzung der Massenmedien im Wahlkampf berichten (S. 240), unternehmen sie
keine ernsthaften Anstrengungen, den Medieneinfluss genauer zu untersuchen.
Die Analyse beschränkt sich auf eine oberflächliche Betrachtung des Zusammen-
hangs zwischen Mediennutzung einerseits sowie Involvement und Wissen
andererseits (S. 246 ff.); Medieneinflüsse auf Einstellungen werden gar nicht erst
erwogen.

Eine erneute Sichtung der Befunde aus den frühen Studien der Lazarsfeld-
Gruppe und eine Sekundäranalyse ihrer Datensätze belegt dagegen sehr deutlich
den Medieneinfluss auf die Wähler in den amerikanischen Präsidentschaftskam-
pagnen 1940 und 1948 (Smith 2001). In den Nachanalysen von Smith zeigt sich
ebenfalls die Bedeutung der interpersonalen Kommunikation und des Interesses
am Wahlkampf sowie deren Abhängigkeit von Medienkontakten. Insgesamt relati-
vieren diese Analyse-Ergebnisse erneut die Verstärker-These, und zwar auch auf
Basis der empirischen Originaldaten. Zu einer in der Tendenz ähnlichen Einschätzung kommt auch Brettschneider (2005b) in seiner differenzierten Darstellung der
Erie-County-Studie.

Der Angelpunkt der Verstärker-These war die Annahme, dass Rezipienten
allgemein und Wähler im Besonderen die Information in den (Wahlkampf-)Med-
ien ihren bestehenden Einstellungen entsprechend *selektiv* nutzen, so dass diese
Einstellungen bestärkt und Einstellungsänderungen vermieden werden. Schon in
den ausgehenden 1960er und beginnenden 1970er Jahren stellten verschiedene
Autoren diese Annahme in Frage. Begünstigt wurde das durch einen Wandel im
wissenschaftlichen Zeitgeist, der u. a. durch die schwindende Faszination der
Kleingruppen-Soziologie und der Theorien kognitiver Balance bzw. Dissonanz
gekennzeichnet ist. Diese Ansätze dienten zur theoretischen Absicherung der
These minimaler Medienwirkungen.

So kamen Sears und Freedman (1967) auf Grund einer kritischen Sichtung der
relevanten Literatur zu dem Ergebnis, dass eine generelle Selektivitätsannahme
durch die empirische Forschung nicht gestützt wird. Die Autoren erkennen allenfalls Hinweise auf eine gewisse *de-facto-Selektivität*, für die es keine eindeutige Erklärung gibt. Sie finden darüber hinaus sogar Belege dafür, dass Menschen unter
bestimmten Bedingungen durchaus Information bevorzugen, die ihrer Meinung

---

210 Auch die Hinweise Bussemers (2003) auf die Rolle des Stimulus-Response-Modells in der frühen
   Propagandaforschung belegen nur, dass die Vorstellungen mancher Autoren von Medienwirkungen noch ziemlich schlicht waren.

widerspricht (vgl. auch Noelle-Neumann 1971, Donsbach 1991). Dieses Verhalten lässt sich plausibel u. a. mit Neugier-Theorien erklären (Früh 1980: 59 ff.).

Informationsvermittlung als Wirkungsfaktor

Zugleich lenkte die Sozialisationsforschung die Aufmerksamkeit auf die Tatsache, dass Kinder und Jugendliche noch gar keine oder nur vage ausgeprägte politische Meinungen und Einstellungen haben, so dass eine der Prämissen für die These minimaler Medieneffekte, dass nämlich die Rezipienten bereits über Einstellungen verfügen, die ihr Mediennutzungsverhalten (selektiv) steuern, zumindest für diese Personengruppe entfällt.

Das trifft aber auch auf Erwachsene zu, soweit die Massenmedien erste und wichtigste Informationsquelle zu neuen Themen und Sachverhalten sind, zu denen noch keine Meinungsbildung stattfand. Für moderne Wahlkämpfe sowie allgemein für Politik auf nationaler und vor allem internationaler Ebene ist es üblich, dass die meisten Menschen ihre Informationen „aus zweiter Hand" über die Massenmedien erhalten. In diesen Fällen ist ein Medieneinfluss auf die Meinungsbildung meist gar nicht zu vermeiden.

Die Hinwendung zur Informationsvermittlung als entscheidendem Wirkungsfaktor bzw. als Voraussetzung für Meinungsbildung und auch Meinungsbeeinflussung ist wie für die Sozialisationsforschung auch kennzeichnend für den *Agenda-Setting-Ansatz*, der im Kontext der Wahlforschung entwickelt wurde. In dem wegweisenden Aufsatz von McCombs und Shaw (1972) spielt das Argument eine zentrale Rolle, dass die mediale Information eine prägende Wirkung hat, weil die Massenmedien oft erste und einzige Informationsquelle sind. Agenda-Setting sehen die Autoren als Antithese zur Annahme minimaler Medieneffekte und beziehen sich dabei auf den Politikwissenschaftler Cohen (1963: 13), der die Formel prägte: Die Massenmedien sind erfolgreicher darin, den Menschen zu vermitteln, *worüber* sie nachzudenken haben, als *was* sie denken sollen. Denn indem die Massenmedien die Vorstellung der Bevölkerung über die Relevanz politischer Themen und Probleme bestimmen, beeinflussen sie mittelbar auch politische Einstellungen. Die empirische Forschung bestätigte inzwischen vielfach diese Implikation der Agenda-Setting-Hypothese (vgl. etwa Iyengar 1988, 1991, Weaver 1991).[211]

6.1.2 Fernsehen - der getarnte Elefant

Einen nachhaltigen Einfluss auf die Forschungsorientierung nahm die Ausbreitung des Fernsehens, deren Folgen in den USA bereits im Wahlkampf des Jahres 1952 sichtbar wurden. Das Fernsehen veränderte die Wahlkommunikation und die Kampagnenwahrnehmung. Einen ersten Eindruck davon vermittelt eine explorativ

---

211 Vgl. dazu auch oben Abschnitt 4.4.3

angelegte Umfrage unter Studenten in Kalifornien von Ithiel de Sola Pool (1959), die Einflüsse des Fernsehens auf das Image der Kandidaten Eisenhower und Stevenson untersucht.

Eine methodisch anspruchsvollere empirische Studie über das neue Phänomen der *television election* – wie es genannt wurde – entstand bei der britischen Parlamentswahl 1959 in Großbritannien. Die Autoren Joseph Trenaman und Denis McQuail (1961) untersuchten den Einfluss des Fernsehens auf die Aktivitäten der Parteien und Kandidaten, auf die Inhalte der Kampagne sowie – mit einem zweiwelligen Panel – Wirkungen auf die Wähler. Eine wichtige Frage ist dabei die Wirkung auf das Image der Parteien und der Spitzenkandidaten. Allerdings können sie bei den Images keine Fernsehwirkungen nachweisen (wohl aber Wissensveränderungen der Wähler).

Schönbach (1983: 57) weist darauf hin, dass diese Studie den ersten empirischen Nachweis von Agenda-Setting-Effekten enthält; allerdings verwenden die Autoren den Begriff noch nicht. Sie sind auch „Erfinder" des typischen Agenda-Setting-Designs (d.h. sie vergleichen die Wichtigkeit von Wahlkampfthemen in der Medienberichterstattung und in der Wählerwahrnehmung), und sie nehmen die viel zitierte Cohen-Formulierung vorweg, wenn sie schreiben: *„The evidence available suggests very strongly that people think about what they are told, if only subconsciously, but at no level do they merely think what they are told."* (Trenaman und McQuail 1961: 178, Hervorhebungen im Original).[212] Erst in der Folgestudie zur britischen Parlamentswahl 1964, die Denis McQuail mit Jay Blumler unternahm, wurden – nun mit besseren statistischen Methoden – deutliche Image-Effekte des Fernsehens belegt (Blumler und McQuail 1968: 251 ff.).

In den USA lenkten vor allem die legendären *Kennedy-Nixon*-Debatten die Aufmerksamkeit auf die imagebildende Wirkung des Fernsehens und begründeten einen eigenen Strang der Wahlforschung. Für den hauchdünnen Sieg des zu Beginn der Kampagne weitgehend unbekannten Kennedy bei der Präsidentschaftswahl 1960 machte der siegreiche Kandidat selbst vor allem seine Fernsehauftritte verantwortlich: *„It was TV more than anything else that turned the tide"* (zit. nach White 1961: 294).

Schon während und unmittelbar nach den vier Kennedy-Nixon-Debatten, die zwischen dem 26. September und dem 21. Oktober 1960 stattfanden, gingen mindesten 31 voneinander unabhängige wissenschaftliche Untersuchungen ihrer Verbreitung, Bewertung und Wirkung nach (Katz und Feldman 1962). Sie belegen zwar einen Zusammenhang zwischen Fernsehnutzung und Imagebildung, allerdings mit nur begrenzter Evidenz für eine direkte kausale Wirkung auf das Wahlverhalten. Es spricht einiges für die Annahme, dass die Fernsehdebatten nur ein Element in einem komplexen Prozess der gesellschaftlichen Interpretation von Sieg

---

212 Severin und Tankard (2001: 221 f.) weisen darauf hin, dass sich zur gleichen Zeit ähnliche Formulierungen auch noch bei anderen Autoren finden.

und Niederlage waren, bei dem auch die Pressereaktionen auf die Fernsehsendungen eine Rolle spielten (Lang und Lang 1962: 322, Lang und Lang 1984: 112). Dass Sieg und Niederlage bei der Wahl zum Teil ein Konstrukt der medialen Interpretation des Wahlergebnisses sind, zeigen auch neuere Untersuchungen zur deutschen Bundestagswahl (Scherer et al. 1996).

Die Theorie der Schweigespirale

In Deutschland wurde das Thema Fernsehen und Wahlen erst sehr viel später aufgegriffen, teilweise bedingt durch die hier langsamere Ausbreitung des Fernsehens als in den USA und England. Ausgangspunkt der in den 1970er Jahren beginnenden Diskussion, die auch weit in die praktische Politik und Medienpolitik hineinreichte, sind Untersuchungen von Elisabeth Noelle-Neumann zu den Bundestagswahlen 1972 und 1976. Aus der Bundestagswahl im November 1972 geht die SPD zum ersten Mal in der deutschen Nachkriegsgeschichte als stärkste Partei hervor, obwohl nach Umfrageergebnissen die Unionsparteien bis wenige Wochen vorher in der Bevölkerungsmeinung führten.

Noelle-Neumann erklärte den Umschwung durch politischen Druck aus einem für die SPD vorteilhaften Meinungsklima. Sie belegte mit Umfragedaten, dass diesem Meinungsklimadruck vor allem politisch wenig Interessierte mit viel Fernsehkontakt nachgegeben haben und schloss daraus auf einen Einfluss des Fernsehens auf die Wahlentscheidung (Noelle-Neumann 1974b). In einer Panelstudie zur folgenden Bundestagswahl 1976 verfeinerte sie ihre Analyse und legte weitere empirische Belege zur Wirkung des Fernsehens bei der Wahl vor (Noelle-Neumann 1977a). Die Untersuchungen lösten heftige Kontroversen in der Öffentlichkeit und in der *Scientific Community* aus, wobei sich die wissenschaftliche Diskussion vor allem auf Methodenfragen konzentrierte (vgl. Atteslander 1980, Feist und Liepelt 1983, Schönbach 1991).

Die Grundideen zur Erklärung von Medienwirkungen entwickelte Noelle-Neumann schon früher in einem Aufsatz mit dem programmatischen Titel „Return to the concept of powerful mass media" (Noelle-Neumann 1973b).[213] Kernbestandteil ist die Theorie der Schweigespirale (vgl. Noelle-Neumann 1980a). Diese erklärt Veränderungen der öffentlichen Meinung als einen Prozess, dessen Dynamik aus Annahmen der Individuen über die Meinung der Mehrheit entsteht. Eine wesentliche Quelle dieser Annahmen sind die Massenmedien. Die Individuen orientieren sich u.a. an der aus den Medien erschlossenen Mehrheitsmeinung. Sie sind eher

---

213 Die deutsche Version erschien unter dem Titel „Kumulation, Konsonanz und Öffentlichkeitseffekt" (Noelle-Neumann 1973a). Entsprechende Überlegungen finden sich auch in einem Festschriftbeitrag für Arnold Gehlen (Noelle-Neumann 1974a) sowie in Ansätzen schon in der Mainzer Antrittsvorlesung (Noelle-Neumann 1966) und in einem stark beachteten Vortrag auf den Mainzer Tagen der Fernsehkritik 1969, der vor allem unter dem Titel des Nachdrucks „Der getarnte Elefant" bekannt wurde (Noelle-Neumann 1970, 1977c: 115-126).

zur Äußerung ihrer Meinung bereit, wenn sie sich in Übereinstimmung mit der Mehrheit glauben, halten sich aber zurück und schweigen, wenn sie meinen, in der Minderheit zu sein. Auf diese Weise entsteht ein sozialer Druck zugunsten der Mehrheitsmeinung, der seinen Ursprung mitunter in einer verzerrten Mediendarstellung der gesellschaftlichen Meinungsverteilungen hat.

Diese Theorie löste eine Vielzahl von Untersuchungen aus, die ihre Annahmen teils stützen, teils spezifizieren oder widerlegen.[214] Ihren Implikationen über die Wirkung des Fernsehens wird ein Einfluss auf das medienpolitische Engagement der CDU/CSU für die Einführung des privaten Fernsehens zugeschrieben (Kaase 1986: 362). Ihre praktischen Konsequenzen für die Kampagnenplanung der Unionsparteien dokumentieren Veröffentlichungen des langjährigen Wahlkampfmanagers der CDU, Peter Radunski (1980, 1983, vgl. auch Textbox 6.1).

Im Fernsehen sieht Noelle-Neumann ein Medium mit besonderen politischen Wirkungsqualitäten, u. a. weil es sehr extensiv genutzt wird, auch die politisch wenig Interessierten erreicht, hohe Glaubwürdigkeit besitzt, über subtile visuelle Darstellungsmöglichkeiten verfügt, die vor allem das Bild von Politikern leicht prägen oder verändern können, und weil es mit seiner sequentiellen Darbietung der Mitteilungen weniger Selektionsmöglichkeiten bietet als Printmedien und daher die Zuschauer leicht überrumpeln kann (Noelle-Neumann 1971).[215]

Das Fernsehen als Leitmedium der Kampagne

Das Thema Fernsehen und Wahlen hatte Hochkonjunktur, als sich das Medium ausbreitete und – wie jedes neue Medium – zugleich Faszination und Befürchtungen hervorrief. Es sah zunächst so aus, als sei das Phänomen der „Fernsehwahl" eine vorübergehende Erscheinung und das Wirkungspotential des Fernsehens eine Besonderheit der Einführungsphase. Einige Autoren weisen darauf hin, dass die Bedeutung der Presse im Wahlkampf nicht zu unterschätzen sei (so vor allem Patterson und MacClure 1976, Schönbach 1983).

Seit den 1990er Jahren rückte das Thema Fernsehen und Wahlen erneut ins Zentrum wissenschaftlicher Aufmerksamkeit. Das erneute Interesse ging vor allem auf Veränderungen des Rundfunkmarktes zurück. Die Einführung des privaten Fernsehens brachte nicht nur eine erhebliche Ausweitung der Programme, sondern auch der Fernsehwerbung. Dies führte zu weiteren Veränderungen der politischen Kommunikation im Wahlkampf. Bei der Bundestagswahl 1994 wurde so deutlich wie nie zuvor das Fernsehen zum wichtigsten Medium für die Werbeaktivitäten

---

214 Vgl. u.a. Scherer (1990), Fuchs (1992), Noelle-Neumann (1992a), Wilke (1992), Lang und Lang (1996) sowie die Forschungsüberblicke von Scheufele und Moy (2000) und Schenk (2002: 489-536).

215 Teils in diesem Zusammenhang, teils auch in anderen thematischen Bezügen vertrat Noelle-Neumann die Auffassung, dass der frappierende Anstieg des Interesses an Politik, der in der Bundesrepublik in den sechziger Jahren zu beobachten war, auf die Ausbreitung des Fernsehens zurückgeht. Die Annahme kann inzwischen als gut gesichert gelten; vgl. dazu oben Abschnitt 5.5.1.

der beiden großen Parteien CDU und SPD. Das private Fernsehen hatte erstmals eine den öffentlich-rechtlichen Kanälen vergleichbare Reichweite, unterlag dabei aber nicht den Beschränkungen für Wahlwerbung, wie sie für die öffentlich-rechtlichen Programme gelten.[216] Die Parteien steigerten in teils erheblichem Umfang ihre Werbeauftritte im privaten Fernsehen. So buchte beispielsweise die CDU im Wahlkampf 1990 im privaten Fernsehen 102 Spots, erhöhte diese Zahl auf 254 im Wahlkampf 1994 und auf 559 im Wahlkampf 1998 (Wagner 2005: 258, 262, 289).

Textbox 6.1: Die politische Kampagne in den Medien

„Der entscheidende Teil jedes Wahlkampfes ist die Kampagne in den Massenmedien. Eine Kampagne, die von der Mehrzahl der Wähler gar nicht als Wahlkampf verstanden wird, weil sie kontinuierlich als ständiger Prozess abläuft (...) In der politischen Kampagne versuchen die Politiker nicht nur auf Ereignisse zu reagieren, sondern selbst Anlässe zu schaffen, die ihr politisches Programm verdeutlichen. Diese Kampagne in den Massenmedien findet auch zwischen den Wahlen statt. Sie setzt den Rahmen und die Voraussetzungen für alle Wahlkampfaktivitäten und prägt den modernen Wahlkampfstil durch die Tatsache, dass sie vorrangig im Fernsehen geführt wird. Bei der politischen Kampagne spielt das Fernsehen die Hauptrolle."

Quelle: Peter Radunski (1980: 44)

Die Entwicklung bestätigte Radunski, der seine schon 1980 publizierte These von der wahlentscheidenden Rolle des Fernsehens Mitte der 1990er Jahre wiederholte und hinzufügte: „Wahlkämpfe können im Fernsehen gewonnen oder verloren werden. Aus dem Parteienwahlkampf ist der Fernsehwahlkampf geworden." (Radunski 1996: 36). Dieser These gemäß konzentrieren sich die Bemühungen der Parteien mehr denn je auf den Einsatz des Fernsehens im Wahlkampf. Fernsehen ist das „Leitmedium" ihrer Kampagne (vgl. Textbox 6.1). Die große Bedeutung, die dem Fernsehen zugewiesen wird, bezieht sich in erster Linie auf die *politische Kampagne* der Parteien und Kandidaten, d.h. auf wahlrelevante Ereignisse und Auftritte in politischen Sendungen wie Nachrichten, Dokumentationen, Diskussions-

---

216 Das öffentlich-rechtliche Fernsehen ist zur unentgeltlichen Ausstrahlung von Wahlspots der Parteien verpflichtet. Den Parteien wird dabei etwa entsprechend ihrer politischen Bedeutung eine begrenzte, vor Beginn des Wahlkampfes festgelegte Anzahl von Sendungen zugewiesen. Diese werden nicht in Werbeblöcken, sondern in der Hauptsendezeit am Abend – oft im Umfeld von Nachrichten – ausgestrahlt. Der genaue Sendetermin für die einzelnen Parteien wird nach einem Zufallsverfahren bestimmt. Es kommt daher durchaus vor, dass auch exotische Splitterparteien ihre Spots zur besten Sendezeit ausstrahlen können und erhebliche Zuschauerreichweiten erzielen (vgl. Holtz-Bacha 2000: 63 ff.).

runden, Talkshows und die inzwischen auch in Deutschland eingeführten Debatten der Spitzenkandidaten . Die Fernsehsender kamen diesen Interessen entgegen, indem sie ihr Angebot an wahlrelevanten Programmen massiv ausweiteten. Die politische Kampagne der Parteien im Fernsehen erzielt auf diese Weise eine große Reichweite und hohe Kontaktdichte bei den Wählern. Eine statistische Übersicht weist für den Bundestagswahlkampf 2005 ein Volumen von insgesamt 405 Stunden wahlbezogener Informationssendungen aus, die ARD, ZDF, RTL und SAT.1 ausstrahlten (Krüger, Müller-Sachse und Zapf-Schramm 2005).[217]

Tabelle 6.1: Medien als Informationsquellen im Wahlkampf[218]

	Wähler insgesamt %	18-29 Jahren %	30-49 Jahren %	ab 50 Jahren %
Fernsehen	56	49	56	60
Zeitung	24	23	22	26
Hörfunk	8	7	11	5
Internet	6	14	11	5
Zeitschriften	3	4	3	4

Frage: „In welchem Medium haben Sie sich hauptsächlich über den Wahlkampf informiert?"
Quelle: ARD/ZDF-Wahltrend 2005, n=1201 (Geese, Zubayr und Gerhard 2005)

---

217 Der Wert bezieht sich auf einen Zeitraum von 17 Wochen vor dem Wahltag, auf den Wahlabend und den Tag nach der Wahl. Gegenüber den Bundestagswahlen 1998 und 2002 ist das ein deutlicher Anstieg, wie aus entsprechenden früheren Untersuchungen zu schließen ist. Allerdings sind die Ergebnisse nicht genau vergleichbar, da die Untersuchungszeiträume für die einzelnen Wahlkämpfe differieren (vgl. Krüger und Zapf-Schramm 1999, 2002).
218 Die Prozentwerte in der Tabelle addieren auch in der Quelle, aus der die Ergebnisse stammen, nicht auf 100 (vermutlich, weil der Anteil von Befragten ohne konkrete Angabe nicht mit ausgewiesen wurde).

Die wahlrelevanten Programme kommen ebenso den Interessen der Wähler entgegen. Die allgemeine Attraktivität des Mediums Fernsehen macht es auch in den Zeiten des Internets zur wichtigsten Quelle der Wähler, um sich über die Parteien und deren Kandidaten zu informieren (Tabelle 6.1, vgl. auch Schulz, Zeh und Quiring 2000, Kepplinger und Maurer 2005: 58 ff.). Darüber hinaus haben die Fernsehbilder eine hohe Glaubwürdigkeit und ein starkes Einflusspotential, weil sie emotionale Reaktionen hervorrufen (Maurer und Kepplinger 2003). Dies ist vor allem für die Formation von Kandidatenimages im Wahlkampf relevant.

Auch das spezifische Potential des Fernsehens, seine Nutzer zu überrumpeln und auf diese Weise zu beeinflussen, das Noelle-Neumann besonders betonte, scheint nach wie vor zu bestehen. Untersuchungen von Schönbach und Lauf (2004) belegen einen „trap effect", wie es die Autoren nennen, auch noch unter den gegenwärtigen Bedingungen der Medienvielfalt. Sie sehen aber weniger einen Unterschied zwischen Fernsehen und anderen Medien als vielmehr zwischen solchen Medien, die wie das Fernsehen überwiegend passiv konsumiert werden (push media) und solchen, die eine aktive Informationssuche verlangen (pull media). Für die letztere Kategorie typisch ist das Internet.

Die Medienexpansion ermöglicht es den Parteien zunehmend, ihre Wähleransprache zu differenzieren. Die politische Kampagne – vor allem im Fernsehen – richtet sich an ein breites Massenpublikum. Die Fernsehwerbung wird in erster Linie für die Imagekampagne zugunsten der Spitzenkandidaten eingesetzt. Andere Werbemittel wie Anzeigen, Radiospots, Flugblätter, Plakate, Kinowerbung und das Internet dienen eher als Zielgruppenmedien, um ganz bestimmte Wählersegmente zu erreichen (Jarren und Bode 1996, Müller, M. G. 1999, Müller 2002). Das gilt vor allem für Medien der persönlichen Wähleransprache mittels postalischem Direct-Mailing, Telefon, SMS und E-Mails, deren Bedeutung – auch für die parteiinterne Mobilisierung – zuzunehmen scheint (Holtz-Bacha 2006a).

6.1.3 Das Internet im Wahlkampf

Die Ausbreitung des Internets hat in erster Linie die medialen Möglichkeiten erweitert, und zwar sowohl für das Kampagnenmanagement wie für die Wähler. Es brachte bisher keine nennenswerten Substitutionseffekte und hat offenbar auch die Bedeutung des Fernsehens als Wahlkampfmedium kaum geschmälert. Auf welche Weise das Internet das Kommunikationsrepertoire der Wähler erweiterte, illustriert beispielhaft die Liste der Online-Aktivitäten US-amerikanischer Wähler bei der Präsidentschaftswahl 2004 (vgl. Textbox 6.2). Die Liste macht auch noch einmal deutlich, dass „Internet" eine Sammelbezeichnung für eine Vielzahl von Darstellungs-, Verbreitungs- und Kommunikationsformen ist. Entsprechend vielfältig sind die Einsatz- und Nutzungsmöglichkeiten im Wahlkampf.

Textbox 6.2: Online-Aktivitäten US-amerikanischer Wähler 2004

32 million people traded emails with jokes in them about the candidates.

31 million went online to find out how candidates were doing in opinion polls.

25 million used the internet to check the accuracy of claims made by or about the candidates.

19 million watched video clips about the candidates or the election.

17 million sent emails about the campaign to groups of family members or friends as part of listservs or discussion groups.

16 million people checked out endorsements or candidate ratings on the websites of political organizations.

14 million signed up for email newsletters or other online alerts to get the latest news about politics.

7 million signed up to receive email from the presidential campaigns.

4 million signed up online for campaign volunteer activities such as helping to organize a rally, register voters, or get people to the polls on Election Day.

Quelle: Rainie (2005)

Kampagnenplanung für das Internet

Nach den bisherigen Erfahrungen eignet sich das Internet im Konzert der Kampagneninstrumente vor allem für die folgenden Aufgaben:[219]

■ Wahlkampforganisation und Mobilisierung: Das Internet lässt sich als kostengünstiger und schneller Vertriebskanal für Wahlkampfinformationen und -material einsetzen. Die Kommunikation und Aufgabenkoordination innerhalb der Parteiorganisation und zwischen ihren Gliederungen wird dadurch verbessert und beschleunigt. Das Netz ist ferner gut geeignet, freiwillige Helfer zu rekrutieren und zu vernetzen sowie den Mitgliedern und Anhängern einer

---

[219] Eine Flut von Veröffentlichungen versucht, die aktuelle Entwicklung zu dokumen¬tieren, die in rascher Folge von Wahlkampf zu Wahlkampf neue Einsatz- und Nutzungsformen hervorbringt (vgl. etwa Bieber 2002, Bimber und Davis 2003, Cornfield 2004, Saleh 2005, Norris 2006, Ott 2006, Schweitzer 2005, 2006, Verser und Wicks 2006); aktueller sind die Veröffentlichungen auf Webportalen wie: www.politik-digital.de und www.campaignsonline.org.

Partei Informationen und Argumente anzubieten, die ihre Motivation stärken und ihrem Engagement im Wahlkampf nützlich sind.

■ Fundraising: Das Internet wird vor allem in den USA in größerem Umfang für das Sammeln von Wahlkampfspenden eingesetzt, da sich dort die Kandidaten selbst um die Finanzierung ihres Wahlkampfes kümmern müssen. In den USA nutzen so gut wie alle Kandidaten ihre persönlichen Webseiten auch für Fundraising-Aktivitäten. Im Präsidentschaftswahlkampf 2004 haben 8,6 Mio. amerikanische Haushalte über drei Milliarden US-Dollar online gespendet (Fischer 2005). Besonders die großen Summen, die Kandidaten wie John McCain und Howard Dean in den amerikanischen Vorwahlen 2000 bzw. 2005 über ihre Webseiten einwarben, haben das erstaunliche Potential des Online-Fundraisings demonstriert (vgl. etwa Cornfield 2004: 66 ff.).

■ Informationsressource für Medien und Wähler: Die Parteien und Kandidaten nutzen ihre Webseiten inzwischen in großem Stil für die Medienarbeit. Dort lassen sich einerseits hochaktuell Pressemitteilungen bereitstellen, andererseits auch umfangreiche Informationsmengen als Archiv- und Hintergrundmaterial für journalistische Recherchen bereithalten. Diese Informationen sind auch für die Wähler zugänglich bzw. werden speziell für diese angeboten. Parteien und Kandidaten erreichen damit die Wähler direkt, d.h. sie können die journalistischen Gatekeeper umgehen und damit auch die Filterung und Veränderung ihrer Botschaften durch die publizistischen Medien.

■ Segmentierung der Überzeugungswähler: Teil der strategischen Planung moderner Wahlkämpfe ist die möglichst zielgenaue Ansprache spezieller Wählergruppen. Da das Internet, anders als z.B. das Fernsehen, eine aktive Informationssuche durch seine Nutzer erfordert, erreichen die Web-Angebote vor allem selbst-selektierte Nutzer mit ausgeprägten (Partei-)politischen Interessen. Die Web-Angebote – auch Werbung im Web – eignen sich also besonders, um kognitiv hoch mobilisierte „Überzeugungswähler" anzusprechen.[220] Speziell für diese sind auch die Interaktionsmöglichkeiten attraktiv, die Web-Foren und Weblogs bieten.

Die im deutschen Bundestag vertretenen Parteien sind seit Mitte der 1990er Jahre mit teils mehreren Websites im Internet präsent, die sie von Zeit zu Zeit überarbeiten und aktualisieren (Schweitzer 2003, Lieske 2006). Sie beschäftigen dafür eigene Internetredaktionen und externe Agenturen. In der Darstellung überwiegt die Informationsfunktion mit Angaben zu Geschichte und Organisation der Partei, mit Stellungnahmen zu aktuellen Themen, mit einer Reihe von archivierten Informationsmaterialien. Daneben dienen sie der Mitglieder- und Wählermobilisierung, etwa durch Einladungen zu Veranstaltungen, zur Mitgliedschaft und zum Down-

---

220 Vgl. dazu unten Abschnitt 6.4.2

load von Informations- und Werbematerial, sowie der innerparteilichen Integration, u.a. durch Links zu Landes- und Kommunalverbänden sowie zu parteinahen
Organisationen.

Wie die Medienentwicklung allgemein so lässt auch die Entwicklung der Wahl-
kampfmedien bisher keine nennenswerten Substitutionseffekte erkennen. Das Internet hat das Instrumentarium der Kampagnenführung erweitert, aber herkömmliche Strategien oder Instrumente nicht verdrängt.

Nutzung und Wirkung des Internets im Wahlkampf

Ähnliches gilt für den Umgang der Wähler mit dem neuen Medium. Das Internet
erweitert das Medienrepertoire der Wähler, ohne etwa dem Fernsehen seine führende Rolle streitig zu machen. Aus einer Umfrage in den Tagen nach der Bundestagswahl 2005 geht hervor, dass die Wähler das Fernsehen nach wie vor mit
Abstand als ihr wichtigstes Informationsmedium im Wahlkampf ansehen. Das Internet wird nur von den unter Dreißigjährigen in nennenswertem Umfang als
wichtig eingeschätzt; es rangiert aber auch bei dieser Gruppe noch hinter der Zeitung (vgl. Tabelle 6.1). Eine Ermittlung im Anschluss an die US-amerikanische Präsidentschaftswahl 2004 führte zu ähnlichen Ergebnissen.[221]

Die Altersverteilung der Ergebnisse, die Tabelle 6.1 zeigt, könnte darauf hin-
deuten, dass es nur eine Frage der Zeit ist, bis im Diffusionsprozess des neuen Mediums auch die älteren Jahrgänge in größerem Anteil erreicht werden und schließlich das Internet unter den Informationsquellen insgesamt einen höheren Rang ein-
nimmt. Die Befunde aus den USA, die einen Zeitvergleich seit 1996 zulassen, stützen diese Vermutung nur zum Teil. Zwar hat mit der zunehmenden Verbreitung
und Nutzung des Internets auch die Zahl der Wähler zugenommen, die das Internet als Informationsquelle oder für andere politische Aktivitäten nutzen. Die *relative* Bedeutung der Medien im Wahlkampf hat sich aber dadurch kaum verändert.

Wenn man nach möglichen Einflüssen auf die Wahlentscheidung fragt, lautet
die etwas vereinfachte Antwort: Das Internet verstärkt am ehesten Einstellungen
und Wahlabsichten; Umstimmungen sind dagegen eher unwahrscheinlich (Bimber
und Davis 2003: 143 ff.). Das liegt vor allem an der Charakteristik des Internets als
Pull-Medium. Um in Kontakt mit der Website einer Partei oder eines Kandidaten zu
kommen, muss der Nutzer diese aktiv aufsuchen. In der Regel sind dann bereits
ein Interesse, eine Motivation und oft auch eine politische Neigung vorhanden. Mit
den Web-Angeboten erreichen die Parteien und Kandidaten daher hauptsächlich
ihre Anhänger und Sympathisanten. Für diese allerdings sind die Angebote nicht

---

221 Hier rangierte das Fernsehen mit 78 Prozent der Nennungen weit vor der Zeitung (39), dem Radio
      (18), dem Internet (17) und Zeitschriften (3 Prozent). Diese Zahlenwerte sind den deutschen inso-
      fern nicht ganz vergleichbar, als die amerikanischen Befragten zwei Medien nennen konnten, wenn
      Sie wollten. Die Frage lautete: „How have you been getting most of your news about the
      presidential election campaign?" (Rainie, Cornfield und Horrigan 2005).

unbedeutend. Sie können Neugierige informieren, Zögernde gewinnen, Zweifelnde überzeugen. Und derartige Effekte können für den Wahlausgang durchaus entscheidend sein. Auf der Grundlage empirischer Ergebnisse geben Bimber und Davis (2003: 165 ff.) eine nüchterne Einschätzung der zukünftigen Rolle des Internets im Wahlkampf, die sich von so manchen euphorischen Visionen unterscheidet. Das Internet ist und bleibt ein Nischen-Medium für politisch besonders interessierte Wähler. Es ergänzt die bestehenden Kanäle der Kampagnenkommunikation, ersetzt sie jedoch nicht. Es dient als wichtige zusätzliche Quelle, um den großen Informationsbedarf der hoch motivierten Wähler zu befriedigen. Darüber hinaus ist das Web ein effektives Instrument zur Unterstützung der Kampagnenorganisation der Parteien, zur Mobilisierung von Mitgliedern und Anhängern. Aber es wird die wenig interessierten und motivierten Bevölkerungsgruppen kaum erreichen und schon gar nicht mobilisieren. Daher trägt es eher zur Vergrößerung als zur Verringerung der Kluft zwischen den politisch Aktiven und Inaktiven bei.

6.2 Wahlkommunikation und Kampagnenstil

„Jeder Wahlkampf ist anders", stellt Holtz-Bacha (2006c) fest und verweist dabei auf Langzeitstudien von Bundestagswahlen (vgl. etwa Holtz-Bacha 2000, Wilke und Reinemann 2000, 2003). Diese belegen, dass Strategien und Stil der Wahlkämpfe variieren, zum Beispiel in Abhängigkeit von der jeweiligen Kandidatenkonstellation und der Persönlichkeit der Kandidaten. Gleichwohl richtet sich die Aufmerksamkeit der Forschung auf Entwicklungstrends und diagnostiziert einen auffälligen Wandel der Wahlkämpfe, der oft als *Amerikanisierung* etikettiert wird, mitunter auch als *Modernisierung* oder *Medialisierung*. Allerdings äußern manche Autoren Zweifel an derartigen Entwicklungstrends, geben zumindest Beispiele dafür, dass vermeintlich neuere Entwicklungen gar so neu nicht sind (so etwa Müller, A. 1999, Rosumek 2005).

6.2.1 Amerikanisierung – Modernisierung – Medialisierung

Alle drei Bezeichnungen des Wandels haben ihre Berechtigung, sie unterscheiden sich lediglich im Blickwinkel. Die Modernisierungsperspektive betrachtet die Entwicklung im Kontext des allgemeinen sozialen und politischen Wandels. Die Medialisierungsperspektive konzentriert sich auf einen Ausschnitt dieses Wandels, nämlich auf Interaktionen zwischen Medienwandel und Politikwandel. Und die Amerikanisierungsthese hat den Transfer von Wahlkampfpraktiken im Blick, der von den USA ausgeht, wo einige Tendenzen der Modernisierung und Medialisierung gemeinhin eher auftreten als in anderen Ländern.

Die Amerikanisierungsthese

Die Bezeichnung Amerikanisierung impliziert, dass Wahlkämpfe weltweit Züge annehmen, die als typisch für Kampagnen in den USA gelten. Der Terminus hat einen polemischen Unterton – ähnlich Schlagwörtern wie *Cocakolonisierung* oder *McDonaldisierung*, die schärfer noch die Kritik am globalen Trend einer spezifischen „kulturellen Kolonisierung" durch die USA zum Ausdruck bringen. Die Bezeichnung und die Annahme eines globalen Trends sind vielfach kritisiert worden.[222]

Der Terminus lässt mindestens zwei verschiedene Deutungen über die Art des Transfers von US-amerikanischen Strategien und Techniken der Wahlkampfführung zu, die Plasser (2002: 18 f.) als *Shoppingmodell* und als *Adoptionsmodell* bezeichnet. Die letztere, weitergehende Variante nimmt an, dass der amerikanische Kampagnenstil nach und nach traditionelle, nationale Kampagnenstile ersetzt; das Ergebnis ist eine globale Standardisierung der Wahlkampfführung und ein einheitliches Erscheinungsbild der Kampagnen. Die erstere, schwächere Variante der Amerikanisierungsthese nimmt an, dass einzelne Praktiken US-amerikanischer Wahlkämpfe selektiv übernommen und in nationale Wahlkämpfe implementiert werden; das Ergebnis ist dann ein hybrider Kampagnenstil, der amerikanische und eigenständige nationale Praktiken vereint (Blumler und Gurevitch 2001, vgl. auch Wagner 2005: 370).

Die Modernisierungsthese

Ein häufig geäußerter Kritikpunkt lautet, dass Amerikanisierung – im Sinne des Shopping- wie auch des Adoptionsmodells – nur ein Oberflächenphänomen beschreibt. So weisen Swanson und Mancini (1996b) darauf hin, dass der Transfer amerikanischer Kampagnenpraktiken nur äußeres Anzeichen eines allgemeinen sozialen Wandels ist, den sie – in Anlehnung an Sozialtheoretiker wie Anthony Giddens – als *Modernisierung* bezeichnen. Die Modernisierungsthese geht davon aus, dass die meisten Gesellschaften weltweit einen ähnlichen Prozess des Wandels durchmachen. Infolge dieses Wandels werden neue soziale Praktiken erforderlich, um gesellschaftliche bzw. politische Ziele zu erreichen, so auch neue Wahlkampfpraktiken. Der Wandel ist in den USA am weitesten fortgeschritten, so dass dort die neuen sozialen Praktiken auch zuerst eingeführt werden.

Der Terminus *Modernisierung*, für den es in der Soziologie und Politikwissenschaft eine verbreitete Vorliebe gibt, ist jedoch inhaltsleer und bedarf einer näheren Bestimmung. Swanson und Mancini (1996) beispielsweise, die sich dabei an Niklas Luhmann orientieren, konkretisieren den Begriff unter Hinweis auf die Zunahme der funktionalen Differenzierung in gesellschaftliche Subsysteme von Wissen-

---

222 Vgl. etwa Negrine (1996), Swanson und Mancini (1996b), Kamps (2000b), Blumler und Gurevitch (2001), Pfetsch (2001), Sarcinelli (2005: Kap. 12) und Wagner (2005: Kap. I)

schaft, Wirtschaft, Politik, Massenkommunikation. Modernisierung kann man daher auch als einen Vorgang ständig zunehmender gesellschaftlicher Komplexität
beschreiben.

Die Komplexität wird gesteigert durch eine fortschreitende sozial-strukturelle
Fragmentierung, der eine „symbolische" Fragmentierung der Gesellschaft entspricht: Immer mehr und immer kleinere soziale Mikrostrukturen entwickeln ihre
eigenen symbolischen Realitäten. Dazu tragen entscheidend die immer zahlreiche-
ren Zielgruppen-, Sparten- und Special-Interest-Medien bei, die sich auf hoch spezialisierte Teilöffentlichkeiten beziehen. Dies führt auch zu einer Redistribution
politischer Funktionen. Profiteure der Entwicklung sind die Massenmedien, die zu
einem autonomen Machtzentrum aufgestiegen sind. Niedermayer (2000) stellt als
ein zentrales Element der Modernisierung die „Funktionsentleerung der Parteibasis" heraus, d.h. dass Aufgaben, die traditionell die Parteibasis wahrnahm – wie
z.B. die Wählermobilisierung, Informationsbeschaffung und die Personalrekrutie-
rung – auf andere Institutionen verlagert wurden, insbesondere auf die Massenmedien.

Norris definiert Modernisierung als „simultane Transformation von Parteiorga-
nisationen, Nachrichtenmedien und Wählerschaft" und entwirft eine Drei-Phasen-
Typologie von Wahlkämpfen (Norris 2000: 137 f.): Auf die *prämoderne* Phase seit
Mitte des 19. Jahrhunderts bis in die 1950er Jahre folgte die *moderne* Phase (bis in
die 1980er Jahre), die inzwischen von der *postmodernen* Phase abgelöst wurde. Norris will ihre Typologie nicht im Sinne einer linearen Entwicklung verstanden wissen, in der eine Phase die andere ablöst. Sie sieht vielmehr eine zunehmende Expansion und Diversifizierung der Kampagnenpraktiken, wobei neuere Praktiken
die älteren eher ergänzen als ersetzen. Dank neuer Medien kann man sogar eine
Rückkehr zu Wahlkampfformen beobachten, die denen der prämodernen Phase
ähneln, etwa Diskussionsgruppen im Internet, Intranets der Parteien, die persönliche Wähleransprache per E-Mail und *Direct Marketing* (S. 149).

Die Medialisierungsthese

Wahlkämpfe sind in erster Linie Kommunikationsereignisse. Die Parteien müssen
ihre Programme und die Kompetenzen ihrer Kandidaten den Wählern mitteilen,
sie überzeugen und für die Stimmabgabe gewinnen. In modernen Gesellschaften
mit einem hoch entwickelten Mediensystem geschieht das zum großen Teil mit
Hilfe der Massenmedien. Von daher liegt es nahe anzunehmen, dass Wahlkämpfe
ähnlich anderen politischen Institutionen und Prozessen mit der Entwicklung des
Mediensystems einem Wandel unterliegen, wie ihn der Begriff der Medialisierung
umschreibt.

So bringt die Medienexpansion beispielsweise eine erhebliche Reichweitenstei-
gerung der Kampagne mit sich. Die zunehmende Differenzierung des Mediensystems ermöglicht es, die Kommunikationsmittel zu diversifizieren und unterschied-

liche Wählersegmente gezielter anzusprechen. Das Repertoire der Wahlkommunikation wird erweitert und verfeinert; herkömmliche Formen der Wähleransprache
werden durch die medienbasierte Kommunikation ergänzt oder substituiert. Die
Parteien müssen dabei ihre Kampagnenaktivitäten an der Medienlogik ausrichten,
d.h. an den Nachrichtenwerten und Darstellungserfordernissen der Medien. So
spielt es bei der Personenrekrutierung auch eine Rolle, ob Kandidaten telegen sind
– zumindest gilt dies in den stark fernsehgestützten Wahlkämpfen in den USA. Die
Medien sind also indirekt am *Kandidaten-Casting* beteiligt, sie können Images kreieren und auch demontieren (Graber 2002: 238 ff.). [223]

6.2.2 Wandel der Wahlkommunikation

Die als Amerikanisierung, Modernisierung und Medialisierung bezeichneten Prozesse sind teils ähnliche, teils unterschiedliche Aspekte des Wandels; sie bedingen
und verstärken sich wechselseitig. Beispielsweise wird das für moderne Wahlkämpfe typische Ereignis- und Themenmanagement erst möglich und wirksam
durch die Massenmedien als Vermittler und Resonanzboden. Auch andere Kam-
pagnenmerkmale, die üblicherweise als Indikatoren der Amerikanisierung gelten,
können ebenso gut oder genauer als Folge der Medialisierung und einer allgemeinen gesellschaftlichen Modernisierung angesehen werden. Das ist zum Beispiel bei
Prozessen der Professionalisierung und der Adoption des Marketing-Ansatzes der
Fall, die ganz offensichtlich auf Entwicklungen in Wissenschaft, Wirtschaft und im
Mediensystem beruhen.

Das Fernsehen spielt dabei nach wie vor eine wichtige Rolle. Das hoch eingeschätzte Wirkungspotential des Mediums macht es für das Kampagnenmanagement besonders attraktiv. Vor allem die aktuelle Berichterstattung ist für die politische Kampagne relativ leicht kalkulierbar und instrumentalisierbar. Fernsehnachrichten greifen schlaglichtartig nur die auffälligsten Geschehnisse des Tages heraus, wenige Ereignisse mit hohem Nachrichtenwert, dabei vor allem diejenigen,
die sich in starken Bildern, im Handeln von Personen und „sprechenden Köpfen",
in Kontroversen und Konflikten manifestieren. Der hohe Nachrichtenwert von
Konflikten und personalisierten Ereignissen führt zu einer hohen Affinität zwischen den Erfordernissen der Kampagne und den Aufmerksamkeitskriterien des
Fernsehens. Angriffswahlkampf und Tendenzen der Personalisierung machen die
Kampagne in hohem Maße passfähig für die Fernsehdarstellung, kommen aber
auch den Bedürfnissen der anderen Medien entgegen, vor allem der Boulevardpresse.

Die folgende Darstellung präzisiert einige herausragende Merkmale des Wandels, der – in unterschiedlicher Perspektive – als Amerikanisierung, Modernisie-

---

223 Vgl. dazu auch unten Abschnitt 6.3.3

rung oder Medialisierung bezeichnet wird, und konzentriert sich dabei auf die von der Forschung gut bearbeiteten Aspekte.

Der Marketing-Ansatz

Die allgemeine Verbreitung des Marketing-Ansatzes US-amerikanischer Prägung in Wirtschaft und Politik hat auch Theorie und Praxis der Wahlkampfführung erfasst. Ökonomische Kategorien auf politisches Verhalten anzuwenden, wurde vor allem durch die „ökonomische Theorie der Demokratie" von Downs (1957) angeregt und durch das von Kotler (1975) entwickelte Konzept des *Social Marketings* allgemein auf den *Non-Profit*-Bereich ausgedehnt.[224]

In diesem Konzept wird das Wählerverhalten in Analogie gesetzt zum Konsumentenverhalten. Danach besteht zwischen Parteien und Politikern auf der einen Seite und den Wählern auf der anderen eine Transaktionsbeziehung, in der Ideen und Problemlösungen gegen politische Unterstützung und Legitimation getauscht werden. Wähler fragen politische Dienstleistungen nach, und deren wahrgenommener Wert bestimmt ihre Wahlentscheidung (Newman und Perloff 2004). Dabei muss das politische Angebot nicht nur inhaltlich den Bedürfnissen und Wünschen der Wähler entgegenkommen, es muss auch attraktiv verpackt und geschickt kommuniziert werden (Franklin 2004). Dementsprechend wird der Wahlkampf nach dem Muster von Marketingkampagnen planvoll und wissenschaftlich rational angelegt. Wring (1999) nennt es die „Marketing-Kolonisierung" der Kampagnen. Sie geht Hand in Hand mit der Professionalisierung und Kommerzialisierung von Wahlkämpfen.

Die *Professionalisierung* zeigt sich u. a. im Einsatz von spezialisierten Beratern und Agenturen, von denen viele mit dem Marketing-Ansatz in Werbung und Public Relations vertraut sind. Sie bieten ihr Know-how in Form rezeptbuchartiger Ratschläge an, oft verbunden mit einer gehörigen Portion Selbst-Vermarktung (vgl. etwa Althaus 2002). Die *Kommerzialisierung* des Wahlkampfes wird durch die Expansion und Kommerzialisierung des Mediensektors gefördert. Die Schaltung von Wahlkampfwerbung richtet sich nach Kriterien der Mediaplanung, wie sie ganz allgemein für den effizienten Einsatz von Werbegeldern im Marketing gelten. Die Beschäftigung von Agenturen und Beratern wie auch der professionelle Einsatz von Wahlwerbung erfordern hohen finanziellen Aufwand. Durch den Marketing-Ansatz wurden Wahlkämpfe zum großen Geschäft für die Kommunikations- und Medienbranche und zu einer sehr teuren Angelegenheit für Parteien und Kandidaten.[225]

---

224 Vgl. dazu auch unten Abschnitt 7.2
225 Die Höhe der Wahlkampfkosten lässt sich nur schätzen. Einen Anhaltspunkt bietet die Kostenerstattung aus Steuermitteln, die den Parteien in Deutschland zusteht. Deren Obergrenze liegt bei insgesamt 133 Millionen Euro (Korte 2007).

Der Kampagnen-Planungsprozess auf der Grundlage des Marketing-Ansatzes gliedert sich in mehrere Phasen, wie es Tabelle 6.2 beispielhaft verdeutlicht (vgl. auch Newman 1994, Maarek 1995). Eine wichtige Planungsbasis sind Analysen der Situation auf den „relevanten Märkten" mit wissenschaftlichen Methoden der Markt- und Meinungsforschung. Der wichtigste politische Markt ist der Wählermarkt. Zu den relevanten Märkten zählen aber auch die Parteiorganisation mit ihren verschiedenen Gliederungen, Unterstützergruppen, und vor allem die Medien (Kotler und Kotler 1999). Die Situationsanalyse umfasst ferner eine Analyse möglicher Kampagnenthemen und Wahlslogans, der Kandidatenimages sowie der Stärken und Schwächen der eigenen Position unter Berücksichtigung konkurrierender Parteien und Kandidaten. Ergänzt wird das durch eine kontinuierliche *Gegnerbeobachtung*, um auf das Handeln konkurrierender Parteien und Kandidaten schnell reagieren zu können. Zu den Strategien auf dem Wählermarkt gehört eine *Segmentierung* der Wählerschaft und deren zielgenaue Ansprache mit Medien bzw. Maßnahmen möglichst ohne größere Streuverluste.

Ein zentrales Management der Kampagne organisiert die Zusammenarbeit von Agenturen und Experten, sorgt für ein einheitliches Erscheinungsbild der werblichen Maßnahmen und koordiniert die wichtigsten Veranstaltungen wie z. B. Auftritte der Spitzenkandidaten. Die *Clinton*-Kampagne bei der US-Wahl 1992 etablierte dafür einen *war room*, nach dessen Modell ähnliche Einrichtungen in anderen Ländern geschaffen wurden, so etwa die *Kampa* der SPD im Bundeswahlkampf 1998 (vgl. Webel 1999); später folgten die *Kampa02* im Wahlkampf 2002 und das Pendant der Unionsparteien, genannt *Arena02*.

Professionalisierung

Für die Konzeption, strategische Planung und Durchführung der Kampagne werden zunehmend spezialisierte Berater und Kommunikationsexperten herangezogen. Zum Teil sind das US-amerikanische Berater, von deren Erfahrungen die Parteien in anderen Ländern zu profitieren suchen, indem sie diese zeitweise für die Wahlkampfberatung engagieren oder indem sie bei ihnen in den USA um Rat nachsuchen. Scammell (1998) spricht von einem „boomenden Markt" für US-amerikanische Berater weltweit. Inzwischen haben sich auch in vielen anderen Ländern politische Berater professionalisiert und etabliert (Plasser und Plasser 2002). Weltweite Kooperationsbeziehungen zwischen diesen und den *consultants* in den USA trugen und tragen wesentlich zur Verbreitung US-amerikanischer Kampagnenmethoden bei. Besonders eng sind die Beziehungen zwischen den amerikanischen und britischen Kollegen. In einer Umfrage unter Wahlkampfberatern Ende der 1990er Jahre berichteten immerhin auch 40 Prozent der deutschen Befragten von Kontakten mit US-amerikanischen Beratern (Plasser und Plasser 2002: 27).

Tabelle 6.2: Der Kampagnen-Planungsprozess

Situations-analyse, Informations-beschaffung	Opportunitäts-analyse	Strategische Planung	Kampagnen-strategie	Maßnahmen-planung, Kommu-nikation
→	→	→	→	→ Ergebnis-kontrolle ←
allgemeines Meinungsklima, Probleme, Sorgen, Präferenzen der Wähler	Chancen und Risiken verschiedener Themen	Segmentierung der Wähler nach geographischen, demogra-phischen, ideologischen u.a. Kriterien	Philosophie, zentrale Botschaften, Themen, Argumente	Finanz-planung, Personal-planung, Zeitplanung
Analyse der Wirtschaftslage	Stärken und Schwächen des/der Kandidaten	Targeting (Ziel-gruppen-orientierung)	Personalisierung	Koordination der Ressour-cen (z. B. Unterstützer, Berater, Agenturen)
Themenanalyse, Resonanzanalyse (Medienanalyse)	Stärken und Schwächen der Wahlkampf-führung	thematische Positionierung	Polarisierung, Angriffsstrategie	Werbe- und Media-planung
Stimmung in der Partei	Stärken und Schwächen der Parteiorgani-sation	Image-Positionierung		PR, Pressearbeit, Ereignis- und Themen-management
Gegner-beobachtung	Stärken und Schwächen der politischen Konkurrenten			

Darstellung in Anlehnung an Kotler (1999, vgl. auch Pauli-Balleis 1987)

Es sind zwei verschiedene Prozesse, die oft als Anzeichen der Professionalisierung gedeutet werden (Scammell 1998): zum einen die zunehmende *Spezialisierung*, zum anderen die *Verlagerung* von Aufgaben des Kampagnenmanagements. Es ist inzwischen üblich, dass Agenturen die auf Public Relations, Werbung und Mediaplanung spezialisiert sind, in die Kampagnenorganisation eingebunden werden. Abbildung 6.1 zeigt beispielhaft das breite Spektrum der von der SPD im Wahlkampf 1998 extern nachgefragten Dienstleistungen. Andere Parteien ergänzen ihre Ressourcen auf ähnliche Weise (vgl. etwa Schiller 2002, Zimmerling 2003). Die Agenturen und Berater übernehmen Aufgaben, die früher zumeist von der Parteiführung oder von „Parteisoldaten" – d. h. von bemühten, freiwilligen Helfern – geleistet wurden. Von der Öffentlichkeit besonders beachtet wurden Medienprofis wie *Klaus Bölling, Gerd Bacher, Peter Boehnisch, Hans-Joachim Friedrichs* oder *Michael Spreng,* die sich als Wahlkampfberater verdingten.[226]

Personalisierung

Eine Reihe von Merkmalen der institutionellen Ordnung begünstigt von vornherein eine Personalisierung der amerikanischen Politik. Dazu gehört beispielsweise das präsidiale System mit der Machtfülle beim Amt des Präsidenten, die Schwäche der Parteien und die relative Eigenständigkeit der Kandidaten, die bei der Kampagnenorganisation weitgehend auf sich selbst gestellt sind. Vor diesem Hintergrund entwickelte sich in den USA ein stark personalisierter Wahlkampfstil, der in hohem Maße auf Medienfunktionen angewiesen ist (Pfetsch 2001).

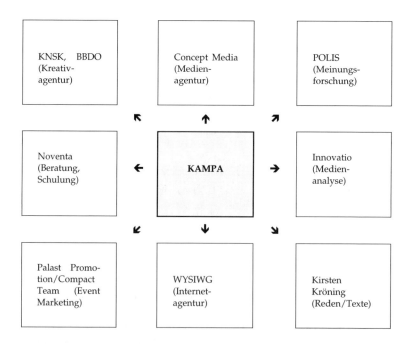

Abbildung 6.1: In der SPD-Kampagne 1998 eingesetzte Agenturen[227]

---

226 Vgl. auch Textbox 6.3
227 Darstellung nach Webel (Quelle: Webel 1999: 20)

Inzwischen ist es auch in parlamentarischen Demokratien weltweit üblich, die jeweiligen Spitzenkandidaten der Parteien prominent herauszustellen, auch wenn die Wahlsysteme eine Abstimmung über Parteien(-listen) bzw. einzelne Abgeordnete vorsehen. Auch die deutschen Bundestagswahlen wurden zunehmend zu Personalplebisziten (Gabriel und Vetter 1998). Kandidaten wie *Helmut Kohl*, *Gerhard Schröder* und *Angela Merkel* hatten offensichtlich eine Schlüsselposition in den jeweiligen Kampagnen, aus denen sie siegreich hervorgingen. Ähnliches galt beispielsweise für *Tony Blair* in Großbritannien oder *Silvio Berlusconi* und *Romano Prodi* in Italien.

Allerdings sind in den parlamentarischen Demokratien die Kandidaten immer auch Repräsentanten ihrer Partei und werden von dieser unterstützt – und sei es von einer Partei wie der *Forza Italia*, die eigens als Marketingorganisation für Berlusconi gegründet wurde. In den USA dagegen agieren die Kandidaten mehr oder weniger unabhängig von Parteien und mitunter sogar gegen ihre Parteiführung. Ausschlaggebend für ihren Erfolg ist daher das Einwerben von Spenden zur Finanzierung von Wahlwerbung und einer eigenen Kampagnenorganisation, da sie kaum Parteiunterstützung oder gar eine Wahlkampfkostenerstattung aus Steuermitteln (wie z. B. in Deutschland) erhalten.

Zur Personalisierungsstrategie gehört ein aktives *Image-Management*, wie es beispielsweise der persönliche Wahlkampfberater des CDU/CSU-Kanzlerkandidaten im Bundestagswahlkampf 2002 beschreibt (vgl. Textbox 6.3). Dazu gehört auch, dass persönliche Qualitäten der Protagonisten – wie z.B. Führungsstärke, politische Kompetenz, persönliche Integrität – in der Kampagnenkommunikation besonders herausgestellt werden, und zwar mitunter mehr als Sachthemen oder gar ideologische Positionen; dazu gehört ferner die „Vermenschlichung" der Kandidaten, indem z.B. auch Familienmitglieder und ihr Privatleben im Wahlkampf eingesetzt werden.

Diese Tendenzen werden mit meist kritisch gemeinten Begriffen wie *Entpolitisierung*, *Entideologisierung*, *Popularisierung*, *Privatisierung* umschrieben und nicht selten zum Gegensatz von „Image statt Inhalt" stilisiert (Nieland 2000, Oberreuter 2001). Personalisierung wird mit Themenarmut und „Entsachlichung" gleichgesetzt. Doch muss eine Kampagnenstrategie, die Kandidaten in den Mittelpunkt stellt, nicht unbedingt auf Themen verzichten. Personalisierung kann dazu beitragen, die Komplexität politischer Sachverhalte zu reduzieren und abstrakte Themen an Personen „festzumachen" (Holtz-Bacha 2000: 183). Im Idealfall verkörpert der Spitzenkandidat bzw. die Spitzenkandidatin zugleich die zentralen Positionen und Themen der Partei. Auch in den Vorstellungen der Wähler sind Themen- und Kandidatenorientierungen eng miteinander verbunden (Brettschneider 2002b).

Der Begriff der Personalisierung bezieht sich in der einschlägigen Literatur außer auf die Wahlkampfführung auch auf das Wählerverhalten und die Mediendarstellung des Wahlkampfes (Brettschneider 2002b). Personalisierung ist generell ein wichtiges Selektions- und Darstellungsmerkmal des Nachrichtenjournalismus, so auch der Wahlkampfberichterstattung.[228] Das gilt vor allem für das Fernsehen, dessen Präsentationslogik am Handeln von Personen und „sprechenden Köpfen" ausgerichtet ist. Und es gilt mehr noch als für das öffentlich-rechtliche Fernsehen für die reichweitenstarken privaten Programme, die sich am Geschmack eines breiten Publikums orientieren. Das Publikum interessiert sich besonders für die „menschliche Seite" der Politik, d.h. für eher unpolitische Merkmale der Politiker wie ihr Aussehen, ihren Charakter, ihr Privatleben. Diese Dimension dominiert dementsprechend das Fernsehbild des Wahlkampfes, und zwar vor allem in den privaten Programmen.[229]

Textbox 6.3: Image-Management im Wahlkampf

„Ein weiteres Ziel des Wahlkampfes war natürlich, Defizite Stoibers, wie sie zumindest öffentlich dargestellt wurden, auszugleichen. Teil meiner Arbeit war der Versuch, Stärken Schröders in Schwächen umzuinterpretieren, und Schwächen Stoibers in Stärken. Dazu gehörte *der ernste Mann für ernste Zeiten*, dazu gehörte *kantig, echt, erfolgreich*, aber dazu gehörte auch die ganze Linie, die mediale Sperrigkeit von Stoiber als Beweis von Seriosität, von Ernsthaftigkeit, Glaubwürdigkeit und Zuverlässigkeit zu vermitteln. Und die mediale, darstellerische Begabung des Bundeskanzlers als Beweis von Flatterhaftigkeit, Unseriosität, Unzuverlässigkeit, Unglaubwürdigkeit und so weiter. So war ja die Profilierung der Person Stoibers angelegt: die positive Profilierung der Person Stoibers war immer verbunden mit einem Antiprofil Schröders."

Quelle: Michael Spreng, persönlicher Wahlkampfberater von Edmund Stoiber im Bundestagswahlkampf 2002 (Spreng 2003:)

Der Begriff der Personalisierung wird auf beides bezogen, zum einen auf die Bedeutung von Personen – insbesondere der Spitzenkandidaten – im Wahlkampf und im Wählerverhalten, zum anderen auf die Bedeutung „unpolitischer" Eigenschaften der Politiker. Dementsprechend kann man eine *allgemeine* und eine *spezielle* Personalisierung unterscheiden (Lass 1995: 10 f., Klein und Ohr 2000). Gleichsam als Steigerung der Personalisierung ist eine Tendenz zur *Präsidentialisierung* von Wahlkämpfen in parlamentarischen Demokratien zu erkennen (Ohr 2005b). Gemeint ist damit eine starke Konzentration der Kampagne auf den Spitzenkandidaten und zugleich ein relativ hohes Maß an Autonomie des Kandidaten gegen-

---

228 Vgl. oben Abschnitt 4.3.1
229 Vgl. dazu unten Abschnitt 6.3.3

über seiner Partei. Das Modell dafür ist der US-amerikanische Präsidentschafts-wahlkampf.

Mit dem Begriff der Personalisierung verbindet sich im Allgemeinen die An-nahme eines Trends, gekennzeichnet durch einen Bedeutungszuwachs der allge-meinen wie auch der speziellen Personalisierung. Doch Beobachter der histori-schen Entwicklung in Deutschland bestreiten, dass personalisierte Kampagnen ein neuartiges Phänomen sind (Müller, A. 1999: 43 ff., Rosumek 2005). Zwar bestätigen viele empirische Studien, dass die Eigenschaften der Spitzenkandidaten für das Wählerverhalten bedeutsam sind. Die Forschungslage lässt jedoch keine eindeu-tige Entscheidung darüber zu, ob die Relevanz der Kandidateneigenschaften im Lauf der Jahre zugenommen hat, so dass man von einem *Trend* der Personalisie-rung sprechen könnte.[230] Uneinheitlich sind auch die Trenddiagnosen zur Perso-nalisierung der Kampagnenstrategien der Parteien, die sich auf die Präsentation der Spitzenkandidaten von SPD bzw. CDU/CSU in Anzeigen und in den Wahl-werbespots des Fernsehens stützen (Keil 2003: 342 f., Holtz-Bacha 2000: 183 ff., 2006c).

Etwas eindeutiger ist die Forschungslage zur Personalisierung der Wahlkampf-berichterstattung, wie weiter unten noch gezeigt wird. Empirisch belegt sind auch Zusammenhänge zwischen dem personalisierten Medienbild der Kampagne einer-seits und den Politiker-Images der Wähler und ihrem Wahlverhalten anderer-seits.[231] Schließlich gibt es verschiedene Anzeichen für Rückkopplungen und Wechselwirkungen zwischen der Personalisierung der Medien, des Wählerver-haltens und der Wahlkampfführung. Sie werden als ein Aspekt der Medialisierung der Politik diskutiert (vgl. etwa Sarcinelli 1987b: 166 ff., Kepplinger 1998b: Kap. 7 und 8, Klein und Ohr 2000, Schulz und Zeh 2004).

Kandidaten-Wettstreit

Ein Merkmal des US-amerikanischen Präsidentschaftswahlkampfes ist die Zuspit-zung der Kampagne auf den Kandidaten-Wettstreit, auf das *horse race* (Graber 1983). Soweit diese Tendenz in anderen Ländern zu beobachten ist, wird sie oft als ein Merkmal der Amerikanisierung bezeichnet. Eine wesentliche Rolle spielen da-bei die Ergebnisse von Meinungsumfragen, die teils von den Parteien, teils von den Medien lanciert werden. So präsentierten beispielsweise im Bundestagswahl-kampf 2005 die vier großen Fernsehsender 57-mal in ihren Nachrichtensendungen Umfrageergebnisse zur Wahl (Krüger, Müller-Sachse und Zapf-Schramm 2005).

Umfragen dienen nicht allein dazu, den jeweiligen Stand des Rennens zu er-mitteln; sie haben auch eine instrumentelle Funktion. Den Parteien können sie nüt-

---

230 Vgl. insbesondere Kaase (1994), Vetter und Gabriel (1998), Ohr (2000, 2005b), Pappi und Shikano (2001), Brettschneider (2002b), Schoen (2004, 2005), Gabriel und Neller (2005), Römmele (2005), Ro-sar und Ohr (2005)
231 Vgl. unten Abschnitt 6.3.3

zen, weil sie öffentliche Aufmerksamkeit auf die für sie günstigen Resultate lenken – in der Hoffnung, damit ihre Wahlchancen zu verbessern. Für die Medien sind sie ein Mittel, um den Nachrichtenwert der Wahlberichterstattung zu steigern und damit auch Aufmerksamkeit und Reichweite bei den Lesern bzw. Zuschauern zu erhöhen. Dementsprechend dominiert im Medienbild der Kampagne oft das *game schema* (Patterson 1993: 53 ff.). Die Berichterstattung konzentriert sich auf Strategien und Taktiken der Kandidaten, auf die Frage, wer von den Spitzenkandidaten in der Wählergunst vorn liegt und wer die Wahl gewinnen wird. Der politische Wettbewerb erscheint als ein „politisches Kommunikationsdrama" (Plasser 1989: 217). Das von den Medien hochgespielte Drama beeindruckt die Wähler und schlägt sich in den Meinungsumfragen nieder; diese werden wiederum zum Thema der Berichterstattung in den Medien, so dass es zu einem sich selbst verstärkenden Prozess kommt.

Fernsehdebatten sind gleichsam in Reinform die Stilisierung des Wahlkampfes zum Kandidatenwettstreit. Sie sind zudem als typisches Medienereignis, das in Kollaboration von Kampagnenmanagement und Fernsehen inszeniert wird, ein spektakuläres Beispiel für die Medialisierung des Wahlkampfes. Ins Blickfeld der Wissenschaft rückten sie vor allem durch die Debatten zwischen Nixon und Kennedy im US-Präsidentschaftswahlkampf 1960. Das Format wird aber schon seit den ausgehenden 1950er Jahren in unterschiedlichen Varianten in einer Vielzahl von Ländern praktiziert (vgl. Coleman 2000).

In Deutschland traten zum ersten Mal der damalige Kanzler Gerhard Schröder und sein Herausforderer Edmund Stoiber im Bundestagswahlkampf 2002 in zwei „TV-Duellen" – wie das genannt wurde – gegeneinander an. Die öffentliche Aufmerksamkeit und die Publikumsreichweite dieser Ereignisse waren enorm, auch dank der durch eine umfangreiche Vorberichterstattung vom Fernsehen selbst – wie auch von anderen Medien – gesteigerten Erwartungen. Die Debatten, die zeitgleich von zwei großen Fernsehsendern übertragen wurden, erzielten mit jeweils über 15 Millionen Zuschauern und einem Marktanteil von rund 45 Prozent eine für politische Sendungen äußerst hohe Reichweite (Dehm 2002). Im Wahlkampf 2005 wurde die (einzige) Debatte zwischen Kanzler Schröder und seiner Herausforderin Angela Merkel zeitgleich von vier bundesweit verbreiteten Fernsehsendern übertragen. Sie war mit 21 Millionen Zuschauern und einem Marktanteil von 60 Prozent die meistgesehene Sendung des Jahres (Dehm 2005).[232]

Zum Ritual der Fernsehdebatten gehört es, dass unmittelbar im Anschluss und teils noch während der Sendung die Zuschauer nach ihrem Eindruck von den Protagonisten befragt werden. Wichtigste Frage ist die nach dem Sieger des Duells. Die Ergebnisse der Meinungsumfragen werden im Fernsehstudio von Journalisten und Prominenten diskutiert und an den Folgetagen in einer ausführlichen Nachbe-

---

232 Die Zahlenangaben beziehen sich jeweils auf Zuschauer im Alter ab 3 Jahre.

richterstattung interpretiert. Auf diese Weise werden die Debatten durch mediale Weiterverarbeitung zu einem sich selbst vielfach widerspiegelnden Medienereignis.

Zu Inhalten, Rezeption und Wirkung der Debatten gibt es inzwischen eine recht umfangreiche US-amerikanische Forschung (zusammenfassend dazu McKinney und Carlin 2004). Auch die deutschen Fernsehdebatten im Wahlkampf 2002 waren Anlass für eine Reihe von empirischen Studien. Maurer und Reinemann (2003) analysierten die Inhalte des zweiten der beiden Duelle sowie der anschließenden Fernsehdiskussionen und Medienberichte. Sie untersuchten die unmittelbaren Eindrücke des Duells auf die Zuschauer durch *Realtime-Response*-Messungen und gingen in Vorher-Nachher-Befragungen der Wirkung auf den Wahlausgang nach.[233] Ihren Ergebnissen zufolge beeinflusste das Duell die Vorstellungen der Zuschauer von den Kandidaten sowohl kurzfristig als auch längerfristig und wahrscheinlich auch das Wahlverhalten. Eine vergleichbar angelegte Untersuchung des Kandidatenduells im Wahlkampf 2005 bestätigt diese Befunde (Reinemann und Maurer 2006).

Andere Untersuchungen spezifizieren die Effekte der Debatten im Wahlkampf 2002, u. a. im Hinblick auf Personengruppen mit unterschiedlicher politischer Disposition. Die Debatten wirken vor allem auf die jeweiligen Anhänger der Kandidaten mobilisierend, können in geringerem Maße aber auch Gegner und Unentschiedene beeinflussen. Die Autoren beobachten zudem eine unterschiedliche Persistenz der Debatteneffekte im Zeitverlauf, abhängig von der Teilnahme an massenmedialer und interpersonaler Anschlusskommunikation (Faas und Maier 2004, Maier und Faas 2004, Maier 2004).

Die unter Laborbedingungen ermittelten *Realtime-Response*-Befunde werden durch Ergebnisse auf Basis repräsentativer Umfragen gestützt. Danach haben die TV-Duelle das Ergebnis der Bundestagswahl 2002 beeinflusst, d.h. zum Sieg Gerhard Schröders und zur Niederlage von Edmund Stoiber beigetragen (Hofrichter 2003, Klein 2005).

Der Angriffswahlkampf

Als Angriffswahlkampf wird eine Strategie bezeichnet, die darauf abstellt, die Schwächen der Mitbewerber herauszustellen, ihre Ziele und eventuell auch ihre Person zu diskreditieren oder herabzusetzen. Ein solches *negative campaigning* ist ein beherrschendes Element amerikanischer Wahlkämpfe und wird dabei vor allem in der Wahlwerbung eingesetzt (Kaid 2004b). Die Strategie wird besonders von Kandidaten eingesetzt, denen nach den Wählerumfragen eine Niederlage

---

233 *Realtime-Response*-Messungen dienen dazu, von den Probanden in einer Studiosituation – während sie die Sendung verfolgen – kontinuierlich ein zustimmendes oder ablehnendes Urteil einzuholen, das die Probanden mit Hilfe einer technischen Apparatur (Knöpfe oder Regler) zum Ausdruck bringen.

droht (Sigelman und Buell 2003). In deutschen Wahlkämpfen spielen solche Praktiken eine geringere Rolle, und sie sind, auch weil sie in den Medien eher herunter- als heraufgespielt werden, von geringerer Schärfe als in den USA (Donsbach und Jandura 2005).

„Wenn einem so de

Affären nachlaufen,

wie dem Herrn Strauß,

dat kommt nit von allein"

Konrad Adenauer

SPD

Abbildung 6.2: Wahlplakat der SPD im Wahlkampf 1980[234]

Ein relativ frühes Beispiel ist die Anti-Strauß-Kampagne im Wahlkampf 1980, als die SPD für ein Plakatmotiv ein Zitat des vormaligen CDU-Kanzlers Adenauer verwendete, um damit Franz Joseph Strauß, den Kandidaten der CDU/CSU, anzugreifen (vgl. Abbildung 6.2). Im Wahljahr 1994 versuchten die Unionsparteien mit einer „Linksfront-" und „Rote-Socken-Kampagne" unterschwellig die aus der Zeit des kalten Krieges noch vorhandene Kommunistenfurcht zu schüren (Jarren und Bode 1996). Die SPD verbreitete 1998 T-Shirts mit der Abbildung eines Sauriers und der Textzeile „Kohl muss weg!" (Holtz-Bacha 1999). Die Unionskampagne griff im Wahlkampf 2002 mit dem Slogan „Versprochen – gebrochen" den SPD-Kandidaten Schröder an, der im Wahlkampf 1998 die Reduzierung der Ar-

---

234 Quelle: www.bpb.de/methodik/9MGFFD,0,0,Wahlplakate_im_Spiegel_der_Zeit.html (1. 8. 2007)

beitslosenzahl auf 3,5 Millionen versprochen hatte, während die SPD den Unions-
kandidaten Stoiber als rückständigen Hardliner porträtierte (Holtz-Bacha 2003). Im
Wahlkampf 2005 nutzte die SPD-Kampagne die Berufung von Paul Kirchhof in das
„Kompetenzteam" von Angela Merkel zur Entwicklung eines sozialpolitischen
Angriffsthemas. Kirchhof, den die Union zur Demonstration ihrer wirtschaftspo-
litischen Kompetenz präsentieren wollte, deutete die SPD erfolgreich um zum
„Symbol für nicht kalkulierbare Radikalreformen und für soziale Kälte"
(Brettschneider 2005a: 26).

Ereignis- und Themenmanagement

Ein aktives Kommunikationsmanagement gilt als zentrales Element einer amerika-
nisierten Kampagne. Herausragende Bedeutung haben dabei die Parteitage im
Wahljahr, die nach dem Muster der US-amerikanischen *party conventions* mit aller-
hand Show-Effekten als Medienereignisse inszeniert werden.[235] Sie dienen u. a.
dazu, den jeweiligen Spitzenkandidaten zu küren, Parteimitglieder und Wahlhelfer zu mobilisieren und eine intensivere Wahlkampfphase einzuleiten.

Ereignis- und Themenmanagement sollen öffentliche Aufmerksamkeit auf die
Partei und ihre Kandidaten lenken, die politische Themenagenda besetzen und das
Meinungsklima beeinflussen. Es geht darum, die Werbekampagne durch eine *politische Kampagne* zu ergänzen und dafür geschickt inszenierte Ereignisse und medienwirksam gestaltetes politisches Handeln einzusetzen (Radunski 1980).[236]
Politikerauftritte in Fernsehdebatten, in Diskussionsrunden, Talkshows und Unterhaltungssendungen des Fernsehens sind Teil der politischen Kampagne. Vor allem
aber sollen die Wahlkampfthemen und die Kandidaten der Partei möglichst viel
positive Nachrichtenresonanz erzielen. Um diese Ziele zu erreichen, ist es wichtig,
die Massenmedien zu instrumentalisieren. Dafür ist das Fernsehen das wichtigste
Medium, da seine Berichterstattung eine sehr hohe Reichweite hat und als besonders authentisch und glaubwürdig gilt. Dass mit politischen Inszenierungen tatsächlich eine günstige Fernsehberichterstattung erreicht werden kann, ist empirisch belegt (Kepplinger und Maurer 1999).

Ein Vorteil der politischen Kampagne besteht darin, dass die Wähler den politischen Einfluss und die Wahlrelevanz nicht als solche erkennen (Radunski 1980:
44). Es wird daher *Reaktanz* beim Wähler vermieden, d.h. Abwehrreaktionen, die
die Wirkung politischer Werbung begrenzen. Wahlwerbung hat zudem den Nachteil, dass sie am ehesten die schon Überzeugten erreicht. Die für die Wahl wichtigere Zielgruppe der Unentschiedenen und Wechselwähler entzieht sich oft der
Werbung. Beim Einfluss redaktioneller Inhalte ist diese Selektivität weit geringer.

Die Clinton-Kampagne 1992 mit ihrem *war room* gilt auch als Modell für effektives Themenmanagement (Radunski 1996: 47). Die Mittel, um Medienresonanz zu

---

235 Vgl. dazu oben Abschnitt 4.3.3, Textbox 4.4
236 Vgl. oben Textbox 6.1

erzielen, orientieren sich an den Lehren und an der Praxis moderner Public Relations. Es ist daher nur konsequent, wenn dafür professionelles Know-how von PR-
Agenturen und Medienberatern herangezogen wird. Sie sollen dafür sorgen, dass
die Partei und vor allem ihr Spitzenkandidat möglichst breite und positive Medienresonanz erzielen. Es geht darum, den Themen einen günstigen „Dreh" – Eng-
lisch: *spin* – zu geben. Die Spezialisten für diese Aufgabe werden auch *Spin Doctors*
genannt. Esser und Reinemann definieren sie als Kampagnenmitarbeiter, „die im
direkten Kontakt mit Journalisten versuchen, die Wahlkampfberichterstattung
durch die Journalisten der Nachrichtenmedien zu beeinflussen" (Esser und
Reinemann 1999: 44, Esser, Reinemann und Fan 2000).

Eine Partei, die in der Regierungsverantwortung steht, hat von vornherein
Vorteile im Ereignis- und Themenmanagement, da sie das politische Tagesgeschäft
bestimmt. Sie kann Ereignisse schaffen und günstig terminieren. Darüber hinaus
konzentrieren die Medien ihre Aufmerksamkeit von sich aus auf die politische
Exekutive, denn hoher Status und Macht sind wirksame Nachrichtenfaktoren.[237]
So hat Bundeskanzler Kohl beispielsweise im Wahlkampf 1990 eine Reihe von bedeutenden ausländischen Politikern zu Besuchen eingeladen – neben Bush und
Gorbatschow nacheinander auch die Ministerpräsidenten Polens, Rumäniens und
der tschechischen Republik. Die medienwirksam inszenierten Staatsbesuche sorgten für starke Medienbeachtung und ermöglichten es Kohl, sich als renommierten
Staatsmann mit hoher außenpolitischer Kompetenz darzustellen. Als Beispiel eines
gelungenen Themenmanagements gilt auch die vom damaligen Kanzler Schröder
im Wahlkampf 2002 angestoßene Debatte über einen (zu dem Zeitpunkt noch
hypothetischen) Angriff der USA auf den Irak.

Während dem Wahlkampfmanagement der regierenden Partei der Amtsbonus
zugute kommt, muss die Kampagne des Herausforderers weit größere Anstrengungen unternehmen, um Medienresonanz zu erzielen. Als probates Mittel dafür
gelten Besuche bei ausländischen Staatsmännern, allen voran beim US-amerikanischen Präsidenten. Solche Besuche haben nicht nur relativ hohen Nachrichtenwert,
sie sollen auch dazu dienen, das provinzielle Image, mit dem Herausforderer oft
behaftet sind, zu korrigieren. Zu diesem Mittel griffen beispielsweise der SPD-
Kandidat Scharping im Wahljahr 1994 sowie die Unionskandidaten Stoiber und
Merkel in den Wahljahren 2002 bzw. 2005.

Eine subtile Form der Inszenierung besteht darin, den Wahlkampf selbst bzw.
einzelne Wahlkampfpraktiken zum Gegenstand einer Art *Meta-Kommunikation* zu
machen. Dazu eignen sich zum Beispiel ausgefallene Plakatmotive, die für starke
Medienaufmerksamkeit sorgen und durch die Berichterstattung eine breite Publi-
kumswirkung erzielen, auch wenn sie gar nicht geklebt, sondern nur als Muster
der Presse vorgeführt werden (vgl. Holtz-Bacha 1999). Dieser Effekt wurde zum
Beispiel von der CDU erfolgreich bei der Bundestagswahl 1994 mit dem Plakatmo-

---

237 Vgl. oben Abschnitt 4.3.1

tiv „Politik ohne Bart" eingesetzt, das auf den bärtigen SPD-Kandidaten Scharping anspielte (Mannstein 2000). Im Wahlkampf 1998 wurden die Methoden und Tricks des Kampagnenmanagements zu einem Medienthema und als – kritisch gemeinte – „Show" oder „Amerikanisierung" qualifiziert (Müller, A. 1999: 57 f.). Man kann dies als eine Gegenstrategie der Journalisten ansehen, die sich gegen die Bestrebungen der Politik richtet, die Medien zu instrumentalisieren (Esser 2003b).

6.3 Das Medienbild der Kampagne

Das Medienbild des Wahlkampfes ist ein bevorzugtes Objekt der politischen Kommunikationsforschung, und das aus mehreren Gründen. Analysen der Wahlkampfberichterstattung sind eine Art Lackmus-Test der Kampagne. Das Medienbild erfüllt eine Indikatorfunktion, es sagt etwas aus

■ über den Kampagnendiskurs, über das Wahlkampfgeschehen und über Ereignisse mit Nachrichtenwert, die den politischen Kontext der Kampagne prägen;

■ über Maßnahmen und Erfolge der „politischen Kampagne", d.h. der strategischen Bemühungen des Kampagnenmanagements, Themen zu besetzen und Kandidatenpräsenz zu schaffen;

■ über die Selektion und Bewertung des Wahlkampfgeschehens durch die publizistischen Medien und damit auch indirekt etwas über deren politische Interessen und Positionen;

■ über die Informationen, die den Wählern als eine Ressource für ihre Meinungsbildung zur Verfügung stehen;

■ über mögliche Wirkungen der Massenmedien auf das Ergebnis der Wahl.

Die Massenmedien dienen als *Forum* für die Auseinandersetzung unter den Kontrahenten, für den öffentlichen Kampf der Parteien und ihrer Kandidaten um die Aufmerksamkeit und Überzeugung der Wähler. Damit sind die Medien für die Parteien und Kandidaten zugleich die wichtigste *Plattform*, um sich und ihre Ziele den Wählern zu präsentieren. Die Kampagnenführung nutzt die Medien als *Resonanzboden* für die „politische Kampagne", d.h. für das Ereignis- und Themenmanagement, wie im vorhergehenden Abschnitt beschrieben.

Den Wählern bieten die Medien ein *Fenster zur Welt*, durch das sie das Wahlkampfgeschehen beobachten können. Daher ist das Medienbild des Wahlkampfes auch *Indikator* dafür, welches Bild die Wähler vom Wahlkampf gewinnen, welche Informationen über Programme und Kandidaten, Themen und Personen ihnen zur Verfügung stehen und welchen Einflüssen sie ausgesetzt sind. Die Analyse des Medienbildes liefert damit indirekt auch Anhaltspunkte über Wirkungen der Medien. Schließlich fungieren die Medien auch als *Werbeträger* zur Distribution von Wahlwerbung der Parteien und Kandidaten.

Die verschiedenen Funktionen der Massenmedien begründen nicht nur deren große und vielfältige Bedeutung im Wahlkampf. Sie verweisen auch auf mögliche und tatsächliche Konflikte zwischen politischen Akteuren und Medienakteuren. So sehen die politischen Akteure die Medien in erster Linie als Vermittler, mit deren Hilfe sie sich in der Öffentlichkeit darstellen können. Sie können sich mit Konkurrenten über die Medien auseinandersetzen, über die redaktionellen Inhalte und die Wahlwerbung die Wähler ansprechen und überzeugen. Doch die Medien verstehen sich nicht nur als neutrale Vermittler des Wahlkampfes, sondern auch als aktive Teilnehmer am Prozess der politischen Willensbildung. Dies ergibt sich aus ihrer öffentlichen Aufgabe, die ihnen nicht nur eine Informationsfunktion zuweist, sondern auch die Mitwirkung an der Meinungsbildung, u. a. durch die Artikulation von Zustimmung und Kritik. Die Medien sind also auch Akteure mit eigenen Interessen im Wahlkampf. So ist es durchaus legitim, dass sie – im wörtlichen Sinne – Partei ergreifen. Freilich müssen sie sich dabei an das Gebot der Trennung von Nachricht und Kommentar halten.

Wie die Medien die Informationsfunktion im Wahlkampf wahrnehmen, auf welche Weise sie auf die Meinungsbildung der Wähler einwirken, auch ob sie das Trennungsgebot beachten – diese und andere Fragen lassen sich anhand des Medienbildes der Kampagne beantworten. Dabei konzentrieren sich die Analysen meist auf den Umfang und Tenor der Kampagnenbeachtung, auf die Themensetzung in den Medien, auf Stilmerkmale der Darstellung, auf die Präsenz und Charakterisierung der verschiedenen Akteure, insbesondere der Spitzenkandidaten.

6.3.1 Die Konkurrenz um Medienbeachtung

Medienbeachtung ist die wichtigste Voraussetzung dafür, dass die Parteien mit ihren Themen und Kandidaten die Wähler erreichen und deren Meinungs- und Willensbildung beeinflussen können. Zwar ist Medienaufmerksamkeit allein kein Erfolgsgarant; es kommt auch auf den Tenor der Medieninhalte an. Medienaufmerksamkeit ist jedoch die wichtigste Voraussetzung dafür, dass die Parteien und ihre Kandidaten in das Bewusstsein der Wähler dringen, denn die Medien, insbesondere das Fernsehen, sind die wichtigste und oft auch die einzige Informationsquelle zur Meinungsbildung der Wähler.

Um sich im Wettbewerb mit ihren Konkurrenten durchzusetzen, streben die Parteien und Kandidaten eine möglichst hohe Medienpräsenz an. Allein schon um die relativ hohe Aufmerksamkeitsschwelle beim Publikum zu überwinden, ist ein bestimmtes Maß der Medienbeachtung notwendig (Neuman, Just und Crigler 1992: 86 ff., Kepplinger, Brosius und Dahlem 1994b: 91 ff.). Das gilt besonders für Themen mit geringer persönlicher Betroffenheit der Bevölkerung, wie das bei vielen politischen Themen der Fall ist. Allgemein ist Politik im Vergleich zu anderen Lebensbereichen der Bürger ein eher nachrangiges Thema (van Deth 2000). Auch das Interesse am Ereignis der Wahl und an den Wahlkampfthemen hält sich in Grenzen (Buß et al. 1984). Daher ist ein wichtiges Primärziel des Wahlkampfes, die Wähler aufmerksam zu machen und zu mobilisieren, und dabei spielt die Medienbeachtung der Kampagne eine wichtige Rolle. Das gilt – mehr noch als für Bundestagswahlen – für zweitrangige Wahlen wie Landtags-, Kommunal- und Europawahlen.[238]

Beachtung der Kampagne

Die Medienbeachtung der Kampagne ist von Wahl zu Wahl unterschiedlich. Eine Langzeitanalyse der Presseberichterstattung über die deutschen Bundestagswahlen seit 1949 zeigt eine variierende Kampagnenbeachtung, die einer Wellenbewegung gleicht (Wilke und Reinemann 2000: 37 ff., 2006). Es gab einen Anstieg bis in die Mitte der 1970er Jahre, einen Rückgang bis 1987 und seitdem einen starken Anstieg mit Höchstwerten bei den Wahlen 2002 und 2005.[239] Diese Variationen gehen auf medieninterne und medienexterne Faktoren zurück, vor allem auf einen generellen Anstieg der politischen Berichterstattung in den untersuchten Zeitungen und auf den unterschiedlichen Spannungsgehalt der Wahlen, der ihnen mehr oder weniger Nachrichtenwert verleiht (Wilke und Reinemann 2000: 50).

So kontinuierlich angelegte Untersuchungen wie für die meinungsbildenden Zeitungen gibt es für andere Mediensegmente nicht. Erst seit der Bundestagswahl 1990 lässt sich für das Fernsehen die Entwicklung der Wahlberichterstattung in den reichweitenstarken und bundesweit verbreiteten Programmen nachvollziehen. Sie zeigt wie bei den Qualitätszeitungen einen Anstieg der Kampagnenbeachtung und der Präsenz der jeweiligen Kanzlerkandidaten, wenn man die Beachtungswerte in Relation zum Gesamtumfang der Hauptabendnachrichten setzt (Schulz und Zeh 2005, 2006). Einen Bezugspunkt für eine weiter zurückreichende Langzeitbetrachtung liefert eine Analyse zur Bundestagswahl 1980, die einen Anteil der Beiträge mit Wahlbezug an den Fernsehnachrichten von 10 Prozent ausweist (berechnet auf Basis der Sendedauer, vgl. Buß et al. 1984). Der entsprechende Anteil betrug bei der Bundestagswahl 1998 schon über 16 Prozent und war bei der Wahl 2005 auf 19 Prozent gestiegen (Krüger und Zapf-Schramm 1999, vgl. auch Dahlem 2001: 273).

Die vorliegenden Daten deuten also insgesamt auf eine – vor allem in jüngster Zeit – zunehmende Nachrichtenbeachtung der deutschen Bundestagswahl hin. Das gilt sowohl für den relativen wie auch für den absoluten Umfang der Beach-

---

238 Den Zusammenhang zwischen Kommunikationsaktivitäten der Wähler im Wahlkampf und ihrer Beteiligung an der Wahl – als wichtigstes Ergebnis der Mobilisierung – verdeutlicht oben Abbildung 5.6 in Abschnitt 5.6.3.

239 Die Analyse erfasste vier Qualitätszeitungen, deren Auflage zum großen Teil auch überregional verbreitet ist (Frankfurter Allgemeine Zeitung, Frankfurter Rundschau, Süddeutsche Zeitung und Die Welt). Sie zeigt daher nur einen kleinen – wenn auch politisch besonders relevanten – Ausschnitt aus dem Pressebild der Wahlkämpfe.

tung, wobei letzterer auch durch die Medienexpansion und die generelle Ausweitung der Politikberichterstattung gewonnen hat.

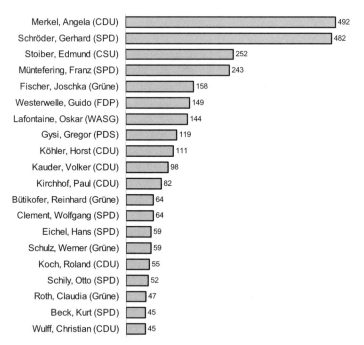

Abbildung 6.3: „Top 20" der Politikerauftritte in der TV-Wahlberichterstattung 2005[240]

Amtsbonus und Chancengleichheit

Mehr als für die Beachtung der Kampagne insgesamt interessiert sich die politische Öffentlichkeit dafür, wie die Medien ihre Aufmerksamkeit auf die einzelnen Parteien verteilen, und dabei insbesondere auf die Kandidaten für höchste Regierungsämter. Diese Frage ist im Hinblick auf das demokratische Prinzip der Chancengleichheit von Bedeutung. Besonders genau wird dabei das Fernsehen beob-

---

240 Häufigkeit der Politiker-Präsentationen in der Wahlberichterstattung von ARD, ZDF, RTL und SAT.1 (Häufigkeit der Präsentationen, Quelle: Krüger, Müller-Sachse und Zapf-Schramm 2005: 608)

achtet, das auch unter den Bedingungen großer Medienvielfalt noch immer als wichtigstes Kampagnenmedium gilt.[241]

Die Medienpräsenz der einzelnen Politiker und Parteien ist sehr unterschiedlich, wie Abbildung 6.3 am Beispiel der „Top 20" in politischen Fernsehsendungen vor der Bundestagswahl 2005 illustriert. Sie hängt erstens von der politischen Bedeutung der Parteien ab, wie sie sich im Wahlergebnis ausdrückt, und zweitens von der politischen Position und Prominenz der Politiker. Am meisten beachtet werden die führenden Politiker der stärksten Parteien, allen voran die Kanzlerkandidaten.

Analysen der Fernsehkampagnen der 1990er Jahre diagnostizieren darüber hinaus einen Beachtungsvorsprung des Amtsinhabers gegenüber seinem Herausforderer (Semetko 1996, Schönbach, de Ridder und Lauf 2001, vgl. auch Zeh 2005: 34). Einige Autoren interpretieren den Sichtbarkeitsbonus des Bundeskanzlers als Strukturmerkmal des deutschen Fernsehjournalismus, der sich „gnadenlos professionell" am Nachrichtenwert der Politikerauftritte orientiert (Schönbach und Semetko 2000). Im Unterschied dazu achten Journalisten in den angelsächsischen Ländern mehr auf Chancengleichheit („equal access"), d.h. auf eine ausgewogene Präsenz der Kontrahenten. Allerdings zeigen Analysen der letzten Wahlen nur noch einen gering ausgeprägten Amtsbonus des deutschen Bundeskanzlers, der bei eingegrenzter Betrachtung – z.B. auf O-Ton-Auftritte der Kandidaten – sogar ganz verschwindet. Die Herausforderin Merkel hatte im Wahlkampf 2005 sogar mehr Fernsehpräsenz als der Amtsinhaber Schröder (vgl. Krüger, Müller-Sachse und Zapf-Schramm 2005: 608 f., erkennbar auch an Abbildung 6.3)

Grundsätzlich wird vom deutschen Fernsehen eine politisch ausgewogene Berichterstattung erwartet; die öffentlich-rechtlichen Programme sind dazu sogar rechtlich verpflichtet. Das wird im Allgemeinen als ausgewogene Beachtung der politischen Lager interpretiert oder genauer, wie es das Bundesverfassungsgericht formuliert, als „gleichgewichtige Vielfalt". Die Ausgewogenheit der Parteienpräsenz im Fernsehen wurde in den 1970er Jahren zu einem heftig diskutierten Thema, angestoßen durch Untersuchungen von Noelle-Neumann (Noelle-Neumann 1974b, 1977a). Die Autorin interpretierte ihre Befunde als Benachteiligung der damaligen CDU/CSU-Opposition und ihres Kanzlerkandidaten Helmut Kohl, die sich daraufhin durch das Fernsehen um ihren Sieg gebracht sahen. Seitdem kontrollieren die Parteien sehr genau ihre Fernsehpräsenz, und die öffentlich-rechtlichen Fernsehanstalten dokumentieren mit Programmanalysen, dass sie ein ausgewogenes Bild der großen Parteien und ihrer Kanzlerkandidaten vermitteln (vgl. Krüger und Zapf-Schramm 1999, 2002, Krüger, Müller-Sachse und Zapf-Schramm 2005).

Aber schon im Anschluss an die große Kontroverse in den 1970er Jahren beobachtete Kepplinger trotz ausgewogener Präsenz eine unterschiedliche visuelle Dar-

---

241 Vgl. dazu oben Abschnitt 6.2.1

stellung der Kanzlerkandidaten (Kepplinger 1979, 1980). Die Untersuchung machte deutlich, dass es für das Medienbild der Kampagne nicht allein ausschlaggebend
ist, ob die Parteien und Kandidaten präsent sind, sondern auch, wie sie dargestellt
werden.

6.3.2 Wer bestimmt die Themenagenda?

Medienpräsenz ist für die Parteien und ihre Kandidaten Mittel zum Zweck. Es
geht darum, über die Medien politische Inhalte zu kommunizieren, Wähler anzusprechen und zu überzeugen. Die politischen Inhalte werden in der Forschung
unterschiedlich benannt, z.b. als Sachfragen, Themen, Probleme, in der englisch-
sprachigen Literatur meist als *issues* (vgl. Dahlem 2001: 119 ff.). Der Ausdruck *issue*,
für den es im Deutschen keine direkte Entsprechung gibt, bezeichnet ein *umstrit-
tenes* Thema. Der englische Ausdruck ist treffender als die entsprechenden deutschen Termini, denn die im Wahlkampf diskutierten Themen und Probleme sind
oft in hohem Maße umstritten. Die einzelnen Parteien propagieren unterschiedliche, teils gegensätzliche Sichtweisen bzw. Problemlösungen. Ihr Erfolg bei der
Wahl hängt wesentlich davon ab, dass sie sich mit ihrer jeweiligen Sichtweise in
der öffentlichen Diskussion durchsetzen und mit den von ihnen propagierten
Problemlösungen die Wähler überzeugen.

Für die Kommunikationsforschung ergeben sich daraus Fragen wie: Welche
Themenagenda vermittelt das Medienbild der Kampagne? Welche Themen können
die einzelnen Parteien und Kandidaten in den Medien „besetzen"? Gelingt es ihnen, vor allem die Themen, für die sie Kompetenz beanspruchen, in die Medien zu
bringen?

Das Medienbild der Wahlkampfagenda

Der Erfolg im Kampf um die Themen- und Problemlösungskompetenz beruht zunächst einmal darauf, welche Themen auf die politische Agenda kommen und welchen Rangplatz sie auf der Agenda einnehmen.

Aus der Forschung zum Agenda-Building und Agenda-Setting ist bekannt,
dass die Massenmedien entscheidend an der Definition der politischen Agenda
mitwirken.[242] Selbst Probleme, die sich scheinbar von selbst aufdrängen, weil viele
Bürger davon persönlich betroffen sind, wie z.B. Arbeitslosigkeit oder Inflation,
werden erst dann zu einem *politischen* Thema, wenn sie von den Medien beachtet
und in den Medien diskutiert werden. Daher sind die Parteien im Bemühen, ihre
Problemlösungskompetenz zu demonstrieren, auch abhängig davon, dass sie mit

---

242 Vgl. dazu oben Abschnitt 4.4.3

ihren Themen in den Massenmedien durchdringen, und zwar möglichst oft und an möglichst prominenter Stelle.

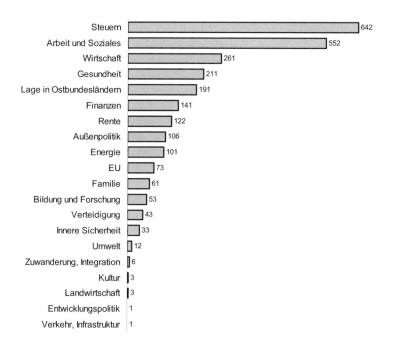

Abbildung 6.4: Wahlkampfagenda 2005 in der Berichterstattung des Fernsehens[243]

Abbildung 6.4 zeigt als ein Beispiel die Sachthemen-Agenda, wie sie von den großen Fernsehsendern im Bundestagswahlkampf 2005 vermittelt wurde. An der Spitze standen mit Abstand die Themen Steuern sowie Arbeit und Soziales; als nachrangig galten offenbar Themen wie Verkehr, Infrastruktur und Entwicklungspolitik. Diese Rangordnung sagt nicht unbedingt etwas über die „objektive" Dringlichkeit der Themen und Probleme aus. Es ist aber auch nicht sicher, ob sie ein zutreffendes Aggregat der Themenrangordnungen der am Wahlkampfdiskurs teil-

---

243 Rangordnung der Sachthemen in der Wahlberichterstattung von ARD, ZDF, RTL und SAT.1 (Häufigkeit der Themenitems, Quelle: Krüger, Müller-Sachse und Zapf-Schramm 2005: 605). Ausgeschlossen sind hier „solche Themen, die den Wahlkampf selbst als Ereignis, sein Zustandekommen, die parteiinternen Aktivitäten und Personaldiskussionen sowie das Wahlergebnis betreffen" (S. 603).

nehmenden Akteure darstellt. Denn die Massenmedien – auch das Fernsehen – verarbeiten den Wahlkampfdiskurs nach ihren eigenen Aufmerksamkeitsregeln, vor allem unter Aspekten des Nachrichtenwerts. Überdies wirken die Medien als Akteure mit eigenen politischen Interessen an der Definition der Agenda mit. Die Medienagenda der Kampagne ist daher eine durch die mediale Optik gebrochene Agenda. Vor diesem Hintergrund stellt sich die Frage, wie weit der Einfluss der Parteien auf die Wahlkampfagenda reicht (Asp 1983a, b, Norris et al. 1999: 79). Da die Initiative im Wahlkampf von den Parteien ausgeht und da diese mit zunehmendem Erfolg ihre Kampagnen professionalisieren, könnte man vermuten, dass sie im Kampf um die Definitionsmacht dominieren. Auf der anderen Seite wäre aber auch die Annahme einer Mediendominanz plausibel – als Folge des Bedeutungszuwachses der Massenmedien im Wahlkampf und der allgemeinen Medialisierung der Politik.

Die Definitionsmacht von Parteien und Medien

Eine erste empirische Antwort auf die Frage nach der Definitionsmacht von Parteien und Medien gab eine Untersuchung von Asp (1983a) zur schwedischen Parlamentswahl 1979. Der Autor verglich die Themenagenden in der Berichterstattung von Fernsehen und Zeitungen mit den Themenprioritäten der Parteien, wie sie aus Wahlkampfreden der Parteiführer zu erschließen waren. Bei einer globalen Betrachtung zeigte sich zwar eine hohe Übereinstimmung zwischen den von den Parteien insgesamt propagierten Themen und der aggregierten Medienagenda. Und auch der Vergleich einzelner Medien und Parteien ergab, wie bei der ausgeprägten Parteiorientierung der schwedischen Zeitungen zu erwarten, eine relativ hohe Übereinstimmung der Parteiagenden mit den jeweils korrespondierenden Parteizeitungen. Aber die Ähnlichkeit der Medienagenden verschiedener Zeitungen untereinander war demgegenüber noch größer. Außerdem korrespondierten die Medienagenden mehr als die Parteiagenden mit den Themenprioritäten der Wähler. Die Ergebnisse sprechen insgesamt für eine stärkere Definitionsmacht der Medien als der Parteien.

Der Frage nach der diskretionären Definitionsmacht (*discretionary power*) von Parteien und Medien ging auch eine vergleichende Untersuchung der britischen Parlamentswahl 1983 und der amerikanischen Präsidentschaftswahl 1984 nach (Semetko et al. 1991). Die Autoren verglichen die Themenagenden der Wahlkampfreden und Presseverlautbarungen der Politiker einerseits und der Berichterstattung von Presse und Fernsehen andererseits. In Großbritannien zeigte sich eine deutlich höhere Übereinstimmung der Agenden als in den USA. Die Autoren interpretieren dies als Zeichen einer größeren diskretionären Definitionsmacht der Parteien in Großbritannien und als einen stärkeren Einfluss der Medien in den USA und verweisen auf Unterschiede der politischen Systeme und der Mediensysteme.

Eine Untersuchung zur britischen Parlamentswahl 1997 deutet allerdings darauf hin, dass die Parteien in Großbritannien inzwischen viel von ihrer Definitionsmacht eingebüßt haben. Die Medien setzten im Wahlkampf 1997 ganz andere Themenprioritäten als die Parteien. Der Hauptunterschied bestand darin, dass die Parteien über Sachfragen redeten, während die Medien ihre Berichterstattung auf die *Kampagne als Thema* konzentrierten, d.h. auf Strategiefragen, den Kandidatenwettstreit und innerparteiliche Probleme (Norris et al. 1999: 79 ff.). Die relativ größte Korrespondenz der Agenden zeigte sich zwischen Parteien und den ihnen jeweils politisch-ideologisch nahestehenden Zeitungen (so auch bei Asp 1983a, Voltmer 1997).

Aus einer Studie zur deutschen Bundestagswahl 1987 von Mathes und Rudolph (1991) geht hervor, dass die einzelnen Parteien ganz unterschiedlich erfolgreich waren, ihre Agenda in den Medien durchzusetzen. Am wenigsten erfolgreich waren die Grünen. Ähnliche Befunde liefern Untersuchungen zur Europawahl 1989 von Reiser (1994) und zur Bundestagswahl 2002 von Eilders und Co-Autoren (Eilders et al. 2003). Die spezifischen Schwierigkeiten der Grünen, ihre Agenda in die Medien zu bringen, steht auch im Mittelpunkt einer Langzeitstudie von Knoche und Lindgens (1990, Knoche 2000).

Die erwähnte von Eilders geleitete Untersuchung weist wie zuvor schon die britische Studie von Norris et al. (1999: 79 ff.) auf einen systematischen Unterschied zwischen der Selbstdarstellung der Parteien und ihren Themenprofilen in den Medien hin. Während die Parteien besonderen Wert auf Sachfragen legen, akzentuieren die Medien vor allem *Politics*-Themen. Die Themenkategorie *Politics* erfasst u. a. Berichte über Wahlkampfereignisse und Wahlprognosen, den Kandidatenwettstreit (*horse race*) und die Wahlkampfführung der Parteien, über innerparteiliche Konflikte und Affären, mögliche Koalitionen und Personalentscheidungen. Das Fazit der Untersuchung, die sich auf den Vergleich von Pressemitteilungen der Parteien und Inhaltsanalysen von Zeitungen und der Nachrichtenagentur *dpa* stützt, lautet: Keine der Parteien fand sich auf der Medienagenda mit den Schwerpunkten wieder, die sie in ihrer Pressearbeit gesetzt hatten (Eilders et al. 2003: 97).

In ähnlicher Weise ziehen Donsbach und Jandura (1999, 2005) aus ihren Untersuchungen zu den Bundestagswahlen 1998 und 2002 den Schluss, dass die deutschen Parteien allenfalls einen begrenzten Einfluss auf die Wahlkampfagenda in den Medien haben. Die Autoren verglichen ebenfalls Themenprioritäten, die aus den Pressemitteilungen der einzelnen Parteien hervorgingen, mit den Themenrangordnungen in der Wahlberichterstattung von Tageszeitungen und Fernsehnachrichten. Sie bestätigen erneut den Befund, dass die kleinen Parteien mit ihrer Thematisierung noch weniger erfolgreich sind als die großen Parteien. Allerdings haben die Regierungsparteien nicht notwendigerweise mehr Einfluss als die Opposition.

Tabelle 6.3: Themen der Fernsehnachrichten über den Wahlkampf 2005

	Nur **ein** Haupt- thema pro Beitrag codiert %	**Zwei** Haupt- themen pro Beitrag codiert %
Sachthemen insgesamt	**39,5**	**61,5**
Politics **als Thema insgesamt** *davon:*	**60,5**	**38,5**
Wahl/Wahlkampf als Thema allgemein	*15,8*	*9,6*
Umfrageergebnisse, Wahlprognosen	*5,9*	*4,6*
Wahlbeteiligung, Politikverdrossenheit	*0*	*0,3*
Rolle der Medien im Wahlkampf	*0,7*	*0,3*
Fernsehdebatten	*10,5*	*6,3*
Wahlkampfstil	*3,3*	*3,0*
Kampagne der Union	*7,2*	*3,6*
Kampagne der SPD	*2,6*	*1,3*
Kampagne der FDP	*1,3*	*0,7*
Kampagne der Linken/PDS	*0,7*	*0,3*
Wahlwerbung	*0*	*0,3*
mögliche Koalitionen nach der Wahl	*3,9*	*3,3*
Stoibers Ossi-Schelte	*0,7*	*0,3*
Parteienkonflikte	*1,3*	*1,0*
rechtliche Aspekte der Neuwahlen	*5,9*	*3,3*
Kosten des Wahlkampfes	*0,7*	*0,3*
	100	**100**
N	**(152)**	**(152)**

Eigene Analyse der Berichterstattung während der letzten vier Wochen vor dem Wahltag 2005 in den Hauptabendnachrichten von ARD, ZDF, RTL, SAT1 (Schulz und Zeh 2006)

Als ein vorläufiges Fazit zeichnet sich aus der empirischen Forschung ein relativ starker offenbar auch zunehmender Einfluss der Medien auf die Wahlkampfagenda ab. Die diskretionäre Macht der Parteien scheint zu schwinden. Allerdings kann man auf die *allgemeine* Frage nach dem Einfluss von Parteien und Medien auf die Wahlkampfagenda keine *allgemeine* Antwort geben. Die Definitionsmacht von Parteien und Medien hängt auch von verschiedenen Randbedingungen ab, u. a. von der Stärke der einzelnen Parteien, ihrer Kampagnenstrategie und ihren Aktivitäten im Wahlkampf; ferner von der allgemeinen politischen Ereignislage, von der Organisation der Medien und ihrer politischen Grundrichtung; von der politischen Kultur eines Landes und dem Selbstverständnis der Journalisten hinsichtlich ihrer Rolle im Wahlkampf (vgl. auch Semetko et al. 1991: 178 f.).

Der Wahlkampf als Thema

Empirische Ergebnisse zur Definitionsmacht von Parteien und Medien hängen auch davon ab, wie das Repertoire der Wahlkampfthemen eingegrenzt wird. Wenn Untersuchungen den Blick nur auf Sachfragen richten, erhalten sie ein sehr reduziertes Bild von den Themen des Wahlkampfes. Denn ein wesentlicher Teil der politischen Diskussion und Berichterstattung beschäftigt sich mit dem Wahlkampf als Thema. Im Vorfeld der Bundestagswahl 2005 lag der entsprechende Anteil in der Berichterstattung der Qualitätszeitungen bei durchschnittlich 58 Prozent (Wilke und Reinemann 2006), in den Informationssendungen des Fernsehens sogar über 60 Prozent (Krüger, Müller-Sachse und Zapf-Schramm 2005, ähnlich hohe Werte für britische Wahlen schon in den 1990er Jahren belegen Norris et al. 1999). Einen Eindruck von der relativen Bedeutung einzelner Aspekte des *Politics*- bzw. Wahlkampfthemas in den Fernsehnachrichten vermittelt Tabelle 6.3.

Eine Quantifizierung und Abgrenzung der Sachthemen vom Thema Wahlkampf ist allerdings nur näherungsweise möglich. Die hier und in anderen Studien ausgewiesenen Ergebnisse stammen aus Analysen von semantisch relativ komplexen Zeitungsartikeln bzw. Fernsehbeiträgen, in denen oft mehrere Themen im Vordergrund stehen. Die Ergebnisse sind dabei abhängig von der kategorialen Aufgliederung der Themendimension Wahlkampf und von der Definition der Analyseeinheit. Entscheidend ist ferner, ob pro Analyseeinheit nur *ein* Hauptthema oder weitere Themen codiert bzw. ausgewertet werden.

Tabelle 6.3 weist zur Illustration der Folgen unterschiedlicher Codierstrategien zwei verschiedene Ergebnisse aus, zum einen auf Basis nur eines Hauptthemas pro Fernsehbeitrag, zum anderen bei Berücksichtigung eines zweiten dominierenden Themas.[244] Die – je nach Codierstrategie – unterschiedlichen Anteile von Beiträgen mit Sachthemen bzw. Wahlkampfthemen sind Indiz dafür, dass viele Fernsehbei-

---

244 Die Codierer waren angewiesen, ein zweites Thema zu erfassen, wenn es in ähnlich großem Umfang wie das Hauptthema im Beitrag vorkommt.

träge mit dem Themenschwerpunkt Wahlkampf durchaus auch einen Sachthemenbezug haben (vgl. die ersten beiden Zeilen der Tabelle).[245]

Langzeitstudien lassen eine zunehmende Medienbeachtung des Wahlkampfes als Thema erkennen. Dies gilt als ein Merkmal des Wandels der Kampagnenberichterstattung und wird schon länger als „Entpolitisierung" kritisiert. Während sich das kritische Argument in der Vergangenheit vor allem auf US-amerikanische Verhältnisse bezog, wird es seit den 1990er Jahren auch als Teil einer vermeintlichen Amerikanisierung deutscher Kampagnen diskutiert.[246] Die Parteien gaben dieser Diskussion zusätzliche Nahrung, indem sie selbst Medienberichte über ihre Kampagnenführung lancierten. Insider-Reportagen über die Spitzenkandidaten und über die Wahlkampfzentralen von SPD und CDU/CSU (mit Titeln wie „Die Kanzlermacher") gehören seitdem zu den von den Parteien initiierten oder doch zumindest gern gesehenen Bestandteilen der Wahlberichterstattung.

In dem Bemühen der Parteien, ihren eigenen Wahlkampfstil und den ihrer Kontrahenten zum strategischen Argument in der politischen Auseinandersetzung zu machen, avancierte im Wahlkampf 1998 „Amerikanisierung" zum politischen Kampfwort. Die Union setzte es ein, um die Kampagne der SPD als „unglaubwürdige Show und inhaltslose Inszenierung" zu diffamieren (Müller, A. 1999: 40).

Berichterstattungsanlässe schaffen aber zunehmend auch die Medien selbst, indem sie Umfragen in Auftrag geben und indem Journalisten als Interviewpartner oder Talkshow-Teilnehmer zum Gegenstand der Berichterstattung werden. Holfeld (2006) sieht in dieser Art von Selbstthematisierung und Selbstbezüglichkeit einen der Gründe für die Entpolitisierung der Wahlkampfberichterstattung. Die Entwicklung wird in der wissenschaftlichen Beobachtung auch als „Kommunikation über Kommunikation" oder als „reflexive Meta-Berichterstattung" bezeichnet (Sarcinelli 1987b: 181, Esser 2003b). Sie findet ihren Niederschlag im Medienbild der Kampagne und trägt dazu bei, dass dem Thema Wahlkampf in der Fernsehberichterstattung wachsende Aufmerksamkeit zukommt, wie eine längerfristig angelegte Analyse der Hauptabendnachrichten zeigt (Schulz und Zeh 2006).[247]

---

245 Der Einfluss der Codierstrategie auf die Ergebnisse ist durch die thematische Heterogenität einer relativ breit definierten Analyseeinheit bedingt. Die meisten Untersuchungen wählen als Analyseeinheit den Zeitungsartikel bzw. einen Fernsehbeitrag. Anders sind dagegen Eilders und Co-Autoren vorgegangen (vgl. Eilders et al. 2003). Sie haben sich für eine weit weniger komplexe Einheit entschieden, nämlich für eine künstliche „Informationseinheit", deren Grenzen der Wechsel von Akteur oder Thema markiert. Eine solche Analyseeinheit ist thematisch homogener, so dass verlässlichere Ergebnisse zu erwarten sind.

246 Vgl. oben Abschnitt 6.2.1

247 Allerdings bezieht sich dieser Befund auf nur relativ wenige Wahlen seit 1990. Demgegenüber geht aus den längerfristig angelegten Zeitungsanalysen von Wilke und Reinemann (2000: 71) hervor, dass es bei einzelnen Wahlen schon in den 1950er und 1970er Jahren eine sehr starke Beachtung des Wahlkampfes als Thema gab.

Das Themen-Framing

Die Ergebnisse von Studien, die sich allein auf die Medienbeachtung von Themen stützen, sind nicht nur, wie erläutert, von der Anzahl der codierten Themen pro Analyseeinheit abhängig. Auch der Zuschnitt der Themenkategorien ist von entscheidender Bedeutung. Das lässt sich an der Fernsehagenda des Wahlkampfes 2005 in Abbildung 6.4 illustrieren. Die Rangordnung führt nur recht grob benannte Themenkategorien bzw. Politikfelder auf. Dieses Vorgehen ist durchaus üblich. Mitunter werden Themenkategorien sogar noch abstrakter und umfassender angelegt. So verwendet beispielsweise Asp (1983a) für seine Analysen eine Agenda mit nur fünf Themenkategorien. Bei einem solchen Vorgehen wird eine Vielzahl unterschiedlicher Themenfacetten, Problemaspekte, Argumente, Lösungsvorschläge usw. zusammengefasst. Je nach der Ebene der Abstraktheit, die für die Zusammenfassung gewählt wird, kann dann die Analyse des Medienbilds zu sehr unterschiedlichen Ergebnissen führen.

Textbox 6.4: Framing des Themas Steuern im Wahlkampf 2005

Die Unionsparteien versuchten in ihrer Kampagne, das Thema Steuerpolitik unter den Aspekten der Ehrlichkeit und wirtschaftlichen Rationalität zu besetzen. Sie propagierten zugleich eine Steuervereinfachung und eine Erhöhung der Mehrwertsteuer zur Senkung der Lohnnebenkosten und präsentierten im Wahlkampfteam den ehemaligen Verfassungsrichter Paul Kirchhof als Experten. Dies erschien zunächst als ein erfolgreiches Themenframing und führte denn auch dazu, dass die Union in der Kompetenzzuschreibung für das Thema Steuerpolitik gewann. Im späteren Verlauf des Wahlkampfes änderte sich das jedoch dramatisch. Das Thema Steuern wurde weniger unter wirtschaftspolitischen Aspekten und mehr unter Aspekten der sozialen Gerechtigkeit diskutiert. Die Union verlor viel von ihrer Kompetenz in der Steuerpolitik und der Experte Kirchhof viel von seiner Reputation. Daran hatte die Kampagnenführung der SPD ihren Anteil, indem sie eine Frame-Verschiebung durchsetzte, die Mehrwertsteuererhöhung als „Merkelsteuer" etikettierte und ihrerseits eine „Reichensteuer" propagierte.

Nach: Brettschneider (2005a)

Um ein differenzierteres Bild zu erhalten, müssen die Themenkategorien feiner aufgegliedert und ferner auch die Bewertung der Themen und ihr *Framing* berücksichtigt werden. Der Ausdruck *Framing* bezeichnet in dem Zusammenhang die gewählte Problemperspektive und die betonten Themenaspekte.[248] So umfasst die

---

248 Zum *Framing*-Konzept vgl. oben auch Abschnitt 4.4.3

Themenkategorie Steuern, die im Wahlkampf 2005 an der Spitze der Fernsehagenda stand, eine Reihe sehr unterschiedlicher Unterthemen und Aspekte, wie z. B.
Steuerbelastung der Bürger, Komplexität des Steuersystems und die Forderung
nach Vereinfachung, verschiedene Vorschläge einer Steuerreform, die Forderung
einer Mehrwertsteuererhöhung und deren Ablehnung, die Forderung einer Reichensteuer und anderes mehr. Überdies standen einzelne dieser Aspekte zu unterschiedlichen Zeiten des Wahlkampfes und mit unterschiedlicher Wertigkeit im
Vordergrund (vgl. Textbox 6.4). Eine Globalkategorie Steuern kann diese Feinhei-
ten und die Entwicklung des Wahlkampfdiskurses nicht abbilden (wenngleich sie
für bestimmte Zwecke angemessen sein mag, z.b. um einen ersten Eindruck von
der Beachtung des betreffenden Themenfeldes im Wahlkampf zu erhalten).

Das Medienbild der Kampagne lässt sich ferner differenzieren, wenn auch die
Bewertung von Themen berücksichtigt wird. Ein Beispiel geben Donsbach und Jandura (2005) mit ihrer Analyse der Berichterstattung über den Wahlkampf 2002. Die
damalige Regierungspartei SPD war mit ihren Sachthemen etwas besser in den
Medien präsent als die Unionsparteien CDU/CSU, über die weniger im Kontext
von Sachthemen als von Wahlkampfaktivitäten und -strategien berichtet wurde.
Diese Akzentsetzung war aber nur scheinbar ein Nachteil für die Unionsparteien,
wie die *Themenvalenzen* zeigten. Die Themenvalenzen bestimmten die Autoren anhand wertender Äußerungen oder implizit werthaltiger Sachverhalte, die insgesamt eher für oder gegen eine der Parteien sprachen. Das Ergebnis zeigt keine ausgeprägten Unterschiede zwischen den Sachthemenkontexten der beiden Parteien.
Ganz anders ist dagegen die Darstellung im Kontext von Wahlkampfthemen: Die
Unionsparteien wurden im Durchschnitt positiv präsentiert, die SPD dagegen
stark negativ.

Auffälliger noch als dieser Unterschied, der auf der Durchschnittsberechnung
für alle untersuchten Medien beruht, sind die stark variierenden Themenvalenzen,
wenn man die Berichterstattung einzelner überregionaler Zeitungen vergleicht. Je
nach deren politischer Grundrichtung erscheint eher die Regierung oder die Opposition in einem günstigen bzw. ungünstigen Licht. „Den Lesern der beiden Lager
werden dabei jeweils so unterschiedliche Bilder von den beiden politischen Parteien gezeichnet, als handele es sich nicht um dieselben." (Donsbach und Jandura
2005: 59 f.)

Mit ihrem Themen-Framing verstoßen einige Medien gegen die Objektivitäts-
normen des Journalismus. Als Akteure mit eigenen Interessen versuchen sie, die
Meinungsbildung im Wahlkampf zu beeinflussen, indem sie die Berichterstattung
in einer für die Wähler kaum erkennbaren Weise parteipolitisch einfärben.

6.3.3 Medienpräsenz und Kandidatenimage

Für die Meinungsbildung der Wähler sind die Medienpräsenz der Spitzenkandidaten und das dabei transportierte Kandidatenimage von großer Bedeutung. Das gilt vor allem bei zunehmender Betonung des Kandidatenwettstreits, wie es verschiedene Thesen zum Wandel von Wahlkämpfen behaupten, und es gilt vor allem dann, wenn politische Ämter durch Direktwahl besetzt werden.[249]

Von den politischen Fähigkeiten und Handlungen der konkurrierenden Kandidaten, von ihrem Äußeren und ihrer Persönlichkeit können sich die Wähler in der Regel nur anhand des Politikerbildes in den Medien eine Vorstellung machen. Das trifft selbst für Kommunalwahlkandidaten und für die Direktkandidaten bei der Bundestagswahl zu, die um Präsenz in ihrem Wahlkreis bemüht sein müssen, auch wenn in diesen Fällen die Chancen, dass es zu persönlichen Kontakten mit den Wählern kommt, etwas größer sind.

Zwar können die Parteien die öffentliche Präsenz ihrer Kandidaten über Wahlkundgebungen, Parteiveranstaltungen, Bürgergespräche und Straßenwahlkampf bis zu einem gewissen Grade fördern. Doch der Erfolg solcher Maßnahmen ist begrenzt. Nur eine geringe Zahl der Wähler hat jemals persönlichen Kontakt mit einem der zu wählenden Kandidaten, wie aus Wählerumfragen hervorgeht. Nach der Bundestagwahl 2002 zum Beispiel sagten gerade einmal acht Prozent der Wähler, sie hätten „Wahlkampfveranstaltungen" besucht („sehr oft" oder „oft" sagten 2 Prozent, „manchmal" sagten 6 Prozent).[250] Die Medienpräsenz der Kandidaten hat demgegenüber eine weit größere Öffentlichkeitswirkung. Daher spricht einiges für die Annahme einer relativ großen Definitionsmacht der Medien bei der Formation von Kandidatenimages.

---

249 Den Ausführungen zum Kandidatenimage ist eine Bemerkung zum Sprachgebrauch voranzustellen. Sie hat zum Hintergrund, dass Männer generell häufiger als Frauen für politische Ämter kandidieren (auf die Gründe dafür soll hier nicht weiter eingegangen werden). Dementsprechend bezieht sich auch die empirische Forschung zumeist auf männliche Kandidaten, und das gilt vor allem für Kandidaten für höchste Ämter wie z.B. das Bundeskanzleramt. Insofern wird in der deutschsprachigen Literatur im Allgemeinen von Kandidaten in der männlichen Form gesprochen. Erst seit der Wahl Angela Merkels zur Bundeskanzlerin wandelte sich der Sprachgebrauch. Obwohl ein Verstoß gegen die *political correctness*, bleibt die folgende Darstellung, wenn von Kandidaten allgemein gesprochen wird, bei der männlichen Form – auch deshalb, weil es im Deutschen sehr umständlich ist, wenn man sprachlich immer beide Geschlechter berücksichtigt.

250 Das Ergebnis entstammt dem Datensatz der Nachwahlumfrage zum Thema „Politische Einstellungen, politische Partizipation und Wählerverhalten im vereinigten Deutschland 2002", die im Oktober bis Anfang November 2002 durchgeführt wurde (ZA-Studie 3861). Bei der vor dem Wahltag durchgeführten Befragungswelle bekundeten immerhin 10 Prozent der Wähler, „oft" oder „manchmal" Wahlveranstaltungen besucht zu haben (vgl. unten Tabelle 6.6). In einer anderen Umfrage nach der Bundestagswahl 1998 waren es 12 Prozent der Wähler, die angaben, sie hätten in den letzten Wochen eine politische Veranstaltung zur Wahl besucht; von *einem* Besuch berichteten 8 Prozent, von *mehreren* Besuchen 4 Prozent der Befragten (Noelle-Neumann und Köcher 2002: 777). In US-amerikanischen Umfragen berichten weniger als 10 Prozent der Wähler über eine Teilnahme an Wahlveranstaltungen (Norris 2002: 135).

Vorteile der Fernsehpräsenz

Das gilt vor allem für das Fernsehen. Das Fernsehen erreicht die meisten Wähler, es ist deren wichtigste und eine besonders glaubwürdige Informationsquelle im Wahlkampf (vgl. oben Tabelle 6.1 sowie u. a. Chaffee, Zhao und Leshner 1994, Kepplinger und Maurer 2005: 58 ff.). Viel Fernsehpräsenz fördert die Bekanntheit eines Kandidaten. Und Bekanntheit ist die Voraussetzung dafür, dass sich die Wähler eine Vorstellung von den Fähigkeiten und der Persönlichkeit eines Kandidaten bilden können.

Dass schon die bloße Fernsehpräsenz einem Politiker Vorteile insbesondere bei Wahlen bringt, erklärt das *Top-of-the-head*-Phänomen. Es besagt, dass Urteile oft nicht auf der Grundlage systematischen Abwägens aller relevanten Informationen gebildet werden, sondern spontan anhand der „frischesten" und am leichtesten verfügbaren Eindrücke und Erinnerungen (Taylor und Fiske 1978). Diese Form des *Primings* gilt auch für politische Urteile und für Urteile über Personen. Je auffälliger daher ein Kandidat im Fernsehen sichtbar ist, desto größer die Chance, dass er in der Vorstellung der Wähler präsent ist und als relevante (oder gar einzige) Alternative für die Wahlentscheidung in Betracht gezogen wird.

Analysen zur Fernsehpräsenz bei Bundestagswahlen sagen daher einiges über die Siegeschancen der konkurrierenden Spitzenkandidaten aus. Dabei ist freilich zu beachten, dass Fernsehpräsenz das Ergebnis von mindestens vier unterschiedlichen Einflüssen ist.

Erstens hängt sie von der aktuellen Ereignislage ab, die den einzelnen Kandidaten unterschiedliche Beteiligungs- und Selbstdarstellungsmöglichkeiten bietet. Zweitens spiegelt sie bis zu einem gewissen Grad die Wirksamkeit ihres Kampagnenmanagements, das Geschick bei der Medialisierung von Ereignissen und der Instrumentalisierung der Medien. Drittens ist die (unterschiedliche) Fernsehpräsenz einzelner Kandidaten auch Ergebnis medienspezifischer Auswahlentscheidungen, hinter denen politische Vorlieben und Abneigungen der Journalisten bzw. Sender stehen. Und viertens schließlich ist Fernsehpräsenz ein Ausdruck der politischen Macht und Prominenz eines Kandidaten. Das Fernsehen orientiert sich mehr noch als andere Medien am Nachrichtenfaktor Status und konzentriert seine Aufmerksamkeit auf einige wenige führende und prominente Politiker.

Daraus resultiert der Aufmerksamkeitsbonus für den Amtsinhaber unter den Kandidaten (auch *Amtsbonus* oder *Kanzlerbonus* genannt), wie er in Medienanalysen gelegentlich diagnostiziert wurde. Der Amtsbonus führt auch meist dazu, dass viele Wähler bereits vor Beginn des Wahlkampfes Vorstellungen vom Amtsinhaber besitzen, während sich das Image des Herausforderers erst noch mit dessen Bekanntheitsgrad entwickeln muss. Vom Amtsbonus profitierte beispielsweise Helmut Kohl besonders in den Wahljahren 1990 und 1994 sowie Gerhard Schröder in den Wahljahren 2002 und 2005, wobei den Amtsinhaber auch jeweils das unscharfe und teils negativ vorgeprägte Image der jeweiligen Herausforderer Lafontaine, Scharping, Stoiber und Merkel begünstigte.[251]

Da Umfang und Art der Fernsehpräsenz auch von der aktuellen politischen Lage sowie von der medialen Selektion, Darstellung und Interpretation der politischen Ereignisse und Akteure abhängen, ist sie nicht notwendigerweise von Vorteil. Sie kann mitunter auch von Nachteil sein (vgl. z.b. Mathes und Freisens 1990, Maurer und Reinemann 2003). Um dieses Risiko zu begrenzen, ist ein professionelles Kampagnenmanagement bemüht, durch die Medialisierung und Inszenierung von Ereignissen auch auf die politische Lage und deren Thematisierung Einfluss zu nehmen.

Die Macht der Bilder

Die audiovisuelle Kandidatendarstellung im Fernsehen bietet den Wählern besonders viel Information zum Aufbau ihrer Personenvorstellungen, zumal die visualisierte Präsenz der Kandidaten in der Wahlkampfberichterstattung deutlich zugenommen hat (Kepplinger, Brosius und Dahlem 1994b: 17, Schulz und Zeh 2006). Dabei kann der Einsatz spezifischer aufnahmetechnischer Mittel den Eindruck von einer Person auf eine Weise beeinflussen, wie sie vom normalen Zuschauer gar nicht wahrzunehmen ist. Kameramänner und Fernsehjournalisten setzen solche Mittel durchaus gezielt ein, z.b. Einstellungsgröße, Kameraperspektive (wie Draufsicht und Untersicht), Kamerabewegung und Bildschnitt (Kepplinger 1980, Ruge 2003). Nicht zuletzt deshalb ist das Fernsehimage eines Politikers eine „Charakterfiktion", die sich vom Eindruck bei einer persönlichen Begegnung stark unterscheiden kann (Mattenklott, Donsbach und Brosius 1995, Kepplinger und Maurer 2005: 129).

Schließlich sind Bilder sehr viel mehr als Texte und als das gesprochene Wort in der Lage, beim Betrachter affektive Reaktionen hervorzurufen (Maurer und Kepplinger 2003). Das menschliche Wahrnehmungssystem ist darauf angelegt, Gefühlsbotschaften besser nonverbal als verbal zu erkennen und nonverbal unmittelbarer, weniger durch den Intellekt kontrolliert zu verarbeiten. Wie die Untersuchungen von Frey (1999) über die Eindrucksbildung von Fernsehzuschauern belegen, gewinnen die Betrachter anhand des nonverbalen Verhaltens von Politikern blitzschnell und automatisch ein dezidiertes Urteil über deren Persönlichkeitseigenschaften. Nonverbale Reize, wie sie das Fernsehen bereitstellt, werden reflexhaft und meist ohne kritische Kontrolle ausgewertet. Allein die Darbietung von Bildern für eine winzige Millisekunden-Zeitspanne genügt dem Betrachter, um sich einen differenzierten Eindruck von einer Person zu bilden und ihr stark

---

251 Allerdings scheint der Kanzlerbonus vor allem ein Phänomen der 1990er Jahre und der Ära Kohl zu sein. Wie Trendanalysen zeigen, schwächte sich der Kanzlerbonus danach mehr und mehr ab bzw. verschwand teils sogar ganz (vgl. Schulz und Zeh 2006).

wertende Eigenschaften zuzuschreiben wie beispielsweise autoritär, sympathisch, gefühlsbetont, intelligent oder langweilig.

Experimentell lässt sich zeigen, dass spontane Eindrücke, die Betrachter anhand von Kandidatenfotos gewinnen, nicht nur die Kandidatenbeurteilung bestimmen, sondern letztlich auch die Wahlentscheidung. Dementsprechend hängt der Wahlerfolg auch von der physischen Attraktivität eines Kandidaten ab (Rosenberg et al. 1986). Diesen in den USA ermittelten Befund konnten Klein und Rosar (2005) durch eine Analyse des Erfolgs von Wahlkreiskandidaten bei der Bundestagswahl 2002 bestätigen. Praktiker des Kampagnenmanagements legen daher besonderen Wert auf die Visualisierung der Kampagne, denn „aus Bildern wird ein Image" (Nürnberger 2002).

Bilder – und insbesondere Fernsehbilder – können zwar das Wählerimage politischer Kandidaten prägen. Aber dies muss – wie Fernsehpräsenz allgemein – nicht unbedingt von Vorteil sein. Die so genannten TV-Duelle in den Bundestagswahlkämpfen 2002 und 2005 brachten den beteiligten Kandidaten – Gerhard Schröder und Edmund Stoiber bzw. Angela Merkel – zwar viele Wählerkontakte, führten aber nicht nur zu Image-Verbesserungen, sondern zum Teil auch zu Verschlechterungen (Maurer und Reinemann 2003). Bei einem Experiment zu den Debatten 2002, das u.a. der Bildwirkung nachging, indem eine Teilgruppe der Probanden nur den Ton – wie bei einer Radioübertragung – zu hören bekam, führte die Tonfassung zu günstigeren Vorstellungen von Gerhard Schröder als die TV-Fassung. Die Autoren erklären das mit der spezifischen Wirkung der Stimme des Ex-Kanzlers (Maier und Faas 2004).

Komponenten des Kandidatenimages

Ungünstige Bildwirkungen zeigten sich schon bei den legendären Fernsehdebatten zwischen John F. Kennedy und Richard Nixon im US-amerikanischen Präsidentschaftswahlkampf 1960. Nixon wirkte auf die Fernsehzuschauer müde und abgespannt, er schwitzte und sah unrasiert aus. Kennedy machte demgegenüber einen jugendlichen und frischen Eindruck, er sah gebräunt und gesund aus. Das unterschiedliche Erscheinungsbild war u.a. darauf zurückzuführen, dass Nixon es abgelehnt hatte, sich bildschirmgerecht schminken zu lassen (Lang und Lang 1984: 108 f.).

Dass die unterschiedliche Bildwirkung von Nixon und Kennedy für den Wahlausgang ausschlaggebend war, ist nicht eindeutig erwiesen (vgl. Katz und Feldman 1962, Kraus 1996). Aber allein, dass dies möglich schien, lenkte damals die öffentliche Diskussion und die wissenschaftliche Aufmerksamkeit auf das Fernsehimage der Kandidaten (vgl. Kraus 1962, insbes. darin die Beiträge von Lubell, Tannenbaum et al. sowie Kraus und Smith). In der Wahlforschung dient es seitdem vor allem zur Begründung der Personalisierungsthese und der These vom Fernsehen als Leitmedium.

Kandidatenimages sind zum einen ein Konstrukt der Medien, insbesondere des Fernsehens. Zum anderen bilden sich auch die Wähler Vorstellungen von den Kandidaten. Images reduzieren die Komplexität der Wahlentscheidung. Sie bieten einen Ersatz für schwieriger zu beurteilende Sachverhalte wie etwa die zukünftige Leistung der Kandidaten im Amt, und zwar zu geringen Informationskosten ("low-information shortcuts", vgl. Popkin 1994: 60 ff.).

Das Kandidatenbild ist auch ein Ergebnis des Image-Managements. Die Wahlkampfführung bemüht sich, den Wählern u.a. mit Hilfe von Wahlwerbung, durch Events und durch die politische Kampagne in den Medien ein bestimmtes Kandidatenbild zu vermitteln (vgl. etwa Altendorfer, Wiedemann und Mayer 2000). Auch die Kandidaten besitzen ein Selbstbild und Vorstellungen davon, wie sie sich ihren Wählern und den Medien darstellen möchten. Und nicht zuletzt gehen in alle Imagekonstrukte zu mehr oder weniger großen Anteilen die objektiven Kandidateneigenschaften ein, die sich teilweise übereinstimmend von allen Betrachtern feststellen lassen wie z.B. Alter, Geschlecht, Religion, Familienstand, Parteizugehörigkeit, politische Ämter.

Tabelle 6.4: Dimensionen des Kandidatenimages

Dimensionen		Merkmale
Rollennahe („politische") Komponenten	*Problemlösungs- kompetenz*	politischer Standpunkt, Problemwahrnehmung und -bearbeitung
	Führungs- qualitäten	Entscheidungsfreude, Tatkraft, Überzeugungsfähigkeit, Organisationstalent,
Rollenferne („unpolitische") Komponenten	*Integrität*	Ehrlichkeit, Vertrauenswürdigkeit
	Persönlichkeit	Aussehen, Ausstrahlung (z.B. menschlich sympathisch), Alter, Herkunft, Religion, Privatleben

In Anlehnung an Brettschneider (2002b: 143 f.)

Man kann demnach verschiedene Konstrukte des Kandidatenimages unterscheiden, die sich mehr oder weniger ähneln. Wie ähnlich oder verschieden sie tatsächlich sind, welche Beziehungen und Einflüsse der Imagekonstrukte es untereinander gibt und welche Bedeutung die Images für die Kandidatenpräferenz und den

Wahlausgang haben, sind in der politischen Kommunikationsforschung häufig bearbeitete Fragen.[252] Eine Reihe von empirischen Untersuchungen richtet sich darauf, welche Kriterien zur Beurteilung von Kandidaten im Wahlkampf dienen, ob diese Kriterien in unterschiedlichen Betrachterperspektiven – z.B. bei Medien und Wählern – feststellbar sind und wie man die Urteile systematisieren kann.

Verbreitet ist die Unterscheidung in *rollennahe* und *rollenferne* Image-Komponenten (vgl. etwa Lass 1995: 32 ff., 60, Dahlem 2001: 194, 307, Brettschneider 2002b: 139 ff.). Zu ersteren gehören Merkmale der *politischen* Rolle, also z.B. Problemlösungskompetenz, Führungsqualitäten, ideologische bzw. parteipolitische Orientierung; zu letzteren werden eher *unpolitische* Merkmale wie physische Attraktivität, Herkunft, charakterliche Eigenschaften gerechnet (vgl. Tabelle 6.4).

Kindelmann (1994: 31 ff.) arbeitet in seinem Forschungsüberblick drei Dimensionen heraus, die bei der Beurteilung von Politikern eine Rolle spielen: erstens ihre professionelle Kompetenz, zweitens Charaktereigenschaften und drittens ihr öffentliches Auftreten, d.h. Aussehen und Ausstrahlung, Charisma und telegener Appeal. Brettschneider (2002b: 134 ff.) gruppiert die Kandidatenmerkmale zu vier Dimensionen, nämlich Problemlösungskompetenz, Führungsqualitäten, Integrität sowie unpolitische Eigenschaften. Die Autoren einer US-amerikanischen Untersuchung entwickeln eine Klassifikation mit den fünf Image-Komponenten Kompetenz, Integrität, Verlässlichkeit, Charisma und Persönliches (Miller, Wattenberg und Malanchuk 1986). Ein anderes Unterscheidungskriterium wählen Klein und Ohr (2000), indem sie fünf Kandidatenrollen betrachten: den Kandidaten als Parteirepräsentanten, als Manager der Regierungsgeschäfte, als Problemlöser, als Vertrauensmann und „als Mensch".

Neben gruppierten Einzelmerkmalen kann man, wie es Gabriel und Neller (2005) vorschlagen, zusätzlich das Gesamturteil über einen Politiker als eigenständiges Kriterium betrachten. Die Autoren analysieren Zusammenhänge zwischen Einzelmerkmalen und dem Gesamturteil über die Kanzlerkandidaten an Umfragen zu den Bundestagswahlen 1998 und 2002. Sie können zeigen, dass für das Gesamturteil der Wähler rollenferne Image-Komponenten („menschlich sympathisch", „vertrauenswürdig") wichtiger sind als politische Kompetenzen und Leistungen. Das Urteil über die Kandidaten beeinflusst die Kandidatenpräferenz, und diese wirkt sich schließlich auf die Wahlentscheidung aus. Einen eigenständigen Einfluss rollenferner Kandidateneigenschaften auf das Wahlverhalten weisen auch Klein und Ohr (2000) in ihrer Analyse zur Bundestagswahl 1998 nach.

Image-Dimensionen spielen außer in der Erklärung von Kandidatenpräferenzen der Wähler und deren Wahlentscheidung auch in Medienanalysen der Kanndidatendarstellung eine wichtige Rolle. Dem liegt die Annahme zugrunde, dass sich das Wählerimage am Medienimage orientiert – eine Annahme, die inzwischen

---

252 Vgl. u.a. Nimmo und Savage (1976), Hellweg (1989, 2004), Lass (1995), Brettschneider (2002b), Hacker (2004)

als empirisch gut bestätigt gelten kann (vgl. dazu den folgenden Abschnitt). Auch dabei geht es meist um die Frage der *Personalisierung*, und zwar in ihren beiden Varianten, der *allgemeinen* und der *speziellen* Personalisierung. Die These einer allgemeinen Personalisierung nimmt an, dass die Präsenz von Politikern – insbesondere der Kanzlerkandidaten – im Medienbild der Kampagne zunimmt. Die These einer speziellen Personalisierung erwartet eine zunehmende Konzentration der Wahlberichterstattung auf rollenferne Kandidateneigenschaften.[253]

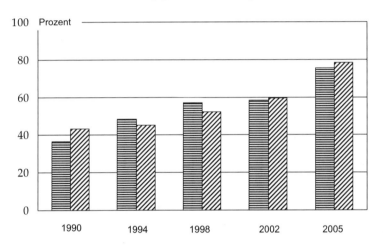

Abbildung 6.5: **Personalisierung der Wahlberichterstattung des Fernsehens**[254]

Wie Abbildung 6.5 verdeutlicht, weist die Wahlkampfberichterstattung in den Hauptabendnachrichten des deutschen Fernsehens seit 1990 Veränderungen auf, die für die Personalisierungsthese sprechen. So ist der Anteil der Nachrichtenbeiträge mit Bezug auf die Kanzlerkandidaten in der Wahlberichterstattung des Fernsehens seit 1990 deutlich angestiegen. Dies deutet auf eine zunehmende *allgemeine*

---

253 Vgl. dazu auch oben Abschnitt 6.2.2
254 Die Grafik zeigt die zusammengefassten Ergebnisse von Analysen der Hauptabendnachrichten von ARD, ZDF, RTL und SAT1 für jeweils die letzten vier Wochen vor dem Wahltag (Anteil der Beiträge, in denen die Kanzlerkandidaten im Film mit O-Ton dargestellt wurden, Basis: jeweils alle Beiträge mit Bezug zu Kanzler bzw. Kandidat/in; zu weiteren methodischen Details vgl. Zeh 2005, sowie Schulz und Zeh 2006).

Personalisierung hin. Indiz für eine *spezielle* Personalisierung ist ein anderer Befund aus derselben Analyse: Der Anteil der Urteile über die professionelle Kompetenz der Kandidaten halbierte sich von 1990 auf 2005, während rollenferne Kandidateneigenschaften entsprechend stärker beachtet wurden (Schulz und Zeh 2006: 298).

Mit der Zuschreibung von Eigenschaften ist meist implizit oder explizit eine Bewertung der Kandidaten verbunden. Dabei sind im deutschen Fernsehen positive Urteile ähnlich häufig vertreten wie kritische – im Unterschied zur überwiegend kritischen Kandidatenbeachtung im US-Fernsehen (Hallin 1992, Patterson 1993, Lichter und Smith 1996). Gliedert man die in den Hauptabendnachrichten des Fernsehens enthaltenen Urteile über die beiden Kanzlerkandidaten bei der Wahl 2005 nach ihrer Wertigkeit auf, erhält man ein ziemlich ausgewogenes Bild (Schulz und Zeh 2006: 297).[255]

Das Kampagnenbild der Medien kann man als Indikator für den Wandel der Wahlkampfführung – also etwa für eine zunehmende Personalisierung der Kampagnen – interpretieren. Es kann zugleich als Anzeichen eines Stilwandels der medialen Berichterstattung gesehen werden. Für die USA haben Hallin (1992) und Patterson (1993, Patterson 2002) eindrucksvoll nachgewiesen, dass sich Stil und Tenor der Berichterstattung seit den sechziger Jahren grundlegend verändert haben. Während sich die Nachrichten früher auf politische Themen konzentrierten, stehen inzwischen Personen und Aspekte des Wettstreits – des *„horse race"* – im Mittelpunkt (vgl. auch Graber 1983, 1993). Die Ergebnisse von Meinungsumfragen, der Wahlkampfstil, Kontroversen und Konflikte, Charakterfragen – d.h. der persönlichen Eignung und Integrität, der Glaubwürdigkeit und politischen Berechenbarkeit – dominieren die US-amerikanische Wahlkampfberichterstattung. Der Tenor der Nachrichten verschlechterte sich dramatisch; die Kandidaten erscheinen inzwischen überwiegend in einem schlechten Licht. Ihre O-Ton-Auftritte im Bild (*sound bites*) beschnitten die amerikanischen Fernsehnetworks drastisch.

Langzeitvergleiche der Wahlkampfberichterstattung in deutschen Medien weisen teils ähnliche, teils andere Veränderungen auf (Wilke und Reinemann 2000, 2006, Donsbach und Büttner 2005, Schulz und Zeh 2006). Dass sie zumindest teilweise auf einen Stilwandel des Journalismus zurückgehen, scheint eine plausible Deutung zu sein. Allerdings erlauben Medienanalysen allein keine eindeutige Zuordnung, welche Anteile auf Veränderungen der Kampagnenführung zurückzuführen sind und welche auf den Stilwandel des Journalismus. Erst im Vergleich mit anderen Datenquellen – Untersuchungen zur Wahlkampfführung der Parteien – wäre das möglich.

---

255 Wertende Urteile sind in den deutschen Fernsehnachrichten ganz allgemein vergleichsweise selten. Die überwiegende Mehrzahl aller Wahlkampfberichte ist im Tenor neutral oder berücksichtigt sowohl negative wie positive Aspekte. Das gilt mehr noch für die öffentlich-rechtlichen als für die privaten Programme.

Fernsehen, Kandidatenimages und Wahlergebnis

Das Medienimage der Kandidaten beeinflusst die Kandidatenimages der Wähler, wie aus Untersuchungen zu den deutschen Bundestagswahlen hervorgeht. So zeigen Kepplinger, Brosius und Dahlem (1994a, 1994b), dass die Fernsehberichterstattung im Wahlkampf 1990 die Vorstellungen der Bevölkerung vom Charakter der Kandidaten Helmut Kohl und Oskar Lafontaine prägte und dass diese Vorstellungen die Wahlentscheidung bestimmten. Andere Studien zur Wahl 1990 liefern weitere Belege für diesen Zusammenhang. So erweist die Panelanalyse von Finkel und Schrott (1994) die Änderung der Kandidatenpräferenzen in der Vorwahlzeit als einen der stärksten Prädiktoren für die spätere Wahlabsicht. Unterschiede der Kandidatenpräferenzen lassen sich ihrerseits auf die Fernsehberichterstattung über das Wiedervereinigungsthema zurückführen, von der das Image Kohls als Vereinigungskanzler stark profitierte (Schrott und Meffert 1996). Auch Semetko und Schönbach (1994: 118) belegen einen Zusammenhang zwischen der Fernsehberichterstattung (im ZDF) und Vorstellungen vom Kanzler.[256]

Auf den Ausgang der Bundestagswahl 1994 hatte die Fernsehberichterstattung – nach der Einschätzung von Kepplinger und Rettich (1996) – zwar keinen Wahl entscheidenden Einfluss. Sie wirkte sich jedoch wahrscheinlich zugunsten des SPD-Kandidaten Scharping aus und verminderte damit etwas den Vorsprung von Bundeskanzler Kohl. Im Wahlkampf 1994 hatte Scharping eine günstigere Urteilsbilanz als Kohl (1990 wurde Kohl dagegen weit positiver beurteilt als Lafontaine). Das ist zum Teil darauf zurückzuführen, dass Kohl öfter von seinem Gegenkandidaten beurteilt wurde, und zwar negativ, während sich Kohl mit Urteilen über Scharping zurückhielt (Schulz, Berens und Zeh 1998a, Zeh 2005: 142 f.).

Bei der Bundestagswahl 1998, die zu einem Regierungswechsel führte, entwickelte sich das Image des Herausforderers Gerhard Schröder schon im Vorfeld deutlich günstiger als das Image des Amtsinhabers Helmut Kohl (Brettschneider 2002b: 188). Dies korrespondierte mit dem Erscheinungsbild der Kandidaten, wie es das Fernsehen vermittelte (Kepplinger, Maurer und Roessing 1999). Die umfangreichen Analysen Brettschneiders, die auch dem Zusammenhang zwischen Medienberichterstattung und Kandidatenimage nachgehen, belegen jedoch keinen Effekt, der speziell der Fernsehnutzung zuzuschreiben wäre. Dies könnte, wie der

---

256 Ihren Analysen zufolge waren auch Printmedien und Wahlwerbung für die Eindrucksbildung zu beiden Kandidaten von Bedeutung. Auf die Bedeutung von Printnutzung – genauer: von regionalen Tageszeitungen – weist eine Untersuchung zur Landtagswahl 2000 in Nordrhein-Westfalen hin (Klein, Ohr und Heinrich 2002). Aber auch bei dieser Wahl trug die Nutzung des öffentlich-rechtlichen Fernsehens zur Bildung von *Vorstellungen* der Wähler von den politischen und persönlichen Eigenschaften der Spitzenkandidaten Wolfgang Clement und Jürgen Rüttgers bei. Ein entsprechender Effekt auf die *Bewertung* der Eigenschaften ließ sich jedoch nicht feststellen – mit Ausnahme der Bewertung von *persönlichen* Eigenschaften des Herausforderers Rüttgers bei Nutzung von Nachrichten im privaten Fernsehen. Insgesamt waren die Effekte aber relativ gering und auch geringer als entsprechende Image-Effekte bei der Nutzung einer regionalen Tageszeitung.

Autor mutmaßt, an der Konsonanz der Medienberichterstattung gelegen haben (Brettschneider 1998, 1999).

Eindeutiger sind die Ergebnisse zum Bundestagswahlkampf 2002 und zwar auch deshalb, weil die TV-Duelle die Fernsehpräsenz der Kandidaten 2002 stärker als 1998 visuell prägten (Maurer und Kepplinger 2003). Nach den Untersuchungen von Kepplinger und Maurer (2005) gab es eine hohe Übereinstimmung zwischen der Vorstellung der Bevölkerung von der Persönlichkeit und Sachkompetenz des damaligen Bundeskanzlers Schröder einerseits und seiner Darstellung in den Fernsehnachrichten andererseits. Demgegenüber korrespondierte das Fernsehbild seines Herausforderers Edmund Stoiber nur mit dessen wahrgenommener Sachkompetenz. Anhand eines Wählerpanels können die Autoren nachweisen, dass sich eine Verbesserung der Fernsehdarstellung auf entsprechende Veränderungen des Schröder-Images auswirkte. Das Fernsehbild Stoibers änderte sich allerdings nur wenig, und auch die positiven Veränderungen erbrachten keine entsprechenden Image-Effekte.

Diese Diskrepanz erklären die Autoren mit den Emotionen der Wähler, die Schröder überwiegend sympathisch (aber weniger kompetent) fanden und Stoiber zwar kompetent, aber wenig sympathisch. Sie passten ihre Kandidatenimages dem emotionalen Gesamturteil über die Kandidaten an. Letztlich folgte offenbar die Kanzlerpräferenz – und damit der Sieg Schröders und die Niederlage Stoibers – dem Sympathie-Urteil der Wähler (Kepplinger und Maurer 2005: 150 ff.). Die Ergebnisse einer Analyse von Gabriel und Neller (2005) weisen in die gleiche Richtung. Aus diesen Befunden kann man auch schlussfolgern, dass dem Image-Management der Kampagnenführung enge Grenzen gesetzt sind.[257]

Insgesamt zeigen die meisten der hier referierten Untersuchungen zu den deutschen Bundestagswahlen, dass die Medienimages für die Vorstellungen der Wähler von den Kanzlerkandidaten eine große Bedeutung haben und deren Wahlentscheidung beeinflussen. Ähnlich lautet das Fazit des Forschungsberichts von Dahlem, der auch US-amerikanische Untersuchungen einbezieht (2001: 195).

6.4 Wahlkommunikation und Wahlentscheidung

Auch wenn bei Untersuchungen der Wahlkommunikation weniger der Wahlakt selbst als dessen Voraussetzungen im Mittelpunkt stehen, sind sie doch meist im Hinblick auf die Folgen für die Wahlentscheidung angelegt. Sie nehmen nicht nur an, dass die Massenmedien eine wichtige Rolle bei der Konstruktion der Kandidatenimages, der Definition der Wahlkampfagenda und der Umsetzung der Kampagnenstrategie der Parteien spielen. Oft werden auch Folgen für die Wahlentscheidung wie z.B. Kandidaten- oder Parteipräferenzen als abhängige Variablen

---

257 Vgl. oben Abschnitt 6.2.2, insbes. Textbox 6.3

direkt in die Untersuchungen mit einbezogen. Die im vorhergehenden Abschnitt beschriebenen Analysen von Zusammenhängen zwischen Fernsehen, Kandidatenimages und Wahlergebnis sind dafür ein typisches Beispiel.

Man kann diese Zusammenhänge aus unterschiedlichen Blickwinkeln betrachten, ausgehend von den Medien oder von den Wählern. Die medienzentrierte Perspektive untersucht die Bedeutung der Wahlkommunikation – wie z.B. Kandidatenimages im Fernsehen – für die Kampagne und für die Meinungsbildung der Bürger. Die wählerzentrierte Perspektive untersucht das Wahlverhalten und versucht zu erklären, welchen Einflüssen es unterliegt (Dahlem 2001: 21 ff.).

Die *Erie-County*-Studie zur US-Präsidentschaftswahl 1940, die den Höhepunkt der frühen empirischen Wahlforschung markiert, vereinte noch beide Perspektiven (vgl. Lazarsfeld, Berelson und Gaudet 1944). In der Folgezeit kam es zur Trennung der Erforschung des Wählerverhaltens einerseits und der Erforschung der Wahlkommunikation andererseits. Auf das Wählerverhalten (und weitere Aspekte demokratischer Wahlen) konzentrierte sich die politikwissenschaftliche Wahlforschung, auf die Wahlkommunikation die politische Kommunikationsforschung. In jüngster Zeit gibt es jedoch bemerkenswerte Annäherungen zwischen den beiden Forschungsrichtungen; zumindest werden die Forschungsergebnisse gegenseitig wahrgenommen (vgl. Falter und Schoen 2005, sowie den ambitionierten Versuch einer Integration der Forschungsansätze von Dahlem 2001).

Im Folgenden wird die medienzentrierte Perspektive beibehalten, jedoch ergänzt um einige weitere Aspekte, die bei der Wahlentscheidung eine wichtige Rolle spielen, wie die interpersonale Kommunikation, die Wahlwerbung und die Parteiidentifikation der Wähler. Der Abschnitt endet mit einer zusammenfassenden Betrachtung der komplexen Beziehungen zwischen Wahlkommunikation und Wahlentscheidung.

6.4.1 Einflüsse auf die Wahlentscheidung

Die *Erie-County*-Studie galt lange Zeit als Kronzeuge für vermeintlich geringe Einflüsse von Wahlkampagnen auf die Entscheidungen der Wähler. Die Autoren der Studie hatten dieser Interpretation Vorschub geleistet. Sie waren überrascht vom Ausmaß selektiver Nutzung und Wahrnehmung der Kampagnenkommunikation. Zur Erklärung dieses Befundes nahmen sie an, dass die Wähler sich gegen Überzeugungs- und Umstimmungsversuche abschirmen, damit ihre bestehenden politischen Einstellungen nicht infrage gestellt werden. Darüber hinaus verwiesen sie auf soziale Interaktionen in Familie, Freundeskreis und Arbeitsumfeld, aus denen, so ihre Annahme, eine wechselseitige Bestärkung gemeinsamer Überzeugungen resultiert, weil die meisten Menschen in einem politisch homogenen Umfeld leben (Lazarsfeld, Berelson und Gaudet 1944: xxxii f.). Interpersonale Kommunikation und persönlicher Einfluss (*personal influence*) waren neue Elemente in der Erklärung der Meinungsbildung im Wahlkampf. Sie rückten in Folgestudien der Lazarsfeld-Gruppe weiter ins Zentrum der Betrachtung (Berelson, Lazarsfeld und McPhee 1954, Katz und Lazarsfeld 1955, Katz 1957). Und sie inspirierten seitdem eine Vielzahl von konzeptionellen Überlegungen und empirischen Untersuchungen.

Der Stimmabgabe bei der Wahl muss zunächst die Entscheidung der Wähler, sich an der Wahl zu beteiligen, vorausgehen. Unabhängig vom Ergebnis der Wahl wird allein schon der Wahlbeteiligung große politische Bedeutung beigemessen. Daher richtet sich ein wichtiger Teil der Forschung auf die Höhe der Wahlbeteiligung bzw. Wahlenthaltung und deren Erklärung (Feist 1994, Kleinhenz 1995, Lange 2005). Die Wahlbeteiligung ist nicht nur notwendige Voraussetzung der Wahlentscheidung. Der Grad der Beteiligung wird auch als Indiz für die demokratische Legitimation der Gewählten interpretiert. Darüber hinaus gilt die Wahlbeteiligung als ein Maßstab der politischen Partizipation der Bürger.[258]

Differenzierung von Kampagneneffekten

Die Höhe der Wahlbeteiligung kann sich überdies auf das Wahlergebnis auswirken. Wenn sich verschiedene Wählersegmente in unterschiedlichem Umfang an der Wahl beteiligen, können davon einzelne Parteien oder Kandidaten besondere Vorteile oder Nachteile haben. Aus der Sicht des Kampagnenmanagements einer Partei bzw. eines Kandidaten muss daher die Mobilisierung der Wähler – und insbesondere der Anhänger bzw. Stammwähler – eine hohe Priorität haben. Die Mobilisierung hat nicht nur zum Ziel, das jeweilige Wählerpotential möglichst auszuschöpfen. Sie dient auch dazu, freiwillige Wahlhelfer zu rekrutieren und zu motivieren, damit diese die Kampagnenorganisation unterstützen. Nicht zuletzt gelten mobilisierte Anhänger und Parteimitglieder auch als Meinungsführer in der interpersonalen Kommunikation. Sie unterstützen die Kampagne durch Überzeugungsarbeit in ihrem sozialen Umfeld und beeinflussen das Meinungsklima in der Gesellschaft (Radunski 1980: 118 ff.).

Über die Mobilisierung hinaus muss das Kampagnenmanagement auch anstreben, die Anhänger und Stammwähler in ihrer Überzeugung zu bestärken und davon abzuhalten, eine andere Partei zu wählen, sowie „abtrünnige" Anhänger wiederzugewinnen. Ferner gilt es, möglichst viele der unentschiedenen Wähler zu überzeugen oder, soweit sie schon als Sympathisanten gelten können, zur Stimmabgabe zu bewegen. Schließlich ist es Ziel der Kampagne, Anhänger aus dem Lager anderer Parteien umzustimmen, auch wenn die Chancen dafür geringer sind.

---

258 Dieser Aspekt und der Zusammenhang zwischen Kommunikation und Wahlbeteiligung wurde oben schon im Kontext der Partizipationsforschung behandelt (vgl. Abschnitt 5.6).

Tabelle 6.5: Typologie der Kampagneneffekte

		Gegen Ende der Kampagne:		
		Wahlabsicht entspricht der Disposition	Wahlabsicht ist konträr zur Disposition	noch unentschieden
	Wahlabsicht entspricht der Disposition	*Bestärkung* 36	*Umstimmung* 2	*partielle Umstimmung* 3
Zu Beginn der Kampagne:	Wahlabsicht ist konträr zur Disposition	*Wieder-gewinnung* 3	*Bestärkung* 17	*partielle Umstimmung* 3
	noch unentschieden	*Aktivierung* 14	*Umstimmung* 6	*kein Effekt* 16

Die Prozentzahlen in den Zellen drücken die Stärke einzelner Effekte als Anteile am Gesamteffekt der US-amerikanischen Präsidentschaftskampagne 1940 aus.
Quelle: Lazarsfeld, Berelson und Gaudet (1944: 102); vgl. auch Schoen (2005: 535)

Eine erste und heute noch gültige Typologie der verschiedenen Kampagnenziele bzw. –effekte findet sich bereits in der *Erie-County*-Studie aus dem US-amerikanischen Wahlkampf 1940. Sie diente den Autoren dazu, einzelne Kampagneneffekte quantitativ abzuschätzen und damit den Erfolg der Kampagne differenziert zu messen (vgl. Tabelle 6.5). Dazu verglichen sie die Disposition der Wähler, die Republikanische oder die Demokratische Partei zu wählen, mit ihrer im Interview geäußerten Wahlabsicht jeweils zu Beginn und Ende des Wahlkampfes. Die republikanische bzw. demokratische Disposition (*predisposition*) ermittelten sie anhand demographischer Merkmale, die hoch mit der Parteineigung korrelieren.[259]

Mit dem in Tabelle 6.5 dargestellten Schema fassten die Autoren ein zentrales Ergebnis ihrer als Panelstudie angelegten Analyse des Wählerverhaltens zusammen. Dieses Ergebnis zeigt die Abbildung in den Zellen als Anteil der einzelnen

---

259 Es waren dies sozio-ökonomischer Status, Religionszugehörigkeit (protestantisch oder katholisch) und Wohnmilieu (ländlich oder städtisch); vgl. oben Abschnitt 6.1.1.

Effekte am Gesamteffekt der Kampagne (die Summe aller Werte in den Zellen beträgt 100). Zur Überraschung der Autoren bewirkte die Kampagne vor allem eine Bestärkung und Stabilisierung der politischen Disposition der Wähler (Werte in der Diagonale: 36+17=53). Rechnet man die Wähler hinzu, die am Ende der Kampagne genauso wie zu Beginn noch unentschieden waren (16 Prozent), kommt man auf einen Anteil von 69 Prozent der Wähler, die von der Kampagne scheinbar unbeeinflusst blieben. Der damals unerwartete Befund beeindruckte die frühe Wahlforschung so sehr, dass jahrzehntelang die Meinung vorherrschte, Wahlkampagnen seien weitgehend wirkungslos. Mehr noch, es setzte sich die Überzeugung durch, dass allgemein die Wirkung der Massenmedien eher minimal sei und vor allem in der Bestärkung bereits vorhandener Dispositionen und Einstellungen bestünde. Diese wissenschaftsgeschichtlich bedeutende Folge der *Erie-County*-Studie ist oft beschrieben worden.[260]

Aus heutiger Sicht jedoch und nach der Erfahrung mit weiteren fast sieben Jahrzehnten politischer Kommunikationsforschung würde man das Ergebnis eher als beeindruckenden Kampagnenerfolg interpretieren. Denn nicht weniger als 31 Prozent der Wähler änderten ihre Wahlabsicht, sie wurden entweder partiell oder ganz umgestimmt oder wieder gewonnen oder doch zumindest aktiviert. Und selbst von den Übrigen kann man annehmen, dass die Kampagne ein Teil dazu beitrug, dass sie in ihrer Disposition bestärkt wurden.

Interpersonale Kommunikation und Meinungsführer

Eine Erklärung für den vermeintlich geringen Effekt der Kampagne sahen die Autoren der *Erie-County*-Studie in der interpersonalen Kommunikation, d.h. in Gesprächen und Diskussionen im Familien- und Freundeskreis. Die Teilnahme der Wähler an interpersonaler Diskussion und Beeinflussung ermittelten sie mit zwei Fragen, die auch noch heute in ähnlicher Formulierung eingesetzt werden: *Haben Sie in letzter Zeit versucht, andere politisch zu überzeugen? Hat Sie in letzter Zeit jemand um politischen Rat gefragt?*[261]

Befragte, die auf eine oder beide Fragen mit „Ja" antworteten, wurden als Meinungsführer eingestuft (auf 21 Prozent der Wähler in Erie County traf das zu). Es waren Personen mit ausgeprägtem Interesse an Politik, mit intensiver Mediennutzung und hoher Beteiligung an interpersonaler Kommunikation. Die Autoren fanden in ihren Daten, dass Wähler, die im Lauf der Kampagne aktiviert oder umgestimmt worden waren, relativ oft persönliche Kontakte als Einflussquelle nannten. Daraus leiteten sie das Modell des *Zwei-Stufen-Flusses der Kommunikation* ab (*two-*

---

260 Zur Vervollständigung des Bildes muss allerdings darauf hingewiesen werden, dass noch weitere Studien der damaligen Zeit im Sinne der *Minimal-Effects-Hypothese* interpretiert wurden und dass dazu auch damals dominierende sozialwissenschaftliche Theorien beitrugen.
261 „Have you tried to convince anyone of your political ideas recently?" „Has anyone asked your advice on political questions recently?" (Lazarsfeld, Berelson und Gaudet 1944: 50)

step-flow of communication): Diesem Modell zufolge übernehmen die Meinungsführer im Wahlkampf Ansichten aus den Massenmedien und geben diese im Gespräch an politisch weniger aktive Bürger weiter.

In der inzwischen recht umfangreichen Nachfolgeforschung wurden das Zwei-Stufen-Modell und das Meinungsführerkonzept vielfach modifiziert (zusammenfassend dazu Klingemann 1986, Dahlem 2001: 375 ff., Schenk 2002: 320 ff.). Eine Weiterentwicklung des Zwei-Stufen-Modells ist das Netzwerkmodell. Es geht von komplexeren sozialen Strukturen aus als es die hierarchische Beziehung von „Führern" und „Gefolgsleuten" impliziert. Das Netzwerkmodell unterscheidet demgegenüber Beziehungen unterschiedlichen Charakters, z.b. starke und schwache Verbindungen, Primärgruppen- und Sekundärgruppenbeziehungen sowie Beziehungen, die durch bestimmte Rollen – z.B. Ehepartner, Arbeitskollege, Nachbar – definiert sind; ferner Personen mit unterschiedlichen Positionen im Netz, z.B. zentralen und marginalen; schließlich auch unterschiedliche Strukturcharakteristika der Netze, z.b. Dichte, Kohäsion, Homogenität (Schenk 1995).[262]

Eine andere wichtige Weiterentwicklung ist die Unterscheidung von *Informationsflüssen* einerseits und *Einflussnahmen* andererseits, verbunden mit der Erkenntnis, dass die Wähler zwar in Gesprächen und Diskussionen beeinflusst werden können, ihre Informationen aber auch direkt – gleichsam einstufig – aus den Massenmedien beziehen. Schließlich bemüht sich die Forschung um eine genauere Identifizierung und Charakterisierung von Meinungsführern oder „Einflussreichen", wie sie auch genannt werden (Weimann 1994). Dabei brachte die von Noelle-Neumann entwickelte *Skala der Persönlichkeitsstärke* einen inzwischen vielfach genutzten methodischen Fortschritt (Spiegel-Verlag 1983).

An Umfragedaten zu Wahlen in den 1990er Jahren arbeiten Noelle-Neumann und Co-Autoren (1999) die These heraus, dass sich interpersonale Kommunikation nicht nur auf das Verhalten einzelner Wähler auswirkt, sondern auch Konsequenzen für das allgemeine Meinungsklima hat und unter Umständen kollektive Meinungsumschwünge herbeiführt. Das ist auf die besonderen Eigenschaften der Meinungsführer zurückzuführen. Auf Grund ihrer intensiven Teilnahme an der Kampagnenkommunikation scheinen Meinungsführer zum Beispiel besonders sensibel für die Meinungstrends im Wahlkampf zu sein, so dass ihre Parteipräferenz mitunter ein Frühindikator für den Wahlausgang ist (vgl. auch Textbox 6.5).

---

262 Um Netzwerke empirisch zu identifizieren, gibt es verschiedene Methoden. So werden z.B. im Interview die Interaktionspartner einer Person erfragt und mitunter, ausgehend von diesen, dann auch noch deren Interaktionspartner im Schneeballverfahren ermittelt.

Textbox 6.5: Eigenschaften der Meinungsführer im Wahlkampf

■ Sie informieren sich gründlicher und können daher auch besser argumentieren,

■ sie haben einen weiten Interessenshorizont und interessieren sich für Politik auf allen Ebenen (lokal, national, international),

■ sie sind besonders kommunikationsbegabt, können sich gut und interessant ausdrücken,

■ sie haben leichten Zugang zu Menschen aus anderen Schichten und Altersgruppen, überbrücken damit Kommunikationsbarrieren innerhalb der
   Gesellschaft,

■ sie sind einfühlsam, interessieren sich für andere Menschen, sind weniger
   egozentrisch, eher hilfsbereit, wirken sympathisch,

■ sie erliegen weniger der Isolationsfurcht, geben weniger der „Schweigespirale" nach.

Quelle: Noelle-Neumann (1999: 211 ff.)

Dabei gibt es allerdings Unterschiede bei einzelnen Wahlen, abhängig von der jeweiligen politischen Situation. So war der persönliche Einfluss besonders intensiv
im Wahlkampf 1998, der zu einem Regierungswechsel führte. Er kann als Beispiel
dafür gelten, dass interpersonale Kommunikation nicht nur zur Homogenisierung
der Meinungen im sozialen Umfeld der Wähler führt, wie es noch die Autoren der
Erie-County-Studie annahmen. Mitunter bewegen die Meinungsführer auch die
Wähler in ihrem Umkreis zum Wechsel des politischen Lagers.

Eine international vergleichende Untersuchung von Schmitt-Beck (2000) belegt
mit akribischen Analysen, dass interpersonale Kommunikation auch in modernen,
stark medienbasierten Wahlkämpfen eine wichtige Rolle spielt. Diesen Analysen
zufolge liegt die Bedeutung von interpersonaler Kommunikation allerdings eher in
der Aktivierung der Wähler als in deren Umstimmung, und das besonders bei politisch wenig involvierten Bürgern. Bedeutsam ist vor allem der Austausch in Pri-
märbeziehungen, vor allem unter Ehepartnern. Die Studie zeigt auch, dass es zum
Teil erhebliche Unterschiede bei einzelnen Wahlen und zwischen einzelnen Ländern gibt. So war beispielsweise der Einfluss interpersonaler Kommunikation rela-

tiv groß bei Wahlen in Spanien und den USA (1992 bzw. 1993), gering dagegen in Westdeutschland bei der Bundestagswahl 1990.[263]

Wahlveranstaltungen und Wahlwerbung

Ein für die Wahlentscheidung bedeutender Faktor ist die Parteienkampagne in der Form von Wahlveranstaltungen und Werbemaßnahmen. Jedenfalls ist das die Annahme der Kampagnenplanung und Rechtfertigung dafür, dass in die Kampagnenkommunikation erhebliche finanzielle Mittel investiert werden. Sie lagen allein für den bundesweiten Wahlkampf 2002 bei über 81 Millionen Euro (Summe für alle im Bundestag vertretenen Parteien nach deren eigenen Angaben, vgl. Müller 2002). Diesem Betrag sind weitere beträchtliche Aufwendungen auf Länder- und Kommunalebene hinzuzurechnen, die nicht erfasst sind. In Deutschland erhalten die Parteien einen Teil der Wahlkampfkosten aus Steuermitteln erstattet.[264]

Die einzelnen Maßnahmen der Parteienkampagne unterscheiden sich in ihrer Reichweite, in der Wahrnehmung durch die Wähler und in ihrer Überzeugungskraft. So erreichen Wahlveranstaltungen der Parteien und Kandidaten nur einen relativ kleinen Teil der Wähler direkt. Im Bundestagswahlkampf 2002 gaben rund zehn Prozent der Wähler an, dass sie wenigstens manchmal Wahlveranstaltungen besuchten (vgl. Tabelle 6.6). Es sind in erster Linie Personen mit starkem Interesse an Politik und mehr oder weniger überzeugte Anhänger, die zu den Veranstaltungen gehen. Die Bedeutung der Veranstaltungen liegt also in erster Linie darin, die Anhänger zu bestärken und mit Argumenten auszustatten. Allerdings haben vor allem Veranstaltungen mit den Spitzenkandidaten eine hohe indirekte Reichweite durch die Berichterstattung der Medien (die allerdings dann auch die politischen Botschaften filtern und interpretieren).

Die verschiedenen Mittel und Maßnahmen bezahlter Wahlwerbung werden von den Wählern sehr unterschiedlich wahrgenommen. Am stärksten von den deutschen Wählern beachtet werden Plakate. Daher spielt dieses eher traditionelle Werbemedium hierzulande nach wie vor eine wichtige Rolle (vgl. Mannstein 2000, Müller 2002, Lessinger, Moke und Holtz-Bacha 2003).[265] Die Wahrnehmung von

---

263 Relativ groß war 1990 allerdings der Einfluss bei den Wählern in Ostdeutschland, die sich bei der ersten Wahl nach der Vereinigung noch deutlich anders verhielten als die Wähler in den alten Bundesländern.

264 Die Parteien erhalten für die ersten vier Millionen gültigen Listenwählerstimmen jährlich jeweils 85 Cent pro Stimme bei einem Stimmenanteil von über 0,5 Prozent bei Bundestagswahlen (bzw. von über 1,0 Prozent bei Landtagswahlen). Jede weitere Stimme bringt jährlich 70 Cent. Darüber hinaus wird ein Zuschuss von 38 Cent pro eingeworbenen Spenden-Euro gewährt. Die absolute Obergrenze für die Zuschüsse an alle Parteien liegt bei 133 Millionen Euro jährlich (Gesetz über die politischen Parteien – Parteiengesetz – vom 31. Januar 1994, zuletzt geändert am 22. Dezember 2004, vgl. auch Korte 2007).

265 Eine andere Rangfolge lassen die Werbeinvestitionen der Parteien erkennen. Traditionell überragt in Deutschland die Bedeutung der Tageszeitungen für Wahlwerbung alle anderen Medien bei

TV-Spots und Zeitungsanzeigen ist etwas geringer; weniger beachtet werden Spots im Radio, am wenigsten Flugblätter und Broschüren der Parteien. Dies sind allerdings nur grobe Angaben, abgeleitet aus Selbsteinschätzungen in Wählerumfragen (Schulz 1998b, Schulz, Zeh und Quiring 2000).

Tabelle 6.6: Die Reichweite von Wahlveranstaltungen

Wahlkampf- veranstaltungen besuchen:	Wähler insgesamt	Wähler mit Interesse für Politik:		
		sehr, ziemlich stark	mittel- mäßig	weniger stark, überhaupt nicht
	%	%	%	%
sehr oft, oft	3	7	1	1
manchmal	7	11	5	1
selten , nie	89	81	92	96
keine Angabe	1	1	1	2
	100	100	100	100
N	(1665)	(563)	(690)	(396)

Fragen: „Man kann sich ja auf verschiedene Weise mit dem Wahlkampf beschäftigen. Sagen sie mir bitte, wie oft Sie Folgendes im laufenden Wahlkampf machen: sehr oft, oft, manchmal, selten oder nie." „Wie stark interessieren Sie sich für Politik?"
Quelle: Zentralarchiv für empirische Sozialforschung[266]

---

weitem. Allerdings lässt die Entwicklung bei den letzten Wahlkämpfen einen Bedeutungsverlust der Anzeigenwerbung in Tageszeitungen erkennen (Lieske 2006).

266 Ergebnisse aus einer repräsentativen Umfrage vor der Wahl 2002, die zwischen dem 9. 8. und 21. 9. 2002 durchgeführt wurde. Die gleiche Frage wurde noch einmal in einer Nachwahlbefragung gestellt, und da gaben dann rund acht Prozent der Wähler an, sie hätten (manchmal oder oft) Wahlkampfveranstaltungen besucht. Die Ergebnisse entstammen dem Datensatz der ZA-Studie 3861 „Politische Einstellungen, politische Partizipation und Wählerverhalten im vereinigten Deutschland 2002", Primärforscher: J. W. Falter, O. W. Gabriel und H. Rattinger (weder die Datengeber noch das Zentralarchiv tragen irgendeine Verantwortung für meine Analyse oder Interpretation der Daten; W.S.).

In der politikwissenschaftlichen Wahlforschung wird diesem Aspekt der Kampagne wenig Aufmerksamkeit gewidmet.[267] Dagegen beachtet die politische Kommunikationsforschung – vor allem in den USA – stärker die politische Werbung, ihre Inhalte, ihren Stil und ihre Wirkungen (vgl. Kaid und Holtz-Bacha 1995, Kaid 2004b). Einen wesentlichen Schub erhielt die Forschung durch eine Untersuchung von Patterson und MacClure (1976), aus der u.a. hervorging, dass amerikanische Wähler mehr über die Wahlkampfthemen aus den Parteienspots lernen als aus den Fernsehnachrichten.

Während sich die US-amerikanische Forschung auf Werbung im Fernsehen konzentriert, nehmen Untersuchungen deutscher Wahlkämpfe neben den TV-Spots auch Anzeigen, Plakate und Direktwerbung in den Blick.[268] Das entspricht der unterschiedlichen Bedeutung der Werbemittel hüben und drüben. Die Studien zeichnen meist inhaltsanalytisch die Inhalte der Werbung nach oder überprüfen unter Laborbedingungen und auf Individualebene deren Rezeption. Einen Versuch, wenigstens indirekt auf Aggregatebene Beziehungen zwischen Wahlwerbung und Wahlentscheidung abzuschätzen, unternimmt Ohr (2005a) anhand einer Umfrage im Wahlkampf 2002. Er zeigt, dass die Bewertung der Parteienkampagnen einen Effekt auf die Wahlentscheidung hat, und zwar über den Effekt der Parteiidentifikation hinaus.

Man kann ferner einen mittelbaren Einfluss der Wahlwerbung auf die Medienagenda vermuten. Die Werbekampagne ist nicht nur Teil der Parteiaktivitäten, über die von den Medien in Wahrnehmung ihrer Chronistenpflicht berichtet wird. Es ist zu vermuten, dass sie darüber hinaus die Kriterien der Nachrichtenauswahl beeinflusst, indem sie den Journalisten Anhaltspunkte dafür liefert, welche Wahlkampfthemen aktuell und relevant sind. Auf der anderen Seite gehen aber auch Erkenntnisse aus der Medienbeobachtung durch die Parteien in deren Konzeption der Wahlwerbung ein. Eine nach Marketinggesichtspunkten professionell konzipierte Kampagne stützt sich auch auf Medienanalysen.[269]

6.4.2 Erklärungen des Wählerverhaltens

Die Entscheidung der Wähler zur Beteiligung an der Wahl und zur Stimmabgabe für eine Partei bzw. für einzelne Kandidaten hängt von einer Reihe von Faktoren ab. Man kann diese zunächst einmal abstrakt unterscheiden in externe und interne

---

267 So ist bezeichnend, dass es im umfangreichen „Handbuch der Wahlforschung" keinen eigenen Beitrag zu diesem Thema gibt (vgl. Falter und Schoen 2005). Nur am Rande geht Schoen (2005) in seinem Beitrag zur Wahlkampfforschung auch auf Wahlwerbung ein.
268 Vgl. etwa Kaid und Tedesco (1999), Holtz-Bacha (2000, 2006d), Römmele (2002), Keil (2003), Lessinger, Moke und Holtz-Bacha (2003) sowie mehrere Beiträge in Holtz-Bacha (2006b).
269 Vgl. oben Tabelle 6.2

Faktoren sowie in langfristig und kurzfristig wirksame Faktoren (Kepplinger, Brosius und Dahlem 1994b: 15, Dahlem 2001: 21 ff.). Zu den *externen* Faktoren gehören u. a. die allgemeine politische Lage und die soziale Situation der Wähler. Die politische Lage wird u.a. von der Regierungskonstellation, von den politisch führenden Personen, von aktuellen Ereignissen und den vorherrschenden politischen Problemen, insbesondere von der Situation der Wirtschaft und vom dominierenden Meinungsklima bestimmt. Die soziale Situation der Wähler ergibt sich aus objektiven und aus subjektiven Faktoren. Die *objektiven* Faktoren lassen sich mit Hilfe sozio-ökonomischer Merkmale der Wähler beschreiben wie z.B. Alter, Geschlecht, Konfession, Bildung, Beruf, Einkommen, Wohnmilieu (z.B. städtisch – ländlich). Die politische Bedeutung dieser Faktoren hängt auch von ihrer *subjektiven* Wahrnehmung ab, z.B. davon, wie sehr sich Wähler als Angehörige einer Religionsgemeinschaft oder sozialen Klasse empfinden oder ob sie ihre gegenwärtige soziale Stellung oder wirtschaftliche Lage gegenüber früher als besser oder schlechter einstufen.

Bei den *internen* Faktoren ist in der Wahlforschung die Unterscheidung in langfristige und kurzfristige Einflüsse üblich. Als *langfristige* Einflüsse gelten die ideologische Überzeugung und Wertorientierung der Wähler, die ihren erkennbaren Ausdruck in der Identifikation mit einer der politischen Parteien findet. *Kurzfristig* wirksam sind die im Wahlkampf diskutierten Sachfragen und die zur Wahl stehenden Kandidaten. Auch hier kann man wieder eine Unterscheidung in eine objektive und eine subjektive Dimension vornehmen. Objektive Aspekte einer Sachfrage wie das Steuersystem lassen sich u.a. an rechtlichen Regelungen festmachen, die subjektiven Aspekte an den Vorstellungen der Wähler von diesen Regelungen, ihrer Gerechtigkeit und Wirksamkeit, ihrem Einfluss auf die eigene Situation usw. Entsprechend kann man für Kandidaten deren objektive Merkmale – wie u. a. Geschlecht, Alter, Parteizugehörigkeit, Aussehen – und deren von den Wählern subjektiv interpretiertes Image unterscheiden.

Das sozialpsychologische Modell der Wahlentscheidung

Die Unterscheidungen gehen im Wesentlichen zurück auf die Forschergruppe um *Angus Campbell* an der University of Michigan in Ann Arbor, die in den 1950er Jahren ein Modell des individuellen Wahlverhaltens entwarf (vgl. Campbell, Gurin und Miller 1954, Campbell et al. 1960, vgl. Abbildung 6.6). Der Ansatz wird in der Literatur als *sozialpsychologisches Modell* (auch *Michigan-Modell* oder *Ann-Arbor-Modell*) bezeichnet (vgl. etwa Bürklin und Klein 1998: 57 ff., Schoen und Weins 2005). Im Laufe der Zeit ist das Modell vielfach modifiziert worden. Merkmal aller Varianten ist jedoch, dass sie sich auf interne Faktoren konzentrieren und andere Faktoren allenfalls indirekt als (dem Modell) externe Bedingungen berücksichtigen. Wahlkommunikation und Medieneinflüsse werden zur Erklärung des Wahlverhaltens nicht explizit herangezogen. Diese und andere externe Bedingungen sind allerdings insofern wirksam, als sie die Wahrnehmungen und Einstellungen der Wähler, insbesondere deren Parteiidentifikation prägen.

Im sozialpsychologischen Modell liefert die Parteiidentifikation der Wähler die relativ beste Erklärung und Prognose ihres Wahlverhaltens. Sie wird seit den Pionierstudien der Campbell-Gruppe zweistufig operationalisiert, indem zunächst allgemein nach der Neigung zu einer der politischen Parteien gefragt wird und dann im Anschluss daran nach der Stärke der Neigung.[270] Auf diese Weise kann man nicht nur Parteianhänger und Unabhängige unterscheiden, sondern auch Abstufungen nach der Intensität der Parteineigung vornehmen.

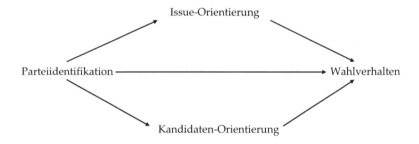

Abbildung 6.6: Das sozialpsychologische Modell der Wahlentscheidung

Parteibindungen und sozialer Wandel

Seit den Anfängen der empirischen Wahlforschung ist aber auch bekannt, dass die Parteiidentifikation ihrerseits am besten durch sozio-ökonomische Merkmale der Wähler erklärt und prognostiziert werden kann. Die Autoren der *Erie-County*-Studie sprachen von den *predispositions* der Wähler.[271] Die Wähler sind deshalb disponiert, eine bestimmte Partei zu wählen, weil Parteien ihre Ziele und Programme an den Interessen (potentieller) Wähler ausrichten. Diese Interessen hängen von Merkmalen ab wie Klassenlage bzw. sozialer Status (Bildung, Berufsstellung, Einkommen), von der Konfession, vom Alter, vom Geschlecht, dem Lebensumfeld

---

270 Die in deutschen Wahlumfragen im Allgemeinen verwendeten Formulierungen lauten: „Viele Leute neigen in der Bundesrepublik längere Zeit einer bestimmten Partei zu, obwohl sie auch ab und zu eine andere Partei wählen. Wie ist das bei Ihnen: Neigen Sie – ganz allgemein gesprochen – einer bestimmten Partei zu? Wenn ja, welcher? Bitte nennen Sie mir den Buchstaben von der Liste." – „Wie stark oder wie schwach neigen Sie, alles zusammengenommen, dieser Partei zu? Neigen Sie sehr stark, stark, mittelmäßig, schwach oder sehr schwach zu?"

271 Vgl. oben Abschnitt 6.1.1

(Stadt, Land, Region) und anderen Bedingungen. Je besser es einer Partei gelingt, sich auf die Interessenlagen bestimmter – und möglichst großer – Wählersegmente einzustellen, desto enger die Wählerbindungen an die Partei und desto größer die Wahlchancen der Partei.

Die Zusammenhänge, die diese Annahme zum Ausdruck bringt, haben sich jedoch im Lauf der Zeit abgeschwächt. Das lässt sich nicht nur an der nachlassenden Prognosefähigkeit sozio-ökonomischer Variablen für das Wahlverhalten erkennen. Es drückt sich auch in der Zunahme der Wechselwähler aus. Mehr Wähler wechseln die Partei von Wahl zu Wahl wie auch ihre Wahlabsicht im Verlaufe des Wahlkampfes. So belegen Kepplinger und Maurer (2005: 102 f.) in einer Langzeitstudie, dass die Mehrzahl der deutschen Wähler innerhalb von viereinhalb Jahren – zwischen 1998 und 2002 – ihre Parteineigung wechselte, und zwar zum Teil mehrfach. Indikatoren sind ferner zunehmendes Stimmen-Splitting (d.h. Erst- und Zweitstimme werden bei der Bundestagswahl verschiedenen Parteien gegeben) und eine große Zahl von Unentschiedenen noch kurz vor dem Wahltag. Darüber hinaus beklagen die Parteien einen Mitgliederschwund, und in Wählerumfragen nehmen langfristig die Befragtenanteile mit ausgeprägter Parteineigung ab (Kleinhenz 1995, Bürklin und Klein 1998: 92).

Die als *Dealignment* bezeichnete Entwicklung wird dem sozialen Wandel zugeschrieben. Der Wandel betrifft – nach einer Unterscheidung von Ohr (2005b) – die Angebotsseite im Wahlkampf und die Nachfrageseite. Auf der *Nachfrageseite*, also bei den Wählern, führte der wirtschaftliche Strukturwandel, die Steigerung des Wohlstands und ein allgemeiner Wertewandel zur Auflösung traditioneller sozialer Milieus und institutioneller Bindungen. Damit verloren Merkmale wie Religion und Klassenlage bzw. sozialer Status, Kirchen- und Gewerkschaftszugehörigkeit einiges von ihrer Determinations- und Erklärungskraft für Wahlentscheidungen. Einen Beitrag dazu leistete auch die Bildungsexpansion. Sie erweiterte die kognitiven Fähigkeiten und den Interessenhorizont der Wähler, begünstigte ihre soziale Mobilität und die Individualisierung des Wahlverhaltens (Dalton 2000).

Auf der *Angebotsseite* ist vor allem die Expansion und Differenzierung der Massenmedien bemerkenswert. Sie führte dazu, dass die Wähler immer mehr Informationen für ihre politische Meinungsbildung zur Verfügung haben, und zwar überwiegend Informationen, die von ideologisch vorgeprägten Einflusskanälen der Parteien, Kirchen, Gewerkschaften unabhängig sind. Dies trug zur Emanzipation der Wähler bei und erweiterte ihre politischen Entscheidungsspielräume (Dalton 1984, Schmitt-Beck und Schrott 1994, Bürklin und Klein 1998: 73 ff.).

Das *Dealignment* infolge des sozialen Wandels legt die Schlussfolgerung nahe, dass im Lauf der Zeit die langfristigen Faktoren, die sich in der Parteibindung manifestieren, an Einfluss auf die Wahlentscheidung verloren und kurzfristige, situative Faktoren an Einfluss gewonnen haben. Das würde bedeuten, dass zum einen die Sachfragen, die die Parteien im Wahlprogramm betonen und die im Wahlkampf diskutiert werden, zum anderen die Kandidaten, die von den Parteien aufgestellt werden und die um die Wählerstimmen werben, inzwischen einen größeren Einfluss auf die Wahlentscheidung haben. Ob und in welchem Maße dies eingetreten ist und ob sich die Wähler mehr an Sachfragen oder mehr an Kandidaten orientieren, gehört zu den zentralen Fragestellungen der empirischen Wahlforschung, die vom sozialpsychologischen Modell ausgeht. Die Antworten sind, insbesondere was die langfristige Entwicklung und die Auswirkungen des Wandels anbetrifft, noch nicht eindeutig, wie oben bereits an Ergebnissen zur Personalisierung gezeigt wurde.[272]

Auch die Rolle der Wahlkommunikation im Gefüge der externen und internen, der langfristigen und kurzfristigen Einflüsse auf die Wahlentscheidung ist noch klärungsbedürftig. Dabei können einige theoretische Überlegungen helfen, die an das Grundkonzept des sozialpsychologischen Modells anknüpfen.

		Parteiidentifikation	
		ohne/schwach	stark/sehr stark
Kognitive Mobilisierung	hoch	Unabhängige	Überzeugungswähler
	gering	Unpolitische	Gewohnheitswähler

Abbildung 6.7: Wählertypologie nach Dalton (1984)

Medienexpansion und Dealignment

Ein Vorschlag dazu ist die Wählertypologie von Dalton, die Einflüsse des sozialen Wandels auf das Wählerverhalten aufnimmt (Dalton 1984, 1996: 213 ff., vgl. auch Schmitt-Beck und Schrott 1994). Die Typologie verbindet zwei Merkmale der Wähler, zum einen die Stärke ihrer Parteiidentifikation, zum anderen den Grad ihrer „kognitiven Mobilisierung", wie es Dalton nennt.[273] Kognitiv Mobilisierte zeichnen sich durch hohe formale Bildung und starkes Interesse an Politik aus. Abbildung

---

272 Vgl. Abschnitt 6.2.2
273 „Kognitive Mobilisierung" wird durch einen Index aus den Merkmalen formale Bildung und politisches Interesse operationalisiert, die additiv miteinander verknüpft werden.

6.7 zeigt die aus der Kombination der beiden dichotomisierten Merkmalsdimensionen resultierende Typologie.[274]

Von den vier Wählertypen, die Dalton unterscheidet, sind die beiden mit relativ schwacher Parteiidentifikation besonders interessant, weil sich an ihnen am deutlichsten die Folgen des Wandels ablesen lassen. Die *Unpolitischen (apolitical)* nehmen aus Desinteresse die Leistungen der Parteien im Wahlkampf nicht in Anspruch und befriedigen stattdessen ihren geringen Orientierungsbedarf aus den Angeboten der Massenmedien, die leicht verfügbar und angenehm konsumierbar sind. Ihre Mediennutzung ist eher unterhaltungsorientiert. Es ist anzunehmen, dass ihre Wahlentscheidung (und Wahlbeteiligung) stark von der allgemeinen politischen Stimmung und vom Image der Kandidaten bestimmt wird, wie sie vor allem Fernsehen und Boulevardpresse vermitteln.

Die *Unabhängigen* nehmen demgegenüber am Wahlkampf engagiert teil und nutzen intensiv die politischen Informationsangebote auch seriöser und spezialisierter Medien. Parteibindungen haben für sie nur einen geringen Nutzen.[275] Auf Grund ihrer hohen kognitiven Kompetenz, ihrer politischen Bildung und ihres Vorwissens können sie Medienangebote als ergiebige Ressource für die Meinungsbildung einsetzen. Ein Charakteristikum der Parteianhänger – vor allem der parteitreuen *Gewohnheitswähler* – ist demgegenüber, dass ihnen die Parteiidentifikation hilft, die Themen- und Kandidaten-Komplexität des Wahlkampfes zu reduzieren.

Wenn die Annahmen über den Zusammenhang zwischen Informations- und Wahlverhalten zutreffen, könnte man folgern, dass sich bei fortschreitender Medienexpansion das *Dealignment* fortsetzt und dass dementsprechend der Anteil der unabhängigen und unpolitischen Wähler weiter zunimmt. Zugleich sinkt der Anteil der Parteigänger und Gewohnheitswähler, zumindest wird die Wahlbeteiligung zu einer schwankenden Größe. Dadurch gewinnt die Wahlkommunikation für die Mobilisierung der Wähler zunehmend an Bedeutung.

Diesen Überlegungen zufolge ist der Medienwandel zwar nicht Ursache für den Wandel des Wählerverhaltens. Er leistet aber einen Beitrag zum Wandel. Die Expansion des Mediensystems, die zur Vervielfachung des Angebots an Informations- und Unterhaltungsangeboten führte und weiterhin führt, mindert den Einfluss von Parteibindungen auf die Wahlentscheidung. Die Wähler lassen sich eher von kurzfristigen Faktoren beeindrucken, von der aktuellen Situation im Vorfeld der Wahl. An der Definition dieser Situation sind die Massenmedien entscheidend beteiligt. Sie vermitteln den Wählern eine Vorstellung von den Ereignissen des Wahlkampfes, von den vorherrschenden Themen, den Kandidaten und der allgemeinen politischen Stimmung.

---

274 Schmitt-Beck und Schrott (1994) sowie Kleinhenz (Kleinhenz 1995: 54) wählen teilweise eine andere Begrifflichkeit zur Eindeutschung der Termini Daltons.
275 Schmitt-Beck und Schrott (1994) nennen sie daher auch „Neue Parteilose".

6.4.3 Der Erfolg der Kampagne

Kampagnenmanager und Kommunikationsforscher betrachten die hier diskutierten Zusammenhänge eher aus einer anderen Perspektive. Ausgehend von der Wahlkampfführung und Wahlkommunikation lautet die Frage dann (vgl. etwa Holbrook 1996, Farrell und Schmitt-Beck 2002): *Do campaigns matter?* – oder spezifischer (Weaver und Drew 2001, Norris 2006a): *Did the media matter?* Die Frage, was die Kampagne bringt, liegt auch angesichts des enormen Ressourceneinsatzes für moderne Wahlkämpfe nahe. Lohnt dieser Aufwand?

Die unspezifisch formulierte Frage hat die Forschung in differenzierte Untersuchungsansätze übersetzt. Dabei wird weniger auf das Gesamtergebnis aller Kampagnenaktivitäten abgestellt, wie bei der Analyse der Kampagneneffekte in der *Erie-County*-Studie, die Tabelle 6.5 zeigt.[276] Das Bemühen geht vielmehr dahin, die entscheidenden Faktoren und ihren spezifischen Einfluss auf das Kampagnenergebnis zu bestimmen. Überprüft wird vor allem der Einfluss verschiedener Kommunikationsaktivitäten und Informationsquellen der Wähler.

Zum anderen wird das Kampagnenergebnis genauer definiert und mitunter an mehreren Indikatoren ermittelt. Die Aufmerksamkeit kann sich, wie in der politikwissenschaftlichen Wahlforschung vorherrschend, auf die Wahlentscheidung richten (d.h. auf die Stimmabgabe für eine Partei oder einen Kandidaten). Als Ergebnis interessiert aber auch das Ausmaß der Wählermobilisierung, indiziert durch die Wahlbeteiligung (bzw. die im Interview geäußerte Teilnahmebereitschaft). Dieser Aspekt steht dann im Vordergrund, wenn der Wahlbeteiligung als Gradmesser der politischen Unterstützung besondere Bedeutung zukommt, wie das typischerweise bei Europawahlen der Fall ist.[277] Es ist aber in der Forschung auch üblich, verschiedene kognitive Indikatoren, die der Wahlentscheidung vorgelagert sind, als Kampagnenergebnis zu definieren, z.B. Präferenzurteile zu Parteien und Kandidaten, Vorstellungen zu wahlrelevanten Problemen, Images der Kandidaten, oder Kenntnisse zu einzelnen Aspekten der Kampagne.

Im sozialpsychologischen Modell des Wählerverhaltens spielen diese Faktoren keine Rolle. Das Modell konzentriert sich auf die Wahlentscheidung als abhängige Variable und auf einige wenige erklärende (unabhängige) Variablen – wie die Parteiidentifikation, die Kandidatenorientierung und die Problemorientierung – und behandelt Kampagneneinflüsse pauschal als externe Faktoren (vgl. oben Abbildung 6.6). Es erfüllt damit den Zweck wissenschaftlicher Modellbildung, nämlich die Komplexität der realen Welt auf die Aspekte zu reduzieren, die für die Bearbeitung einer Forschungsfrage zentral sind. Die Auswahl der zentralen Aspekte folgt dabei den Interessen der politikwissenschaftlichen Wahlforschung.

---

276 Vgl. oben Abschnitt 6.4.1
277 Ähnlich ist die Situation bei bestimmten Referenden oder bei der Volkszählung.

Das Informationsverarbeitungsmodell des Wahlverhaltens

Die Interessen der politischen Kommunikationsforschung sind anders gelagert, und daher arbeitet sie meist mit anderen Modellvorstellungen. Diese konzentrieren sich eher auf die Faktoren, die denen des sozialpsychologischen Modells vorgelagert sind. Als erklärende Faktoren dienen vor allem die Informationsquellen der Wähler, aus denen sie für ihre Urteilsbildung zur Wahlentscheidung schöpfen. Außer auf die Urheber, Inhalte und Formate der Information richtet sich der Blick auf die Verarbeitung der Information. Die Verarbeitung wird als ein mehrstufiger Prozess gesehen. Die Grundstruktur der Erklärung ist also ein *Informationsverarbeitungsmodell*.

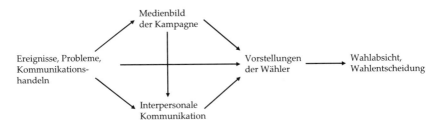

Abbildung 6.8: Informationsverarbeitungsmodell der Wahlentscheidung

An dem Verarbeitungsprozess sind die politischen Akteure, die Kommunikationsmedien und die Wähler beteiligt. Ein Flussmodell ist die naheliegende Möglichkeit, um den Prozess schematisch und verbal zu verdeutlichen (vgl. Abbildung 6.8). Man kann sich der Einfachheit halber vorstellen, dass am Beginn des Verarbeitungsprozesses die politischen Akteure und deren Kampagnenaktivitäten stehen, also die Parteien und Kandidaten sowie deren Helfer (Wahlkampfplaner, Agenturen, Berater, Unterstützer usw.). Die Kampagnenaktivitäten, die sie entfalten, sind zum einen rein kommunikativer Natur, zum anderen haben sie den Charakter von politischen Handlungen oder Ereignissen; inhaltlich sind sie oft auf Sachfragen bzw. Probleme bezogen. Kommunikative und andere Handlungen oder Ereignisse lassen sich allenfalls analytisch-abstrakt unterscheiden. Realiter sind sie eng miteinander verwoben.

Die Kampagnenaktivitäten sind teils an die Wähler gerichtet, teils an die Massenmedien. Welchen Informationsinput sie tatsächlich verarbeiten, entscheiden die Adressaten allerdings selbst. Die an die Wähler gerichteten bzw. von ihnen wahrgenommenen Kampagnenaktivitäten gehen in die Vorstellungen der Wähler ein.

Das Medienbild der Kampagne ist nach eigener Einschätzung der Wähler ihre wichtigste Quelle für die Vorstellungsbildung. Für die Wahlentscheidung besonders relevant sind zum einen die Vorstellungen über die zur Wahl stehenden Kandidaten, zum anderen über politische Probleme, die einen wesentlichen Inhalt der Wahlkommunikation ausmachen.

Der Informationsinput erreicht die Wähler teils direkt, teils vermittelt über die interpersonale Kommunikation, überwiegend jedoch über die Medien. Auch der interpersonal vermittelte Input hat seinen Ursprung zumeist in den Medien. Ganz offensichtlich direkt an die Wähler gerichtet sind die verschiedensten Formen der Wahlwerbung. Dazu gehören Kundgebungen, Straßenwahlkampf, Hausbesuche (*canvassing*), Plakate, Anzeigen, Mailings und die internetbasierte Kommunikation (vgl. Tabelle 6.7). Zum Informationsinput der Medien gehören vor allem Politikerstatements, Interviews, Presseerklärungen, ferner wahlbezogene Pseudo-Ereignisse und Ereignisse, die für die Wahlberichterstattung medialisiert werden, aber auch die primär an die Wähler gerichteten Kommunikationshandlungen. Eine andere Art des medialisierten Informationsinputs der Wähler sind politische Handlungen, deren Zweck nicht primär wahlbezogen ist, die aber doch einen beabsichtigten oder unbeabsichtigten Wahlbezug haben, wie z.B. Parteitage, Kongresse, Staatsbesuche, Staatsakte. Das gleiche gilt für „genuine" Ereignisse und Handlungen, die mit Sarcinelli (2005: 107 ff.) nicht der „Darstellungspolitik", sondern allein der „Entscheidungspolitik" zuzurechnen sind.

In die von den Massenmedien verarbeiteten und vermittelten Informationen fließen auch deren Interpretationen und Bewertungen der Kampagnenaktivitäten ein sowie die in eigener Initiative kreierten Ereignisse und Kommunikationen. Hier wären beispielsweise die von den Medien lancierten Wählerumfragen sowie die vom Fernsehen inszenierten Debatten und Diskussionsrunden zu nennen.

Technisch gesprochen nimmt das Informationsverarbeitungsmodell die Faktoren, die nach der Logik des sozialwissenschaftlichen Modells als extern gelten, als erklärende (unabhängige) Variablen in das Modell hinein, während die erklärenden Variablen des sozialpsychologischen Modells – also Präferenzen für bzw. Orientierungen an Parteien, Kandidaten, Problemen – entweder zu intervenierenden Variablen oder – anstelle bzw. neben der Wahlentscheidung – zu abhängigen Variablen werden.

Die verbale Beschreibung des Modells und die grafische Illustration (Abbildung 6.8) können freilich wesentliche Aspekte der Informationsverarbeitung nicht oder nur unvollkommen berücksichtigen. Denn zum einen gibt es zwischen den einzelnen Akteuren und Verarbeitungsstufen nicht nur linear gerichtete Abläufe, sondern auch Rückkopplungen, Wechselwirkungen, Koorientierungen und Reziprozitätsbeziehungen. Zum anderen finden diese Prozesse während des gesamten Wahlkampfes statt, so dass sich die Zusammenhänge zwischen den unabhängigen, intervenierenden und abhängigen Variablen im Lauf der Zeit verändern.[278] Dementsprechend verändert sich auch das Ergebnis der Kampagne infolge eines permanenten „Updatings" durch die von den Wählern verarbeiteten Informationen (Lodge, McGraw und Stroh 1989, Lodge, Steenbergen und Brau 1995, Holbrook 1996).

Tabelle 6.7: Informationsquellen im Wahlkampf

Quelle	Art der Information	Beispiele
Wahlkampf-Akteure	offenkundige Kampagnenereignisse	Wahlparteitage, Wahlkundgebungen
	wahlrelevante (Medien-, Pseudo-)Ereignisse	Parteitage, Kongresse, Staatsbesuche, Staatsakte (z.B. Eröffnungen, Einweihungen)
	persönliche Wählerkontakte	Straßenwahlkampf, Hausbesuche (canvassing)
	direkte mediale Wähleransprache	Flugblätter, Broschüren, Telefonate, E-Mails, Internetportale
	bezahlte Wahlwerbung	Plakate, Anzeigen, Radio-/Kino-/TV-Spots
	Medienarbeit	Pressekonferenzen, Pressemitteilungen, Hintergrundgespräche
Massen-medien	Wahlberichterstattung	Meldungen, Berichte, Dokumentationen, Umfrageergebnisse
	Medien als Plattform	Interviews, Diskussionsrunden, Debatten, „Fernseh-Duelle"
	eigene Stellungnahmen	Kommentare, Moderationen
Wähler	eigene Erfahrung, Umweltbeobachtungen	Teilnahme an Wahlveranstaltungen, Kontakte mit Wahlkämpfern, Wahrnehmung des Meinungsklimas
	interpersonale Kommunikation	Gespräche, Diskussionen in der Familie, mit Freunden, Kollegen

---

278 Ein dynamisch-transaktionales Modell wäre daher eine bessere Darstellung als ein Flussmodell (vgl. oben Abschnitt 3.5.2). Doch wie die bisherigen Versuche zeigen, lässt sich das nur schlecht grafisch umsetzen.

Es gibt eine Reihe von teils schlichteren, teils komplexeren Varianten des Informationsverarbeitungsmodells. Einige greifen explizit das sozialpsychologische Modell auf und ergänzen es um die Informationsquellen, die den Wählern als Ressourcen bei der Bildung ihrer wahlrelevanten Vorstellungen dienen (u.a. Dahlem 2001: 438 ff., Brettschneider 2005b, Quiring 2006). Andere differenzieren stärker die Verarbeitungsprozesse und vernachlässigen mehr oder weniger die Elemente des sozialpsychologischen Modells (u.a. Schmitt-Beck und Pfetsch 1994a, Knoche 2000, Norris 2002, 2006a). Auch werden die Verarbeitungsprozesse mal nur als lineare Abläufe modelliert, mal mit Rückkopplungen auf einzelnen Stufen oder über den gesamten Prozess, mal sogar unter Berücksichtigung von Zeitabläufen (u.a. Kepplinger, Brosius und Dahlem 1994b: 15 ff., Holbrook 1996: 52 ff.). Unterschiede gibt es auch bezüglich der Definition und Differenzierung des Kampagnenergebnisses.

Schließlich werden die Informationsquellen, die für die Wahlentscheidung relevant sind, in unterschiedlicher Zahl und Differenzierung berücksichtigt. Tabelle 6.7 zeigt die wichtigsten Kategorien von Informationsquellen, die als Einflüsse auf das Wahlverhalten in Betracht kommen bzw. in verschiedenen Studien in Betracht gezogen werden. Die Tabelle enthält neben der direkten und der durch Medien vermittelten Kampagnenkommunikation auch Eindrücke aus der eigenen Erfahrung der Wähler. Diese resultieren teils aus direkten Beobachtungen im persönlichen Umfeld, teils aus der interpersonalen Kommunikation in der Familie, mit Freunden, Kollegen usw. (die ihrerseits wiederum ihre Quelle in Umweltbeobachtungen, in der Kampagnenkommunikation der politischen Akteure wie auch im Medienbild der Kampagne haben).

Bedingte, moderierte und reflexive Effekte der Kampagne

Es ist forschungspraktisch kaum zu bewältigen, das ganze Spektrum möglicher Einflussquellen oder gar den gesamten Verarbeitungsprozess, wie ihn Abbildung 6.8 zeigt, in ihrer jeweils spezifischen Bedeutung für das Kampagnenergebnis empirisch abzuprüfen. Die vorliegenden Studien beschränken sich notgedrungen auf Teilergebnisse und Einzelaspekte von Kampagneneffekten. So sind unter den üblichen Ceteris-Paribus-Bedingungen der empirischen Analysen einige Effekte von Wahlkommunikation gut belegt. Dazu gehören Mobilisierungseffekte, Lerneffekte, Agenda-Setting- und Priming-Effekte, Einflüsse auf die Problemwahrnehmung und auf Kandidatenimages, auf Partei- und Kandidatenpräferenzen wie auch auf Wahlabsichten bzw. Wahlverhalten.[279]

Manche Autoren wagen sogar, wie schon Lazarsfeld und Co-Autoren in der *Erie-County*-Studie (vgl. oben Tabelle 6.5), quantitative Effektschätzungen. So nehmen beispielsweise Jamieson und Adasiewicz (2000: 26) an, dass die Fernsehdebatten in amerikanischen Wahlkämpfen bis zu vier Prozent der Wähler zu einem

---

279 Ergebnisübersichten finden sich u.a. bei Ansolabehere, Behr und Iyengar (1991), Dahlem (2001), Iyengar und Simon (2000), Schmitt-Beck (2000), Brettschneider (2005b).

Parteiwechsel bewegen. McKinney und Carlin (2004: 211) leiten aus der relevanten Forschung ab, dass bei vier von den acht US-Präsidentschaftswahlen zwischen 1960 und 2000 die Fernsehdebatten einen „kritischen" Anteil am Wahlergebnis hatten. Auf der Grundlage eines Langzeitpanels quantifizieren Kepplinger und Maurer (2005: 181) verschiedene Kampagneneffekte bei den Bundestagswahlen 1998 und 2002. So kann ein konsonant positives Medienbild einer Partei innerhalb von sechs Monaten einen Stimmengewinn von zwei Prozent bringen, eine konsonant negative Berichterstattung rund zweieinhalb Prozent Verlust. Und Ohr (2005a: 141) schätzt den positiven Effekt der Wahlwerbung der Parteien auf die Wahlentscheidung 2002 auf zweieinhalb Prozent.

Gleichwohl haben empirische Untersuchungen von Kampagneneffekten naturgemäß den Charakter von Fallstudien. Ihre Ergebnisse beziehen sich jeweils auf eine bestimmte politische Ereignislage, Kandidatenkonstellation, Kampagnenstrategie usw. Auch wenn dieser Vorbehalt in vielen Studien nicht ausdrücklich erwähnt wird, bleibt fraglich, ob und inwieweit die Ergebnisse – über den historisch Kontext und die politische Konstellation der untersuchten – Kampagne hinaus – verallgemeinert werden können. Sofern der lobenswerte Versuch unternommen wird, verschiedene Kontexte und Randbedingungen tatsächlich zu berücksichtigen und zu vergleichen, lautet das unbefriedigende Ergebnis vereinfacht gesagt: Es kommt darauf an (Norris 2002).

Kommunikationseffekte der Kampagne beruhen nicht allein auf der Strategie und Taktik der Wahlkampfführung, der überzeugenden Wahlwerbung, einer geschickten politischen Medienkampagne. Auch die eingesetzten Ressourcen, insbesondere die finanziellen Mittel, die Persönlichkeit der Kandidaten, die allgemeine politische und wirtschaftliche Lage, nicht zuletzt die Berichterstattung und Bewertung der Kampagnenaktivitäten durch die Massenmedien spielen eine wichtige Rolle. Es handelt sich, technisch gesprochen, um bedingende, intervenierende und interagierende Faktoren, die das Ergebnis der Kampagnenkommunikation mit bestimmen.

Es ist daher wenig Erfolg versprechend, den „Haupteffekt" einer Kampagne zu untersuchen, wie es Iyengar und Simon (2000) ausdrücken. Der Haupteffekt ist in der Terminologie der experimentellen Forschung die von einem Faktor direkt – d.h. ohne Beteiligung anderer Faktoren – ausgehende Wirkung. Einen solchen unmittelbaren Kausalzusammenhang zwischen Wahlkampf und Wahlentscheidung kann man, selbst wenn man sich auf einzelne Kommunikationselemente der Kampagne beschränkt, kaum erwarten. Zu erwarten sind eher kontextabhängige und durch intervenierende Variablen moderierte Effekte (vgl. auch Schmitt-Beck 2000: 73 ff.). Wie in der Wirkungsforschung allgemein gilt auch für die Kommunikation im Wahlkampf das O-S-O-R-Modell der Medienwirkung.[280]

---

280 Vgl. dazu oben Abschnitt 3.3.2

Es wäre aber falsch, darin eine Kapitulation der Wirkungsforschung zu sehen. Es kommt vielmehr darauf an, die bedingenden Kontexte und moderierenden Variablen in die Untersuchungsdesigns oder zumindest in die Interpretation der Befunde einzubeziehen. Auch wenn die Ergebnisse dann den Charakter von Fallstudien oder von zeitbedingten Post-Hoc-Erklärungen haben, sind sie zumindest ein Beitrag zum Verständnis politischer bzw. historischer Ereignisse. Im günstigen Fall fügen sie dem Gebäude kumulativer Forschung einen Baustein hinzu und tragen dazu bei, hypothetische Verallgemeinerungen und Erklärungsmodelle zu formulieren.

Zu den Verallgemeinerungen, die inzwischen durch empirische Befunde unter verschiedensten Bedingungen gestützt werden, gehören *Resonanzeffekte* der Kampagne. Als solche bezeichnen Iyengar und Simon (2000) Kommunikationswirkungen, die an vorhandene Dispositionen der Wähler anknüpfen. Zuerst kommen dabei – entsprechend einem Kernbefund der legendären *Erie-County*-Studie – die ideologische Orientierung und Parteiidentifikation der Wähler in Betracht. Botschaften, die an vorhandene Überzeugungen, Präferenzen und Erwartungen der Wähler anknüpfen und diese bestärken, sind am ehesten erfolgreich. Das wahrscheinlichste Kampagnenergebnis besteht darin, schwankende Wähler und solche mit schwacher politischer Disposition in ihren Neigungen zu bestärken und sie zu bewegen, ihrer Disposition entsprechend zu wählen (Schmitt-Beck 2000: 319).

Das bisher am weitesten akzeptierte und erprobte Erklärungsmodell ist das *sozialpsychologische Modell* der Wahlentscheidung. Das *Informationsverarbeitungsmodell* ist eine Alternative, die aus der inzwischen stark angewachsenen Erforschung politischer Kommunikation hervorging. Als eine Fortentwicklung dieser noch stark von herkömmlichen Kausalvorstellungen geprägten Erklärung könnte man das von Iyengar und Simon (2000) vorgeschlagene *spieltheoretische Modell* ansehen. Es stellt darauf ab, dass sich die Aktivitäten der verschiedenen Wahlkampfakteure wechselseitig bedingen und beeinflussen. Wahlkämpfe kann man daher als „Strategiespiele" begreifen. So muss eine Partei bzw. ein Kandidat nicht nur das Verhalten und die Botschaften der Wettbewerber ins Kalkül ziehen, sondern auch das entsprechende Kampagnenbild der Massenmedien und die Reaktionen der Wähler. Besonders offensichtlich wird das im Falle von „negative campaigning", wenn es darauf ankommt, den Angriffen des politischen Gegners eine geeignete Reaktion entgegenzusetzen, die verhindert, dass die womöglich ungerechtfertigten Vorwürfe allzu viel Medienresonanz erhalten und vom Wähler für bare Münze genommen werden.

Es kann jedenfalls als empirisch gut gesichert gelten, dass Kampagnenergebnisse aus komplexen Interaktionen resultieren zwischen den verschiedenen Akteuren, die sich wechselseitig aneinander orientieren und dabei kontinuierlich auch Veränderungen der politischen Lage und der Wählerpräferenzen zu berücksichtigen versuchen. Aber auch die Präferenzen der Wähler sind während der Kampagne sehr instabil, und ihre Wahlentscheidung ist abhängig von vielen Komponenten des Wahlkampfgeschehens.

Neben den Parteien und Kandidaten gehören die Massenmedien zu den Akteuren, die das Wahlkampfgeschehen und –ergebnis interaktiv und reflexiv mitbestimmen. Die Medien sind nicht bloß Mittler der Wahlkampfereignisse und Plattform für die Darstellung der politischen Protagonisten. Sie beteiligen sich selbst aktiv am Geschehen und bestimmen dessen Richtung, z. B. durch Medienereignisse wie die TV-Duelle, durch lancierte Umfragen, durch thematische Fokussierung, durch Interpretation des Kandidatenwettstreits und der Siegeschancen der Parteien. Indem sie das medieninduzierte Wahlkampfgeschehen in ihrer Berichterstattung als scheinbar objektive Realität präsentieren, geben sie den politischen Akteuren die Randbedingungen für deren Wahlkampfaktivitäten vor. So verstärkt sich noch einmal der Medieneinfluss durch positive Rückkopplungen.

7 Kommunikationsmanagement politischer Interessen

Politische Entscheidungen müssen implementiert werden, um ihre gesellschaftliche Steuerungsfunktion zu erfüllen, d.h. sie müssen in konkrete Vorschriften, institutionelle Ordnungen, administrative Maßnahmen und in Bürgerhandeln umgesetzt werden. An diesen Vorgängen sind die Massenmedien schon deshalb stark beteiligt, weil sie oft als erste die Entscheidungen des politisch-administrativen Systems öffentlich machen, und zwar oft schon bevor sie endgültig getroffen, „offiziell" verkündet oder praktiziert werden. In der spezifischen Weise, in der die Massenmedien ihre Informations- und Publizitätsfunktion wahrnehmen, medialisieren sie auch politische Entscheidungen und politisches Handeln. Sie beobachten, publizieren, interpretieren den Policy Output des politisch-administrativen Systems. Es besteht demzufolge ein vitales Interesse der politischen Akteure, die Informations- und Publizitätsleistungen der Medien zu kontrollieren und zur Verwirklichung ihrer politischen Ziele einzusetzen sowie durch eigene Kommunikationsaktivitäten zu ergänzen oder zu korrigieren. Dieses Kapitel behandelt die Möglichkeiten und Grenzen eines aktiven Kommunikationsmanagements der politischen Akteure.

7.1 Politikvermittlung und strategische Kommunikation

Aus Sicht der Bürger ist es Aufgabe der Politik, Probleme zu lösen. Die politischen Gewalten sind dementsprechend legitimiert, verbindliche Wertentscheidungen zu treffen. Es ist gleichwohl nicht selbstverständlich, dass Entscheidungen der Parlamente, Regierungen und Behörden von den Bürgern akzeptiert werden. Politische Entscheidungen müssen vermittelt werden, sie müssen bekannt gemacht, verdeutlicht, argumentativ erläutert werden. Gleiches gilt für die politischen Ziele und Initiativen von Parteien und Interessengruppen. Politisches Handeln in der Demokratie ist zustimmungsabhängig und infolgedessen begründungsbedürftig (Sarcinelli 1998: 11).

Der von Sarcinelli geprägte Begriff der *Politikvermittlung* nimmt darauf Bezug.[281] Wenn diese von bestimmten Interessen geleitet und planvoll auf die Erreichung bestimmter Ziele ausgerichtet ist, wird sie auch als *strategische Kommunikation* bezeichnet (vgl. etwa Manheim 1998). Der Terminus verweist zugleich auf die zunehmende Professionalisierung und Medialisierung der Politikvermittlung. Strategische Kommunikation adaptiert Methoden des Marketings und erweitert die Wahlkampagne zur permanenten Kampagne. Traditionelle Methoden der

---

281 Hier ist nur eine Facette von Sarcinellis Begriff der Politikvermittlung angesprochen.

Informationspolitik werden ergänzt und teilweise ersetzt durch Strategien des Ereignis-, Themen- und Image-Managements auf der Grundlage wissenschaftlicher Erkenntnisse. Das eingesetzte Instrumentarium umfasst neben Presse- und Öffentlichkeitsarbeit, Hintergrundgesprächen und Lobbying auch inszenierte Ereignisse bis hin zu spektakulären Protestaktionen oder gar terroristischen Anschlägen. Es orientiert sich an den Nachrichtenwerten, den Darstellungsformaten und der Produktionslogistik der Massenmedien (Pfetsch 1998).

Der Einsatz strategischer Kommunikation ist nicht auf Regierungen sowie ihnen zugehörige oder nachgeordnete Organisationen beschränkt, wie z. B. Ministerien, regionale oder lokale Behörden. Auch politische Parteien, Parlamente und Interessengruppen, Unternehmen und Gewerkschaften, Protestbewegungen und Widerstandsgruppen versuchen mit strategischer Kommunikation die Herstellung und Implementierung politischer Entscheidungen zu beeinflussen. Die Folge ist eine zunehmende Instrumentalisierung der öffentlichen Kommunikation, wie sie auch konzeptionell in der neueren Public-Relations-Theorie angelegt ist (vgl. etwa Dyllick 1989, Zerfaß 2004). Andererseits kommt es zu einer stärkeren Durchdringung der politischen Öffentlichkeit mit den partikularen Interessen der verschiedensten gesellschaftlichen Gruppen.

Strategische Kommunikation spielt zwar auf der *Output-Seite* des politischen Systems eine wichtige Rolle, insbesondere bei der Implementierung politischer Entscheidungen, aber ebenso auch auf der *Input-Seite* zur Artikulation und Aggregation gesellschaftlicher Interessen und insbesondere zur politischen Willensbildung im Wahlkampf. Ein großer Teil der Forschung konzentriert sich dementsprechend auf die strategische Kommunikation der politischen Parteien und der Akteure im Wahlkampf (vgl. etwa Lang 1980, Pauli-Balleis 1987).[282] Die folgende Darstellung setzt zwar an der *Output-Seite* des politischen Systems an, ist aber nicht auf diesen Aspekt beschränkt. Die engen Beziehungen und Wechselwirkungen zwischen Input und Output sollten nicht übersehen werden.[283]

7.1.1 Politische Öffentlichkeitsarbeit

Der abstrakte Begriff des Outputs bezeichnet die legislativen, exekutiven und judikativen Systemleistungen. Konkret geht es um die Herstellung kollektiv verbindlicher Entscheidungen und die Steuerung des gesellschaftlichen Gesamtsystems (vgl. etwa Gerhards und Neidhardt 1991). Ein Mittel dazu ist strategische Kommunikation und insbesondere politische Öffentlichkeitsarbeit.

In einem wegweisenden Urteil befand das Bundesverfassungsgericht 1977, dass Öffentlichkeitsarbeit von Regierung und Parlament nicht nur verfassungsrechtlich

---

282 Vgl. dazu oben Abschnitt 6.2.2
283 Vgl. oben Abschnitt 3.1.2

zulässig, sondern auch notwendig sei.[284] Das Gericht argumentierte, dass eine verantwortliche Teilhabe der Bürger an der Politik voraussetzt, dass die Bürger über politische Entscheidungen, Maßnahmen und Lösungsvorschläge informiert sind, um sie beurteilen, billigen oder verwerfen zu können. Besonders wenn die Politik Entscheidungen zu Lasten einzelner Gruppen treffen müsse, weil dies dem Gesamtinteresse diene, sei es Aufgabe der staatlichen Öffentlichkeitsarbeit, den Bürgern die Zusammenhänge zu verdeutlichen und Verständnis zu wecken. Schließlich habe der Bürger auch ein Anrecht darauf, dass ihm der Inhalt von Gesetzen in allgemein verständlicher Weise nahegebracht und er über seine Rechte und Pflichten aufgeklärt wird.

Kommunikation im partikularen Interesse wird heute meist, wie vom Bundesverfassungsgericht, als *Öffentlichkeitsarbeit* bezeichnet oder – mit dem englischen Ausdruck – als *Public Relations (PR)*. Früher war dafür der Begriff *Propaganda* üblich. Vor allem weil dieser Begriff in totalitären Staaten faschistischer und kommunistischer Prägung beansprucht wurde und damit als diskreditiert gilt, dient er heute meist als Negativbeispiel politischer Öffentlichkeitsarbeit. In Abgrenzung von Propaganda nimmt politische Öffentlichkeitsarbeit für sich in Anspruch, „auf den Normen wahrheitsgemäßer und sachlicher Information sowie auf dem Prinzip des ‚freiheitlichen Informationsangebots'" zu beruhen (Bentele 1998: 134). Dies ist allerdings eher als Zielvorstellung denn als eine Beschreibung der tatsächlichen Verhältnisse zu lesen. Politische Öffentlichkeitsarbeit dient mitunter auch der Desinformation und der Manipulation der öffentlichen Meinung, wie das Beispiel des Einsatzes von *Hill and Knowlton*, einer der größten Public-Relations-Firmen der USA, zur Vorbereitung des ersten Irak-Kriegs verdeutlicht (MacArthur 1993: 56 ff.). Die Agentur sollte im Auftrag der U.S.-Regierung u. a. für ein negatives Medien-Image des irakischen Diktators Saddam Hussein sorgen.[285]

Ohne besonderen normativen Anspruch kann man politische Öffentlichkeitsarbeit schlicht definieren als *das Kommunikationsmanagement politischer Interessen*. In modernen Gesellschaften handelt es sich dabei meist um organisierte Interessen. Und da sich die Öffentlichkeitsarbeit politischer Organisationen nicht wesentlich von Öffentlichkeitsarbeit für wirtschaftliche (oder auch andere, z. B. kulturelle) Organisationen unterscheidet, kann man, wie es Bentele (1998) vorschlägt, eine gebräuchliche, allgemein organisationsbezogene Definition auch für den Bereich der Politik übernehmen: *Politische Öffentlichkeitsarbeit ist das Kommunikationsmanagement der Beziehungen politischer Organisationen zu ihren Bezugsgruppen.*[286] Als „politische

---

284 Urteil des Bundesverfassungsgerichts vom 2. März 1977 zur Öffentlichkeitsarbeit von Staatsorganen (BVerfGE 44, 125 ff.)
285 Dazu diente auch die erfundene Gräuelgeschichte von kuwaitischen Frühgeborenen, die irakische Soldaten bei ihrer Besetzung Kuwaits angeblich aus den Brutkästen nahmen, so dass sie zu Tode kamen.
286 Die Definition orientiert sich an Grunig und Hunt (1984), die Public Relations auffassen als „…management of communication between an organization and its publics…".

Organisationen" sind hier nicht nur Regierungen und Parlamente zu verstehen, sondern auch Parteien, Gewerkschaften, Verbände, Nichtregierungsorganisationen (NGOs), supranationale Organisationen, soziale Bewegungen, Bürgerinitiativen und andere Organisationen, sofern sie politische Interessen verfolgen. Die „Bezugsgruppen" einer politischen Organisation sind solche Gruppen, die Macht oder Einfluss besitzen, um auf die Ziele der Organisation einzuwirken, oder deren Interessen von der Organisation berührt werden (können). Das können z.b. sein: alle Bürger oder einzelne Bevölkerungsgruppen (wie Wähler, Rentner, Autofahrer, Unternehmer, Ärzte usw.), Parteimitglieder, Bevölkerungen anderer Staaten sowie deren Regierungen.

Eine scharfe Abgrenzung politischer Öffentlichkeitsarbeit von nicht-politischer Öffentlichkeitsarbeit oder von politischem Handeln ohne dominierenden Kommunikationscharakter ist kaum möglich. Politik ist meist an Kommunikation gebunden, und auch scheinbar unpolitische öffentliche Kommunikation hat oft politische Hintergründe oder Folgen. Mehr noch: Politische Öffentlichkeitsarbeit ist nicht nur Mittel der Politik, sondern selbst auch Politik (Jarren 1994). Politik wirkt notwendigerweise in die Öffentlichkeit hinein oder findet in der Öffentlichkeit statt. Allerdings darf nicht übersehen werden, dass ein erheblicher Teil politischen Handelns in der Vorbereitung und Umsetzung politischer Entscheidungen besteht und dabei nicht öffentlich sichtbar ist (Kaase 1986, Schütt-Wetschky 1994: 56). Vor allem in politikwissenschaftlicher Perspektive wird daher auf die Unterscheidung von „Entscheidungspolitik" und „Darstellungspolitik" Wert gelegt (Sarcinelli 2005: 113 ff.).

7.1.2 Formen und Mittel politischer Öffentlichkeitsarbeit

Man kann idealtypisch eine *indirekte* und eine *direkte* Form politischer Öffentlichkeitsarbeit unterscheiden, wobei sich die erste an die Massenmedien wendet und über diese die Öffentlichkeit erreichen soll, während die zweite direkt an die Öffentlichkeit bzw. an einzelne Bezugsgruppen gerichtet ist. Erstere ist zumeist operativ ausgerichtet, Letztere oft strategisch.[287] Erstere wird meist *Pressearbeit* oder *Medienarbeit* genannt, mitunter auch *Informationspolitik*. Sie zielt darauf ab, durch Nachrichtengebung den Inhalt der aktuellen Berichterstattung der Massenmedien zu bestimmen. Sie gehört zum täglichen Geschäft der Sprecher von Regierungen, Behörden, Parteien und anderer Organisationen. Die üblichen Mittel dafür sind Pressekonferenzen, Pressemitteilungen, Statements und Interviews.

---

287 Bergsdorf (1990) betont die Unterscheidung zwischen den operativen und den strategischen Kommunikationsmaßnahmen. Erstere nennt er *Informationspolitik*, die Bezeichnung *Öffentlichkeitsarbeit* reserviert er für Letztere (vgl. auch Kordes und Pollmann 1989: 37).

Typische Mittel der *direkt* an die Adressaten gerichteten Öffentlichkeitsarbeit sind Broschüren, Seminare, Besucherprogramme, öffentliche Veranstaltungen und Events, Plakate, Anzeigen, Funk- und Fernsehspots. Zu den Mitteln der direkten Öffentlichkeitsarbeit gehört also auch bezahlte Werbung, während die Presse- und Medienarbeit zwar entgeltfreie Veröffentlichungen anstrebt, gleichwohl aber auch Kosten verursacht.[288] Sie hat oft eine mittel- oder längerfristige Zielsetzung und dient vor allem dazu, Vertrauen zu schaffen, das Image und die Akzeptanz der politischen Organisation zu verbessern. Sie ist zum Teil international ausgerichtet, d.h. sie richtet sich an andere Staaten und die dortigen Bezugsgruppen, auch an die „Weltöffentlichkeit", und ist inzwischen ein wichtiger Bestandteil der Außenpolitik (vgl. Kunczik 1997, Manheim 1997).

Das Internet macht die Gegenüberstellung von indirekter und direkter Öffentlichkeitsarbeit mehr und mehr zu einer rein analytischen Unterscheidung. Die Websites politischer Organisationen werden inzwischen extensiv für alle Formen der Öffentlichkeitsarbeit eingesetzt; sie bieten Informationen für die Medien (z.B. durch Bereitstellung aktueller Pressemitteilungen und diverser Hintergrundinformationen) wie auch für die Bürger bzw. einzelne Bezugsgruppen (Bieber 2006, Norris 2006b).

7.1.3 Einfluss politischer Öffentlichkeitsarbeit

Praktiker der politischen Öffentlichkeitsarbeit gehen meist ganz selbstverständlich von der Wirksamkeit ihrer Maßnahmen aus. Für die Kommunikationsforschung ist das aber eine offene, empirisch zu klärende Frage. Das Interesse der Forschung richtet sich vor allem auf den Einfluss von PR-Maßnahmen auf Medieninhalte. Der Hintergrund dieses Forschungsinteresses ist die Befürchtung, dass Öffentlichkeitsarbeit grundlegende Werte der Kommunikationsordnung berührt, insbesondere die Unabhängigkeit des Journalismus.

Einschlägige Untersuchungen vergleichen üblicherweise die PR-Maßnahmen zu bestimmten Ereignissen oder Themen mit der entsprechenden Medienberichterstattung. Als Pionierstudie solcher Input-Output-Analysen gilt eine Untersuchung von Nissen und Menningen (1977). Die Autoren verglichen die Pressemitteilungen des Landtags, der Landesregierung und der politischen Parteien in Schleswig-Holstein mit der landespolitischen Berichterstattung dreier regionaler Abonnementzeitungen. Das Resümee ihrer Analyse lautet, dass sich die Berichterstattung der Zeitungen weitgehend am Material der Informationsgeber orientierte. Eine

---

288 Neben Personalkosten sind Aufwendungen erforderlich z.B. für die Produktion von Pressemitteilungen, Bulletins, Pressefotos, Ton- und Filmmaterial oder für die Bewirtung von Journalisten und die Bereitstellung der Berichterstattungslogistik.

ganze Reihe von Untersuchungen hat diesen Befund inzwischen teils bestätigt, teils aber auch relativiert.

Determination und Resonanz

Einen sehr hohen Anteil von knapp zwei Dritteln der ausgesandten Pressemitteilungen, die von den Medien übernommen wurden, und damit eine beachtliche Wirksamkeit der politischen PR ermittelte auch Baerns (1995: 98). In ihrer stark beachteten Untersuchung über den Einfluss der Öffentlichkeitsarbeit von Landesregierung und Landesparlament in Nordrhein-Westfalen auf Medien verschiedensten Typs bringt sie das auf die Formel: Öffentlichkeitsarbeit hat die Themen und das Timing der Medienberichterstattung unter Kontrolle. Das zugespitzt formulierte Ergebnis von Baerns, von anderen Autoren als *Determinationsthese* apostrophiert, regte eine Debatte über die Autonomie des Journalismus und eine Reihe weiterer empirischer Untersuchungen zum Einfluss politischer PR an.[289]

Eine Analyse auf lokaler Ebene von Schweda und Opherden (1995) schien die von Baerns beobachtete hohe Übernahmequote zu bestätigen. Die Autoren untersuchten die Medienresonanz der Presse- und Öffentlichkeitsarbeit der Parteien in Düsseldorf. Fast zwei Drittel der von den Ratsfraktionen im Untersuchungszeitraum von vier Monaten (1992) ausgesandten 88 Pressemitteilungen wurden von den drei örtlichen Zeitungen mindestens einmal verwendet. Im Durchschnitt löste eine Pressemitteilung beinahe zwei Zeitungsberichte aus. Allgemein war zu beobachten: Je mehr Informationsangebote eine Partei lieferte, desto stärker wurde sie von den Medien beachtet. Das Prinzip „viel hilft viel" wird auch durch andere Studien bestätigt (vgl. u. a. Donsbach und Wenzel 2002, Kepplinger und Maurer 2004).

Neben der herkömmlichen Resonanzkontrolle verwendeten Schweda und Opherden einen zweiten Ansatz, der die Blickrichtung gleichsam umkehrte. Sie überprüften auch, wie viele von den auf die Parteien bezogenen Zeitungsberichten ihren Ursprung in Pressemitteilungen hatten. Diese Berechnung ergab einen Anteil von nur noch 12 bis 26 Prozent der Berichte. Allerdings ging auch der Rest im Wesentlichen auf Parteiveranstaltungen zurück, die oft auf Medienresonanz angelegt sind, also ebenfalls PR-Funktionen erfüllen. Die Untersuchung der Düsseldorfer Zeitungen kommt darüber hinaus zu dem Ergebnis, dass sich die Journalisten weitgehend passiv verhielten, indem sie ihre Berichte oft nur auf eine Quelle und nur relativ selten auf eigene Recherchen stützten.

Andere Untersuchungen verweisen dagegen auf höhere Eigenleistungen von Zeitungen und im Übrigen auf eine stark variierende Medienresonanz politischer Öffentlichkeitsarbeit.[290] Dabei ist die Blickrichtung ausschlaggebend, wie von

---

289 Vgl. dazu auch oben Abschnitt 3.2 sowie weiter unten Abschnitt 7.3
290 Vgl. etwa Knoche und Lindgens (1988), Barth und Donsbach (1992), Gazlig (1999), Donsbach und Wenzel (2002), Donsbach und Meißner (2004), Fröhlich und Rüdiger (2004), Kepplinger und Maurer (Kepplinger und Maurer 2004)

Schweda und Opherden gezeigt. Die *Übernahmequoten* – d.h. der Anteil der PR-Mitteilungen, die von den Medien aufgegriffen werden, – unterscheiden sich deutlich von den *Determinationsquoten*, d.h. vom Anteil der jeweiligen PR-Aktivitäten an der Medienberichterstattung zu einem bestimmten Ereignis oder Thema (zusammenfassend dazu Donsbach und Meißner 2004, Raupp 2005). Die Ergebnisse sind u.a. auch unterschiedlich je nach Thema und politischer Ebene (lokal, regional, national, international), je nach der PR-Aktivität und dem Medientyp.

Durch Verfeinerung der Untersuchungsdesigns identifizierte die Forschung inzwischen eine Reihe weiterer Faktoren und Randbedingungen, von denen der Erfolg politischer Öffentlichkeitsarbeit abhängt, – Erfolg nicht nur gemessen an der Selektionsquote, sondern auch an der Präsentation, Bearbeitung und Bewertung von PR-induzierten Veröffentlichungen (vgl. Schantel 2000, Seidenglanz und Bentele 2004). Neben dem Publizitätsdruck, der durch die Häufigkeit und Dichte der PR-Aktivitäten – z.B. Pressemitteilungen – erzeugt wird, spielen vor allem deren thematischer Fokus und Nachrichtenwert eine Rolle sowie die Anpassung an mediale Darstellungserfordernisse (z.B. Schreibstil, Personalisierung). Bei Konflikten, Krisen und Skandalen mit sehr hohem Nachrichtenwert sind die Einflussmöglichkeiten von PR relativ gering; sie unterscheiden sich allerdings für betroffene und nicht betroffene Konfliktparteien.

Darüber hinaus variiert der Einfluss politischer Öffentlichkeitsarbeit je nach (Partei-)politischer Affinität zwischen dem Urheber der Maßnahmen und den Medien bzw. Journalisten. Wenn die Journalisten von vornherein dem Urheber der PR-Maßnahmen gegenüber reserviert oder gar negativ eingestellt sind, gibt es nur geringe Möglichkeiten, über Öffentlichkeitsarbeit die Berichterstattung zu determinieren (Barth und Donsbach 1992).[291]

Nachrichtenagenturen als PR-Vehikel

Der Einfluss auf die Medien ist besonders stark, wenn politische Öffentlichkeitsarbeit von den Nachrichtenagenturen aufgegriffen und weiterverbreitet wird (Rossmann 1993, Saffarnia 1993). Zutritt zu den Agenturkanälen zu erhalten, ist eine wichtige Voraussetzung für den Erfolg politischer Öffentlichkeitsarbeit.

Das liegt daran, dass die Nachrichtenagenturen die wichtigste Quelle der Medien sind, vor allem für die politische Berichterstattung. In besonderem Maße gilt das für kleine und mittlere Tageszeitungen (aber auch für die meisten – vor allem die privaten – Radiosender). Die Agenturen sind das Vehikel zum Transport von Pressemitteilungen und anderen PR-Aktivitäten, und das ist den Redaktionen auch durchaus recht. Sie orientieren sich an der Entscheidung der Agenturen, was aus der täglichen PR-Flut relevant und berichtenswert ist. Außerdem wird das PR-

---

291 In empirischen Analysen von Krisen- und Konfliktsituationen finden sich auch Hinweise darauf, wie weit die Einflussmöglichkeiten durch Öffentlichkeitsarbeit in derartigen Situationen gehen, u. a. bei Dyllick (1989), Mathes, Gärtner und Czaplicki (1991), Pfetsch (1993), Scherer (1994).

Material von den Agenturen journalistisch aufbereitet, so dass es in den Redaktionen leichter weiterverarbeitet werden kann.

Eine Analyse der Verwertung von Pressemitteilungen der CDU im Landtagswahlkampf 1992 verdeutlicht an einem typischen Beispiel die Schlüsselrolle der Nachrichtenagenturen. Der Autor der Studie untersuchte alle unmittelbar vor dem Wahltermin vom CDU-Landesverband und von der CDU-Landtagsfraktion herausgegebenen Pressemitteilungen und verglich sie mit den Meldungen des *dpa*-Landesdienstes sowie mit der Berichterstattung aller Tageszeitungen in Baden-Württemberg.[292] Sowohl die *Deutsche Presse-Agentur (dpa)* als auch die Zeitungen erhielten die im Untersuchungszeitraum herausgegebenen CDU-Pressemitteilungen, und alle Zeitungen bezogen *dpa*. Von den insgesamt 57 Pressemitteilungen wurden 34 von *dpa* und 39 von mindestens einer Zeitung übernommen. Aus diesen resultierten insgesamt 187 Zeitungsberichte, von denen 87 Prozent aus einer *dpa*-Meldung hervorgingen und nur der geringere Teil direkt aus einer CDU-Pressemitteilung.[293]

Die einzelnen Zeitungen sprachen auf die Pressearbeit der CDU – sei es direkt, sei es vermittelt durch *dpa* – sehr unterschiedlich an. Im geringsten Fall war in einer Zeitung nur eine Übernahme feststellbar, im Maximalfall waren es 28 Übernahmen pro Zeitung. Offensichtlich hängt die unterschiedliche Resonanz mit der unterschiedlichen politischen Grundrichtung der Zeitungen zusammen.[294] Für die Annahme, dass auch die Größe und damit die redaktionelle Leistungskraft eine Rolle spielt, finden sich keine eindeutigen Belege. Mit der Auflagenhöhe der Zeitungen korreliert weder die Zahl der Übernahmen noch der Kürzungsgrad der Pressemitteilungen bzw. *dpa*-Meldungen. Lediglich die Bereitschaft, Pressemitteilungen direkt zu übernehmen, nimmt mit der Auflagenhöhe zu. Die Artikel in den kleineren Zeitungen (mit einer Auflage unter 45000) beruhen ausschließlich auf *dpa*-Meldungen.

Weitaus bedeutender ist demgegenüber der Erscheinungsort der Zeitungen. Es lässt sich feststellen, dass die Resonanz der CDU-Pressearbeit mit der Entfernung des Erscheinungsortes vom politischen Zentrum, der Landeshauptstadt Stuttgart,

---

292 Die Ergebnisse entstammen der unveröffentlichten Diplomarbeit von Hansjörg Heller „Die Verwertung der Pressemitteilungen des CDU-Landesverbandes und der CDU-Landtagsfraktion im Landtagswahlkampf durch die baden-württembergischen Zeitungen im Zeitraum vom 2. 3. - 4. 4. 1992" (1993). Untersucht wurde die gesamte überlokale Berichterstattung der in Baden-Württemberg erscheinenden 17 publizistischen Einheiten, d.h. Zeitungen mit eigener politischer Redaktion.

293 Von den 34 Pressemitteilungen, die *dpa* aufgriff, wurden fünf ungekürzt übernommen, weitere 19 nur von hinten gekürzt und 21 – mehr oder weniger stark – redaktionell bearbeitet. Von den 163 Zeitungsbeiträgen, denen eine *dpa*-Meldung zugrunde lag, wurden 69 (= 42 Prozent) ungekürzt von den Zeitungen übernommen. In den meisten anderen Fällen (bei 31 Prozent) kürzten die Zeitungen die Agentur-Meldungen nur von hinten.

294 Diese Annahme wurde in der Untersuchung empirisch nicht überprüft. Andere Studien belegen jedoch den Zusammenhang nach dem Muster der *instrumentellen Aktualisierung* (u.a. Knoche und Lindgens 1988, Schweda und Opherden 1995: 158 ff., Kepplinger und Maurer 2004).

abnimmt. Abbildung 7.1 zeigt diesen Zusammenhang recht deutlich. Zwischen der Entfernung des Erscheinungsortes der Zeitungen und der Zahl der Übernahmen von CDU-Pressemitteilungen (direkt oder über *dpa*) gibt es eine ausgeprägte, signifikant negative Korrelation (r= -.68).[295] Informationen der Partei haben für Zeitungen an der Peripherie des Bundeslandes einen deutlich geringeren Nachrichtenwert als für Zeitungen in der Nähe des politischen Zentrums. Die Bedeutung des Nachrichtenfaktors Nähe – in der Räumlichkeit eines Bundeslandes – ist hier offensichtlich.[296]

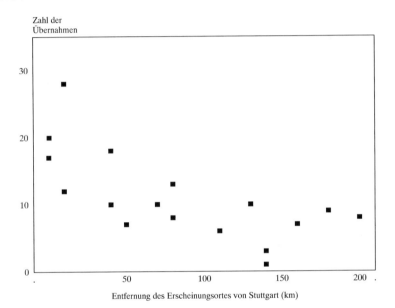

Abbildung 7.1: Übernahmen von Pressemitteilungen

Die Ergebnisse einer Studie von Donsbach und Meißner (2004) bestätigen und ergänzen die vorliegenden Erkenntnisse über die Rolle von Nachrichtenagenturen als Mittler zwischen PR und Medien. Die Autoren untersuchten die Übernahme von Pressemitteilungen durch das dpa-Büro Dresden, das den sächsischen Landes-

---

295 Der negative Koeffizient verdeutlicht, dass die Pressemitteilungen der Stuttgarter CDU umso seltener von Zeitungen übernommen wurden, je weiter ihr Erscheinungsort von Stuttgart enfernt liegt.
296 Vgl. dazu auch oben Abschnitt 4.3.3

dienst der Agentur redigiert. Sie verglichen 2001 für einen Zwei-Wochen-Zeitraum 481 Pressemitteilungen (Input) mit 218 dpa-Meldungen (Output). Den höchsten Anteil am Input hatte mit 45 Prozent das PR-Material politischer Organisationen (der Exekutive, Legislative und der Parteien), gefolgt von Organisationen der Wirtschaft (25 Prozent) und anderen Interessengruppen (Gewerkschaften, Verbänden, Vereinen) mit 15 Prozent.

Vom gesamten Input ging jedoch nur gut ein Fünftel (22 Prozent) mehr oder weniger stark bearbeitet in eine dpa-Meldung ein. Dabei war die Übernahmequote politischer PR-Mitteilungen mit 30 Prozent höher als die Resonanz anderer Bereiche. In der anderen Blickrichtung – ausgehend vom Agenturmaterial – ermittelten die Autoren einen Anteil von 48 Prozent der dpa-Meldungen, die in irgendeiner Form PR-Mitteilungen nutzten. Die Determinationsquote bei den politischen Meldungen war jedoch mit 36 Prozent unterdurchschnittlich. Es zeigte sich also, dass zwar aus dem politischen Bereich mehr Informationen in die dpa-Berichterstattung eingingen als aus anderen Bereichen, dass sich aber die politische Berichterstattung gleichwohl nur zum geringeren Teil auf PR-Material stützte.

7.2 Politische Kampagnen

Professionelle Öffentlichkeitsarbeit ist oft strategisch ausgerichtet und als Kampagne geplant. Als *Kampagne* bezeichnet man den systematischen Einsatz vielfältiger Kommunikationsaktivitäten, um ein bestimmtes Ziel zu erreichen. Kampagnen sind in der Regel längerfristig angelegt und an ein großes Publikum gerichtet (Rogers und Storey 1987). In früheren Bedeutungen bezeichnete der Begriff zunächst Arbeitseinsätze, dann militärische Feldzüge, schließlich – in England – Sitzungsperioden des Parlaments und – gegen Ende des 19. Jahrhunderts – die Stimmenwerbung politischer Parteien, also Wahlkampagnen (Baringhorst 1998: 67 f.).

7.2.1 Kampagnenziele und -strategien

Je nach Kampagnenziel und -kontext lassen sich Informations-, Aufklärungs-, Werbe-, Public Relations-, Propaganda- und Wahlkampagnen unterscheiden. Die Begrifflichkeit ist jedoch nur teilweise trennscharf. Verhältnismäßig klar eingrenzbar ist die *Wahlkampagne*. Es handelt sich dabei um Kommunikationsaktivitäten, die auf eine bestimmte politische Wahl ausgerichtet sind mit dem Ziel, Wähler zu aktivieren und ihr Abstimmungsverhalten zu beeinflussen. Demgegenüber verfolgen die Kommunikationsaktivitäten bei einer *Werbekampagne* wirtschaftliche Ziele, z.B. die Beeinflussung des Kauf- oder Konsumverhaltens. Als *Aufklärungskampagnen* definiert Theis-Berglmair (1984: 22) kommunikative Strategien mit Interventionscharakter, die durch ihre Träger oder Aufgabenstellung politisch legitimiert sind. Beispiele dafür sind Kampagnen zur gesundheitlichen Aufklärung und Prävention, zur Verkehrserziehung, zum umweltverträglichen Verhalten, zur Einführung einer gemeinsamen europäischen Währung. Diese und andere Kampagnen mit nicht-kommerzieller Zielsetzung werden auch unter dem Begriff *Social Marketing*-Kampagnen zusammengefasst (Roehl 1991, Goldberg, Fishbein und Middlestadt 1997, Baringhorst 1998). Deren Ziel besteht in der Regel darin, Akzeptanz für gesellschaftliche Werte, politische Ideen oder dem Gemeinwohl dienendes Verhalten zu erreichen.

Die Bezeichnung deutet darauf hin, dass Kampagnen für politische und andere nicht-wirtschaftliche Ziele mit sehr ähnlichen Methoden geführt werden wie sie für *Marketing-Kampagnen* entwickelt wurden. Dahinter steht die Überlegung, dass man die Beziehung zwischen politischen Organisationen und ihren Bezugsgruppen auch als eine Tauschbeziehung begreifen kann, in der auf der einen Seite politische Ansprüche und Orientierungen nachgefragt und auf der anderen Seite politische Ideen und Problemlösungen angeboten werden. Die Veröffentlichungen von Kotler (1975, 1999) waren für die Übertragung des Marketing-Ansatzes auf den *Non-Profit*-Bereich besonders einflussreich.

Zum Marketing-Ansatz gehört ein bestimmtes Planungsinstrumentarium, das die analytische Gliederung des Kampagnenprozesses in mehrere Phasen vorsieht, die Segmentierung des Kampagnenpublikums in Zielgruppen (Bezugs- oder Anspruchsgruppen) sowie den zielgruppenspezifischen Einsatz verschiedener Kommunikationsmittel im „Mediamix", wie es oben Tabelle 6.2 am Beispiel der Wahlkampagne verdeutlicht (vgl. auch Maarek 1995, Newman und Perloff 2004).[297] Die eingesetzten Kommunikationsstrategien – wie z.B. Ereignismanagement, Themenmanagement, Deutungsmanagement – orientieren sich weitgehend an Theorien und Ergebnissen der politischen Kommunikationsforschung (vgl. etwa Pfetsch 1998, Kreyher 2004).

7.2.2 Kampagnenforschung

In der politischen Kommunikationsforschung spielt die Untersuchung von Kampagnen seit jeher eine zentrale Rolle. Besonders stark ist das Interesse an Wahlkampagnen, ein großer Teil der Forschungsaktivitäten richtet sich auch auf Informations- und Aufklärungskampagnen (Salmon 1989, Rice 2001). Kampagnen sind besonders gut geeignet, politische Wirkungen von Massenkommunikation zu erforschen, weil die Kommunikationsziele in der Regel klar definiert, die Kommunikationsaktivitäten überschaubar und terminiert sind; ihr Einsatz ist im Voraus geplant, so dass auch begleitende Forschung organisiert werden kann. Nicht zuletzt gibt es oft von Seiten der Kampagnenplaner ein praktisches Interesse an begleiten-

---

297 Vgl. dazu auch oben Abschnitt 6.2.2

den Untersuchungen (und damit Forschungsbudgets), weil diese als *Evaluationsforschung* den Kampagnenerfolg kontrollieren und als *formative Forschung* Anhaltspunkte für eine effektivere Planung der Kampagne bzw. noch bevorstehender Kampagnenphasen liefern kann.

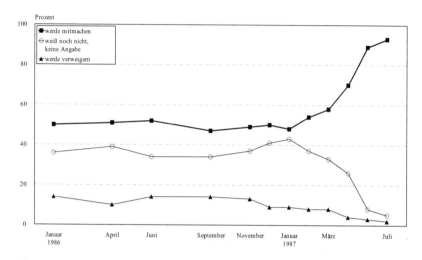

Frage: „Werden Sie selbst bei der Volkszählung mitmachen oder die Auskunft verweigern?"
Bei den letzten drei Erhebungen wurde diese Frage nur noch gestellt, wenn die folgende Vorfrage verneint wurde: „Haben Sie Ihren persönlichen Fragebogen schon ausgefüllt oder ausfüllen lassen und zurückgegeben?" (Quelle: EMNID/eigene Untersuchungen)

Abbildung 7.2: Entwicklung der Teilnahmebereitschaft zur Volkszählung 1987

Ein gutes Beispiel dafür ist die Kampagne der Bundesregierung und der statistischen Ämter zur Volkszählung 1987, die gut dokumentiert und durch Begleitforschung wissenschaftlich evaluiert wurde (vgl. Roehl 1991, Schulz 1992, Scherer 1997). Mit dieser Kampagne wurde versucht, in der Bevölkerung eine möglichst breite Akzeptanz für die Volkszählung zu erreichen.[298]
Die empirische Kampagnenforschung hat den Fortschritt der Medienwirkungsforschung sehr weitgehend bestimmt. Zugleich spiegelt sie deren Entwicklung, die

---

298 Das Ziel war eine hundertprozentige Beteiligung der Bürger an der Volkszählung. Eine breit angelegte Aufklärungs- und Mobilisierungskampagne war darauf ausgerichtet, die Bevölkerung über Ziele und Verfahren der Volkszählung zu unterrichten und für die Teilnahme zu werben (vgl. auch oben Abb. 4.5 in Abschnitt 4.4).

Rogers und Storey (1987) – wie es der gängigen Betrachtungsweise entspricht – in drei Phasen gliedern. Für die erste Phase, die Phase der *minimal effects* ist die stark beachtete Zusammenfassung der frühen Forschung von Hyman und Sheatsley (1947) mit dem Titel „Some reasons why information campaigns fail" kennzeichnend. Darauf folgte etwa ab Ende der 1960er Jahre eine Phase der Umorientierung, für die als typische Veröffentlichung der Aufsatz von Mendelsohn (1973) gilt: „Some reasons why information campaigns can succeed". In dieser Phase erschien auch der einflussreiche Aufsatz von Noelle-Neumann (1973b) mit dem programmatischen Titel „Return to the concept of powerful mass media".[299] Die neuere Kampagnenforschung bezeichnen Rogers und Storey (1987) als Phase der *moderate effects* (vgl. auch Salmon 1989: 40 ff.). Sie geht eher von bedingten und indirekten Effekten aus und erklärt diese mit komplexen Modellen, die das aktive Rezeptionsverhalten der Mediennutzer berücksichtigen, wie beispielsweise Scherer (1997) mit seinem handlungstheoretischen Ansatz.

Die Frage der politischen Wirkung von Kampagnen stellt sich also anders als es in der Öffentlichkeit und auch von Praktikern oft angenommen wird. Dass Massenmedien eine Wirkung ausüben können, kann als gesichert gelten. Aber die Wirkungen hängen meist von zusätzlichen Bedingungen ab (entsprechend dem O-S-O-R-Modell), und es handelt sich vielfach um Wirkungen, die nicht als linear und monokausal zu beschreiben sind, sondern mit komplexeren Tansaktions-, Koorientierungs- und Reziprozitätsmodellen.[300]

7.3 Beziehungen zwischen Öffentlichkeitsarbeit und Journalismus

Zwar zeigt die empirische Forschung, dass die Resonanz politischer Öffentlichkeitsarbeit je nach Situation und Randbedingungen variiert. Gleichwohl stellen politische Verlautbarungen und die PR-Aktivitäten politischer Organisationen einen erheblichen Teil des Nachrichtenmaterials für die Medien bereit. Sie tragen damit dazu bei, dass die Medien ihre Informationsfunktion erfüllen und dass die Bürger ihr Informationsrecht wahrnehmen können. Die Beziehungen zwischen Politikern und Journalisten sind auf Gegenseitigkeit, auf Tausch angelegt; Informationen werden gegen Publizität und Einfluss getauscht.

---

299 Die deutsche Fassung trägt den Titel „Kumulation, Konsonanz und Öffentlichkeitseffekt. Ein neuer Ansatz zur Analyse der Wirkung der Massenmedien" (Noelle-Neumann 1973a).
300 Vgl. oben Kapitel 3, insbesondere Abschnitt 3.5

7.3.1 Hintergrundgespräche

Die Beziehungen werden mitunter auch als *symbiotisch* charakterisiert oder als eine Form von Kumpanei kritisiert.[301] Das bezieht sich vor allem auf die informellen Kontakte zwischen Politikern und Journalisten, die allgemein als *Hintergrundgespräche* oder – im Insiderjargon – als Gespräche „unter drei" bezeichnet werden. Sie sind für Journalisten eine ihrer wichtigsten Informationsquellen. In Hintergrundgesprächen kommen sie oft an Informationen heran, die sie auf normalen Wegen der Recherche nicht erhalten würden. Für solche Informationen werden üblicherweise Quellen genannt, „die eigentlich als Absender für Informationen nicht taugen" (Süskind 1989); sie werden z.b. umschrieben mit „unterrichtete Kreise", „die Umgebung der Bundeskanzlerin", wie die Zeitung „zuverlässig erfahren hat", „in Berlin gilt als sicher". Hintergrundgespräche dienen auf der anderen Seite Politikern auch als ein Instrument der Einflussnahme, teilweise auch zu ihrer eigenen Information oder um die Resonanz eines Themas vorab zu testen (Pfetsch 1993: 97).

Die meisten Abgeordneten des Deutschen Bundestags zählen Journalisten zu ihrem engeren Bekanntenkreis und unterhalten regelmäßig informelle Kontakte zu Journalisten (Kepplinger und Fritsch 1981). Die Kontakte in der Hauptstadt erzeugen eine besonders enge „Kommunikations- und Interaktionsgemeinschaft" von Journalisten und Politikern (Jarren, Grothe und Rybarczyk 1993). Intensive und oftmals freundschaftliche Beziehungen zwischen Journalisten und Parlamentariern dokumentiert auch eine Untersuchung in der Schweiz (Saxer 1992). Eine Reihe von Studien belegt ein sehr enges Verhältnis zwischen Journalisten und politischer Elite auf lokaler Ebene (Ellwein und Zoll 1982, Murck 1983, Herrmann 1993).

Nach den Untersuchungen von Patzelt (1991) haben Abgeordnete weit mehr Kontakte mit den Medien als mit anderen Organisationen und Institutionen. Auf allen politischen Ebenen nutzen die Politiker diese Kontakte dazu, um in Hintergrundgesprächen ihre Interpretation der politischen Lage und mitunter auch gezielt Indiskretionen zu lancieren. Legendär sind Konrad Adenauers „Kanzlertees", zu denen in den 1950er Jahren regelmäßig ein sorgfältig ausgewählter Kreis von Journalisten geladen wurde. Auch Bundeskanzler Kohl pflegte einige Male im Jahr Spitzenjournalisten aus allen Medien zu einem vertraulichen Gespräch zu bitten (Kordes und Pollmann 1989: 46, Schürmann 1992: 117). In Berlin – wie schon vorher in Bonn – gibt es eine Vielzahl quasi institutionalisierter „Hintergrundkreise", Gesprächszirkel von Journalisten und Angehörigen von Legislative und Exekutive mit ungewöhnlichen Namen (vgl. Textbox 7.1).

Manch ein Journalist sieht in allzu engen Beziehungen zu Politikern ein Dilemma, das ein Korrespondent der *Süddeutschen Zeitung* auf die Formel brachte: „Wer Nähe schafft, zensiert sich - wer Distanz hält, erfährt nichts" (Süskind 1989).

---

301 Vgl. dazu oben Abschnitt 3.3.4

Textbox 7.1: Man trifft sich „unter drei"

„Gerhard Schröder hat zum Mittagsessen eingeladen. Nicht irgendwo, sondern auf der Terrasse seiner Privatwohnung im Kanzleramt hoch über den Dächern Berlins. Es gibt Salat, Meeresfrüchte, ein Fleischgericht, ein Dessert und anschließend eine Tasse Cappuccino. Zwei Stunden lang erläutert er seinen Besuchern die Weltlage und lässt sich zu Politik, Partei und Privatleben befragen. So viel Zeit nimmt er sich nicht oft. Selbst Staatsoberhäupter, die nach Deutschland kommen, müssen sich meistens mit weniger zufrieden geben.

Die zwölf Gäste, mit denen er so lange zusammen saß, sind Journalisten. Sie wollen zwar schon aus Prinzip am liebsten alles veröffentlichen, was sie an Interessantem erfahren, aber dennoch wird man in ihren Zeitungen keine Zeile über diese Begegnung lesen können. Man hat sich nämlich ‚unter drei' getroffen. Das ist in der Medienwelt die Bezeichnung dafür, wenn Politiker einmal ungeschützt mit Journalisten reden wollen, ohne gleich mit Schlagzeilen rechnen zu müssen. Es gilt Vertraulichkeit.

In der Hauptstadt gibt es Dutzende von Hintergrundkreisen, die solche Begegnungen organisieren. Sie haben ungewöhnliche Namen wie *Provinz*, *Betonköpfe*, *Kartell* und *Rotes Tuch*. Immer handelt es sich dabei um eine Gruppe von 10 bis 20 Redakteuren und Korrespondenten, die regelmäßig wichtige Politiker und manchmal auch Verbandsfunktionäre zum Gespräch bitten...".

Quelle: Harald Baumer: Wo Minister aus dem Nähkästchen plaudern,
in: Nürnberger Nachrichten, 26. Mai 2003

7.3.2 Die normative Dimension

Das hier angesprochene Dilemma betrifft nicht nur die Hintergrundgespräche, sondern allgemein die Beziehungen zwischen politischer Öffentlichkeitsarbeit und Journalismus. Auf Grund wechselseitiger Abhängigkeit sind Spannungen und Konflikte in dieser Beziehung angelegt. Einerseits können die Medien nicht immer souverän und beliebig darüber entscheiden, ob sie die Informationsangebote der Politik auch verwenden wollen. Sie sind oft auf die Nachrichtengebung politischer Akteure angewiesen. Andererseits beschränkt Öffentlichkeitsarbeit die Handlungsautonomie der Journalisten, denn sie können von den politische Quellen gezielt instrumentalisiert werden.

Autonomie aber ist ein zentraler Wert des Journalismus. Eigenständige Recherche, neutrale Berichterstattung sowie die Ausübung nicht nur der Informationsfunktion, sondern auch von Kritik- und Kontrollfunktionen gehören zur öffentlichen Aufgabe der Medien und zum professionellen Selbstverständnis der Journalisten. Presse- und Öffentlichkeitsarbeit aber bedrohen diese Werte und führen in dem Maße, in dem sie erfolgreich sind, also Einfluss auf die Medien ausüben, zu Konflikten mit dem journalistischen Selbstverständnis.

Die Interaktionen zwischen Politik und Medien, Politikern und Journalisten führen aber auch zu Rückwirkungen auf die Politik. So hat politische Öffentlichkeitsarbeit nicht nur einen Einfluss auf die Medien; es gibt auch einen Reziprozitätseffekt auf die Politik.[302] Die Orientierung der politischen PR an der Medienlogik fördert die Medialisierung der Politik.[303]

Die antagonistische Sicht

Die Beziehungen zwischen politischer Öffentlichkeitsarbeit und Journalismus werden in der einschlägigen Literatur oft als antagonistisch dargestellt.[304] Der wissenschaftliche Diskurs hat, auch wenn er vordergründig empirisch orientiert ist oder auf theoretische Analyse abstellt, eine normative Dimension. Es geht den Autoren, wenngleich mitunter implizit, um eine Bewertung der Beziehungen. Die Bewertung hängt zum einen von der Blickrichtung ab, zum anderen von den herangezogenen Maßstäben und Normen.

In der vorherrschenden medienzentrierten Perspektive der Kommunikationswissenschaft richtet sich die Aufmerksamkeit vor allem auf Gefahren der *Determination der Medien* durch die Politik. Der Urteilsmaßstab ist die Freiheit und Unabhängigkeit der Medien. Medienfreiheit als konstitutives Element eines demokratischen Staates meint in erster Linie die Unabhängigkeit der Medien von politischer und insbesondere staatlicher Kontrolle. Die Autonomie der Medien ist Voraussetzung für die Wahrnehmung ihrer öffentlichen Aufgabe. Sie gehört zum System der *balance of power*, auch wenn man nicht so weit geht, die Medien als „vierte Gewalt" anzusehen.

Demgegenüber steht in einer anderen Perspektive die *Mediendependenz der Politik* im Vordergrund. Für diese Position, die eher von Politikern und auch von Politikwissenschaftlern eingenommen wird, ist die Funktionsfähigkeit des politischen Systems das vorherrschende Urteilskriterium. Politische Kommunikation sei das wichtigste Instrument politischer Führung in einer parlamentarischen Demokratie, urteilt beispielsweise Bergsdorf (1990), geprägt durch langjährige Erfahrung in der praktischen Politik.[305] Die Medien gelten in dieser Perspektive als *intermediäres System*, „überspitzt formuliert: als parasitäres System", das zwischen Politik einerseits und Bürgern andererseits vermittelt (Gerhards 1999: 170). Es ist dann naheliegend,

---

302 Vgl. dazu oben Abschnitt 4.3.3
303 Plasser (1985) nennt es die „Medifizierung" der Politik, Meyer (2002) verwendet den Ausdruck „Selbstmedialisierung".
304 Vgl. auch oben Abschnitt 3.2
305 Bergsdorf war lange Jahre Leiter der Abteilung Inland im Presse- und Informationsamt der Bundesregierung und einer der engsten Berater des ehemaligen Bundeskanzlers Kohl.

die Rolle der Medien primär danach zu beurteilen, welchen Beitrag sie zur Politikvermittlung leisten, zur Implementierung politischer Entscheidungen, zur Repräsentation des politischen Diskurses und des Bürgerwillens.

Die scheinbar widersprüchlichen Diagnosen sind jeweils unvollständig, weil sie von zugespitzten Prämissen ausgehen: von der Verabsolutierung nur eines der beiden Grundprobleme demokratischer Systeme, nämlich der Sicherung politischer Ordnung (und auch staatlicher Herrschaft) einerseits und der Freiheit und Unabhängigkeit der Medien andererseits.

Wie schon oben im Abschnitt 3.2 dargestellt, können die beiden Auffassungen aber als durchaus miteinander vereinbar angesehen werden. Anstatt einseitig eine Determination des Journalismus oder eine Mediendependenz der Politik anzunehmen, propagiert eine Reihe von Autoren Modellvorstellungen, die den vielfältigen Wechselbeziehungen und gegenseitigen Abhängigkeiten gerecht zu werden versuchen.

Überdies muss eine journalistische Verwendung von Informationen aus politischer Öffentlichkeitsarbeit nicht schon von vornherein die Medienautonomie beschränken und zu minderwertigem Journalismus führen, wie auch – umgekehrt – journalistische Eigenleistung nicht notwendigerweise mit Journalismus von hoher Qualität gleichzusetzen ist (Schantel 2000, Fröhlich und Rüdiger 2004). Es kommt vielmehr darauf an, wie die Medien mit den PR-Angeboten umgehen, wie aktiv sie weiterverarbeitet und durch Eigenrecherche überprüft werden.

Die pragmatische Sicht

Ein typisches Argument von Theoretikern der Public Relations lautet, dass politische Öffentlichkeitsarbeit in modernen Demokratien wichtige Funktionen erfüllt (Ronneberger und Rühl 1992, Bentele 1998). In einer Makro-Perspektive betrachtet gilt PR als ein unverzichtbares Bindeglied in der Herstellung von Öffentlichkeit durch Massenkommunikation. Die Medien könnten ihre Publizitätsfunktion ohne den PR-Input nur unzulänglich erfüllen. Auf der Meso-Ebene betrachtet, ist erkennbar, dass PR-Aktivitäten zu den wichtigsten Stofflieferanten für Medienorganisationen gehören. Öffentlichkeitsarbeit generiert Ereignisse, setzt Themen, liefert Argumente. Im Blick auf die Rezipienten – also in der Mikro-Perspektive – lässt sich feststellen, dass politische Öffentlichkeitsarbeit dazu beiträgt, dass sich die Bürger über Ziele, Entscheidungen und Maßnahmen der Politik informieren können. Dies begünstigt die Teilhabe der Bürger an der Politik, wie das Bundesverfassungsgericht in dem eingangs dieses Kapitels erwähnten Urteil zur Öffentlichkeitsarbeit der Regierung feststellte.

Auch diese scheinbar pragmatische Sicht der politischen Öffentlichkeitsarbeit hat freilich normative Voraussetzungen. Sie dienen dazu, die Öffentlichkeitsarbeit im Dienste von Partikularinteressen einzelner Organisationen zu legitimieren. Die normativen Voraussetzungen betreffen erstens die Struktur der Öffentlichkeit, zweitens die Rolle der Massenmedien und drittens die Verhaltensstandards der Öffentlichkeitsarbeit.

■ Die Annahmen über die Struktur der Öffentlichkeit orientieren sich an der liberalen Grundüberzeugung von der segensreichen Wirkung des politischen Pluralismus. Demnach ist die kommunikative Durchsetzung von Partikularinteressen dann nicht nur hinnehmbar, sondern sogar vorteilhaft, wenn sich daran eine möglichst große Anzahl organisierter Interessen beteiligt. Unter dieser Bedingung setzen sich in der öffentlichen Auseinandersetzung die Interessen durch, die dem Gemeinwohl am dienlichsten sind.[306]

■ Über die Rolle der Medien wird angenommen, dass diese den Informationsinput der Öffentlichkeitsarbeit wie andere Quellen auch verarbeiten und ihn im Wesentlichen korrekt und unverzerrt wiedergeben.

■ Die Annahmen über das Verhalten der Öffentlichkeitsarbeit betreffen deren Orientierung an professionellen und ethischen Standards. Dazu rechnet beispielsweise Bentele (1998: 143) „Wahrheit und Objektivität der PR-Information, Kompetenz und Professionalität im Einsatz von Kommunikationsmitteln, Offenheit in der Kommunikationshaltung und Transparenz".

Wie in vorstehenden Kapiteln dargestellt, sind alle drei Voraussetzungen teils umstritten, teils empirisch anzweifelbar. Das liberale Modell gilt als eine von mehreren Utopien über das Funktionieren demokratischer Öffentlichkeit. Andere Auffassungen verweisen demgegenüber auf die Schwächen der Pluralismus-Annahme, u. a. wegen ungleicher Beteiligungschancen verschiedener Interessen an der politischen Öffentlichkeit.[307] Die Medien verhalten sich, wie durch eine Vielzahl von empirischen Studien belegt, keinesfalls neutral gegenüber Öffentlichkeitsarbeit und anderen Quellen der Information, sondern medialisieren diese höchst aktiv und selektiv.[308] Und die berufsethischen Standards haben ihrer Natur nach eine Steuerungsfunktion; sie beschreiben also nicht das faktische Verhalten der Öffentlichkeitsarbeit.

Die Annahmen, von denen die Vertreter einer pragmatischen Sicht der Öffentlichkeitsarbeit ausgehen, sind zwar eine zweifelhafte Legitimationsgrundlage. Sie sind aber doch geeignet als Ausgangsbasis für eine kritische Überprüfung der Beziehungen zwischen Politik und Medien.

---

306 Vgl. dazu auch oben das liberale Modell der Öffentlichkeit (Abschnitt 4.4.1)
307 Vgl. dazu Abschnitt 4.4.2
308 Vgl. dazu u. a. die Abschnitte 2.2 und 4.1. bis 4.3

8 Politischer Einfluss und Qualität der Medien

Die Beziehungen zwischen Massenmedien und Politik werden meist, zumal in der öffentlichen Diskussion, auf einfache Fragen reduziert, wie die nach der Medienmacht oder dem Medieneinfluss auf die Politik. In der Tat greifen die Medien weitgehend in politische Prozesse ein, sie filtern, modifizieren, prägen Politik. Andererseits verstehen es viele Politiker, Parteien und Regierungen aber auch meisterhaft, sich der Medienlogik anzupassen und die Medien für ihre Zwecke zu instrumentalisieren. Wissenschaftliche Analysen fragen daher differenzierter nach der Medialisierung der Politik, nach Interdependenz, Interaktionen und Symbiose im Verhältnis von Medien und Politik.

Ausgehend von einem kurzen Resümee der in diesem Buch vertretenen Position und anknüpfend an die im vorhergehenden Abschnitt behandelten Probleme wird in diesem Schlusskapitel das Verhältnis zwischen Medien und Politik vor dem Hintergrund von Untersuchungen zum – faktischen oder vermuteten – Medieneinfluss und zur Qualität der politischen Berichterstattung diskutiert.

8.1 Politische Wirkungen und Funktionen der Medien

Massenmedien vermitteln nicht einfach Information über Politik, liefern nicht etwa ein Abbild des politischen Geschehens, sondern sie stellen als Weltbildapparate den Informationsgehalt von Politik erst her, sie definieren, was ein politisches Ereignis, was ein Thema ist. Ebenso wenig bieten die Massenmedien bloß passiv ein Forum für den politischen Diskurs, einen Markt für Meinungen. Vielmehr spielen sie eine aktive Rolle bei der Herstellung von Öffentlichkeit und bestimmen deren Struktur und Dynamik nach medialen Aufmerksamkeitsregeln. Dies ist in den Informations- und Publizitätsfunktionen der Massenmedien angelegt, ist notwendige Folge der medialen Informationsverarbeitung und der Herstellung von Öffentlichkeit. Die Medien haben inzwischen wichtige politische Funktionen übernommen, die in der Vergangenheit in die alleinige Zuständigkeit politischer Institutionen fielen. Sie spielen eine zentrale Rolle in der politischen Sozialisation, der politischen Beteiligung, der Definition politischer Probleme, der Implementierung politischer Entscheidungen. Die Medien sind, wie manche Autoren konstatieren, selbst zu einer „politischen Institution" geworden, zu Akteuren mit eigenen politischen Interessen und Zielen, ohne dass es dafür eine demokratische Legitimation gäbe (Page 1996, Cook 2005).

Der Wandel ist nicht unbedingt mit der Vorstellung vom Primat der Politik vereinbar, die zum Selbstverständnis der meisten Politiker gehört. Sie erwarten von
den Medien, dass sie sich zur Politik objektiv und neutral verhalten, dass sie bloß
Vehikel, Spiegel, Plattform oder Forum der Politik sind.

Die schon im Schlussabschnitt des vorhergehenden Kapitels angesprochenen
Probleme betreffen daher ganz allgemein das Verhältnis zwischen Politik und Me-
dien und nicht nur die Beziehungen zwischen politischer Öffentlichkeitsarbeit und
Journalismus. So ist allgemein zu fragen, wie die Medialisierung der Politik im
Hinblick auf zentrale Normen und Werte demokratischer Gesellschaften zu beur-
teilen ist. Max Kaase (1998a) verweist auf die verbreitete Krisenstimmung in der
einschlägigen Literatur, auf die Vielzahl von Publikationen, die in letzter Zeit den
Eindruck erweckten, als sei die Beziehung zwischen demokratischer Politik und
Massenmedien inzwischen so prekär geworden, dass der Bestand der liberalen
Demokratie in Gefahr geraten könnte. Seine Überlegungen, die er mit der etwas
mokant klingenden Frage einleitet „Was ist eigentlich das Problem?", sollen hier
aufgegriffen und in einem erweiterten Blickwinkel diskutiert werden.

8.1.1 Ambivalenz im Verhältnis von Medien und Politik

Kaase erklärt die Beunruhigung der Beobachter vor allem mit politischen Veränderungen und dem Wandel der Mediensysteme. Der Erklärung kann man zustim-
men, wenn der Prozess nicht als einseitig gerichtet – im herkömmlichen Sinne von
Wirkung des Medienwandels auf die Politik – verstanden wird, sondern als ein
Wechselwirkungsprozess. Der Begriff der *Medialisierung* soll genau das bezeichnen, nämlich Veränderungen, die auf eine Wechselwirkung zwischen dem Wandel
der Medien und dem politischen bzw. gesellschaftlichen Wandel zurückgehen.[309]
Dazu bieten die einzelnen Kapitel dieses Buches eine Reihe von Theorien, Fakten
und Forschungsergebnissen. Sie stimmen weitgehend mit Kaases Diagnose überein und bestätigen auch die Beobachtung kritischer bzw. pessimistischer Annahmen über den politischen Medieneinfluss in Teilen der Forschungsliteratur.

Doch in einer umfassenderen Perspektive relativiert sich diese Einschätzung. Es
gibt neben pessimistischen kaum weniger optimistische Annahmen zur Rolle der
Medien in der Politik. Tabelle 8.1 versammelt einige der gängigen Hoffnungen und
Befürchtungen, auf die in den voranstehenden Kapiteln teils ausführlich Bezug genommen wurde. Auf der einen Seite gibt es Befürchtungen problematischer politischer Folgen, auf der anderen Seite die Erwartung, ja Forderung politischer Einflussnahme der Medien. Tatsächlich ist die politische Einflussnahme der Medien
positiv sanktioniert, sie ist ein wesentlicher Aspekt der (normativen) Demokratie-

---

309 Vgl. dazu oben Abschnitt 2.2

theorie, auch wenn häufiger über problematische Folgen, unerwünschte Wirkungen, sogar über Wirkungsverbote diskutiert wird.

Tabelle 8.1: Annahmen zur Rolle der Medien in der Politik

	Wirkungen auf den Bürger (Mikro-Perspektive)	Wirkungen auf politische Organisationen und Systeme (Meso-, Makro-Perspektive)
optimistische Annahmen: Medienfunktionen	Politikvermittlung, Medien als „Intermediäre" zwischen politischen Entscheidungsträgern und Bürgern Vermittlung aktueller politischer Information, politisches Lernen Beiträge und Anregungen zur Meinungsbildung politische Aktivierung, Förderung der politischen Beteiligung „Empowering" unterprivilegierter Bürger (z.B. Frauen)	Erweiterung der Kanäle und Formate für politische Kommunikation Vermittlung der Ansprüche und Interessen von Bürgern an politische Entscheidungsinstanzen Selektion und Definition politisch relevanter Probleme (Agenda-Building) Kontrolle politischer Macht, Verhinderung von Machtmissbrauch
pessimistische Annahmen: Medieneinflüsse, politische Folgen	Überlastung durch Informationsüberfluss Mainstreaming politischer Überzeugungen Personalisierung des Wählerverhaltens Kultivierung von Malaise, Politikverdrossenheit Entpolitisierung, politische Apathie durch Unterhaltungsüberfluss	Entsachlichung und Personalisierung der Wahlkommunikation Entauthentisierung politischer Kommunikation Anpassung politischer Kommunikation an Medienlogiken Mediendependenz bzw. Autonomieverlust der Politik Wachsende Wissenskluft in der Gesellschaft

Tabelle 8.1 lässt die Ambivalenz im Verhältnis von Medien und Politik erkennen. Das wird an der Begrifflichkeit nicht immer deutlich, da die unterschiedlichen Etikettierungen der optimistischen und der pessimistischen Sichtweise den Anschein erwecken, als handle es sich um ganz verschiedene Vorgänge. Im ersteren Fall

wird meist von den *Funktionen* der Medien gesprochen, im letzteren meist von *Einfluss* oder *Folgen*.[310] In beiden Fällen handelt es sich aber um *Wirkungen*, die lediglich unterschiedlich bewertet werden: Im einen Fall sind sie positiv und erwünscht, im anderen Fall problematisch bzw. unerwünscht.[311]

8.1.2 Medieneinflüsse, politische Folgen

Die öffentliche Diskussion über politische Medieneinflüsse ist meist auf einfache Thesen verengt, mit denen – je nach Interessenlage – den Medien mal enorme, unkontrollierte Macht zugeschrieben, mal nennenswertes Wirkungspotential abgesprochen wird. Das Echo dieser Diskussion kann man in der wissenschaftlichen Literatur an Titeln ablesen wie „The myth of massive media impact" (McGuire 1986) oder „Return to the concept of powerful mass media" (Noelle-Neumann 1973b). Vielfach wird versucht, einen bestimmten „Generalverdacht" empirisch und konzeptionell zu untermauern. Gern wird das Bild einer Entwicklung in Phasen entworfen: In Phase eins, der Frühzeit bis etwa in die 1940er Jahre, herrschte die Annahme starker Medieneinflüsse vor, die dann abgelöst wurde von der Annahme schwacher oder „minimaler" Einflüsse, die dann etwa in den 1970er Jahren wieder abgelöst wurde von der Annahme starker – oder wie einige auch meinen: moderater – Effekte. Manche Autoren überhöhen dies zusätzlich dadurch,

---

310 Neben der allgemeinen Etikettierung von Medienwirkungen hat sich in der Forschung inzwischen auch eine viel feiner differenzierte Begrifflichkeit herausgebildet, um spezifische (vermutete und mehr oder weniger gut belegte) Folgen oder Funktionen – sei es für einzelne Bürger, für politische Organisationen oder für die Gesellschaft bzw. das politische System insgesamt – zu kennzeichnen. Man kann dabei zwei Typen von Konzepten unterscheiden. Zum ersten Typ gehören Konzepte, die eine allgemeine Aussage zu Funktionen der Medien machen wie z.B. Information, Orientierung oder Integration, oder die auf problematische Folgen verweisen, wie z. B. Dependenz, Kultivierung und andere der oft auf „-ierung" endenden Begriffe (z.B. Amerikanisierung, Personalisierung, Entertainisierung). Es handelt sich dabei teils um Substitutionen, Spezifizierungen oder partielle Umdeutungen des herkömmlichen Wirkungsbegriffs, vermutlich auch mit dem Ziel, den konnotativen Ballast des Wirkungsbegriffs loszuwerden. Zum zweiten Typ gehören Konzepte, die ein bestimmtes Kommunikations- oder Wirkungsmodell beinhalten, wie z.B. Agenda-Setting, Framing, Priming, Third-Person-Effekt, Reziprozitätseffekt, Thomas-Theorem (*self-fulfilling prophecy*), Schweigespirale, Mathäus-Effekt (*virtuous circle*).

311 Die Ambivalenz wird zusätzlich dadurch gesteigert, dass erwünschte Wirkungen zugleich unerwünschte Folgen bzw. Nebenwirkungen haben können. Wie bei absichtsgeleitetem sozialem Handeln allgemein (Merton 1936), so ist auch beim Medieneinsatz mit unbeabsichtigten Folgen zu rechnen (Cho und Salmon 2007). Mehr noch: Medienwirkungen, die aus einem Blickwinkel positiv erscheinen, werden in einer anderen Perspektive als negativ interpretiert. Das ist typisch gerade für politische Wirkungen, man denke etwa an die These vom „doppelten Meinungsklima" und die Untersuchungen von Noelle-Neumann und Kepplinger zu den politischen Wirkungen des (öffentlich-rechtlichen) Fernsehens, die in den 1970er Jahren für erhebliche politische Kontroversen sorgten und vermutlich den Umbau des deutschen Rundfunksystems beförderten (Noelle-Neumann 1977a, Kepplinger 1980, Kaase 1989).

dass sie vom Wechsel der „Paradigmen" sprechen (z. B. Schenk 2002); andere tun das Vorherrschen bestimmter „Paradigmen" oder Modelle – beispielsweise des Stimulus-Response-Modells – als „Mythen" ab (z. B. Brosius und Esser 1998).

Antriebe der Wirkungsforschung

Aufschlussreicher als die Konstruktion eines bestimmten „Generalverdachts" ist es, nach den Antrieben der Entwicklung zu fragen und ihrem jeweiligen Einfluss auf die Forschung, d.h. auf Erkenntnisinteressen, Perspektiven, Fragestellungen, Konzepte, Methoden usw. Unter diesem Aspekt stellt sich die Entwicklung weniger als Periodenverlauf dar, als Wechsel zwischen der Annahme starker und schwacher Wirkungen, sondern eher – wie es McLeod und Co-Autoren ausdrücken –als Grenzerweiterung („expanding boundaries", McLeod, Kosicky und McLeod 1994). Dabei wird deutlich, dass die Entwicklung der Forschung zwar durch Expansion gekennzeichnet ist, aber mehr noch durch Diversifizierung, Spezifizierung und Elaborierung. Wichtige Impulse erhielt die Forschung durch das Aufkommen neuer Medien, durch neue Politikfelder und politische Probleme, durch Transfers aus anderen Wissenschaften, durch die Nachfrage nach und Anwendung von Forschungsergebnissen, durch neue Methoden, durch neue Konzepte und Modelle.

■ **Neue Medien:** Mit dem Aufkommen neuer Medien wurden diesen sogleich bedenkliche Wirkungen zugeschrieben. Das begann schon Ende des 19. Jahrhunderts, ganz am Anfang einer empirisch orientierten (politischen) Kommunikationsforschung, die den Wirkungen der populären Massenpresse (Penny Press) nachging. Nacheinander gerieten der Kinofilm in den 1920er Jahren, das Radio in den 1930er und 1940er Jahren, das Fernsehen ab den 1950er Jahren, audiovisuelle Tonträger ab den 1980er Jahren und schließlich computer- und internetbasierte Kommunikation seit den 1990er Jahren unter Verdacht.

■ **Neue Politikfelder und politische Probleme:** Mit der Bearbeitung immer neuer Politikfelder durch die politischen Gewalten auf allen Ebenen und mit der zunehmenden Politisierung moderner Gesellschaften gerieten auch immer neue Einflussmöglichkeiten der Medien ins Blickfeld, z.B. Einflüsse in den internationalen Beziehungen, auf die Wirtschaftsentwicklung, auf die politische Bildung. Ebenso legte das Aufkommen neuer politischer Probleme die Vermutung nahe, dass die Medien daran ihren Anteil haben – etwa bei Problemen von Gewalt und Terrorismus, des Umwelt- und Gesundheitsverhaltens, der Migration, des Verhaltens von Jugendlichen usw.

■ **Wissenschaftlicher Transfer:** Da die Kommunikationsforschung viele ihrer Fragestellungen, Theorien und Methoden mit anderen Sozial- und Geisteswissenschaften teilt, gingen von deren Entwicklungen vielfach Impulse auf die Wirkungsforschung aus. Nachhaltige Spuren hinterließen beispielsweise verschiedene biologische, politikwissenschaftliche und soziologische Systemtheorien, Marketingtheorien, der biologische Konstruktivismus, die Phänomenologie von Alfred Schütz, die „kognitive Wende" in der Psychologie. Erkennbar ist auch ein zunehmender Einfluss nicht-amerikanischer Wissenschaftskulturen – etwa der britischen Cultural Studies, der Frankfurter Schule und der deutschen Öffentlichkeitssoziologie – auf die ursprünglich stark US-amerikanisch geprägte Wirkungsforschung (die ihrerseits in den 1930er Jahren wesentlich von Migranten wie Kurt Lewin und Paul Felix Lazarsfeld beeinflusst wurde).

■ **Nachfrage nach Forschungsergebnissen:** Obwohl es nicht dem Selbstbild vieler Wissenschaftler entspricht, ist doch ein erheblicher Teil der Wirkungsforschung anwendungs- und nachfrageorientiert. Für Ergebnisse zu Medienwirkungen beispielsweise im Wahlkampf, in der politischen PR und Propaganda, in Informationskampagnen und im Social Marketing gibt es ein ausgeprägtes praktisches Interesse – und nicht zuletzt Forschungsbudgets. Viele der kommunikationswissenschaftlichen Großprojekte, die als Meilensteine gefeiert werden, waren nicht Grundlagenforschung, sondern anwendungsbezogen im Dienste politischer Interessen.

■ **Neue Methoden:** Verfeinerungen und Erweiterungen der Methoden und Designs empirischer Forschung brachten neue Untersuchungsmöglichkeiten und Ergebnisse mit mehr Evidenz. Dazu trugen vor allem drei Trends bei:

(1) Einsatz und Weiterentwicklung von Methoden, die einen stringenteren Nachweis von Kausalbeziehungen ermöglichen, zum einen kontrollierte Experimente, zum anderen Designs mit Langzeitperspektive und wiederholten Messungen (Panels, Zeitreihenanalysen).

(2) Die Verfügbarkeit langer Datenreihen dank der kontinuierlich anwachsenden Archive für Umfragedaten und Medienprodukte. Dies verbesserte zunehmend die Voraussetzungen für die Analyse langfristiger Wirkungen.

(3) Die Internationalisierung der Forschung als Folge einer allgemeinen politischen und sozialen Internationalisierung, zunehmender kognitiver und physischer Mobilität der Forscher wie auch gefördertem Networking im Wissenschaftsbetrieb. Dies brachte eine Zunahme international vergleichend angelegter Studien, die – so drückten es Gurevitch und Blumler (1990a) aus, ein wirksames „Gegengift" gegen Provinzialismus und naiven Universalismus sind.

Ergebnisse der Wirkungsforschung wie auch deren öffentliche Diskussion haben mitunter – unbeabsichtigte, aber gelegentlich auch beabsichtigte – politische Wirkungen. Auf diese Form von Ambivalenz hat Lazarsfeld (1941) mit seiner Gegenüberstellung von administrativer und kritischer Forschung hingewiesen (Lazarsfeld 1941). Sie gilt grundsätzlich für alle Sozialwissenschaften, ist für einige freilich von größerer Relevanz als für andere. Da die sozialtechnische Anwendung der Medienwirkungsforschung unter Umständen – neben erheblichem kommerziellen

Nutzen – große politische Vorteile bringen kann, gibt es ein ausgeprägtes Interesse, Wirkungsforschung im Hinblick auf ihre „administrative" – d. h. sozialtechnische – Verwertbarkeit zu betreiben. Die Persuasionsforschung ist in der Tat weitgehend der Optimierung von „strategischer Kommunikation" gewidmet, also dem Einsatz von Medien für Zwecke der Propaganda oder, wie es heute meist unverfänglicher heißt, für Informationspolitik, Aufklärungskampagnen, Public Relations, *public diplomacy*, politisches und soziales Marketing. Mehr noch, auch Forschungsergebnisse, die nicht diesem Ziel dienen, können sozialtechnisch verwendet und für partikulare Interessen instrumentalisiert werden. Das gilt auch dann für Ergebnisse, wenn sie ursprünglich mit einer kritischen Intention erarbeitet wurden.

Die angesprochenen Aspekte der Ambivalenz machen Fragen der sozialen bzw. politischen Legitimation, des Erkenntnisinteresses und der Verwertung der Wirkungsforschung zu einem relevanten, doch bisher noch unterentwickelten Forschungsthema.

Differenzierung der Wirkungskonzepte

Die „Grenzerweiterung" der politischen Wirkungsforschung brachte vor allem eine Fortentwicklung und Differenzierung theoretischer Konzepte und Modelle.

Dass die frühe Medienwirkungsforschung einem hemmungslosen Positivismus oder gar Behaviorismus verfallen war und sich dabei an einem monokausal-linearen Stimulus-Response-Modell orientierte, kann inzwischen als widerlegte Vereinfachung gelten (die vor allem in Polemiken gegen empirisch-quantifizierende Forschung gepflegt wurde und noch wird). Natürlich waren die meisten Studien der frühen Jahre nicht nur aufgrund noch beschränkter Instrumente und Ressourcen meist einfach angelegt; auch das Wirkungskonzept war noch relativ schlicht und ziemlich nahe an Alltagsvorstellungen von Kausalität. Aber es gibt auch Beispiele für frühe Studien von hoher Komplexität und Qualität, die für die nachfolgende Entwicklung der Forschung prägend waren, etwa die *Payne-Fund-Studies* um 1930, die u.a. dem Einfluss von Kinofilmen auf das soziale Lernen und die normative Orientierung von Kindern nachgingen, ferner die legendäre *Erie-County*-Studie von Lazarsfeld und Mitarbeitern, die mit einem siebenwelligen Panel Meinungsbildungsprozesse im US-Präsidentschaftswahlkampf 1940 untersuchte, oder das gewaltige Projekt *The American Soldier* von Hovland und anderen in den 1940er Jahren mit dem Ziel, die Gesetzmäßigkeiten politischer Einstellungsänderung und Überzeugung aufzuklären.

Vorherrschend war zunächst, wie es scheint, die Mikro-Perspektive, d.h. Medienwirkungen wurden als Veränderung an Individuen begriffen. Entsprechend waren Konzepte wie Wissen, Meinung und Einstellung die zentralen abhängigen Variablen, und die Beobachtungen richteten sich auf bestimmte Medieninhalte als unabhängige Variablen. Aber auch die Makro-Perspektive spielte schon in der Literatur der 1920er und 1930er Jahre eine wichtige Rolle, wenn auch meist nicht unter dem Etikett Medienwirkungen, sondern in der Propagandaforschung und speziell beim Blick auf Beziehungen zwischen Propaganda und öffentlicher Meinung.

Schließlich explizierten Lazarsfeld und Merton (1948) in dem Aufsatz „Mass communication, popular taste and organized social action" die Makro-, Meso-, Mikro-Perspektive, indem sie unterschieden zwischen

(1) Wirkungen der Existenz von Massenmedien in der Gesellschaft,

(2) Wirkungen von bestimmten Organisationsformen der Medien und

(3) Wirkungen bestimmter Medieninhalte.

Auch wenn sie, dem Geist der Zeit entsprechend, betonen, dass Medieneinflüsse oft überschätzt würden, führen sie doch eine Reihe von beachtlichen Makro-Wirkungen auf (die sie allerdings pauschal als „Funktionen" etikettieren), so z. B. die Zuweisung von Status, Prestige und Prominenz (zu Themen, Personen, Organisationen oder sozialen Bewegungen), die Verstärkung von Normkonformität durch mediale Publizität und die „Narkotisierung" der Bevölkerung durch Informationsüberlastung.

Der Aufsatz lenkte den Blick auf nicht beabsichtigte Medienwirkungen und „Dysfunktionen" – wie sie es nannten. Damit war eine wichtige Unterscheidung angesprochen, nämlich die zwischen *intendierten* und *unintendierten* Wirkungen. Untersuchungen von Propagandawirkungen wie auch viele der Untersuchungen von Wissens- und Einstellungsänderungen konzentrieren sich auf beabsichtigte Einflussnahmen, auf die Wirksamkeit von Kommunikation. Diese Perspektive wurde in der Folgezeit auch als *Persuasionsforschung* bezeichnet. Ihr kann man im weiteren Sinn auch Studien zur Wirksamkeit von (politischer) Werbung und Public Relations, strategischer Kommunikation (wie z.B. *public diplomacy* und *media diplomacy*), von Social Marketing und von Kampagnen zur Information und Aufklärung der Bevölkerung zurechnen.[312]

Unbeabsichtigte Wirkungen sind präziser als *Folgen* zu bezeichnen. Wie schon erwähnt, können sich hinter scheinbar unbeabsichtigten Folgen mitunter auch unerkannte Absichten verbergen, und beabsichtigte Einflussnahmen können mitunter unbeabsichtigte und womöglich problematische Folgen bzw. Nebenwirkungen haben. Vielleicht hat sich wegen solcher Unterscheidungsschwierigkeiten ein einigermaßen einheitliches Etikett für diese Perspektive nicht durchgesetzt. Stattdessen werden die (vermuteten und mehr oder weniger gut belegten) Folgen – sei es für einzelne Bürger, für politische Organisationen oder für die Gesellschaft bzw. das politische System insgesamt – oft unspezifisch als Wirkungen bezeichnet. Allerdings geht die Tendenz in der Forschung dahin, diese mit spezifischen Konzepten präziser zu benennen. Einige – und zwar solche mit einigermaßen eindeutiger Wertung – sind in Tabelle 8.1 aufgeführt.

---

312 Vgl. dazu oben Kapitel 7

8.2 Medienperformanz und Demokratiequalität

Wenn man die Attitüde eines Teils der politischen Kommunikationsforschung als Alarmismus qualifiziert, so ist das eine etwas unfreundliche Bezeichnung für eine lobenswerte Absicht, nämlich auf (vermutete) problematische Folgen politischer Kommunikation hinzuweisen, diese zu erklären und damit dazu beizutragen, dass sie vermieden oder abgestellt werden. Es ist dies das aufklärerische oder „kritische" Motiv, wie es Lazarsfeld (1941) etikettierte, das Teile der Sozialwissenschaften wie auch des Journalismus kennzeichnet.

Kritik setzt Bewertungsmaßstäbe voraus. Am einfachsten ist es, diese in einer relationalen Betrachtung zu suchen, also durch einen Vergleich. Möglich und üblich sind internationale Vergleiche und Zeitvergleiche. Das Prüfkriterium lautet im ersten Fall: Sind die Verhältnisse bei uns besser oder schlechter als anderswo? Im zweiten Fall lautet die Frage: Haben sich die Verhältnisse im Lauf der Zeit verbessert oder verschlechtert?

Neben relationalen Kriterien können (vermeintlich oder tatsächlich) objektive Standards herangezogen werden. Die Frage lautet dann: Sind die Verhältnisse so wie sie sein sollten (oder könnten)? Die Beantwortung dieser Frage geschieht durch Bezug auf Normen oder Idealmodelle. Diese können z. B. aus gesellschaftlichen Konventionen oder Leitbildern abgeleitet sein, aus sozialen Utopien, historischen Vorbildern oder wissenschaftlichen Theorien.

8.2.1 Medienfunktionen und Medienperformanz

In der politischen Kommunikationsforschung ist es üblich, als Standards mehr oder weniger gut begründete oder hergeleitete „politische Funktionen" der Massenmedien heranzuziehen und daran die tatsächlichen Verhältnisse zu messen.[313] Ein Beispiel sind die von Gurevitch und Blumler (Gurevitch und Blumler 1990b) aufgeführten acht „functions and services for the political system" (vgl. Textbox 8.1), die den Katalog der schon viel früher von Lasswell (1948) genannten Kommunikationsfunktionen erweitern.[314] Ähnliche Funktionslisten haben auch deutsche Autoren vorgeschlagen (z. B. Ronneberger 1964, Wildenmann und Kaltefleiter 1965). Der Katalog von Gurevitch ist allerdings weniger abstrakt als die meisten dieser Listen, und er betont besonders die Verantwortlichkeit und (*accountability*) Gemeinwohlverpflichtung der Medien.

McLeod und Co-Autoren haben den von Gurevitch und Blumler *ad hoc* entwickelten Anforderungskatalog aufgegriffen und ihm ausgewählte Thesen und

---

313 Vgl. dazu auch oben Abschnitt 3.3.1
314 Sie lauten bei Lasswell:„surveillance of the environment", „correlation of the parts of society" und „transmission of the social heritage".

Befunde der Wirkungsforschung zugeordnet (McLeod, Kosicky und McLeod 1994). Aus den acht Medienfunktionen und (möglichen) Defiziten und Grenzen der Medienperformanz erstellen sie eine Matrix, die sie mit einer Vielzahl von problematischen Folgen der politischen Kommunikation anfüllen. Ihr Ansatz ist insofern interessant und anregend, als er die acht Kriterien mit der relevanten empirischen Forschung verknüpft.

Textbox 8.1: Politische Funktionen und Leistungen der Medien

- Beobachtung der soziopolitischen Umwelt: Berichterstattung über Entwicklungen, die sich – positiv oder negativ – auf das Wohlergehen der Bürger auswirken können;

- Ein sinnvolles Agenda-Setting: Identifikation der wichtigsten aktuellen Probleme, ihrer Ursachen und Möglichkeiten zur Lösung;

- Eine Plattform bieten für verständliche und klärende Stellungnahmen von Politikern und Vertretern verschiedenster Interessengruppen;

- Den Dialog ermöglichen zwischen einer breiten Vielfalt an Positionen wie auch zwischen Entscheidungsträgern (gegenwärtigen wie zukünftigen) und dem breiten Publikum;

- Von Amtsträgern Rechenschaft zur Ausübung ihrer Macht verlangen;

- Bürgern Anreize geben, sich über politische Prozesse zu informieren, selbst Entscheidungen zu treffen und sich politisch zu beteiligen und nicht nur Mitläufer oder Zuschauer zu bleiben;

- Prinzipientreuen Widerstand üben gegen Versuche von außerhalb der Medien, die Unabhängigkeit, Integrität und die Wahrnehmung öffentlicher Aufgaben zu untergraben;

- Respekt bewahren gegenüber dem Rezipienten, der möglicherweise betroffen ist und seine politische Umwelt verstehen möchte.

(Gurevitch und Blumler 1990b: 270,, freie Übersetzung W. S.)

In der Journalismusforschung dienen üblicherweise professionelle Normen zur Beurteilung der Informationsqualität, insbesondere von (politischen) Nachrichten, beispielsweise Objektivität, Relevanz, Vielfalt, Sachlichkeit (vgl. etwa Hagen 1995). Sie sind auch Bestandteil formeller und informeller Verhaltenskodizes für Journalisten. Sie lassen sich, wie McQuail (1992) gezeigt hat, aus fundamentalen Werten demokratischer Gesellschaften wie Freiheit und Gleichheit herleiten.

Daran anknüpfend und unter Einbeziehung der Systemtheorie struktur-funktionalistischer Prägung schlägt Voltmer (1999) ein Kriteriensystem „demokratischer Performanz" vor, deren oberste Werte die Herstellung einer demokratischen Medienöffentlichkeit und die rationale Teilhabe der Bürger an politischen Entscheidungen sind. Sie ergänzt dies durch einen Katalog von Strukturbedingungen (rechtlichen und publizistischen Regeln), die ein Mediensystem erfüllen sollte, um publizistische Qualität zu gewährleisten. Die Autorin beschränkt sich nicht auf die Begründung und Explikation von Performanzkriterien, sondern setzt sie auch zur empirischen Evaluation der Berichterstattung im Wahljahr 1990 ein. Dabei betrachtet sie ein relativ breites Mediensample und zieht zum Vergleich Pressemitteilungen der politischen Parteien heran.

8.2.2 Öffentlichkeitsstruktur und Demokratiequalität

In politikwissenschaftlich inspirierten Ansätzen, wie schon bei Voltmer erkennbar, dienen demokratietheoretische Kriterien als Bewertungsmaßstäbe. Beispiele dafür mit einer etwas anderen Zielrichtung als der hier diskutierten sind die *Demokratie-Audits*, die in letzter Zeit in verschiedenen Ländern durchgeführt wurden. Demokratie-Audits beurteilen demokratische Regierungssysteme und ihre Bestandteile wie Institutionen, Akteure und Verfahren (etwa der Meinungs- und Willensbildung, der Entscheidungsfindung) (Kaiser und Seils 2005). Basis der Beurteilung sind Kriterien, die aus einem politikwissenschaftlichen Demokratiekonzept hergeleitet sind. Ein kanadisches Projekt beurteilt beispielsweise die Repräsentativität und Inklusivität der Bürgerbeteiligung sowie die Responsivität und Kontrolle politischer Autoritäten.

Der Ansatz kann als Modell für die Evaluation politischer Medieneinflüsse und der Medialisierung von Politik dienen. Die allgemeine Frage würde dann lauten: Verbessert oder verschlechtert Medialisierung die Demokratiequalität?[315] Diese Frage spielt in der politischen Kommunikationsforschung durchaus eine zentrale Rolle, wie aus den vorangegangenen Kapiteln deutlich wurde. Daher beziehen sich die Konzepte, die Tabelle 8.1 im oberen Teil als Medienfunktionen aufführt, auf Aspekte der Demokratiequalität.

Gütekriterien politischer Öffentlichkeit

Ein verbreiteter Ansatz von Untersuchungen zur Öffentlichkeitsstruktur besteht darin, empirisch beobachtbare Merkmale von Öffentlichkeit mit einem Idealbild, einem normativen Modell zu vergleichen. Habermas bietet dafür mit seiner einflussreichen Arbeit über den Strukturwandel der Öffentlichkeit das Vorbild

---

[315] Vgl. oben Abschnitt 2.2.5

(Habermas 1962). Andere Autoren haben Alternativen zu dem Diskursmodell von Habermas entworfen. So kontrastiert Gerhards (1997a) das Habermassche Modell mit einem Repräsentationsmodell, und Ferree et al. (Ferree et al. 2002: 205 ff.) stellen insgesamt vier Modelle gegenüber, die sie *representative liberal, participatory liberal, discursive* und *constructionist* nennen.

Anstatt Abweichungen zwischen Ideal und Wirklichkeit unter Bezug auf ein geschlossenes Idealmodell zu konstatieren (und gegebenenfalls zu kritisieren), kann man auch einzelne normative Kriterien zur Problemdiagnose und Bewertung von Öffentlichkeit heranziehen. So führt Gerhards (1998) als *Gütekriterien* von Öffentlichkeit auf: 1. *Offenheit des Zugangs* für alle Bürger bzw. Bevölkerungsgruppen, für Interessen, Themen und Meinungen; 2. *Diskursivität* der öffentlichen Kommunikation, gemessen an der Verwendung von Argumenten zur Begründung von Meinungen; und 3. *Wirksamkeit* im Hinblick auf die Beeinflussung politischer Entscheidungen (vgl. Gerhards, Neidhardt und Rucht 1998). Auch diese Gütekriterien sind, wie unschwer zu erkennen, aus normativen Modellen abgeleitet, und insofern ist dieses Vorgehen vom Vergleich zwischen Ideal und Wirklichkeit nicht prinzipiell verschieden. Der Unterschied besteht vor allem darin, dass sich Gütekriterien als Variablen begreifen lassen, die man operationalisieren und empirisch überprüfen kann.

Es gibt in der neueren Forschung einige Beispiele dafür, wie sich dieser Ansatz auf die Analyse der Medienöffentlichkeit anwenden lässt. So untersuchen Gerhards, Neidhardt und Rucht (1998) am Beispiel des Abtreibungskonflikts in Deutschland u.a. den *Zugang* zur Öffentlichkeit und deren *Diskursstruktur*. Grundlage der Analysen sind – neben Interviewdaten – Veröffentlichungen in der *Frankfurter Allgemeinen Zeitung* und der *Süddeutschen Zeitung* zwischen 1970 und 1994. Im Ergebnis zeigt sich, dass zwar die Akteure des politischen Zentrums die Debatte dominieren. Jedoch belegt ein Vergleich der in verschiedenen Schichten der Debatte verwendeten Deutungsmuster (*Frames*), dass sich Zentrum, Peripherie und Journalisten nicht wesentlich voneinander unterscheiden. Die Autoren bewerten dies „als ein Gütezeichen, weil die öffentliche Meinung an die Meinung der Bürger rückgekoppelt ist" (S. 139). Das Komplexitätsniveau der Abtreibungsdebatte ist einerseits gering, und es überwiegt ein Verlautbarungsstil. Andererseits finden sich aber in journalistischen Kommentaren beachtliche „Spurenelemente diskursiver Kommunikation" (S. 185).

In einer Erweiterung der Analyse auf den Abtreibungskonflikt in den USA zeigen sich nur geringe Unterschiede im Hinblick auf den Stil der Diskurse in den Medienöffentlichkeiten beider Länder. Dieser Teil der Analyse stützt sich auf Beiträge in der *New York Times* und der *Los Angeles Times*. Allerdings ist die amerikanische Debatte in geringerem Maße vom politischen Zentrum dominiert; sie berücksichtigt in stärkerem Maße die Lebenswelt einfacher Bürger und deren persönliche Erfahrungen (Ferree et al. 2002). Die „Qualität des Diskurses", wie sie es nennen, messen sie u.a. an vier Kriterien, nämlich an der Unterstützung für soziale Bewegungen und Betroffene (*empowerment*), am Vorkommen respektvoller bzw. despektierlicher verbaler Äußerungen (*civility*), an der dialogischen Struktur des Diskurses (*dialogue*) und an Schilderungen auch persönlicher und privater Seiten der Akteure (narratives, Ferree et al. 2002: 232 ff.).

Für ihre Analyse der Globalisierungsdebatte in der *New York Times* ziehen Bennett und Co-Autoren ähnliche, jedoch etwas anders zugeschnittene Gütekriterien heran (Bennett et al. 2004): die Vielfalt berücksichtigter Akteure (*access*), deren namentliche Identifikation (*recognition*) und wechselseitige Bezugnahmen im Diskurs (*responsiveness*). Grundlage sind Veröffentlichungen im Kontext von Treffen des Weltwirtschaftsforums und des konkurrierenden Weltsozialforums in den Jahren 2001 bis 2003. Wie die Ergebnisse zeigen, ist die amerikanische Globalisierungsdebatte – viel stärker als beim Abtreibungskonflikt – von Akteuren des politischen Zentrums dominiert.[316] Während die Vertreter des Weltwirtschaftsforums namentlich identifiziert werden, erscheinen Protestgruppenmitglieder anonym und in negativem Framing. Direkte argumentative Bezugnahmen zwischen den Opponenten kommen überhaupt nicht vor. Insgesamt konstatieren die Autoren einen hohen Grad an Instrumentalisierung der Medienöffentlichkeit durch die Akteure des Weltwirtschaftsforums (WEF), und die Journalisten fügten sich diesen Bestrebungen.[317]

Ein normatives Modell der Medienöffentlichkeit

Mit einiger Berechtigung weist Weßler (1999: 231 ff.) auf das medientheoretische Defizit der normativen Modelle hin, an denen sich üblicherweise Analysen der Öffentlichkeit orientieren. Das gelte für das Diskursmodell wie auch für das Repräsentationsmodell. Diese Kritik trifft folglich auch auf Ansätze zu, die einzelne Gütekriterien heranziehen, da diese aus den normativen Modellen abgeleitet sind.

Um den spezifischen Funktionen der Massenmedien gerecht zu werden, schlägt Weßler ein „normatives Modell von Medienöffentlichkeit" vor und formuliert, ausgehend von der systemtheoretischen Unterscheidung in Input-, Throughput- und Output-Funktionen, folgende Anforderungen (S. 237 ff.):

- Statt bestimmte Typen von Akteuren zu bevorzugen, sollten die Massenmedien Akteure nicht diskriminieren, die z.b. wegen schwacher PR-Kompetenz geringe Äußerungschancen haben, sondern sie durch „kompensatorische Medienöffentlichkeit" begünstigen.

---

316 Eine thematisch vergleichbare deutsche Untersuchung belegt eine ganz ähnliche Akteursstruktur; vgl. die Analyse der Berichterstattung anlässlich der Jahrestagung des Internationalen Währungsfonds und der Weltbank 1988 in Berlin von Gerhards (1993: 168).

317 „We conclude from this analysis that the public media sphere is highly managed – in this case actively by WEF officials and passively by journalists who systematically deferred to WEF participants over their critics." (Bennett et al. 2004: 452)

■ Da die Spezifik medialer Kommunikation keine Diskursqualität im normativen Sinn erwarten lässt, sollte das Anspruchsniveau in dieser Hinsicht herunterge-schraubt werden. Ein professioneller, unabhängiger Journalismus sollte sich um Abwägung und Vermittlung zwischen unterschiedlichen Deutungen und Posi-tionen im Diskurs bemühen; er sollte „sensibel sein für neue Deutungselemente und insofern Innovationen und Diversifizierungen im Deutungsrepertoire er-möglichen" (S. 238).

■ Die Massenmedien sollten sich nicht auf wenige spektakuläre Ereignisse kon-zentrieren, sondern auch für eine ereignisunabhängige Dauerbeobachtung ge-sellschaftlicher Probleme sorgen. Wichtig sei die Kontinuität und Ergebnisof-fenheit der Kommunikationsprozesse, so dass „Mehrheitsmeinungen bestreit-bar bleiben".

Zwar dienen die vorgestellten Überlegungen und empirischen Untersuchungen in erster Linie dazu, die Qualität politischer Diskurse zu beurteilen. Doch können sie in einer anderen Auswertungsperspektive auch dazu dienen, die demokratische Performanz der Medien zu bewerten (was z. B. Gerhards, Neidhard und Rucht nur am Rande tun). In ähnlicher Weise kann eine Reihe anderer Studien, die sich auf die Qualität und Rationalität („deliberativeness") politischer Diskurse beziehen, sekundäranalytisch etwas zur Frage der Medienperformanz beitragen und empiri-sche Untersuchungen dieser Frage anregen (etwa Jankowski und van Selm 2000, Gerhards und Schäfer 2007, Simon und Jerit 2007, Wessler 2008).[318]

8.3 Medienfreiheit und Medienqualität

Wenn die Massenmedien nicht neutrale Mittler, allgemein zugängliches Forum, of-fenes „Fenster zur Welt" sind, sondern politische Prozesse beeinflussen, diese nach den Gesetzen ihres Handelns prägen, dann mag das Anlass zur Beunruhigung und kritischer Beobachtung sein. Es ist aber fraglich, ob Forderungen nach einer Ein-schränkung der Medienfreiheit und stärkerer Kontrolle des politischen Medien-einflusses eine adäquate Reaktion sind. Meist stehen solche Forderungen – wenn auch nicht immer ausgesprochen – im Hintergrund, wenn die Kategorie der Macht ins Spiel gebracht wird, um das Verhältnis zwischen Medien und Politik zu cha-rakterisieren.

Medien haben kein neutrales Verhältnis zur Politik, aber Politik verhält sich auch nicht neutral zu den Medien. Politik setzt die rechtlichen Rahmenbedingun-gen und bestimmt damit weitgehend die Medienordnung der Gesellschaft bis hin zur inneren Ordnung einzelner Medienorganisationen, greift zum Teil unmittelbar – etwa über die Aufsichtsgremien des Rundfunks – in organisatorische Strukturen

---

318 Vgl. auch oben Abschnitt 4.4.2

und Abläufe von Medienorganisationen ein, beeinflusst direkt oder indirekt Medieninhalte und nutzt dazu u.a. auch informelle Kontakte zu Journalisten, Verlegern und Rundfunkverantwortlichen. Damit gerät Politik in Konflikt mit dem Selbstverständnis der Medien, insbesondere mit zentralen Werten wie Medienfreiheit und journalistischer Unabhängigkeit.

Überdies ist zu bedenken, dass die Massenmedien zur Wahrnehmung ihrer öffentlichen Aufgabe durchaus einem Wirkungs*gebot* unterliegen. Denn die politischen Funktionen der Information, der Kritik und Kontrolle sowie der Mitwirkung an der Meinungsbildung, die zur Erfüllung der öffentlichen Aufgabe gehören, lassen sich nicht anders ausüben als durch politische Einflussnahme. Dass diese Einflussnahme nicht selten die Macht politischer Institutionen begrenzt, ist gewollt und im Einklang mit der Vorstellung von einer funktionierenden demokratischen Öffentlichkeit.

Wenn man die Beziehungen zwischen Medien und Politik in erster Linie unter Aspekten von Macht und Einfluss, von Dominanz und Abhängigkeit, von Freiheit und Kontrolle sieht, verstellt das den Blick auf die eigentlichen Ursachen der tatsächlichen oder vermuteten Probleme. Es besteht vor allem die Gefahr, dass durch Definition dieser Beziehung als Machtfrage der Einschränkung von Medienfreiheiten Vorschub geleistet und damit ein wesentlicher Bestandteil der freiheitlichen demokratischen Ordnung geschwächt wird.

Anstatt Freiheit und Einfluss der Medien in Opposition zu Kontrolle und politischer Gegenmacht zu setzen, sind Forderungen nach einer verantwortlichen und qualitätsvollen Wahrnehmung der Medienfreiheiten die angemessenere Reaktion. In der Rechtsordnung demokratischer Staaten sind die Privilegien und Freiheiten der Medien ohnehin beschränkt. Im deutschen Grundgesetz beispielsweise sind Medienfreiheiten und andere hohe Rechtsgüter mit Hilfe des Schrankenvorbehalts in Absatz 2 des Artikels 5 ausbalanciert.[319] Darüber hinaus sind im Medienrecht wie auch in berufsständischen Kodizes weitreichende Anforderungen an die Wahrnehmung der öffentlichen Aufgabe durch den politischen Journalismus formuliert. So heißt es beispielsweise im ZDF-Staatsvertrag, der den Ordnungsrahmen für das Zweite Deutsche Fernsehen vorgibt: „Die Berichterstattung soll umfassend, wahrheitsgetreu und sachlich sein. Herkunft und Inhalt der zur Veröffentlichung bestimmten Berichte sind sorgfältig zu prüfen."

Doch sind solche Vorgaben, sind Forderungen nach Vollständigkeit, Wahrheit und Sachlichkeit nicht weltfremd und angesichts der Arbeits- und Funktionsbedingungen der Massenmedien unrealistisch? Ist es nicht eine Verkennung der Arbeitsweise informationsverarbeitender Systeme, von ihnen ein getreues Abbild der

---

319 Der Passus besagt (entsprechend einer Interpretation des Bundesverfassungsgerichts), dass die Meinungsfreiheit durch allgemeine Gesetze beschränkbar ist, dass diese aber stets im Blick auf die Meinungsfreiheit auszulegen und daher in ihrer beschränkenden Wirkung selbst wieder einzuschränken sind.

Wirklichkeit zu verlangen? Wäre es nicht realistischer, abstrakte Forderungen wie die nach Objektivität aufzugeben und einfach zu akzeptieren, dass die Medien keine verzerrungsfreie Realitätsdarstellung bieten können, dass sie mehr oder weniger parteilich sind und dass sie politische Prozesse entsprechend den Regeln der Medienlogik beeinflussen?

Ein solcher Standpunkt enthält zwei Missverständnisse. Zum einen übersieht er den Unterschied zwischen Normierung und Beschreibung, zwischen Qualitätsstandards und der empirischen Analyse vorfindbarer Medienqualität. Wenn die empirische Beschreibung der Zustände zu dem Ergebnis kommt, dass diese defizitär sind, muss das nicht bedeuten, dass man die Defizite akzeptiert oder gar zum Regelfall stilisiert. Das Ergebnis sollte vielmehr Anlass sein, mehr Qualität einzufordern. Zum anderen missversteht der Standpunkt die soziale Funktion von Normen, seien diese nun relativ unspezifisch als Prinzipien oder relativ spezifisch als rechtliche Vorschriften gefasst. Ihre Funktion besteht in der *Verhaltenssteuerung* nach Maßgabe von Zielvorgaben, Idealmodellen, sozialen Werten. Dabei wird vorausgesetzt, dass die Ziele oder Ideale oft nicht erreicht werden können. Aber es wird doch erwartet, dass sich das Verhalten durch Anerkennung der Norm den erwünschten Zielen annähert bzw. im Sinne der Ideale oder Werte ändert.

Objektivität und Wahrheit sind daher durchaus sinnvolle, das Verhalten der Medien steuernde Normen. Wenn man dies erkennt und anerkennt, stellen sich die Beziehungen zwischen Medien und Politik eher als ein operationales Problem dar denn als ein Machtproblem: Wie kann man die Beachtung der Normen und Anforderungen durch die Medien sichern? Wie kann man dies durch Regeln erreichen, die in der praktischen Tagesarbeit des Journalismus handhabbar sind? Und wie kann man den Grad an Übereinstimmung zwischen Norm und Wirklichkeit, wie die Performanz und Qualität des Journalismus feststellen?

Für ersteres sind rechtliche Vorschriften, professionelle Standards und ethische Grundsätze zuständig, für letzteres wissenschaftliche Evaluationen, um die sich die Performanz- und Qualitätsforschung inzwischen in zunehmendem Maße bemüht. Ihr Beitrag besteht darin, Qualitätskriterien theoretisch zu fundieren, für die Überprüfung zu operationalisieren und mit Hilfe empirischer Untersuchungen festzustellen, ob und inwieweit die Medien den normativen und rechtlichen Vorgaben genügen (McQuail 1992, Schatz und Schulz 1992, Hagen 1995, Weischenberg 2006).

Nicht zuletzt ist es auch eine wichtige Aufgabe der Wissenschaft, die Medien an ihre Verantwortung zu erinnern. Wissenschaftliche Untersuchungen der politischen Kommunikation können dazu einen Beitrag leisten, indem sie die Beziehungen zwischen Medien und Politik aufklären, Defizite und Fehlentwicklungen beschreiben und dabei mitunter auch den Eindruck des Alarmismus erwecken. Analysen der politischen Kommunikation können die öffentliche Diskussion über die Rolle der Medien anregen, können Fakten und Argumente bereitstellen und damit z. B. auch der Medienbeobachtung und Medienkritik anderer gesellschaftlicher Institutionen mit Sachverstand zur Seite stehen.[320]

Vielleicht sind es nicht nur die rasante Entwicklung der Massenmedien und der politische Wandel, der damit einhergeht, die Anlass geben zu den kritischen und pessimistischen, mitunter aber auch euphorischen Analysen. Vielleicht ist auch die Tatsache, dass sich die Massenmedien erst seit wenigen Jahrzehnten – und das auch erst in einem Teil der Welt – enger politischer Kontrolle entzogen haben, noch eine zu neue, zu überraschende Erfahrung.[321]

Ob diese Entwicklungen das Gleichgewicht zwischen den politischen Gewalten fördern oder ob sie, wie es manche befürchten, in eine „Mediokratie" münden, ist eine Frage, die die Wissenschaft weiter beschäftigen wird. Jedenfalls kann die Analyse problematisch erscheinender Aspekte der Entwicklung dazu beitragen, etwaige unerwünschte Folgen zu erkennen, einzuschätzen und gegebenenfalls zu verhindern.

---

320 Beispiele dafür sind der Bericht der sogenannten Mahrenholz-Kommission, die für den damaligen Bundespräsidenten Richard von Weizsäcker einen „Bericht zur Lage des Fernsehens" vorlegte (Groebel 1995) und die im Frühjahr 1997 veröffentlichte gemeinsame Erklärung der Deutschen Bischofskonferenz und des Rates der Evangelischen Kirche in Deutschland mit dem Titel „Chancen und Risiken der Mediengesellschaft". Beide Dokumente stützen sich weitgehend auf wissenschaftlichen Sachverstand und auf Forschungsergebnisse.

321 Nach den Erhebungen der Organisation *Freedom House* für das Jahr 2007 können in 17 Prozent von 194 Staaten der Erde die Medien als frei gelten, in weiteren 40 Prozent als teilweise frei; vgl. http://freedomhouse.org/template.cfm?page=16 (23. 9, 2007).

Literatur

Aday, Sean, Steven Livingston und Maeve Hebert (2005): Embedding the truth. A cross-cultural analysis of objectivity and television coverage of the Iraq war. In: *Press/Politics* **10** (1), S. 3-21.

Ahern, Thomas J., Jr. (1984): Determinants of foreign coverage in U.S. newspapers. In: Robert L. Stevenson und Donald L. Shaw (Hrsg.), *Foreign news and the new world information order*. Ames, S. 217-236.

ALM-Jahrbuch (2003 ff.): *Privater Rundfunk in Deutschland 2003. Jahrbuch der Landesmedienanstalten, herausgegeben von der Arbeitsgemeinschaft der Landesmedienanstalten in der Bundesrepublik Deutschland (ALM)*. Berlin: Vistas.

Almond, Gabriel A. und G. Bingham Powell (1966): *Comparative politics. A developmental approach*. Boston: Little, Brown.

Almond, Gabriel A. und Sidney Verba (1963): *The civic culture. Political attitudes and democracy in five nations*. Princeton, NJ: Princeton University Press.

Altendorfer, Otto, Heinrich Wiedemann und Hermann Mayer (Hrsg.) (2000): *Der moderne Medienwahlkampf. Professionelles Wahlmanagement unter Einsatz neuer Medien, Strategien und Psychologien*. Eichstätt: Media Plus.

Althaus, Marco (Hrsg.) (2002): *Kampagne! Neue Strategien für Wahlkampf, PR und Lobbying*. Münster: LIT.

Altheide, David L. (2002): *Creating fear. News and the construction of crisis*. New York: Aldine de Gruyter.

Altheide, David L. und Robert P. Snow (1988): Toward a theory of mediation. In: James A. Anderson (Hrsg.), *Communication Yearbook 11*. Newbury Park, CA: Sage, S. 194-223.

Anderson, Christopher J. und Christine A. Guillory (1997): Political institutions and satisfaction with democracy: A cross-national analysis of consensus and majoritarian systems. In: *American Political Science Review* **91**, S. 66-81.

Ansolabehere, Stephen, Roy Behr und Shanto Iyengar (1991): Mass media and elections. An overview. In: *American Politics Quarterly* **19**, S. 109-139.

Arnold, Anne-Katrin und Beate Schneider (2004): TV kills social capital? Eine kritische Auseinandersetzung mit der Sozialkapitalforschung von Robert Putnam. In: *Publizistik* **49**, S. 423-438.

Asp, Kent (1983a): The struggle for the agenda. Party agenda, media agenda and voters' agenda in the 1979 Swedish election campaign. In: Winfried Schulz und Klaus Schönbach (Hrsg.), *Massenmedien und Wahlen. Mass media and elections. International research perspectives*. München: Ölschläger, S. 301-320.

Asp, Kent (1983b): The struggle for the agenda. Party agenda, media agenda, and voter agenda in the 1979 Swedish election campaign. In: *Communication Research* **10**, S. 333-355.

Atkin, Charles K. (1981): Communication and political socialization. In: Dan D. Nimmo und Keith R. Sanders (Hrsg.), *Handbook of political communication*. Beverly Hills: Sage, S. 299-328.

Atteslander, Peter (1980): Vom Holzschnitt zum Holzhammer? Zur Rolle der empirischen Sozialforschung in der medialen Wählerbeeinflussung. In: Thomas Ellwein (Hrsg.), *Politikfeld-Analysen 1979. Wissenschaftlicher Kongreß der DVPW 1.-5. Oktober 1979 in der Universität Augsburg. Tagungsbericht*. Opladen: Westdeutscher Verlag, S. 45-59.

Baerns, Barbara (1985): *Öffentlichkeitsarbeit oder Journalismus? Zum Einfluß im Mediensystem*. Köln: Verlag Wissenschaft und Politik.

Baerns, Barbara (Hrsg.) (1995): *PR-Erfolgskontrolle. Messen und Bewerten in der Öffentlichkeitsarbeit. Verfahren, Strategien, Beispiele*. Frankfurt a.M.: Institut für Medienentwicklung und Kommunikation.

Baggaley, Jon, Margaret Ferguson und Philip Brooks (1980): *Psychology of the TV image*. Farnborough: Gower.

Baker, Kendall L., Dalton J. Russel und Kai Hildebrandt (1981): *Germany transformed. Political culture and the New Politics*. Cambridge, Mass: Harvard University Press.

Ball-Rokeach, Sandra J. und Melvin L. DeFleur (1976): A dependency model of mass-media effects. In: *Communication Research* **3**, S. 3-21.

Baringhorst, Sigrid (1998): *Politik als Kampagne. Zur medialen Erzeugung von Solidarität*. Opladen/Wiesbaden: Westdeutscher Verlag.

Barth, Henrike und Wolfgang Donsbach (1992): Aktivität und Passivität von Journalisten gegenüber Public Relations. Fallstudie am Beispiel von Pressekonferenzen zu Umweltthemen. In: *Publizistik* **37**, S. 151-165.

Bassewitz, Susanne von (1990): *Stereotypen und Massenmedien. Zum Deutschlandbild in französischen Tageszeitungen.* Wiesbaden: Deutscher Universitäts-Verlag.

Baum, Matthew A. und Angela S. Jamison (2006): The Oprah effect: How soft news helps inattentive citizens vote consistently. In: *Journal of Politics* **68**, S. 946-959.

Bellers, Jürgen und Klaus Wehmeier (1980): Medienberichterstattung als Faktor im außenpolitischen Entscheidungsprozeß. In: *Politische Vierteljahresschrift* **21**, S. 321-345.

Bennett, Stephen Earl (1988): „Know-nothings" revisited: The meaning of political ignorance today. In: *Social Science Quarterly* **69**, S. 476-490.

Bennett, Stephen Earl (1989): Trends in American political information 1967-1987. In: *American Politics Quarterly* **17**, S. 422-435.

Bennett, Stephen Earl, Richard S. Flickinger, John R. Baker, Staci L. Rhine und Linda L. Bennett (1996): Citizens' knowledge of foreign affairs. In: *Press/Politics* **1** (2), S. 10-29.

Bennett, Stephen Earl, Staci L. Rhine, Richard S. Flickinger und Linda L. Bennett (1999): „Video malaise" revisited. Public trust in the media and government. In: *Press/Politics* **4** (4), S. 8-23.

Bennett, W. Lance (1988): *News: The politics of illusion.* New York: Longman.

Bennett, W. Lance (1998): The uncivic culture. Communication, identity, and the rise of lifestyle politics. In: *PS: Political Science and Politics* **31** (4), S. 741-761.

Bennett, W. Lance (2000): Introduction: Communication and civic engagement in comparative perspective. In: *Political Communication* **17**, S. 307-312.

Bennett, W. Lance, Victor W. Pickard, David P. Iozzi, Carl L. Schroeder, Taso Lagos und C. Evans Caswell (2004): Managing the public sphere: Journalistic construction of the great globalization debate. In: *Journal of Communication* **54**, S. 437-455.

Bentele, Günter (1998): Politische Öffentlichkeitsarbeit. In: Ulrich Sarcinelli (Hrsg.), *Politikvermittlung und Demokratie in der Mediengesellschaft. Beiträge zur politischen Kommunikationskultur.* Opladen: Westdeutscher Verlag, S. 124-145.

Bentele, Günter (2005): Das Intereffikationsmodell. In: Günter Bentele, Romy Fröhlich und Peter Szyszka (Hrsg.), *Handbuch der Public Relations. Wissenschaftliche Grundlagen und berufliches Handeln. Mit Lexikon.* Wiesbaden: VS Verlag für Sozialwissenschaften, S. 209-222.

Bentele, Günter, Tobias Liebert und Stefan Seeling (1997): Der Fall „Brent Spar" in Hauptnachrichtensendungen. Ansätze zur Operationalisierung von Qualitätskriterien für die Bildberichterstattung. In: Günter Bentele und Michael Haller (Hrsg.), *Aktuelle Entstehung von Öffentlichkeit. Akteure - Strukturen - Veränderungen.* Konstanz: UVK Medien, S. 225-250.

Berelson, Bernard R., Paul F. Lazarsfeld und William N. McPhee (1954): *Voting. A study of opinion formation in a presidential campaign.* Chicago: Chicago University Press.

Berelson, Bernard R. und Gary A. Steiner (1964): *Human behavior. An inventory of scientific findings.* New York: Harcourt, Brace & World.

Berens, Harald (2001): *Prozesse der Thematisierung in publizistischen Konflikten. Ereignismanagement, Medienresonanz und Mobilisierung der Öffentlichkeit am Beispiel von Castor und Brent Spar.* Wiesbaden: Westdeutscher Verlag.

Berens, Harald und Lutz M. Hagen (1997): Der Fall „Brent Spar" in Hauptnachrichtensendungen. Ansätze zur Operationalisierung von Qualitätskriterien für die Bildberichterstattung. In: Günter Bentele und Michael Haller (Hrsg.), *Aktuelle Entstehung von Öffentlichkeit. Akteure - Strukturen - Veränderungen.* Konstanz: UVK Medien, S. 539-549.

Berg, Klaus und Christa-Maria Ridder (Hrsg.) (2002): *Massenkommunikation VI. Eine Langzeitstudie zur Mediennutzung und Medienbewertung 1964-2000.* Baden-Baden: Nomos.

Berger, Peter L. und Thomas Luckmann (1970): *Die gesellschaftliche Konstruktion der Wirklichkeit. Eine Theorie der Wissenssoziologie.* Frankfurt a.M.: S. Fischer.

Bergsdorf, Wolfgang (1990): Politische Kommunikation - Definition - Probleme - Methoden. In: Klaus Dorbecker und Thomas Rommerskirchen (Hrsg.), *Blick in die Zukunft: Kommunikationsmanagement. Perspektiven und Chancen der Public Relations*. Remagen: Rommerskirchen, S. 30-40.

Bergsdorf, Wolfgang (1992): Medien und Politik - Medien als Träger politischer Öffentlichkeit. In: *Lernfeld Politik. Eine Handreichung zur Aus- und Weiterbildung*. Bonn: Bundeszentrale für politische Bildung, S. 95-110.

Berkel, Barbara (2006): *Konflikt als Motor europäischer Öffentlichkeit. Eine Inhaltsanalyse von Tageszeitungen in Deutschland, Frankreich, Großbritannien und Österreich*. Wiesbaden: VS Verlag für Sozialwissenschaften.

Berry, Colin (1983): Learning from television news: A critique of the research. In: *Journal of Broadcasting* 27, S. 359-370.

Best, Stefanie (2000): Der Intra-Extra-Media-Vergleich - ein wenig genutztes Analyseinstrument und seine methodischen Anforderungen. In: *Publizistik* 45, S. 51-69.

Best, Stefanie und Bernhard Engel (2007): Qualitäten der Mediennutzung. Ergebnisse auf Basis der ARD/ZDF-Studie Massenkommunikation. In: *Media Perspektiven* (1), S. 20-36.

Bieber, Christoph (2006): Zwischen Grundversorgung und Bypass-Operation. Von der Idee zur Praxis digitaler Regierungskommunikation. In: Klaus Kamps und Jörg-Uwe Nieland (Hrsg.), *Regieren und Kommunikation. Meinungsbildung, Entscheidungsfindung und gouvernementales Kommunikationsmanagement – Trends, Vergleiche, Perspektiven*. Köln: Halem, S. 239-260.

Bimber, Bruce (2000): The study of information technology and civic engagement. In: *Political Communication* 17, S. 329-333.

Bimber, Bruce und Bruce Davis (2003): *Campaigning online. The Internet in U.S. elections*. New York: Oxford University Press.

Blödorn, Sascha und Maria Gerhards (2004): Informationsverhalten der Deutschen. Ergebnisse einer Repräsentativbefragung. In: *Media Perspektiven* (1), S. 2-14.

Blödorn, Sascha, Maria Gerhards und Walter Klingler (1999): Informationsvermittlung durch elektronische Medien. Eine Zwischenbilanz der neunziger Jahre. In: Gunnar Roters, Walter Klingler und Maria Gerhards (Hrsg.), *Information und Informationsrezeption*. Baden-Baden: Nomos, S. 85-101.

Blumler, Jay G. (1983): *Communicating to voters. Television in the first European parliamentary elections*. London: Sage.

Blumler, Jay G. (1990): Elections, the media and the modern publicity process. In: Marjorie Ferguson (Hrsg.), *Public communication. The new imperatives. Future directions for media research*. London: Sage, S. 101-113.

Blumler, Jay G. und Michael Gurevitch (1995): *The crisis of public communication*. London: Routledge.

Blumler, Jay G. und Michael Gurevitch (2001): „Americanization" reconsidered. UK-US campaign communication comparisons across time. In: W. Lance Bennett und Robert Entman (Hrsg.), *Mediated politics. Communication in the future of democracy*. Cambridge, MA: Cambridge University Press, S. 380-403.

Blumler, Jay G. und Denis McQuail (1968): *Television in politics: Its uses and influence*. London: Faber and Faber.

Bock, Karin und Sibylle Reinhardt (2002): Jugend und Politik. In: Heinz-Hermann Krüger und Cathleen Grunert (Hrsg.), *Handbuch der Kindheits- und Jugendforschung*. Opladen: Leske+Budrich, S. 719-742.

Böhme-Dürr, Karin (1998): *Perspektivensuche. Das Ende des Kalten Krieges und der Wandel des Deutschlandbildes in der amerikanischen Presse (1976 - 1998)*. Konstanz: UVK.

Bollinger, Günter und Hans-Jürgen Brämer (1987): *Die Ausweitung des Programmangebots durch Kabelfernsehen und ihre Folgen auf Wissensunterschiede von Rezipienten*. Mannheim: unveröff. Mskr.

Bonfadelli, Heinz (1981): *Die Sozialisationsperspektive in der Massenkommunikationsforschung. Neue Ansätze, Methoden und Resultate zur Stellung der Massenmedien im Leben der Kinder und Jugendlichen*. Berlin: Spiess.

Bonfadelli, Heinz (1994): *Die Wissenskluft-Perspektive. Massenmedien und gesellschaftliche Information*. Konstanz: Ölschläger.

Bonfadelli, Heinz (1998): Politische Kommunikation als Sozialisation. In: Otfried Jarren, Ulrich Sarcinelli und Ulrich Saxer (Hrsg.), *Politische Kommunikation in der demokratischen Gesellschaft. Ein Handbuch mit Lexikonteil*. Opladen: Westdeutscher Verlag, S. 342-351.

Bonfadelli, Heinz (2002): The Internet and knowledge gaps. A theoretical and empirical investigation. In: *European Journal of Communication* **17**, S. 65-84.

Bonfadelli, Heinz (2005): Mass media and biotechnology: Knowledge gaps within and between European countries. In: *International Journal of Public Opinion Research* **17**, S. 42-62.

Boorstin, Daniel J. (1973): *The image. A guide to pseudo-events in America*. New York: Atheneum.

Breed, Warren (1955): Newspaper 'opinion leaders' and processes of standardization. In: *Journalism Quarterly* **32**, S. 277-284, 328.

Brettschneider, Frank (1995): *Öffentliche Meinung und Politik. Eine empirische Studie zur Responsivität des deutschen Bundestages zwischen 1949 und 1990*. Opladen: Westdeutscher Verlag.

Brettschneider, Frank (1997): Mediennutzung und interpersonale Kommunikation in Deutschland. In: Oscar W. Gabriel (Hrsg.), *Politische Orientierungen und Verhaltensweisen im vereinigten Deutschland*. Opladen: Leske+Budrich, S. 265-289.

Brettschneider, Frank (1998): Medien als Imagemacher? Bevölkerungsmeinung zu den beiden Spitzenkandidaten und der Einfluß der Massenmedien im Vorfeld der Bundestagswahl 1998. In: *Media Perspektiven* (8), S. 392-401.

Brettschneider, Frank (1999): Kohls Niederlage: Kandidatenimages und Medienberichterstattung vor der Bundestagswahl 1998. In: Peter Winterhoff-Spurk und Michael Jäckel (Hrsg.), *Politische Eliten in der Mediengesellschaft. Rekrutierung - Darstellung - Wirkung*. München: Verlag Reinhard Fischer, S. 65-103.

Brettschneider, Frank (2002a): Interpersonale Kommunikation. In: Martin Greiffenhagen und Sylvia Greiffenhagen (Hrsg.), *Handwörterbuch zur politischen Kultur der Bundesrepublik Deutschland, 2. Auflage*. Wiesbaden: Westdeutscher Verlag, S. 218-221.

Brettschneider, Frank (2002b): *Spitzenkandidaten und Wahlerfolg. Personalisierung - Kompetenz - Parteien. Ein internationaler Vergleich*. Wiesbaden: Westdeutscher Verlag.

Brettschneider, Frank (2005a): Bundestagswahlkampf und Medienberichterstattung. In: *Aus Politik und Zeitgeschichte* (51-52), S. 19-26.

Brettschneider, Frank (2005b): Massenmedien und Wählerverhalten. In: Jürgen W. Falter und Harald Schoen (Hrsg.), *Handbuch Wahlforschung*. Wiesbaden: VS Verlag für Sozialwissenschaften, S. 473-500.

Brettschneider, Frank und Angelika Vetter (1998): Mediennutzung, politisches Selbstbewußtsein und politische Entfremdung. In: *Rundfunk und Fernsehen* **46**, S. 463-479.

Brosius, Hans-Bernd (1994): Agenda-Setting nach einem Vierteljahrhundert Forschung. Methodischer und theoretischer Stillstand? In: *Publizistik* **39**, S. 269-288.

Brosius, Hans-Bernd (1995): *Alltagsrationalität in der Nachrichtenrezeption. Ein Modell zur Wahrnehmung und Verarbeitung von Nachrichteninhalten*. Opladen: Westdeutscher Verlag.

Brosius, Hans-Bernd und Frank Esser (1998): Mythen in der Wirkungsforschung: Auf der Suche nach dem Stimulus-Response-Modell. In: *Publizistik* **43**, S. 341-361.

Bucy, Erik P. und Paul D'Angelo (1999): The crisis of political communication: Normative critiques of news and democratic processes. In: Michael E. Roloff und Gaylen D. Paulson (Hrsg.), *Communication Yearbook 22*. Thousand Oaks: Sage, S. 301-339.

Burdewick, Ingrid (2003): *Jugend - Politik - Anerkennung. Eine qualitative empirische Studie zur politischen Partizipation 11- bis 18-Jähriger*. Bonn: Bundeszentrale für Politische Bildung.

Burkart, Roland (2001): *Kommunikationswissenschaft. Grundlagen und Problemfelder. Umrisse einer interdisziplinären Sozialwissenschaft. 4., durchges. Aufl.*, Wien: Böhlau.

Bürklin, Wilhelm und Markus Klein (1998): *Wahlen und Wählerverhalten. Eine Einführung*. Opladen: Leske+Budrich.

Buß, Michael, Michael Darkow, Renate Ehlers, Hans-Jürgen Weiß und Karl Zimmer (1984): *Fernsehen und Alltag. Eine ARD/ZDF-Studie im Wahljahr 1980*. Frankfurt a.M.: Metzner.

Buß, Michael und Renate Ehlers (1982): Mediennutzung und politische Einstellung im Bundestagswahlkampf 1980. In: *Media Perspektiven* (4), S. 237-253.

Bussemer, Thymian (2003): Gesucht und gefunden: Das Stimulus-Response-Modell in der Wirkungsforschung. Einige Anmerkungen und zwei Fallstudien zur frühen Kommunikationswissenschaft. In: *Publizistik* **48**, S. 176-189.

Bybee, Carl R. und Mark Comadema (1984): Information sources and state legislators: Decision-making and dependency. In: *Journal of Broadcasting* **28**, S. 333-340.

Calhoun, Craig J. (Hrsg.) (1992): *Habermas and the public sphere.* Cambridge, Mass.: MIT Press.

Campbell, Angus , Gerald Gurin und Warren E. Miller (1954): *The voter decides.* Evanston, Ill.: Row, Peterson.

Campbell, Angus, Philip E. Converse, Warren E. Miller und Donald E. Stokes (1960): *The American voter.* New York: Wiley.

Cappella, Joseph N. (2002): Cynicism and social trust in the new media environment. In: *Journal of Communication* **52**, S. 229-241.

Cappella, Joseph N. und Kathleen Hall Jamieson (1996): News frames, political cynicism, and media cynicism. In: Kathleen Hall Jamieson (Hrsg.), *The media and politics.* Thousand Oaks, CA: Sage, S. 71-84.

Castells, Manuel (1996): *The rise of the network society.* Malden, MA: Blackwell Publishers.

Chaffee, Steven H. (1975): The diffusion of political information. In: Steven H. Chaffee (Hrsg.), *Political communication. Issues and strategies for research.* Beverly Hills, CA: Sage, S. 85-128.

Chaffee, Steven H. und Stacey Frank (1996): How Americans get political information: Print versus broadcast news. In: Kathleen Hall Jamieson (Hrsg.), *The media and politics. Annals of the American Academy of Political and Social Sciences, vol 546.* Thousand Oaks: Sage, S. 48-58.

Chaffee, Steven H. und John Hochheimer (1983): Mass communication in national election campaigns: The research experience in the United States. In: Winfried Schulz und Klaus Schönbach (Hrsg.), *Massenmedien und Wahlen. Mass media and elections. International research perspectives.* München: Ölschläger, S. 65-103.

Chaffee, Steven H. und Stacey Frank Kanihan (1997): Learning about politics from the mass media. In: *Political Communication* **14**, S. 421-430.

Chaffee, Steven H., Jack M. McLeod und Charles K. Atkin (1971): Parental influences on adolescent media use. In: *American Behavioral Scientist* **14**, S. 323-340.

Chaffee, Steven H. und Miriam J. Metzger (2001): The end of mass communication? In: *Mass Communication & Society* **4**, S. 365-379.

Chaffee, Steven H. und Joan Schleuder (1986): Measurement and effects of attention to mass media. In: *Human Communication Research* **13**, S. 76-107.

Chaffee, Steven H., Scott L. Ward und Leonard P. Tipton (1970): Mass communication and political socialization. In: *Journalism Quarterly* **47**, S. 647-659, 666.

Chaffee, Steven H., Xinshu Zhao und Glen Leshner (1994): Political knowledge and the campaign media of 1992. In: *Communication Research* **21**, S. 305-324.

Chaffee, Steven R. (Hrsg.) (1975): *Political communication. Issues and strategies for research.* Beverly Hills, CA: Sage.

Cho, Hyunyi und Charles T. Salmon (2007): Unintended effects of health communication campaigns. In: *Journal of Communication* **57**, S. 293-317.

Claußen, Bernhard (1996): Die Politisierung des Menschen und die Instanzen der politischen Sozialisation: Problemfelder gesellschaftlicher Alltagspraxis und sozialwissenschaftlicher Theoriebildung. In: Bernhard Claußen und Rainer Geißler (Hrsg.), *Die Politisierung des Menschen. Instanzen der politischen Sozialisation. Ein Handbuch.* Opladen: Leske+Budrich, S. 15-48.

Cobb, Roger W. und Charles D. Elder (1972): *Participation in American politics. The dynamics of agenda-building.* Boston, MA: Allyn and Bacon.

Cobb, Roger W. und Charles D. Elder (1981): Communication and public policy. In: Dan D. Nimmo und Keith R. Sanders (Hrsg.), *Handbook of political communication.* Beverly Hills: Sage, S. 391-416.

Cohen, Bernard C. (1963): *The press and foreign policy.* Princeton, NJ: Princeton University Press.

Conradt, David P. (1980): Changing German political culture. In: Gabriel A. Almond und Sidney Verba (Hrsg.), *The civic culture revisited*. Boston: Little, Brown, S. 212-272.

Cook, Timothy (2005): *Governing with the news. The news media as a political insitution, 2nd edition*. Chicago: University of Chicago Press.

Cornfield, Michael (2004): *Politics moves online. Campaigning and the Internet*. New York: The Century Foundation.

Crouse, Timothy (1972): *The boys on the bus*. New York: Ballantine Books.

Dahinden, Urs (2006): *Framing. Eine integrative Theorie der Massenkommunikation*. Konstanz: UVK.

Dahlem, Stefan (2001): *Wahlentscheidung in der Mediengesellschaft. Theoretische und empirische Grundlagen der interdisziplinären Wahlforschung*. Freiburg: Alber.

Dahlgren, Peter (1995): *Television and the public sphere. Citizenship, democracy and the media*. London: Sage.

Dahlgren, Peter (2005): The Internet, public spheres, and political communication: Dispersion and deliberation. In: *Political Communication* **22**, S. 147-162.

Dahrendorf, Ralf (1958): *Homo sociologicus. Ein Versuch zur Geschichte, Bedeutung und Kritik der Kategorie der sozialen Rolle*. Köln und Opladen: Westdeutscher Verlag.

D'Alessio, Dave und Mike Allen (2000): Media bias in presidential elections: A meta-analysis. In: *Journal of Communication* **50** (4), S. 133-156.

Dalton, Russel J. (1984): Cognitive mobilization and partisan dealignment in advanced industrial socie-ties. In: *Journal of Politics* **46**, S. 264-284.

Dalton, Russel J. (1996): *Citizen politics. Public opinion and political parties in advanced industrial democracies. Second edition*. Chatham, NJ: Chatham House Publishers.

Dalton, Russel J. (2000): Influences on voting behavior. In: Richard Rose (Hrsg.), *International encyclope-dia of elections*. Washington, DC: CQ Press, S. 332-339.

Darkow, Michael und Karl Zimmer (1982): Der Wahlkampf als Alltagserlebnis - unbedeutend. Erste Er-gebnisse des Tagebuch-Panels „Fernsehen und Alltag". In: *Media Perspektiven* (4), S. 254-262.

Davis, Dennis K. und John P. Robinson (1989): Newsflow and democratic society in an age of electronic media. In: George Comstock (Hrsg.), *Public communication and behavior, vol. 2*. San Diego: Academic Press, S. 59-102.

Davison, W. Phillips (1983): The third-person effect in communication. In: *Public Opinion Quarterly* **47**, S. 1-15.

Dayan, Daniel und Elihu Katz (1992): *Media events. The live broadcasting of history*. Cambridge, Mass.: Harvard University Press.

de Sola Pool, Ithiel (1959): TV: A new dimension in politics. In: Eugene Burdick und Arthur J. Brodbeck (Hrsg.), *American voting behavior*. Glencoe, Ill.: The Free Press, S. 236-261.

De Vreese, Claes H. (2005): The spiral of cynicism reconsidered. In: *European Journal of Communication* **20** (3), S. 283-301.

Dehm, Ursula (2002): Fernsehduelle im Urteil der Zuschauer. Eine Befragung des ZDF zu einem neuen Sendungsformat bei der Bundestagswahl 2002. In: *Media Perspektiven* (12), S. 600-609.

Dehm, Ursula (2005): Das TV-Duell 2005 aus Zuschauersicht. Eine Befragung des ZDF zum Wahlduell zwischen Herausforderin Angela Merkel und Kanzler Gerhard Schröder. In: *Media Perspektiven* (12), S. 627-637.

Delli Carpini, Michael X. (2004): Mediated democratic engagement: The impact of communications on citizens' involvement in political and civic life. In: Lynda Lee Kaid (Hrsg.), *Handbook of political communication research*. Mahwah, NJ: Lawrence Erlbaum, S. 395-434.

Delli Carpini, Michael X., Fay Lomax Cook und Lawrence R. Jacobs (2004): Public deliberation, discur-sive participation, and citizen engagement: A review of the empirical literature. In: *Annual Review of Political Science* **7**, S. 315-344.

Delli Carpini, Michael X. und Scott Keeter (1991): Stability and change in the U.S. public's knowledge of politics. In: *Public Opinion Quarterly* **55**, S. 583-612.

Delli Carpini, Michael X. und Scott Keeter (1996): *What Americans know about politics and why it matters*. New Haven, CT: Yale University Press.

Delli Carpini, Michael X., Scott Keeter und J. David Kennamer (1994): Effects of the news media environment on citizen knowledge of state politics and government. In: *Journalism Quarterly* 71, S. 443-456.

Depenheuer, Otto (2001): Öffentlichkeit und Vertraulichkeit. Einführung. In: Otto Depenheuer (Hrsg.), *Öffentlichkeit und Vertraulichkeit. Theorie und Praxis der politischen Kommunikation.* Wiesbaden: Westdeutscher Verlag, S. 7-20.

Deutsch, Karl W. (1963): *The nerves of government. Models of political communication and control.* New York: Free Press.

Deutsch, Karl W. (1986): Einige Grundprobleme der Demokratie in der Informationsgesellschaft. In: Max Kaase (Hrsg.), *Politische Wissenschaft und politische Ordnung. Analysen zu Theorie und Empirie demokratischer Regierungsweise. Festschrift zum 65. Geburtstag von Rudolf Wildenmann.* Opladen: Westdeutscher Verlag, S. 40-51.

Dewey, John (1927): *The public and its problems.* Chicago: Swallow.

Diehlmann, Nicole (2003): Journalisten und Fernsehnachrichten. In: Georg Ruhrmann, et al. (Hrsg.), *Der Wert von Nachrichten im deutschen Fernsehen. Ein Modell zur Validierung von Nachrichtenfaktoren.* Opladen: Leske+Budrich, S. 99-144.

Dimock, Michael und Samuel L. Popkin (1997): Political knowledge in comparative perspective. In: Shanto Iyengar und Richard Reeves (Hrsg.), *Do the media govern? Politicians, voters, and reporters.* Thousand Oaks: Sage, S. 217-224.

Donsbach, Wolfgang (1982): *Legitimationsprobleme des Journalismus. Gesellschaftliche Rolle der Massenmedien und berufliche Einstellung von Journalisten.* Freiburg: Alber.

Donsbach, Wolfgang (1991): *Medienwirkung trotz Selektion. Einflussfaktoren auf die Zuwendung zu Zeitungsinhalten.* Köln: Böhlau.

Donsbach, Wolfgang (1993): Inhalte, Nutzung und Wirkung politischer Kommunikation. In: *Österreichische Zeitschrift für Politikwissenschaft* 22, S. 389-407.

Donsbach, Wolfgang, Hans-Bernd Brosius und Axel Mattenklott (1993): How unique is the perspective of television? A field experiment on the perception of a campaign event by participants and television viewers. In: *Political Communication* 10, S. 37-53.

Donsbach, Wolfgang und Karin Büttner (2005): Boulevardisierungstrend in deutschen Fernsehnachrichten. Darstellungsmerkmale der Politikberichterstattung vor den Bundestagswahlen 1983, 1990 und 1998. In: *Publizistik* 50, S. 21-38.

Donsbach, Wolfgang und Danièle Dupré (1994): Mehr Vielfalt oder „more of the same" durch mehr Kanäle? Möglichkeiten zum Unterhaltungsslalom im deutschen Fernsehen zwischen 1983 und 1991. In: Louis Bosshart und Wolfgang Hoffmann-Riem (Hrsg.), *Medienlust und Mediennutz. Unterhaltung als öffentliche Kommunikation.* München: Ölschläger, S. 229-247.

Donsbach, Wolfgang und Olaf Jandura (1999): Drehbücher und Inszenierungen. Die Union in der Defensive. In: Elisabeth Noelle-Neumann, Hans Mathias Kepplinger und Wolfgang Donsbach (Hrsg.), *Kampa. Meinungsklima und Medienwirkung im Wahlkampf 1998.* Freiburg: Alber, S. 141-171.

Donsbach, Wolfgang und Olaf Jandura (2005): Auf verlorenem Posten. Selbstdarstellung der Parteien in Pressemitteilungen und ihre Darstellung in den Medien. In: Elisabeth Noelle-Neumann, Wolfgang Donsbach und Hans Mathias Kepplinger (Hrsg.), *Wählerstimmungen in der Mediendemokratie. Analysen auf der Basis des Bundestagswahlkampfs 2002.* Freiburg: Alber, S. 44-68.

Donsbach, Wolfgang und Antje Meißner (2004): PR und Nachrichtenagenturen. Missing Link in der kommunikationswissenschaftlichen Forschung. In: Juliana Raupp und Joachim Klewes (Hrsg.), *Quo vadis Public Relations? Auf dem Weg zum Kommunikationsmanagement: Bestandsaufnahmen und Entwicklungen.* Wiesbaden: VS Verlag für Sozialwissenschaften, S. 97-112.

Donsbach, Wolfgang und Thomas E. Patterson (2003): Journalisten in der politischen Kommunikation: Professionelle Orientierungen von Nachrichtenredakteuren im internationalen Vergleich. In: Frank Esser und Barbara Pfetsch (Hrsg.), *Politische Kommunikation im internationalen Vergleich. Grundlagen, Anwendungen, Perspektiven.* Wiesbaden: Westdeutscher Verlag, S. 281-304.

Donsbach, Wolfgang und Arnd Wenzel (2002): Aktivität und Passivität von Journalisten gegenüber parlamentarischer Pressearbeit. In: *Publizistik* 47, S. 373-387.

Donsbach, Wolfgang, Jens Wolling und Constanze von Blomberg (1996): Repräsentation politischer Positionen im Mediensystem aus der Sicht deutscher und amerikanischer Journalisten. In: Walter Hömberg und Heinz Pürer (Hrsg.), *Medien-Transformation. Zehn Jahre dualer Rundfunk in Deutschland.* Konstanz: UVK Medien, S. 343-356.

Dörner, Andreas (2001): *Politainment. Politik in der medialen Erlebnisgesellschaft.* Frankfurt a. M.: Suhrkamp.

Downs, Anthony (1957): *An economic theory of democracy.* New York: Harper & Row.

Dutta-Bergman, Mohan J. (2005): Access to the Internet in the context of community participation and community satisfaction. In: *New Media & Society* **7**, S. 89-109.

Dyllick, Thomas (1989): *Management der Umweltbeziehungen. Öffentliche Auseinandersetzungen als Herausforderung.* Wiesbaden: Gabler.

Easton, David (1965): *A systems analysis of political life.* New York: John Wiley.

Easton, David (1975): A re-assessment of the concept of political support. In: *British Journal of Political Science* **5**, S. 435-457.

Easton, David und Jack Dennis (1969): *Children in the political system: Origins of political legitimacy.* New York: McGraw-Hill.

Eckhardt, Kenneth W. und Gerry Hendershot (1967-68): Dissonance-congruence and the perception of public opinion. In: *American Journal of Sociology* **73**, S. 226-234.

Eichhorn, Wolfgang (1996): *Agenda-Setting-Prozesse. Eine theoretische Analyse individueller und gesellschaftlicher Themenstrukturierung.* München: Verlag Reinhard Fischer.

Eilders, Christiane (1997): *Nachrichtenfaktoren und Rezeption. Eine empirische Analyse zur Auswahl und Verarbeitung politischer Information.* Opladen: Westdeutscher Verlag.

Eilders, Christiane (2004): Von Links bis Rechts - Deutung und Meinung in Pressekommentaren. In: Christiane Eilders, Friedhelm Neidhardt und Barbara Pfetsch (Hrsg.), *Die Stimme der Medien. Pressekommentare und politische Öffentlichkeit in der Bundesrepublik.* Wiesbaden: VS Verlag für Sozialwissenschaften, S. 129-166.

Eilders, Christiane (2006): News values and news decisions. Theoretical and methodological advances of German research. In: *Communications* **31**, S. 5-24.

Eilders, Christiane, Kati Degenhardt, Patrick Hermann und Monika von der Lippe (2003): Themenprofile der Parteien in den Medien. Ein Vergleich von Selbstdarstellung und medialer Präsentation der Parteien im Bundestagswahlkampf 2002. In: Winand Gellner und Gerd Strohmeier (Hrsg.), *Repräsentation und Präsentation in der Mediengesellschaft.* Baden-Baden: Nomos, S. 83-101.

Eilders, Christiane, Friedhelm Neidhardt und Barbara Pfetsch (2004): *Die Stimme der Medien. Pressekommentare und politische Öffentlichkeit in der Bundesrepublik.* Wiesbaden: VS Verlag für Sozialwissenschaften.

Eilders, Christiane und Werner Wirth (1999): Die Nachrichtenwertforschung auf dem Weg zum Publikum: Eine experimentelle Überprüfung des Einflusses von Nachrichtenfaktoren bei der Rezeption. In: *Publizistik* **44**, S. 35-57.

Eimeren, Birgit van und Beate Frees (2005): Nach dem Boom: Größter Zuwachs in internetfernen Gruppen. ARD/ZDF-Online-Studie 2005. In: *Media Perspektiven* (8), S. 362-379.

Eimeren, Birgit van und Beate Frees (2006): Schnelle Zugänge, neue Anwendungen, neue Nutzer? ARD/ZDF-Online-Studie 2006. In: *Media Perspektiven* (8), S. 402-415.

Eimeren, Birgit van und Christa-Maria Ridder (2005): Trends in der Nutzung und Bewertung der Medien 1970 bis 2005. Ergebnisse der ARD/ZDF-Langzeitstudie Massenkommunikation. In: *Media Perspektiven* (10), S. 490-504.

Ellwein, Thomas und Ralf Zoll (1982): *Wertheim - Kommunalpolitik und Machtstruktur einer deutschen Stadt.* München: Juventa.

Emmer, Martin (2005): *Politische Mobilisierung durch das Internet? Eine kommunikationswissenschaftliche Untersuchung zur Wirkung eines neuen Mediums.* München: Reinhard Fischer.

Emmer, Martin, Martin Seifert und Gerhard Vowe (2006): Internet und politische Kommunikation: die Mobilisierungsthese auf dem Prüfstand - Ergebnisse einer repräsentativen Panelstudie in Deutschland. In: Peter Filzmaier, Matthias Karmasin und Cornelia Klepp (Hrsg.), *Politik und Medien - Medien und Politik*. Wien: WUV, S. 175-193.

Emmer, Martin und Gerhard Vowe (2004): Mobilisierung durch das Internet? Ergebnisse einer empirischen Längsschnittuntersuchung zum Einfluss des Internets auf die politische Kommunikation der Bürger. In: *Politische Vierteljahresschrift* **45**, S. 191-212.

Emmerich, Andreas (1984): *Nachrichtenfaktoren: Die Bausteine der Sensationen. Eine empirische Studie zur Theorie der Nachrichtenauswahl in den Rundfunk- und Zeitungsredaktionen*. Saarbrücken: Verlag der Reihe.

Entman, Robert M. (1993): Framing: Toward clarification of a fractured paradigm. In: *Journal of Communication* **43** (4), S. 51-58.

Esser, Frank (2003a): Gut, dass wir verglichen haben. Bilanz und Bedeutung der komparativen politischen Kommunikationsforschung. In: Frank Esser und Barbara Pfetsch (Hrsg.), *Politische Kommunikation im internationalen Vergleich. Grundlagen, Anwendungen, Perspektiven*. Wiesbaden: Westdeutscher Verlag, S. 437-494.

Esser, Frank (2003b): Wie die Medien ihre eigene Rolle und die der politischen Publicity im Bundestagswahlkampf framen. In: Christina Holtz-Bacha (Hrsg.), *Die Massenmedien im Wahlkampf. Die Bundestagswahl 2002*. Wiesbaden: Westdeutscher Verlag, S. 162-193.

Esser, Frank und Paul D'Angelo (2003): Framing the press and the publicity process. A content analysis of meta-coverage in campaign 2000 network news. In: *American Behavioral Scientist* **46**, S. 617-641.

Esser, Frank und Carsten Reinemann (1999): „Mit Zuckerbrot und Peitsche". Wie deutsche und britische Journalisten auf das News Management politischer Spin Doctors reagieren. In: Christina Holtz-Bacha (Hrsg.), *Wahlkampf in den Medien - Wahlkampf mit den Medien. Ein Reader zum Wahljahr 1998*. Opladen/Wiesbaden: Westdeutscher Verlag, S. 40-68b.

Esser, Frank, Carsten Reinemann und David Fan (2000): Spin doctoring in British and German election campaigns. How the press is being confronted with a new quality of political PR. In: *European Journal of Communication* **15**, S. 209-239.

Esser, Frank, Christine Schwabe und Jürgen Wilke (2005): Metaberichterstattung im Krieg. Wie Tageszeitungen die Rolle der Nachrichtenmedien und der Militär-PR in den Irak-Konflikten 1991 und 2003 framen. In: *Medien & Kommunikationswissenschaft* **53**, S. 314-332.

Ettema, James S. und F. Gerald Kline (1977): Deficits, differences, and ceilings. Contingent conditions for understanding the knowledge gap. In: *Communication Research* **4**, S. 179-202.

Eveland, William P., Jr., Krisztina Marton und Mihye Seo (2004): Moving beyond „just the facts". The influence of online news on the content and structure of public affairs knowledge. In: *Communication Research* **31**, S. 82-108.

Eveland, William P., Jr., Jack M. McLeod und Edward M. Horovitz (1998): Communication and age in childhood political socialization: An interactive model of political development. In: *Journalism & Mass Communication Quarterly* **75**, S. 699-718.

Eveland, William P., Jr., Dhavan V. Shah und Nojin Kwak (2003): Assessing causality in the cognitive mediation model. A panel study of motivations, information processing, and learning during campaign 2000. In: *Communication Research* **30**, S. 359-386.

Eveland, William P., Jr. und Tiffany Thomson (2006): Is it talking, thinking, or both? A lagged dependent variable model of discussion effects on political knowledge. In: *Journal of Communication* **56**, S. 523-542.

Faas, Thorsten und Jürgen Maier (2004): Mobilisierung, Verstärkung, Konversion? Ergebnisse eines Experiments zur Wahrnehmung der Fernsehduelle im Vorfeld der Bundestagswahl 2002. In: *Politische Vierteljahresschrift* **45**, S. 55-72.

Falter, Jürgen W. und Harald Schoen (Hrsg.) (2005): *Handbuch der Wahlforschung*. Wiesbaden: VS Verlag für Sozialwissenschaften.

Fan, David P. (1988): *Predictions of public opinion from the mass media. Computer content analysis and mathematical modeling*. Westport, CT: Greenwood Press.

Fan, David P., Robert O. Wyatt und Kathy Keltner (2001): The suicidal messenger. How press reporting affects public confidence in the press, the military, and organized religion. In: *Communication Research* **28**, S. 826-852.

Farrell, David M. und Rüdiger Schmitt-Beck (Hrsg.) (2002): *Do political campaigns matter? Campaigning effects in elections and referendums*. London: Routledge.

Feierabend, Sabine und Inge Mohr (2004): Mediennutzung von Klein- und Vorschulkindern. Ergebnisse der ARD/ZDF-Studie „Kinder und Medien 2003". In: *Media Perspektiven* (9), S. 453-461.

Feierabend, Sabine und Thomas Rathgeb (2005): Medienverhalten Jugendlicher 2004. Neueste Ergebnisse der JIM-Studie Jugend, Information, (Multi-)Media. In: *Media Perspektiven* (7), S. 320-332.

Feist, Ursula (1994): *Die Macht der Nichtwähler. Wie die Wähler den Volksparteien davonlaufen*. München: Knaur.

Feist, Ursula und Klaus Liepelt (1983): Massenmedien und Wählerverhalten in der Bundesrepublik. In: *Rundfunk und Fernsehen* **31**, S. 290-306.

Ferree, Myra Marx, William Anthony Gamson, Jürgen Gerhards und Dieter Rucht (2002): *Shaping abortion discourse. Democracy and public sphere in Germany and the United States*. Cambridge: Cambridge University Press.

Fields, James M. und Howard Schuman (1976): Public beliefs about the beliefs of the public. In: *Public Opinion Quarterly* **40**, S. 427-448.

Fischer, Kai (2005): Online-Fundraising im Wahlkampf – Segen für gebeutelte Parteienfinanzen? http://www.politik-digital.de/edemocracy/wahlkampf/bundestagswahl05/fundraisingimwahlkampf050630.shtml (6. Juli 2006)

Flegel, Ruth C. und Steven H. Chaffee (1971): Influence of editors, readers, and personal opinions on reporters. In: *Journalism Quarterly* **48**, S. 645-651.

Franklin, Bob (2004): *Packaging politics. Political communications in Britain's media democracy. 2nd edition*. London: Arnold.

Freitag, Markus und Marc Bühlmann (2005): Politische Institutionen und die Entwicklung generalisierten Vertrauens. Ein internationaler Vergleich. In: *Politische Vierteljahresschrift* **46**, S. 575-601.

Frey, Siegfried (1999): *Die Macht des Bildes. Der Einfluß der nonverbalen Kommunikation auf Kultur und Politik*. Bern: Verlag Hans Huber.

Fröhlich, Romy und Burkhard Rüdiger (2004): Determinierungsforschung zwischen PR-„Erfolg" und PR-„Einfluss". Zum Potential des Framing-Ansatzes für die Untersuchung der Weiterverarbeitung von Politik-PR durch den Journalismus. In: Juliana Raupp und Joachim Klewes (Hrsg.), *Quo vadis Public Relations? Auf dem Weg zum Kommunikationsmanagement: Bestandsaufnahmen und Entwicklungen*. Wiesbaden: VS Verlag für Sozialwissenschaften, S. 125-142.

Früh, Werner (1980): *Lesen, Verstehen, Urteilen. Untersuchungen über den Zusammenhang von Textgestaltung und Textwirkung*. Freiburg: Alber.

Früh, Werner (1991): *Medienwirkungen: Das dynamisch-transaktionale Modell*. Opladen: Westdeutscher Verlag.

Früh, Werner (1992): Realitätsvermittlung durch Massenmedien. Abbild oder Konstruktion? In: Winfried Schulz (Hrsg.), *Medienwirkungen. Einflüsse von Presse, Radio und Fernsehen auf Individuum und Gesellschaft. Untersuchungen im Schwerpunktprogramm „Publizistische Medienwirkungen"*. Weinheim: VCH Verlagsgesellschaft, S. 71-90.

Früh, Werner (1994): *Realitätsvermittlung durch Massenmedien. Die permanente Transformation der Wirklichkeit*. Opladen: Westdeutscher Verlag.

Früh, Werner und Klaus Schönbach (1982): Der dynamisch-transaktionale Ansatz. Ein neues Paradigma der Medienwirkungen. In: *Publizistik* **27**, S. 74-88.

Fuchs, Dieter (1995): Die Struktur politischen Handelns in der Übergangsphase. In: Hans-Dieter Klingemann, Lutz Erbring und Nils Diederich (Hrsg.), *Zwischen Wende und Wiedervereinigung. Analysen zur politischen Kultur in West- und Ost-Berlin 1990*. Opladen: Westdeutscher Verlag, S. 135-147.

Fuchs, Dieter (2002): Politikverdrossenheit. In: Martin Greiffenhagen und Sylvia Greiffenhagen (Hrsg.), *Handwörterbuch zur politischen Kultur der Bundesrepublik Deutschland, 2. Aufl.* Wiesbaden: Westdeutscher Verlag, S. 338-343.

Fuchs, Dieter, Jürgen Gerhards und Friedhelm Neidhardt (1992): Öffentliche Kommunikationsbereitschaft. Ein Test zentraler Bestandteile der Theorie der Schweigespirale. In: *Zeitschrift für Soziologie* **21**, S. 284-295.

Funkhouser, G. Ray (1973): The issues of the sixties: An exploratory study in the dynamics of public opinion. In: *Public Opinion Quarterly* **37**, S. 62-75.

Gabriel, Oscar W. (1999): Massenmedien: Katalysatoren politischen Interesses und politischer Partizipation? In: Gunnar Roters, Walter Klingler und Maria Gerhards (Hrsg.), *Information und Informationsrezeption*. Baden-Baden: Nomos, S. 103-138.

Gabriel, Oscar W. (2004): Politische Partizipation. In: Jan W. van Deth (Hrsg.), *Deutschland in Europa. Ergebnisse des European Social Survey 2002-2003*. Wiesbaden: VS Verlag für Sozialwissenschaften, S. 317-338.

Gabriel, Oscar W. und Katja Neller (2005): Kandidatenorientierungen und Wahlverhalten bei den Bundestagswahlen 1994-2002. In: Jürgen W. Falter, Oscar W. Gabriel und Bernhard Weßels (Hrsg.), *Wahlen und Wähler. Analysen aus Anlass der Bundestagswahl 2002*. Wiesbaden: VS Verlag für Sozialwissenschaften, S. 213-243.

Gabriel, Oscar W. und Angelika Vetter (1998): Bundestagswahlen als Kanzlerwahlen? Kandidatenorientierungen und Wahlentscheidungen im parteienstaatlichen Parlamentarismus. In: Max Kaase und Hans-Dieter Klingemann (Hrsg.), *Wahlen und Wähler. Analysen aus Anlaß der Bundestagswahl 1994*. Opladen/Wiesbaden: Westdeutscher Verlag, S. 505-536.

Gaddy, Gary D. und Enoh Tanjong (1986): Earthquake coverage by the Western press. In: *Journal of Communication* **36** (2), S. 105-112.

Galtung, Johan und Mari Holmboe Ruge (1965): The structure of foreign news. The presentation of the Congo, Cuba and Cyprus crises in four Norwegian newspapers. In: *Journal of Peace Research* **2**, S. 64-91.

Gans, Herbert J. (1979): *Deciding what's news. A study of CBS evening news, NBC nightly news, Newsweek, and Time*. New York: Pantheon Books.

Garner, Wendell R. (1962): *Uncertainty and structure as psychological concepts*. New York: John Wiley.

Garramone, Gina M. (1985): Motivation and political information processing: Extending the gratifications approach. In: Sidney Kraus und Richard M. Perloff (Hrsg.), *Mass media and political thought. An information processing approach*. Beverly Hills: Sage, S. 201-219.

Garramone, Gina M. und Charles K. Atkin (1986): Mass communication and political socialization: Specifying the effects. In: *Public Opinion Quarterly* **50**, S. 76-86.

Gaziano, Cecilie (1983): The knowledge gap. An analytical review of media effects. In: *Communication Research* **10**, S. 447-486.

Gazlig, Thomas (1999): Erfolgreiche Pressemitteilungen. Über den Einfluss von Nachrichtenfaktoren auf die Publikationschancen. In: *Publizistik* **44**, S. 185-199.

Geese, Stefan, Camille Zubayr und Heinz Gerhard (2005): Berichterstattung zur Bundestagswahl 2005 aus Sicht der Zuschauer. Ergebnisse einer Repräsentativbefragung und der GfK-Fernsehforschung. In: *Media Perspektiven* (12), S. 613-626.

Gerbner, George (1970): Cultural Indicators: The case of violence in television drama. In: *The Annals of the American Academy of Political and Social Sciences* **388**, S. 69-81.

Gerbner, George (1988): *Violence and terror in the mass media*. Paris: Unesco.

Gerbner, George (2000): Die Kultivierungsperspektive. Medienwirkungen im Zeitalter von Monopolisierung und Globalisierung. In: Angela Schorr (Hrsg.), *Publikums- und Wirkungsforschung. Ein Reader*. Wiesbaden: Westdeutscher Verlag, S. 101-121.

Gerbner, George und Larry Gross (1976): Living with television. The violence profile. In: *Journal of Communication* **26** (2), S. 173-199.

Gerbner, George, Larry Gross, Michael Morgan und Nancy Signorielli (1982): Charting the mainstream: Television's contributions to political orientations. In: *Journal of Communication* **32** (2), S. 100-127.

Gerbner, George, Larry Gross, Michael Morgan und Nancy Signorielli (1984): Political correlates of television viewing. In: *Public Opinion Quarterly* **48**, S. 283-300.

Gerbner, George, Larry Gross, Michael Morgan und Nancy Signorielli (1986): Living with television: The dynamics of the cultivation process. In: Jennings Bryant und Dolf Zillmann (Hrsg.), *Perspectives on media effects*. Hillsdale, NJ: Lawrence Erlbaum, S. 17-40.

Gerbner, George und George Marvanyi (1977): The many worlds of the world´s press. In: *Journal of Communication* **27** (1), S. 52-66.

Gerhards, Jürgen (1992): Dimensionen und Strategien öffentlicher Diskurse. In: *Journal für Sozialforschung* **32**, S. 307-318.

Gerhards, Jürgen (1993): *Neue Konfliktlinien in der Mobilisierung der öffentlichen Meinung. Eine Fallstudie*. Opladen: Westdeutscher Verlag.

Gerhards, Jürgen (1997a): Diskursive versus liberale Öffentlichkeit. Eine empirische Auseinandersetzung mit Jürgen Habermas. In: *Kölner Zeitschrift für Soziologie und Sozialpsychologie* **49**, S. 1-34.

Gerhards, Jürgen (1997b): Konzeptionen von Öffentlichkeit unter heutigen Medienbedingungen. In: Otfried Jarren und Friedrich Krotz (Hrsg.), *Öffentliche Kommunikation unter Viel-Kanal-Bedingungen*. Baden-Baden: Nomos, S. 25-48.

Gerhards, Jürgen (1998): Öffentlichkeit. In: Otfried Jarren, Ulrich Sarcinelli und Ulrich Saxer (Hrsg.), *Politische Kommunikation in der demokratischen Gesellschaft. Ein Handbuch mit Lexikonteil*. Opladen: Westdeutscher Verlag, S. 268-274.

Gerhards, Jürgen (1999): Wie responsiv sind die Massenmedien? Theoretische Überlegungen und empirische Ergebnisse zum Verhältnis von Medien und Politik. In: Jürgen Gerhards und Ronald Hitzler (Hrsg.), *Eigenwilligkeit und Rationalität sozialer Prozesse. Festschrift zum 65. Geburtstag von Friedhelm Neidhardt*. Opladen: Westdeutscher Verlag, S. 145-173.

Gerhards, Jürgen und Friedhelm Neidhardt (1991): Strukturen und Funktionen moderner Öffentlichkeit: Fragestellungen und Ansätze. In: Stefan Müller-Dohm und Klaus Neumann-Braun (Hrsg.), *Öffentlichkeit, Kultur, Massenkommunikation. Beiträge zur Medien- und Kommunikationssoziologie*. Oldenburg: Bibliotheks- und Informationssystem der Universität Oldenburg, S. 31-89.

Gerhards, Jürgen, Friedhelm Neidhardt und Dieter Rucht (1998): *Zwischen Palaver und Diskurs. Strukturen öffentlicher Meinungsbildung am Beispiel der deutschen Diskussion zur Abtreibung*. Opladen: Westdeutscher Verlag.

Gerhards, Jürgen und Mike S. Schäfer (2007): Demokratische Internet-Öffentlichkeit? Ein Vergleich der öffentlichen Kommunikation im Internet und in den Printmedien am Beispiel der Humangenomforschung. In: *Publizistik* **52**, S. 210-228.

Gerhards, Maria und Walter Klingler (2005): Programmangebote und Spartennutzung im Fernsehen. Ergebnisse 2004 und ein Fünfjahresvergleich auf Basis der AGF/GfK-Programmcodierung. In: *Media Perspektiven* (11), S. 558-569.

Gerhards, Maria und Walter Klingler (2006): Programmangebote und Spartennutzung im Fernsehen 2005. In: *Media Perspektiven* (11), S. 572-584.

Gieber, Walter (1964): News is what newspaper men make it. In: Lewis A. Dexter und David M. White (Hrsg.), *People, society, and mass communications*. New York: Free Press, S. 173-180.

Gilboa, Eytan (2008): Media diplomacy. In: Wolfgang Donsbach (Hrsg.), *International Encyclopedia of Communication*. Malden, Mass.: Blackwell (im Erscheinen).

Glasser, Theodore L. und Charles T. Salmon (Hrsg.) (1995): *Public opinion and the communication of consent*. New York: The Guilford Press.

Gleich, Uli (1998): Rezeption und Wirkung von Nachrichten. ARD-Forschungsdienst. In: *Media Perspektiven* (10), S. 524-529.

Gleich, Uli (1999): Parasoziale Bindungen zu Politikern? In: Peter Winterhoff-Spurk und Michael Jäckel (Hrsg.), *Politische Eliten in der Mediengesellschaft. Rekrutierung - Darstellung - Wirkung*. München: Reinhard Fischer, S. 151-167.

Gleich, Uli (2000): Informations- und Wissensvermittlung durch das Fernsehen. In: *Media Perspektiven* (12), S. 581-586.

Gleich, Uli (2006): Nutzung neuer Medien. In: *Media Perspektiven* (10), S. 538-543.

Goertz, Lutz und Klaus Schönbach (1998): Nachrichtengeographie. Themen, Strukturen, Darstellung. Ein Vergleich. In: Klaus Kamps und Miriam Meckel (Hrsg.), *Fernsehnachrichten. Prozesse, Strukturen, Funktionen.* Opladen: Westdeutscher Verlag, S. 111-126.

Goldberg, Marvin E., Martin Fishbein und Susan E. Middlestadt (Hrsg.) (1997): *Social marketing. Theoretical and practical perspectives.* Mahwah, NJ: Lawrence Erlbaum.

Graber, Doris A. (1983): Hoopla and horse-race in 1980 campaign coverage. A closer look. In: Winfried Schulz und Klaus Schönbach (Hrsg.), *Massenmedien und Wahlen. Mass media and elections. International research perspectives.* München: Ölschläger, S. 283-300.

Graber, Doris A. (1984): *Processing the news. How people tame the information tide.* New York: Longman.

Graber, Doris A. (1993): Political communication. Scope, progress, promise. In: Ada W. Finifter (Hrsg.), *Political science. The state of the discipline.* Washington, DC: American Political Science Assoc., S. 305-332.

Graber, Doris A. (1994): Why voters fail information tests: Can the hurdles be overcome? In: *Political Communication* 11, S. 331-346.

Graber, Doris A. (2001): *Processing politics. Learning from television in the Internet age.* Chicago: University of Chicago Press.

Graber, Doris A. (2002): *Mass media and American politics.* Washington, DC: CQ Press.

Graber, Doris A. (2005): Political communication faces the 21st century. In: *Political Communication* 55, S. 479-507.

Greenberg, Bradley S. und Jeffrey E. Brand (1994): Minorities and the mass media: 1970s to 1990s. In: Jennings Bryant und Dolf Zillmann (Hrsg.), *Perspectives on media effects.* Hillsdale, NJ: Lawrence Erlbaum, S. 273-314.

Greenstein, Fred J. (1968): Political socialization. In: David L. Sills (Hrsg.), *International encyclopedia of the social sciences, vol. 14.* New York: Macmillan, S. 551-555.

Gross, Kimberley, Sean Aday und Paul R. Brewer (2004): A panel study of media effects on political and social trust after September 11, 2001. In: *Press/Politics* 9 (4), S. 49-73.

Grunig, James E. und Todd Hunt (1984): *Managing public relations.* New York: Holt, Rinehart and Winston.

Gumpert, Gary und Robert Cathcart (1990): A theory of mediation. In: Brent D. Ruben und Leah A. Lievrouw (Hrsg.), *Mediation, information, and communication.* New Brunswick, NJ: Transaction, S. 21-36.

Gunter, Barrie (1987a): *Poor reception. Misunderstanding and forgetting broadcast news.* Hillsdale, NJ: Lawrence Erlbaum.

Gunter, Barrie (1987b): *Television and the fear of crime.* London: John Libbey.

Gunter, Barrie (2001): Television news and the audience in Europe: What has been happening and where should we go next? In: Karsten Renckstorf, Denis McQuail und Nicholas Jankowski (Hrsg.), *Television news research: Recent European approaches and findings.* Berlin: Quintessenz, S. 17-45.

Guo, Zhongshi, Jonathan J. H. Zhu und Huailin Chen (2001): Mediated reality bites: Comparing direct and indirect experience as sources of perception across two communities in China. In: *International Journal of Public Opinion Research* 13, S. 398-418.

Gurevitch, Michael und Jay G. Blumler (1977): Linkages between the mass media and politics: a model for the analysis of political communication systems. In: James Curran, Michael Gurevitch und Janet Woollacott (Hrsg.), *Mass communication and society.* London: Edward Arnold, S. 270-290.

Gurevitch, Michael und Jay G. Blumler (1990a): Comparative research: The extending frontier. In: David L. Swanson und Dan Nimmo (Hrsg.), *New directions in political communication: A resource book.* Newbury Park: Sage, S. 305-325.

Gurevitch, Michael und Jay G. Blumler (1990b): Political communication systems and democratic values. In: Judith Lichtenberg (Hrsg.), *Democracy and the mass media. A collection of essays.* Cambridge: Cambridge University Press, S. 269-289.

Habermas, Jürgen (1962): *Strukturwandel der Öffentlichkeit. Untersuchungen zu einer Kategorie der bürgerlichen Gesellschaft.* Neuwied und Berlin: Luchterhand (zit. nach der Sonderausgabe Sammlung Luchterhand, Juni 1971).

Habermas, Jürgen (1992): *Faktizität und Geltung. Beiträge zur Diskurstheorie des Rechts und des demokratischen Rechtsstaats.* Frankfurt a.M.: Suhrkamp.

Habermas, Jürgen (2006): Political communication in media society: Does democracy still enjoy an epistemic dimension? The impact of normative theory on empirical research. In: *Communication Theory* 16, S. 411-426.

Hacker, Kenneth L. (2004): The continued importance of the candidate image construct. In: Kenneth L. Hacker (Hrsg.), *Presidential candidate images.* Lanham: Rowman & Littlefield, S. 1-19.

Hackett, Robert A. (1984): Decline of a pradigm? Bias and objectivity in news media studies. In: *Critical Studies in Mass Communication* 1, S. S. 229-259.

Hagemann, Carlo (2002): Participation in and content of two Dutch political party discussion lists on the Internet. In: *Javnost - The Public* 9 (2), S. 61-76.

Hagen, Lutz, Harald Berens, Reimar Zeh und Daniela Leidner (1998): Ländermerkmale als Nachrichtenfaktoren. Der Nachrichtenwert von Ländern und seine Determinanten in den Auslandsnachrichten von Zeitungen und Fernsehen aus 28 Ländern. In: Christina Holtz-Bacha, Helmut Scherer und Norbert Waldmann (Hrsg.), *Wie die Medien die Welt erschaffen und wie die Menschen darin leben.* Opladen: Westdeutscher Verlag, S. 59-82.

Hagen, Lutz M. (1992): Die opportunen Zeugen. Konstruktionsmechanismen von Bias in der Zeitungsberichterstattung über die Volkszählungsdiskussion. In: *Publizistik* 37, S. 444-460.

Hagen, Lutz M. (1995): *Informationsqualität von Nachrichten. Messmethoden und ihre Anwendung auf die Dienste von Nachrichtenagenturen.* Opladen: Westdeutscher Verlag.

Hagen, Lutz M. (1998): Die Beachtung Deutschlands in ausländischen Medien als Funktion des Nachrichtenfaktors Nähe. Eine Analyse von Zeitungs- und Fernsehnachrichten. In: *Publizistik* 43, S. 143-157.

Hagen, Lutz M. (2005): *Konjunkturnachrichten, Konjunkturklima und Konjunktur. Wie sich die Wirtschaftsberichterstattung der Massenmedien, Stimmungen der Bevölkerung und die aktuelle Wirtschaftslage wechselseitig beeinflussen - eine transaktionale Analyse.* Köln: Halem.

Hallin, Daniel C. (1992): Sound bite news. Television coverage of elections, 1968-1988. In: *Journal of Communication* 42 (2), S. 5-24.

Hallin, Daniel C. und Paolo Mancini (2003): Amerikanisierung, Globalisierung und Säkularisierung: Zur Konvergenz von Mediensystemen und politischer Kommunikation in westlichen Demokratien. In: Frank Esser und Barbara Pfetsch (Hrsg.), *Politische Kommunikation im internationalen Vergleich. Grundlagen, Anwendungen, Perspektiven.* Wiesbaden: Westdeutscher Verlag, S. 35-55.

Hallin, Daniel C. und Paolo Mancini (2004): *Comparing media systems. Three models of media and politics.* Cambridge: Cambridge University Press.

Halloran, James D., Philip Elliott and Graham Murdock (1970): *Demonstrations and communication. A case study.* Middlesex: Penguin Books.

Harmgarth, Friederike (1997): *Wirtschaft und Soziales in der politischen Kommunikation. Eine Studie zur Interaktion von Abgeordneten und Journalisten.* Opladen: Westdeutscher Verlag.

Hasebrink, Uwe (1997): „Ich bin viele Zielgruppen". Anmerkungen zur Debatte um die Fragmentierung des Publikums aus kommunikationswissenschaftlicher Sicht. In: Helmut Scherer und Hans-Bernd Brosius (Hrsg.), *Zielgruppen, Publikumssegmente, Nutzergruppen. Beiträge zur Rezeptionsforschung.* München: Reinhard Fischer, S. 262-280.

Heinrich, Jürgen (1999): *Medienökonomie. Band 2. Hörfunk und Fernsehen.* Opladen: Westdeutscher Verlag.

Heinrich, Jürgen (2001): Ökonomisierung aus wirtschaftswissenschaftlicher Perspektive. In: *Medien & Kommunikationswissenschaft* 49, S. 159-166.

Hellweg, Susan A. (2004): Campaigns and candidate images in American presidential elections. In: Kenneth L. Hacker (Hrsg.), *Presidential candidate images.* London: Rowman & Littlefield, S. 21-47.

Hellweg, Susan A., George N. Dionisopoulos und Drew B. Kugler (1989): Political candidate image: A state-of-the-art review. In: Brenda Dervin und Melvin J. Voigt (Hrsg.), *Progress in communication sciences, vol. 9.* Norwood, NJ: Ablex, S. 43-78.

Herrmann, Carolin (1993): *Im Dienste der örtlichen Lebenswelt. Lokale Presse im ländlichen Raum.* Opladen: Westdeutscher Verlag.

Hocke, Peter (2002): *Massenmedien und lokaler Protest. Eine empirische Fallstudie zur Medienselektivität in einer westdeutschen Bewegungshochburg*. Wiesbaden: Westdeutscher Verlag.

Hoecker, Beate (2002): Mehr Demokratie via Internet? Die Potenziale der digitalen Technik auf dem empirischen Prüfstand. In: *Aus Politik und Zeitgeschichte* (B 39-40), S. 37-45.

Hoffmann-Lange, Ursula (2000): Bildungsexpansion, politisches Interesse und politisches Engagement in den alten Bundesländern. In: Oskar Niedermayer und Bettina Westle (Hrsg.), *Demokratie und Partizipation. Festschrift für Max Kaase*. Wiesbaden: Westdeutscher Verlag, S. 46-64.

Hofrichter, Jürgen (2003): Die Rolle der TV-Duelle im Bundestagswahlkampf 2002. In: Frank Brettschneider, Jan van Deth und Edeltraud Roller (Hrsg.), *Die Bundestagswahl 2002: Analysen der Wahlergebnisse und des Wahlkampfes*. Wiesbaden: VS Verlag für Sozialwissenschaften, S. 51-73.

Hohlfeld, Ralf (2006): Bundestagswahlkampf 2005 in den Hauptnachrichtensendungen. In: *Aus Politik und Zeitgeschichte* (38), S. 11-17.

Holbrook, Thomas M. (1996): *Do campaigns matter?*, Thousand Oaks: Sage.

Holbrook, Thomas M. (2002): Presidential campaigns and the knowledge gap. In: *Political Communication* **19**, S. 437-454.

Holtz-Bacha, Christina (1990): *Ablenkung oder Abkehr von der Politik? Mediennutzung im Geflecht politischer Orientierungen*. Opladen: Westdeutscher Verlag.

Holtz-Bacha, Christina (1998): Fragmentierung der Gesellschaft durch das Internet? In: Winand Gellner und Fritz von Korff (Hrsg.), *Demokratie und Internet*. Baden-Baden: Nomos, S. 219-226.

Holtz-Bacha, Christina (1999): Wahlkampf 1998 - Modernisierung und Professionalisierung. In: Christina Holtz-Bacha (Hrsg.), *Wahlkampf in den Medien - Wahlkampf mit den Medien. Ein Reader zum Wahljahr 1998*. Opladen, Wiesbaden: Westdeutscher Verlag, S. 9-23.

Holtz-Bacha, Christina (2000): *Wahlwerbung als politische Kultur. Parteienspots im Fernsehen 1957-1998*. Wiesbaden: Westdeutscher Verlag.

Holtz-Bacha, Christina (2003): Bundestagswahlkampf 2002: Ich oder der. In: Christina Holtz-Bacha (Hrsg.), *Die Massenmedien im Wahlkampf. Die Bundestagswahl 2002*. Wiesbaden: Westdeutscher Verlag, S. 9-28.

Holtz-Bacha, Christina (2006a): Bundestagswahl 2005 - Die Überraschungswahl. In: Christina Holtz-Bacha (Hrsg.), *Die Massenmedien im Wahlkampf. Die Bundestagswahl 2005*. Wiesbaden: VS Verlag für Sozialwissenschaften, S. 5-31.

Holtz-Bacha, Christina (Hrsg.) (2006b): *Die Massenmedien im Wahlkampf. Die Bundestagswahl 2005*. Wiesbaden: VS Verlag für Sozialwissenschaften.

Holtz-Bacha, Christina (2006c): Personalisiert und emotional: Strategien des modernen Wahlkampfes. In: *Aus Politik und Zeitgeschichte* (7), S. 11-19.

Holtz-Bacha, Christina (2006d): Political advertising in Germany. In: Lynda Lee Kaid und Christina Holtz-Bacha (Hrsg.), *The Sage Handbook of Political Advertising*. Thousand Oaks , CA: Sage, S. 163-180.

Holtz-Bacha, Christina und Pippa Norris (2001): „To entertain, inform, and educate": Still the role of public television. In: *Political Communication* **18**, S. 123-140.

Holtz-Bacha, Christina und Wolfgang Peiser (1999): Verlieren die Massenmedien ihre Integrationsfunktion? Eine empirische Analyse zu den Folgen der Fragmentierung des Medienpublikums. In: Uwe Hasebrink und Patrick Rössler (Hrsg.), *Publikumsbindungen. Medienrezeption zwischen Individualisierung und Integration*. München: R. Fischer, S. 41-53.

Horstmann, Reinhold (1991): *Medieneinflüsse auf politisches Wissen. Zur Tragfähigkeit der Wissenskluft-Hypothese*. Wiesbaden: Deutscher Universitäts-Verlag.

Hügel, Rolf, Werner Degenhardt und Hans-Jürgen Weiß (1992): Strukturgleichungsmodelle für die Analyse des Agenda-Setting-Prozesses. In: Winfried Schulz (Hrsg.), *Medienwirkungen. Einflüsse von Presse, Radio und Fernsehen auf Individuum und Gesellschaft. Untersuchungen im Schwerpunktprogramm „Publizistische Medienwirkungen"*. Weinheim: VCH Verlagsgesellschaft, S. 143-159.

Hyman, Herbert H. (1959): *Political socialization. A study in the psychology of political behavior*. New York: Free Press.

Hyman, Herbert H. und Paul B. Sheatsley (1947): Some reasons why information campaigns fail. In: *Public Opinion Quarterly* 11, S. 412-423.

Inglehart, Ronald (1977): *The silent revolution. Changing values and political styles among western publics.* Princeton, NJ: Princeton University Press.

Innis, Harold Adams (1951): *The bias of communication.* Toronto: University of Toronto Press.

Iyengar, Shanto (1988): New directions of agenda-setting research. In: James A. Anderson (Hrsg.), *Communication Yearbook 11.* Newbury Park: Sage, S. 595-602.

Iyengar, Shanto (1991): *Is anyone responsible? How television frames political issues.* Chicago: University of Chicago Press.

Iyengar, Shanto und Adam F. Simon (2000): New perspectives and evidence on political communication and campaign effects. In: *Annual Review of Psychology* 51, S. 149-169.

Jäckel, Michael (1999a): Die Krise der politischen Kommunikation. Annäherung aus soziologischer Perspektive. In: Peter Winterhoff-Spurk und Michael Jäckel (Hrsg.), *Politische Eliten in der Mediengesellschaft. Rekrutierung - Darstellung - Wirkung.* München: Reinhard Fischer, S. 31-55.

Jäckel, Michael (1999b): *Medienwirkungen. Ein Studienbuch zur Einführung.* Opladen/Wiesbaden: Westdeutscher Verlag.

Jankowski, Nicholas und Martine van Selm (2000): The promise and practice of public debate in cyberspace. In: Kenneth L. Hacker und Jan Van Dijk (Hrsg.), *Digital democracy. Issues of theory and practice.* London: Sage, S. 149-165.

Jansen, Andrea und Rosaia Ruberto (1997): *Mediale Konstruktion politischer Realität. Politikvermittlung im Zeitalter der Fernsehdemokratie.* Wiesbaden: Deutscher Universitäts-Verlag.

Jarren, Otfried (1994): Politik und politische Öffentlichkeitsarbeit in der modernen Gesellschaft. In: *prmagazin* (4), S. 31-46.

Jarren, Otfried (1996): Auf dem Weg in die „Mediengesellschaft"? Medien als Akteure und institutionalisierter Handlungskontext. Theoretische Anmerkungen zum Wandel des intermediären Systems. In: Kurt Imhof und Peter Schulz (Hrsg.), *Politisches Raisonnement in der Informationsgesellschaft.* Zürich: Seismo Verlag, S. 79-96.

Jarren, Otfried (1998): Medien, Mediensystem und politische Öffentlichkeit im Wandel. In: Ulrich Sarcinelli (Hrsg.), *Politikvermittlung und Demokratie in der Mediengesellschaft: Beiträge zur politischen Kommunikationskultur.* Opladen: Westdeutscher Verlag, S. 74-96.

Jarren, Otfried (2001): „Mediengesellschaft" - Risiken für die politische Kommunikation. In: *Aus Politik und Zeitgeschichte* (B 41-42), S. 10-19.

Jarren, Otfried und Markus Bode (1996): Ereignis- und Medienmanagement politischer Parteien. Kommunikationsstrategien im „Superwahljahr" 1994. In: Bertelsmann Stiftung (Hrsg.), *Politik überzeugend vermitteln. Wahlkampfstrategien in Deutschland und den USA.* Gütersloh: Verlag Bertelsmann Stiftung, S. 65-114.

Jarren, Otfried und Patrick Donges (2002): *Politische Kommunikation in der Mediengesellschaft. Eine Einführung. 2 Bände.* Wiesbaden: Westdeutscher Verlag.

Jarren, Otfried und Patrick Donges (2006): *Politische Kommunikation in der Mediengesellschaft. Eine Einführung. 2., überarbeitete Auflage.* Wiesbaden: VS Verlag für Sozialwissenschaften.

Jarren, Otfried, Thorsten Grothe und Christoph Rybarczyk (1993): Medien und Politik - eine Problemskizze. In: Bertelsmann Stiftung (Hrsg.), *Beziehungsspiele - Medien und Politik in der öffentlichen Diskussion. Fallstudien und Analysen.* Gütersloh: Verlag Bertelsmann Stiftung, S. 9-44.

Jarren, Otfried, Ulrich Sarcinelli und Ulrich Saxer (1998): *Politische Kommunikation in der demokratischen Gesellschaft. Ein Handbuch mit Lexikonteil.* Opladen/Wiesbaden: Westdeutscher Verlag.

Jennings, M. Kent und Richard G. Niemi (1974): *The political character of adolescence. The influence of families and schools.* Princeton, NJ: Princeton University Press.

JIM (2005): *Jugend, Information, (Multi-)Media. Basisstudie zum Medienumgang 12-bis 19-Jähriger in Deutschland.* Stuttgart: Medienpädagogischer Forschungsverbund Südwest (LFK, LMK).

Johnston, Anne (1990): Selective bibliography of political communication, 1982-1988. In: David L. Swanson und Dan Nimmo (Hrsg.), *New directions in political communication. A resource book.* Newbury Park, CA: Sage, S. 363-389.

Kaase, Max (1986): Massenkommunikation und politischer Prozeß. In: Max Kaase (Hrsg.), *Politische Wissenschaft und politische Ordnung. Analysen zur Theorie und Empirie demokratischer Regierungsweise. Festschrift zum 65. Geburtstag von Rudolf Wildenmann.* Opladen: Westdeutscher Verlag, S. 357-374.

Kaase, Max (1989): Fernsehen, gesellschaftlicher Wandel und politischer Prozess. In: Max Kaase und Winfried Schulz (Hrsg.), *Massenkommunikation. Theorien, Methoden, Befunde.* Opladen: Westdeutscher Verlag, S. 97-117.

Kaase, Max (1994): Is there personalization in politics? Candidates and voting behavior in Germany. In: *International Political Science Review* **15** (3), S. 211-230.

Kaase, Max (1998a): Demokratisches System und die Mediatisierung von Politik. In: Ulrich Sarcinelli (Hrsg.), *Politikvermittlung und Demokratie in der Mediengesellschaft. Beiträge zur politischen Kommunikationskultur.* Opladen: Westdeutscher Verlag, S. 24-51.

Kaase, Max (1998b): Politische Kommunikation - Politikwissenschaftliche Perspektiven. In: Otfried Jarren, Ulrich Sarcinelli und Ulrich Saxer (Hrsg.), *Politische Kommunikation in der demokratischen Gesellschaft. Ein Handbuch mit Lexikonteil.* Opladen/Wiesbaden: Westdeutscher Verlag, S. 97-113.

Kaase, Max (2000): Partizipation. In: Everhard Holtmann (Hrsg.), *Politik-Lexikon. 3., völlig überarbeitete und erweiterte Auflage.* München: Oldenbourg, S. 466-470.

Kaase, Max und Alan Marsh (1979): Political action. A theoretical perspective. In: Samuel H. Barnes und Max Kaase (Hrsg.), *Political action. Mass participation in five western democracies.* Beverly Hills: Sage, S. 27-56.

Kaid, Lynda Lee (Hrsg.) (2004a): *Handbook of political communication research.* Mahwah, NJ: Lawrence Erlbaum.

Kaid, Lynda Lee (2004b): Political advertising. In: Lynda Lee Kaid (Hrsg.), *Handbook of political communication research.* Mahwah, NJ: Lawrence Erlbaum, S. 155-202.

Kaid, Lynda Lee, Craig Corgan und Phil Clampitt (1976): Perceptions of a political campaign event: Media vs. personal viewing. In: *Journal of Broadcasting* **20**, S. 303-312.

Kaid, Lynda Lee und Christina Holtz-Bacha (Hrsg.) (1995): *Political advertising in Western democracies. Parties & candidates on television.* Thousand Oaks: Sage.

Kaid, Lynda Lee und Christina Holtz-Bacha (Hrsg.) (2007): *Encyclopedia of political communication.* Thousand Oaks: Sage.

Kaid, Lynda Lee und John Tedesco (1999): Die Arbeit am Image. Kanzlerkandidaten in der Wahlwerbung. Die Rezeption der Fernsehspots von SPD und CDU. In: Christina Holtz-Bacha (Hrsg.), *Wahlkampf in den Medien - Wahlkampf mit den Medien. Ein Reader zum Wahljahr 1998.* Opladen, Wiesbaden: Westdeutscher Verlag, S. 218-241.

Kaiser, André und Eric Seils (2005): Demokratie-Audits. Zwischenbilanz zu einem neuen Instrument der empirischen Demokratieforschung. In: *Politische Vierteljahresschrift* **46** (1), S. 133-143.

Kamps, Klaus (1998): Nachrichtengeographie. Themen, Strukturen, Darstellung. Ein Vergleich. In: Klaus Kamps und Miriam Meckel (Hrsg.), *Fernsehnachrichten. Prozesse, Strukturen, Funktionen.* Opladen: Westdeutscher Verlag, S. 275-294.

Kamps, Klaus (2000a): Die „Agora" des Internet. Zur Debatte politischer Öffentlichkeit und Partizipation im Netz. In: Otfried Jarren, Kurt Imhof und Roger Blum (Hrsg.), *Zerfall der Öffentlichkeit?* Wiesbaden: Westdeutscher Verlag.

Kamps, Klaus (Hrsg.) (2000b): *Trans-Atlantik - Trans-Portabel? Die Amerikanisierungsthese in der politischen Kommunikation.* Wiesbaden: Westdeutscher Verlag.

Katz, Elihu (1957): The two-step-flow of communication: An up-to-date report on an hypothesis. In: *Public Opinion Quarterly* **21**, S. 61-78.

Katz, Elihu und Jacob J. Feldman (1962): The debates in the light of research: A survey of surveys. In: Sidney Kraus (Hrsg.), *The great debates. Background - perspective - effects.* Bloomington: Indiana University Press, S. 173-223.

Katz, Elihu und Paul F. Lazarsfeld (1955): *Personal influence. The part played by people in the flow of mass communications.* Glencoe, Ill.: Free Press.

Keil, Silke I. (2003): *Wahlkampfkommunikation in Wahlanzeigen und Wahlprogrammen. Eine vergleichende inhaltsanalytische Untersuchung der von den Bundestagsparteien CDU, CSU, SPD, FDP, B'90/Die Grünen und PDS vorgelegten Wahlanzeigen und Wahlprogrammen in den Bundestagswahlkämpfen 1957-1998.* Frankfurt a.M.: Peter Lang.

Kepplinger, Hans Mathias (1979): Ausgewogen bis zur Selbstaufgabe? Die Fernsehberichterstattung über die Bundestagswahl 1976 als Fallstudie eines kommunikationspolitischen Problems. In: *Media Perspektiven* (11), S. 750-755.

Kepplinger, Hans Mathias (1980): Optische Kommentierung in der Fernsehberichterstattung über den Bundestagswahlkampf 1976. In: Thomas Ellwein (Hrsg.), *Politikfeld-Analysen 1979. Wissenschaftlicher Kongreß der DVPW 1.-5. Oktober 1979 in der Universität Augsburg. Tagungsbericht.* Opladen: Westdeutscher Verlag, S. 163-179.

Kepplinger, Hans Mathias (1983): Funktionswandel der Massenmedien. In: Manfred Rühl und Heinz-Werner Stuiber (Hrsg.), *Kommunikationspolitik in Forschung und Anwendung. Festschrift für Franz Ronneberger.* Düsseldorf: Droste, S. 47-64.

Kepplinger, Hans Mathias (1985a): *Die aktuelle Berichterstattung des Hörfunks. Eine Inhaltsanalyse der Abendnachrichten und politischen Magazine.* Freiburg: Alber.

Kepplinger, Hans Mathias (1985b): Systemtheoretische Aspekte politischer Kommunikation. In: *Publizistik* **30**, S. 247-264.

Kepplinger, Hans Mathias (1989a): *Künstliche Horizonte. Folgen, Darstellung und Akzeptanz von Technik in der Bundesrepublik.* Frankfurt a.M.: Campus.

Kepplinger, Hans Mathias (1989b): Theorien der Nachrichtenauswahl als Theorien der Realität. In: *Aus Politik und Zeitgeschichte* (B 15), S. 3-16.

Kepplinger, Hans Mathias (1992): *Ereignismanagement. Wirklichkeit und Massenmedien.* Zürich: Edition Interfrom.

Kepplinger, Hans Mathias (1994): Publizistische Konflikte. Begriffe, Ansätze, Ergebnisse. In: Friedhelm Neidhardt (Hrsg.), *Öffentlichkeit, öffentliche Meinung, soziale Bewegungen.* Opladen: Westdeutscher Verlag, S. 214-233.

Kepplinger, Hans Mathias (1996): Skandale und Politikverdrossenheit - ein Langzeitvergleich. In: Otfried Jarren, Heribert Schatz und Hartmut Weßler (Hrsg.), *Medien und politischer Prozeß. Politische Öffentlichkeit und massenmediale Politikvermittlung im Wandel.* Opladen: Westdeutscher Verlag, S. 41-58.

Kepplinger, Hans Mathias (1998a): Der Nachrichtenwert der Nachrichtenfaktoren. In: Christina Holtz-Bacha, Helmut Scherer und Norbert Waldmann (Hrsg.), *Wie die Medien die Welt erschaffen und wie die Menschen darin leben. Für Winfried Schulz.* Opladen/Wiesbaden: Westdeutscher Verlag, S. 19-38.

Kepplinger, Hans Mathias (1998b): *Die Demontage der Politik in der Informationsgesellschaft.* Freiburg: Alber.

Kepplinger, Hans Mathias (1999): Die Mediatisierung der Politik. In: Jürgen Wilke (Hrsg.), *Massenmedien und Zeitgeschichte.* Konstanz: UVK Medien, S. 55-63.

Kepplinger, Hans Mathias (2001a): Der Ereignisbegriff in der Publizistikwissenschaft. In: *Publizistik* **46**, S. 117-139.

Kepplinger, Hans Mathias (2001b): *Die Kunst der Skandalierung und die Illusion der Wahrheit.* München: Olzog.

Kepplinger, Hans Mathias (2002a): Mediatization of politics: Theory and data. In: *Journal of Communication* **52**, S. 972-986.

Kepplinger, Hans Mathias (2002b): Nonverbale Kommunikation und Darstellungseffekte. In: Elisabeth Noelle-Neumann, Winfried Schulz und Jürgen Wilke (Hrsg.), *Das Fischer Lexikon Publizistik Massenkommunikation.* Frankfurt a. M.: Fischer Taschenbuch Verlag, S. 363-391.

Kepplinger, Hans Mathias und Rouwen Bastian (2000): Der prognostische Gehalt der Nachrichtenwert-Theorie. In: *Publizistik* **45**, S. 462-475.

Kepplinger, Hans Mathias, Hans-Bernd Brosius und Stefan Dahlem (1994a): Charakter oder Sachkompetenz von Politikern: Woran orientieren sich die Wähler? In: Hans-Dieter Klingemann und Max

Kaase (Hrsg.), *Wahlen und Wähler. Analysen aus Anlaß der Bundestagswahl 1990*. Opladen: Westdeutscher Verlag, S. 472-505.

Kepplinger, Hans Mathias, Hans-Bernd Brosius und Stefan Dahlem (1994b): *Wie das Fernsehen Wahlen beeinflußt. Theoretische Modelle und empirische Analysen.* München: Reinhard Fischer.

Kepplinger, Hans Mathias, Hans-Bernd Brosius, Joachim Staab und Günter Linke (1989a): Instrumentelle Aktualisierung. Grundlagen einer Theorie publizistischer Konflikte. In: Max Kaase und Winfried Schulz (Hrsg.), *Massenkommunikation. Theorien, Methoden, Befunde.* Opladen: Westdeutscher Verlag, S. 199-220.

Kepplinger, Hans Mathias und Gregor Daschmann (1997): Today's news, tomorrow's context: A dynamic model of news processing. In: *Journal of Broadcasting & Electronic Media* **41**, S. 548-565.

Kepplinger, Hans Mathias und Jürgen Fritsch (1981): Unter Ausschluß der Öffentlichkeit. Abgeordnete des 8. Deutschen Bundestages berichten über ihre Erfahrungen im Umgang mit Journalisten. In: *Publizistik* **26**, S. 33-55.

Kepplinger, Hans Mathias, Klaus Gotto, Hans-Bernd Brosius und Dietmar Haak (1989b): *Der Einfluß der Fernsehnachrichten auf die politische Meinungsbildung.* Freiburg: Alber.

Kepplinger, Hans Mathias und Verena Martin (1986): Die Funktionen der Massenmedien in der Alltagskommunikation. In: *Publizistik* **31**, S. 118-128.

Kepplinger, Hans Mathias und Rainer Mathes (1987): Massenmedien und politische Sozialisation. In: Dirk Berg-Schlosser und Jakob Schissler (Hrsg.), *Politische Kultur in Deutschland (PVS Sonderheft 18).* Opladen: Westdeutscher Verlag, S. 183-196.

Kepplinger, Hans Mathias und Marcus Maurer (1999): Der Nutzen erfolgreicher Inszenierungen. In: Christina Holtz-Bacha (Hrsg.), *Wahlkampf in den Medien - Wahlkampf mit den Medien. Ein Reader zum Wahljahr 1998.* Opladen: Westdeutscher Verlag, S. 24-39.

Kepplinger, Hans Mathias und Marcus Maurer (2004): Der Einfluss der Pressemitteilungen der Bundesparteien auf die Berichterstattung im Bundestagswahlkampf 2002. In: Juliana Raupp und Joachim Klewes (Hrsg.), *Quo vadis Public Relations? Auf dem Weg zum Kommunikationsmanagement: Bestandsaufnahmen und Entwicklungen.* Wiesbaden: VS Verlag für Sozialwissenschaften, S. 113-124.

Kepplinger, Hans Mathias und Marcus Maurer (2005): *Abschied vom rationalen Wähler. Warum Wahlen im Fernsehen entschieden werden.* Freiburg: Alber.

Kepplinger, Hans Mathias, Marcus Maurer und Thomas Roessing (1999): Die Kontrahenten in der Fernsehberichterstattung. In: Elisabeth Noelle-Neumann, Hans Mathias Kepplinger und Wolfgang Donsbach (Hrsg.), *Kampa. Meinungsklima und Medienwirkung im Bundestagswahlkampf 1998.* Freiburg: Alber, S. 108-140.

Kepplinger, Hans Mathias und Elisabeth Noelle-Neumann (2002): Wirkung der Massenmedien. In: Elisabeth Noelle-Neumann, Winfried Schulz und Jürgen Wilke (Hrsg.), *Das Fischer Lexikon Publizistik Massenkommunikation.* Frankfurt a. M.: Fischer Taschenbuch Verlag, S. 597-647.

Kepplinger, Hans Mathias und Markus Rettich (1996): Publizistische Schlagseiten. Kohl und Scharping in Presse und Fernsehen. In: Christina Holtz-Bacha und Lynda Lee Kaid (Hrsg.), *Wahlen und Wahlkampf in den Medien. Untersuchungen aus dem Wahljahr 1994.* Opladen: Westdeutscher Verlag, S. 80-100.

Kepplinger, Hans Mathias und Herbert Roth (1978): Kommunikation in der Ölkrise des Winters 1973/74. Ein Paradigma für Wirkungsstudien. In: *Publizistik* **23**, S. 537-556.

Kepplinger, Hans Mathias und Helga Weissbecker (1991): Negativität als Nachrichtenideologie. In: *Publizistik* **36**, S. 330-342.

Kiefer, Marie Luise (1982): Massenkommunikation 1964-1980. In: Klaus Berg und Marie Luise Kiefer (Hrsg.), *Massenkommunikation V. Eine Langzeitstudie zur Mediennutzung und Medienbewertung 1964-1995.* Frankfurt a.M.: Alfred Metzner, S. 7-108.

Kiefer, Marie-Luise (1996): *Massenkommunikation V. Eine Langzeitstudie zur Mediennutzung und Medienbewertung 1964-1995.* Baden-Baden: Nomos.

Kim, Joohan, Robert O. Wyatt und Elihu Katz (1999): News, talk, opinion, participation: The part played by conversation in deliberative democracy. In: *Political Communication* **16**, S. 361-385.

Kindelmann, Klaus (1994): *Kanzlerkandidaten in den Medien. Eine Analyse des Wahljahres 1990*. Opladen: Westdeutscher Verlag.

Kinder, Donald R. und David O. Sears (1985): Public opinion and political action. In: Gardner Lindzey und Elliott Aronson (Hrsg.), *Handbook of social psychology, 3rd edition, vol. 2*. New York: Random House, S. 659-741.

Kiousis, Spiro, Michael McDevitt und Xu Wu (2005): The genesis of civic awareness: Agenda setting in political socialization. In: *Political Communication 55*, S. 756-774.

Klages, Helmut (1988): *Wertedynamik. Über die Wandelbarkeit des Selbstverständlichen*. Zürich: Edition Interfromm.

Klapper, Joseph T. (1960): *The effects of mass communication*. Glencoe, Ill.: Free Press.

Klein, Markus (2005): Die TV-Duelle: Events ohne Effekt? In: Manfred Güllner, et al. (Hrsg.), *Die Bundestagswahl 2002. Eine Untersuchung im Zeichen hoher politischer Dynamik*. Wiesbaden: VS Verlag für Sozialwissenschaften, S. 144-159.

Klein, Markus und Dieter Ohr (2000): Gerhard oder Helmut? 'Unpolitische' Kandidateneigenschaften und ihr Einfluß auf die Wahlentscheidung bei der Bundestagswahl 1998. In: *Politische Vierteljahresschrift 41*, S. 199-224.

Klein, Markus, Dieter Ohr und Stefanie Heinrich (2002): Spitzenkandidaten im Wahlkampf. Die Veränderbarkeit von Kandidatenimages durch Wahlkampf und Medien, untersucht am Beispiel der nordrhein-westfälischen Landtagswahl vom 14. Mai 2000. In: *Publizistik 47*, S. 412-435.

Klein, Markus und Ulrich Rosar (2005): Physische Attraktivität und Wahlerfolg. Eine empirische Analyse am Beispiel der Wahlkreiskandidaten bei der Bundestagswahl 2002. In: *Politische Vierteljahresschrift 46*, S. 263-287.

Kleinhenz, Thomas (1995): *Die Nichtwähler. Ursachen der sinkenden Wahlbeteiligung in Deutschland*. Opladen: Westdeutscher Verlag.

Kleinnijenhuis, Jan (1989): News as olds. A test of the consonance hypothesis and related news selection hypotheses. In: *Gazette 43*, S. 205-228.

Kleinsteuber, Hans J. (1997): Die Werbesteuer. Warum selbst derjenige das private Fernsehen bezahlt, der seinen Fernseher längst abgeschafft hat. In: *Süddeutsche Zeitung, 11. September 1997*.

Klingemann, Hans-Dieter (1986): Massenkommunikation, interpersonale Kommunikation und politische Einstellungen. Zur Kritik der These vom „Zwei-Stufen-Fluß" der politischen Kommunikation. In: Max Kaase (Hrsg.), *Politische Wissenschaft und politische Ordnung. Analysen zu Theorie und Empirie demokratischer Regierungsweise*. Opladen: Westdeutscher Verlag, S. 387-399.

Knoche, Manfred (2000): Politikvermittlung und Wahlkampfkommunikation zu den GRÜNEN in Deutschland (1983-1990): Der Einsatz eines Mehrmethodendesigns für die Langzeitanalyse. In: Hans Bohrmann, et al. (Hrsg.), *Wahlen und Politikvermittlung durch Massenmedien*. Wiesbaden: Westdeutscher Verlag, S. 175-189.

Knoche, Manfred und Monika Lindgens (1988): Selektion, Konsonanz und Wirkungspotential der deutschen Tagespresse. Politikvermittlung am Beispiel der Agentur- und Presseberichterstattung über die GRÜNEN zur Bundestagswahl 1987. In: *Media Perspektiven* (8), S. 490-510.

Knoche, Manfred und Monika Lindgens (1990): Fünf-Prozent-Hürde und Medienbarriere. Die Grünen im Bundestagswahlkampf 1987: Neue Politik, Medienpräsenz und Resonanz in der Wählerschaft. In: Max Kaase und Hans-Dieter Klingemann (Hrsg.), *Wahlen und Wähler. Analysen aus Anlaß der Bundestagswahl 1987*. Opladen: Westdeutscher Verlag, S. 569-618.

Kordes, Walter und Hans Pollmann (1989): *Das Presse- und Informationsamt der Bundesregierung, 10. Auflage*. Düsseldorf: Droste.

Korte, Karl-Rudolf (2007): Wahlkampfkosten. Dossier Bundestagswahlen. Bundeszentrale für politische Bildung. http://www.bpb.de/themen/V1BR0N,0,0,Wahlkampfkosten.html (31. Juli 2007)

Koszyk, Kurt (1972): *Vorläufer der Massenpresse. Ökonomie und Publizistik zwischen Reformation und Französischer Revolution. Öffentliche Kommunikation im Zeitalter des Feudalismus*. München: Goldmann.

Kotler, Philip (1975): *Marketing for nonprofit organizations*. Englewood Cliffs, NJ: Prentice-Hall.

Kotler, Philip und Neil Kotler (1999): Political marketing. Generating effective candidates, campaigns, and causes. In: Bruce I. Newman (Hrsg.), *Handbook of political marketing*. Thousand Oaks: Sage, S. 3-18.

Kraus, Sidney (Hrsg.) (1962): *The great debates. Background - perspective - effects*. Bloomington: Indiana University Press.

Kraus, Sidney (1996): Winners of the first 1960 televised presidential debate between Kennedy and Nixon. In: *Journal of Communication* **46** (4), S. 78-96.

Kraus, Sidney und Dennis Davis (1976): *The effects of mass communication on political behavior*. University Park, PA: Pennsylvania State University Press.

Kreyher, Volker J. (2004): Politisches Marketing als Konzept für eine aktive Politik. In: Volker J. Kreyher (Hrsg.), *Handbuch Politisches Marketing. Impulse und Strategien für Politik, Wirtschaft und Gesellschaft*. Baden-Baden: Nomos, S. 13-31.

Kroeber-Riel, Werner (1987): Informationsüberlastung durch Massenmedien und Werbung in Deutschland. Messung - Interpretation - Folgen. In: *Die Betriebswirtschaft* **47**, S. 257-264.

Krotz, Friedrich (2001): *Die Mediatisierung kommunikativen Handelns. Der Wandel von Alltag und sozialen Beziehungen, Kultur und Gesellschaft durch die Medien*. Wiesbaden: Westdeutscher Verlag.

Krüger, Udo Michael (2001): *Programmprofile im dualen Fernsehsystem 1991-2000. Eine Studie der ARD/ZDF-Medienkommission*. Baden-Baden: Nomos.

Krüger, Udo Michael, Karl H. Müller-Sachse und Thomas Zapf-Schramm (2005): Thematisierung der Bundestagswahl 2005 im öffentlich-rechtlichen und privaten Fernsehen. Ergebnisse des ARD/ZDF-Wahlmonitors 2005. In: *Media Perspektiven* (12), S. 598-612.

Krüger, Udo Michael und Thomas Zapf-Schramm (1999): Fernsehwahlkampf 1998 in Nachrichten und politischen Informationssendungen. Ergebnisse des ARD/ZDF-Wahlmonitors. In: *Media Perspektiven* (5), S. 222-236.

Krüger, Udo Michael und Thomas Zapf-Schramm (2002): Wahlberichterstattung im öffentlich-rechtlichen und privaten Fernsehen. Ergebnisse des ARD/ZDF-Wahlmonitors 2002. In: *Media Perspektiven* (12), S. 610-622.

Kuchenbuch, Katharina und Erk Simon (2004): Medien im Alltag Sechs- bis 13-Jähriger: Trends, Zielgruppen und Tagesablauf. Ergebnisse der ARD/ZDF-Studie „Kinder und Medien 2003". In: *Media Perspektiven* (9), S. 441-452.

Küchler, Manfred (2000): Mehr Demokratie oder mehr Manipulation? Neue Informations- und Kommunikationstechnologien und politische Willensbildung. In: Oskar Niedermayer und Bettina Westle (Hrsg.), *Demokratie und Partizipation. Festschrift für Max Kaase*. Wiesbaden: Westdeutscher Verlag, S. 313-331.

Kuhn, Hans-Peter (2000): *Mediennutzung und politische Sozialisation. Eine empirische Studie zum Zusammenhang zwischen Mediennutzung und politischer Identitätsbildung im Jugendalter*. Opladen: Leske+Budrich.

Kunczik, Michael (1995): Kriegsberichterstattung und Öffentlichkeitsarbeit in Kriegszeiten. In: Kurt Imhof und Peter Schulz (Hrsg.), *Medien und Krieg - Krieg in den Medien*. Zürich: Seismo, S. 87-104.

Kunczik, Michael (1997): *Images of nations and international public relations*. Mahwah, NJ: Lawrence Erlbaum.

Kunz, Volker (2004): Soziales Vertrauen. In: Jan W. van Deth (Hrsg.), *Deutschland in Europa. Ergebnisse des European Social Survey 2002-2003*. Wiesbaden: VS Verlag für Sozialwissenschaften, S. 201-227.

Kuo, Cheng (1986): Media use, interpersonal communication, and political socialization: An interactional model analysis using LISREL. In: Margaret L. McLaughlin (Hrsg.), *Communication Yearbook 9*. Beverly Hills: Sage, S. 625-641.

Kurp, Mathias (1994): *Lokale Medien und kommunale Eliten. Partizipatorische Potentiale des Lokaljournalismus bei Printmedien und Hörfunk*. Opladen: Westdeutscher Verlag.

Kurtz, Howard (1998): *Spin cycle. Inside the Clinton propaganda machine*. New York: Free Press.

Kwak, Nojin (1999): Revisiting the knowledge gap hypothesis. Education, motivation, and media use. In: *Communication Research* **26**, S. 385-413.

Lane, Robert E. und David O. Sears (1964): *Public Opinion*. Englewood Cliffs, NJ: Prentice-Hall.

Lang, Gladys E. und Kurt Lang (1983): *The battle for public opinion. The President, the press, and the polls during Watergate.* New York: Columbia University Press.

Lang, Gladys Engel und Kurt Lang (1984): *Politics and television re-viewed.* Beverly Hills: Sage.

Lang, Hans-Joachim (1980): *Parteipressemitteilungen im Kommunikationsfluß politischer Nachrichten. Eine Fallstudie über den Einfluß politischer Werbung auf Nachrichtentexte.* Frankfurt a.M.: Lang.

Lang, Kurt und Gladys E. Lang (1953): The unique perspective of television and its effect. A pilot study. In: *American Sociological Review* **18**, S. 2-12.

Lang, Kurt und Gladys E. Lang (1962): Reactions of viewers. In: Sidney Kraus (Hrsg.), *The great debates. Background - perspective - effects.* Bloomington: Indiana University Press, S. 313-330.

Lang, Kurt und Gladys E. Lang (1968): *Politics and television.* Chicago: Quadrangle Books.

Lang, Kurt und Gladys E. Lang (1981): Mass communication and public opinion: Strategies for research. In: Morris Rosenberg und Ralph H. Turner (Hrsg.), *Social Psychology. Sociological perspectives.* New York: Basic Books, S. 653-682.

Lang, Kurt und Gladys E. Lang (1996): Off the bandwagon: Some reflections on the influence of perceived public opinion. In: Kian M. Kwan (Hrsg.), *Individuality and social control. Essays in honor of Tamotsu Shibutani.* Greenwich, CT: JAI Press, S. 69-90.

Lang, Sabine (2003): Lokale politische Kommunikation: Öffentlichkeit im Spannungsfeld nationaler und globaler Entwicklungen. In: Frank Esser und Barbara Pfetsch (Hrsg.), *Politische Kommunikation im internationalen Vergleich. Grundlagen, Anwendungen, Perspektiven.* Wiesbaden: Westdeutscher Verlag, S. 179-207.

Lange, Klaus (1981): *Das Bild der Politik im Fernsehen. Die filmische Konstruktion einer politischen Realität in den Fernsehnachrichten.* Frankfurt a.M.: Haag+Herchen.

Lange, Thorsten (2005): Zur Wahlgeschichte. In: Jürgen W. Falter und Harald Schoen (Hrsg.), *Handbuch der Wahlforschung.* Wiesbaden: VS Verlag für Sozialwissenschaften, S. 31-61.

Langenbucher, Wolfgang R. (Hrsg.) (1974): *Zur Theorie der politischen Kommunikation.* München: Piper.

Langenbucher, Wolfgang R. (Hrsg.) (1979): *Politik und Kommunikation. Über die öffentliche Meinungsbildung.* München: Piper.

Langenbucher, Wolfgang R. (1983): Gegenwärtige Trends der politischen Kommunikation. In: Ulrich Saxer (Hrsg.), *Politik und Kommunikation. Neue Forschungsansätze.* München: Ölschläger, S. 38-41.

Lass, Jürgen (1995): *Vorstellungsbilder über Kanzlerkandidaten. Zur Diskussion um die Personalisierung von Politik.* Wiesbaden: Deutscher Universitäts-Verlag.

Lasswell, Harold D. (1948): The structure and function of communication in society. In: Lyman Bryson (Hrsg.), *The communication of ideas: a series of addresses.* New York: Cooper Square Publ., S. 37-51.

Lau, Richard R. und David P. Redlawsk (1997): Voting correctly. In: *American Political Science Review* **91**, S. 585-598.

Lazarsfeld, Paul F. (1941): Remarks on administrative and critical communication research. In: *Studies in Philosophy and Science* **9**, S. 3-16.

Lazarsfeld, Paul F., Bernard R. Berelson und Hazel Gaudet (1944): *The people's choice. How the voter makes up his mind in a presidential campaign.* New York: Duell, Sloane & Pearce.

Lazarsfeld, Paul F. und Robert K. Merton (1948): Mass communication, popular taste and organized social action. In: Lyman Bryson (Hrsg.), *The communication of ideas: a series of addresses.* New York: Harper & Row, S. 95-118.

Lee, GangHeong, Joseph N. Capella und Brian Southwell (2003): The effects of news and entertainment on interpersonal trust: Political talk radio, newspapers, and television. In: *Mass Communication & Society* **6**, S. 413-434.

Lessinger, Eva-Maria, Markus Moke und Christina Holtz-Bacha (2003): „Edmund, Essen ist fertig". Plakatwahlkampf 2002 - Motive und Strategien. In: Christina Holtz-Bacha (Hrsg.), *Die Massenmedien im Wahlkampf. Die Bundestagswahl 2002.* Wiesbaden: Westdeutscher Verlag, S. 216-242.

Lichter, Robert S., Linda S. Lichter und Daniel Amundson (2000): Government goes down the tube. Images of government in TV entertainment, 1955-1998. In: *Press/Politics* **5** (2), S. 96-103.

Lichter, Robert S. und Ted Smith (1996): Why elections are bad news. Media and candidate discourses in the 1996 presidential primaries. In: *Press/Politics* **1** (4), S. 15-35.

Lieske, Sandra (2006): Die Anzeigenkampagne zur Bundestagswahl 2005. In: Christina Holtz-Bacha (Hrsg.), *Die Massenmedien im Wahlkampf. Die Bundestagswahl 2005*. Wiesbaden: VS Verlag für Sozialwissenschaften, S. 126-163.

Lippmann, Walter (1922): *Public opinion*. New York: Harcourt, Brace.

Lippmann, Walter (1964): *Die öffentliche Meinung*. München: Rütten + Loehning.

Lodge, Milton, Kathleen M. McGraw und Patrick Stroh (1989): An impression-driven model of candidate evaluation. In: *American Political Science Review* **83**, S. 401-419.

Lodge, Milton, Marco R. Steenbergen und Shawn Brau (1995): The responsive voter: Campaign information and the dynamics of candidate evaluation. In: *American Political Science Review* **89**, S. 309-326.

Löffelholz, Martin (2004): Von der Simplifikation zur Interpenetration. In: Volker J. Kreyher (Hrsg.), *Handbuch Politisches Marketing. Impulse und Strategien für Politik, Wirtschaft und Gesellschaft*. Baden-Baden: Nomos, S. 365-376.

Löffler, Jens (1999): *Media. Planung für Märkte*. Hamburg: Axel Springer Verlag AG, Zeitschriften.

Lorenz, Konrad (1973): *Die Rückseite des Spiegels. Versuch einer Naturgeschichte menschlichen Erkennens*. München: Piper.

Lowery, Shearon und Melvin L. De Fleur (1983): *Milestones in mass communication research: Media effects*. New York: Longman.

Lüdemann, Christian (2001): Politische Partizipation, Anreize und Ressourcen. Ein Test verschiedener Handlungsmodelle und Anschlusstheorien am ALLBUS 1998. In: Achim Koch, Martina Wasmer und Peter Schmidt (Hrsg.), *Politische Partizipation in der Bundesrepublik Deutschland. Empirische Befunde und theoretische Erklärungen*. Opladen: Leske+Budrich, S. 43-71.

Luhmann, Niklas (1970): Öffentliche Meinung. In: *Politische Vierteljahresschrift* **11**, S. 2-28.

Luhmann, Niklas (1975): Veränderungen im System gesellschaftlicher Kommunikation und die Massenmedien. In: Oskar Schatz (Hrsg.), *Die elektronische Revolution. Wie gefährlich sind die Massenmedien?* Graz: Verlag Styria, S. 13-30.

Luhmann, Niklas (1984): *Soziale Systeme. Grundriß einer allgemeinen Theorie*. Frankfurt a.M.: Suhrkamp.

Luhmann, Niklas (1996): *Die Realität der Massenmedien*. 2. erw. Aufl., Opladen: Westdeutscher Verlag.

Maarek, Philippe J. (1995): *Political marketing and communication*. London: Libbey.

MacArthur, John R. (1993): *Die Schlacht der Lügen. Wie die USA den Golfkrieg verkauften*. München: dtv.

Maier, Jens Hendrik (2005): Bestehen parasoziale Beziehungen zu Politikern? Eine empirische Exploration mit der Repertory Grid Technik. In: *Zeitschrift für Medienpsychologie* **17**, S. 99-109.

Maier, Jürgen (2000): *Politikverdrossenheit in der Bundesrepublik Deutschland. Dimensionen - Determinanten - Konsequenzen*. Opladen: Leske+Budrich.

Maier, Jürgen (2004): Wie stabil ist die Wirkung von Fernsehduellen? Eine Untersuchung zum Effekt der TV-Debatten 2002 auf die Einstellung zu Gerhard Schröder und Edmund Stoiber. In: Frank Brettschneider, Jan van Deth und Edeltraud Roller (Hrsg.), *Die Bundestagswahl 2002: Analysen der Wahlergebnisse und des Wahlkampfes*. Wiesbaden: VS Verlag für Sozialwissenschaften, S. 75-94.

Maier, Jürgen und Thorsten Faas (2004): Debattenwahrnehmung und Kandidatenorientierung. Eine Analyse von Real-Time-Response- und Paneldaten zu den Fernsehduellen im Bundestagswahlkampf 2002. In: *Zeitschrift für Medienpsychologie* **16**, S. 26-35.

Maier, Michaela (2003): Nachrichtenfaktoren - Stand der Forschung. In: Georg Ruhrmann, et al. (Hrsg.), *Der Wert von Nachrichten im deutschen Fernsehen. Ein Modell zur Validierung von Nachrichtenfaktoren*. Opladen: Leske+Budrich, S. 27-50.

Maletzke, Gerhard (1963): *Psychologie der Massenkommunikation. Theorie und Systematik*. Hamburg: Hans-Bredow-Institut.

Manheim, Jarol B. (1986): A model of agenda dynamics. In: Margaret L. McLaughlin (Hrsg.), *Communication Yearbook 10*. Newbury Park: Sage, S. 499-516.

Manheim, Jarol B. (1997): Going less public. Managing images to influence U.S. foreign policy. In: Shanto Iyengar und Richard Reeves (Hrsg.), *Do the media govern? Politicians, voters, and reporters*. Thousand Oaks: Sage, S. 379-390.

Manheim, Jarol B. (1998): The news shapers: Strategic communication as a third force in news making. In: Doris A. Graber, Denis McQuail und Pippa Norris (Hrsg.), *The politics of news. The news of politics.* Washington, DC: Congressional Quarterly, S. 94-109.

Mannstein, Coordt von (2000): Von Popularität bis Polarisierung: Zum Stellenwert des Plakativen in der politischen Kommunikation. In: Otto Altendorfer, Heinrich Wiedemann und Hermann Mayer (Hrsg.), *Der moderne Medienwahlkampf. Professionelles Wahlmanagement unter Einsatz neuer Medien, Strategien und Psychologien.* Eichstätt: Media Plus, S. 359-370.

Mansfield, Michael W. und Ruth Ann Weaver (1982): Political communication theory and research: An overview. In: Michael Burgoon (Hrsg.), *Communication yearbook 5.* New Brunswick: Transaction Books, S. 605-625.

Marcinkowski, Frank (1993): *Publizistik als autopoietisches System. Politik und Massenmedien. Eine systemtheoretische Analyse.* Opladen: Westdeutscher Verlag.

Marcinkowski, Frank (2004): Autopoiesis und strukturelle Kopplung. Theorien zur Analyse der Beziehung von Journalismus und Politik. In: Martin Löffelholz (Hrsg.), *Theorien des Journalismus. Ein diskursives Handbuch.* 2., *vollständig überarbeitete Auflage.* Wiesbaden: VS Verlag für Sozialwissenschaften, S. 487-501.

Marcinkowski, Frank, Volker Greger und Wolfgang Hüning (2001): Stabilität und Wandel der Semantik des Politischen: Theoretische Zugänge und empirische Befunde. In: Frank Marcinkowski (Hrsg.), *Die Politik der Massenmedien. Heribert Schatz zum 65. Geburtstag.* Köln: Halem, S. 12-114.

Marr, Mirko (2005): *Internetzugang und politische Informiertheit. Zur digitalen Spaltung der Gesellschaft.* Konstanz: UVK.

Marr, Mirko, Heinz Bonfadelli, Frank Marcinkowski, Shanto Iyengar und Daniel Kreiss (2006): *Dark areas of ignorance revisited: A comparison of international affairs knowledge in Switzerland and California.* International Communication Association Pre-Conference „Messages from Abroad". München.

Mathes, Rainer und Uwe Freisens (1990): Kommunikationsstrategien der Parteien und ihr Erfolg. Eine Analyse der aktuellen Berichterstattung in den Nachrichtenmagazinen der öffentlich-rechtlichen und privaten Rundfunkanstalten im Bundestagswahlkampf 1987. In: Max Kaase und Hans-Dieter Klingemann (Hrsg.), *Wahlen und Wähler. Analysen aus Anlaß der Bundestagswahl 1987.* Opladen: Westdeutscher Verlag, S. 531-568.

Mathes, Rainer, Hans-Dieter Gärtner und Andreas Czaplicki (1991): *Kommunikation in der Krise. Autopsie eines Medienereignisses. Das Grubenunglück in Borken.* Frankfurt a.M.: Institut für Medienentwicklung und Kommunikation.

Mathes, Rainer und Barbara Pfetsch (1991): The role of the alternative press in the agenda-building process. Spill-over effects and media opinion leadership. In: *European Journal of Communication* 6, S. 33-62.

Mathes, Rainer und Caroline Rudolph (1991): Who sets the agenda? Party and media influences shaping the campaign agenda in Germany. In: *Political Communication and Persuasion* 8, S. 183-199.

Mattenklott, Axel, Wolfgang Donsbach und Hans-Bernd Brosius (1995): Die Realität des Fernsehzuschauers: die Illusion des Augenzeugen. In: Bodo Franzmann, et al. (Hrsg.), *Auf den Schultern von Gutenberg. Medienökologische Perspektiven der Fernsehgesellschaft.* Berlin: Quintessenz, S. 252-263.

Maurer, Marcus (2003): *Politikverdrossenheit durch Medienberichte. Eine Paneluntersuchung.* Konstanz: UVK.

Maurer, Marcus und Hans Mathias Kepplinger (2003): Warum die Macht der Fernsehbilder wächst. Verbale und visuelle Informationen in den Fernsehnachrichten vor den Bundestagswahlen 1998 und 2002. In: Christina Holtz-Bacha (Hrsg.), *Die Massenmedien im Wahlkampf. Die Bundestagswahl 2002.* Wiesbaden: Westdeutscher Verlag, S. 82-97.

Maurer, Marcus und Carsten Reinemann (2003): *Schröder gegen Stoiber. Nutzung, Wahrnehmung und Wirkung der TV-Duelle.* Wiesbaden: Westdeutscher Verlag.

Mazzoleni, Gianpietro (1987): Media logic and party logic in campaign coverage. The Italian General Election of 1983. In: *European Journal of Communication* 2, S. 81-103.

Mazzoleni, Gianpietro (2008): Mediated terrorism. In: Wolfgang Donsbach (Hrsg.), *International encyclopedia of communication.* Malden, Mass.: Blackwell (im Erscheinen).

McCombs, Maxwell (2004): *Setting the agenda. The mass media and public opinion.* Cambridge: Polity Press.

McCombs, Maxwell E. und Donald L. Shaw (1972): The agenda-setting function of mass media. In: *Public Opinion Quarterly* **36**, S. 176-187.

McCombs, Maxwell E., Donald L. Shaw und David Weaver (Hrsg.) (1997): *Communication and democracy. Exploring the intellectual frontiers in agenda-setting theory.* Mahwah, NJ: Lawrence Erlbaum.

McDevitt, Michael und Steven H. Chaffee (2002): From top-down to trickle-up influence: Revisiting assumptions about the family in political socialization. In: *Political Communication* **19**, S. 281-301.

McGraw, Kathleen M. und Milton Lodge (1996): Political information processing: A review essay. In: *Political Communication* **13**, S. 131-142.

McGuire, William J. (1986): The myth of massive media impact: Savagings and salvagings. In: George Comstock (Hrsg.), *Public communication and behavior, volume 1.* Orlando, Fla.: Academic Press, S. 173-257.

McKinney, Mitchell S. und Diana B. Carlin (2004): Political campaign debates. In: Lynda Lee Kaid (Hrsg.), *Handbook of political communication research.* Mahwah, NJ: Lawrence Erlbaum, S. 203-234.

McLeod, Jack M., Jane D. Brown, Lee B. Becker und Dean A. Ziemke (1977): Decline and fall of the White House. A longitudinal analysis of communication effects. In: *Communication Research* **4**, S. 3-22.

McLeod, Jack M. und Steven R. Chaffee (1972): The construction of social reality. In: James T. Tedeschi (Hrsg.), *The social influence processes.* Chicago, IL: Aldine-Atherton, S. 50-99.

McLeod, Jack M., Gerald M. Kosicky und Douglas M. McLeod (1994): The expanding boundaries of political communication effects. In: Jennings Bryant und Dolf Zillmann (Hrsg.), *Media effects. Advances in theory and research.* Hillsdale, NJ: Lawrence Erlbaum, S. 123-162.

McLeod, Jack M., Gerald M. Kosicky und Zhongdang Pan (1991): On understanding and misunderstanding media effects. In: James Curran und Michael Gurevitch (Hrsg.), *Mass media and society.* London: Edward Arnold, S. 235-266.

McLuhan, Marshall (1967): *Understanding media: The extensions of man.* 3. impr., London: Routledge & Kegan Paul.

McLuhan, Marshall (1968): *Die magischen Kanäle. „Understanding Media".* Düsseldorf: Econ.

McLuhan, Marshall und Quentin Fiore (1968): *War and peace in the global village. An inventory of some of the current spastic situations that could be eliminated by more feedforward.* New York: McGraw-Hill.

McNair, Brian (2003): *An introduction to political communication, 3rd. edition.* London: Routledge.

McQuail, Denis (1992): *Media performance. Mass communication and the public interest.* London: Sage.

McQuail, Denis (1999): The future of communication theory. In: Michael Latzer, et al. (Hrsg.), *Die Zukunft der Kommunikation. Phänomene und Trends in der Informationsgesellschaft.* Innsbruck, Wien: Studien Verlag, S. 11-24.

McQuail, Denis (2005): *McQuail's mass communication theory. Fifth edition.* London: Sage.

Mead, George Herbert (1934): *Mind, self, and society.* Chicago: University of Chicago Press.

Meadow, Robert G. (1980): *Politics as communication.* Norwood, NJ: Ablex.

Meier, Werner A. und Otfried Jarren (2001): Ökonomisierung und Kommerzialisierung von Medien und Mediensystemen. In: *Medien & Kommunikationswissenschaft* **49**, S. 145-158.

Mendelsohn, Harold (1973): Some reasons why information campaigns can succeed. In: *Public Opinion Quarterly* **37**, S. 50-61.

Merten, Klaus (1977): *Kommunikation. Eine Begriffs- und Prozessanalyse.* Opladen: Westdeutscher Verlag.

Merten, Klaus (1985): Re-Rekonstruktion von Wirklichkeit durch Zuschauer von Fernsehnachrichten. In: *Media Perspektiven* (10), S. 753-763.

Merton, Robert K. (1936): The unanticipated consequences of purposive social action. In: *American Sociological Review* **1**, S. 894-904.

Merton, Robert K. (1957): The self-fulfilling prophecy. In: Robert K. Merton (Hrsg.), *Social theory and social structure. Revised and enlarged edition.* Glencoe: The Free Press of Glencoe, S. 421-436.

Meulemann, Heiner (1985): Wertwandel in der Bundesrepublik Deutschland zwischen 1950 und 1980: Versuch einer zusammenfassenden Deutung vorliegender Zeitreihen. In: Dieter Oberndörfer, Hans Rattinger und Karl Schmitt (Hrsg.), *Wirtschaftlicher Wandel, religiöser Wandel und Wertwandel. Folgen für das politische Verhalten in der Bundesrepublik Deutschland.* Berlin: Duncker & Humblot, S. 391-411.

Meyer, Thomas (2001): *Mediokratie. Die Kolonisierung der Politik durch das Mediensystem.* Frankfurt a. M.: Suhrkamp.

Meyer, Thomas (2002): Mediokratie - Auf dem Weg in eine andere Demokratie? In: *Aus Politik und Zeitgeschichte* (B 15-16), S. 7-14.

Meyer, Timothy P. (1988): On mediated communication theory. The rise of format. In: James A. Anderson (Hrsg.), *Communication yearbook 11.* Newbury Park: Sage, S. 224-229.

Meyn, Hermann (2004): *Massenmedien in Deutschland.* Konstanz: UVK Verlagsgesellschaft.

Meyrowitz, Joshua (1985): *No sense of place. The impact of electronic media on social behavior.* Oxford: Oxford University Press.

Milbrath, Lester W. (1965): *Political participation. How and why do people get involved in politics?,* Chicago: McNally.

Miller, Arthur H. (1974): Political issues and trust in government: 1964-1970. In: *American Political Science Review* **68**, S. 951-972.

Miller, Arthur H., Edi N. Goldenberg und Lutz Erbring (1979): Type-set politics: Impact of newspapers on public confidence. In: *American Political Science Review* **73**, S. 67-84.

Miller, Arthur H., Martin P. Wattenberg und Oksana Malanchuk (1986): Schematic assessments of presidential candidates. In: *American Journal of Political Science* **80**, S. 521-540.

Miller, Warren E. und Donald E. Stokes (1963): Constituency influences in congress. In: *American Political Science Review* **57** (45-56).

Molotch, Harvey L., David L. Protess und Margaret T. Gordon (1987): The media-policy-connection: Ecologies of news. In: David L. Paletz (Hrsg.), *Political communication research: Approaches, studies, assessments.* Norwood, NJ: Ablex, S. 26-48.

Morris, Dick (1999): *Behind the Oval Office. Getting reelected against all odds. 2nd edition.* Los Angeles: Renaissance Books.

Mowlana, Hamid (1995): *International flow of information: A global report and analysis.* Paris: Unesco.

Moy, Patricia, Edith Manosevitch, Keith Stamm und Kate Dunsmore (2005): Linking dimensions of Internet use and civic engagement. In: *Journalism & Mass Communication Quarterly* **82**, S. 571-586.

Moy, Patricia und Michael Pfau (2000): *With malice toward all? The media and public confidence in democratic institutions.* Westport, Conn.: Praeger.

Müller, Albrecht (1999): *Von der Parteiendemokratie zur Mediendemokratie. Beobachtungen zum Bundestagswahlkampf 1998 im Spiegel früherer Erfahrungen.* Opladen: Leske + Budrich.

Müller, Marion G. (1999): Parteienwerbung im Bundestagswahlkampf 1998. In: *Media Perspektiven* (5), S. 251-261.

Müller, Marion G. (2002): Parteienwerbung im Bundestagswahlkampf 2002. Eine qualitative Analyse politischer Werbung und PR. In: *Media Perspektiven* (12), S. 629-637.

Murck, Manfred (1983): Macht und Medien in den Kommunen. In: *Rundfunk und Fernsehen* **31**, S. 370-380.

Nacos, Brigitte Lebens (2002): *Mass-mediated terrorism. The central role of the media in terrorism and counterterrorism.* Lanham, MA: Rowman & Littlefield.

Negrine, Ralph und Stylianos Papathanassopoulos (1996): The „Americanization" of political communication. A critique. In: *Press/Politics* **1** (2), S. 45-62.

Negroponte, Nicholas (1995): *Being digital.* New York: Knopf.

Neidhardt, Friedhelm (1993): The public as a communication system. In: *Public Understanding of Science* **2**, S. 339-350.

Neidhardt, Friedhelm (1994a): Die Rolle des Publikums. Anmerkungen zur Soziologie politischer Öffentlichkeit. In: Hans-Ulrich Derlien, Uta Gerhardt und Fritz W. Scharpf (Hrsg.), *Systemrationalität und Partialinteresse. Festschrift für Renate Mayntz.* Baden-Baden: Nomos, S. 315-328.

Neidhardt, Friedhelm (1994b): Jenseits des Palavers. Funktionen politischer Öffentlichkeit. In: Wolfgang Wunden (Hrsg.), *Öffentlichkeit und Kommunikationskultur. Beiträge zur Medienethik, Band 2.* Hamburg: Steinkopf, S. 19-30.

Neidhardt, Friedhelm (1994c): *Öffentlichkeit, öffentliche Meinung, soziale Bewegungen.* Opladen: Westdeutscher Verlag.

Neidhardt, Friedhelm (1995): Prominenz und Prestige. Steuererungsprobleme massenmedialer Öffentlichkeit. In: Berlin-Brandenburgische Akademie der Wissenschaften (Hrsg.), *Jahrbuch 1994.* Berlin: Akademie Verlag, S. 233-245.

Neisser, Ulric (1974): *Kognitive Psychologie.* Stuttgart: Klett.

Neller, Katja (2002): Politische Sozialisation: Massenmedien. In: Martin Greiffenhagen und Sylvia Greiffenhagen (Hrsg.), *Handwörterbuch zur politischen Kultur der Bundesrepublik Deutschland, 2. Aufl.* Wiesbaden: Westdeutscher Verlag, S. 439-444.

Neuberger, Christoph (1993): Acht Tricks, die Wirklichkeit zu überlisten. Wie die Massenmedien den Bedarf an Unglücksmeldungen stillen. In: *Medium* 23 (2), S. 12-15.

Neuman, W. Russell, Marion R. Just und Ann N. Crigler (1992): *Common knowledge. News and the construction of political meaning.* Chicago: University of Chicago Press.

Neverla, Irene (1994): Männerwelten - Frauenwelten. Wirklichkeitsmodelle, Geschlechterrollen, Chancenverteilung. In: Klaus Merten, Siegfried J. Schmidt und Siegfried Weischenberg (Hrsg.), *Die Wirklichkeit der Medien. Eine Einführung in die Kommunikationswissenschaft.* Opladen: Westdeutscher Verlag, S. 257-276.

Newcomb, Theodore M. (1953): An approach to the study of communicative acts. In: *Psychological Review* 60, S. 393-404.

Newman, Bruce I. (1994): *The marketing of the president. Political marketing as campaign strategy.* Thousand Oaks: Sage.

Newman, Bruce I. und Richard M. Perloff (2004): Political marketing: Theory, research, and applications. In: Lynda Lee Kaid (Hrsg.), *Handbook of political communication research.* Mahwah, NJ: Lawrence Erlbaum, S. 17-43.

Newton, Kenneth (1999): Mass media effects: Mobilization or media malaise? In: *British Journal of Politics* 29, S. 577-599.

Niedermayer, Oskar (2000): Modernisierung von Wahlkämpfen als Funktionsentleerung der Parteien. In: Oskar Niedermayer und Bettina Westle (Hrsg.), *Demokratie und Partizipation. Festschrift für Max Kaase.* Wiesbaden: Westdeutscher Verlag, S. 192-210.

Nieland, Jörg-Uwe (2000): Politics goes popular. Anmerkungen zur Popularisierung der politischen Kommunikation. In: Klaus Kamps (Hrsg.), *Trans-Atlantik - Trans-Portabel? Die Amerikanisierungsthese in der politischen Kommunikation.* Wiesbaden: Westdeutscher Verlag, S. 307-330.

Nimmo, Dan und James E. Combs (1983): *Mediated political realities.* New York: Longman.

Nimmo, Dan D. (1977): Political communication theory and research: An overview. In: Brent D. Reuben (Hrsg.), *Communication yearbook 1.* New Brunswick, NJ: Transaction Books, S. 441-452.

Nimmo, Dan D. (1978): *Political communication and public opinion in America.* Santa Monica, Calif.: Goodyear.

Nimmo, Dan D. und Keith R. Sanders (Hrsg.) (1981): *Handbook of political communication.* Beverly Hills/London: Sage.

Nimmo, Dan und Robert L. Savage (1976): *Candidates and their images. Concepts, methods, and findings.* Pacific Palisades, CA: Goodyear Publishing Company.

Nissen, Peter und Walter Menningen (1977): Der Einfluß der Gatekeeper auf die Themenstruktur der Öffentlichkeit. In: *Publizistik* 22, S. 159-180.

Noelle-Neumann, Elisabeth (1966): *Öffentliche Meinung und Soziale Kontrolle.* Tübingen: J.C.B. Mohr (Paul Siebeck).

Noelle-Neumann, Elisabeth (1970): Kann das Fernsehen als Stachel der Gesellschaft wirken? Ergebnisse der Kommunikationsforschung. In: Dieter Stolte (Hrsg.), *Fernseh-Kritik. Die gesellschaftskritische Funktion des Fernsehens.* Mainz: Hase & Koehler, S. 79-90.

Noelle-Neumann, Elisabeth (1971): Wirkung der Massenmedien. In: Elisabeth Noelle-Neumann und Winfried Schulz (Hrsg.), *Das Fischer Lexikon Publizistik*. Frankfurt a. M.: Fischer Taschenbuch Verlag, S. 316-350.

Noelle-Neumann, Elisabeth (1973a): Kumulation, Konsonanz und Öffentlichkeitseffekt. Ein neuer Ansatz zur Analyse der Wirkung der Massenmedien. In: *Publizistik* 18, S. 26-55.

Noelle-Neumann, Elisabeth (1973b): Return to the concept of powerful mass media. In: *Studies of Broadcasting* 9, S. 67-112.

Noelle-Neumann, Elisabeth (1974a): Die Schweigespirale. Über die Entstehung der öffentlichen Meinung. In: Ernst Forsthoff und Reinhard Hörstel (Hrsg.), *Standorte im Zeitstrom. Festschrift für Arnold Gehlen zum 70. Geburtstag am 29. Januar 1974*. Frankfurt a.M.: Athenäum, S. 299-330.

Noelle-Neumann, Elisabeth (1974b): Wahlentscheidung in der Fernsehdemokratie. Eine sozialpsychologische Interpretation der Bundestagswahl 1972. In: Dieter Just und Lothar Romain (Hrsg.), *Auf der Suche nach dem mündigen Wähler. Die Wahlentscheidung 1972 und ihre Konsequenzen*. Bonn: Bundeszentrale für Politische Bildung, S. 161-205.

Noelle-Neumann, Elisabeth (1977a): Das doppelte Meinungsklima. Der Einfluß des Fernsehens im Wahlkampf 1976. In: *Politische Vierteljahresschrift* 18, S. 408-451.

Noelle-Neumann, Elisabeth (1977b): Die stille Revolution. Wandlungen im Bewußtsein der deutschen Bevölkerung. In: Elisabeth Noelle-Neumann (Hrsg.), *Allensbacher Jahrbuch der Demoskopie 1976-1977*. Wien: Molden, S. VII-XXXIX.

Noelle-Neumann, Elisabeth (1977c): *Öffentlichkeit als Bedrohung. Beiträge zur empirischen Kommunikationsforschung*. Freiburg: Alber.

Noelle-Neumann, Elisabeth (1978): *Werden wir alle Proletarier? Wertewandel in unserer Gesellschaft*. Zürich: Edition Interfromm.

Noelle-Neumann, Elisabeth (1979): Massenmedien und sozialer Wandel. Methodenkombination in der Wirkungsforschung. In: *Zeitschrift für Soziologie* 8, S. 164-182.

Noelle-Neumann, Elisabeth (1980a): *Die Schweigespirale. Öffentliche Meinung - unsere soziale Haut*. München: Piper.

Noelle-Neumann, Elisabeth (1980b): *Wahlentscheidung in der Fernsehdemokratie*. Freiburg/Breisgau, Würzburg: Ploetz.

Noelle-Neumann, Elisabeth (1992a): Antwort auf Dieter Fuchs, Jürgen Gerhards und Friedhelm Neidhardt: Öffentliche Kommunikationsbereitschaft - Ein Test zentraler Bestandteile der Theorie der Schweigespirale. In: *Zeitschrift für Soziologie* 21, S. 385-388.

Noelle-Neumann, Elisabeth (1992b): Das Fernsehen und die Zukunft der Lesekultur. In: Werner D. Fröhlich, Rolf Zitzlsperger und Bodo Franzmann (Hrsg.), *Die verstellte Welt. Beiträge zur Medienökologie*. Weinheim/Basel: Beltz, S. 222-254.

Noelle-Neumann, Elisabeth (1992c): Manifeste und latente Funktionen Öffentlicher Meinung. In: *Publizistik* 37, S. 283-297.

Noelle-Neumann, Elisabeth (1998): Öffentliche Meinung. In: Otfried Jarren, Ulrich Sarcinelli und Ulrich Saxer (Hrsg.), *Politische Kommunikation in der demokratischen Gesellschaft. Ein Handbuch mit Lexikonteil*. Opladen/Wiesbaden: Westdeutscher Verlag, S. 81-94.

Noelle-Neumann, Elisabeth, Wilhelm Haumann und Thomas Petersen (1999): Die Wiederentdeckung der Meinungsführer und die Wirkung der persönlichen Kommunikation im Wahlkampf. In: Elisabeth Noelle-Neumann, Hans Mathias Kepplinger und Wolfgang Donsbach (Hrsg.), *Kampa. Meinungsklima und Medienwirkung im Bundestagswahlkampf 1998*. Freiburg: Alber, S. 181-214.

Noelle-Neumann, Elisabeth und Renate Köcher (Hrsg.) (2002): *Allensbacher Jahrbuch der Demoskopie 1998-2002*. München: K. G. Saur.

Noelle-Neumann, Elisabeth und Rainer Mathes (1987): The 'event as event' and the 'event as news': The significance of 'consonance' for media effects research. In: *European Journal of Communication* 2, S. 391-414.

Norris, Pippa (1996): Does television erode social capital? A reply to Putnam. In: *PS: Political Science and Politics* 29, S. 474-480.

Norris, Pippa (2000): *A virtuous circle. Political communications in postindustrial societies.* Cambridge: Cambridge University Press.

Norris, Pippa (2001a): *Digital divide. Civic engagement, information poverty, and the Internet worldwide.* Cambridge: Cambridge University Press.

Norris, Pippa (2001b): Political communications and democratic politics. In: John Bartle und Dylan Griffiths (Hrsg.), *Political communications transformed: From Morrison to Mandelson.* Basingstoke: Palgrave, S. 163-180.

Norris, Pippa (2002): Do campaign communications matter for civic engagement? In: David M. Farrell und Rüdiger Schmitt-Beck (Hrsg.), *Do political campaigns matter? Campaigning effects in elections and referendums.* London: Routledge, S. 127-144.

Norris, Pippa (2006a): Did the media matter? Agenda-setting, persuasion, and mobilization effects in the British General Election campaign. In: *British Politics* 1, S. 195-221.

Norris, Pippa (2006b): Die Überzeugten überzeugen? Pluralismus, Partizipation und Parteien im Internet. In: Klaus Kamps und Jörg-Uwe Nieland (Hrsg.), *Regieren und Kommunikation. Meinungsbildung, Entscheidungsfindung und gouvernementales Kommunikationsmanagement – Trends, Vergleiche, Perspektiven.* Köln: Halem, S. 261-284.

Norris, Pippa, John Curtice, David Sanders, Margaret Scammell und Holli A. Semetko (1999): *On message: Communicating the campaign.* London: Sage.

Nürnberger, Frank G. (2002): Image-Building mit Bildern. In: Marco Althaus (Hrsg.), *Kampagne! Neue Strategien für Wahlkampf, PR und Lobbying, 3. Aufl.* Münster: LIT, S. 120-138.

Nye, Joseph S., Jr. (1997): The media and declining confidence in government. In: *Press/Politics* 2 (3), S. 4-9.

Oberreuter, Heinrich (1982): *Übermacht der Medien. Erstickt die demokratische Kommunikation?*, Zürich: Edition Interfrom.

Oberreuter, Heinrich (1997): Medien und Demokratie. Ein Problemaufriß. In: Karl Rohe (Hrsg.), *Politik und Demokratie in der Informationsgesellschaft.* Baden-Baden: Nomos, S. 11-24.

Oberreuter, Heinrich (2001): Image statt Inhalt? Möglichkeiten und Grenzen inszenierter Politik. In: Otto Depenheuer (Hrsg.), *Öffentlichkeit und Vertraulichkeit. Theorie und Praxis der politischen Kommunikation.* Wiesbaden: Westdeutscher Verlag, S. 145-157.

Oehmichen, Ekkehardt und Erik Simon (1996): Fernsehnutzung, politisches Interesse und Wahlverhalten. Ergebnisse einer Befragung in Hessen. In: *Media Perspektiven* (11), S. 562-571.

O'Gorman, Hubert J. (1975): Pluralistic ignorance and white estimates of white support for racial segregation. In: *Public Opinion Quarterly* 39, S. 113-330.

Ohde, Christina (1994): *Der Irre von Bagdad. Zur Konstruktion von Feindbildern in überregionalen deutschen Tageszeitungen während der Golfkrise 1990/91.* Frankfurt a.M.: Peter Lang.

Ohr, Dieter (2000): Wird das Wählerverhalten zunehmend personalisierter, oder: Ist jede Wahl anders? Kandidatenorientierungen und Wahlentscheidung in Deutschland von 1961 bis 1998. In: Markus Klein, Wolfgang Jagodzinski und Ekkehard Mochmann (Hrsg.), *50 Jahre empirische Wahlforschung in Deutschland. Entwicklung, Befunde, Perspektiven, Daten.* Wiesbaden: Westdeutscher Verlag, S. 272-308.

Ohr, Dieter (2005a): Sprechende Bilder: Die Werbemittel der Parteien und ihre Wahrnehmung. In: Manfred Güllner, et al. (Hrsg.), *Die Bundestagswahl 2002. Eine Untersuchung im Zeichen hoher politischer Dynamik.* Wiesbaden: VS Verlag für Sozialwissenschaften, S. 123-141.

Ohr, Dieter (2005b): Wahlen und Wählerverhalten im Wandel: Der individualisierte Wähler in der Mediendemokratie. In: Manfred Güllner, et al. (Hrsg.), *Die Bundestagswahl 2002. Eine Untersuchung im Zeichen hoher politischer Dynamik.* Wiesbaden: VS Verlag für Sozialwissenschaften, S. 15-30.

Östgaard, Einar (1965): Factors influencing the flow of news. In: *Journal of Peace Research* 2, S. 39-63.

Page, Benjamin I. (1996): The mass media as political actors. In: *PS: Political Science and Politics* 29 (1), S. 20-24.

Page, Benjamin I. und Robert Y. Shapiro (1994): *The rational public. Fifty years of trends in Americans' policy preferences.* Chicago: University of Chicago Press.

Papacharissi, Zizzi (2002): The virtual sphere. The Internet as a public sphere. In: *New Media & Society* 4, S. 9-27.

Pappi, Franz Urban und Susumu Shikano (2001): Personalisierung der Politik in Mehrparteiensystemen am Beispiel deutscher Bundestagswahlen seit 1980. In: *Politische Vierteljahresschrift* **42**, S. 355-387.

Park, Cheong-Yi (2001): News media exposure and self-perceived knowledge: The illusion of knowing. In: *International Journal of Public Opinion Research* **13**, S. 419-425.

Pasquay, Anja (2003): Zur Entwicklung der Reichweiten. In: BDZV (Hrsg.), *Zeitungen 2003*. Berlin: Bundesverband Deutscher Zeitungsverleger e.V., S. 144-155.

Patterson, Thomas E. (1993): *Out of order*. New York: Alfred A. Knopf.

Patterson, Thomas E. (2002): *The vanishing voter. Public involvement in an age of uncertainty*. New York: Alfred A. Knopf.

Patterson, Thomas E. und Wolfgang Donsbach (1996): News decisions. Journalists as partisan actors. In: *Political Communication* **13**, S. 455-468.

Patterson, Thomas E. und Robert D. MacClure (1976): *The unseeing eye. The myth of television power in national politics*. New York: Putnam.

Patzelt, Werner J. (1988): Wie man von Politik erfährt. Jugendliche und ihre Nutzung politischer Informationsquellen. In: *Publizistik* **33**, S. 520-534.

Patzelt, Werner J. (1991): Abgeordnete und Journalisten. In: *Publizistik* **36**, S. 315-329.

Pauli-Balleis, Gabriele (1987): *Polit-PR. Strategische Öffentlichkeitsarbeit politischer Parteien*. Zirndorf: Pauli-Balleis Verlag.

Peiser, Wolfram (1996): *Die Fernsehgeneration. Eine empirische Untersuchung ihrer Mediennutzung und Medienbewertung*. Opladen: Westdeutscher Verlag.

Peiser, Wolfram (1999): Zum Einfluss des Fernsehens auf das politische Interesse der Bevölkerung in der Bundesrepublik Deutschland. In: Jürgen Wilke (Hrsg.), *Massenmedien und Zeitgeschichte*. Konstanz: UVK Medien, S. 64-72.

Perloff, Richard M. (1993): Third-person effect research 1983-1992: A review and synthesis. In: *International Journal of Public Opinion Research* **5**, S. 167-184.

Peters, Bernhard (1994): Der Sinn von Öffentlichkeit. In: Friedhelm Neidhardt (Hrsg.), *Öffentlichkeit, öffentliche Meinung, soziale Bewegungen*. Opladen: Westdeutscher Verlag, S. 42-76.

Petty, Richard E. und John T. Cacioppo (1984): The effects of involvement on responses to argument quantity and quality: Central and peripheral routes to persuasion. In: *Journal of Personality and Social Psychology* **46**, S. 69-81.

Pfeiffer, Christian (2004): Kriminalität, Medien und Öffentlichkeit. Berichterstattung und Kriminalitätsfurcht. In: *Medien Tenor* (148), S. 72-78.

Pfetsch, Barbara (1993): Strategien und Gegenstrategien - Politische Kommunikation bei Sachfragen. In: Bertelsmann Stiftung (Hrsg.), *Beziehungsspiele - Medien und Politik in der öffentlichen Diskussion. Fallstudien und Analysen*. Gütersloh: Verlag Bertelsmann Stiftung, S. 45-110.

Pfetsch, Barbara (1996): Konvergente Fernsehformate in der Politikberichterstattung? Eine vergleichende Analyse öffentlich-rechtlicher und privater Programme 1985/86 und 1993. In: *Rundfunk und Fernsehen* **44**, S. 479-498.

Pfetsch, Barbara (1998): Government news management. In: Doris A. Graber, Denis McQuail und Pippa Norris (Hrsg.), *The politics of news. The news of politics*. Washington, DC: Congressional Quarterly, S. 70-93.

Pfetsch, Barbara (2001): „Amerikanisierung" der politischen Kommunikation? Politik und Medien in Deutschland und den USA. In: *Aus Politik und Zeitgeschichte* (B 41-42), S. 27-36.

Pfetsch, Barbara (2003): *Politische Kommunikationskultur. Politische Sprecher und Journalisten in der Bundesrepublik und den USA im Vergleich*. Wiesbaden: Westdeutscher Verlag.

Pickel, Gert und Dieter Walz (1997): Politikverdrossenheit in Ost- und Westdeutschland: Dimensionen und Ausprägungen. In: *Politische Vierteljahresschrift* **38**, S. 27-49.

Piel, Edgar (1992): Sag mir, wo die Ängste sind. In: *Geo Wissen* (1), S. 86-91.

Plasser, Fritz (1985): Elektronische Politik und politische Technostruktur reifer Industriegesellschaften. Ein Orientierungsversuch. In: Fritz Plasser, Peter A. Ulram und Manfried Welan (Hrsg.), *Demokratierituale. Zur politischen Kultur der Informationsgesellschaft*. Wien: Böhlau, S. 9-31.

Plasser, Fritz (1989): Medienlogik und Parteienwettbewerb. In: Frank E. Böckelmann (Hrsg.), *Medienmacht und Politik*. *Mediatisierte Politik und politischer Wertewandel*. Berlin: Volker Spiess, S. 207-218.

Plasser, Fritz und Gunda Plasser (2002): *Global political campaigning. A worldwide analysis of campaign professionals and their practices*. Westport, Conn.: Praeger.

Poindexter, Paula M. und Carolyn A. Stroman (1981): Blacks and television: A review of the research literature. In: *Journal of Broadcasting* **25**, S. 103-122.

Popkin, Samuel L. (1994): *The reasoning voter. Communication and persuasion in presidential campaigns*. Chicago: University of Chicago Press.

Pöttker, Horst (1996): Politische Sozialisation durch Massenmedien: Aufklärung, Manipulation und ungewollte Einflüsse. In: Bernhard Claußen und Rainer Geißler (Hrsg.), *Die Politisierung des Menschen. Instanzen der politischen Sozialisation. Ein Handbuch*. Opladen: Leske+Budrich, S. 149-157.

Prenner, Andrea (1995): *Die Konstruktion von Männerrealität in den Nachrichtenmedien. Eine theoretisch-empirische Untersuchung anhand eines Beispiels*. Bochum: Brockmeyer.

Price, Vincent und Edward J. Czilli (1996): Modeling patterns of news recognition and recall. In: *Journal of Communication* **46** (2), S. 55-78.

Price, Vincent und Donald F. Roberts (1987): Public opinion processes. In: Charles R. Berger und Steven H. Chaffee (Hrsg.), *Handbook of communication science*. Beverly Hills: Sage, S. 781-816.

Price, Vincent und John Zaller (1993): Who gets the news? Alternative measures of news reception and their implications for research. In: *Public Opinion Quarterly* **57**, S. 133-164.

Protess, David L. und Maxwell McCombs (Hrsg.) (1991): *Agenda Setting. Readings on media, public opinion, and policymaking*. Hillsdale, NJ: Lawrence Erlbaum.

Puhe, Henry und Gerd H. Würzberg (1989): *Lust & Frust. Das Informationsverhalten der deutschen Abgeordneten*. Köln: Informedia Verlag.

Putnam, Robert D. (1995): Tuning in, tuning out: The strange disappearance of social capital. In: *PS: Political Science and Politics* **28**, S. 664-683.

Putnam, Robert D. (2000): *Bowling alone. The collapse and revival of American community*. New York: Simon & Schuster.

Pütz, Wolfgang (1993): *Das Italienbild in der deutschen Presse. Eine Untersuchung ausgewählter Tageszeitungen*. München: Ölschläger.

Quiring, Oliver (2006): Zur Logik kommunikationswissenschaftlicher Wahlforschung. In: Werner Wirth, Andreas Fahr und Edmund Lauf (Hrsg.), *Forschungslogik und -design in der Kommunikationswissenschaft. Band 2: Anwendungsfelder in der Kommunikationswissenschaft*. Köln: Halem, S. 35-65.

Radunski, Peter (1980): *Wahlkämpfe. Moderne Wahlkampfführung als politische Kommunikation*. München: Olzog.

Radunski, Peter (1983): Strategische Überlegungen zum Fernsehwahlkampf. In: Winfried Schulz und Klaus Schönbach (Hrsg.), *Massenmedien und Wahlen. Mass media and elections: International research perspectives*. München: Ölschläger, S. 131-145.

Radunski, Peter (1996): Politisches Kommunikationsmanagement. Die Amerikanisierung der Wahlkämpfe. In: Bertelsmann Stiftung (Hrsg.), *Politik überzeugend vermitteln. Wahlkampfstrategien in Deutschland und den USA*. Gütersloh: Verlag Bertelsmann Stiftung, S. 33-52.

Radunski, Peter (2003): Wahlkampf im Wandel. Politikvermittlung gestern - heute - morgen. In: Ulrich Sarcinelli und Jens Tenscher (Hrsg.), *Machtdarstellung und Darstellungsmacht. Beiträge zu Theorie und Praxis moderner Politikvermittlung*. Baden-Baden: Nomos, S. 183-198.

Raeymaeckers, Karin (2002): Research note: Young people and patterns of time consumption in relation to print media. In: *European Journal of Communication* **17**, S. 369-383.

Rager, Günther (2003): Jugendliche als Zeitungsleser: Lesehürden und Lösungsansätze. Ergebnisse aus dem Langzeitprojekt „Lesesozialisation bei Informationsmedien". In: *Media Perspektiven* (4), S. 180-186.

Rager, Günther, Karola Graf-Szczuka, Michael Bodin und Martina Thiele (2004): Wer liest Zeitung? Einflussfaktoren auf die Zeitungsnutzung Jugendlicher. In: *Zeitschrift für Medienpsychologie* **16** (1), S. 2-16.

Rainie, Lee, Michael Cornfield und John Horrigan (2005): The Internet and campaign 2004. Pew Internet & American Life Project. March 2005. http://www.pewinternet.org/pdfs/PIP_2004_Campaign.pdf (1. Mai 2006)

Raupp, Juliana (2005): Determinationsthese. In: Günter Bentele, Romy Fröhlich und Peter Szyszka (Hrsg.), *Handbuch der Public Relations. Wissenschaftliche Grundlagen und berufliches Handeln. Mit Lexikon*. Wiesbaden: VS Verlag für Sozialwissenschaften, S. 192-208.

Ravi, Narasimhan (2005): Looking beyond flawed journalism. How national interests, patriotism, and cultural values shaped the coverage of the Iraq war. In: *Press/Politics* 10 (1), S. 45-62.

Reimann, Horst (1968): *Kommunikations-Systeme. Umrisse einer Soziologie der Vermittlungs- und Mitteilungsprozesse*. Tübingen: Mohr.

Reinemann, Carsten (2003): *Medienmacher als Mediennutzer. Kommunikations- und Einflussstrukturen im politischen Journalismus der Gegenwart*. Köln: Böhlau.

Reinemann, Carsten und Marcus Maurer (2006): Schröder gegen Merkel. Wahrnehmung und Wirkung des TV-Duells. In: Edeltraud Roller (Hrsg.), *noch unbekannt*.

Reiser, Stefan (1994): *Parteienkampagne und Medienberichterstattung im Europawahlkampf 1989. Eine Untersuchung zu Dependenz und Autonomieverlust im Verhältnis Massenmedien und Politik*. München: UVK Medien/Ölschläger.

Reitze, Helmut und Christa-Maria Ridder (Hrsg.) (2006): *Massenkommunikation VII. Eine Langzeitstudie zur Mediennutzung und Medienbewertung 1964-2005*. Baden-Baden: Nomos.

Reumann, Kurt (2002): Journalistische Darstellungsformen. In: Elisabeth Noelle-Neumann, Winfried Schulz und Jürgen Wilke (Hrsg.), *Das Fischer Lexikon Publizistik Massenkommunikation*. Frankfurt a. M.: Fischer Taschenbuch Verlag, S. 126-152.

Reumann, Kurt (2006): Die gelbe Kanzlermappe mit dem roten Punkt. Wie Walter Schütz sechs Bundeskanzlern mit Informationen diente. In: *Forschung & Lehre* 13 (3), S. 146-148.

Rheingold, Howard (1993): *The virtual community. Homesteading on the electronic frontier*. Reading, Mass.: Addison-Wesley.

Rice, Ronald E. (Hrsg.) (2001): *Public communication campaigns, 3. ed*. Thousand Oaks, Calif.: Sage.

Ridder, Christa-Maria und Bernhard Engel (2005): Massenkommunikation 2005: Images und Funktionen der Massenmedien im Vergleich. Ergebnisse der 9. Welle der ARD/ZDF-Langzeitstudie zur Mediennutzung und -bewertung. In: *Media Perspektiven* (9), S. 422-448.

Ristau, Malte (2000): Wahlkampf in der Mediendemokratie. Die Kampagne der SPD 1997/98. In: Markus Klein, et al. (Hrsg.), *50 Jahre empirische Wahlforschung in Deutschland*. Wiesbaden: Westdeutscher Verlag, S. 465-476.

Robinson, John P. und Denis K. Davis (1990): Television news and the informed public: An information processing approach. In: *Journal of Communication* 40 (3), S. 106-119.

Robinson, John P. und Mark R. Levy (1986): *The main source. Learning from television news*. Sage: Beverly Hills.

Robinson, John P. und Mark R. Levy (1996): News media use and the informed public: A 1990 update. In: *Journal of Communication* 46 (2), S. 129-135.

Robinson, Michael J. (1974): The impact of the televised Watergate hearings. In: *Journal of Communication* 24 (2), S. 17-30.

Robinson, Michael J. (1975): American political legitimacy in an era of electronic journalism: Reflections on the evening news. In: Douglass Cater und Richard Adler (Hrsg.), *Television as a social force: New approaches to TV criticism*. New York: Praeger, S. 97-139.

Robinson, Michael J. (1976): Public affairs television and the growth of political malaise: The case of „The selling of the Pentagon". In: *American Political Science Review* 70, S. 409-432.

Robinson, Michael J. (1977): Television and American politics. In: *Public Interest* 48, S. 3-39.

Roehl, Susanne von (1991): *Social Marketing Kampagnen. Eine kommunikationswissenschaftliche Analyse am Beispiel der Kampagne zur Volkszählung 1987*. Bergisch Gladbach: Eul.

Rogers, Everett M. und James W. Dearing (1988): Agenda-setting research. Where has it been, where is it going? In: James A. Anderson (Hrsg.), *Communication Yearbook 11*. Newbury Park, CA: Sage, S. 555-594.

Rogers, Everett M. und J. Douglas Storey (1987): Communication campaigns. In: Charles R. Berger und Steven H. Chaffee (Hrsg.), *Handbook of communication science*. Newbury Park: Sage, S. 817-846.

Römmele, Andrea (2002): *Direkte Kommunikation zwischen Parteien und Wählern. Professionalisierte Wahlkampftechnologien in den USA und in der BRD*. Wiesbaden: Westdeutscher Verlag.

Ronneberger, Franz (1964): Die politischen Funktionen der Massenkommunikationsmittel. In: *Publizistik* 9, S. 291-304.

Ronneberger, Franz (1971): Sozialisation durch Massenkommunikation. In: Franz Ronneberger (Hrsg.), *Sozialisation durch Massenkommunikation*. Stuttgart: Enke, S. 32-101.

Ronneberger, Franz (1978): *Kommunikationspolitik I. Institutionen, Prozesse, Ziele*. Mainz: v. Hase & Koehler.

Ronneberger, Franz und Manfred Rühl (1992): *Theorie der Public Relations. Ein Entwurf*. Opladen: Westdeutscher Verlag.

Rosar, Ulrich und Dieter Ohr (2005): Die Spitzenkandidaten: Image und Wirkung. In: Manfred Güllner, et al. (Hrsg.), *Die Bundestagswahl 2002. Eine Untersuchung im Zeichen hoher politischer Dynamik*. Wiesbaden: VS Verlag für Sozialwissenschaften, S. 103-121.

Rosenberg, Shawn W., Lisa Bohan, Patrick McCafferty und Kevin Harris (1986): The image and the vote: The effect of candidate presentation on voter preference. In: *American Journal of Political Science* 30, S. 108-127.

Rosengren, Karl Erik (1970): International news: Intra und extra media data. In: *Acta Sociologica* 13, S. 96-109.

Rosengren, Karl Erik (1974): International news: Methods, data and theory. In: *Journal of Peace Research* 11, S. 145-156.

Rosengren, Karl Erik (1977): Four types of tables. In: *Journal of Communication* 27 (1), S. 67-75.

Rosengren, Karl Erik (1979): Bias in news. Methods and concepts. In: *Studies of Broadcasting* 15, S. 37-45.

Rosengren, Karl Erik und Sven Windahl (1989): *Media matter. TV use in childhood and adolescence*. Norwood, NJ.: Ablex.

Rössler, Patrick (1997): *Agenda-Setting. Theoretische Annahmen und empirische Evidenzen einer Medienwirkungshypothese*. Opladen: Westdeutscher Verlag.

Rössler, Patrick (2000): Vielzahl=Vielfalt=Fragmentierung? Empirische Anhaltspunkte zur Differenzierung von Medienangeboten auf der Mikroebene. In: Otfried Jarren, Kurt Imhof und Roger Blum (Hrsg.), *Zerfall der Öffentlichkeit?* Wiesbaden: Westdeutscher Verlag, S. 168-186.

Rössler, Patrick (2005): Themen der Öffentlichkeit und Issues Management. In: Günter Bentele, Romy Fröhlich und Peter Szyszka (Hrsg.), *Handbuch der Public Relations. Wissenschaftliche Grundlagen und berufliches Handeln. Mit Lexikon*. Wiesbaden: VS Verlag für Sozialwissenschaften, S. 361-376.

Rossmann, Constanze und Hans-Bernd Brosius (2006): Zum Problem der Kausalität in der Kultivierungsforschung. In: Werner Wirth, Andreas Fahr und Edmund Lauf (Hrsg.), *Forschungslogik und -design in der Kommunikationswissenschaft. Band 2: Anwendungsfelder in der Kommunikationswissenschaft*. Köln: Halem, S. 217-242.

Rossmann, Torsten (1993): Öffentlichkeitsarbeit und ihr Einfluß auf die Medien. Das Beispiel Greenpeace. In: *Media Perspektiven* (2), S. 85-94.

Rosumek, Lars (2005): Politische Öffentlichkeitsarbeit im Wandel? Adenauer als Vorreiter des Medienkanzlers. In: Günter Bentele, Manfred Piwinger und Gregor Schönborn (Hrsg.), *Kommunikationsmanagement. Strategien, Wissen, Lösungen (Loseblattwerk, 2001 ff.)*. Neuwied: Luchterhand, S. 1-44 (Art. 7.11).

Rothman, Stanley (1992): Expertenurteil und Medienberichterstattung. In: Jürgen Wilke (Hrsg.), *Öffentliche Meinung. Theorie, Methoden, Befunde*. Freiburg: Alber, S. 143-155.

Rucht, Dieter (1994): Öffentlichkeit als Mobilisierungsfaktor für soziale Bewegungen. In: Friedhelm Neidhardt (Hrsg.), *Öffentlichkeit, öffentliche Meinung, soziale Bewegungen*. Opladen: Westdeutscher Verlag, S. 337-358.

Ruge, Peter (2003): *Mediengestalter. Einführung in die Grundlagen kreativer Umsetzung*. Krems: Donau-Universität Krems.

Rühl, Manfred (1969): Systemdenken und Kommunikationswissenschaft. In: *Publizistik* 14, S. 185-206.

Rühl, Manfred (1980): *Journalismus und Gesellschaft. Bestandsaufnahme und Theorieentwurf.* Mainz: v. Hase & Koehler.

Ruhrmann, Georg (1989): *Rezipient und Nachricht. Struktur und Prozess der Nachrichtenrekonstruktion.* Opladen: Westdeutscher Verlag.

Ruhrmann, Georg und Songül Demren (2000): Wie Medien über Migranten berichten. In: Heribert Schatz, Christina Holtz-Bacha und Jörg-Uwe Nieland (Hrsg.), *Migranten und Medien. Neue Herausforderungen an die Integrationsfunktion von Presse und Rundfunk.* Wiesbaden: Westdeutscher Verlag, S. 69-81.

Ruhrmann, Georg, Jens Woelke, Michaela Maier und Nicole Diehlmann (2003): *Der Wert von Nachrichten im deutschen Fernsehen. Ein Modell zur Validierung von Nachrichtenfaktoren.* Opladen: Leske+Budrich.

Ryfe, David M. (2005): Does deliberative democracy work? In: *Annual Review of Political Science* **8**, S. 49-71.

Saffarnia, Pierre A. (1993): Determiniert Öffentlichkeitsarbeit tatsächlich den Journalismus? Empirische Belege und theoretische Überlegungen gegen die PR-Determinierungsannahme. In: *Publizistik* **38**, S. 412-425.

Saleh, Adel (2005): *Uses and effects of new media on political communication in the United States of America, Germany and Egypt.* Marburg: Tectum.

Salmon, Charles T. (Hrsg.) (1989): *Information campaigns: Balancing social values and social change.* Newbury Park, Calif.: Sage.

Sande, Oystein (1971): The perception of foreign news. In: *Journal of Peace Research* **8**, S. 221-237.

Sarcinelli, Ulrich (1987a): Politikvermittlung und demokratische Kommunikationskultur. In: Ulrich Sarcinelli (Hrsg.), *Politikvermittlung. Beiträge zur politischen Kommunikationskultur.* Stuttgart: Bonn Aktuell, S. 19-45.

Sarcinelli, Ulrich (1987b): *Symbolische Politik. Zur Bedeutung symbolischen Handelns in der Wahlkampfkommunikation der Bundesrepublik Deutschland.* Opladen: Westdeutscher Verlag.

Sarcinelli, Ulrich (1991): Massenmedien und Politikvermittlung - eine Problem- und Forschungsskizze. In: *Rundfunk und Fernsehen* **39**, S. 469-486.

Sarcinelli, Ulrich (1998): Politikvermittlung und Demokratie: Zum Wandel der politischen Kommunikationskultur. In: Ulrich Sarcinelli (Hrsg.), *Politikvermittlung und Demokratie in der Mediengesellschaft. Beiträge zur politischen Kommunikationskultur.* Opladen: Westdeutscher Verlag, S. 11-23.

Sarcinelli, Ulrich (2005): *Politische Kommunikation in Deutschland. Zur Politikvermittlung im demokratischen System.* Wiesbaden: VS Verlag für Sozialwissenschaften.

Saxer, Ulrich (1981): Publizistik und Politik als interdependente Systeme. Zur politischen Funktionalität von Publizistik. In: *Media Perspektiven* (7), S. 501-514.

Saxer, Ulrich (Hrsg.) (1983): *Politik und Kommunikation. Neue Forschungsansätze. München.* München: Ölschläger.

Saxer, Ulrich (1985): *Gleichheit oder Ungleichheit durch Massenmedien? Homogenisierung - Differenzierung der Gesellschaft durch Massenkommunikation.* München: Ölschläger.

Saxer, Ulrich (1992): *„Bericht aus dem Bundeshaus". Eine Befragung von Bundeshausjournalisten und Parlamentariern in der Schweiz.* Diskussionspunkt 24, Zürich: Seminar für Publizistikwissenschaft der Universität Zürich.

Saxer, Ulrich (1998): System, Systemwandel und politische Kommunikation. In: Otfried Jarren, Ulrich Sarcinelli und Ulrich Saxer (Hrsg.), *Politische Kommunikation in der demokratischen Gesellschaft.* Opladen/Wiesbaden: Westdeutscher Verlag, S. 21-64.

Scammell, Margaret (1998): The wisdom of the war room. US campaigning and Americanization. In: *Media, Culture & Society* **20**, S. 251-275.

Schantel, Alexandra (2000): Determination oder Intereffikation? Eine Metaanalyse der Hypothesen zur PR-Journalismus-Beziehung. In: *Publizistik* **45**, S. 70-88.

Schatz, Heribert (1978): Zum Stand der politikwissenschaftlich relevanten Massenkommunikationsforschung in der Bundesrepublik Deutschland. In: Udo Bermbach (Hrsg.), *Politische Wissenschaft und politische Praxis.* Opladen: Westdeutscher Verlag, S. 434-454.

Schatz, Heribert (1982): Interessen- und Machtstrukturen im Interaktionsfeld von Massenmedien und Politik. In: Heribert Schatz und Klaus Lange (Hrsg.), *Massenmedien und Politik. Aktuelle Probleme und Entwicklungen im Massenkommunikationssystem der Bundesrepublik Deutschland.* Frankfurt/Main: Haag + Herchen, S. 6-20.

Schatz, Heribert, Patrick Rössler und Jörg-Uwe Nieland (Hrsg.) (2002): *Politische Akteure in der Mediendemokratie. Politiker in den Fesseln der Medien?* Wiesbaden: Westdeutscher Verlag.

Schatz, Heribert und Winfried Schulz (1992): Qualität von Fernsehprogrammen. In: *Media Perspektiven* **9**, S. S. 690-712.

Scheff, Thomas J. (1967): Toward a sociological model of consensus. In: *American Sociological Review* **32**, S. 32-46.

Schenk, Michael (1993): Die ego-zentrierten Netzwerke von Meinungsbildnern („opinion leaders"). In: *Kölner Zeitschrift für Soziologie und Sozialpsychologie* **45**, S. 254-269.

Schenk, Michael (1995): *Soziale Netzwerke und Massenmedien. Untersuchungen zum Einfluß der persönlichen Kommunikation.* Tübingen: Mohr.

Schenk, Michael (2002): *Medienwirkungsforschung, 2. Auflage.* Tübingen: Mohr Siebeck.

Scherer, Helmut (1990): *Massenmedien, Meinungsklima und Einstellung. Eine Untersuchung zur Theorie der Schweigespirale.* Opladen: Westdeutscher Verlag.

Scherer, Helmut (1994): Unternehmen in öffentlichen Auseinandersetzungen: Strukturmerkmale öffentlicher Kommunikation als Herausforderung für die integrierte Unternehmenskommunikation. In: Rupert Ahrens, Helmut Scherer und Ansgar Zerfaß (Hrsg.), *Integrierte Unternehmenskommunikation. Konzeptionelle Grundlagen und praktische Erfahrungen. Ein Handbuch für Öffentlichkeitsarbeit, Marketing, Personal- und Organisationsentwicklung.* Frankfurt a.M.: IMK, S. 51-82.

Scherer, Helmut (1997): *Medienrealität und Rezipientenhandeln. Zur Entstehung handlungsleitender Vorstellungen.* Wiesbaden: Deutscher Universitäts-Verlag.

Scherer, Helmut und Markus Behmer (2000): „...und wurden zerstreut in alle Winde". Das Internet als Medium der Exilkommunikation. In: Otfried Jarren, Kurt Imhof und Roger Blum (Hrsg.), *Zerfall der Öffentlichkeit?* Wiesbaden: Westdeutscher Verlag, S. 282-299.

Scherer, Helmut, Lutz M. Hagen, Martin Rieß und Theodor A. Zipfel (1996): The Day After. Eine Analyse der Nachwahlberichterstattung zur Bundestagswahl 1994. In: Christina Holtz-Bacha und Lynda Lee Kaid (Hrsg.), *Wahlen und Wahlkampf in den Medien. Untersuchungen aus dem Wahljahr 1994.* Opladen: Westdeutscher Verlag, S. 150-176.

Scherer, Helmut und Daniela Schlütz (2002): *Das inszenierte Medienereignis. Die verschiedenen Wirklichkeiten der Vorausscheidung zum Eurovision Song Contest in Hannover 2001.* Köln: Halem.

Scherer, Helmut, Annekaryn Tiele, Ansgar Haase, Sabine Hergenröder und Hannah Schmid (2006): So nah und doch so fern? Zur Rolle des Nachrichtenfaktors „Nähe" in der internationalen Tagespresse. In: *Publizistik* **51**, S. 201-224.

Scheuer, Angelika (2005): Demokratiezufriedenheit in Deutschland sinkt unter EU-Niveau. Eine europäisch-vergleichende Analyse. In: *Informationsdienst Soziale Indikatoren* (33), S. 8-11.

Scheufele, Dietram A. (1999): Framing as a theory of media effects. In: *Journal of Communication* **49** (1), S. 103-122.

Scheufele, Dietram A. (2002): Examining differential gains from mass media and their implications for participatory behavior. In: *Communication Research* **29**, S. 46-65.

Scheufele, Dietram A. und Patricia Moy (2000): Twenty-five years of the spiral of silence: A conceptual review and empirical outlook. In: *International Journal of Public Opinion Research* **12**, S. 3-28.

Schiller, Harald (2002): PR-Profis im Wahlkampf 2002. http://www.politik-digital.de/edemocracy/-wahlkampf/bundestagswahl2002/pr.shtml (6. Mai 2006)

Schmidtchen, Gerhard (1959): *Die befragte Nation. Über den Einfluß der Meinungsforschung auf die Politik.* Freiburg i.Br.: Rombach.

Schmitt-Beck, Rüdiger (2000): *Politische Kommunikation und Wählerverhalten. Ein internationaler Vergleich.* Wiesbaden: Westdeutscher Verlag.

Schmitt-Beck, Rüdiger und Barbara Pfetsch (1994a): Politische Akteure und die Medien der Massenkommunikation. Zur Generierung von Öffentlichkeit in Wahlkämpfen. In: Friedhelm Neidhardt (Hrsg.), *Öffentlichkeit, öffentliche Meinung, soziale Bewegungen*. Opladen: Westdeutscher Verlag, S. 106-138.

Schmitt-Beck, Rüdiger und Barbara Pfetsch (1994b): Politische Akteure und die Medien der Massenkommunikation. Zur Generierung von Öffentlichkeit in Wahlkämpfen, in. 1994,. In: Friedhelm Neidhardt (Hrsg.), *Öffentlichkeit, öffentliche Meinung, soziale Bewegungen*. Opladen, S. 106-138.

Schmitt-Beck, Rüdiger und Robert Rohrschneider (2004): Soziales Kapital und Vertrauen in die Institutionen der Demokratie. In: Rüdiger Schmitt-Beck, Martina Wasmer und Achim Koch (Hrsg.), *Sozialer und politischer Wandel in Deutschland. Analysen mit Allbus-Daten aus zwei Jahrzehnten*. Wiesbaden: VS Verlag für Sozialwissenschaften, S. 235-260.

Schmitt-Beck, Rüdiger und Peter Schrott (1994): Dealignment durch Massenmedien? Zur These der Abschwächung von Parteibindungen als Folge der Medienexpansion. In: Hans-Dieter Klingemann und Max Kaase (Hrsg.), *Wahlen und Wähler. Analysen aus Anlaß der Bundestagswahl 1990*. Opladen: Westdeutscher Verlag, S. 543-572.

Schmitt-Beck, Rüdiger und Katrin Voltmer (2007): The mass media in third-wave democracies: Gravediggers or seedsmen of democratic consolidation? In: Richard Gunther, José Ramón Montero und Hans-Jürgen Puhle (Hrsg.), *Democracy, intermediation, and voting on four continents*. Oxford: Oxford University Press, S. 75-134.

Schneider, Beate, Klaus Schönbach und Dieter Stürzebecher (1993): Journalisten im vereinigten Deutschland. Strukturen, Arbeitsweisen und Einstellungen im Ost-West-Vergleich. In: *Publizistik* 38, S. 353-382.

Schneider, Hans Joachim (1980): *Das Geschäft mit dem Verbrechen. Massenmedien und Kriminalität*. München: Kindler.

Schneider, Peter (1968): *Pressefreiheit und Staatssicherheit*. Mainz: v. Hase & Koehler.

Schoen, Harald (2004): Kandidatenorientierungen im Wahlkampf. Eine Analyse zu den Bundestagswahlkämpfen 1980-1998. In: *Politische Vierteljahresschrift* 45, S. 321-345.

Schoen, Harald (2005): Wahlkampfforschung. In: Jürgen W. Falter und Harald Schoen (Hrsg.), *Handbuch der Wahlforschung*. Wiesbaden: VS Verlag für Sozialwissenschaften, S. 503-542.

Schoen, Harald und Cornelia Weins (2005): Der sozialpsychologische Ansatz zur Erklärung von Wahlverhalten. In: Jürgen W. Falter und Harald Schoen (Hrsg.), *Handbuch der Wahlforschung*. Wiesbaden: VS Verlag für Sozialwissenschaften, S. 187-242.

Schoenbach, Klaus und Edmund Lauf (2004): Another look at the 'trap' effect of television - and beyond. In: *International Journal of Public Opinion Research* 16, S. 169-182.

Schönbach, Klaus (1977): *Trennung von Nachricht und Meinung. Empirische Untersuchung eines Qualitätskriteriums*. Freiburg: Alber.

Schönbach, Klaus (1983): *Das unterschätzte Medium. Politische Wirkungen von Presse und Fernsehen im Vergleich*. München: K.G.Saur.

Schönbach, Klaus (1991): Mass media and election campaigns in Germany. In: Frederick J. Fletcher (Hrsg.), *Media, elections and democracy*. Toronto: Dundurn Press, S. 77-86.

Schönbach, Klaus (1998): Politische Kommunikation - Publizistik- und kommunikationswissenschaftliche Perspektiven. In: Otfried Jarren, Ulrich Sarcinelli und Ulrich Saxer (Hrsg.), *Politische Kommunikation in der demokratischen Gesellschaft*. Opladen/Wiesbaden: Westdeutscher Verlag, S. 114-137.

Schönbach, Klaus, Jan de Ridder und Edmund Lauf (2001): Politicians on TV news: Getting attention in Dutch and German election campaigns. In: *European Journal of Political Research* 39, S. 519-531.

Schönbach, Klaus und Wolfgang Eichhorn (1992): *Medienwirkungen und ihre Ursachen. Wie wichtig sind Zeitungsberichte und Leseinteressen?*, Konstanz: Universitätsverlag Konstanz.

Schönbach, Klaus und Werner Früh (1984): Der dynamisch-transaktionale Ansatz II: Konsequenzen. In: *Rundfunk und Fernsehen* 32, S. 314-329.

Schönbach, Klaus und Holli A. Semetko (2000): „Gnadenlos professionell": Journalisten und die aktuelle Medienberichterstattung in Bundestagswahlkämpfen. In: Hans Bohrmann, et al. (Hrsg.), *Wahlen und Politikvermittlung durch Massenmedien*. Wiesbaden: Westdeutscher Verlag, S. 69-78.

Schönbach, Klaus, Dieter Stürzebecher und Beate Schneider (1994): Oberlehrer oder Missionare? Das Selbstverständnis deutscher Journalisten. In: Friedhelm Neidhardt (Hrsg.), *Öffentlichkeit, öffentliche Meinung, soziale Bewegungen*. Opladen: Westdeutscher Verlag, S. 139-161.

Schorb, Bernd (2003): Politische Sozialisation durch Medien. In: Karsten Fritz, Stephan Sting und Ralf Vollbrecht (Hrsg.), *Mediensozialisation. Pädagogische Perspektiven des Aufwachsens in Medienwelten*. Opladen: Leske+Budrich, S. 75-92.

Schramm, Wilbur, Jack Lyle und Edwin B. Parker (1961): *Television in the lives of our children*. Stanford, Calif.: Stanford University Press.

Schrott, Peter R. und Michael F. Meffert (1996): *How to test 'real' campaign effects: Linking survey data to content analytical data (ZUMA-Arbeitsbericht 96/01)*. Mannheim.

Schulz, Rüdiger (1999): Nutzung von Zeitungen und Zeitschriften. In: Jürgen Wilke (Hrsg.), *Mediengeschichte der Bundesrepublik Deutschland*. Bonn: Bundeszentrale für politische Bildung, S. 401-425.

Schulz, Rüdiger (2001): Zapper, Hopper, Zeitungsleser - Allensbacher Erkenntnisse im Langzeitvergleich. In: BDZV (Hrsg.), *Zeitungen 2001*. Berlin: Bundesverband Deutscher Zeitungsverleger, S. 118-134.

Schulz von Thun, Friedemann (1986): *Miteinander reden: Störungen und Klärungen. Psychologie der zwischenmenschlichen Kommunikation*. Reinbek bei Hamburg: Rowohlt.

Schulz, Winfried (1976): *Die Konstruktion von Realität in den Nachrichtenmedien. Analyse der aktuellen Berichterstattung*. Freiburg: Alber.

Schulz, Winfried (1982): News structure and people's awareness of political events. In: *Gazette 30*, S. 139-153.

Schulz, Winfried (1983): Nachrichtengeographie. Untersuchungen über die Struktur der internationalen Berichterstattung. In: Manfred Rühl und Heinz-Werner Stuiber (Hrsg.), *Kommunikationspolitik in Forschung und Anwendung. Festschrift für Franz Ronneberger*. Düsseldorf: Droste, S. 281-291.

Schulz, Winfried (1989): Massenmedien und Realität. Die „ptolemäische" und die „kopernikanische" Auffassung. In: Max Kaase und Winfried Schulz (Hrsg.), *Massenkommunikation. Theorien, Methoden, Befunde*. Opladen: Westdeutscher Verlag, S. 135-149.

Schulz, Winfried (1990): Der Kommunikationsprozeß - neubesehen. In: Jürgen Wilke (Hrsg.), *Fortschritte der Publizistikwissenschaft*. Freiburg: Alber, S. 25-37.

Schulz, Winfried (1992): Modelle der Wirkungsforschung und ihre Anwendung in der öffentlichen Beeinflussung. Theorie und Empirie am Beispiel der Volkszählung 1987. In: Horst Avenarius und Wolfgang Armbrecht (Hrsg.), *Ist Public Relations eine Wissenschaft? Eine Einführung*. Opladen: Westdeutscher Verlag, S. 281-310.

Schulz, Winfried (1994): Medienwirklichkeit und Medienwirkung. Aktuelle Entwicklungen der Massenkommunikation und ihre Folgen. In: Hilmar Hoffmann (Hrsg.), *Gestern begann die Zukunft. Entwicklung und gesellschaftliche Bedeutung der Medienvielfalt*. Darmstadt: Wissenschaftliche Buchgesellschaft, S. 122-144.

Schulz, Winfried (1995): Medienexpansion und sozialer Wandel in der Bonner Republik - eine Zeitreihenanalyse. In: Bodo Franzmann, et al. (Hrsg.), *Auf den Schultern von Gutenberg. Medienökologische Perspektiven der Fernsehgesellschaft*. Berlin, München: Quintessenz, S. 207-216.

Schulz, Winfried (1997): *Politische Kommunikation. Theoretische Ansätze und Ergebnisse empirischer Forschung*. Opladen/Wiesbaden: Westdeutscher Verlag.

Schulz, Winfried (1998a): In der expandierenden Medienöffentlichkeit verdüstert sich das Bild der Politik. Folgen der Informationsnutzung unter Vielkanalbedingungen. In: Otfried Jarren und Friedrich Krotz (Hrsg.), *Öffentlichkeit unter Viel-Kanal-Bedingungen*. Baden-Baden: Nomos, S. 62-92.

Schulz, Winfried (1998b): Wahlkampf unter Vielkanalbedingungen. Kampagnenmanagement, Informationsnutzung und Wählerverhalten. In: *Media Perspektiven* (8), S. 378-391.

Schulz, Winfried (2001a): Changes in mass media and the public sphere. In: Slavko Splichal (Hrsg.), *Public opinion and democracy. Vox populi - vox dei?* Cresskill, NJ: Hampton Press, S. 339-357.

Schulz, Winfried (2001b): Politische Mobilisierung durch Mediennutzung? Beziehungen zwischen Kommunikationsverhalten, politischer Kompetenz und Partizipationsbereitschaft. In: Achim Koch, Martina Wasmer und Peter Schmidt (Hrsg.), *Politische Partizipation in der Bundesrepublik Deutschland. Empirische Befunde und theoretische Erklärungen*. Opladen: Leske+Budrich, S. 169-194.

Schulz, Winfried (2003): Politische Kommunikation. In: Günter Bentele, Hans-Bernd Brosius und Otfried Jarren (Hrsg.), *Öffentliche Kommunikation. Handbuch Kommunikations- und Medienwissenschaft*. Wiesbaden: Westdeutscher Verlag, S. 458-480.

Schulz, Winfried (2004): Reconstructing mediatization as an analytical concept. In: *European Journal of Communication* **19**, S. 87-101.

Schulz, Winfried (2007): Inhaltsanalyse plus. Ansätze zur Integration von Mitteilungs- und Rezipientendaten. In: Werner Wirth, Hans-Jörg Stiehler und Carsten Wünsch (Hrsg.), *Dynamisch-transaktional denken. Theorie und Empirie der Kommunikationswissenschaft*. Köln: Halem, S. 108-125.

Schulz, Winfried (2008): Political communication. In: Wolfgang Donsbach (Hrsg.), *International encyclopedia of communication*. Malden, Mass.: Blackwell (im Erscheinen).

Schulz, Winfried, Harald Berens und Reimar Zeh (1998a): Das Fernsehen als Instrument und Akteur im Wahlkampf. Analyse der Berichterstattung von ARD, ZDF, RTL und SAT.1 über die Spitzenkandidaten bei der Bundestagswahl 1994. In: *Rundfunk und Fernsehen* **46**, S. 58-79.

Schulz, Winfried, Harald Berens und Reimar Zeh (1998b): *Der Kampf um Castor in den Medien. Konfliktbewertung, Nachrichtenresonanz und journalistische Qualität*. München: Verlag Reinhard Fischer.

Schulz, Winfried und Jay G. Blumler (1994): Die Bedeutung der Kampagnen für das Europa-Engagement der Bürger. Eine Mehr-Ebenen-Analyse. In: Oskar Niedermayer und Hermann Schmitt (Hrsg.), *Wahlen und Europäische Einigung*. Opladen: Westdeutscher Verlag, S. 199-223.

Schulz, Winfried und Reimar Zeh (2004): Die Fernsehpräsenz der Kanzlerkandidaten im Wandel. Analyse der Wahlkampfberichterstattung 1990-2002. In: Frank Brettschneider, Jan van Deth und Edeltraud Roller (Hrsg.), *Die Bundestagswahl 2002: Analysen der Wahlergebnisse und des Wahlkampfes*. Wiesbaden: VS Verlag für Sozialwissenschaften, S. 95-117.

Schulz, Winfried und Reimar Zeh (2005): The changing election coverage of German television. A content analysis 1990-2002. In: *Communications* **30**, S. 385-407.

Schulz, Winfried und Reimar Zeh (2006): Die Kampagne im Fernsehen - Agens und Indikator des Wandels. Ein Vergleich der Kandidatendarstellung. In: Christina Holtz-Bacha (Hrsg.), *Die Massenmedien im Wahlkampf. Die Bundestagswahl 2005*. Wiesbaden: VS Verlag für Sozialwissenschaften, S. 277-305.

Schulz, Winfried, Reimar Zeh und Oliver Quiring (2000): Wählerverhalten in der Mediendemokratie. In: Markus Klein, et al. (Hrsg.), *50 Jahre empirische Wahlforschung in Deutschland. Entwicklung, Befunde, Perspektiven, Daten*. Wiesbaden: Westdeutscher Verlag, S. 413-443.

Schürmann, Frank (1992): *Öffentlichkeitsarbeit der Bundesregierung. Strukturen, Medien, Auftrag und Grenzen eines informalen Instruments der Staatsleitung*. Berlin: Duncker & Humblot.

Schütt-Wetschky, Eberhard (1994): Macht der Verbände - Ohnmacht der Bürger? Mit einer Fallstudie zum Kampf um § 116 Arbeitsförderungsgesetz. In: *Jahrbuch für Politik* **4**, S. 35-104.

Schweda, Claudia und Rainer Opherden (1995): *Journalismus und Public Relations. Grenzbeziehungen im System lokaler politischer Kommunikation*. Wiesbaden: Deutscher Universitäts-Verlag.

Schweitzer, Eva Johanna (2003): Wahlkampf im Internet. Eine Analyse der Internetauftritte von SPD, CDU, Bündnis '90/Die Grünen und FDP zur Bundestagswahl 2002. In: Christina Holtz-Bacha (Hrsg.), *Die Massenmedien im Wahlkampf. Die Bundestagswahl 2002*. Wiesbaden: Westdeutscher Verlag, S. 194-215.

Sears, David O. und Jonathan L. Freedman (1967): Selective exposure: A critical review. In: *Public Opinion Quarterly* **31**, S. 194-213.

Seidenglanz, René und Günter Bentele (2004): Das Verhältnis von Öffentlichkeitsarbeit und Journalismus im Kontext von Variablen. Modellentwicklung auf Basis des Intereffikationsansatzes und empirische Studie im Bereich der sächsischen Landespolitik. In: Klaus-Dieter Altmeppen, Ulrike Röttger und Günter Bentele (Hrsg.), *Schwierige Verhältnisse. Interdependenz zwischen Journalismus und PR*. Wiesbaden: VS Verlag für Sozialwissenschaften, S. 105-120.

Semetko, Holli A. (1996): Political balance on television. Campaigns in the United States, Britain, and Germany. In: *Press/Politics* **1** (1), S. 51-71.

Semetko, Holli A., Jay G. Blumler, Michael Gurevitch und David H. Weaver (1991): *The formation of campaign agendas. A comparative analysis of party and media roles in recent American and British elections.* Hillsdale, NJ: Lawrence Erlbaum.

Semetko, Holli A. und Klaus Schönbach (1994): *Germany's 'Unity Election'. Voters and the media.* Cresskill, NJ.: Hampton Press.

Semetko, Holli A. und Patti M. Valkenburg (1998): The impact of attentiveness on political efficacy: Evidence from a three-year German panel study. In: *International Journal of Public Opinion Research* **10**, S. 195-210.

Severin, Werner J. und James W. Jr. Tankard (2001): *Communication theories. Origins, methods, and uses in the mass media. Fifth edition.* New York: Addison Wesley Longman.

Shah, Dhavan V. (2008): Political socialization through the media. In: Wolfgang Donsbach (Hrsg.), *International encyclopedia of communication.* Malden, Mass.: Blackwell (im Erscheinen).

Shah, Dhavan V., Nojin Kwak und Lance R. Holbert (2001): „Connecting" and „disconnecting" with civic life: Patterns of Internet use and the production of social capital. In: *Political Communication* **18**, S. 141-162.

Shanahan, James und Michael Morgan (1999): *Television and its viewers. Cultivation theory and research.* Cambridge: Cambridge University Press.

Sheafer, Tamir und Gabriel Weimann (2005): Agenda building, agenda setting, priming, individual voting intentions, and the aggregate results: An analysis of four Israeli elections. In: *Journal of Communication* **55** (2), S. 347-365.

Shell, Deutsche (Hrsg.) (2002): *Jugend 2002. Zwischen pragmatischem Idealismus und robustem Materialismus.* Frankfurt a.M.: Fischer Taschenbuch Verlag.

Shoemaker, Pamela J. (Hrsg.) (1989): *Communication campaigns about drugs. Government, media, and the public.* Hillsdale, NJ: Lawrence Erlbaum.

Shoemaker, Pamela J. (1996): Hardwired for news: Using biological and cultural evolution to explain the surveillance function. In: *Journal of Communication* **46** (3), S. 32-47.

Shoemaker, Pamela J. und Stephen D. Reese (1996): *Mediating the message. Theories of influences on mass media content. Second edition.* New York: Longman.

Sigelman, Lee und Emmett H. Buell (2003): You take the high road and I'll take the low road? The interplay of attack strategies and tactics in presidential campaigns. In: *Journal of Politics* **65** (2), S. 518-531.

Signorielli, Nancy (1984): The demography of the television world. In: Gabriele Melischek, Karl Erik Rosengren und James Stappers (Hrsg.), *Cultural indicators: An international symposium.* Wien: Österreichische Akademie der Wissenschaften, S. 137-157.

Simon, Adam F. und Jennifer Jerit (2007): Toward a theory relating political discourse, media, and public opinion. In: *Journal of Communication* **57**, S. 254-271.

Slembeck, Tilman C. (1988): Medienkonsum politischer Entscheidungsträger. Eine Untersuchung am Beispiel der Schweizer Bundesversammlung. In: *Publizistik* **33**, S. 645-650.

Smith, Robert B. (2001): A legacy of Lazarsfeld: Cumulative social research on voting. In: *International Journal of Public Opinion Research* **13**, S. 280-298.

Sombart, Werner (1927): *Der moderne Kapitalismus. Dritter Band. Das Wirtschaftsleben im Zeitalter des Hochkapitalismus. Erster Halbband.* München und Leipzig: Duncker & Humblot.

Sondergeld, Klaus (1983): *Die Wirtschafts- und Sozialberichterstattung in den Fernsehnachrichten. Eine theoretische und empirische Untersuchung zur politischen Kommunikation.* Münster: Lit (o. J.).

Sotirovic, Mira und Jack M. McLeod (2004): Knowledge as understanding: The information processing approach to political learning. In: Lynda Lee Kaid (Hrsg.), *Handbook of political communication research.* Mahwah, NJ: Lawrence Erlbaum, S. 357-394.

Sparks, Colin (2004): *Satellites, the Internet and the global public sphere.* Paper presented to the Annual Conference of the International Communication Association. New Orleans.

Speed, John Gilmer (1893): Do newspapers now give the news? In: *Forum* **15**, S. 705-711.

Spiegel-Verlag (Hrsg.) (1983): *Persönlichkeitsstärke.* Hamburg: Spiegel-Verlag.

Spreng, Michael (2003): Kompetenz und keine Konkurrenz. Die Wahlkampfstrategie der Union 2002 im Lichte der Praxis. In: *Forschungsjournal Neue soziale Bewegungen* **16** (1), S. 62-67.

Sreberny-Mohammadi, Annabelle, Kaarle Nordenstreng, Robert L. Stevenson und Frank Ugboajah (1985): *Foreign news in the media: International reporting in 29 countries. Final report of the „Foreign Images" study undertaken for Unesco by the International Association for Mass Communication Research.* Paris: Unesco.

Staab, Joachim Friedrich (1990): *Nachrichtenwert-Theorie. Formale Struktur und empirischer Gehalt.* Freiburg: Alber.

Steinmaurer, Thomas (2003): Medialer und gesellschaftlicher Wandel. Skizzen zu einem Modell. In: Markus Behmer, et al. (Hrsg.), *Medienentwicklung und gesellschaftlicher Wandel. Beiträge zu einer theoretischen und empirischen Herausforderung.* Wiesbaden: Westdeutscher Verlag, S. 103-119.

Stevenson, Robert L. (2003): Mapping the news of the world. In: Brenda Dervin und Steven H. Chaffee (Hrsg.), *Communication, a different kind of horse race: Essays honoring Richard F. Carter.* Cresskill, NJ: Hampton Press, S. 149-165.

Stevenson, Robert L. und Donald Lewis Shaw (1984): *Foreign news and the New World Information Order.* Ames: Iowa State University Press.

Stöber, Rudolf (2000): *Deutsche Pressegeschichte. Einführung, Systematik, Glossar.* Konstanz: UVK Medien.

Strohmeier, Gerd (2004): *Politik und Massenmedien. Eine Einführung.* Baden-Baden: Nomos.

Stromer-Galley, Jennifer (2002): New voices in the public sphere: A comparative analysis of interpersonal and online political talk. In: *Javnost - The Public* **9**, S. 23-42.

Sturm, Herta (1991): *Fernsehdiktate: Die Veränderung von Gedanken und Gefühlen. Ergebnisse und Folgerungen für eine rezipientenorientierte Mediendramaturgie.* Gütersloh: Bertelsmann Stiftung.

Süskind, Martin E. (1989): Wer Nähe schafft, zensiert sich - wer Distanz hält, erfährt nichts. In: *Süddeutsche Zeitung* (23. Mai 1989), S. 10.

Swanson, David L. (1992): The political-media complex. In: *Communication Monographs* **59**, S. 397-400.

Swanson, David L. und Paolo Mancini (Hrsg.) (1996a): *Politics, media, and modern democracy. An international study of innovations in electoral campaigning and their consequences.* Westport, CT: Praeger.

Swanson, David L. und Paolo Mancini (1996b): Politics, media, and modern democracy: Introduction. In: David L. Swanson und Paolo Mancini (Hrsg.), *Politics, media, and modern democracy. An international study of innovations in electoral campaigning and their consequences.* Westport, CT: Praeger, S. 1-26.

Taylor, Shelley E. und Susan T. Fiske (1978): Salience, attention, and attribution: Top of the head phenomena. In: *Advances in Experimental Social Psychology* **11**, S. 249-288.

Tenscher, Jens (1998): Politik für das Fernsehen - Politik im Fernsehen. Theorien, Trends und Perspektiven. In: Ulrich Sarcinelli (Hrsg.), *Politikvermittlung und Demokratie in der Mediengesellschaft. Beiträge zur politischen Kommunikationskultur.* Opladen: Westdeutscher Verlag, S. 184-208.

Tewksbury, David (2003): What do Americans really want to know? Tracking the behavior of news readers on the Internet. In: *Journal of Communication* **53**, S. 694-710.

Theis-Berglmair, Anna Maria (1984): *Massenmedien und politische Steuerung. Aufklärungskampagnen im Kontext staatlicher Interventionspolitik.* Augsburg: Maro.

Theunert, Helga und Bernd Schorb (1995): *'Mordsbilder': Kinder und Fernsehinformation. Eine Untersuchung zum Umgang von Kindern mit realen Gewaltdarstellungen in Nachrichten und Reality-TV im Auftrag der Hamburgischen Anstalt für neue Medien (HAM) und der Bayerischen Landeszentrale für neue Medien (BLM).* Berlin: VISTAS.

Thomas, William I. und Dorothy Swaine Thomas (1928): *The child in America. Behavior problems and programs.* New York: Knopf.

Tichenor, Phillip P., George A. Donohue und Clarice N. Olien (1970): Mass media flow and differential growth in knowledge. In: *Public Opinion Quarterly* **34**, S. 159-170.

Tonnemacher, Jan (2003): *Kommunikationspolitik in Deutschland. Eine Einführung.* 2., überarbeitete Auflage. Konstanz: UVK.

Trenaman, Joseph und Denis McQuail (1961): *Television and the political image: A study of the impact of television on the 1959 general election.* London: Methuen.

Tsaliki, Liza (2002): Online forums and the enlargement of public space: Research findings from a European project. In: *Javnost - The Public* 9, S. 95-112.

Tuchman, Gaye (1972): Objectivity as a strategic ritual: An examination of newsmen's notion of objectivity. In: *American Journal of Sociology* 77, S. 660-670.

Turow, Joseph (1992): On reconceptualizing 'mass communication'. In: *Journal of Broadcasting & Electronic Media* 35, S. 105-110.

Uehlinger, Hans-Martin (1988): *Politische Partizipation in der Bundesrepublik. Strukturen und Erklärungsmodelle.* Opladen: Westdeutscher Verlag.

Uslaner, Eric M. (1998): Social capital, television, and the „mean world": Trust, optimism, and civic participation. In: *Political Psychology* 19, S. 441-466.

van de Donk, Wim, Brian D. Loader, Paul G. Nixon und Dieter Rucht (Hrsg.) (2004): *Cyberprotest. New media, citizens and social movements.* London: Routledge.

van Deth, Jan W. (2000): Das Leben, nicht die Politik ist wichtig. In: Oskar Niedermayer und Bettina Westle (Hrsg.), *Demokratie und Partizipation.* Wiesbaden: Westdeutscher Verlag, S. 115-135.

van Deth, Jan W. (2001): Soziale und politische Beteiligung: Alternativen, Ergänzungen oder Zwillinge? In: Achim Koch, Martina Wasmer und Peter Schmidt (Hrsg.), *Politische Partizipation in der Bundesrepublik Deutschland. Empirische Befunde und theoretische Erklärungen.* Opladen: Leske+Budrich, S. 195-219.

van Deth, Jan W. (2004): Politisches Interesse. In: Jan W. van Deth (Hrsg.), *Deutschland in Europa. Ergebnisse des European Social Survey 2002-2003.* Wiesbaden: VS Verlag für Sozialwissenschaften, S. 275-292.

van Deth, Jan W. (2005): Kinder und Politik. Essay. In: *Aus Politik und Zeitgeschichte* (41), S. 3-6.

van Dijk, Jan A.G.M. (1999): *The network society. Social aspects of new media.* London: Sage.

van Dijk, Jan A.G.M. (2005): *The deepening divide. Inequality in the information society.* Thousand Oaks: Sage.

van Dijk, Teun A. (1988): *News analysis. Case studies of international and national news in the press.* Hillsdale, NJ: Lawrence Erlbaum.

van Leuwen, James K. und Michael D. Slater (1991): How publics, public relations, and the media shape the public opinion process. In: Larissa A. Grunig und James E. Grunig (Hrsg.), *Public Relations Research Annual, vol. 3.* Hillsdale, NJ: Erlbaum, S. 165-178.

Verba, Sidney und Norman H. Nie (1972): *Participation in America: Political democracy and social equality.* New York: Harper & Row.

Vetter, Angelika (1997): Political efficacy: Alte und neue Messmodelle im Vergleich. In: *Kölner Zeitschrift für Soziologie und Sozialpsychologie* 49, S. 53-73.

Vetter, Angelika und Oscar W. Gabriel (1998): Candidate evaluations and party choice in Germany, 1972-94: Do the candidates matter? In: Christopher J. Anderson und Carsten Zelle (Hrsg.), *Stability and change in German elections. How electorates merge, converge, or collide.* Westport, Conn.: Praeger, S. 71-98.

Viswanath, K. und John R. Finnegan (1996): The knowledge gap hypothesis: Twenty-five years later. In: Brant R. Burleson (Hrsg.), *Communication Yearbook 19.* Thousand Oaks: Sage, S. 187-227.

Voltmer, Katrin (1997): Medien und Parteien im Wahlkampf. Die ideologischen Präferenzen der meinungsführenden Tageszeitungen im Bundestagswahlkampf 1990. In: *Rundfunk und Fernsehen* 45, S. 173-193.

Voltmer, Katrin (1999): *Medienqualität und Demokratie. Eine empirische Analyse publizistischer Informations- und Orientierungsleistungen in der Wahlkampfkommunikation.* Baden-Baden: Nomos.

Vowe, Gerhard (1994): Politische Kognition. Umrisse eines kognitionsorientierten Ansatzes für die Analyse politischen Handelns. In: *Politische Vierteljahresschrift* 35, S. 423-447.

Vowe, Gerhard (2003a): Medienpolitik - Regulierung der medialen öffentlichen Kommunikation. In: Günter Bentele, Hans-Bernd Brosius und Otfried Jarren (Hrsg.), *Öffentliche Kommunikation. Handbuch Kommunikations- und Medienwissenschaft.* Wiesbaden: Westdeutscher Verlag, S. 210-227.

Vowe, Gerhard (2003b): Politische Kommunikation. In: Herfried Münkler (Hrsg.), *Politikwissenschaft. Ein Grundkurs.* Reinbek: Rowohlt, S. 519-552.

Vowe, Gerhard und Marco Dohle (2005): Politische Kommunikation. In: Christina Holtz-Bacha, et al. (Hrsg.), *Fünfzig Jahre Publizistik (Sonderheft 5)*. Wiesbaden: VS Verlag für Sozialwissenschaften, S. 250-275.

Wagner, Jochen W. (2005): *Deutsche Wahlwerbekampagnen made in USA? Amerikanisierung oder Modernisierung bundesrepublikanischer Wahlkampagnen*. Wiesbaden: VS Verlag für Sozialwissenschaften.

Wagner, Sandra (2004): Die Nutzung des Internet als Medium für die politische Kommunikation: Reinforcement oder Mobilisierung? In: Frank Brettschneider, Jan van Deth und Edeltraud Roller (Hrsg.), *Die Bundestagswahl 2002: Analysen der Wahlergebnisse und des Wahlkampfes*. Wiesbaden: VS Verlag für Sozialwissenschaften, S. 120-140.

Walgrave, Stefaan und Peter Van Aelste (2006): The contingency of the mass media's political agenda setting power: Toward a preliminary theory. In: *Journal of Communication* 56 (1), S. 88-109.

Walma van der Molen, Juliette H. (2001): Children's and adults' recall of television versus print news: Is print really better? In: Karsten Renckstorf, Denis McQuail und Nicholas Jankowski (Hrsg.), *Television news research: Recent European approaches and findings*. Berlin: Quintessenz, S. 231-246.

Wanta, Wayne, Guy Golan und Cheolhan Lee (2004): Agenda setting and international news. Media influence on public perceptions of foreign nations. In: *Journalism & Mass Communication Quarterly* 81, S. 364-377.

Warren, Carl (1934): *Modern news reporting*. New York, NY: Harper.

Watermann, Rainer (2005): Politische Sozialisation von Kindern und Jugendlichen. In: *Aus Politik und Zeitgeschichte* (41), S. 16-24.

Weaver, David (1984): Media agenda-setting and public opinion: Is there a link? In: Robert N. Bostrom und Bruce H. Westley (Hrsg.), *Mass Communications Review Yearbook 8*. Beverly Hills: Sage, S. 680-691.

Weaver, David (1991): Issue salience and public opinion: Are there consequences of agenda-setting? In: *International Journal of Public Opinion Research* 3, S. 53-68.

Weaver, David (1996): What voters learn from the media. In: Kathleen Hall Jamieson (Hrsg.), *The media and politics. Annals of the American Academy of Political and Social Sciences, vol 546*. Thousand Oaks: Sage, S. 34-47.

Weaver, David und Dan Drew (2001): Voter learning and interest in the 2000 Presidential election: Did the media matter? In: *Journalism & Mass Communication Quarterly* 78, S. 787-798.

Weaver, David H. (Hrsg.) (1998): *The global journalist. News people around the world*. Cresskill, NJ: Hampton Press.

Weaver, David H., Maxwell E. McCombs und Donald L. Shaw (1998): International trends in agenda-setting research. In: Christina Holtz-Bacha, Helmut Scherer und Norbert Waldmann (Hrsg.), *Wie die Medien die Welt erschaffen und wie die Menschen darin leben. Für Winfried Schulz*. Opladen, Wiesbaden: Westdeutscher Verlag, S. 189-203.

Weaver, David, Maxwell McCombs und Donald L. Shaw (2004): Agenda-setting research: Issues, attributes, and influences. In: Lynda Lee Kaid (Hrsg.), *Handbook of political communication research*. Mahwah, NJ: Lawrence Erlbaum, S. 257-282.

Webel, Diana von (1999): Der Wahlkampf der SPD. In: Elisabeth Noelle-Neumann, Hans Mathias Kepplinger und Wolfgang Donsbach (Hrsg.), *Kampa. Meinungsklima und Medienwirkung im Bundestagswahlkampf 1998*. Freiburg: Alber, S. 13-39.

Weber, Stefan (2000): *Was steuert Journalismus? Ein System zwischen Selbstreferenz und Fremdsteuerung*. Konstanz: UVK Medien.

Weimann, Gabriel (1994): *The influentials. People who influence people*. Albany, NY: State University of New York Press.

Weimann, Gabriel (2000): *Communicating unreality. Modern media and the reconstruction of reality*. Thousand Oaks: Sage.

Weischenberg, Siegfried (1993): Zwischen Zensur und Verantwortung. Wie Journalisten (Kriege) konstruieren. In: Martin Löffelholz (Hrsg.), *Krieg als Medienereignis. Grundlagen und Perspektiven der Krisenkommunikation*. Opladen: Westdeutscher Verlag, S. 65-80.

Weischenberg, Siegfried (1995): *Journalistik. Band 2. Medientechnik, Medienfunktionen, Medienakteure.* Opladen: Westdeutscher Verlag.

Weischenberg, Siegfried (Hrsg.) (2006): *Medien-Qualitäten. Öffentliche Kommunikation zwischen ökonomischem Kalkül und Sozialverantwortung.* Konstanz: UVK.

Weischenberg, Siegfried, Martin Löffelholz und Armin Scholl (1994): Merkmale und Einstellungen von Journalisten. Journalismus in Deutschland II. In: *Media Perspektiven* (4), S. 154-167.

Weischenberg, Siegfried, Maja Malik und Armin Scholl (2006a): *Die Souffleure der Mediengesellschaft. Journalisten in Deutschland.* Konstanz: UVK.

Weischenberg, Siegfried, Maja Malik und Armin Scholl (2006b): Journalismus in Deutschland. Zentrale Befunde der aktuellen Repräsentativbefragung deutscher Journalisten. In: *Media Perspektiven* (7), S. 346-361.

Weßler, Hartmut (1999): *Öffentlichkeit als Prozeß. Deutungsstrukturen und Deutungswandel in der deutschen Drogenberichterstattung.* Opladen: Westdeutscher Verlag.

Wessler, Hartmut (2008): Deliberativeness in political communication. In: Wolfgang Donsbach (Hrsg.), *International encyclopedia of communication.* Malden, Mass.: Blackwell (im Erscheinen).

Westerbarkey, Joachim (1991): *Das Geheimnis. Zur funktionalen Ambivalenz von Kommunikationsstrukturen.* Opladen: Westdeutscher Verlag.

Weterståhl, Jörgen und Folke Johansson (1986): News ideologies as moulders of domestic news. In: *European Journal of Communication* 1, S. 133-149.

Weterståhl, Jörgen und Folke Johansson (1994): Foreign news. News values and ideologies. In: *European Journal of Communication* 9, S. 71-89.

Westle, Bettina (1999): *Kollektive Identität im vereinten Deutschland. Nation und Demokratie in der Wahrnehmung der Deutschen.* Opladen: Leske+Budrich.

Westle, Bettina, Sigrid Roßteutscher und Volker Kunz (2006): Soziales Kapital. In: PolitikON - Politikwissenschaft online. http://www.politikon.org/ilias2/course.php?co_id=96&co_inst=935 (Februar 2006)

White, David M. (1950): The „gatekeeper". A case study in the selection of news. In: *Journalism Quarterly* 27, S. 383-390.

White, Theodore H. (1961): *The making of the president 1960. A narrative history of American politics in action.* New York: Atheneum.

Wicks, Robert H. (1992): Schema theory and measurement in mass communication research: Theoretical and methodological issues in news information processing. In: Stanley A. Deetz (Hrsg.), *Communication Yearbook 15.* Newbury Park: Sage, S. 115-145.

Wiesendahl, Elmar (1998): Parteienkommunikation. In: Otfried Jarren, Ulrich Sarcinelli und Ulrich Saxer (Hrsg.), *Politische Kommunikation in der demokratischen Gesellschaft.* Opladen, Wiesbaden. Opladen: Westdeutscher Verlag, S. 442-449.

Wiesendahl, Elmar (2002): Parteienkommunikation parochial. Hindernisse beim Übergang in das Online-Parteienzeitalter. In: Ulrich von Alemann und Stefan Marschall (Hrsg.), *Parteien in der Mediendemokratie.* Wiesbaden: Westdeutscher Verlag, S. 364-389.

Wildenmann, Rudolf und Werner Kaltefleiter (1965): *Funktionen der Massenmedien.* Frankfurt/Main: Athenäum.

Wilke, Jürgen (1984): *Nachrichtenauswahl und Medienrealität in vier Jahrhunderten. Eine Modellstudie zur Verbindung von historischer und empirischer Publizistikwissenschaft.* Berlin, New York: de Gruyter.

Wilke, Jürgen (Hrsg.) (1992): *Öffentliche Meinung. Theorie, Methoden, Befunde.* Freiburg: Alber.

Wilke, Jürgen (1993): Internationale Beziehungen und Massenmedien. In: Heinz Bonfadelli und Werner A. Meier (Hrsg.), *Krieg, Aids, Katastrophen. Gegenwartsprobleme als Herausforderung für die Publizistikwissenschaft. Festschrift für Ulrich Saxer.* Konstanz: Universitätsverlag Konstanz, S. 175-191.

Wilke, Jürgen (1998): Konstanten und Veränderungen der Auslandsberichterstattung. In: Christina Holtz-Bacha, Helmut Scherer und Norbert Waldmann (Hrsg.), *Wie die Medien die Welt erschaffen und wie die Menschen darin leben. Für Winfried Schulz.* Opladen/Wiesbaden: Westdeutscher Verlag, S. 39-57.

Wilke, Jürgen (2000): *Grundzüge der Medien- und Kommunikationsgeschichte. Von den Anfängen bis ins 20. Jahrhundert.* Köln: Böhlau.

Wilke, Jürgen und Carsten Reinemann (2000): *Kanzlerkandidaten in der Wahlberichterstattung. Eine vergleichende Studie zu den Bundestagswahlen 1949 - 1998.* Köln: Böhlau.

Wilke, Jürgen und Carsten Reinemann (2003): Die Bundestagswahl 2002. Ein Sonderfall? Die Berichterstattung über die Kanzlerkandidaten im Langzeitvergleich. In: Christina Holtz-Bacha (Hrsg.), *Die Massenmedien im Wahlkampf. Die Bundestagswahl 2002.* Wiesbaden: Westdeutscher Verlag, S. 29-56.

Wilke, Jürgen und Carsten Reinemann (2006): Die Normalisierung des Sonderfalls? Die Wahlkampfberichterstattung der Presse 2005 im Langzeitvergleich. In: Christina Holtz-Bacha (Hrsg.), *Die Massenmedien im Wahlkampf. Die Bundestagswahl 2005.* Wiesbaden: VS Verlag für Sozialwissenschaften, S. 307-337.

Wilking, Thomas (1990): *Strukturen lokaler Nachrichten. Eine empirische Untersuchung von Text- und Bildberichterstattung.* München: K. G. Saur.

Windzio, Michael und Matthias Kleimann (2006): Die kriminelle Gesellschaft. Mediennutzung, Kriminalitätswahrnehmung und Einstellung zum Strafen. In: *Soziale Welt* 57, S. 193-215.

Winterhoff-Spurk, Peter (1983): Fiktionen in der Fernsehnachrichtenforschung. Von der Text-Bild-Schere, der Überlegenheit des Fernsehens und vom ungestörten Zuschauer. In: *Media Perspektiven* (10), S. 722-727.

Winterhoff-Spurk, Peter (2001): *Fernsehen. Fakten zur Medienwirkung. 2., völlig überarbeitete und ergänzte Auflage.* Bern: Huber.

Winterhoff-Spurk, Peter (2004): *Medienpsychologie. Eine Einführung. 2., überarb. und erw. Aufl.,* Stuttgart: Kohlhammer.

Winterhoff-Spurk, Peter (2005): *Kalte Herzen. Wie das Fernsehen unseren Charakter formt.* Stuttgart: Klett-Cotta.

Winterhoff-Spurk, Peter, Dagmar Unz und Frank Schwab (2005): Häufiger, schneller, variabler. Ergebnisse einer Längsschnittuntersuchung über Gewalt in TV-Nachrichten. In: *Publizistik* 50, S. 225-237.

Wirth, Werner (1997): *Von der Information zum Wissen. Die Rolle der Rezeption für die Entstehung von Wissensunterschieden. Ein Beitrag zur Wissenskluftforschung.* Opladen: Westdeutscher Verlag.

Wittkämper, Gerhard W. (Hrsg.) (1986): *Medienwirkungen in der internationalen Politik. Band 2: Das Beziehungsgeflecht von Außenpolitik und Presse.* Münster: Lit-Verlag.

Wittkämper, Gerhard W., Jürgen Bellers, Jürgen Grimm, Michael Heiks, Klaus Sondergeld und Klaus Wehmeier (1992): Pressewirkungen und außenpolitische Entscheidungsprozesse - Methodologische Probleme der Analyse. In: Gerhard W. Wittkämper (Hrsg.), *Medien und Politik.* Darmstadt: Wissenschaftliche Buchgesellschaft, S. 150-168.

Woelke, Jens (2003a): Nachrichtenwerte in der Rezeption - Theoretische Beschreibungen und Befunde. In: Georg Ruhrmann, et al. (Hrsg.), *Der Wert von Nachrichten im deutschen Fernsehen. Ein Modell zur Validierung von Nachrichtenfaktoren.* Opladen: Leske+Budrich, S. 145-161.

Woelke, Jens (2003b): Rezeption von Fernsehnachrichten - Befunde zum Nachrichtenwert und zur Relevanz von Nachrichtenfaktoren. In: Georg Ruhrmann, et al. (Hrsg.), *Der Wert von Nachrichten im deutschen Fernsehen. Ein Modell zur Validierung von Nachrichtenfaktoren.* Opladen: Leske+Budrich, S. 163-199.

Wolling, Jens (1999): *Politikverdrossenheit durch Massenmedien? Der Einfluß der Medien auf die Einstellungen der Bürger zur Politik.* Opladen: Westdeutscher Verlag.

Wright, Charles R. (1960): Functional analysis and mass communication. In: *Public Opinion Quarterly* 24, S. 605-620.

Wring, Dominic (1999): The marketing colonization of political campaigning. In: Bruce I. Newman (Hrsg.), *Handbook of political marketing.* Thousand Oaks: Sage, S. 41-54.

Wu, Denis Haoming (1998): Investigating the determinants of international news flow. A meta-analysis. In: *Gazette* 60, S. 493-542.

Wu, Denis Haoming (2003): Homogeneity around the world? Comparing the systemic determinants of international news flow between developed and developing countries. In: *Gazette* 65, S. 9-24.

Yang, Guobin (2003): The Internet and the rise of a transnational Chinese cultural sphere. In: *Media, Culture & Society* **25**, S. 469-490.

Zeh, Reimar (2005): *Kanzlerkandidaten im Fernsehen. Eine Analyse der Berichterstattung der Hauptabendnachrichten in der heißen Phase der Bundestagswahlkämpfe 1994 und 1998.* München: Verlag Reinhard Fischer.

Zerfaß, Ansgar (2004): *Unternehmensführung und Öffentlichkeitsarbeit. Grundlegung einer Theorie der Unternehmenskommunikation und Public Relations. 2., ergänzte Auflage.* Wiesbaden: VS Verlag für Sozialwissenschaften.

Zimmerling, Thomas (2003): Wahlkampfberatung in Deutschland. Die Professionalität der Berater im Bundestagswahlkampf 2002. In: *Medien Tenor* (132), S. 59-62.

Zubayr, Camille und Heinz Gerhard (2002): Berichterstattung zur Bundestagswahl 2002 aus Sicht der Zuschauer. Ergebnisse der Repräsentativbefragung und der GfK-Fernsehforschung. In: *Media Perspektiven* (12), S. 586-599.

Zubayr, Camille und Heinz Gerhard (2006): Tendenzen im Zuschauerverhalten. Fernsehgewohnheiten und Fernsehreichweiten im Jahr 2005. In: *Media Perspektiven* (3), S. 125-137.

Zubayr, Camille und Heinz Gerhard (2007): Tendenzen im Zuschauerverhalten. Fernsehgewohnheiten und Fernsehreichweiten im Jahr 2006. In: *Media Perspektiven* (4), S. 187-199.

Zukin, Cliff (1981): Mass communication and public opinion. In: Dan D. Nimmo und Keith R. Sanders (Hrsg.), *Handbook of political communication.* Beverly Hills: Sage, S. 359-390.

Zukin, Cliff und Cliff Snyder (1984): Passive learning: When the media environment is the message. In: *Public Opinion Quarterly* **48**, S. 629-638.

Index

Kommunikationswissenschaft

Hans-Bernd Brosius / Alexander Haas /
Friederike Koschel
**Methoden der empirischen
Kommunikationsforschung**
Eine Einführung
4., überarb. und erw. Aufl. 2007. ca. 230 S.
(Studienbücher zur Kommunikations- und
Medienwissenschaft) Br. ca. EUR 19,90
ISBN 978-3-531-15390-2

Johanna Dorer / Brigitte Geiger /
Regina Köpl (Hrsg.)
Medien – Politik – Geschlecht
Feministische Befunde zur politischen
Kommunikationsforschung
2007. ca. 280 S. (Medien – Kultur –
Kommunikation) Br. ca. EUR 28,90
ISBN 978-3-531-15419-0

Michael Jäckel
Medienwirkungen
Ein Studienbuch zur Einführung
4., überarb. und erw. Aufl. 2007. ca. 330 S.
(Studienbücher zur Kommunikations- und
Medienwissenschaft) Br. ca. EUR 24,90
ISBN 978-3-531-15391-9

Hans J. Kleinsteuber
Radio
Eine Einführung
2007. ca. 280 S. Br. ca. EUR 22,90
ISBN 978-3-531-15326-1

Marcus Maurer / Carsten Reinemann /
Jürgen Maier / Michaela Maier
Schröder gegen Merkel
Wahrnehmung und Wirkung des TV-Duells
2005 im Ost-West-Vergleich
2007. 258 S. Br. EUR 24,90
ISBN 978-3-531-15137-3

Gabriele Melischek / Josef Seethaler /
Jürgen Wilke (Hrsg.)
**Medien & Kommunikations-
forschung im Vergleich**
2007. ca. 400 S. Br. ca. EUR 34,90
ISBN 978-3-531-15482-4

Barbara Pfetsch / Silke Adam (Hrsg.)
**Massenmedien als Akteure
im politischen Prozess**
Konzepte und Analysen
2007. ca. 270 S. Br. ca. EUR 29,90
ISBN 978-3-531-15473-2

Journalismus

Bernd Blöbaum / Rudi Renger /
Armin Scholl (Hrsg.)
Journalismus und Unterhaltung
Theoretische Ansätze und
empirische Befunde
2007. ca. 200 S. Br. ca. EUR 29,90
ISBN 978-3-531-15291-2

Claus-Erich Boetzkes
Organisation als Nachrichtenfaktor
Wie das Organisatorische den Content
von Fernsehnachrichten beeinflusst
2007. ca. 350 S. Br. ca. EUR 34,90
ISBN 978-3-531-15489-3

Carsten Brosda
Diskursiver Journalismus
Journalistisches Handeln
zwischen kommunikativer Vernunft
und mediensystemischem Zwang
2007. ca. 450 S. Br. ca. EUR 49,90
ISBN 978-3-531-15627-9

Hans J. Kleinsteuber / Tanja Thimm
Reisejournalismus
Eine Einführung
2. Aufl. 2007. ca. 300 S. Br. ca. EUR 24,90
ISBN 978-3-531-33049-5

Barbara Korte / Horst Tonn (Hrsg.)
Kriegskorrespondenten
Deutungsinstanzen
in der Mediengesellschaft
2007. 383 S. Br. EUR 39,90
ISBN 978-3-531-15091-8

Thomas Morawski / Martin Weiss
Trainingsbuch Fernsehreportage
Reporterglück und wie man es macht –
Regeln, Tipps und Tricks
2007. 245 S. Br. ca. EUR 17,90
ISBN 978-3-531-15250-9

Erhältlich im Buchhandel oder beim Verlag.
Änderungen vorbehalten. Stand: Juli 2007.

www.vs-verlag.de

VS VERLAG FÜR SOZIALWISSENSCHAFTEN

Abraham-Lincoln-Straße 46
65189 Wiesbaden
Tel. 0611.7878-722
Fax 0611.7878-400